aus dem:

Sarrelouis 1777

Atlas
ou
Recueil
de la ville
de
Sarrelouis

»Festungsplan 1777«
nach *Sieur d'Aubigny,
Beylié* und *De la Cour*

bearbeitet von Christoph Dutt

Das königliche Sechseck

Roland Henz
Oberbürgermeister

Rathaus · Großer Markt
66740 Saarlouis
Telefon 0 68 31 / 443 - 2 37
Fax 0 68 31 / 443 - 4 95
E-Mail OB@saarlouis.de

Für die finanzielle Unterstützung, die die Herausgabe des Buches möglich machte, ist dem Herrn Oberbürgermeister der Kreisstadt Saarlouis, dem Herrn Landrat des Landkreises Saarlouis, dem Vorstand der Kreissparkasse Saarlouis, dem Ministerium für Bildung, Kultur und Wissenschaft des Saarlandes und der Saarland-Sporttoto GmbH zu danken.

Ludwig Karl Balzer

SAARLOUIS
Das königliche Sechseck

BAU DER FESTUNGSSTADT IN DER ZEIT DES SONNENKÖNIGS

SDV

Saarbrücker Druckerei und Verlag

Impressum

Die Deutsche Bibliothek – CIP-Einheitsaufnahme

Saarlouis, das königliche Sechseck : Bau der Festungsstadt in der Zeit des
Sonnenkönigs / Ludwig Karl Balzer. – Saarbrücken : Saarbrücker Dr. und Verl., 2001

ISBN 3-930843-65-X

© 2001 by Saarbrücker Druckerei und Verlag GmbH, Saarbrücken.
Das Werk ist einschließlich aller seiner Teile urheberrechtlich geschützt.
Jede Verwertung außerhalb der Grenzen des Urheberrechts ist ohne Zustimmung
des Verlags unzulässig und strafbar. Das gilt insbesondere für Vervielfältigungen
aller Art, Übersetzungen, Mikroverfilmung und für die Einspeicherung in
elektronische Systeme.

Konzeption, Reproduktionen, Titelgestaltung, Satz: Christoph Dutt

gesetzt aus: Palatino, Zurich

Herstellung: SDV, Saarbrücker Druckerei und Verlag GmbH

Printed in Germany • ISBN 3-930843-65-X

Inhaltsübersicht

Geleitworte, Vorwort 7

I. Sarloisium conditum – Stadtgeschichte am Rathaus eingeschnitten 11

II. Die Herzöge Lothringens zwischen König und Kaiser 25

III. »Der König wird sich freuen, wenn Sie an die Saar reisen.« 47

IV. Thomas de Choisy – erster Gouverneur von Saarlouis 59

V. »Festungsplan 1777« mit sachverständigen Erläuterungen 91

VI. »Hier ist die einzige Seite, an der der Feind gezwungen ist anzugreifen.« 103

VII. »Herr de Choisy wird das Projekt Saarlouis genauestens ausführen.« 123

VIII. Neues Saarbett – Höhenmaße, alte und neue Fundamente 137

IX. Saarlouis, ehemalige Festungsstadt – ein Plädoyer für den Denkmalschutz 181

X. Sechs Jahre Bauzeit in vier Bauphasen von 1680 bis Ende 1685 189

XI. »Die Errichtung der Brücke über den Fluss erfordert größte Sorgfalt.« 217

XII. Von Toren, Kernwerken, Kasernen – und Linden 239

XIII. »Am 8. Juli 1683 stieg der König zu Pferde.« 261

XIV. Choisy schafft Quellwasser in die Festung 271

XV. Lebenstahige Stadt hinter sechs Bastionen 293

XVI. Projekte, Grundrisspläne und Zusammenhänge unter der Lupe 319

XVII. Ludwigskirche und zwei Klöster 341

XVIII. Vom Hauptort zur Exklave 361

Ereignisse und Daten aus der Zeit zwischen 1670 und 1793 385

Literaturverzeichnis und Quellenangaben 392

Dankesliste, Personen-, Orts- und Sachregister 396

Annette zugeeignet

Festungsbaumeister Choisy und Festungsbaumeister Vauban.
Städtisches Museum Saarlouis.

Geleitwort

Mit *Ludwig Karl Balzer* tritt wieder ein Autor an die Öffentlichkeit, der es versteht, sich leidenschaftlich, gleichwohl mit Akribie und fundiertem Sachverstand der geschichtlichen Entwicklung seiner Heimatstadt Saarlouis zu widmen. Bereits die von ihm erschienenen Bände »Saarlouis – Aktuelle und historische Berichte über die Stadt«, »Saarlouis – Bildband«, »Persönlichkeit und Werk Vaubans« und »Zur Baugeschichte von Saarlouis« lassen dies deutlich erkennen.

Wenn man sich nunmehr mit seiner neuen Veröffentlichung »Saarlouis – Das königliche Sechseck« befasst, so wird man feststellen, dass auch dieser Band geprägt ist vom Mut, sich kritisch bislang unzureichend beantworteten Fragen zur Geschichte der Stadt zu stellen. So ist es dem Autor auch diesmal gelungen, mit viel Liebe zum Detail geschichtlich Relevantes über die Vaubansche Festungsanlage aufzuarbeiten.

Als langjähriger ehrenamtlicher Leiter des Städtischen Museums war *Ludwig Karl Balzer* tagtäglich mit der wechselvollen, hochinteressanten Geschichte unserer Stadt befasst. Umso höher werte ich sein Engagement, jetzt im Ruhestand die Fragen zu beantworten, die ihn in all den Jahren bewegten. Sein Forscherdrang und seine sorgfältigen Recherchen verdienen Lob und Anerkennung.

Saarlouis, im Januar 2001

Der Oberbürgermeister der Kreisstadt Saarlouis

(Hans-Joachim Fontaine)

Geleitwort

Die Festungsbaumeister des 17. Jahrhunderts hatten ihre Festungsanlagen nicht nur als militärische Zweckbauten angesehen, sondern zugleich auch als geometrische Kunstwerke verstanden. Als Neugründung war Saarlouis von Zwangspunkten weitgehend unabhängig, so dass sich hier das »Königliche Sechseck« in nahezu reiner Form verwirklichen ließ. So hatte sein Grundriss immer wieder Zeichner und Kupferstecher beschäftigt. Darüber hinaus ist Saarlouis aber auch bis heute in den meisten Werken über historische Festungen zu finden. Was bislang fehlte, war eine umfassende Darstellung. *Ludwig Karl Balzer* hat sie nun mit seinem Buch »Saarlouis – Das königliche Sechseck« vorgelegt.

Seit über drei Jahrzehnten setzt sich der Autor mit der Geschichte seiner Heimatstadt Saarlouis und ihren Festungsanlagen auseinander. Die Ergebnisse seiner Arbeit hat er in zahlreichen Veröffentlichungen dargestellt und dokumentiert. Auch in überregionalen Publikationen wie »Historische Festungen im Südwesten Deutschlands« ist er mit Beiträgen über Saarlouis vertreten.

Das nun vorliegende Werk kann als die Summe seiner dreißigjährigen Forschungsarbeit angesehen werden. Mit wissenschaftlicher Sorgfalt und Genauigkeit hat er hier eine Fülle aufschlussreicher Details über die Errichtung und die baulichen Strukturen der Festungsstadt Saarlouis zusammengetragen, ausgewertet und mit zahlreichen Plänen und Bilddokumenten veranschaulicht. Eingebettet sind seine Betrachtungen in die größeren historischen Zusammenhänge der europäischen Geschichte.

»Saarlouis – Das königliche Sechseck« betrachte ich als ein Werk, das in seiner Bedeutung weit über eine Stadtgeschichte hinausreicht und überregionales Interesse verdient. Es sollte Historiker und historisch Interessierte gleichermaßen ansprechen.

Saarlouis, im Februar 2001

Der Landrat des Landkreises Saarlouis

(Dr. Peter Winter)

Vorwort

Jean Racine (1639–1699), gefeierter Dichter, Geschichtsschreiber des Sonnenkönigs, Freund *Vaubans,* schrieb: »La première chose, que doit faire celui, qui veut écrire l'histoire, c'est de choisir un sujet, qui soit beau et agréable aux lecteurs.« Das Erste, was der tun muss, der vor hat, Geschichte zu schreiben, ist die Auswahl des Themas, das vortrefflich und den Lesern gefällig sein muss. Ein guter Rat, den ich mir zu Herzen nahm. So überschrieb ich – ein Beispiel – das Untersuchungsobjekt »Schleusenbrücke« mit den mahnenden Worten aus der Feder *Vaubans:* »Die Errichtung der Brücke erfordert größte Sorgfalt«.
Wegen ihrer hervorragenden Leistungen möchte ich drei sehr geschätzte Heimatforscher nennen, die es vorbildlich verstanden, die lokalen Ereignisse, die sich Generationen vor ihrer Zeit ereigneten, sehr lebendig und gefällig darzustellen:
Georg Baltzer (1835–1912) war Kürschnermeister und Pelzhändler und wurde mit 47 Jahren Hafendirektor in Trois Rivières in der kanadischen Provinz Quebec. In der 1979 erfolgten Neuausgabe seines Buches »Historische Notizen über die Stadt Saarlouis und deren unmittelbare Umgebung« weist *Lothar Fontaine* in der Einführung mit Recht darauf hin, dass *Baltzer* »stolz auf seine Vaterstadt und verliebt in ihre wechselvolle Geschichte« war.
Theodor Liebertz (1869–1959) kam als junger Lehrer aus der Stadt Düren in die ehemals angesehene Stadt Wallerfangen, wo er sofort Wurzeln fasste und keine Anstrengungen unterließ, die fast tausendjährige Geschichte dieser einstmaligen lothringischen Festungsstadt zu ergründen und in wissenschaftlicher Arbeit darzustellen. *Liebertz*, ein fröhlicher, umgänglicher Mann, gestand mir eines Tages, dass die Neugier seine stärkste Triebfeder war und ihn dazu beflügelte, die Geschichten seiner neuen Heimat zu erforschen.
Carl Roderich Maria Richter (1885–1965) war Pfarrer in Saarlouis. Aus seinem vielseitigen Schaffen ist die Abhandlung »Der Bann und die Bannmeile von Saarlouis« hervorzuheben, eine schwierige Untersuchung, die sich auf Saarlouiser und Koblenzer Archivalien stützt. *Richter* zitiert amüsiert einen Kritiker, der die objektive Beurteilung der Aktenstücke »durch einen hergelaufenen lutherischen Pastor« anzweifelte. Sehr gewinnbringend für unser Verständnis von der

Rolle Saarlouis' im 17. Jahrhundert ist seine bis ins Einzelne recherchierte Schrift »Schicksalstage der Stadt Saarlouis von 1680 bis 1697«. Die drei Persönlichkeiten *Baltzer, Liebertz* und *Richter* stehen meines Erachtens in der ersten Reihe der vielen bekannten Heimatforscher, die auf ihren Spezialgebieten immer neue Funde zu Tage fördern und dazu beitragen, das bunte Bild unserer Regionalgeschichte auszumalen. Was die Saarlouis-Forscher betrifft, so können sie darauf verweisen, dass sie bestens gerüstet sind. Sie besitzen nämlich das bei Hunderten von Ereignissen auf den Punkt gebrachte, gut formulierte, zuverlässige Nachschlagewerk von *Hans-Jörg Schu*, die »Chronik der Stadt Saarlouis von 1680 bis 1980«.

Ich muss bekennen, dass ich den wohlerwogenen Festungsbau von Saarlouis, das Schicksal der unternehmungsfreudigen Wallerfanger Bürger und die politischen Manöver in den bewegten Zeiten des Sonnenkönigs immer als ein großartiges Panorama ansah. Daraus erwuchs der Wunsch, diesen Rundblick einmal genussvoll in Einzelbildern darzustellen – woraus sich heute die Erwartung nährt, der Leser möge sich vor dem in diesem Buch ausgebreiteten Panorama einfinden und als interessierter Zuschauer an diesem kleinen Stück Welttheater teilnehmen.

Vielen Personen habe ich für ihre brieflichen und mündlichen Mitteilungen und Anregungen zu danken. Ihre Namen habe ich in ein Namensverzeichnis auf Seite 396 aufgenommen.

Die Ausformung des Buches erstreckte sich auf Jahre – meine Tochter *Annette Wylezich* hielt trotz vieler Neufassungen durch. Dafür danke ich ihr sehr herzlich. Mein Freund *Erwin Pinzka* wertete nicht nur manche Passagen auf, sondern auch so manche Formulierung, so dass die drei wohlmeinenden Lektoren, die Herren *Horst Baus, Hermann Eiermann* und *Walter Steffen* aus Saarlouis, bereit waren, den letzten Schliff nicht zu verwehren. Als wahrer Meister in Form und Gestaltung erwies sich zum guten Schluss Herr *Christoph Dutt*. Allen Helfern sei herzlich Dank gesagt.

Für die bereitwilligen Unterstützungen seitens des Stadtarchivars *Lothar Fontaine*, des Museumsleiters *Erich Pohl* und seines Wissenschaftlichen Assistenten *Benedikt Löw*, des Bibliothekars in der Stadtbibliothek *Georg André*, des Kreisarchivars *Helmut Grein* und seines Vorgängers *Gernot Karge* sage ich herzliche Dankesworte.

Ludwig Karl Balzer

Drei herausragende Heimatforscher: Georg Baltzer (1835–1912), Theodor Liebertz (1869–1959) und Carl Roderich Richter (1885–1965).

I. Sarloisium conditum – Stadtgeschichte am Rathaus eingeschnitten

Sarloisium Conditum • Saarlouis ist gegründet

Medaille von 1683. Auf der Vorderseite ein Portrait Ludwigs XIV. mit der Umschrift »Ludovicus Magnus Rex Christianissimus«. Auf der Rückseite findet sich eine allegorische Darstellung, bezogen auf die im Bau befindliche Festung Saarlouis. Sie zeigt die gekrönte »Securitas« mit einer Lanze, Symbolgestalt für die Sicherheit des Königreiches, die dem Flussgott »Saar« die sechszackige Festungskrone überreicht.

Im Jahre 1680 war Ludwig XIV. der mächtigste König in Europa, es blühten die Künste und die Mathematik. Vauban, sein Festungsbaumeister, konstruierte aus einem Kreis mit 180 Toisen Radius die sechs Bastionen der Festung Saarlouis. Menno van Coehoorn, der niederländische Festungsbaumeister, pries diese geometrische Konstruktion aus den sechs gleichseitigen Dreiecken als »das königliche Sechseck«.(5/XXII)

»Tracer le trait principal, ou la ligne magistrale d'un Exagone fortifié suivant le premier Systeme de Monsieur De Vauban.«(2/44)

Art und Weise, die Hauptlinie zu zeichnen – besser: Hauptumriss eines befestigten Sechsecks nach dem Ersten System Vaubans.

Von 1680 an baute *Thomas de Choisy* die Festung nach den Plänen *Vaubans*.

»Mit dem Jahre 1683 beginnt erst die eigentliche Existenz von Saarlouis. In diesem Jahr setzte man ihre erste Magistratsperson, *Ferdinand Heil*, als Bürgermeister ein, und zwei Rekollekten-Patres aus Paris übernahmen die Leitung der Pfarrei.«(10/4)

Georg Baltzer, Saarlouiser Chronist 1865.

I. Sarloisium conditum – Stadtgeschichte am Rathaus eingeschnitten

> LUDWIG XIV. HATTE IM JAHRE 1671 LOTHRINGEN BESETZT UND ES IM FRIEDEN VON NIMWEGEN BEHAUPTET. ZUR SICHERUNG DER NEUEN OSTGRENZE GAB ER 1679 SEINEM BAUMEISTER VAUBAN DEN AUFTRAG ZUR ERRICHTUNG DER STADT UND FESTUNG SAARLOUIS.

3 *Die Szene, eingeschnitten in den Kalkstein an der Rathausfront, zeigt Ludwig XIV., der seinem Baumeister Vauban den Auftrag gibt, an der Saar die Festung Saarlouis zu bauen. Daneben arbeiten Soldaten an der Festungsmauer, Mörser sind in Stellung gebracht.*

Es war der 10. März 1661, ein Tag nach dem Tode des Kardinals und Prinzipialministers *Mazarin*, als der 23-jährige König vor den versammelten Dienern des Staates und des Hofes die Zügel als absoluter Herrscher in die Hand nahm.

Ruhm und Ehre waren die Triebfedern für das Handeln des Sonnenkönigs: »Meine Gloire liegt mir am meisten am Herzen.« Dem König war gerade nach dem Frieden von Nimwegen zu Bewusstsein gekommen, dass Frankreich nach langem Streben nun endlich die führende Macht Europas war – und schließlich lag ihm an dem, was er »ma gloire« nannte, mehr als an allem andern. Was der König mit Ruhm meinte, so erläutert der Historiker *Olivier Bernier*, sind nicht gewonnene Schlachten, »sondern ein hohes Ansehen, ein makelloser Name«. Dazu braucht man Mut, aber auch Großzügigkeit ... dazu ist nicht nur Stolz vonnöten, sondern auch Gerechtigkeit, Mäßigung, Anteilnahme und ein kluger Verstand.[16/118]

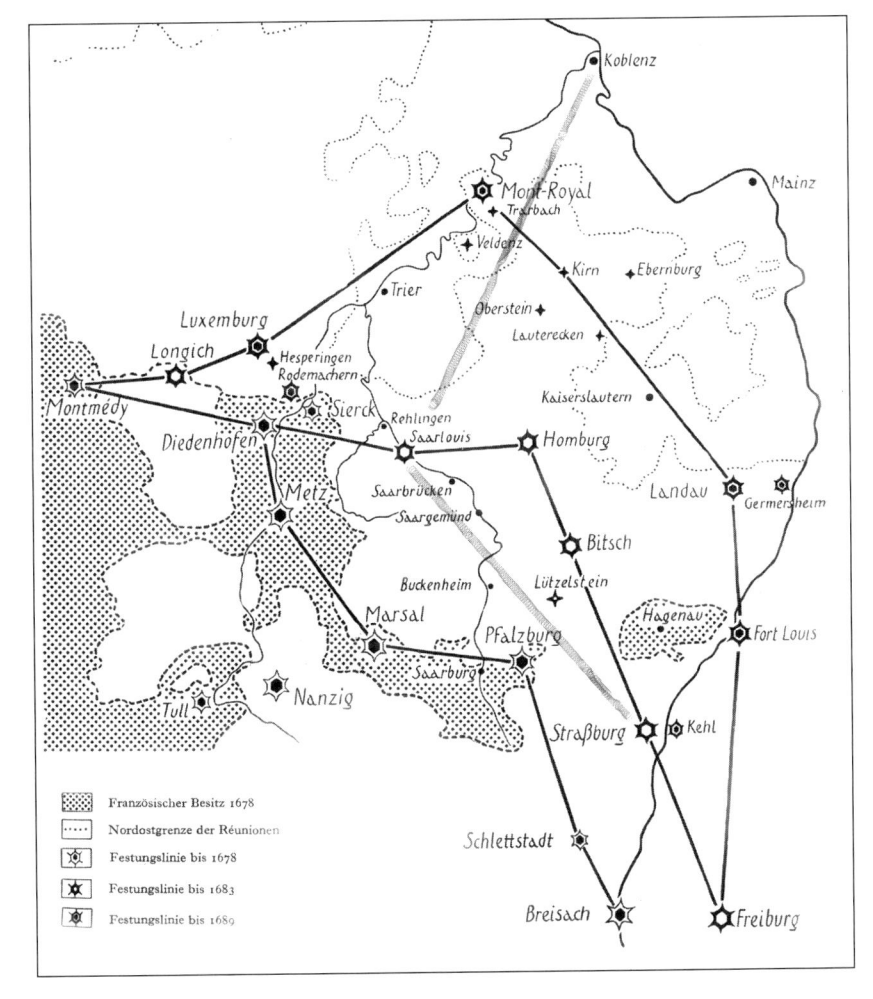

4   Die französischen Festungen im Osten des Reiches lassen sich zu drei Befestigungslinien verbinden. Saarlouis sollte Koblenz und Straßburg ins Visier nehmen.

Mit klugem Verstand beurteilte der Sonnenkönig die Lage nach dem Holländischen Krieg (1672–1678), denn es bereitete ihm große Sorge, wie das nördliche Lothringen und das Metzer Land gegen einen deutschen Angriff gesichert werden könnten. Anfang November 1679 entschied *Ludwig XIV.*: An der Saar wird die Festung Saarlouis gebaut. »Diese Festung kann einen Krieg bis an den Rhein tragen, von Straßburg bis Koblenz; die gesamte Region befindet sich demnach in absoluter Sicherheit vor dem Einbruch deutscher Armeen ...«, kommentierte *Sébastien le Prestre de Vauban*, der Generalbeauftragte für das Festungswesen, die Entscheidung des Königs im Januar 1680, nachdem er die Festung Saarlouis in Form eines »königlichen Sechsecks« entworfen hatte.

Die Académie des Inscriptions ließ 1683 die Gründungsmedaille von Saarlouis prägen. Sie zeigt auf einer Seite das Porträt des Königs mit der Umschrift »Ludovicus Magnus Rex Christianissimus«.

5   Ludwig XIV. nimmt nach dem Friedensschluss von Nimwegen 1678 die Huldigungen des spanischen und des holländischen Gesandten entgegen.

Der Gouverneur der Festung, *Thomas de Choisy,* ließ 1690 inmitten des Paradeplatzes ein sechseckiges Brunnenbecken bauen. In der Mitte des Bassins stand »eine schön bearbeitete Statue, in deren allegorischer Darstellung man *Ludwig XIV.* erkannte, wie er auf den Nacken von vier gebeugten Sklaven trat, die durch verschiedene Attribute leicht als der Deutsche Kaiser, der König von Spanien, der Churfürst von Brandenburg« und als [Wilhelm III. von Oranien, Generalkapitän und] der Oberstatthalter Hollands zu erkennen waren. [10/135]

Ludwig XIV., der strahlende Sieger

Im Rathaus zu Nimwegen zeigt sich der 40-jährige *Ludwig XIV.* 1678 in Siegerpose. Der Maler hat die Szene festgehalten, in der der König die Huldigung der Gesandten der Niederlande und Spaniens entgegennimmt. Der Sonnenkönig steht auf dem Gipfel seiner Macht.

Für Frankreich hat *Ludwig* in diesem zweiten Eroberungskrieg die Franche-Comté/die Freigrafschaft Burgund und zwölf befestigte Städte an seiner Nordgrenze, darunter Ypern, Cambrai und Valancienne, hinzugewonnen.

Paris, die Hauptstadt des Königreiches, nannte den König bei seiner Rückkehr vom Feldzug *Louis le Grand,* Ludwig den Großen. Er steht 1680 in Europa auf dem Höhepunkt seiner Macht, nachdem am

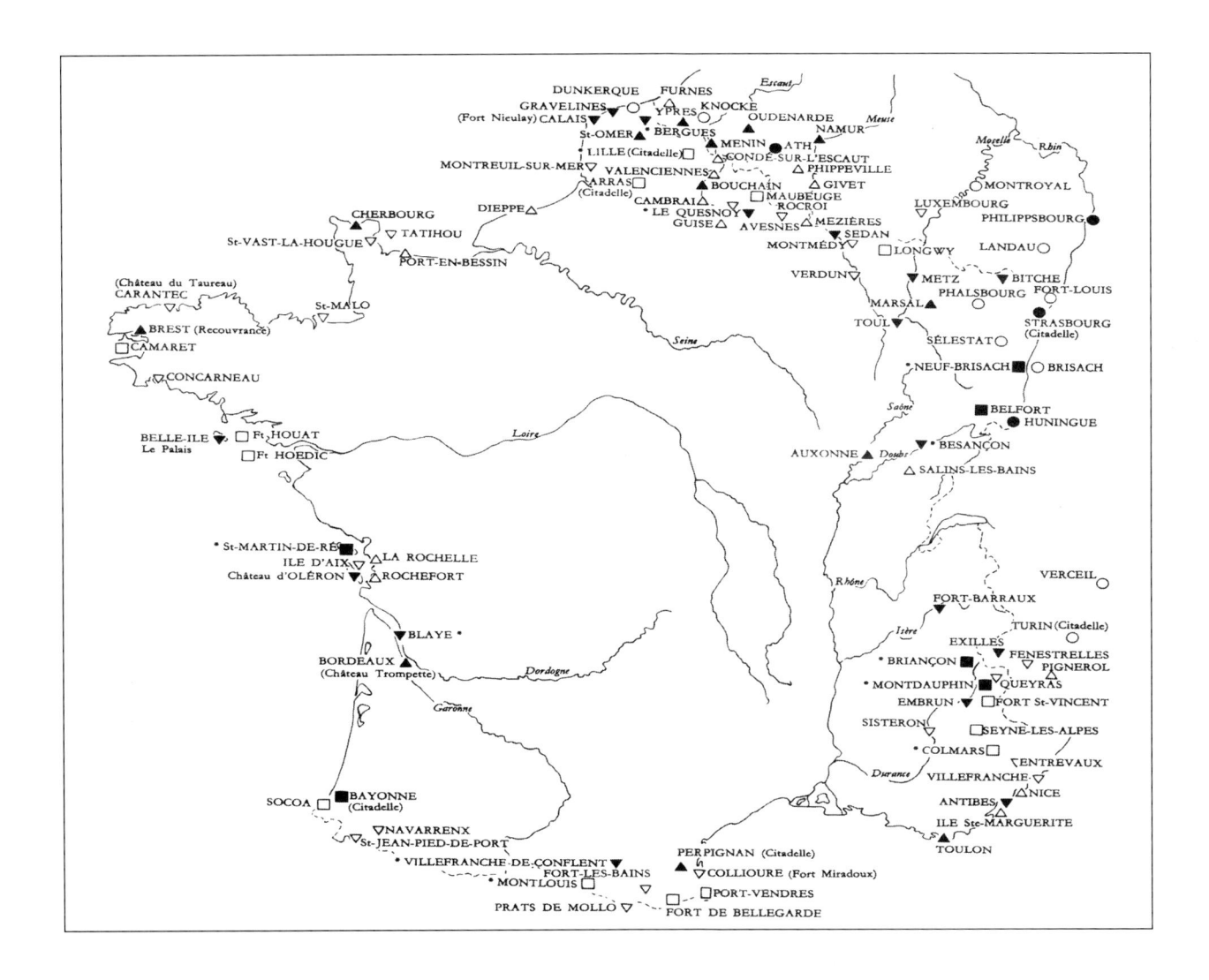

5. Februar 1679 der Friedensvertrag auch von Kaiser und Reich unterzeichnet worden war.

Der lothringische Herzog, 36 Jahre alt, soll seine Stammlande zurückerhalten. Aber *Karl V.* weigert sich, den Friedensvertrag zu unterzeichnen, denn *Ludwig XIV.* hat zur Erfüllung des Vertrages folgende Bedingungen gestellt.

Der Herzog soll
1. seine Hauptstadt Nancy abtreten und dafür das kleine Städtchen Toul erhalten,
2. vier Militärkorridore von 2,5 km Breite, ausgehend von Nancy, Frankreich überlassen: einen Korridor Richtung Champagne, einen in das Tal von St.-Marie-aux-Mines im Elsaß, den dritten Korri-

6 Umrisskarte Frankreichs mit Befestigungen nach Plänen Vaubans; nach Parent/Verroust 1971.(21/122)

16 SAARLOUIS – DAS KÖNIGLICHE SECHSECK

dor nach Vesoul in der Franche-Comté (Burgund), den vierten nach Metz. (siehe auch 72/13)

Ein Historiker kommentiert: »Herzog Karl, vom Wiener Hof zur Unterschrift gedrängt, zog es vor, lieber ein *errant prince*, also ein *fahrender Prinz* im Reich zu sein, als ein Souverain ohne Macht und Ansehen in seinen Staaten.«[26/145] Der König triumphiert. Nun kann er Lothringen, das für Frankreich strategisch wichtige Land zwischen der Franche-Comté und der Champagne, weiterhin besetzt halten. Für ihn ist der Friede lediglich ein Waffenstillstand, der es ihm erlaubt, das Haus Bourbon stark zu machen und die Politik *Richelieus* fortzusetzen: Kampf gegen die europaweite Macht des Hauses Habsburg.[12/25]

»Was hat der Name dieser Stadt mit dem Sonnenkönig zu tun?«

In der Umrisskarte von Frankreich (Bild 6), die aus dem bedeutenden Werk »Vauban« von *Parent/Verroust* aus dem Jahre 1971 stammt, sind Festungen eingezeichnet, die *Vauban* erbaute oder verstärkte. Allerdings hat die Übersicht einen entscheidenden Mangel. Weder der Lauf der Saar noch die Lage der Festung Saarlouis sind eingezeichnet. Wie wir zeigen werden, ist es keinesfalls gerechtfertigt, die ehemals befestigte Stadt aus der Geschichte des absolutistischen Frankreichs zu verbannen, trägt sie doch heute noch den Namen des Sonnenkönigs, obwohl 1793 die französische Nationalversammlung den Namen auslöschte und Sarre-Louis in Sarre-Libre änderte.*

»Quel est le rapport du nom de cette ville avec celui du Roi Soleil?«/Was hat der Name dieser Stadt mit dem Sonnenkönig zu tun?, so erkundigte sich eine Briefschreiberin aus Creutzwald bei ihrer Zeitung, dem Républicain Lorrain: »Ihre letzte Auskunft zur Saarbrücker Geschichte hat mich sehr interessiert, und ich wünsche mir, auch die von Saarlouis kennen zu lernen. Welchen Zusammenhang gibt es zwischen dem Namen dieser Stadt und dem Sonnenkönig?«

Die Zeitung antwortete am 25. Januar 2000, ebenfalls in französischer Sprache:

7 N.as The.ore An.ne Adolphe de la Salle, né à Sarrelouis le 11. 9. bre 1762. Député de Metz & c. à l'Assemblée Nationale de 1789. La Loy et le Roy.
Lasalle war erster Distriktpräsident und Abgeordneter der Generalstände, er starb 1803.

* Es war die Französische Nationalversammlung, die 1793 den Namen änderte, »qui change le nom de la ville de Sarre-Louis en celui de Sarre-Libre«. Adolphe de Lasalle, Bürgermeister und Generalbevollmächtigter am Saarlouiser Präsidialgericht und Mitglied des Dritten Standes in der Nationalversammlung, wurde 1791 von dem Abgeordneten des Départements Couturier abgelöst, der für Saarlouis den Antrag auf Namensänderung stellte.(92/36)

Ville forte

«*Votre récente réponse sur l'histoire de Sarrebruck m'a fort intéressée et je souhaiterais à mon tour connaître celle de Sarrelouis. Quel est le rapport du nom de cette ville avec celui du Roi Soleil*» ?

Mme D.G., Creutzwald

■ Le rapport est évident puisque **Sarrelouis a été entièrement créée sur ordre de Louis XIV** après la réunion à la France des seigneuries, comtés et bailliages qui formèrent la nouvelle province de Sarre. premier enfant baptisé à Sarrelouis, le 27 janvier 1681 reçut le prénom de Louis. **C'est en 1685 que l'existence de la ville commença véritablement** avec la nomination de son premier magistrat. Le 7 juillet 1683, Louis

8 »Ville forte«, ein Leserbrief in: Le Républicain Lorrain, Mardi 25. 1. 2000.

9 »Ville fortifiée«, ein Hinweisschild auf die befestigte Stadt an der Autobahn A1 vor der Abfahrt Rehlingen in Richtung Saarlouis.

»Der Zusammenhang ist klar: Saarlouis wurde als Neugründung Ludwigs XIV. gebaut und zwar nach der Vereinigung von Herrschaften, Grafschaften und Ämtern mit Frankreich, die dann die neue Saarprovinz bildeten. Nach dem Vertrag von Nimwegen im Jahre 1679 befahl Ludwig XIV. zum Schutz des nordöstlichen Teils des Königreiches, diesen mit militärischem Vorgelände zu versehen. Er beauftragte Vauban, an der Saar den besten Platz zur Gründung einer neuen Stadt zu finden.(1)*
Thomas de Choisy, Ingenieur und Generalleutnant, Mitarbeiter Vaubans, war der Meinung, dass die Stelle zwischen Wallerfangen und der Abtei Fraulautern, gelegen in einer von der Saar geformten großen Schleife, am besten geeignet sei. Die Gegend war sehr sumpfig, bewachsen mit Wäldern und Wiesen, es gab aber wenig kultiviertes Land. Es gehörte den Abteien Wadgassen und Fraulautern sowie der Stadt Wallerfangen.
Der Entschluss, die Stadt zu gründen, wurde im Februar 1680 gefasst und der Grundstein am 5. August 1680 gelegt (2). *Die Bauarbeiten, die etwa 6.000 Mann mobilisierten, dauerten bis 1685. Um die Menschen zu bewegen, in der neuen Stadt zu siedeln, befreite man sie für einige Zeit von Auflagen. Ab 1681 gewährte Ludwig XIV. die Einbürgerungspatente für Fremde, die sich hier niederlassen wollten. Am Rande bemerken wir, dass das erste in Saarlouis getaufte Kind am 27. Januar 1681 den Vornamen Louis erhielt. Im Jahre 1685 begann die eigentliche Existenz der Stadt mit der Einsetzung ihres ersten Magistrats.*

* Wir machen darauf aufmerksam, dass der Zeitungsbericht an vier Stellen zu berichten ist:
(1) Nicht Vauban, sondern Choisy wurde vom König beauftragt, den besten Platz für die Saarfestung zu finden.
(2) Die Entscheidung, Saarlouis zu gründen, wurde Anfang Mai 1679 in Paris getroffen.
(3) Den Grundstein zur Ludwigskirche legte Choisy am 2. Juni 1685.
(4) Am 30. November 1815 musste die französische Besatzung die Festung Saarlouis aufgeben. Am 1. Dezember zogen die Preußen ein.

10 *Die Rückseite der preußischen Gedenkmünze zeigt die gekrönte Stadt »Saarlouis« als Frauengestalt. Sie zeigt dem Flussgott »Saar« das alte Stadtwappen mit den drei Lilien und der Sonne. Das Datum ist der Frieden von Paris, 20. November 1815 (Pax Paris XX Nov. MDCCXV).*

11 *Blick über den Großen Markt auf das »neue« Rathaus, erbaut 1954. Foto Christoph Dutt, Oktober 2000.*

Am 7. Juli 1683 begaben sich Ludwig XIV., die Königin, der Thronfolger und der Herzog von Orléans mit dem gesamten Hofstaat nach Saarlouis. Zur selben Zeit kamen zwei Rekollektenpatres zur Übernahme der Pfarrei an. Der Grundstein der Kirche wurde am 17. Juli 1685 gelegt (3). Von 1790 bis 1815 gehörte die Festung zum Département Moselle. Als Folge der revolutionären Organisation im Distrikt trug die Stadt von da ab den Namen Sarre-Libre. Unter dem Konsulat und im Kaiserreich wurde Saarlouis Kantonshauptstadt im Arrondissement Thionville. Am 30. März 1815 mussten die französischen Truppen die Festung den Alliierten übergeben, die sie zuvor trotz einer heftigen Belagerung mit ihren Streitkräften nicht hatten einnehmen können (4).

Infolge des Zweiten Pariser Friedens, am 20. November 1815 unterzeichnet, wurde Saarlouis von Frankreich getrennt und unter die Souveränität des Königs von Preußen gestellt. Saarlouis, Festung an der Saar, war 135 Jahre lang französisch. Anschließend hat die Stadt dasselbe Schicksal und dieselben Wechselfälle erfahren, wie wir in unserer Antwort vom 28. Dezember bezüglich Saarbrücken beschrieben.«

ANORDNUNG
ZUR WIEDERHERSTELLUNG DES GESCHICHTLICH
BEGRÜNDETEN NAMENS ORDNE ICH AN,
DASS DIE STADT
SAARLAUTERN WIEDER DEN NAMEN
STADT SAARLOUIS
TRÄGT.

SAARBRÜCKEN, DEN 14. JULI 1945
DER REGIERUNGSPRÄSIDENT
DR. NEUREUTER

Am Saarlouiser Rathaus – Geschichte in Stein geschnitten

Der Bildhauer *Nikolaus Simon* (1897–1970) schnitt neun Jahre nach Ende des Zweiten Weltkrieges Sätze und Bilder der geschichtlichen Ereignisse von Saarlouis in den Kalkstein an der Rathausfront (Bild 3). Der Anfang der Saarlouiser Geschichte ist dort durch *Ludwig XIV.* symbolisiert, der sein Zepter gegen Osten richtet, wo Lothringen an die Saar grenzt. Sein Festungsbaumeister *Vauban* zeigt ihm den Plan der Stadtfestung Saarlouis. Soldaten arbeiten beim Mauerbau, Mörser sind in Stellung gebracht …

Die Festung Saarlouis galt bis zur Französischen Revolution als ein Symbol für das Grand Siècle/das Große Zeitalter. 1793 nach der Hinrichtung des Königs *Ludwig XVI.* wurde sie zum Symbol der neuen Freiheit erklärt: Aus Saarlouis wurde Sarre-Libre.

Nach der Ära Napoleon nannte sich die Stadt wieder Saarlouis. Obwohl aber 1815 nicht die Soldaten der »neuen Bourbonen« in die Festung einzogen, sondern die Preußen, blieb der Name Saarlouis erhalten.*

Saarlouis wurde nun ein Symbol für die neue Rolle des Königreichs Preußen im Westen des Deutschen Bundes. Die 1818 in Berlin geprägte Medaille (Abbildung 10) verkündete: »Saarlouis, Preußen einver-

12 Auszug aus dem Text der Umbenennungsurkunde von 1945. (12/24)

13 Ausschnitt aus dem Geschichtsfries am Rathaus Saarlouis: Von Paris aus richtet Ludwig XIV. seinen Feldherrnstab nach Osten, wo Lothringen an die Saar grenzt. Sein Baumeister Vauban zeigt ihm den Plan der Stadtfestung Saarlouis.

* Im Juli 1815 kehren die Royalisten mit König Ludwig XVII. nach Paris zurück. »La terreur blanche« breitet sich aus. Marschall Ney aus Saarlouis wird am 7. Dezember 1815 in Paris als Hochverräter erschossen. Er hatte sich dem aus Elba zurückgekehrten Napoleon angeschlossen.

leibt, ein Bollwerk für Deutschland.« Die Gedenkmünze zeigt auf der Vorderseite König *Friedrich Wilhelm III.*, auf der Rückseite die gekrönte Stadt Saarlouis als Frauengestalt, die dem Flussgott »Saar« das alte Stadtwappen mit den drei Lilien und der Sonne zeigt. Die Inschrift lautet: »Sarloisium additum Borussiae Germaniae propugnaculum Pax Paris XX Nov. MDCCCXV«.

1918 wurde keine Medaille geprägt

Die preußischen Kasernen waren geräumt. Der Erste Weltkrieg war verloren. Französische Truppen besetzten die Stadt. Saarlouis blieb Kreisstadt in dem neu geschaffenen Saargebiet, verwaltet vom Völkerbund. Die 1935 durchgeführte Volksabstimmung brachte die Rückkehr nach Deutschland – seit 1933 nannte es sich das Dritte Reich. Aus den Stadtteilen Saarlouis und Roden, vereint mit den Gemeinden Fraulautern, Lisdorf, Beaumarais und Picard, wurde 1936 die Stadt Saarlautern.

Das neue Wappen zeigte in heraldischer Form die sechszinnige Mauer als Hinweis auf die sechs Stadtteile der Stadt Saarlautern, darüber ein Adler mit Hakenkreuz, silbern auf rotem Grund. 1939 wurde die Bevölkerung evakuiert, im Juli 1940 kehrte sie wieder zurück und stand im Jahre 1945 nach einer zweiten Evakuierung vor rauchenden Trümmern oder abgedeckten und ausgeplünderten Häusern. Das alte Rathaus wurde Ende 1944 zerstört. Im Dezember wurde die von starkem Artilleriefeuer getroffene Innenstadt von

14 Drei Wappen der Stadt Saarlouis: links eine Darstellung aus der Zeit vor 1936, in der Mitte die Version, nachdem die Stadt 1945 wieder umbenannt worden war, und rechts das Wappen zur Zeit des Nationalsozialismus.

15 Vorderseite der gusseisernen Plakette, die von der Stadt Saarlouis anlässlich der Rathauseinweihung am 14. Februar 1954 herausgegeben wurde. Das Wappen in dieser stilisierten Form ist auch an der Front des Rathauses zum Großen Markt hin zu sehen.

15 Die Kolonade am Rathaus wiederholt in der Sprache der Architektur ausdrucksstark die Platanenarkaden des Großen Marktes. Foto Dr. Fabian.

amerikanischen Truppen eingenommen. In Roden und Fraulautern gingen blutige Kämpfe um den Westwall bis zum März 1945 weiter. Mitte März 1945 brannten die restlichen Häuser der Innenstadt, von befreiten Zwangsarbeitern angezündet. Ende des Monats kehrten erste Saarlouiser ohne Hab und Gut in die Stadt zurück. Amerikaner übten bis Juni 1945 die Besatzungsmacht aus, der Wiederaufbau von Wohnungen und die Trümmerbeseitigung standen an erster Stelle.

Die französische Besatzungsmacht, ab Juli 1945 in Saarlouis, hielt trotz des Widerspruchs aus der Bevölkerung an dem in der Hitlerzeit erweiterten Stadtgebiet, bestehend aus sechs Stadtteilen, fest. Die Militärverwaltung schätzte damit die kommunalen und wirtschaftlichen Voraussetzungen zur Existenzsicherung der Stadt realistisch ein. Ein weiterer wichtiger Grund für die Beibehaltung des Stadtgebietes war: Die Kreisstadt Saarlouis sollte auf dem Schachbrett der französischen Saarpolitik als ehemalige französische Festungsgründung zu gegebener Zeit eine wichtige Rolle spielen. Die Saarlouiser waren zufrieden, als sie feststellten, dass die Stadt ihren alten Namen wieder führen durfte und sie auch das Wappen mit der Sonne und dem historischen Wappenspruch zurückerhielten.

Das repräsentative neue Rathaus von Saarlouis gilt heute als Wahrzeichen der Stadt. Die ausgewogene und eindrucksvolle Architektur des vierstöckigen Langbaues mit Mezzanin und Kolonade und dem in der Hauptachse stehenden feingliedrigen Uhrenturm bildet eine unverwechselbare urbane Begrenzung des Großen Marktes. Pläne und Ausführung sind das Werk von *Peter Focht* (1907–1987), städtischer Oberbaurat, zuvor Regierungsbaurat in Bayern und Leiter der Dombauhütte Regensburg. Das Rathaus, das Inschrift und Geschichtsfries trägt, wurde 1954 nach dem Wiederaufbau der zerstörten Stadt eingeweiht. Bürgermeister *Anton Merziger*, einer der Wegbereiter des Wiederaufbaus, las in der Feierstunde aus der Gründungsurkunde:

»Sechs Jahre Aufräumen und Wiederaufbau ließen erst die Verwirklichung des Rathausneubaues zu, nachdem die Erstellung des großen Geschäftshäuserblocks in der Französischen Straße des Stadtkerns die Grundlage der wirtschaftlichen Existenz und der künftigen Entwicklung des Wirtschaftslebens geschaffen hat.«

Sechs Jahre zuvor, unter Bürgermeister *Walter Bloch*, waren nach einem Bauwettbewerb Voraussetzungen geschaffen, die heute noch städtebaulich bemerkenswerte Aufbauleistung zu realisieren. Der utopische Entwurf des französischen Architekten *Edouard Menkes* war am Widerstand der Saarlouiser Bürger gescheitert.

16 »Der Schwed im Land«. Erzählungen und Schauspiele hielten die Gräueltaten des Krieges lange Zeit in Erinnerung. Plakat mit schwedischem Landsknecht vor dem brennenden Wallerfangen.

Die Saar-Region vor Gründung der Festung Saarlouis

Schon zu Anfang des Dreißigjährigen Krieges hatte die französische Krone das Herzogtum Lothringen fest in der Hand, ab 1633 war das Land von französischen Truppen besetzt. In Wallerfangen lag eine französische Besatzung. Anlass dazu hatte das Verhalten von Herzog *Karl IV.* gegeben, der nach Aufgabe seiner Neutralität sich dem Kaiser als General der Reichsarmee der katholischen Liga angeschlossen hatte. Zu Gegnern des Herzogs gehörten die Franzosen, die Schweden und reichsdeutsche Fürsten, verbündet in der protestantischen Union.

Im Herbst 1634 hatten sich die Gegner des Herzogs nach Metz zurückgezogen. Die kaiserlichen Truppen unter dem Befehl des Kaiserlichen Generalissimus *Matthias Gallas* beherrschten unsere Gegend, sie plünderten und mordeten. Nur Wallerfangen und einige wenige Festungen in Lothringen konnten dank ihrer Garnisonen dem Treiben entgegenwirken.

Gallas kehrte im September 1635 von seinen Feldzügen in das Gebiet von Wallerfangen zurück. Er schloss die Stadt ein und begann sie zu stürmen. Die Wallerfanger kämpften mit dem Mut der Verzweiflung, doch beim fünften Angriff erlagen sie der erdrückenden Übermacht. Die gierigen Horden stürzten in die Stadt und begannen ein furchtbares Gemetzel. Drei Tage überließ *Gallas* seinen Bluthunden die Stadt zum Plündern.(10/44) »Mit den Häusern der Stadt ging auch die Pfarrkirche in Flammen auf, während die Augustinerkirche wie durch ein Wunder verschont blieb.«(11/263)

Nach der zweiten Besetzung Lothringens durch französische Truppen im Jahre 1670 (siehe Kapitel II.) erschien ein Buch, das in seinem Titel versucht, die ganze Realität des wiederbesetzten Lothringens einzufangen. Der Pfarrer von Ottondorf bei Bolchen/Boulay, 20 km von Wallerfangen entfernt, schildert, was damals geschah:

> »Das Jahr 1635 war für uns sehr unheilvoll, im ganzen Gebiet des Bistums Metz kauften wir das Salz doppelt teuer. Alle Lothringer wurden gezwungen, dem Herzog den Eid zu brechen und dem Könige Ludwig XIII. Gehorsam zu schwören. Die Städte und alle befestigten Plätze Lothringens, wie Homburg, Forbach, Lunéville und andere wurden dem Boden gleich gemacht. In diesem Winter herrschte die grimmigste Kälte …

17 Carolus IV Dux Lotharingiae/Herzog Karl IV. von Lothringen (1604–1675). Er war eine echte Landsknechtfigur, »ausdauernd und gewitzt, frivol und abenteuerlustig, streitsüchtig und erfinderisch«. (24/305)

18 Das Titelblatt des Buches, das vom Schicksal der lothringischen Lande berichtet.

Die ganze Gegend nach Metz zu wurde auf gräuliche Weise geplündert. Nichts wurde verschont, kein Heiligtum, keine Person; Kelche und Messgewänder wurden gestohlen, eine Menge Kirchen geschändet, Altäre und Reliquien zerbrochen ...

Damals lagerte Herzog Karl von Lothringen zu Bolchen, und von ihm erhielt ich die Zusicherung, dass er unser Dorf unter seinen Schutz nehmen wollte, was aber nicht verhindern konnte, dass uns all unser Getreide genommen wurde, da die Soldaten der Barone von Blainville und Lenoncourt und de Messy zehn Tage hindurch, gleich Heuschrecken, alles wegfraßen.

Alle Kisten und Kasten der Bauern wurden erbrochen, das Küchengerät geraubt und an die hundert Pferde fortgeschleppt. Die Mehrzahl der weiblichen Bewohner geschändet, so dass während der Dauer eines Monats niemand sicher in seinem Hause war [...] Was übrig blieb, verzehrte das Heer der Kroaten und Ungarn, welche bei sechs Wochen der Nied entlang lagerten und fast alle Dörfer in Brand steckten und ausplünderten, alles Heilige und Profane verunehrten und weder Alter noch Geschlecht schonten.

Alles, was man vor ihnen versteckt hatte, fanden sie auf, das Vieh, welches noch geblieben, wurde fortgeführt, die Jungfrauen geschändet, die Mütter ermordet und die Männer gefoltert.

Auch hatten sie einen teuflischen Trank, mit dem sie die Leute in eine starke Trunkenheit versetzten, worauf sie ihnen Wasser oder Öl oder sogar [... Jauche] eingossen, bis angezeigt wurde, wo Geld, Brot oder sonstige Dinge versteckt seien [...]«[11/166]

Im Jahre 1661, im Vertrag von Vincennes, erhielt der Herzog sein Land zurück, musste jedoch neun Jahre später fliehen. Lothringen wurde zum zweiten Mal von französischen Truppen besetzt. Siehe Kapitel II.

⚜

II. Die Herzöge Lothringens zwischen König und Kaiser

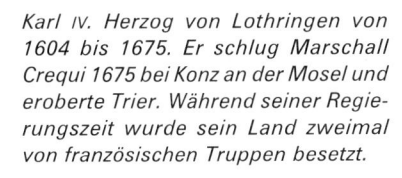

Karl IV. Herzog von Lothringen von 1604 bis 1675. Er schlug Marschall Crequi 1675 bei Konz an der Mosel und eroberte Trier. Während seiner Regierungszeit wurde sein Land zweimal von französischen Truppen besetzt.

Karl V., Neffe Karls IV., Herzog von Lothringen von 1675 bis 1690. Feldherr des Kaisers am Rhein, Sieger über türkisches Heer vor Wien. Sein Sohn Leopold erhält 1697 das Herzogtum zurück.

Stanislaus Leszczynski, letzter Herzog von Lothringen von 1738 bis 1766. Der König von Polen erhält Lothringen im Wiener Frieden. Nach seinem Tod 1766 fällt das Land an seinen Schwiegervater, König Ludwig XV.

»Wir haben das unbegrenzte Durchmarschrecht, wie im Friedensvertrag [von Rijswijk] zugestanden, das ausdrückliche Recht auf Erhalt aller Lebensmittel, die Berechtigung, sie zu kaufen und zu beschlagnahmen [...]
Darüber hinaus steht uns sogar die Hilfe der Bevölkerung vollkommen zur Verfügung, seien es Menschen oder Fuhrwerke [...]
Nichts wäre für das Königreich gefährlicher [...] als wenn der Feind den Einmarsch in Lothringen bewerkstelligen könnte: Einmal in diesem fetten und gesegneten Land, könnte er dort lange Zeit aushalten und das Herz des Königreichs ganz offen treffen.«[12/40]

Geschrieben von Turgot im Jahre 1699, zwei Jahre nach Rijswijk und der Rückkehr von Herzog Leopold I. nach Lothringen.

Jacques Etienne Turgot, Intendant der Généralité von Metz, schrieb zwei Bände über die Geschichte der drei Bistümer Metz, Toul und Verdun zur Unterrichtung des Herzogs von Burgund, dem Enkel Ludwigs XIV.

II. Die Herzöge Lothringens zwischen König und Kaiser

4 Die Karte zeigt die Regionen mit den beiden Schicksalsflüssen Mosel und Maas. Der pfeilförmige Kartenausschnitt zeigt auf die Stelle, wo Maas und Mosel sich sehr nahe kommen. Dem 26-jährigen Vauban fiel diese »Beinahe-Berührung« schon 1659 auf, und er ließ 1683 das Gebiet vermessen. Er legte seine Planung für einen Kanaldurchstich mit Kostenrechnung dem König vor, der sich mit seinem Hofstaat gerade bei Toul aufhielt. (8/13) Der Marne-Rhein-Kanal, der bei Straßburg mündet, wurde 1851 vollendet.

Geschichte ereignet sich in Landschaften. Landschaften verändern sich durch Geschichte. Es lohnt sich, darüber nachzudenken, in welch vielfältiger und folgenreicher Weise ein Ereignis wie der Festungsbau von Saarlouis die Landschaft, die Menschen und ihre Verhältnisse beeinflusste und veränderte.

Die Quellen von Maas und Mosel liegen nahe beieinander. Grenznachbarn des Herzogtums waren das französische Königreich und viele Herrschaften im Heiligen Römischen Reich Deutscher Nation. Die Karte mit Maas und Mosel zeigt die Landschaften, in denen sich über viele Jahrhunderte nicht nur friedliches Leben, sondern auch kriegerisches Entsetzen abspielte. Mosel und Maas haben auch heute Anteil am Schicksal Europas. An der Mosel liegt Schengen, wo das Abkommen getroffen wurde, die Zollschranken in der Europäischen Gemeinschaft fallen zu lassen, in Maastricht an der Maas wurde die Europäische Währungsgemeinschaft beschlossen, die am 1. Januar 1999 in Kraft trat und am 1. Januar 2001 Wirklichkeit wurde. Beide Verträge bilden eine Grundlage für die ersehnte Fortentwicklung zur Europäischen Gemeinschaft.

5   Der Lothringer Hof an der Lothringer Straße in Saarlouis.

Lothringen vor und nach dem Dreißigjährigen Krieg

Im 9. Jahrhundert wurde das Land an den Flüssen Maas und Mosel »Lotharingien« genannt. Anfang des 14. Jahrhunderts ordnete der lothringische Herzog die Verwaltung seines Landes nach französischem Vorbild: Er schuf eine Baillage/einen Verwaltungsbezirk in Mittellothringen um Nancy, eine zweite westlich der Vogesen in Mirécourt und eine dritte im nordwestlichen deutschsprachigen Teil seines Landes – die Baillage d'Allemagne mit der Hauptstadt Walderfingen/Vaudrevange.

»Vaudrevange appartenait à la Lorraine: c'était le chef-lieu d'un des trois baillage, entre lesquels était partagé le duché ›le baillage d'Allemagne‹«.⁽¹³/¹⁰⁾/Wallerfangen gehörte zu Lothringen. Es war der Hauptort von einem der drei Verwaltungsbezirke, nämlich der »deutsche Bezirk«, in die das Herzogtum aufgeteilt worden war.

6   Siegel des Dux Fridericus de Bittis, Münze aus dem Jahre 1196 nach dem dritten Kreuzzug mit Friedrich, Graf von Bitsch. Die drei Adler auf Fahne und Schild sind »gestümmelt«, sie besitzen weder Schnäbel noch Krallen. Ihnen fehlen die wichtigsten Organe für Kampf und Beute. Der Vater des Herzogs, Mathias I., war stolzer Gefolgsmann, seine Frau war die Schwester des Staufer-Kaisers Friedrich Barbarossa. Dieser verlieh den Lothringern das Recht, den Reichsadler im Wappen zu führen, allerdings nur gestümmelt, um anzudeuten, dass allein das Reich die volle Kraft besitze.

7   Das Wappen von Lothringen, dessen gestümmelte Adler später im dreigeteilten Mittelfeld des Reichswappens Österreich-Ungarns zu finden sind.(26/54)

8   Karte mit den Grenzen der Region Lorraine, Département Meurthe et Moselle von 1990.

9   La Lorraine et les Trois-Évêchés au moment de la fondation de Sarrelouis 1680. (7/20) Lothringen wurde von französischen Truppen zweimal besetzt: von 1633 bis 1661 und von 1670 bis 1697. Die Karte zeigt vor allem die Gebiete, die 1552 als Vikariat dem König von Frankreich unterstellt wurden und deren Besitz im Westfälischen Frieden 1648 sanktioniert wurde.

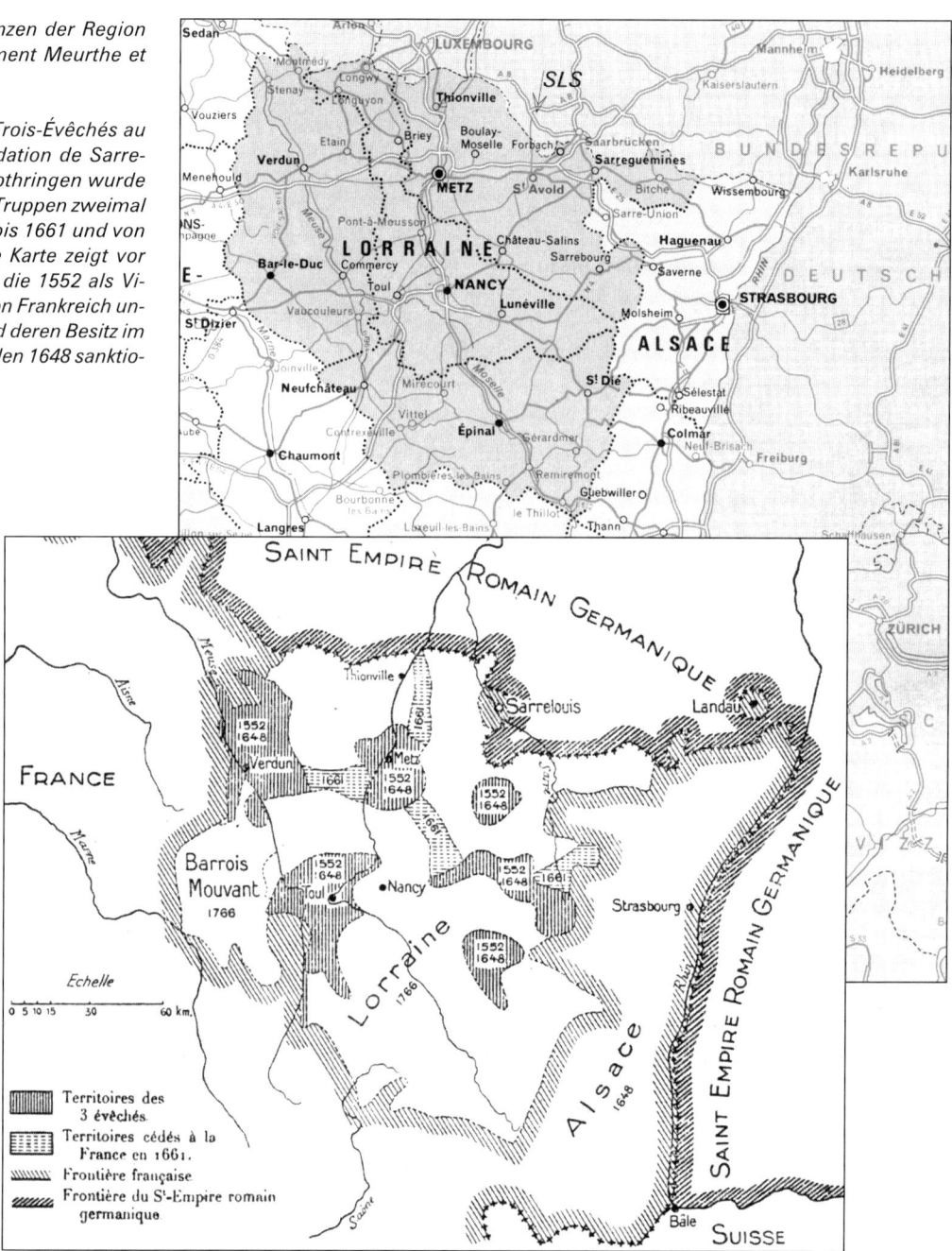

Die Baillis waren Statthalter und sorgten in ihren Gebieten mit den Bezirkshauptleuten/prévôts für Recht und Ordnung sowie die Erhebung von Steuern und Abgaben.[26/39, 59]

Die französischen Könige, von *Heinrich II.* bis zu *Ludwig XIV.*, verstärkten im Zuge staatlicher Zentralisierung immer wieder ihre Bemühungen, auch die Regenten und Fürsten an der Ostgrenze des Reiches zu ihren Vasallen zu machen.

Die dynastischen Interessen des Hauses Lothringen liefen darauf hinaus, ihre Selbständigkeit und Unabhängigkeit zu erhalten. So sind die Antriebe für die oft verwirrenden politischen Schachzüge, Heiratsstrategien und Parteinahmen des Herrscherhauses zu erklären, einmal in Richtung Paris, ein andermal in Richtung Wien. Die Anstrengungen Richtung Wien versprachen mehr Erfolg, anerkannt zu werden, denn die kleinstaatlichen Mächte beim deutschen Nachbarn zeigten starke zentrifugale Kräfte und Vorlieben und damit Spielraum für die eigenen landesherrlichen Interessen.

Beginn französischer Infiltrationspolitik

Der französische König *Heinrich II.* konnte während der deutschen Religionskriege im Jahre 1552 die Bistümer Metz, Toul und Verdun mitten in Lothringen mit Hilfe deutscher Fürsten »als Vikariat in seinen königlichen Schutz nehmen«. Der Kaiser wehrte sich und zog mit Kriegsmacht vor die Festung Metz, um sie zurückzugewinnen – aber vergeblich.

Frankreich errichtete ab 1637 in den neu erworbenen Bistümern eine französische Verwaltung und nannte die neue Provinz Généralité des trois évêchés/Provinz der drei Bistümer. Was von Lothringen noch übrig blieb, war ein »durchlöchertes Gebiet«. Die Diplomaten *Mazarins* erreichten 1648 im Westfälischen Frieden, dass der Besitz der drei Bistümer völkerrechtlich sanktioniert wurde. Das Herzogtum Lothringen blieb durch die drei französischen Machtzentren von innen ausgehöhlt und damit für immer geschwächt.

Die getrennt liegenden französischen Gebiete der drei Bistümer und andere Erwerbungen wurden 1661 in einem weiteren Schritt, wie die Karte, Bild 9, zeigt, durch »strategische Korridore« – das waren breite Gebietsstreifen – miteinander verbunden.

Der Machtkampf zwischen den ungleichen Gegnern, den selbstherrlich regierenden Königen in Frankreich und den sich souverän gebärdenden Herzögen von Lothringen, führte im 17. Jahrhundert in der Region zu Kriegen und territorialen Besitzwechseln. Die beiden letzten Herzöge von Lothringen, *Karl IV.* und sein Neffe *Karl V.*, machten durch ihr Wirken deutlich, dass der ungleiche Kampf um Souveränität und Erbe in einer Niederlage enden musste.

Von Paris aus wurde die Lage an der Ostgrenze des Königreiches weiterhin als bedrohlich angesehen. Frankreich fürchtete die totale

10 Herzog Karl V. Leopold von Lothringen, Generalissimus des Kaisers, begrüßt mit seinen Offizieren und der Reichsfahne mit gezogenem Hut Ludwig von Baden (»Türken-Louis«), der mit den kaiserlichen Truppen 1687 die Osmanen in der entscheidenden Schlacht am Berg Harsany bei Mohács besiegte: Ungarn war seither von den Osmanen befreit.

Einkreisung durch die habsburgischen Mächte, herrschte doch das Haus Habsburg schon an den nördlichen Grenzen, und zwar in den Spanischen Niederlanden, im Süden in den italienischen Herzogtümern sowie im Königreich Spanien und schließlich im Deutschen Kaiserreich.

Die beiden Herzöge in dem zerstückelten Lothringen, mit dem Kaiser verbündet, trieben allein schon durch ihre Selbständigkeit den Pariser Hof mehr und mehr dazu an, Überlegungen zur Sicherung gerade dieser Grenzen anzustellen, um Feinde abwehren zu können und die umliegenden Territorien zu beherrschen. Die damit verbundenen strategischen Planungen führten 1680 zum Bau der Festung Saarlouis an der Saar. Dazu der französische Historiker *Gaston Zeller*, 1923:

> »Solange Turenne am Rhein die Wache gehalten hatte, war der Feind weit vom französischen Gebiet abgehalten worden. Nach seinem tragischen Tod bei Saßbach am 27. 7. 1675 musste die Armee,

11 Leopold I. regierte als Herzog von Lothringen nach dem Frieden von Rijswijk von 1697 bis 1729. Seine Gemahlin war Elisabeth Charlotte d'Orléans.

die er befahl, ins Elsaß und in die Vogesen zurückweichen. Fast zur gleichen Zeit wurde Marschall Créqui, der die in Lothringen stehende Armee befehligte, von Karl IV. an der Konzer Brücke an der Saarmündung am 11. 8. 1675 geschlagen. Créqui musste nach Trier flüchten, wo er wenig später kapitulierte. Die Saarfront war in gefährlicher Weise offen. Im folgenden Jahr ließ die Einnahme von Philippsburg durch Herzog Karl V. am 17. 9. 1676 durch ihre Rückwirkung, die sie im Elsaß hatte, die Lage noch verschlimmern. Die Saar, von den französischen Truppen aufgegeben, wurde von den Kaiserlichen 1677 überschritten, und man konnte eine Zeit lang glauben, dass sie Metz belagern würden. Ihre Vorhut breitete sich in der Umgebung der Festung aus. Lothringen litt mehrere Monate unter der ausländischen Besatzung, bevor es befreit wurde [...] Während der letzten Kriegsjahre hatte man in Frankreich das Fehlen einer Festung, die als Stützpunkt für die Verteidigung der Saargrenze diente und die Umgebung von Metz schützte, deutlich gespürt.« (13/8)

Die Besitzverhältnisse an der mittleren Saar: Abtei Wadgassen – Amtsstadt Wallerfangen – Abtei Fraulautern

Hundert Jahre vor dem Bau der Festung Saarlouis wurde im Jahre 1581 zur Beilegung andauernder Streitigkeiten zwischen Lothringen und Saarbrücken-Nassau ein bedeutender Vergleich geschlossen, der die geschichtlich nur mühsam rekonstruierbaren Besitzverhältnisse in unserer Gegend klärte. Es handelte sich damals um die Abgrenzung überkommener Hoheitsrechte zwischen der Grafschaft Nassau-Saarbrücken und dem Herzogtum Lothringen mit der Hauptstadt Nancy. In der »Promemoria«/Denkschrift, die der Abt der Abtei Wadgassen, *Johann Baptist Bordier*, 1791 der französischen Nationalversammlung vorlegte, ist zu lesen:

> *»Den zwischen Lothringen und Nassau viele Jahre andauernden Streitigkeiten hat endlich der Vergleich von 1581 dahingehend ein Ende gemacht, dass der Herzog von Lothringen seine über die Abtei zu haben vermeinten Rechte aufgegeben und selbige dem Hause Nassau übertragen hat.«* (70)*

Im selben Vertrag – geschlossen am 25. August in St. Avold – gab Nassau seine Vogteirechte über die Abtei Fraulautern zugunsten des Herzogs von Lothringen auf.(25/221)

Betrachten wir einen der »Zankäpfel«, zugleich ein Paradebeispiel für »beigelegte und neue Streitigkeiten«, nämlich die Lisdorfer Au. Sie gehörte der Abtei Wadgassen, »où l'abbée Vadgatz est seigneur«.(18/26) Der Graf von Saarbrücken übte über die Abtei die Vogteirechte aus, das heißt, er hatte das Recht des Souveräns, die Abtei zu schützen, das »ius advocatiae«.

Ab 1581 lag die Lisdorfer Au, Wadgasser Besitz, wieder ausdrücklich unter lothringischer Landeshoheit,(18/13) und die Abtei Wadgassen, Besitzer der Herrschaft Lisdorf mit Lisdorfer Au und Nutznießer

* Paragraph 21 des Vergleichs, überliefert in der Promemoria, der Denkschrift, die 1791 von der Abtei Wadgassen der Französischen Nationalversammlung zur Wahrung ihrer Rechte vorgelegt wurde.

Promemoria

für die,

seit ihrer ersten Stiftung zum teutschen Reich gehörige,

durch den,

zufolge des Wiener Friedensschlusses von 1738

zwischen

dem Fürstlichen Hause Nassau-Saarbrüken

und

der Krone Frankreich,

im Jahre 1766 zu Stand gekommenen Länder-Austausch-Vertrag,

an

Höchstdiese,

mit der Jenem nur zugehörig gewesenen limitirten Landesherrlichkeit, mit ausdrüklich darinn stipulirt- und garantirter Beibehaltung aller bisher gehabter Rechte, Freiheiten, Immunitäten und Besitzungen,

übergegangene

Teutsche Abtei Wadgassen

Prämonstratenser Ordens,

die

von der französischen

National-Versammlung

wegen der geistlichen Güter und Klöster in ihrem Königreich,

neuerlich gefaßte Entschließungen

betreffend.

1 7 9 1

12 Titelblatt der Promemoria-Denkschrift. Sie enthält unter anderem Informationen über die Geschichte und Besitzungen der Abtei.

des Grund und Bodens, »erlitt in der Lisdorfer Au, wegen Lisdorf nie eine Anfechtung in den Zeiten der Landessouveränität des Herzogs von Lothringen«.(12/32)

Bürger der lothringischen Gerichtsstadt Wallerfangen und Untertanen der Äbtissin von Fraulautern besaßen in der Lisdorfer Au Weideflächen und bestellten dort ihre Felder. Doch Reibereien und Konflikte blieben nicht aus. Sie kamen von Seiten Wallerfangens, so zum Beispiel, als die »Wallerfanger anspruchsvoller« wurden und

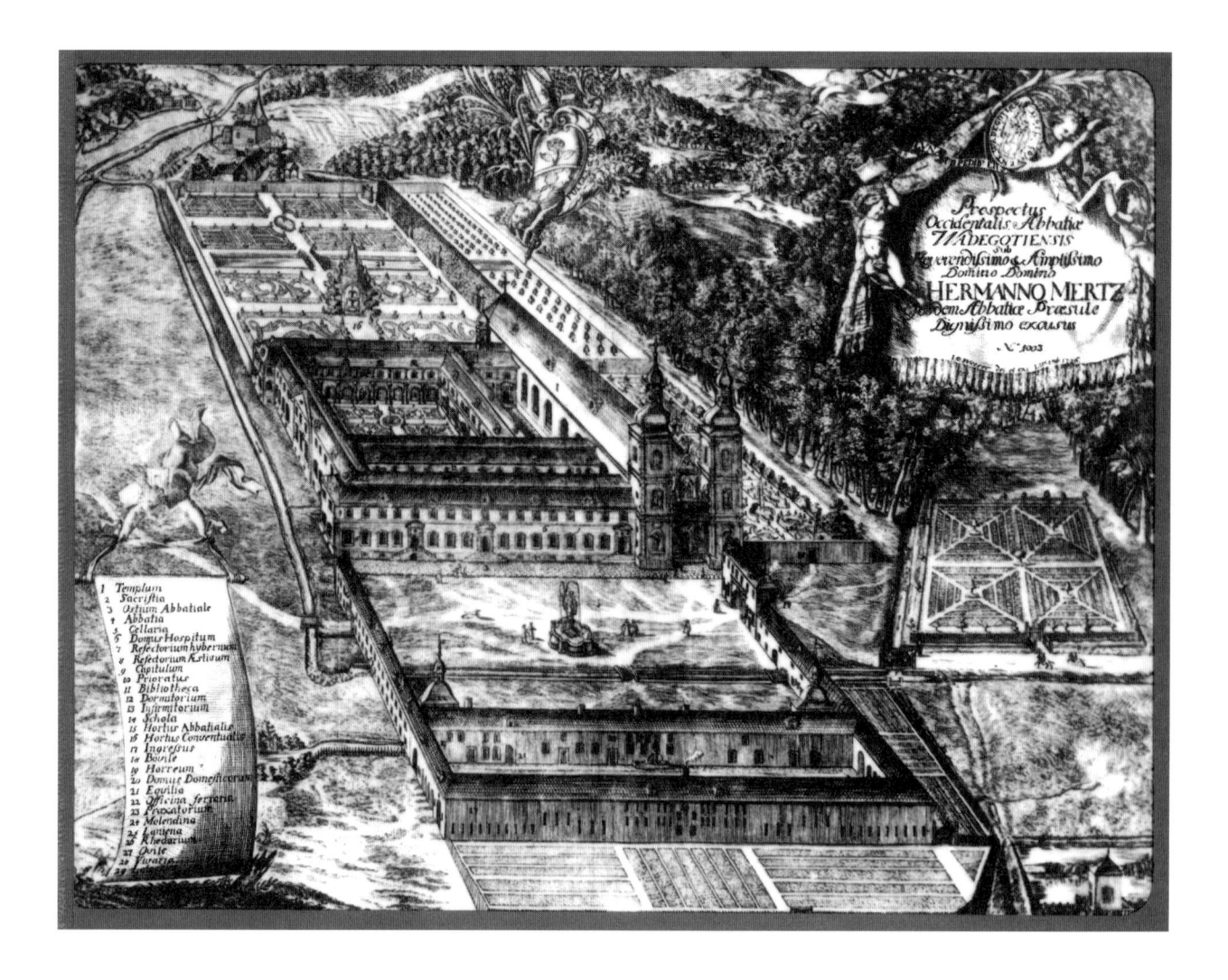

13 Kupferstich der Abtei Wadgassen aus dem Jahr 1736.

der Wadgasser Abt als Gegenmaßnahme in der Au eine Holzbrücke abreißen ließ und, als das nicht nutzte, mit Saarbrücker Bewaffneten die Wallerfanger am Heuabfahren hinderte. Daraufhin ließ der lothringische Generalleutnant, in Wallerfangen beamtet, die in seinem Amtsbezirk »gelegenen Wadgassischen Herrschaften, Dörfer, Güter, Renten, Einkommen und Nutzbarkeiten mit Beschlag belegen«.[18/20] In dem Vertrag, den der Abt daraufhin am 16. Dezember 1594 unterschreiben musste, gab er zur Vermeidung eines Prozesses nach und verzichtete auf die Gerichtsbarkeit über die Au – wofür er später von seinem Nachfolger gescholten wurde.[12/20]

Es blieb aber dabei: Der Abtei gehörte die Lisdorfer Au als Grundbesitz. Dies wurde augenfällig durch Grundstücksverhandlung und Entschädigungen bestätigt, die der Intendant, der vom König beauftragte Regierungsbeamte, für den Erwerb des Baugeländes zur

Anlage der Festung Saarlouis 1684 zahlte. Für das Gelände, auf dem rechts der Saar das Hornwerk errichtet wurde und das zu Lothringen gehörte, zahlte *de la Goupillière* nichts. Das seit 1670 französisch besetzte Lothringen konnte keine Ansprüche erheben.

Karl IV. und Karl V. Leopold bringen sich ins politische Spiel

Obwohl *Karl IV.* eine unberechenbare, unstete Persönlichkeit war, brachte er es fertig, fast das halbe Jahrhundert lang eine eigene Politik unter den widersprüchlichsten Verhältnissen zu machen. War *Karl IV.* ein guter Landesherr? Die Frage ist berechtigt, denn »dem Land wäre ein klarblickender und nüchtern wägender Herzog von Nöten gewesen. Stattdessen erhielt es einen ehrgeizigen und hemmungslosen Feldherrn. Jeder Klugheit und Besonnenheit bar, konnte er im diplomatischen Spiel immer wieder von Richelieu und Mazarin überrumpelt werden.«[11/154] Die Unbesonnenheit zeigte sich zum Beispiel darin, dass der 29-Jährige vom Kaiser im Dreißigjährigen Krieg den Auftrag annahm, den in Zabern und Hagenau von den Schweden eingeschlossenen Kaiserlichen zu Hilfe zu kommen. Frankreich, mit Schweden im Dreißigjährigen Krieg verbündet, nahm dies zum Vorwand, ganz Lothringen von 1633 bis zum Jahre 1661 zu besetzen.

1634 dankte der landlose Herzog zugunsten seines Bruders ab und ging zur Reichsarmee. Bald jedoch nahm er den Titel des regierenden Herzogs wieder an und zeichnete sich bei Nördlingen an der Donau im Kampf gegen die mit den Schweden verbündeten deutschen protestantischen Heerführer aus.* Die Schweden wurden besiegt und die protestantische Front zersprengt. Frankreich trat daraufhin 1635 gegen Kaiser und Spanien in den Krieg ein. Die Folge für Lothringen war ein königliches Dekret, das ganz Lothringen zur französischen Provinz erklärte mit Gouverneur und Intendanten an der Spitze. Statt der »Cour Souveraine« befahl der König »die Errichtung des Conseil Souverain in Nancy als Provinzverwaltung und höchstes Gericht [...] und ordnete eine Reihe von Beamten des Metzer Parlaments zu der neuen Behörde in Nancy ab. Sie hatten besonders auf die Ausführung der königlichen Ordonanzen und Edikte zu achten, u.a. über die Entfestigung einer Reihe kleinerer Städte und Burgen, darunter Oberhomburg [bei St. Avold], Forbach, Saargemünd und Wallerfangen.«[23/442]

14 *Bildnis Karls IV., Herzog von Lothringen. Er wechselte zur Armee des Deutschen Reiches und wurde 1634 dort General. Nach 1661 war er wieder »Dux Lotharingiae«.*

* Die Schweden wurden in der Schlacht bei Nördlingen im Ries von den Kaiserlichen vernichtend geschlagen. Auf Seiten des Kaisers kämpften auch die Generäle Gallas, Piccolomini und der Oberst Montecuccoli. Letzterem begegnen wir 1672 im zweiten Eroberungskrieg Ludwigs XIV. wieder.

15 *Bildnis Karls V. Leopold, Herzog von Lothringen und Bar, aus der Medaillen-Sammlung des Großherzogs Franz Stephan von Toskana. Karl V. Leopold, geboren 1643 in Wien, gestorben am 18. April 1690 in der Kaiserburg in Wels. Er wurde 1675 zum Herzog von Lothringen ausgerufen und zum Generalissimus der kaiserlichen Truppen am Rhein ernannt. 1677 zog er mit seinen Truppen über die französische Grenze an Metz vorbei bis in die Champagne. 1678 heiratete er die Tochter des Kaisers. 1679 eroberte er Philippsburg zurück und verweigerte seine Unterschrift unter den Vertrag von Nimwegen. 1683 siegte er über das türkische Heer bei Wien und eroberte 1689 Mainz und Bonn von den Franzosen zurück. Im Jahre 1697 erhielt sein Sohn Leopold I. das Herzogtum Lothringen zurück.*

Durchziehende Truppen von Schweden, Franzosen und Reichsarmee unter *Gallas* führten gemeinsam mit dem Landesherren *Karl IV.* zwischen 1635 und 1639 grausame Kleinkriege. Die Lothringer erduldeten Misshandlungen von allen Seiten, es herrschten Schrecken und Verheerung. Zwischen 1648 und 1652 versank das Land in politische und kriegerische Turbulenzen, Auswirkungen der Machtkämpfe der Krone mit der aufständischen Fronde. Dann musste das Land die Folgen des spanisch-französischen Krieges ertragen.

1661 erhält *Karl IV.* sein Herzogtum Lothringen nach zähen Verhandlungen zurück. Die Abmachungen *Karls IV.* mit der Krone in den Verträgen von Vincennes und Montmartre 1661/62 schaffen jedoch in der Folge neue Streitfälle. Gerade der zwischen König und Herzog am 6. Februar 1662 abgeschlossene Vertrag von Montmartre zeigt beispielhaft, mit welch schlechten Karten in dem politischen Spiel auf beiden Seiten gespielt wurde. Es ging allen Ernstes darum, dass der Herzog Lothringen und Bar Frankreich überlassen wollte und dafür nicht nur als Glied der königlichen Familie anerkannt, sondern auch als Nachfolger auf den Thron berechtigt sein sollte.[25/384] Die zur Schlichtung der folgenden Auseinandersetzungen nur begrenzt durchgeführten militärischen Aktionen der Krone Frankreichs offenbarten in erstaunlicher Weise eine respektvolle Einschätzung und Vorsicht des französischen Königs gegenüber »einem Fürsten, der immer noch in mancher Hinsicht als Stand des Reiches galt«.[25/381] Diese Formulierung zielt auf das damals noch respektierte Staatsrecht, demzufolge Lothringen seit 1542 ein »liber et incomporabilis ducatus«/ein freies, nicht einverleibbares Herzogtum im Heiligen Römischen Reich war. Wegen der Grafschaft Nomeny südlich von Metz, die von Kaiser *Maximilian* am 9. Juni 1567 zur Markgrafschaft erhoben worden war, hatte Lothringen auf den deutschen Reichstagen Sitz und Stimme.[25/209]

Mit dem ersten Eroberungskrieg *Ludwigs XIV.* im Jahre 1668, gerichtet gegen die spanischen Niederlande, erhielten die Überlebenskämpfe Lothringens eine europäische Dimension: Die Niederlande, England und Schweden verbündeten sich gegen den König in der Tripelallianz. *Karl von Lothringen* suchte von Nancy aus Verbindung zu Frankreichs Feinden. Der König sah sich bedroht und war nicht gewillt, einen Gegner seiner Pläne in seinem Machtbereich zu dulden; er befahl seine Gefangennahme. *Karl* entzog sich dieser am 26. August 1670 durch die Flucht zum Kurfürsten und Erzbischof *Johann Philipp von Schönborn* nach Mainz.

Nancy und ganz Lothringen wurden zum zweiten Male von französischen Truppen besetzt. *Karl* verzichtete endgültig auf seine Länder, setzte aber seinen 27-jährigen Neffen *Karl Leopold* als Erben und Nachfolger ein.

»Diese zweite Besetzung Lothringens durch Frankreich von 1670 bis 1697 brachte eine größere Anzahl von Eingriffen in das alte überkommene Verwaltungsgefüge. Die lothringischen Zentralbehörden wurden aufgelöst, die mittleren und unteren Behörden teilweise ebenfalls, teilweise nach französischem Vorbild umorganisiert. Die Zuständigkeit außerhalb des Landes gelegener französischer Behörden und Gerichte wurde auf das Herzogtum ausgedehnt. Die spätere Schaffung der eigenen Saarprovinz brachte weitere entscheidende Kompetenzveränderungen.«(23/443)

Besonders die Verjagung des Herzogs und die zweite Besetzung Lothringens beunruhigten die Höfe am Rhein. Beim Mainzer Kurfürsten *Johann Philipp von Schönborn* war der große Philosoph *Leibniz* tätig. Aus diplomatischen Noten erfuhr er, dass *Ludwig XIV.* den Überfall auf Holland und das Deutsche Reich vorbereitete. Mit dem Kurfürsten und dessen Kanzler *Boineburg* besprach er einen detaillierten Plan, mit dem er den Sonnenkönig überreden wollte, statt Deutschland Ägypten anzugreifen.(54/56)

Leibniz reiste in diplomatischer Mission an den Hof, aber *Ludwig* empfing ihn nicht. Er ließ ihm erklären, er sei auch ohne den Besitz des Heiligen Landes der Allerchristlichste König, und die Zeit der Kreuzzüge sei mit seinem Vorfahren, *Ludwig dem Heiligen*, zu Ende gegangen.

Bevor König *Ludwig XIV.* 1672 seinen zweiten Eroberungskrieg gegen Holland begann, inszenierte er einen triumphalen und ruhmvollen Rheinübergang. Herzog *Karl IV.* trat in kaiserliche Dienste und erschien unter dem Oberbefehl des ausgezeichneten österreichischen Feldherrn, des Grafen *Montecuccoli*, als General der Kavallerie am Niederrhein. Bei der kaiserlichen Armee, die durch brandenburgische Kontingente verstärkt worden war, kommandierte auch sein 29-jähriger Neffe *Karl Leopold*. Dieser konnte schon bald den Wiener Hof auf seine Eignung als Kommandeur großer Truppenverbände aufmerksam machen.(26/145)

Karl IV. erreichte nach schwierigen Verhandlungen im August 1673, dass er und sein Nachfolger *Karl Leopold* im Vertrag von Den Haag als Alliierte des Kaisers, Spaniens und der Generalstaaten anerkannt wurden. Mit dem Zuzug weiterer Truppenkontingente konnten sie eine schlagkräftige Armee formieren und im Interesse der Verbünde-

16 *Ludwig XIV. nach einem Stich von Chasselat/Baquoy.*

ten erfolgreich operieren. Als Lohn dafür erwarteten sie die Rückgabe Lothringens an ihr Haus bei den kommenden Friedensverhandlungen.

Am 11. August 1675 besiegte der »Herr von Lothringen«, wie *Karl IV.* geringschätzig am Hofe in Paris genannt wurde, bei Konz an der Saarmündung die Armee des Marschalls *Crequi*, Gouverneur von Lothringen, und übernahm das Kommando über die Festung Trier. Doch schon einen Monat später, am 18. September, starb er 71-jährig in Birkenfeld. In Koblenz wurde er feierlich begraben.*

Nach dem Rücktritt des Oberbefehlshabers *Montecuccoli* ernannte der Kaiser Ende 1675 den 32-jährigen Herzog *Karl V. Leopold*, erzogen und ausgebildet am Wiener Hof, zum Generalissimus der kaiserlichen Truppen am Rhein und in den Niederlanden. Bei der Armee wurde er zum Herzog von Lothringen ausgerufen. Er drang 1677 durch das Elsass und an Saarbrücken vorbei bis vor die Tore von Pont-à-Mousson und Metz vor, setzte über die Mosel und marschierte in die Champagne ein. Marschall *Crequi* wich dem Lothringer nicht nur geschickt aus, sondern verweigerte ihm auch die entscheidende Schlacht. »1678 zog das kaiserliche Heer, 60.000 Mann stark und von Karl V. von Lothringen befehligt, bis vor die Tore von Longwy und rückte bis Mouzon vor.«[72/10] Der Herzog eroberte noch vor dem Frieden von Nimwegen die von französischen Truppen besetzte Reichsfestung Philippsburg, rechts des Rheins gegenüber Speyer gelegen, wo er mit seinen Truppen in die Winterquartiere ging.

Das Jahr 1678 brachte Lothringen drei denkwürdige Ereignisse

Die beiden Eroberungskriege *Ludwigs XIV.* endeten am Verhandlungstisch in Nimwegen. Herzog *Karl Leopold* erhielt die Zusage, nach Lothringen zurückkehren zu können, und die Hand der Kaisertochter, der verwitweten polnischen Königin. Als es aber in Wien zur Ratifikation des Nimweger Vertrages kam, gab es eine große Überraschung: Herzog *Karl V. Leopold* verweigerte seine Unterschrift. Die von Frankreich diktierten Bedingungen bezeichnete er als unannehmbar. Doch diese Zurückweisung der Auflagen hatte für Lothringen schwerwiegende Folgen: Das Land blieb besetzt. Am Hofe in Paris führte die neue Lage ab 1679 zur entschlossenen Aufrüstung und zum Festungsbau an der Ostgrenze.

---

* Waren die Missverständnisse zwischen Nancy und Trier während des 17. und 18. Jahrhunderts so nachhaltig, dass ein Trierer Historiker den Namen Karl IV. weder im Zusammenhang mit der Schlacht von Konz noch mit der Eroberung von Trier nennen wollte? »Bei der berühmten Schlacht bei Conz erwarb sich das größte Verdienst der Kaiserliche Feldherr de Grana«, wird hier verkündet, dem zu Ehren an der Höhe bei Conz ein Denkmal errichtet wurde mit der Inschrift: »Bleibt Deutsche einträchtig, so seid ihr stets mächtig«.(66/527)

18 1678 nimmt Karl V. Leopold von Lothringen Philippsburg, 50 km rheinaufwärts von Speyer, ein. Philippsburg, Residenz des Bischofs von Speyer, war ein heiß umstrittener Brückenkopf in den Kriegen des 17. Jahrhunderts. Das Bild zeigt die Angriffstechnik der Belagerer. Im Vordergrund der Herzog als Generalissimus.

Karl V. Leopold blieb als Generalissimus in kaiserlichen Diensten: Im Kampf um das eingeschlossene Wien befehligte er das Kaiserliche Heer und das Reichsheer und siegte 1683 über die zehnmal stärkeren Türken in der Entsatzschlacht am Kahlenberg vor Wien, entschieden unterstützt durch König *Johann Sobieski* von Polen. Bei Gran besiegte *Karl* 1685 ein türkisches Heer und eroberte Ofen. 1687 machte *Karl V. Leopold* zusammen mit dem Markgrafen *Ludwig von Baden* in der blutigen Schlacht bei Mohács an der Donau der Türkenschlacht ein Ende. 1689 riss er mit bayrischen und verbündeten Truppen die von *Choisy* verteidigten Rheinfestungen Mainz und Bonn an sich. Am 18. April 1690 endete sein Leben in der kaiserlichen Burg in Wels in Oberösterreich.

Leopold I., der letzte angestammte Herzog in Lothringen

Fünf Jahre vor dem Ende des Krieges, der als der Pfälzische Erbfolgekrieg in die Geschichte einging, nahm *Ludwig XIV.* mit der Witwe des verstorbenen Herzogs *Karl V. Leopold* Verhandlungen auf. Die Witwe war *Eleonore*, die Schwester des Kaisers und die Mutter des 13-jährigen Prinzen, dem der König Lothringen zurückgeben wollte. *Eleonore* informierte ihren Bruder »entschlossen, keinen Schritt ohne seine Genehmigung zu tun«.(26/161)

Wenn wir die kommenden Ereignisse mit europäischen Dimensionen ausführlicher darstellen, dann deshalb, weil das Schicksal Lothringens und das der Festung Saarlouis sehr eng mit den Friedensverhandlungen und dem geschlossenen Frieden von Rijswijk, 1697, zu tun haben – auch mit dem Herzog *Leopold I.*, der mit 18 Jahren den Thron wieder einnehmen durfte und 32 Jahre lang das zerstückelte, ausgemergelte und in wirtschaftlicher und gesetzlicher Hinsicht an Frankreich angepasste Land, das er zuvor noch nie betreten hatte, regieren sollte.

Es gehört zum lothringischen Drama, dass vor dem Friedensschluss auf höchster Ebene »zur Beförderung der pfälzischen und lothringischen Angelegenheiten die Heirat zwischen dem Erbprinzen Leopold mit Elisabeth Charlotte aus Versailles, geboren 1676, zustande kam«.(12/65)

Die Braut war die Tochter der *Lieselotte von der Pfalz*, genannt Madame *Palatine*, wegen deren angeblichem Erbe der gerade beendete Krieg geführt worden war. Vater von *Elisabeth Charlotte* war *Philipp von Orléans*, der Bruder *Ludwigs XIV*. Die lothringischen Unterhändler, denen bei den Verhandlungen der Status als Bevollmächtigte verwehrt worden war, hatten den Bestimmungen dennoch zugestimmt, wonach der König Metz, Toul und Verdun weiterhin als befestigte Plätze behalten und seine Truppen »sicher und frei« durch das Land marschieren lassen durfte.(26/162)

Die Festung Longwy behielt der König. Im Falle Saarlouis ließ er nichts unversucht, die Festung innerhalb einer halben Bannmeile weiterhin zu besitzen, was er auch durchsetzte. Der 18-jährige *Leopold* dankte nach dem Friedensschluss »dem König für seine Güte«, die ihm die Rückkehr gestattet hatte. Seine Mutter *Eleonore* starb mit 44 Jahren vier Wochen später. *Leopold I.* widmete sich von Anfang an vorbildlich dem Aufbau einer leistungsfähigen Verwaltung, der Entwicklung der Wirtschaft, der Förderung der Künste und Wissenschaften.(26/164)*

---

* Im Jahre 1698 setzte er vier Staatssekretäre ein, den einen für Pfründe und Pensionen, den zweiten für die Armee und öffentliche Arbeiten, den dritten für Auswärtiges und den vierten für Handel und Industrie. (63/26)

Die sterblichen Überreste seines berühmten Vaters, des kaiserlichen Feldherrn *Karl V. Leopold*, lässt er drei Jahre später nach Nancy überführen und dort, für lothringische Verhältnisse nicht ungewöhnlich, mit feierlicher Pracht bestatten. »Seit langem hieß es ja, dass es drei Zeremonien auf der Welt gebe, die nicht ihresgleichen hätten, die Krönung eines Kaisers, die Heirat eines Königs von Frankreich und das Begräbnis eines Herzogs von Lothringen.«[26/165]

In den Jahren 1701 und 1707 erlässt Herzog *Leopold I.* zwei grundlegende Gesetzeswerke, bemerkenswert deshalb, weil in ihnen die Pflicht zur Verteidigung des Angeklagten vorgeschrieben war, während eine Verteidigung in Frankreich grundsätzlich verboten war.[63/125]

Im Spanischen Erbfolgekrieg muss der Herzog seine Hauptstadt, die von französischen Truppen besetzt wird, verlassen. Er zieht nach Lunéville, wo ein neues Schloss im Bau ist, aber er flieht nicht ins Ausland, wie Jahre zuvor sein Onkel und sein Vater, die Herzöge *Karl IV.* und *Karl V. Leopold*. Eine große Versuchung hat dem Herzog im Jahre 1700 das Angebot des Königs bereitet, ihm für Lothringen das Herzogtum Mailand mit der Stadt Mailand zukommen zu lassen. *Leopold* zeigte sich nicht abgeneigt. Mailand galt als reich und mächtig. Aber er verzichtete auf die reichen Pfründe, als er merkte, dass seine Untertanen sich wegen dieser Pläne tief enttäuscht zeigten. Umso energischer fasst er danach »die Wiederbelebung« seines Landes als seine vordringliche Aufgabe an und an seinem mehr als 30-jährigen Wirken ist rückblickend zu erkennen, dass er zu den frühen Vertretern eines »aufgeklärten Absolutismus« gezählt werden kann.[26/164]

Mitte Dezember 1704 wird von der lothringischen Rechnungskammer, dort, wo die Baracken der Festungsarbeiter standen, die Gründung der Gemeinde Felsberg an der Grenze zur französischen Exklave Saarlouis protokolliert. Der Herzog – er lässt sich königliche Hoheit nennen – unterschreibt das Schriftstück am 31. März,[40/1] obwohl ihm bei derartigen Maßnahmen klar ist, dass er in seiner Politik eigentlich vom französischen König völlig abhängig ist. Aber die politische Lage konnte sich in Europa ja schnell ändern. So geschah es beispielsweise im Jahre 1705, als der Herzog von *Marlborough* auf seinem Feldzug die französische Exklave Saarlouis unter dem Kommando *Choisys* bedrohte, aber wegen Mangel an Nachschub bald wieder abziehen musste, während sein französischer Gegner, der Marschall *Villars*, seinen Nachschub ungehindert aus dem benachbarten Lothringen herbeischaffen konnte, ohne dass Herzog *Leopold*

19 Lothringer Wappen mit drei gestümmelten silbernen Adlern in rotem Feld auf goldenem Wappenschild; gemalt von Vinzenz Kneip.

20 Kopf des amtlichen Schreibens der lothringischen Rechnungskammer aus dem Büro von Bouzonville aus dem Jahre 1711 an den Bürgermeister und die Bewohner von Felsberg über die Gründung der Gemeinde.

hätte etwas wirksam dagegen tun können. Und im Jahre 1708 sah es für *Ludwig XIV.* schlimm aus, als er folgenreiche Niederlagen einstecken musste durch den Verlust der Festungen Oudenarde und Gent an der Schelde, Tournai und Ypern in Flandern durch den englischen Feldherrn *Marlborough*[26/167] und den Verlust von Lille, ein Jahr zuvor noch Festung und Amtssitz *Vaubans*, durch den Prinzen *Eugen. Leopold* bemühte sich besonders durch Neugründungen im Randgebiet der von ihm beanspruchten Bannmeile, möglichst frühzeitig französische Gelüste auf Expansion der französischen Exklave Saarlouis einzudämmen. So entstanden mit ihren Gemarkungen die Dörfer Niederlimberg, Oberlimberg, St. Barbara und Felsberg. In Niederlimberg, an der »Engt«, lässt *Leopold* eine lothringische Zollstation errichten, ebenso in Les Fours à Chaud/an den Kalköfen von Unterfelsberg.[18/51]

Erst im Jahre 1714 nehmen wegen des Spanischen Erbfolgekrieges die Verhandlungen bezüglich der genauen Grenzziehung in Metz ihren Fortgang, unterbrochen durch den Tod des Sonnenkönigs im Jahre 1715. So können die Grenzen erst am 21. Januar 1718 in Paris festgelegt werden. Nach der Unterzeichnung des Grenzvertrages am 30. Juni 1718 erfolgte am Rande der Exklave Saarlouis ein Jahr später die Versteinerung. Die Grenzsteine tragen auf der einen Seite eine Lilie, auf der anderen Seite das lothringische Kreuz. Der vom Herzog beauftragte Kommissar hieß *Henri Joseph Kiecler,* Herr von Gueblanges, Rat der lothringischen Rechnungskammer, Generalbeauftragter für die Wiederherstellung der Wasser- und Forstwirtschaft im Bezirk Saargemünd, der in Lothringen an die Stelle der Ballei Wallerfangen getreten war. Wieder bricht ein Krieg aus, unter dem Lothringen und unsere Gegend zu leiden haben. Es ist der polnische Erbfolgekrieg, in dem französische Truppen lothringische Stützpunkte besetzen (1733–1738).

Aufgesang

Zwei glanzvolle Hochzeiten in Paris und Wien kündigen das endgültige Ende des Herzogtums Lothringen an. In Paris heiraten 1725 der junge König *Ludwig XV.* und *Maria Leszczynska*, die Tochter von *Stanislaus Leszczysnki*, von 1704 bis 1709 König von Polen.
In Wien feiern am 12. Februar 1736 *Maria Theresia*, Tochter und Erbin des Kaisers, und *Franz Stephan*, erbberechtigter Sohn des Herzogs *Leopold I.* von Lothringen, eine prunkvolle Hochzeit. Herzogin *Elisabeth Charlotte*, Regentin von Lothringen, deren Mann, der Herzog *Leopold I.*, 1729 mit 50 Jahren gestorben war, kommt nicht zur Hochzeit. »Sie zog es vor, nicht in Wien zu erscheinen, und verbot auch ihrem jüngeren Sohn, an den Zeremonien teilzunehmen.«[26/175] Sie zieht sich nach Commercy zurück, wo sie acht Jahre darauf stirbt. Sie hat es nicht verwinden können, dass ihr Sohn *Franz Stephan* seine Pflichten als Herzog in Nancy nicht übernommen hat. Schon gegen die Ernennung des 24-Jährigen zum Statthalter von Ungarn hatte sie sich gewehrt. »Mein Sohn schneidet sich die Kehle durch, sich und der ganzen Familie. Wenn er so verblendet wäre, auf das einzugehen, was dieser Kaiser wünscht, müsste er verhext sein«, schrieb die enttäuschte Mutter an eine Freundin.[26/173]
Zur Abwendung der machtpolitischen Folgen dieser Wiener Hochzeit lief schon ein Jahr zuvor die französische Diplomatie auf Hochtouren, denn die Maxime lautete, dass der König von Frankreich nie zugeben könne, »dass der Herzog, der souveräne Fürst eines Landes, das mitten in Frankreich liege, eines Tages Kaiser von Deutschland werde«.
Wien und Versailles verhandelten. Wien forderte die Zustimmung Frankreichs zur pragmatischen Sanktion, das heißt zur weiblichen Thronfolge für *Maria Theresia*. Versailles bot ein »lukratives Tauschgeschäft« an: Im Vorfrieden von Wien, bereits geschlossen am 3. Oktober 1735, kam es für den lothringischen Herzog *Franz Stephan* zum – so die lothringische Geschichtsschreibung – »schmerzvollen

21 *Grenzstein mit Lothringer Kreuz auf der einen Seite und Lilie auf der anderen Seite in Richtung französische Exklave Saarlouis. Fundstelle »Mookenloch« bei Wallerfangen. (11/197)*

22 In Wien werden Maria Theresia und Franz I. Stephan 1737 vermählt.

* Das Zitat stammt von H. Derichsweiler, der 1901 die Geschichte Lothringens in zwei Bänden veröffentlichte. Er lehrte als Studienrat für Geschichte am Gymnasium von Saarburg/Lothringen.

allerhöchsten Beschluss«, das heißt zur Einwilligung in den Verlust Lothringens und zur Übergabe an den ehemaligen polnischen König *Stanislaus Leszczynski*. Zum »Trost« wird *Franz Stephan* mit dem Großherzogtum Toskana »belohnt«, das er 1737, nach dem Tod des letzten Herzogs der Medicier, »sofort in seinem Namen in Besitz nehmen« lässt,[26/175] nachdem er im Februar auf sein Land Verzicht geleistet und »die Vollmacht erteilt hatte, in seinem Namen seine Untertanen von ihrem Treueid ihm gegenüber zu entlassen«.[63/19]*
Franz Stephan von Lothringen – er darf Titel und Wappen eines Herzogs von Lothringen weiter führen – wird 1745 als *Franz I.* zum Römisch-Deutschen Kaiser erwählt und zu Frankfurt gekrönt. Er regiert 21 Jahre an der Seite der »Kaiserin« *Maria Theresia* in Wien und erwirbt sich in Österreich Verdienste um Wissenschaft und Kunst, Handel und Gewerbe. Er gilt als Stammvater des Hauses Habsburg-Lothringen, das bis 1918 das Kaiserreich Österreich regierte.

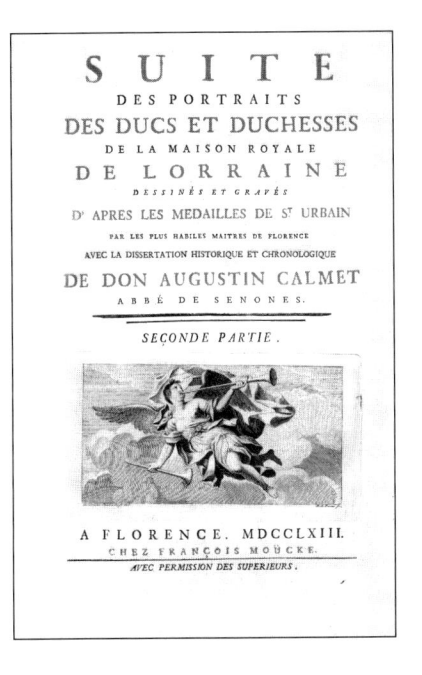

23 Titelblatt aus dem ledergebundenen Folio-Band über die lothringischen Herzöge (Exemplar der Stadtbibliothek Saarlouis). Als Großherzog von Toskana ließ Franz Stephan durch den Florentiner François Moücke die Genealogie des Hauses Lothringen 1763 dokumentieren.

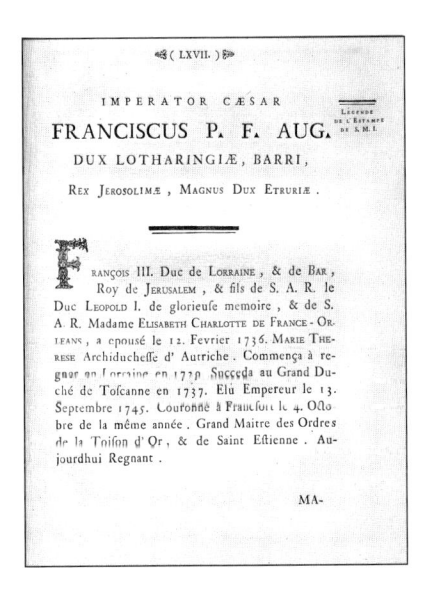

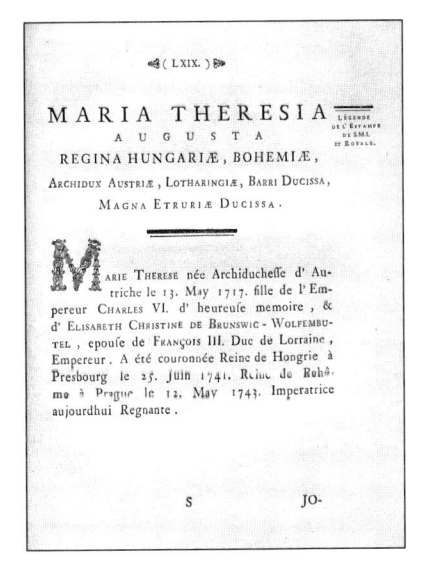

»PORTRAITS DER HERZÖGE UND HERZOGINNEN DES KÖNIGLICHEN HAUSES LOTHRINGEN, GEZEICHNET UND GRAVIERT DURCH DIE FÄHIGSTEN MEISTER AUS FLORENZ UND BEGLEITET VON DER WISSENSCHAFTLICHEN HISTORISCHEN UND CHRONOLOGISCHEN ABHANDLUNG VON DON AUGUSTIN CALMET. ABT VON SENONES.«

24 Zwei Texte aus der »Dissertation« von Calmet über Kaiser Franz Stephan, vormals Herzog von Lothringen, und über seine Gemahlin Erzherzogin Maria Theresia.

Nachgesang

Polenkönig *Stanislaus Leszczynski*, Schwiegervater des französischen Königs *Ludwig XV.*, verzichtet im politischen »Poker-Spiel« auf die polnische Krone und erhält dafür 1735 als Entschädigung das Herzogtum Lothringen als Eigentum. Am 18. Januar 1737 verkündet er in Meudon, im Schloss des Kardinals von Lothringen (1524–1574), vor den Toren von Versailles die Besitzergreifung der Herzogtümer.* Am 31. März findet eine aufwendige Feier anlässlich der

* Nach einem Dekret vom 5. Februar 1737, bestätigt durch den Obersten Gerichtshof Lothringens am 11. Februar 1737 (99/158), »müssen die Pfarrer von Berus eine Stille Messe für die verstorbenen Herzöge von Lothringen halten«. Bis heute wird diese Messe für das Haus Lothringen am Kirmes-Sonntag in St. Oranna, der Kirche der Schutzpatronin von Deutsch-Lothringen, gefeiert (Auskunft von Heimatforscher Manfred Neutzling, Überherrn).

Besitzergreifung des Herzogtums ohne die Anwesenheit des Herzogs *Stanislaus* statt, der erst drei Tage später in Nancy eintrifft. Nach dem Willen des Königs hatte *Stanislaus Antoine de Chaumont de la Gallaizière* zum Intendanten eingesetzt, weil er, wie es in der geheimen Zusatzerklärung von Meudon* hieß, mit der Verwaltung nicht belastet sein wollte und somit seine gesamte Macht über Lothringen zu Gunsten des französichen Königs faktisch aufgegeben hatte.[63/47]

25 »Force d'Europe« ist der Titel des Buches, das Gabriel Bodenehr etwa 1727 in Augsburg herausgegeben hat. Zu den beschriebenen Festungen gehört auch Saarlouis. [5/61]

Am 23. Februar 1766 tritt der Erbfall ein. *Stanislaus* stirbt in Lunéville einen qualvollen Tod. Wegen seiner Kurzsichtigkeit war er zu nahe an den Kamin herangetreten, um die Kaminuhr lesen zu können. Sein Schlafrock fing Feuer und es gelang nicht, den Herzog zu retten.[63/245]

Der französische König trat, wie ausgemacht, das Erbe Lothringen an. Damit war Lothringen endgültig eine französische Provinz, und »Frankreich hatte eines der schwierigsten und langwierigsten Probleme seiner Ostpolitik gelöst«.[23/462]

---

* Das Schloss von Meudon an der Seine bei Paris hatte der Kardinal von Lothringen bauen lassen. König Franz I. machte seinen ergebenen Diener zum Erzbischof von Reims. 1547 wurde er Kardinal und zwei Jahre lang Staatsminister. Er bekämpfte die Hugenotten.

III. »Der König wird sich freuen, wenn Sie an die Saar reisen.«

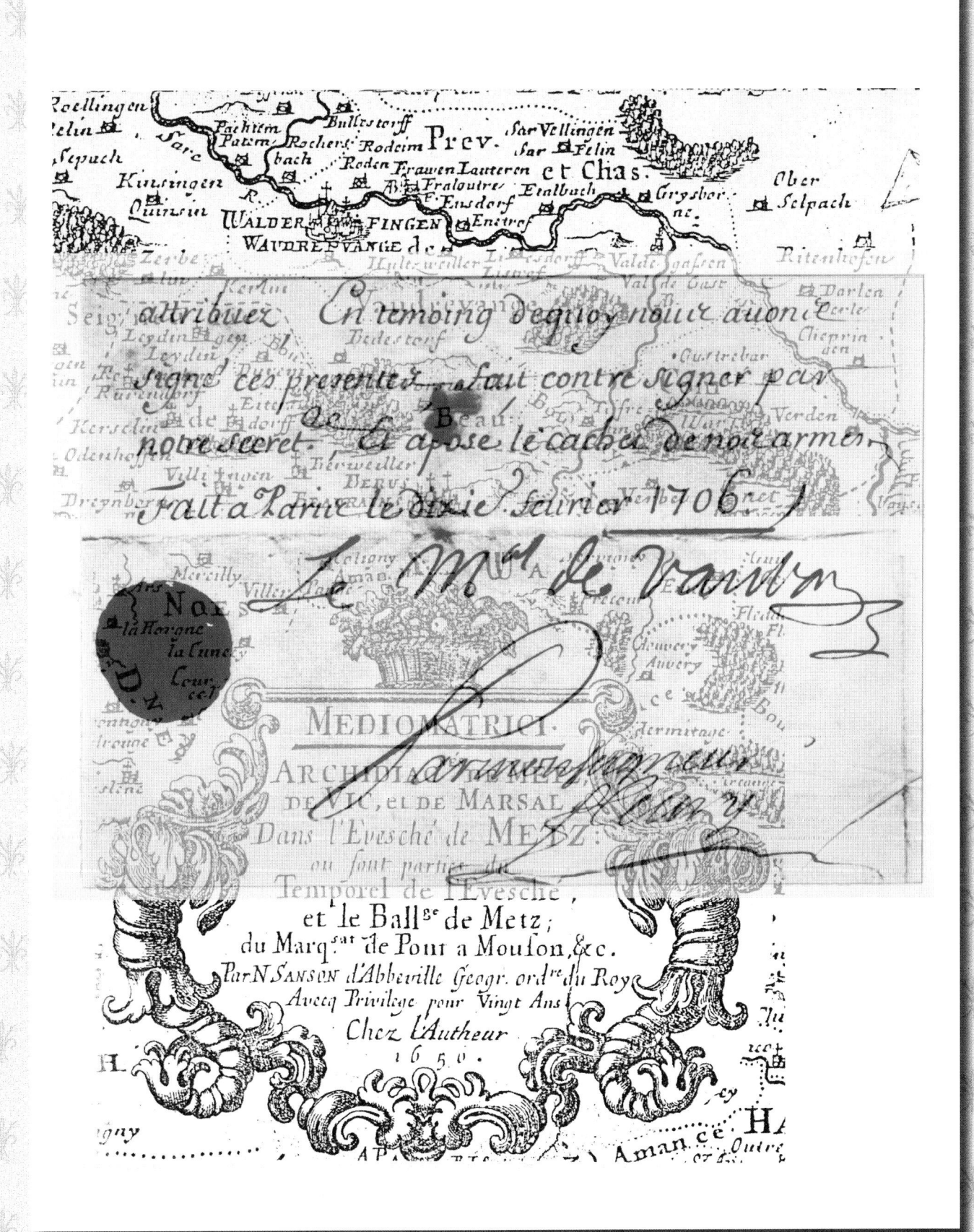

III. »Der König wird sich freuen, wenn Sie an die Saar reisen.«

Sänfte, in der der Marschall von Vauban reiste.

2   Sébastien Le Prestre de Vauban, führte ab 1678 den Titel Commissaire Général des Fortifications du Royaume / Generalbeauftragter für das Festungswesen im Königtum. Als Beamter des Königs hatte er die Funktion eines Sachverständigen und Beraters für die zivile und die militärische Architektur befestigter Plätze.

»Nach der Vereinigung der drei Bistümer Metz, Toul und Verdun und des Elsass mit der französischen Krone, welche Vereinigung durch den Frieden von Osnabrück und Münster 1648 ausgesprochen worden war, war das Herzogtum Lothringen zwischen diesen beiden Provinzen, der Franche-Comté, der Champagne und dem Clermont'schen von drei Seiten gleichsam eingeschlossen, während es mit der vierten Seite an mehrere deutsche Staaten und an das Herzogtum Luxemburg grenzte. Es trennte daher diese neuerlich erst mit Frankreich vereinigten Provinzen wirklich auf der ganzen Strecke, welche es längs der französischen Grenze einnahm. Es durchschnitt Communikationen von der einen zur anderen Seite und bildete dadurch umso mehr einen sicheren Stützpunkt für die Feinde Frankreichs, da es diesen leicht war, Verbindungen mit einem Fürsten zu unterhalten, der durch die Lage seiner Staaten sowohl, wie durch seine alten Beziehungen zu Deutschland, für einen geborenen Feind Frankreichs gelten konnte.«[9/7]

Diese einleitenden Ausführungen zur 1856 handgeschriebenen Festungsgeschichte des preußischen Ingenieur-Hauptmanns *Anton Ritter* sind für den Historiker in vieler Hinsicht bemerkenswert. Besonders der letzte Satz seiner Einleitung zeigt eine überraschend realistische Einschätzung der aus der Lage Lothringens resultierenden französischen Politik.

»Es ist daher nicht zu verwundern, wenn Ludwig XIV. und seine Minister alle möglichen Mittel anwendeten, um sich in den Besitz dieses Herzogtums zu setzen.«[9/7]

Eines der angewandten Mittel war der Bau einer Festungslinie, in der Saarlouis einen bedeutenden Platz einnahm. So kommentiert *Vauban*:

»Von diesem Platz kann man eher als von jedem anderen im Königreich sagen, dass er uns eine Landstrecke von zwanzig Wegstunden sichert und uns zwanzig weitere im Hinblick auf das Lothringer und das Metzer Land gibt [...] Darüber hinaus kann diese Festung einen Krieg bis an den Rhein tragen, von Straßburg bis Koblenz, und die Ausführung sehr großer Feldzüge gewährleisten«.[1/§160]

Die Gründung von Saarlouis auf lothringischem Boden wurde von den europäischen Mächten als herausfordernde Machtentscheidung des französischen Königs *Ludwig XIV.* gesehen und als Drohung verurteilt. Doch für die französische Politik war es nur folgerichtig, Lothringen zur Sicherung eigener Grenzen einzuverleiben: Zwischen der Franche-Comté und der Champagne konnte und durfte Lothringen nicht als »offene Grenze« existieren.

Nach Ablauf der Bedenkzeit für Herzog *Karl V. Leopold* zur Unterschrift unter den Frieden von Nimwegen am 5. Februar 1679 erhielt Marschall *Crequi* von *Louvois* am 8. Mai den Auftrag, an der Saar den Platz für eine neue Festung zu erkunden. *Crequi*, vormals Gouverneur von Lothringen, galt als bester Kenner der Gegend an Mosel und Saar. Er unterrichtete den König am 25. Mai davon, dass der Saarabschnitt zwischen der Niedmündung und Sarrebourg ziemlich unbedeckt sei. »Wallerfangen eigne sich nicht zum Ausbau, sein Verteidigungswert werde durch die nahe gelegenen Höhen stark beeinträchtigt.«[23/452]

Louvois war politischer und militärischer Stratege im Louvre. Er diente einem König, der in jungen Jahren während der Fronde, dem

3   Le Maréchal de Crequi unterrichtet den König von seinen Erkundungen der Saargegend. Ausschnitt aus dem Brief vom 25. Mai 1679

Aufstand des Pariser Hochadels und des Parlaments von 1648 bis 1653, durch bittere Erfahrungen gelernt hatte, die auf die Krone zukommenden Gefährdungen vorzeitig zu erkennen, ihnen, wenn möglich, auszuweichen und keine günstige Gelegenheit zum Handeln zu versäumen. Die Chancen, die nun der Nimweger Frieden bot, sollten genutzt werden – und zwar durch schnelles Zugreifen. So galt es, ohne Zeitverlust die Frage anzugehen, wie die Ostgrenze nachhaltig gesichert werden könnte. Nach kurzer Zeit wurde in Paris entschieden, den Festungsgürtel zu bauen, »der an der Maas begann und sich über Montmédy, dessen Unterstadt *Vauban* 1681 bastionnieren ließ, über Longwy–Diedenhofen–Saarlouis–Homburg–Bitsch–Pfalzburg–Schlettstadt nach Hüningen zog«.(2/19)

Louvois unternahm zu diesem Zweck zusammen mit *Vauban* im Juni eine Inspektionsreise in die Franche-Comté, das Elsass und Lothringen. Am 12. Juli schrieb er an den Festungsingenieur *Thomas de Choisy* und forderte diesen auf, zu erkunden, ob zwischen Fremersdorf und Saaralben ein günstiges Gelände liege, das für den Bau einer Festung geeignet sei. Der Brief ist sehr höflich geschrieben. Die Ausdrucksweise lässt erkennen, wie wichtig es für *Louvois* war, dass der gichtkranke *Choisy* die beschwerliche Reise unternehme. Zugleich sollte er zustimmen, dass in seiner Abwesenheit einem Manne namens *Boisot*, der bei *Louvois* in hohem Ansehen stand, die Aufsicht über die Arbeiten beim Bau von Longwy überlassen werde. *Louvois* an *Choisy* am 12. Juli 1679:*

> *»Der König wird sich sehr freuen, wenn Sie eine Reise entlang der Saar unternehmen, nachdem Sie ausreichende Erläuterungen gegeben haben, die M. Boisot zur Ausführung der Vorhaben benötigt, die Vauban für Longwy vorgesehen hat. Es geht darum zu sehen, ob von Fremersdorf, das nahe an der Saar ein wenig unterhalb der Niedmündung liegt, bis nach Saaralben entweder diesseits oder jenseits des Flusses irgendeine günstige Stelle zu finden ist, um hier eine geeignete Festung zu bauen, egal, ob sie auf dem Gebiet der Bistümer oder Lothringens liegt. Ihre Majestät wird sich freuen, wenn Sie sich Saarbrücken bei der Gelegenheit ansehen und wenn Sie Ihr mitteilen, ob Sie glauben, dass es eine schwierige Sache wäre, dort eine gute Festung zu bauen.«*

Die schriftliche Aufforderung an *Choisy*, sich »Saarbrücken bei der Gelegenheit anzusehen«, wurde von *Louvois* in eine Form verpackt, die diesem bedeuten sollte, dass für den Ausbau von Saarbrücken

---

* »Le Roi sera bien ayse qu'après que vous aurez donné a M. Boisot tous les ésclaircissements dont il pourra avoir besoin pour l'exécution du dessein que M. Vauban a réglé pour Longwy, vous alliez faire un tour le long de la Sarre pour voir si depuis Fremestrof, qui est assez proche de la Sarre, un peu au dessoubs de l'embouchure de la rivière de Nied, jusque vers Saralbe, vous ne trouverez point tant en deçà qu'en delà de cette rivière quelque lieu commode pour y construire une bonne place, qui soit des terres des Éveschés ou de Loraine. S.M. sera bien ayse qu'en passant vous voyez Sarbrick et que vous luy mandiez si vous croyez que ce soit une chose bien difficile que d'en faire une bonne place.«(13/13)

Le Roi sera bien ayse ... vous alliez faire un tour le long de la Sarre

nicht unbedingt Interesse bestehe. Saarbrücken stand zwar auf der Liste der zu reunierenden Herrschaften, dennoch sah *Louvois* im Falle Saarbrücken fortifikatorische wie politische Schwierigkeiten voraus.*

4   Ausschnitt aus dem Originalbrief Choisys vom 21. Oktober 1679 aus Thionville an Louvois. Reproduktion im Stadtarchiv Saarlouis.

Choisy befand sich in einer misslichen Lage: Er sollte einen wichtigen königlichen Auftrag ausführen, konnte sich aber vor Gichtschmerzen kaum bewegen und musste die Reise immer wieder hinausschieben. Erst zwei Monate später, am 20. Oktober, war er von seiner Erkundungsreise zurück und in der Lage, dem Minister aus seiner Wohnung in Thionville zu antworten. Er schreibt, dass er in der Festung Homburg war, die die Straße von Metz über Saarbrücken und Kaiserslautern zum Oberrhein kontrolliere; er war in Bitsch, das einen Übergang durch die Nordvogesen in Richtung Weißenburg ins Elsass sicherte.(27/92) Er habe auch die Saar von Fremersdorf bis Saaralben bereist. Zunächst beschreibt er die Gegend ab Fremersdorf bis Wallerfangen. Dann berichtet er, dass zwischen Siersberg [heute Siersburg] bis Wallerfangen kein günstiges Gelände zur Anlage einer Festung liegt – »Wallerfangen eignet sich nach Herstellung der zerstörten Mauern lediglich als Winterquartier für die Truppen.«(13/15)

* Erst am 8. Juli 1680 fiel die Entscheidung, die Grafschaft Saarbrücken zu reunieren. Am 9. Januar 1681 verstand sich Gräfin Eleonora Klara zu der geforderten Huldigung bereit. (23/448)
Die fortifikatorischen Empfehlungen Crequis vom 25. Mai 1679, Saarbrücken auszubauen, hatten keine Zustimmung am Hof gefunden. (13/12)

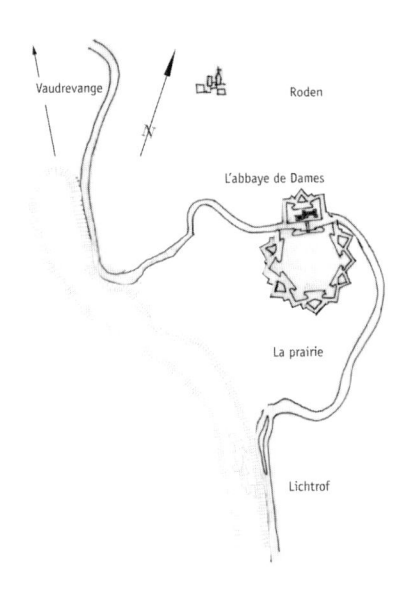

5 So könnte die »kleine Skizze« aus-
   gesehen haben, die Choisy seinen
   Ausführungen beigelegt hatte.

Begeistert beschreibt *Choisy* dann den geeigneten Platz für eine Festung, den er für den schönsten und günstigsten hält. »Es ließe sich hier eine der besten Festungen Frankreichs bauen.«

> »Eine kleine Meile oberhalb der Stadt Wallerfangen befindet sich unter deren Gerichtsbarkeit eine Damenabtei, die man Fraloutre nennt, auf der anderen Saarseite am Ufer gelegen – auch Lothringer Land. Diesseits liegt eine große und schöne weite Wiesenfläche, fast eine halbe Meile breit [2,5 km] und mindestens eine Meile lang. Auf der anderen Seite, wo sich die Abtei befindet, ist guter, fester Boden, fünf oder sechs Fuß [1,60 bis 2,00 m] höher gelegen als das Wiesengelände. Rechts davon und gegenüber befinden sich kleine Hügel, geeignet für Batteriestellungen, aber in Reichweite von Kanonen [aus der Festung] und falls Ihre Majestät eines Tages den Plan fassen sollten, hier eine Festung zu errichten, wäre es leicht, ihnen auszuweichen, indem man auf dieser Seite nur ein großes Hornwerk mit zwei kleineren Werken auf beiden Seiten, die Festung aber auf diese Seite in die Wiese baut, so dass, falls es dem Gegner gelänge, das Hornwerk und seine Werke einzunehmen, er nichts, wie ich denke, gewonnen hätte, weil er noch die Saar überwinden müsste angesichts einer großen Front von Befestigungen, die das Übersetzen des Flusses, der hier so tief und breit ist wie die Marne bei Chasteau-Thierry, verwehrt.
> Der Fluss wäre eingeschlossen zwischen Festung und Hornwerk, man müsste Schleusen bauen, um ihn auf die ganze Wiese zu leiten, was sich ganz natürlich durch die Beschaffenheit des Geländes erreichen ließe. Er würde auch in die Gräben rund um die Festung und das Hornwerk mit einer sehr großen Geschwindigkeit fließen, so oft man es möchte. Denn ich behaupte, dass man es fertig bringt, ihn jedesmal, falls erforderlich, in die Gräben und wieder hinaus zu leiten. Dazu Euer Gnaden eine kleine Skizze, die ich für Sie angefertigt habe, um meine Gedanken zu erläutern.« (13/16)

Die diesem Brief vom 20. Oktober 1679 beigefügte Skizze ging verloren. Nach der Darstellung *Choisys* lag das Hornwerk rechts der Saar auf dem Gelände der Abtei Fraulautern. Die Festung kam dadurch in den Saarbogen mitten in die Lisdorfer Au zu liegen, genau nördlich von Lisdorf. Die Saar sollte zwischen Hornwerk und Festung hindurchfließen und an dieser Stelle zwecks Überschwemmung der Au gestaut werden können. Am 26. Oktober 1679 erhält *Choisy* von *Louvois* folgende Antwort:*

* »J'ay receu avec vostre lettre du 20ᵉ de ce mois les plans et les mémoires qui y estoient joints. Le Roy a veu avec plaisir tout ce que'elle contient.[...] Le Roy a veu la proposition que vous faites à l'esgard de la fortification de Fraloutre. S.M. seroit bien ayse que vous y retournassiez pour faire un plan au juste des environs de cette scituation et luy envoyer des profils qui luy pussent marquer les différentes hauteurs du terrain qui est à la portée du canon autour de cette situation. Elle voudroit bien aussy une estimation de la despense de cette place et des réparations à faire aux Sarguemines.« (13/19)

»Ich habe zusammen mit Ihrem Brief vom 20. des Monats die Pläne und Beschreibungen, die beigefügt waren, erhalten. Mit Freude hat der König gesehen, was er [der Brief] enthielt. Der König hat den Vorschlag, den Sie hinsichtlich der Befestigung von Fraloutre machen, gesehen. Seine Majestät wäre glücklich, wenn Sie dorthin zurückfahren würden, um einen neuen Plan der Umgebung dieses Geländes zu fertigen, und ihm Profilzeichnungen schickten, die ihm die verschiedenen Höhen des Geländes, das in Reichweite der Kanonen um dieses Gebiet liegt, deutlich machen könnten.«

»Kleine Hügel, geeignet für Batteriestellungen, aber in Reichweite von Kanonen aus der Festung«, so lautete die Aussage im Brief *Choisys*, die den König bedenklich gestimmte hatte – und die den Minister veranlasste, einen detaillierten Plan mit Profilzeichnungen einzufordern. *Ritter* beschreibt 1856 das fragliche Gelände rechts der Saar wie folgt:

»*Das Terrain um die Festung bildet eine Ebene, die von Hügelreihen begrenzt wird. Da, wo diese letzteren dem Platze am nächsten treten, sind sie etwa 1.800 Schritt [1.440 m] vom Hauptwalle entfernt. Auf dem rechten Ufer der Saar tritt das Gebirge bei dem Dorfe Bous, etwa eine Stunde oberhalb der Festung, ganz nahe an den Fluss, von hier aus zieht sich eine Hügelreihe beinahe in grader Linie bis zu dem Dorfe Ensdorf. Am rechten Ufer der Saar [ab] Ensdorf folgt der Fluss der Hügelreihe bis zu dem Dorfe Lautern, von hier aus aber entfernen die Hügel sich von dem Flusse …*«⁽⁹/¹⁶⁾

Noch am selben Tag, dem 26. Oktober, entscheidet *Louvois* ohne Umschweife, die Pläne, die der König noch eben in den Händen

6 Von Vauban ist bekannt, dass er es vorzog, in der Sänfte zu reisen. Möglicherweise nutzte auch *Choisy* wegen seines Gichtleidens gelegentlich den Komfort dieses Transports.

7   Die erste Seite der Stellungnahme Vaubans vom 4. November 1679. Er schreibt an Louvois. Reproduktion Stadtarchiv Saarlouis.

hielt, *Vauban* zu senden. Diese Eile zeigt die Ungeduld auf, mit der der Hof diese Planung betrieb. Die weitere Behandlung der Angelegenheit macht die Wirksamkeit des mit der Planung und Ausführung befassten »Apparates«, Beamte und Militärs, deutlich. *Louvois* schreibt an *Vauban*:

»Monsieur Choisy hat auf Anordnung des Königs den Verlauf der Saar vom Verlassen Lothringens bis zu ihrer Quelle besichtigt. Er *hat auch Hombourg und Bitsch besichtigt. Ich sende Ihnen den genauen Bericht, den er mir von der Reise gesandt hat, die Pläne und Beschreibungen, die beigefügt waren, und ich bitte Sie, diese aufmerksam zu lesen und mir Ihre Meinung über die Vorschläge zu sagen, die er gemacht hat – soweit man seine Ansicht äußern kann, ohne an diesen Orten gewesen zu sein. Ich bitte Sie, mir den genannten Bericht gleich zurückzuschicken.«*(13/19f)

Vauban schreibt am 4. November 1679:*

*»Ich habe, Euer Gnaden, fünf Briefe, die Sie mir gnädigst am 26., 27. und 29. des vergangenen Monats zusammen mit den Plänen von Hombourg, Fraloutre und dem Bericht von Herrn Choisy geschrieben haben, und die, die Ihnen aus Holland gesandt wurden, erhalten.
In ganz Dünkirchen habe ich weder eine Spezialkarte von Lothringen noch von der Pfalz finden können. Aber soweit ich mir ein Bild über den Verlauf der Saar machen kann, weiß ich sehr wohl, dass*

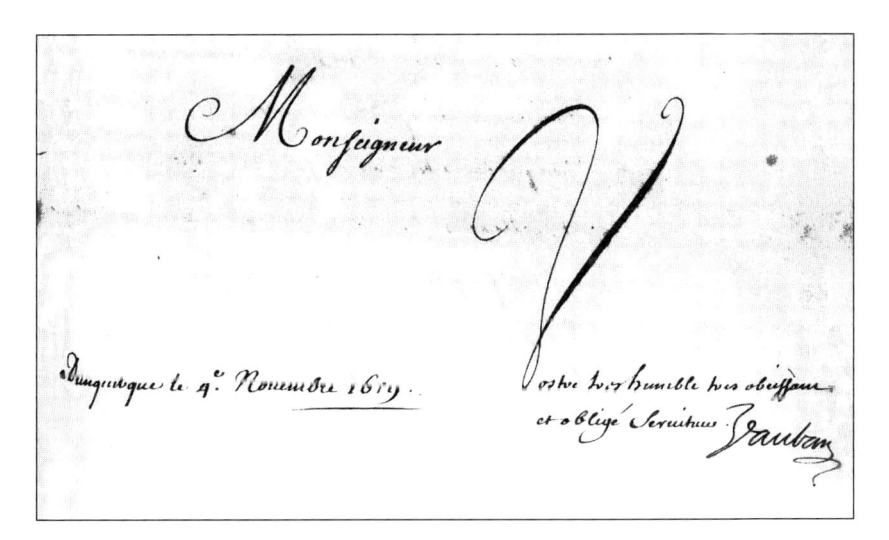

8 Grußformel und Unterschrift Vaubans unter dem 11-seitigen Brief aus Dünkirchen.

nichts notwendiger wäre in Sachen Befestigung, als einen festen Platz auf diesem Ufer in der Umgebung von Wallerfangen zu bauen. Sowohl um Hombourg zu helfen als auch Widerstand zu leisten gegen alle Pläne, die sich gegen uns von Seiten Trier, Koblenz, Mainz und der Pfalz richten, aber auch um 18 bis 20 Meilen Landes, das von dort bis nach Nancy reicht, zu schützen und um an dieser Stelle große Lebensmittel- und Munitionslager einzurichten, um Unternehmungen zu versorgen, die man gegen die Länder, von

* »J'ai receu, Monseigneur, les cinq lettres, que vous m'avez fait l'honneur de m'escrire des 26, 27 et 29e du passé avec les plans d'Hombourg, Fraloutre et la relation de M. de Choisy, et ceux que l'on vous a envoyés d'Hollande. Je n'ay jamais pu trouver en tout Dunquerque une carte particulière de Lorraine ny du palatinat, mais, autant que je puis avoir d'idée du cours de la Sarre, je conçois fort bien que rien n'est plus nécessaire, en matière de fortification, qu'une place sur cette rivière aux environs de Vaudrevange.«(13/38)

Sänfte, in der der Marschall von Vauban reiste

denen ich sprach, durchführen möchte. Außerdem scheint es mir eine besonders dringliche Sache zu sein, unsere vordere Festungslinie, die bei Thionville endet, fortzusetzen und ihr die Richtung auf den Rhein über die Saar und Phalsbourg zu geben.«

Und mit Blick auf die Skizzen *Choisys* schreibt er:

»Aus meiner Sicht sehe ich nichts Notwendigeres als diesen Platz und keinen besser gelegen als Fraloutre, so wie es Herr Choisy beschrieben hat.« [13/38]

Vauban fährt dann etwas zurückhaltender und eher grundsätzlich fort:

»Das nenne ich ein wahres Schulbeispiel, das alles zu tun zulässt, was man dort vorhat. Der Plan, den er eingeschickt hat, scheint sehr vernünftig. Das heißt, dass man dort ein Sechseck, wie er es aufgezeichnet hat, bauen kann oder zumindest ein Fünfeck wie das in Huninghen [Hüningen bei Basel], aber ein wenig größer. [13/38] *Ich glaube, dass man ihn [den Platz] erbauen muss, dass man dort ein Arsenal mit vielen Pulvermagazinen, Mühlen, Getreidelagern einrichten könnte und so, dass man von hier alle Unternehmungen, die man nach vorne machen möchte, versorgen kann; man darf nicht vergessen, dort auch bombensichere Stollen anzulegen.«* [!!]

Vauban betont an zwei Stellen seines Briefes, wie notwendig es ist, eine Festung an der Saar zu bauen – »sie kann nicht besser gelegen sein als bei Fraloutre, und derart gebaut, wie es Herr Choisy beschrieben hat«: Das ist sicher als die große Leistung des Festungsbau-Ingenieurs *Choisy* zu würdigen, dass er nach tagelangem Ritt von Fremersdorf nach Saaralben und nach der Besichtigung von Homburg und Bitsch die richtige Entscheidung getroffen hat, nämlich aus strategischer und fortifikatorischer Sicht. An der Saar neu zu bauen. Und das unterstreicht die getroffene Wahl: Saarlouis gehörte von Anfang an zu den 48 Festungen des Königreiches, die zur ersten Klasse gezählt wurden – im Kriege waren gerade sie als Nachschubbasen äußerst wichtig. Sie wurden im besten Verteidigungszustand erhalten und dauernd verstärkt.[4/169]

Vauban nennt in dem Brief aus Dünkirchen den Ort bei Fraloutre, wo die Festung gebaut werden sollte, bestens gelegen.

»Wenn Euer Gnaden mit dieser Lage, die ich sehr gut finde, zufrieden sind, beauftragen Sie Herrn Choisy, den Grundriss auszuarbeiten, den Sie beschlossen haben. Wenn Sie mir die Ehre machen wollten, ihn mir danach zukommen zu lassen, werde ich Ihnen meine Meinung sagen. Übrigens könnte man die beiden Werke links und rechts vom Hornwerk weglassen.« (13/39)

Wir werden sehen, dass *Vauban* später an Ort und Stelle Gründe fand, eine Standortkorrektur vorzunehmen. Einen ersten Einwand hat er bereits angekündigt, nämlich den Wegfall der beiden Halbmonde auf beiden Seiten des Hornwerks, wie sie *Choisy* vorgeschlagen hatte. Die Ortsbestimmung nennt er im nächsten Satz vielsagend ein »wahres Schulbeispiel, das alles zu tun zulässt, was man dort vorhat«. Die Entscheidung, welchen Grundriss die neue Festung haben soll, fünf oder sechs Bastionen – unter anderem eine Kostenfrage –, überlässt er dem Kriegsminister. Am 9. November 1679 antwortet *Louvois* dem Generalbeauftragten für das Festungswesen *Vauban*:*

»Ich habe Ihren Brief vom 4. des Monats erhalten. Der König hat sich für den Bau einer Festung bei Fraloutre entschieden. Dort hält sich Sieur de Choisy auf, um einen Plan zu machen, den Sie, wie ich hoffe, vorfinden werden, wenn Sie hier vorbeikommen und den Sie mitnehmen können, wenn Sie nach Hause fahren.«

Am 11. Dezember 1679 schreibt *Louvois* an *Choisy*:**

*»Ihre Majestät billigt es, dass Sie zum Ersten des nächsten Monats den Oberbefehl in Thionville dem Sieur d'Espagne überlassen und dass Sie noch drei oder vier Monate Ihre jetzige Wohnung behalten können [...]
Indessen gebe ich Ihnen mit Freuden die Nachricht bekannt, dass Ihre Majestät, Ihnen wohlgewogen, das Gouvernement von Fraloutre überträgt. Ihre Majestät erwartet, dass Sie durch große Aufmerksamkeit bei der Ausführung der Arbeiten sich die Gunst erhalten, die Ihnen zu gewähren Ihrer Majestät gefallen hat.«*

Bereits am 11. Januar 1680 erfährt der Postmeister in der Festung Metz von »Vorarbeiten zum Bau einer Festung an der Saar zu Sarloutre bei Vaudrevange« und meldet die Nachricht nach Paris.

9 Louvois wurde er genannt, François-Michel Le Tellier (1641–1691), Marquis de Louvois, einer der einflussreichsten Politiker unter Ludwig XIV.: Surintendant des Bâtiments/ Superintendant für das Bauwesen, Ministre et sécretaire d'Etat de la guerre / Minister und Staatssekretär für den Krieg.

* »J'ai réceu vostre lettre du 4e de ce mois. Le Roy a résolu la construction d'une place à Fraloutre, où le sieur de Choisy est présentement pour faire un projet, que j'espère que vous trouverez ici lorsque vous y passerez et que vous en prendrez le chemin pour vous en retourner chez vous.«(13/40)

** S.M. approuve que laissant au premier du mois prochain le commandement de Thionville au sieur d'Espagne vous ne laissiez pas de rester encore pour trois ou quatre mois dans le logement que vous occupez.
Cependant je vous donne advis avec plaisir que S.M. a bien voulu vous donner le gouvernement de Fraloutre. Elle s'attend que vous tascherez de mériter par une grande aplication à la conduite des ouvrages dont vous estes chargé la grace qu'il luy plaist de vous faire. (Arch. Guerre, vol.626, f° 261/13/41)

Sänfte, in der der Marschall von Vauban reiste.

Der für die Herausgabe der »Gazette de France« in Paris privilegierte Unternehmer lässt bei Hofe Nachfrage halten und verkündet am 20. Januar im Hofblatt die große Neuigkeit: »Die Vorarbeiten zum Bau einer ansehnlichen Festung an der Saar zu Sarloutre bei Vaudrevange, die den Namen Sarre-Louis tragen soll, sind im Gange. Zu ihrem Gouverneur hat der König den Herrn von Choisy, Gouverneur der Citadelle von Cambrai und Kommandant von Thionville, ernannt.«[11/177]

Die Voraussetzungen zum Bau der Festung waren erfüllt: *Vauban* arbeitete an den Plänen und Bauanweisungen, der Name *Saarlouis* stand fest, *Thomas de Choisy* war zum Gouverneur ernannt. Wer war *Thomas de Choisy*?

⚜

IV. Thomas de Choisy – erster Gouverneur von Saarlouis

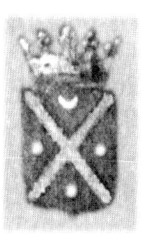

»Le Roi fut en ce temps au comble de la grandeur. Victorieux depuis qu'il régnait, n'ayant assiégé aucune place qu'il n'eût prise, supérieur en tout genre à ses ennemies réunis, la terreur de l'Europe pendant six années de suite, enfin son arbitre et son pacificateur [...] Roi d'une nation alors heureuse, et alors le modèle des autres nations.«(86/385)

François Timoléon Abbé de Choisy

Wappen von Generalleutnant und Gouverneur Thomas de Choisy (1632–1710). 1692 Marquis de Mongnoville.
Das Wappen zeigt ein Schrägkreuz mit Dornenschnitt in blauem Feld; zwischen den Schragen drei silberne Byzantiner und ein silberner Halbmond.

»Der König hatte zu dieser Zeit den Gipfel seiner Größe erreicht, siegreich, seit er regierte, keine Belagerung einer Festung, die er nicht erobert hätte, besser als seine verbündeten Gegner, Schrecken Europas sechs Jahre lang und endlich sein Schlichter und Friedensstifter [...] König einer jetzt glücklichen Nation und damit Vorbild für die anderen.«

François Timoléon Abbé de Choisy (Vetter von Thomas de Choisy)

IV. Thomas de Choisy – erster Gouverneur von Saarlouis

Am 20. Oktober 1679 konnte *Choisy* dem König den besten Platz zum Bau einer Festung an der Saar melden – am 26. Februar 1710 starb er in dieser Festung. Mehr als 31 Jahre bestimmte er als Gouverneur Entwicklung und Leben der Festungsstadt. Die folgende Darstellung seines Lebens zeigt sein tatkräftiges Wirken als Armeeoffizier und Festungsbaumeister im Dienste des Königs weit über die Grenzen der Saarfestung hinaus.

2 *Porträt Choisys. Ausschnitt aus dem vom Kunstmaler und Notar Godmard aus Bar-le-Duc kopierten Gemälde, das im Städtischen Museum Saarlouis hängt. Auf das Bild geschrieben ist der französische Text, zu deutsch: Choisy Marquis von Mogneville*, von Varnay und anderen Orten, Ritter, Brigadegeneral der königlichen Armeen, Gouverneur von Saarlouis, 1700.*

Thomas de Choisy
Marquis de Mogneville,
de Varnay et autres lieux,
Chevalier, Maréchal de camp
des armées du Roy, Gouverneur de Sarrelouis, 1700

Die enge Verbindung der Lebensgeschichte *Choisys* mit »seiner« Festungsstadt Saarlouis soll besonders in diesem Kapitel dargestellt werden. Alle Ereignisse der Anfangsjahre werden so, wie in einem Brennglas gebündelt, vorgestellt, in den folgenden Kapiteln vertieft oder in einem anderen Zusammenhang behandelt.

Baumeister der Festung Saarlouis war von Beginn an der 48 Jahre alte Gouverneur und Brigadier *Thomas de Choisy*, der von sich selbst sagte: »Es gibt keinen Gouverneur, der sich so eng wie ich an die Weisungen des Königs hält«[2/37], dem die Chronisten nachrühmen: *Choisy* war »als einer der besten Ingenieure geachtet«.[13/14] »Er war ein genialer Ingenieur, einer der namhaftesten Baumeister Ludwigs XIV.«[2/36]

Die Zusammenarbeit *Choisys* mit dem ein Jahr jüngeren *Vauban*, dem Generalbeauftragten für das Festungswesen, ruhte auf gegenseitigem Vertrauen. Im Jahre 1671 inspizierte der damalige Ingenieur-Hauptmann *Vauban* Festungen in den Spanischen Niederlanden. Auf einer geheimen Erkundung der Festung Mons begleitete ihn nur der

* Heute schreibt sich der Ort »Mogneville«, so wie auch die Aufschrift auf dem Gemälde lautet. Auf der Grabplatte Choisys (siehe Seite 88) wird der Ort »Mongneville« genannt. Im Saarlouiser Sterberegister (siehe hier Seite 85) taucht die Schreibweise »Moigneville« auf. Wir halten uns im Folgenden an die offizielle heutige Schreibweise.

Ingenieur-Hauptmann *Choisy*; der Bericht ging an den Kriegsminister *Louvois*.⁽⁸¹ᐟ¹⁶³⁾

Choisys Verbundenheit mit »seiner« Festungsstadt kam in dem Wunsch zum Ausdruck, sein Herz möge in einer Bleikapsel in der Ludwigskirche Saarlouis beigesetzt werden. Schon der preußische König *Friedrich Wilhelm III.* hatte anlässlich seines Besuches der Festung im Jahre 1821 die Festungsbaumeister *Vauban* und *Choisy* ausgezeichnet.* Die Redoute an der oberen Saar zum Schutz der Schleusenbrücke – heute steht auf diesem Gelände das Max-Planck-Gymnasium – ließ er »Fort Choisy« nennen. 1968 erhielt dieser Teil des Straßenzuges »Innerer Ring« in Saarlouis den Namen »Choisy-Ring«.

Die Persönlichkeit von *Thomas de Choisy* bleibt aufgrund spärlicher Quellen ohne greifbares Profil, jedoch lassen seine Lebensdaten ein vielseitiges Können und arbeitsreiches Wirken erkennen. Der Vater war der Chevalier/Ritter *Jean de Choisy*, der von 1637 bis 1671 Prévôt**/ Amtmann, Capitaine/Hauptmann und Receveur/Steuereinnehmer war: Seine Herren residierten auf der Pompey-Burg, Avant-Garde genannt, zehn km nördlich von Nancy. Der Bruder von *Jean de Choisy* war Kanzler beim Herzog von Orléans.

Zu Vettern von *Thomas de Choisy* zählten *Jean-Paul de Choisy de Beaumont*, Intendant von Lothringen und Bar sowie der Provinz der drei Bistümer Metz, Toul und Verdun,⁽³⁶⁾ und Abbé *François Timoléon de Choisy* (1644–1724), »ein wissbegieriger Mann mit geschärftem Verstand«.⁽⁸⁶ᐟ¹⁴⁾ Er war Schriftsteller, Mitglied der Académie Française und wurde 1685 vom König zum Botschafter von Siam, heute Thailand, ernannt.⁽⁴⁸⁾ *Choisys* Urgroßvater väterlicherseits war einer von 24 Weinhändlern, die dem königlichen Hofe am Ende des 16. Jahrhunderts überallhin folgten.⁽³⁹ᐟ⁹⁶⁴⁾

Choisys Vater war am Hofe mit geheimen Aufträgen betraut, seine Mutter gehörte zur mondänen Gesellschaft. *Thomas*, 1632 geboren, war das siebente Kind der in Paris lebenden Familie.⁽²ᐟ³⁶⁾ Nach Aufnahme in die königliche Garde (1650) und guter Ausbildung in den Wissenschaften genoss *Thomas de Choisy* schon in frühen Jahren das Vertrauen des Königs, des Kriegsministers und des ein Jahr jüngeren Festungsbaumeisters und stellvertretenden Generalkommissars für das Festungswesen *Vauban*.

Es sollte sich von daher der Hinweis auf unter Verschluss gehaltene Dokumente in Privatbesitz erübrigen, die der Fama Nahrung geben, wonach *Choisy* ein illegitimer Bruder des Königs gewesen sein soll. Diese Frage warf *Jacques Toussaert* auf. Er äußerte sich dazu

3   Der »Choisy-Ring« in Saarlouis im Jahr 1994. Seit dem Ausbau 1968 ist er ein Teilstück des »Inneren Rings«. Er folgt dem Verlauf des früheren Hauptgrabens und führt am ehemaligen »Fort Choisy« vorbei.

*   Friedrich Wilhelm III. besuchte im Jahre 1821 die preußische Festung Saarlouis, die südlichst gelegene Festung im Königreich. Hauptmann Ritter berichtet, dass der König die Umbenennung der Werke »höchsteigenhändig niederzuschreiben geruhte, weshalb dieser Plan [der vorgelegte Festungsplan] als ein überaus schätzbarer Beweis der allerhöchsten Zufriedenheit sorgfältig aufzubewahren ist.«(9/145)

** Lothringens untere Verwaltungsstruktur gründete auf den Prévôtés. Das waren herzogliche Gerichte mit staatlicher und militärischer Verwaltung. »Da der Prévôt auf unterster Ebene auch richterliche Befugnisse hatte, präsidierte er das Gericht seines Bezirkes und hielt mit den ihm unterstellten Meiern der Gemeinden und deren Schöffen in jedem Jahr allgemeine Gerichtstage ab, die sogenannten ›Plaids généraux‹.« (63/93)

zurückhaltend, aber vieldeutig: »Warum wurde ausgerechnet Choisy 1679 an die Saar entsandt? Vauban wusste seit langem die Antwort.«⁽²/³⁷⁾

4   »Herr Marschall von Vauban Sébastien Leprestre, Ritter und Herr von Vauban, Träger des Großkreuzes vom Hl. Ludwig, Marschall von Frankreich und Gouverneur der Stadtfestung von Lille in Flandern.« Nach einem Gemälde von Rigaud.

Mr. le Maréchal de Vauban
Sébastien Leprestre
Chevalier Seigneur
de Vauban
Grand Croix de l'ordre
de St. Louis
Maréchal de France
et Gouverneur
de la Citadelle de l'Isle
en Flandres.

Offizier und Ingenieur in der königlichen Armee

Nach dem Dienst in der königlichen Garde⁽²/³⁷⁾ wird der junge Leutnant 1659 Regimentsadjutant im Kavallerieregiment Saint Diery, mit dem er ins Feld zieht. Er dient darauf in der Leibkompanie Spanisches Infanterieregiment und studiert ab 1666 Mathematik, Vermessung, Architektur und Festungsbau. Zwei Jahre später, mit 36 Jahren, erhält er das Patent zum Festungsbauingenieur.⁽¹⁷/¹⁶⁷⁾

Kriegsminister *Louvois* lernt *Choisy* in der Festung Lille kennen und bezeichnet ihn als den Fähigsten von allen, die sich in ihr aufhalten. Und auch *Vauban* bestätigt, dass er ihn seit Lille kennt, wo er 1668 mit dem tüchtigen Mann zusammengearbeitet hat.⁽⁷²/¹⁴⁾ Vier Jahre lang (bis 1672) leitet er als Directeur des traveaux/Baudirektor die Operationen an der Festung Charleroi.⁽³⁶⁾

Am 14. August 1669 folgt er in der Stabskompanie des Infanterieregiments de Castelnau dem ehrenvollen Ruf, die Fahne zu tragen. Er wechselt 1670 zu der in Holland operierenden Armee und wird am 6. Oktober zum Hauptmann befördert.⁽¹⁷⁾

Im Regiment »Champagne« nimmt *Choisy* im April 1672 am Feldzug gegen die Provinz Holland (»Guerre de Hollande«/Holländischer Krieg) in der Armee des Oberbefehlshabers Prince *de Condé* teil.⁽¹⁷⁾

Ludwig XIV. hatte 1672 den zweiten Eroberungskrieg begonnen, der sechs Jahre später endete. Mit seinen Armeen fiel er in das reiche Holland ein. Durch Öffnen der Deiche konnten die Holländer Amsterdam vor dem Zugriff des Angreifers bewahren. Ihr Oberbefehlshaber war der 21 Jahre alte *Wilhelm von Oranien*, in den folgenden Kriegsjahren einer der eifrigsten Widersacher *Ludwigs XIV.*

1673 leitete *Vauban*, bevollmächtigter Generalkommissar für die Festungen, unter dem Oberbefehl des Königs die Belagerung und Eroberung der starken Festung Maastricht. Auch *Choisy* nimmt an der Eroberung von Maastricht teil. Ihm wird danach eine Offiziersstelle in der Garde angeboten[36/82], aber er will bei der Truppe bleiben.

Vauban findet warmherzige Worte für ihn: »Er ist es«, schreibt er in einem Brief vom 1. Januar 1673, »dem ich von allen am meisten zutraue: wegen seines Könnens und wegen der Stichhaltigkeit seiner Argumente.«[36/82]

Nach dem Fall der Festung am 29. Juni 1673 erhält *Vauban* für seine Leistungen vom König eine Gratifikation von 84.000 Livres, für die er sich seinen Wohnsitz, das Schloss Bazoche, kauft.[74/4]

Ebenso erwähnenswert ist, dass bei den Sturmtruppen vor Maastricht neben dem Hauptmann *Choisy* zwei junge Offiziere für den König kämpften, die 28 Jahre später – im Spanischen Erbfolgekrieg – vor Saarlouis mit ihren Armeen gegeneinander stehen: *John Churchill*, der spätere Duke of Marlborough, und der spätere Marschall *Louis Hector de Villars*.

5   *Henri de Turenne*, geboren 1611, wurde 1643 im Dreißigjährigen Krieg Marschall. Er errang viele Siege für Frankreich, wie hier 1658 bei Dünkirchen. *Ludwig XIV.* beförderte ihn 1667 zum Generalmarschall. 1675 traf er auf die kaiserlichen Truppen unter *Montecuccoli* und wurde bei Sasbach von einer Kanonenkugel getötet. Sein Nachfolger wurde der Marschall *Crequi*. Die Herzen von *Turenne* und *Vauban* fanden auf Befehl Kaiser *Napoleons* im Invaliden-Dom in Paris ihre Ruhe.

Von 1673 bis 1675 nimmt *Choisy* in der Deutschland-Armee des Marschalls *Turenne*[64] an den Gefechten von Sinsheim, Enzheim (1673), Mühlhausen, Türkheim und Sasbach (1675) teil.[17]

Choisy wird am 22. Juni 1675 in der Provinz Limbourg im Range eines Hauptmanns Stellvertreter des Gouverneurs*/Lieutenant de Roy de Limbourg.[17] In der Armee versieht er den Dienst als Lieutenant Aide-Major/Adjutant eines Stabsoffiziers. Was ihm aber mehr bedeutet: Es wird ihm das Patent zum königlichen Ingenieur ausgehändigt, ein Titel, der auf Betreiben *Vaubans* erst 1668 vom König gestiftet wurde.[36]

Choisy leitet anschließend die Festungsarbeiten nach Plänen *Vaubans* an der Maasbefestigung de Huy, den Ausbau der Zitadelle von Liège/Lüttich und Verstärkungsarbeiten an der Festung Maastricht.[13]

Für den König besaß die Festung Maastricht eine militärische Schlüsselstellung. Zusammen mit Lüttich konnte die ausgebaute Maaslinie verteidigt werden. Diese Front war zugleich die optimale Operationsbasis für Feldzüge zum Rhein.

*Maurice Noël*** hat sich mit den Ereignissen, die sich drei Jahre nach der Eroberung der Festung Maastricht abspielten, befasst. Er verweist darauf, dass der König nicht nur die Mauern verstärken ließ, sondern auch eine starke Garnison hineinlegte: 6.180 Mann Infanterie und 1.280 Mann Kavallerie standen unter dem Oberbefehl des Gouverneurs; des Marschalls *Calvo*, eines Katalanen, voller Energie, resolut und, obwohl Spanier, dem französischen König ergeben. Sein Leben lang war er ein stolzer Kavallerist und sagte von sich: »Ich verstehe rein nichts von der Verteidigung einer Festung, alles, was ich weiß – ich werde mich nicht ergeben.«[36/83]

1676 wird die Lage für die Festung Maastricht bedrohlich. Der Prinz von Oranien steht mit 25.000 Mann davor und schließt sie ein. Der König sendet dem Marschall den 44-jährigen *Choisy* zu Hilfe. Damit tritt – nicht zum ersten Male – für den Ingenieur-Offizier *Choisy* der klassische Fall ein, dass ein verdienter Offizier aus hohen Adelskreisen zwar den Oberbefehl führt, zur Unterstützung seines Auftrages aber unbedingt einen Experten – in diesem Fall einen Festungsingenieur – braucht.

»*Choisy* ist von großer Hilfe, er ist hier unentbehrlich. Rognon [ein Infanterieoffizier] hätte alles in allem diese Aufgabe nicht meistern können. Er [*Choisy*] meint, dass die Schanzen, die er auf den Werken errichten ließ, den Feind lange aufhalten werden, vorausgesetzt, die Truppen erfüllen, wie vorauszusehen, ihre Pflicht«, heißt es in einem

---

* Zehn Jahre später wird Choisy als Gouverneur von Saarlouis seinem Lieutenant de Roi, Perron du Lys, das Quartier an der Place d'armes anbieten – in der Garnisonsbäckerei. Der Königsleutnant war als Offizier stets Stellvertreter des Befehlshabers am Platz in der Region. Später wurde ein Königsleutnant berühmt, der im Siebenjährigen Krieg 1759 nach der Besetzung Frankfurts im Hause Goethes einquartiert war und »der, obgleich Militärperson, doch nur die Zivilvorfälle, die Streitigkeiten zwischen Soldaten und Bürgern, Schuldensachen und Händel zu schlichten hatte. Es war Graf Thorance, von Grasse in der Provence ...« (J.W. v. Goethe, Dichtung und Wahrheit, 3. Buch)

** Noël, geboren 1926 in Herserange, war Studienprofessor am Gymnasium in Pont-à-Mousson. Seit 1991 im Ruhestand, hat er mehrere Werke und Beiträge zu Le Pays-Haut und Longwy veröffentlicht. Er ist Président de la Société d'histoire de Longwy et du Pays-Haut.(36)

Bericht des Marschalls *Calvo*, den er nach Paris sendet.⁽³⁶/⁸³⁾ Die Festung schlägt mehrere Angriffe zurück und hält tapfer 41 Tage Belagerung aus, davon neun Tage lückenlose Einschließung. Nach Eintreffen einer Entsatzarmee hebt der Prinz von Oranien die Belagerung auf und zieht sich zurück. Der Erfolg wird *Thomas de Choisy* zugeschrieben.

Marschall *Calvo* sendet *Choisy* zu *Louvois* und gibt ihm einen zusammenfassenden Bericht über die Ereignisse mit. Darin steht: »Ich bin der Auffassung, Ihnen niemanden schicken zu können, der Sie besser über das informiert, was sich während der Belagerung zugetragen hat, als M. de Choisy, der, das ist sicher, einen sehr großen Anteil an den Verteidigungsanstrengungen, die sich hier abspielten, hat, und folglich berufe ich mich auf ihn ...«⁽³⁶/⁸³⁾

6   *König Ludwig XIV. (1638–1715) nach einem Stich von E. Seriven.*

Der König verleiht Choisy den Titel eines »Ritters der Armee« und lässt ihm 3.000 Livres zukommen

Für seine militärischen Erfolge wird *Choisy* am 2. Oktober 1676 zum Brigadier/Generalmajor der Infanterie befördert. Von jetzt an steht er am Hofe in dem Rufe, einer der besten Ingenieure der Armee zu sein.

Louvois überträgt *Choisy* neue Aufgaben: Noch 1676 beginnt er mit dem Ausbau der befestigten Plätze in der Champagne. Sein Bezirk reicht von Dinant an der Maas, 30 km südlich von Namur, bis nach Thionville an der Mosel. Dazu gehören die festen Plätze auf der Festungslinie von Philippeville über Rocroi, Bouillon, Sédan nach Montmédy.⁽³⁶/¹³⁾

Im Holländischen Eroberungskrieg stand die Zweite Armee 1677 unter dem Oberbefehl des Bruders des Königs, des Herzogs *Philipp von Orléans*. »Monsieur war winzig und es mangelte ihm nicht selten an Würde.«⁽¹⁶/¹¹⁹⁾ Bevor er vor die Festung St. Omer (40 km von Calais entfernt) zog, teilte ihm der König den Brigadier *Choisy* zu, der ihn bei der Belagerung und dem erfolgreichen Angriff beriet.⁽³⁶⁾ Einer Komödie gleich spielte sich diese Eroberung der Festung St. Omer und der 15 km entfernten Festung Casse ab, wo der gefürchtete Gegenspieler, der Prinz von Oranien, stand. Von dem Historiker *Visconti* erfahren wir, dass der Weichling und Männerliebhaber *Philipp* sich, geschmückt und gepudert, mit bunten Bändern geziert, auf hohen Absätzen tänzelnd in lässiger Manier, aber furchtlos in das heißeste Kampfgetümmel stürzte. Nach dem großen Sieg zog *Philipp* als großer Held in das jubelnde Paris ein, *Choisy* aber durfte ohne Tamtam in das Gouvernement Limbourg zurückreiten. Wegen des grandiosen Empfangs durch die Pariser entschied der König: Kein Angehöriger meiner Familie darf je wieder ein Armeeoberkommando erhalten![16/202]

In diesem Feldzug, während des Holländischen Krieges 1672–1678, kommandierte der König die Erste Armee. Ihm stand *Vauban* zur Seite, dem vier Jahre zuvor das Hauptverdienst für die Einnahme von Maastricht mit Hilfe von Wendegräben, Sappen genannt, zugesprochen worden war. Die Festungen Valencienne und Cambrai werden erobert. Zum Gouverneur der Bischofsstadt Cambrai an der Schelde wird am 17. April 1677 *Choisy* ernannt.*

Doch schon am 2. Juli 1677 lässt *Louvois* den Gouverneur *Choisy* auf Vorschlag *Vaubans* nach Thionville an die Mosel kommen. Er soll dort, so heißt es offiziell, als Oberkommandierender den für drei Jahre abwesenden Gouverneur, den Marschall *Graucey*, vertreten.[13/14] Was ist der wahre Grund? Zwischen der Ernennung zum Gouverneur von Cambrai und der Berufung an die Moselfestung Thionville liegen gerade neun Wochen. Der König betreibt bereits zu dieser Zeit das Ende des zweiten Eroberungskrieges gegen die Provinz Holland, begonnen 1672. Der bisherige Kriegsverlauf hatte ihm die bittere Einsicht beschert, dass, entgegen seiner Einschätzung, Holland sich europäische Verbündete zu beschaffen und zu wehren wusste. Daher erhielten schon im April 1677 die französischen Diplomaten Weisung, den Frieden vorzubereiten. Der König und sein Minister *Louvois* planten einen Etappenfrieden, sie bereiteten weitreichendere Ziele vor. *Choisy* war für neue Aufgaben vorgesehen.

Im Frieden von Nimwegen ließ sich der König als glorreicher Sieger feiern, die Landgewinne der Krone in der Provinz Flandern sowie die eroberten Städte Bouchain, Condé, Ypern, Valencienne, Cambrai waren der hohe Preis, den die Spanischen Niederlande für den von Ludwig dem Großen angezettelten Krieg zahlten. Gegenüber dem eigentlichen Kriegsgegner Holland und seinen Alliierten signalisierte der König jedoch Großmut: Er wolle im Friedensvertrag auf die Festung Maastricht und andere Eroberungen verzichten.

Der Friede kam, und in der Tat: Holland blieb unangetastet. Die jedoch von den Unterhändlern der Verbündeten mit Nachdruck geforderte Rückgabe Lothringens an den Herzog passte in keinem Fall zu den Plänen des Königs, und so ließ er gegen die Rückgabe

* Für den König war Cambrai nicht irgendeine Festung. Er hatte sie selbst erobert. »Nie zuvor hatte der König so viele Befehle selbst gegeben oder so viele Tage auf dem Rücken seines Pferdes verbracht wie Ludwig XIV. vor Cambrai. Er inspizierte alles, handelte ohne Zögern, gab für alles Anweisungen, war überall zugegen.«(16/204)

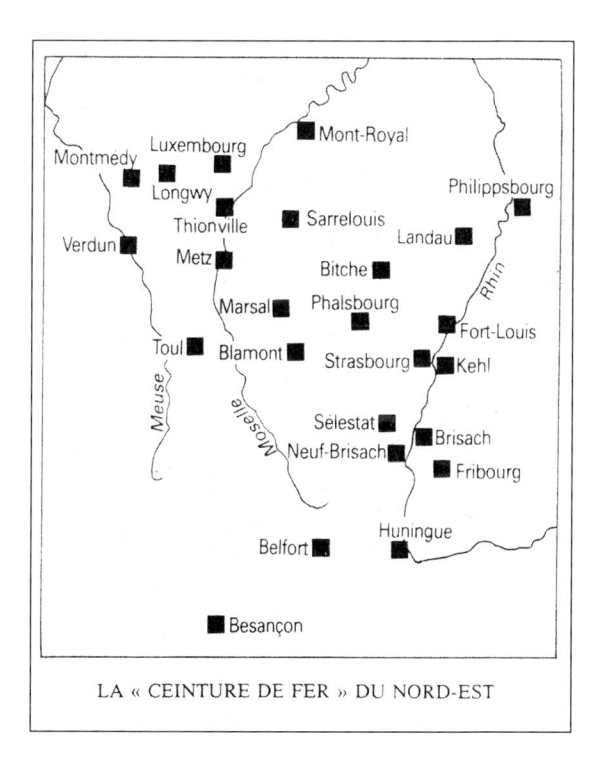

7   Vauban hatte die Idee des »Pré Carré«, eines Festungsgürtels an der Ostfront des Königreiches. Was daraus wurde, zeigt das Kartenbild. (39/1568)

LA « CEINTURE DE FER » DU NORD-EST

dieses Herzogtums immer neue und härtere »Friedensforderungen« vortragen. Gerade Lothringen wollte er behalten und als Grenzgebiet seines Reiches sichern. Die lothringischen Lande brauchte er, um die bestehende Festungskette, begonnen an der Nordgrenze zu Flandern und an der Maas, weiter nach Süden verlängern zu können.

Vauban hatte seine Idee einer befestigten Grenze – er nannte sie Pré Carré – dem König wiederholt vorgetragen. 1678 konnte er sie in seiner Denkschrift über die Grenzfestungen Flanderns, »Mémoires des Places frontières de Flandre«, erscheinen lassen.(39/1568)

Vauban spricht hier von einem nördlichen Riegel, einer Kette von Festungen, die von Neuport an der Nordsee über Charleroi bis an die Maas reichen sollte. Die Vorstellungen und Pläne des Königs und seines Kriegsministers *Louvois* gingen jedoch viel weiter. Sie befahlen, diese Grenzlinie von der Maas über Montmédy bis zur Mosel und Saar zum Oberrhein zu verlängern: »Il me semble, que la frontière seroit parfaitement bien fortifiée depuis la mer jusqu'aux Suisses.«(13/39) *Vauban* erhielt den Auftrag zur Planung der Festungskette.

8 Die Schwesterstadt Longwy liegt nur 100 km von Saarlouis entfernt. Große Teile der äußeren Festungsbauten sind noch erhalten. Dieses Bild zeigt den Blick aus einem Bastions-Oreille auf den südlichen Hauptgraben. Die vordere Brücke führt von der Porte de France, links im Bild, auf die Demi-Lune.

General Choisy baut Longwy und erkundet den Festungsplatz an der Saar

Ein bedeutender Schritt zur Verwirklichung des Grenzprojekts waren die Berufung *Choisys* nach Thionville an der Mosel und die ihm erteilte Weisung, sich in Verstärkungen und Neuerungen im Festungsbau einzuarbeiten.

Zu Beginn des Jahres 1677 ging *Choisy* auf Studienreise in die unter seine Aufsicht gestellten Befestigungen von Charleroi, Nancy, Marsal und Freiburg.[36]

Ein Jahr später, 1678, wird endlich in Nimwegen der immerwährende Frieden mit Holland und Spanien geschlossen, im Frühjahr 1679 mit Kaiser und Reich. Der König hatte erreicht, das Königreich Frankreich – das heißt das Haus Bourbon – zur führenden Kraft in Europa zu machen. Aus dieser nun errungenen Position gibt er jetzt Befehle zum Bau der neuen Festungslinie; und, was in Europa Entrüstung und Schrecken auslöst, er gibt auch Anweisungen zur Eroberung benachbarter Gebiete mit den »Waffen der Juristen«. Zwischen 1679 und 1683 nämlich werden die Réunionen beschlossen und durchgeführt, das heißt die Annexion von Gebieten aufgrund von überlieferten lehensrechtlichen Ansprüchen und Urteilen von Sondergerichtshöfen. 1685 befiehlt der König die Schaffung einer aus Gebieten und Herrschaften dieser Region bestehenden Province de la Sarre.

9/10 Die Ähnlichkeiten zwischen den Festungsstädten sind unverkennbar und bei einem Besuch in Longwy leicht nachzuvollziehen. Oben die Porte de France von innen und von außen gesehen.

11 Den vollständig erhaltenen Halbmond kann man vom Hauptgraben aus umwandern.

12 Die Fassade St. Dagobert erinnert an alte Bilder der Saarlouiser Barockkirche.

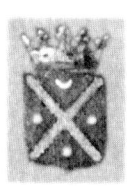

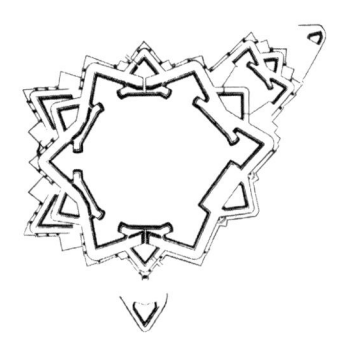

13 Wie Saarlouis hatte Longwy sechs Bastionen und ein Hornwerk. Im Zentrum liegt die Place d'armes, 65 m im Quadrat, mit Gouvernement gegenüber der Kirche und Hôtel de Ville.

14 Eine Besonderheit ist das 1680 errichtete Brunnenhaus auf der Place d'armes in Longwy, aus dessen 60 m tiefem Brunnen Wasser gefördert werden kann.

Der König kann sich zur Durchsetzung seiner Absichten auf einen Staatsapparat stützen, der aus unserer Sicht als modern bezeichnet werden muss. Er funktionierte mit großem Erfolg: »Die äußeren Instrumente, durch die Ludwig der Vierzehnte seine allgegenwärtige Herrschaft ausübte und befestigte, waren Bürokratie, Polizei und stehendes Heer, drei Elemente, die das moderne Staatswesen in hervorragendem Maße charakterisieren.«[30/504]

Im August 1678 wird *Choisy* vom König davon unterrichtet, dass er in der Gegend der mittelalterlichen Burg und Probstei Longwy eine Festung bauen wolle. *Choisy* sei »der Erste«, den er wegen der besten Platzierung um Rat frage.[13/14] Nachdem *Choisy* zweimal Örtlichkeit und Lage untersucht hat, unterbreitet er seine Vorschläge dem König. Dieser vergleicht sie mit dem Projekt, das *Vauban* vorgelegt hat. Ihm zufolge sollte ein kleiner Waffenplatz auf dem gegenüberliegenden Bergrücken (375 m hoch) – genannt Bois de Châ – gebaut werden. Begünstigt würde diese Lage durch den Zusammenfluss der Moulain mit der größeren Chiers unterhalb des Bergrückens.[36/84] Der König besteht jedoch auf *Choisys* Entwürfen und beauftragt ihn, die Festung 1.000 m nördlich der alten Burgfestung in der Manier *Vaubans* zu bauen. *Choisy* beginnt den Bau im August 1679 auf dem von ihm bestimmten Platz, wohin er sich mehrmals in einer Sänfte tragen lässt.[72/17]

Am 14. April 1680 kann *Choisy* den Grundstein legen. Die neue Festung entsteht am Rande eines Hochplateaus, das zur Chiers hin steil abfällt. »Der Grundriss [...] entsprach einem leicht unregelmäßigen Sechseck, das an jeder Ecke in eine Bastion auslief.«[27/246]

Nach dem Urteil von Zeitgenossen kam der Ausbau der Grenze mit Festungen ganz der Mentalität des Sonnenkönigs entgegen, einmal weil er im »Festungsbau sehr beschlagen war« und zum anderen »scheute dieser König die Schlacht, in der der Zufall eine allzu große Rolle spielt, während sich bei einer Belagerung eher Vorsorge treffen und damit die Gefahr, sein Ansehen aufs Spiel zu setzen, verringern lässt [...]«[8/31]

Diese Einstellung des Königs war verständlich. Von bedeutenden Militärs wie *Turenne, Vandome, Villars* und gerade *Vauban* musste man eine andere Auffassung erwarten. Für sie war und blieb das Hauptziel die Bekämpfung des Gegners im Felde und die Vernichtung seiner Armeen, wozu Festungen als wichtige Stützpunkte dienten.

Am 12. Juli 1679 – fünf Monate nach der Unterzeichnung des Friedens von Nimwegen – erreicht *Choisy*, wie oben bereits ausgeführt, die Aufforderung, auch an der Saar den geeigneten Platz für den Bau einer Festung zu erkunden. *Choisy* kann zunächst vor Schmerzen die Reise nicht antreten. Wegen eines schweren Gichtanfalls hat ihm der Arzt Aderlass und unbedingte Ruhe in seinem Haus in Thionville verordnet. Wir erfahren hier zum ersten Male von der beschwerlichen Krankheit, an der *Choisy* zu leiden hatte und die ihn Jahr für Jahr mehr belastete. Trotz allem rafft er sich einen Monat später, im August 1679, auf. Mit Mühe kann er die begonnenen Bauarbeiten im 50 km entfernten Longwy besichtigen. *Louvois* zeigt gegenüber *Choisy* Mitgefühl und stellt ihm zur Bewältigung der Verwaltungsarbeiten und zur Überwachung des Finanztransfers seinen Vertrauten und bewährten Beamten Sieur *Claude Boisot* zur Seite.[13/40]

Ende September schließlich bricht *Choisy* zur anstrengenden Inspektion an die Saar auf. Nach längerer Reise in Thionville wieder angekommen, schreibt er am 20. Oktober 1679 an *Louvois* und schlägt vor, die Festung an der Saar in das Wiesengelände gegenüber der Damenabtei Fraloutre zu bauen, und liefert die entsprechenden Pläne. Von seiner Erkundungsreise hat er auch Pläne zur Verstärkung der Festung Homburg mitgebracht und die strategische Lage von Saarbrücken erkundet.[13/17]

Die weiteren Ereignisse am »Standort Saar« sollen, weil in Kapitel III bereits erörtert, hier nur kurz skizziert werden. Der zeitliche Ablauf belegt, wie zügig die Befehle des Königs umgesetzt wurden; andererseits machen sie die Leistungen *Choisys* deutlich.

Am 26. Oktober 1679 fordert *Louvois Choisy* auf, neue, detailliertere Pläne und Skizzen speziell für die Umgebung der Festung an der Saar vorzulegen. *Louvois* seinerseits schickt am 26. Oktober 1679 die bereits vorliegenden Pläne und Unterlagen *Choisys* zur Begutachtung an *Vauban*.[13/19]

Vauban antwortet am 4. November aus Dünkirchen, dass *Choisys* Wahl für den Platz der Festung ebenso wie der beigefügte Plan seine Zustimmung finden, und *Louvois* antwortet am 9. November: »Der König hat die Errichtung einer Festung à Fraloutre/bei Fraulautern beschlossen.«[13/39]

Am 11. Dezember teilt *Louvois Thomas de Choisy* mit, dass der König ihm schon jetzt das Gouvernement der »Festung Fraloutre« übertragen habe, und am 1. Januar 1680 erhält *Choisy* von *Louvois* die Erlaubnis, den Oberbefehl in Thionville an den Sieur d'Espagne abzugeben.[13/41] *Choisy* lässt seine Sachen zusammenpacken und bezieht Quartier in Wallerfangen.[6/2]

15 Vauban mit Marschallstab, 1905 von Guillot geschaffen. Das Denkmal steht in seinem Geburtsort St. Léger de Vauban – vor 1867 St. Léger-de-Foucheret – 20 km südostwärts von Avallon, Nordburgund.

Am 8. Januar 1680 nimmt *Vauban* mit seinen Mitarbeitern ebenfalls Quartier in Wallerfangen[6/2], in dem seit 1633 eine französische Einheit als Besatzung liegt. Bei großer Januarkälte inspiziert *Vauban* das Gelände, das *Choisy* als Bauplatz vorgesehen hat. Dabei melden sich bei ihm mehr und mehr Bedenken, und er kommt zu dem Schluss, dass die von *Choisy* vorgesehene Platzierung der neuen Festung fragwürdig ist.

Anhand der Aufzeichnungen *Vaubans* im »Projet« und der ersten Festungspläne können wir uns ein Urteil über die nachgebesserte Platzierung von Saarlouis und die strategische Konzeption *Vaubans* bilden. Siehe dazu Kapitel VI. »Hier ist die einzige Seite, an der der Feind gezwungen ist anzugreifen.«

Im Zusammenhang mit der vom König geforderten Sicherung der Ostgrenzen des Königreiches wollte *Vauban* Saarlouis als ein beherrschendes Glied der Festungskette bauen. *Vauban* weist darauf hin, dass nach dem Bau der Festung Saarlouis die gesamte Region sich »in absoluter Sicherheit vor dem Einbruch der deutschen Armeen« befindet, »denen es unmöglich gemacht wird, sich in diesem Lande festzusetzen oder sich sonst wie zu betätigen«.[1/§61]

Zuvor hatte *Choisy* als »Kundschafter« – wie aus seinem Bericht hervorgeht – der zu bauenden Festung eine vielversprechende Platzierung zugedacht. Das Hornwerk sollte an die Stelle des Klosters Fraulautern zu liegen kommen, die Festung am linken Saarufer in den Auwiesen. »Der Fluss wäre eingebunden zwischen Festung und Hornwerk«, hatte er am 20. Oktober 1679 dem Kriegsminister geschrieben, und »man müsste Schleusen bauen, um den Fluss auf die ganze Wiese zu leiten«.[13/16] So wäre die Festung »fast unüberwindlich«.

Vauban wird *Choisy* in einem Punkt Recht gegeben haben: Eine Überschwemmungsfestung, mitten in die Au gebaut, würde dem Feind jede Möglichkeit nehmen, an Vorwerke und Bastionen heranzukommen.

Die Konsequenz aber wäre, so wird *Vauban* seinem Mitarbeiter deutlich gemacht haben, dass die feindlichen Armeen an der Festung vorbeiziehen würden – da sie von keinen nennenswerten Ausfällen und Störungen durch die sich selbst einschließende Festung zu rechnen hätten. Gerade das Gegenteil aber sollte sie leisten – sie sollte die Belagerungsarmee nachhaltig belästigen, ihren Nachschub durch Störtrupps unterbrechen und damit die feindlichen Kräfte binden.

Nach dem Willen *Vaubans*, der seit 1678 Generalbeauftragter für das Festungswesen im Königreich war, musste die Lage der Festung verschoben werden, und zwar dahin, wo es *den* Abschnitt entlang der ganzen Festungsfront geben würde, an der der Feind zum Angriff gezwungen ist; und diese Festungsfront fand *Vauban* an der Westseite, von den Ingenieuren später front d'attaque/Angriffsfront genannt. Sie lag gegenüber dem Galgenberg, südlich von Wallerfangen. Hier war ebenes, freies Gelände, aber durch Stauwässer sumpfig und voller Baumstümpfe. Den Angreifer würde an dieser Stelle eine starke Abwehrfront in Form eines überhöhten Vorgrabens mit einer starken Strömung erwarten, schreibt *Vauban*. Dann stünde der Feind vor einer »ausgezeichneten Kontereskarpe, die er nur nach Überwindung des Vorgrabens angehen kann, das heißt über Engstellen und unter der Mündung der Musketen. Danach müsste er das Grabenwasser um die Halbmonde überwinden und anschließend den Hauptwassergraben, gefüllt mit 2,50 m tiefem Wasser.«[(1/§160)] Inzwischen würde die eigene Operationsarmee eingetroffen sein und den Gegner schlagen. Die Festung hätte ihre Aufgabe erfüllt.

Aus diesem Report geht deutlich hervor, wie *Vauban* die Aufgabe der Festung unter strategischem Blickpunkt sah. Folgerichtig änderte er das Projekt *Choisys* zu Beginn der Bauarbeiten Anfang 1680 und ließ die Umrisse der Festung im Gelände etwa 1.000 m in Richtung Wallerfangen südwestlich des von *Choisy* ausgemachten Standortes gegenüber der Abtei Fraulautern trassieren. Die Änderung teilt er *Louvois*, dem Kriegsminister, mit.

16 Die Nordwestfront der Festung Saarlouis, die Front d'attaque, macht die Situation für einen Angreifer deutlich: Er musste über den Vorgraben mit den Lünetten 23 und 24, wo ihn starkes Feuer empfing. Dann musste er über das 180 m breite Glacis stürmen, wo er auf die Kanonen eines »Halben Mondes« stieß. Nach Überwinden der Halbe-Mond-Gräben stieß er 86 m weiter unter dem Feuer der Bastionen auf den 40 m breiten Hauptgraben.

17　Choisy gibt seinen Ingenieuroffizieren Anweisungen.

18　Bild auf einem Teller zur 300-Jahr-Feier der Stadt Saarlouis der Firma Villeroy & Boch.

Ende August 1680 inspiziert *Louvois* überraschend die Arbeiten zum Bau der Festung Saarlouis. Es geht ihm in erster Linie um die »neue Lage«. Er ist mit ihr zufrieden, denn er schreibt unter anderem an den König: »Der Platz für diese Festung ist ausgezeichnet.«⁽¹³/⁴²⁾
Vauban arbeitet im Januar an den Bauanweisungen und Einzelplänen und stellt am 8. Februar in Wallerfangen das »Projet instructif de la fortification de Sarre-Louis« fertig.⁽¹³/⁴⁴⁾ Gouverneur *Choisy*, der den Festungsbau durchführen soll, erhält alle Unterlagen.
Am Hofe wird am 12. Februar 1680 der Name *Sarrelouis* für die neue Festung genannt, wie aus einem Brief von *Louvois* an *Boisot* hervorgeht.⁽¹³/⁴¹⁾
Der Bau der Festung *Sarrelouis* dauert von Anfang 1680 bis Ende 1685, also rund sechs Jahre. *Choisy* leitet die Arbeiten an den Festungswerken und den Aufbau der Stadt. Der von *Louvois* berufene Kommissar für die Organisation der Baumaßnahmen und die finanziellen Abwicklungen für Longwy, *Claude Boisot*, kommt auch mit *Choisy* nach Saarlouis.⁽¹³/⁴³⁾

Gouverneur Choisy baut die Festungen Sarrelouis und Montroyal und befehligt auf mehreren Kriegsschauplätzen

Boisot amtiert während des Baus der Festung Saarlouis in einem Neubau am Hussar in der Nähe des Saarufers unterhalb der Mündung des Schwarzbaches. An dieser Stelle lässt er eine Jochbrücke für den Baustellenverkehr errichten.
In der Festung Longwy legt *Choisy* am 14. April 1680 den Grundstein in den Schulterwinkel der sechsten Bastion, genannt Fauxbourg, rechts vom Französischen Tor. Am 5. August 1680 – zehn Tage vor dem Fest Mariä Himmelfahrt, das *Vauban* zur Grundsteinlegung bestimmt hatte – legt er in Saarlouis den Grundstein zur neuen Festung,⁽¹⁰/³⁾ vergleichbar mit Longwy, in den Schulterwinkel der Saarbastion, rechts vom Deutschen Tor.
Der König besucht am 8. Juli 1683 die im Bau befindliche Festungsstadt und lässt dem Baumeister und Gouverneur *Choisy* feierlich die neuen Insignien der Festungsstadt, das Stadtwappen mit der Sonne im Schild und die Gründungsmedaille SARLOISIUM CONDITUM MDCLXXXIII, überreichen. Auf der Vorderseite stehen um das Bildnis des Königs die Worte: *Ludovicus Magnus Rex Christianissimus* / Lud-

IV. THOMAS DE CHOISY – ERSTER GOUVERNEUR

19 Am 5. August 1680 legte Choisy den Grundstein für die Festung Saarlouis in den Schulterwinkel der Bastion de la Sarre/Saar-Bastion.

20 »Auf Befehl Ludwig des Großen wurde dieser Grundstein von Saarlouis durch Herrn Thomas de Choisy, Gouverneur der Festung, gelegt«. Die Inschrift wurde bei Abbrucharbeiten der Ludwigs-Kirche 1965 bis auf acht lesbare Wörter zerstört. Der Text wurde vom Verfasser ergänzt. Siehe dazu die Ausführungen in Kapitel XVII.

wig der Große, Allerchristlichster König. Der König lobt den guten Zustand der Truppen und »händigte beachtliche Geschenke an die Obristen und Hauptleute aus«.[15/13]

Im Spätsommer 1683 kontrolliert *Vauban* auf einer Inspektionsreise den Fortgang der Arbeiten an der Festung. Er prüft vor allem die Fundamente der Schleusenbrücke und drängt auf den Bau der Contregarde/des Kernwerks saarabwärts zum Schutz der Schleusenbrücke, heute »Vauban-Insel« genannt.

Weder Akten der preußischen Kommandantur noch des Festungsarchivs noch Akten der Garnisonsverwaltung sind erhalten, in denen die militärischen und administrativen Aktivitäten *Choisys* nachzulesen wären. Die Saarlouiser Chronisten *Motte, Baltzer, Richter* geben nur Hinweise, soweit die ihnen zugänglichen Notariatsakten Auskunft geben und soweit sie sich in der Lage sehen, besondere Bürgerinteressen zu interpretieren.

Motte spricht beispielsweise in seiner »Chronik von Saarlouis« erst auf Seite 8, nachdem er *Vauban* als »ersten Ingenieur Europas«

gewürdigt und diesem die Wahl des Platzes für die neue Festung zugeschrieben hat, von einem »anderen geschickten Ingenieur [...] dem Generalleutnant Graf *de Choisy*«.[16/8] Auf Seite 18 berichtet er lediglich, dass *Choisy* am 2. Juni 1685 den Grundstein zur Kirche legte.

Es gab jedoch viele Aktivitäten *Choisys*, die erwähnenswert sind. *Choisy* war beispielsweise aufgrund aktueller Verhältnisse und Forderungen gezwungen, den Idealplan Vaubans, der die Aufteilung des Stadtgebietes festlegte, zu modifizieren. Im Endergebnis musste er wegen der großen Nachfrage die Baustellen um 228 auf 494 erhöhen, das Arsenal verlegen und Platz für das von den Notabeln und Bürgern gewünschte Augustinerkloster schaffen. Den Abteien und Klöstern der Umgebung besorgte er für ihre Refugien günstig gelegene Bauplätze in der Festung, dem Kapuzinerkloster aus Wallerfangen verschaffte er gleich zu Anfang vor den Mauern einen ausbaufähigen Platz, der gleichzeitig zur Verstärkung des Retranchements/der Schanze am Lisdorfer Kanal diente.

Viel Mühe machte sich Gouverneur *Choisy* um die Ansiedlung der Wallerfanger Bürger, die nach Saarlouis wollten. Sie sollten sich in der neuen Stadt wohl fühlen. Die Patres *Gargan* und *Gaillon* aus Paris vom Orden der Franziskaner-Rekollekten wurden von Versailles aus zu Pfarrern von St. Ludwig bestellt. Sie wohnten ab November 1683 in Wallerfangen im Haus des Gouverneurs *Choisy* und betreuten von da aus die Soldaten in den Barackenlagern und die Wallerfanger Bürger. Am 21. April 1686 zogen sie in das fertig gestellte Pfarrhaus in Saarlouis um. *Choisy* rechnete es ebenso zu seinen Aufgaben, sich um die Bauplätze der Notabeln und der aus allen Himmelsrichtungen kommenden Kaufleute, Händler und Handwerker zu kümmern. Für Stabsoffiziere und Bürger verhandelte er mit dem Abt von Wadgassen wegen des Geländes westlich vor dem französischen Tor zur Anlage von Gärten – die heutigen Gartenreihen –, deren Bewirtschaftung diesen zur Erholung dienen sollte.[18/18] Ab 1697 sorgte er dafür, dass Bürger aus der aufgegebenen Festung Montroyal, die nach Saarlouis kamen, hier ein Quartier erhielten bzw. Baracken oder eigene Häuser bauen konnten.

Vauban hatte davon geschrieben, dass zur Wasserversorgung Bäche in die Stadt geleitet werden könnten. *Choisy* entschied sich 1685 in dieser so lebenswichtigen Frage dafür, eine 6,6 km lange Wasserleitung aus dem ergiebigen Quellgebiet unterhalb von Felsberg in die Festung zu führen.[9/48] Die Entscheidung war richtig, denn sie bildete die Grundlage dafür, dass ab 1897 die Bürger in der Stadt wei-

A. Schanz vor dem Kle[i]
B. Verschanzung von R[...]
C. Verschanzung vō Eink[...]
D. Verschäzüg an der Mos[el]
E. Hornwerck am Ber[g]

terhin aus dem Felsberg-Picarder-Quellgebiet – nunmehr mit Hilfe verbesserter Technik – mit hochwertigem Trinkwasser versorgt wurden, und zwar ausreichend, das heißt 100 Liter Wasser pro Kopf in 24 Stunden.

Die Schrift »Traité de la Culture des Forêts« hatte *Vauban* 1701 veröffentlicht und darin gefordert, die wegen Flotten-, Kanal- und Festungsbauten abgeholzten Wälder wieder aufzuforsten. *Choisy* verfolgte ähnliche Bestrebungen und ordnete an, 972 Lindenbäume auf den Wällen und Bastionsflanken anzupflanzen.

Zu diesen 972 Linden kamen die Bäume im Gouvernementgarten, die vier Arkadenreihen auf dem Paradeplatz und die Lindenarkade entlang der Flussschleife um die Kapuzinerau – zusammengezählt wurden 3.600 Linden gepflanzt.*

Choisy, als Gouverneur auf Sicherheit und Funktion der Werke bedacht, erteilte Bau- und Pachtgenehmigungen für die auf der Saar schwimmenden und die auf der Saarbrücke montierten Mühlen. Er verbot, dass Holzstämme auf der Saar Richtung Wallerfangen geflößt wurden, und kontrollierte die Nutzung des Fischreichtums im

21 Festung Montroyal. Auch das Gebiet der Grafschaft Sponheim an der Mosel war durch die Reunionskammern am Metzer Parlament mit Frankreich »wiedervereinigt« worden. Die Moselschleife bei Traben-Trarbach gehörte zur Saarprovinz. *Choisy* begann den Bau der Festung im August 1687.

* Die Lindenblüten galten damals als ausgiebige Bienenweide. Der Honig war wohlschmeckend und ein wichtiges Nahrungsmittel.

Festungsrayon.⁽¹⁰/¹⁴⁹⁾ Von der Handelsschifffahrt auf der Saar ist in keiner Chronik die Rede, sie muss aber sehr lebhaft gewesen sein, denn in dieser Zeit lebten in Saarlouis zwölf Schiffbauer, zwei Schiffbaumeister und acht Schiffer.⁽³⁸/¹¹⁷⁶⁾

Choisy erhält 1683/84 vom Kriegsminister, auf Vorschlag *Vaubans*, den Auftrag, zusammen mit den fähigen Ingenieuren *Niquet* und *Ferry*⁽¹⁷/⁵⁶¹⁾ Festungsanlagen von Metz und Verdun zu verstärken.⁽³⁶/⁸⁵⁾ Anschließend nimmt er 1684 unter *Vaubans* Kommando an der Belagerung und Einnahme von Luxemburg teil. »Es handelte sich für ihn zunächst nur darum, Batterien auf den nahen Höhen [...] in Stellung zu bringen. Dann erhielt er aufgrund seiner Initiativen in diesem Abschnitt den Auftrag, einen Entlastungsangriff zu führen.«⁽³⁶/⁸⁵⁾ Als Mitglied seiner Begleitmannschaft hatte *Choisy* aus Saarlouis den von ihm favorisierten Ingenieur-Offizier *Favart*, 25 Jahre alt, mitgenommen. Er war in Saarlouis als Leiter des Ressorts Tiefbau, später in Longwy und 1705 in Homburg tätig.⁽⁴⁹/³²⁾

In einem Bericht über die Leistung der Ingenieure, die bei der Belagerung tätig waren, urteilt *Vauban* über *Choisy*: »Er lenkte die Angriffe in Richtung der Werke ›Grund‹ und ›Altes Schloss‹ [die Mauern von »Grund« mit fünf Türmen umschlossen die Unterstadt, die außerhalb der Festung lag], wo ich mich nur alle drei oder vier Tage einmal sehen ließ. Choisy war zwei Tage gichtkrank, wonach er seinen Dienst wieder aufnahm und weitere Belagerungsarbeiten sehr gut fortsetzte.«⁽³⁶/⁸⁶⁾

Die neu eroberte Festung Luxemburg schloss an der östlichen Grenze des Königreichs die »Festungsmauer«, sie war eine Trumpfkarte für den Sonnenkönig und der Schlussstein – »la clef de voute«⁽³⁹⁾ – in der Festungskette Sedan, Montmédy, Longwy, Thionville, Saarlouis, Bitche. Sie verstärkte damit die Bedeutung der Festung Saarlouis, die, wie *Turgot*, Intendant der Généralité de Metz, schrieb, der Riegel der ostfranzösischen Abwehrfront war.⁽³⁹⁾

Im Frühjahr 1685 ist *Choisy* wieder in Saarlouis, ein Jahr später kann er seine Amtsräume und die Wohnung im Gouvernement an der Place d'armes beziehen. Ende August 1687 erhält *Choisy* vom König den Auftrag, die Festung Montroyal auf dem markanten Bergrücken in der Moselschleife bei Traben-Trarbach zu bauen.⁽⁵⁰⁾ Zum Generalunternehmer nimmt er den 48-jährigen Sieur *Antoine Racine* mit, wohnhaft in Saarlouis rechts neben der Kirche, zu dessen neuem Aufgabenbereich u. a. die Beschäftigung und Versorgung von 8.000 Bauleuten gehört.⁽⁵⁰⁾

Vierzehn Bataillone Infanterie aus dem Elsass werden als Bausoldaten eingesetzt. Nach fünf Jahren ist das Festungswerk vollendet. Von den Militärs wird die exponierte Lage gelobt. *Vauban* verweist später lediglich auf das prachtvolle Zeughaus am Hauptplatz.[20/75]
Vauban, der aus eigenem Antrieb die Festung Montroyal nicht gebaut hätte, hat später in einem Zehn-Punkte-Papier auf Vorzüge dieses Vorhabens auf dem »Montroyal« hingewiesen: Lage auf einer Halbinsel, günstige Zuflucht für Truppen, Druck auf die umliegenden Herrschaften, die Kurfürsten von Köln, Trier, Mainz und der Pfalz, Unterstützung für eine operierende Feldarmee am Rhein, Wasserstraße, günstig gelegener Verproviantierungsort u. a.[50]
Choisy erhält im Frühjahr 1688 – noch während der Bauzeit von Montroyal – von *Louvois* einen erneuten Auftrag. Er soll ein Gutachten vorlegen über den Bau dringend notwendiger Verstärkungen der von den Franzosen besetzten Rheinfestungen Bonn und Kaiserswerth nördlich von Düsseldorf im Kurfürstentum Köln. *Choisy* stellte fest: Die Kontereskarpen und Außenwerke sind ohne solides Mauerwerk, die Brustwehren auf Bastionen und Kurtinen sind zu schwach, es fehlen Kasematten, Batterietürme. Mit Saarlouis, Landau, Thionville und den anderen von *Vauban* erbauten Festungen konnte Bonn keinen Vergleich aushalten. Mainz, Wesel, Jülich und Geldern waren wesentlich stärker.
Im Oktober 1688 beginnt *Ludwig XIV.* den dritten Eroberungskrieg, genannt der Pfälzische Krieg. *Choisy* wird am 6. März 1689 durch Order des Königs der Titel des Maréchal de camps im Range eines Brigadegenerals verliehen und im Juni auf den pfälzischen Kriegsschauplatz kommandiert. Er soll schwierige Unternehmungen zur Verteidigung von Mainz leiten. Ein Zeitzeuge berichtet kurz und treffend: »Er diente mit großer Tapferkeit und seltener Intelligenz.«[36/86]
Auf der Gegenseite befehligt Herzog *Karl V. Leopold* von Lothringen die kaiserlichen und die verbündeten Truppen. Mainz wird im Juni, Bonn im November von der französischen Besatzung befreit. In den Kämpfen wird der 26-jährige kaiserliche Offizier *Prinz Eugen* schwer verwundet.
Nach Saarlouis zurückgekehrt, trifft *Choisy* energisch alle Maßnahmen gegen ein plötzliches Herannahen des Feindes. Er versucht, mit geeigneten Mitteln die Schleusenbrücke funktionsfähig zu machen, verstärkt einige Werke und baut fünf neue bombensichere Keller in der Nähe der Reitbahn.[6/23] Heute steht an dieser Stelle der Wohnblock in der Zeughausstraße.

22 Das Wappen der Familie Choisy zeigt ein Schrägkreuz mit Dornenschnitt auf blauem Feld. Zwischen den Schragen sitzen 3 silberne Besants/byzantinische Münzen und oben ein silberner Croissant/Halbmond. Diese Beschilderung zeigt an, dass einer der Vorfahren an einem Kreuzzug teilgenommen hat. Über den Stirnreif der Marquis-Krone ragt ein Kreuz Weinblätter mit Trauben. Der Adelstitel Marquis rangiert zwischen Comte und Duc/ Graf und Herzog.

23 Landgraf Ernst von Hessen-Rotenburg-Rheinfels (1649–1693) baute seine Residenz zur stärksten Rheinfestung aus. 1692 bestand sie ihre Feuertaufe. 1796 wurde sie von Revolutionssoldaten in Brand gesetzt. Heute ist die Burg Eigentum der Stadt St. Goar.

1687 hatte der Festungsingenieur *Choisy* die Herrschaft Mogneville im Herzogtum Bar (heute im Département Meuse, Canton Revigny-sur-Ornain), elf km westlich von Bar-le-Duc, erworben.(36/96)*

Choisy und die Belagerung von Rheinfels

Durch königliches Patent vom April 1692 wird *Choisy* zum »Marquis de Mogneville« erhoben.(36/86) Schloss Mongneville blieb Wohnsitz seiner Frau *Jeanne Berthe de Clermont* und des Sohnes *Louis Thomas de Choisy* de Mogneville.

»IL COMMANDA L'ARMÉE DU ROY
AU SIÈGE DE RINSFELD 1692.«*

Auf der Grabplatte in Mogneville ist zu lesen: »Il commanda l'armée du Roy au siège de Rinsfeld 1692.« *Choisy* war maßgeblich an der Belagerung der Feste Rheinfels beteiligt. »Er befehligte die königliche Armee bei der Belagerung von Rinsfeld im Jahre 1692.« Mit Rinsfeld ist Rheinfels bei St. Goar gemeint. Die Belagerung endete mit einer Niederlage. *Choisy* wurde von jeder Schuld freigesprochen: Daher die Erwähnung auf der Grabplatte.

Schon Jahre zuvor konnte Rheinfels von den Franzosen nicht erobert werden. Auch alle Aufforderungen zur Übergabe hatte der Landgraf immer wieder strikt abgelehnt. Bereits im Sommer 1692

* War der Kauf der Herrschaft Mogneville nur zufällig? Bar-le-Duc ist die Heimat des Vaters der französischen Befestigungskunst Errard de Bar-le-Duc, der im Jahre 1600 das Buch »La fortification démonstrée et réduite en art« schrieb. Der Nachbarort Revigny-sur-Ornain ist der Heimatort eines weiteren Festungsbauers, des Kriegsministers André Maginot, des Erbauers der Maginot-Linie, die zwischen 1929 und 1938 entstand.

hatte der Marschall *de Lorges* durch ein Schreiben Mitteilung von dem Beschluss des Königs erhalten, »sich der Festung Rheinfels zu bemächtigen«.(42/169)

»Nachdem Generalleutnant Graf Tallard, welcher die Truppen in Deutschland während der Abwesenheit des Marchalls Bouffleur kommandierte, zwei Kuriere von Ludwig XIV., welche zur Eile mahnten, erhalten hatte, zog er in Begleitung des Generalmajors [Brigadegeneral] und Gouverneurs von Saarlouis de Choisy am 8. Dezember 1692 mit 18.000 Mann […] und einem großen Artilleriepark von Montroyal aus über den Hunsrück gegen Rheinfels, vor dessen Mauern er am 16. Dezember eintraf. Munition, Fourage und Lebensmittel wurden dem Belagerungsheer auf 1.000 Wagen nachgebracht.«(42/170)

Das Belagerungsheer schlug sein Lager eine Viertelstunde Wegs von der Festung entfernt in einer großen Halbmondschanze auf. General *de Tallard* hatte acht Tage zuvor dem König seinen Abmarsch gemeldet und ihm versichert, dass er den Schlüssel zur Festung Rheinfels am 1. Januar des neuen Jahres seinem König zum Geschenk machen werde. Nehmen wir es gleich vorweg: Am 1. Januar 1693 musste der unglückliche General seine Trompeter anweisen, zum Rückzug nach Montroyal zu blasen.

Der Kampf um die Festung begann mit dem Versuch einer Überrumpelung, die kläglich misslang. Tags darauf inspizierte der Oberbefehlshaber, geschmückt mit einem großen Federhut, im Kreise seiner Offiziere die Stelle des Misserfolgs. Da traf ihn aus 250 m Entfernung »ein Schuss von dem evangelischen Kirchturm in die linke Schulter«, abgefeuert von einem Drechslermeister, Mitglied der Schützenkompanie von St. Goar.(42/180) Der General, schwer verwun-

24 *Als eine vom französischen Hof verbannte Person zog Prinzessin Soubise um 1752 in das Damenstift Fraloutre und lebte dort unter der Obhut der Äbtissin Maria Helena von Rathsamhausen. Mit einer finanziellen Unterstützung aus Hessen ließ sie für sich das »Torhaus Soubise« gegenüber der Abteikirche in Fraulautern bauen. (89/98)*

25 *Prinzessin Soubise mit Frettchen. Die 18-jährige Prinzessin heiratete am 12. Dezember 1745 Charles Rohan, Prinz von Soubise. Rohan kämpfte im Siebenjährigen Krieg und war danach Korps-Kommandeur, Pair und Marschall von Frankreich. Sie stammte aus der Familie der Landgrafen von Hessen-Rotenburg-Rheinfels, deren Festung Rheinfels 1692 dem Belagerungsheer unter dem Kommando Choisys standhielt.*

det, musste das Oberkommando an den Maréchal de camp *de Choisy* abgeben.

Vom 18. bis 27. Dezember rannten die Belagerer immer wieder gegen die Festungswerke an. Es gab auf beiden Seiten große Verluste: Am 20. Dezember zählten die Belagerer 400 Tote, die Belagerten beklagten 27 Tote. Am 21. Dezember erhielt *Choisy* 10.000 Mann Verstärkung und Geschütze aus Metz. Am 24. Dezember zählten die Belagerer wieder 400 Tote und 700 Verwundete. Obwohl alle Batterien die Festung unter Feuer nahmen, stürzten nur der Turm und eine große Mauer ein. Am 27. Dezember konnten die Belagerer ihre Angriffslinien etwas verlängern und eine Bresche in eine Mauer schießen.⁽⁴²/¹⁹⁴⁾ Um ein Uhr mittags schwiegen plötzlich alle Batterien, ein Adjutant von *Choisy*, begleitet von einem Trompeter mit einer weißen Fahne, erschien und forderte die Übergabe der Festung. Die Forderung wurde abgewiesen und der Sturmangriff begann nach einem riesigen Bombardement von neuem. In drei Sturmkolonnen gingen insgesamt 3.000 Mann dreimal gegen die Festung vor.

Der Festungskommandant, Reichsfreiherr Generalmajor *von Görtz*, kämpfte mit dem Bajonett in der vordersten Linie und blutete aus mehreren Wunden. Der dreistündige Kampf kostete die Franzosen 1.200 Tote und 2.000 Verwundete, die mit 120 Wagen in das große Hospiz mit Raum für nur 1.000 Verwundete in Montroyal gebracht wurden. Nach fünf Tagen musste die Festung nochmals ein fürchterliches Feuer ausstehen – aber der Sturm blieb aus: Graf *Tallard* hatte die Hoffnung aufgegeben, das tapfer verteidigte Rheinfels zu überwältigen, und ließ in der Nacht zum 1. Januar 1693 den Rückzug nach Montroyal antreten.⁽⁴²/²⁰⁵⁾

Vauban, der davon erfährt, verurteilt Vorbereitungen und Vorgehensweise bei diesen Operationen. »Hätten wir 30 Jahre Frieden gehabt, dann hätten wir sicher nicht mehr gewusst, wie Festungen angegriffen oder verteidigt werden. So aber ist das Ganze eine große Eselei«,⁽³⁶/⁸⁶⁾ urteilt der Belagerungsexperte *Vauban* mit bitterem Hohn.

Die Geschichte vom Kampf um Rheinfels hat noch eine andere Seite. Sie zeigt sehr deutlich, welch falsches strategisches Denken die französische Armee dominierte. Vergessen war die Weisung, die *Turenne* einst dem großen *Condé* gegeben hatte: »Faites peu de sièges et donnez beaucoup de combats«/macht wenig Belagerungen und liefert viele Gefechte.

26   Choisy, Marquis de Mogneville, de Varnay et autres lieux, chevalier, maréchal de Camps des armées du Roy, Gouverneur de Sarrelouis 1700. Dieses einzige bekannte Ölbild Choisys, gemalt von Stephan Gantarel im Jahre 1704, hing ab 1710 in der Ludwigskirche in Saarlouis und befindet sich heute im Museum von Bar-le-Duc.

27   Besuch im Museum zu Saarlouis. Frau Agrapart Godmard, die Tochter des Kunstmalers und Notars Godmard aus Bar-le-Duc, der das Bild Choisys für das 300-jährige Stadtjubiläum von Saarlouis auf Bitten des Oberbürgermeisters Dr. Henrich kopierte. Besuch im Gobelinsaal des Rathauses 1997. Links im Bild Oberbürgermeister Hans-Joachim Fontaine.

»Faites peu de siège et donnez beaucoup de combats«

28.000 Mann und ein großer Batteriepark wurden vor Rheinfels gemäß der »Positionsstrategie von Louvois« verlustreich und erfolglos eingesetzt.

Auf keinen Fall lässt *Vauban* es zu, dass von missgünstigen Kritikern seinem Koliegen *Choisy* diese für »Frankreich schmachvolle Operation« in die Schuhe geschoben wird. Noch Monate später (17. Februar 1693) verteidigt er ihn in einem Schreiben: »Verantwortlich war der Marschall de Lorges.« *Vauban* bemängelt, dass man den kranken *Choisy* überhaupt einsetzen konnte. Die Schuld trifft nicht *Choisy*, der sich tapfer hielt, obwohl er an der Gicht litt. *Vauban* fügt besorgt und vorwurfsvoll hinzu: »Herr de Choisy ist [doch] nicht mehr einsatzfähig!«[36/86] Aus Versailles verlautet kurz und bündig: »Der König lässt wissen, dass Seine Majestät mit der ganzen Leistung, die er [Choisy] in der Sache/affaire Rheinfels gezeigt hat, zufrieden ist.«[36/86] Auf der Grabplatte *Choisys* in der Kirche von Mogneville ist sicher aus Gründen der Rechtfertigung gerade diese »Affaire« dem Andenken der Nachwelt erhalten.

Am 30. Oktober 1697 wird der Frieden von Rijswijk unterschrieben. *Ludwig XIV.* muss alle reunierten und eroberten Gebiete wieder herausgeben, behält aber das Elsass, die Stadt Straßburg, Longwy und Saarlouis.

Saarlouis wird französische Exklave an der Ostgrenze Lothringens mit sechs Dörfern im Umkreis von zunächst einer halben Meile, das sind 1857 Toisen/3,7 km. *Choisy* sorgt für die Umsiedlung der Bürger von Montroyal, das geschleift wird. Siehe Kapitel XVIII. »Vom Hauptort zur Exklave«.

Choisy armiert die Festung Saarlouis und stirbt fünf Jahre später

Am 26. Oktober 1704 wird *Thomas de Choisy* zum Generalleutnant befördert. »Il ne servit point en cette qualité«/In diesem Rang übte *Choisy* kein Kommando mehr aus, vermerkt der Chronist,[17/167] der damit jede militärische Verwendung außerhalb der Festung Saarlouis anspricht.

Im Mai und Juni 1705 – während des Spanischen Erbfolgekrieges – befehligt *Choisy* Garnison und Festung in Erwartung des heranziehenden Feindes. Die Festung – im Frieden von Rijswijk erfolgreich vom König als Exklave behauptet – wird militärisch aus der Festung Metz durch lothringisches Gebiet hindurch versorgt. In Metz war

28 Kirche des Benediktiner-Klosters St. Remy in Mogneville. Vor dem linken Seitenaltar liegt der Leichnam Choisys unter einer schwarzen Marmorplatte.

»vor der Revolution [...] die Garnison gewöhnlich stark, sie zählte ordinari 10 bis 12.000 Mann Infanterie und Kavallerie, die alle in Kasernen, nicht aber bei den Bürgern einquartiert waren.«[103/61]
Die Bevölkerung in Saarlouis ist auf sich gestellt – die Zahl der Auswanderer steigt, Armut und Not breiten sich aus. *Choisy* hat die Besatzung auf 6.000 Mann gebracht und für ausreichende Armierung und Proviantierung gesorgt.[12/67]
Oberbefehlshaber der an Saar und Mosel operierenden französischen Armee ist seit Anfang 1705 Marschall *de Villars*: »Il donna de nouveau confiance aux Français«/Er gab den Franzosen neue Zuversicht.[49/28]
Marlboroughs Armee rückt mit Engländern, Holländern, Österreichern und Reichstruppen auf Mosel und Saar vor. Ihr Ziel ist der Einbruch in das Königreich. Die Festungswerke von Saarlouis sind in mangelhaftem Verteidigungszustand. Hinzu kommt, dass trotz großer Anstrengungen die Bespannung mit Wasser wegen der einsturzgefährdeten Schleusenbrücke nicht geschafft werden kann.[9/61]
Beide Armeen stehen sich abwartend gegenüber.
Mit dem Hauptteil seiner Armee hat *Villars* ein verschanztes Lager bei Sierck an der Mosel bezogen. Er deckt damit die Festungen Luxembourg, Thionville und Saarlouis. Der Herzog von *Marlborough* rückt ihm bis zum Schloss Manderen, zwischen Sierck und Merzig-

Schwemlingen gelegen, entgegen. Vom Limberg (Wallerfangen) aus soll er mit dem Fernrohr die Festung Saarlouis inspiziert haben. *Villars* taktiert und ist nicht bereit, eine Feldschlacht anzunehmen. Am 23. Juni bezieht *Villars*, um – wie er immer behauptet – die Unzulänglichkeit der Überschwemmungsfestung zu beweisen, mit einem Teil seines Corps ein Lager in der Kapuzinerau und lässt zwei Brücken über die Saar schlagen. Doch die Alliierten blasen kurze Zeit später mangels Ausrüstung, Munition, Verpflegung sowie unzureichender Truppenstärke zum Rückzug. Nach einigen Tagen zieht auch *Villars* seine Truppen von Saarlouis ab, sie marschieren nach Sarrebourg und in das Elsass.^(10/23) Der Krieg geht weiter.

Ein Zeitgenosse hat einmal einen Teil des Kriegsmaterials aufgelistet, das die Alliierten benötigt hätten, um Saarlouis wirksam zu bekämpfen. Der Aufstellung liegt die Berechnung zugrunde, dass die Belagerer zehnmal so viel an Mannschaftsstärke hätten aufbieten müssen, als in der Festung Soldaten waren, also 60.000 Mann. Die hätten an Munition 800.000 bis 980.000 Pfund Pulver, 180.000 Pfund Blei, 80 schwere Geschütze, 60 Ersatzlafetten, 60.000 großkalibrige Geschosse, 100.000 ausgesuchte Steine für Mörser und Gewehre gebraucht.^(12/67)

Von dem draufgängerischen und als überheblich bekannten *Villars* ist der Ausspruch überliefert: »Die Festung spricht dem gesunden Menschenverstand Hohn.«^(2/36) Er wollte damit die beiden bedeutenden Festungsbaumeister *Vauban* und *Choisy* treffen. Doch Saarlouis erfüllte trotz allem die Erwartung, die Grenze zu schützen – allein durch seine Existenz, aber auch der glücklichen Umstände wegen. *Ritter* weist in diesem Zusammenhang auch auf die baulichen Mängel der Festung hin, stellt aber fest: »Ohngeachtet dieser mangelhaften Ausführung der Werke hat Saarlouis in Verbindung mit Luxemburg im Jahre 1705 dennoch ganz den Zweck, den man bei ihrer Anlage als Grenzfestung zum Grunde haben konnte« erfüllt.^(9/122)

Am 26. Februar 1710 stirbt *Thomas de Choisy;* wie einen Tag später protokolliert wird, war es eineinhalb Stunden nach Mittag. Im Saarlouiser Sterberegister wird der Tod *Choisys* vermerkt:*

> »*Gestorben. Am 26. Februar 1710 ist gestorben Herr Thomas de Choisy [...], Generalleutnant der Armeen des Königs, erster Gouverneur von Saarlouis, 78 Jahre alt. Sein Herz und seine Eingeweide sind durch mich, den Unterzeichneten, in der Pfarreikirche von Sankt Ludwig beigesetzt worden. Sein Leib ist in den Totenraum*

* »Mort. Le 26e février 1710 est décédé M[essi]re Thomas de Choisy, Marquis de Moigneville et autres lieux, lieutenant général des armées du Roy, premier gouverneur de Sarrelouis, âgé de 78 ans. Son cœur et ses entrailles sont été inhumés dans la paroisse de St Louis par moy Soubs(igne), et son corps a été mis en despost aux R[everen]ds Pèr[e]s augustins pour être conduit en suitte et inhumé dans l'Eglise de Moigneville proche Bar, selon qu'il l'a ainsi ordonné. f[ait] Theodore Loret, Supérieur des Récollets et directeur de la cure de Sarlouis.«(52)

der Ehrwürdigen Väter der Augustiner gebracht worden, um sofort überführt und in der Kirche Mogneville bei Bar, so wie er es angeordnet hatte, beigesetzt zu werden. Pater Theodore Loret, Superior der Rekollekten und Pfarrherr von Saarlouis.«

Die Eintragung im Sterberegister der Pfarrei vermerkt ausdrücklich, dass sein Leib in den Totenraum der Ehrwürdigen Väter des Augustinerordens gebracht wurde. Pater *Theodore Loret*, Superior und Pfarrer von St. Ludwig, erfüllte das Vermächtnis des toten Gouverneurs: Er ließ das Herz sezieren und trug für den Verbleib in »seiner Stadt« Sorge.

Einen Tag nach dem Tod lud die »hohe und viel vermögende Dame Jeanne Berthe de Clermont, Witwe des hohen und mächtigen Seigneurs, des Herrn Thomas de Choisy, Marquis de Mogneville, zu Lebzeiten Generalleutnant der Armeen des Königs, Gouverneur von Saarlouis« zusammen mit ihrem Sohn, Messire *Louis Thomas de Choisy*, Marquis de Mogneville, »den königlichen Rat und Generalbevollmächtigten am Bezirks- und Präsidialgericht in Saarlouis Jacques Remy du Pillard [damals 45 Jahre alt] um neun Uhr in das Gouvernement ein, den Ort und das Sterbehaus des genannten Seigneurs Choisy.«[52]

Sie erklärte, dass er ein handschriftliches Testament gemacht habe, das von dem Platzmajor der Festung, Herrn *Martel*, im Arbeitszimmer des Gouverneurs gesiegelt aufgefunden wurde. Der Offizier bat die Anwesenden, ihm in sein Arbeitszimmer zu folgen, wo Frau und Sohn den ihnen überreichten Umschlag öffneten, auf dem die Worte standen: »Dieser Umschlag, den man nach meinem Tode öffnen soll, enthält weiter nichts als Reinschriften des Testaments.« An einer Stelle war das Paket mit einem roten Wachssiegel versehen, dessen Abdruck ein »gezähntes, geschobenes Kreuz« zeigte, das drei Byzantiner und oben einen Halbmond führte. Es war das Wappen der Familie *Choisy*. Unter den Papieren fand sich noch ein Testament aus der Hand von *Jeanne Berthe de Clermont de Choisy*, datiert in Saarlouis am 23. April 1702, beginnend mit der Anrufung der Heiligen Dreifaltigkeit und dem Satz: Sachant qu'il n'y a rien de plus certain que la mort/wissend, dass es nichts gibt, was sicherer ist als der Tod. Es wurden weitere Reinschriften gefunden, vom 28. Mai 1702, vom 26. Mai, durchgestrichen ist der 7. April und ersetzt durch den 8. Mai. Ein Blatt, datiert auf den 22. April, ist wieder mit dem Wappen gesiegelt, auf einem anderen Blatt schreibt *Choisy* in Bezug auf seinen »beweglichen und unbeweglichen Besitz« am Rande von »les mauvais procédés«/von schlechtem Vorgehen und »pour ne pas risquer de faire tort a mon fils«/um nicht Gefahr zu laufen, meinem Sohn Unrecht zu tun.*

Nachdem der Président lieutenant général au Baillage et siège présidial de Sarrelouis/der königliche Rat und Generalbevollmächtigte des Präsidialgerichts Herr *de Requin du Pillard* die gefundenen Schriftstücke untersucht und mangels Unterschrift die Schrift als die des Verstorbenen anerkannt hatte, strich er die freien Stellen durch, dasselbe vollzog er auch an weiteren aufgefundenen Reinschriften und Randbemerkungen und zeichnete sie ab. Das vorgelegte Protokoll wurde von allen fünf Anwesenden unterzeichnet. *Louis Drouin* führte das Protokoll.(52) Er war königlicher Rat und Greffier en chef au Baillage et siège présidial/Kanzleichef beim Präsidialgericht, dazu auch commissaire aux saisies réelles/Schuldenanwalt beim Gericht. Zuvor fungierte er in Saarlouis als Schulmeister und Küster.(38/352)

Die Suche nach weiteren Personen, die in nächster Nähe des Gouverneurs wirkten, lohnte sich. *Gernot Karge* steuerte zu den folgenden Ausführungen wertvolle Unterlagen und Hinweise bei.

Choisy stand in Saarlouis eine companie franche/Freikompanie zur Verfügung. Das war eine Eliteeinheit, deren Soldaten einen höheren Sold bezogen und besondere Aufgaben zu erfüllen hatten, zum Beispiel im Feindesland Partisanen bekriegen, Handstreiche durchführen. Sie durften sogar von jedermann Abgaben erzwingen. Im Jahre 1707 gab es 25 solcher Kompanien in verschiedenen Standorten im Königreich.(39) Zum Stab des Gouverneurs *Choisy* gehörte der Hauptmann der Freikompanie *Jean Baptiste le Noble*; er war zugleich archer de la Maréchaussée/Befehlshaber der berittenen Polizeisoldaten. Später übte er das einträgliche Amt eines Einnehmers an den Stadttoren aus. *Simon Dumont* war Sous-Lieutenant in der Freikompanie. Von den Soldaten dieser Einheit sind folgende Namen überliefert: *Jean Grandjean, François Laine* dit la Fortune, *Paul Daniel* und *Nicolas Vilquain*. Ordonnanzoffizier bei *Choisy* war *Jean de Bertillard*; ihm folgte 1690 *Claude Grenel*.

Als Privatsekretär und Vorsteher des Schreibbüros im Gouvernement diente ab 1701 *François Marie*, zugleich Wundarzt und Apotheker, ab 1704 Chirurgien major/Stabsarzt. Ab 1704 stand *Jean Baptiste Bertillard* als Chef d'office/Büroleiter dem Personal des Gouvernements vor.

Thomas Louis und *Dominique Lallemand* waren als Diener beim Gouverneur angestellt. Letzterer war Schuster und erhielt später die

29 »*Ici repose le coeur du General Thomas de Choisy, Premier Gouverneur de Sarrelouis 1679/1710.*«
Die Tafel aus rötlichem Marmor hängt auf der rechten Chorseite der Kirche St. Ludwig in Saarlouis. Geschaffen hat sie der Bildhauer Oswald Hiery (*1937) aus Wallerfangen-Ihn.

* Diese sehr persönlichen Notizen Choisys, die Respekt vor dem Sohn bezeugen, sind nicht zu deuten. Toussaert spricht unverständlicherweise von einer »Tragödie Choisys mit seinem einzigen Sohn, der sich [angeblich] weigerte, seinen Namen zu tragen«.(2/36)

30 Diese schwarze Marmortafel bildet die Grabplatte des ersten Gouverneurs der Festung Saarlouis, Thomas de Choisy.

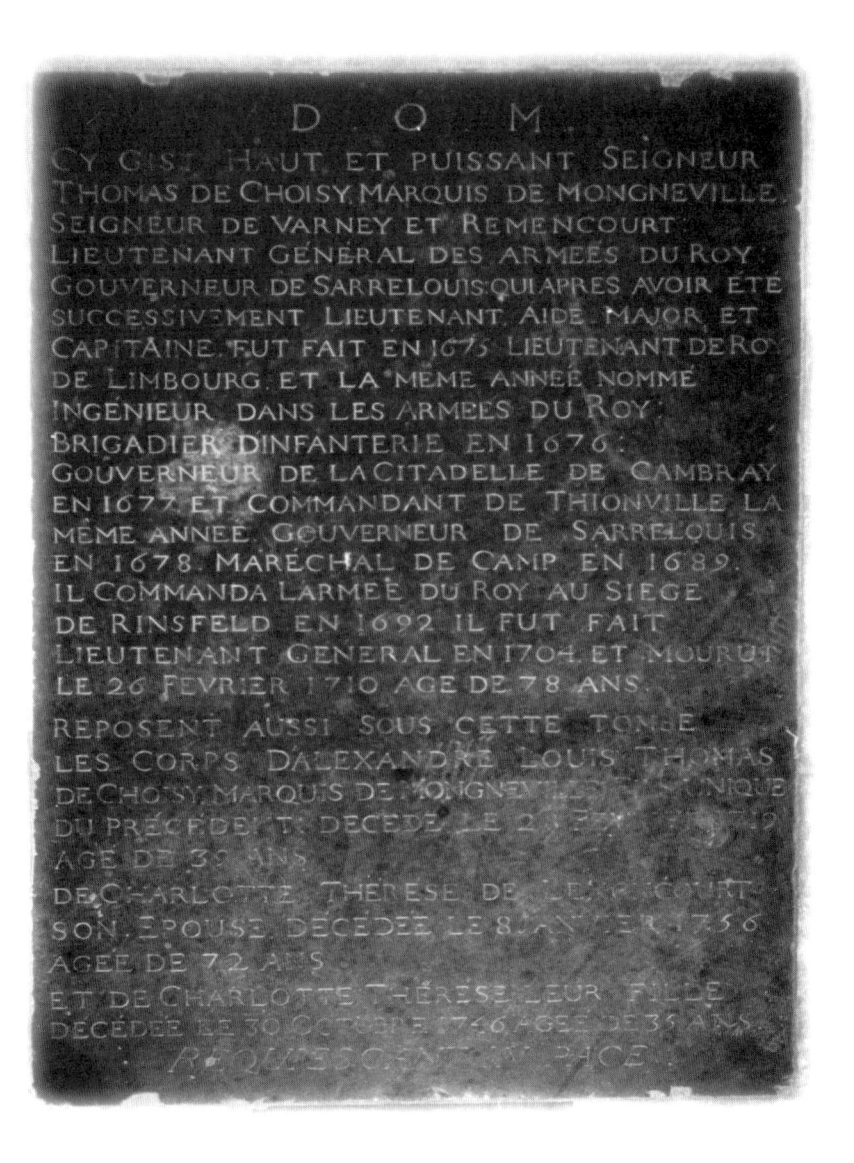

D.O.M.
CY GIST HAUT ET PUISSANT SEIGNEUR
THOMAS DE CHOISY MARQUIS DE MONGNEVILLE
SEIGNEUR DE VARNEY ET REMENCOURT
LIEUTENANT GÉNÉRAL DES ARMÉES DU ROY
GOUVERNEUR DE SARRELOUIS QUI APRES AVOIR ÉTÉ
SUCCESSIVEMENT LIEUTENANT AIDE MAJOR ET
CAPITAINE FUT FAIT EN 1675 LIEUTENANT DE ROY
DE LIMBOURG ET LA MÊME ANNÉE NOMMÉ
INGÉNIEUR DANS LES ARMÉES DU ROY
BRIGADIER D'INFANTERIE EN 1676
GOUVERNEUR DE LA CITADELLE DE CAMBRAY
EN 1677 ET COMMANDANT DE THIONVILLE LA
MÊME ANNÉE GOUVERNEUR DE SARRELOUIS
EN 1678 MARÉCHAL DE CAMP EN 1689
IL COMMANDA L'ARMÉE DU ROY AU SIEGE
DE RINSFELD EN 1692 IL FUT FAIT
LIEUTENANT GENERAL EN 1704 ET MOURUT
LE 26 FEVRIER 1710 AGE DE 78 ANS.
REPOSENT AUSSI SOUS CETTE TOMBE
LES CORPS D'ALEXANDRE LOUIS THOMAS
DE CHOISY MARQUIS DE MONGNEVILLE...
DU PRÉCÉDENT DECEDÉ LE 2...
AGE DE 39 ANS
DE CHARLOTTE THERESE DE...COURT
SON EPOUSE DECEDEE LE 8 JANVIER 1756
AGÉE DE 72 ANS
ET DE CHARLOTTE THERESE LEUR FILLE
DECEDEE LE 30 OCTOBRE 1746 AGÉE DE 35 ANS
REQUIESCANT IN PACE

Posten eines Salzwächters im Magazin und Torwächters am Französischen Tor.[38/145]

Marguerite Tillot, 1685 in Mogneville geboren, war schon in frühen Jahren Dienstmagd beim Gouverneur *Choisy* – sie starb mit 24 Jahren, ein Jahr vor ihrem Herrn. Madame *de Choisy* ließ daraufhin ihren Diener bei ihrem kranken Gatten zurück. Der starb, 28 Jahre alt, einen Tag nach seines Herrn Tod. Zwei Tage nach *Choisys* Tod stirbt auch sein 60-jähriger Kutscher *François Bertram* dit la Verdure/der Grüne genannt. Ein unentbehrlicher Diener im Hause des Gouverneurs soll noch erwähnt werden. Es ist der Koch *Jean Baptiste Joseph Munier*. Es ist sicher anzunehmen, dass er täglich für eine größere Mittagstafel kochte; Gemüse und Salate wurden ihm von *Choisys*

```
           D           O           M

        [DEO]      [OPTIMO]     [MAXIMO]

CY GIST HAUT ET PUISSANT SEIGNEUR
THOMAS DE CHOISY MARQUIS DE MONGNEVILLE
SEIGNEUR DE VARNEY ET REMENCOURT
LIEUTENANT GENERAL DES ARMEES DU ROY
GOUVERNEUR DE SARRELOUIS QUI APRES AVOIR ETE
SUCCESSIVEMENT LIEUTENANT AIDE MAJOR ET
CAPITAINE FUT FAIT EN 1675 LIEUTENANT DE ROY
DE LIMBOURG ET LA MEME ANNEE NOMME
INGENIEUR DANS LES ARMEES DU ROY
BRIGADIER D'INFANTERIE EN 1676
GOUVERNEUR DE LA CITADELLE DE CAMBRAY
EN 1677 ET COMMANDANT DE THIONVILLE LA
MEME ANNEE GOUVERNEUR DE SARRELOUIS
EN 1678 MARECHAL DE CAMP EN 1689
IL COMMANDA L'ARMEE DU ROY AU SIEGE
DE RINSFELD EN 1692 IL FUT FAIT
LIEUTENANT GENERAL EN 1704 ET MOURUT
LE 26 FEVRIER 1710 AGE DE 78 ANS [...]
```

31 *Der Choisy betreffende Text auf der Grabplatte in der Kirche in Mogneville.*

Hofgut in Lisdorf geliefert. Dort wohnten im Pächterhaus die jeweiligen Pächter für vier Jahre. *Jost* und *Jean Rupp* aus Lisdorf zahlten ihre Pacht in Weizen, Hafer, Roggen und Gerste, je 25 Metzer Quart, das waren 1.150 Liter Weizen, 2.125 Liter beim Hafer. Hinzu kamen jährlich fünf Wagen Stroh.*

Der nachfolgende Pächter hieß *Jean Hellbrand*. Als Hofmann verwaltete er auch andere Ländereien, die Choisy gehörten. Dort arbeitete der Gärtner *Christoph Holzendorf*, genannt *Dubois* (Vonholz), geboren in Potsdam. Ab 1713 führte er in Lisdorf die Soldatenwirtschaft »Soleil d'or« und starb im Dezember 1730. Bei seiner Eheabredung mit *Anne Sauvage* aus Brüssel 1704 war Gouverneur *Thomas de Choisy* als Zeuge dabei.[48]

* Die Geschichte von Lisdorf wurde 1997 von Arnt Finkenberg geschrieben (»Geschichte der Kreisstadt Saarlouis Bd. V«). Auf Seite 125 wird vom Hofgut Choisy berichtet.

Dem Willen des Gouverneurs von Saarlouis folgend, bleibt sein Herz in der Festungsstadt. Eingeschlossen in eine Bleikapsel wird es 1710 in ein Epitaph (Gedenkstein) auf der rechten Chorseite der barocken Ludwigskirche in der Antoniuskapelle eingemauert.

Ein Relief in diesem Erinnerungsstein zeigte *Choisy* in natürlicher Größe als Krieger, kniend und mit gefalteten Händen. Der Stein wurde in den Wirren der Revolution zerstört, das Herz brachte man in die Muttergotteskapelle. Seit 1866 lag es unter den Stufen des Hochaltars der neu erbauten Kirche.[29/16]

Der Leichnam wird nach Mogneville überführt und in der ehemaligen romanischen Kirche der Benediktiner Saint-Rémy an der Rue Saint Antoine in einem Tiefgrab vor dem linken Seitenaltar beigesetzt. Auf der dunklen Marmorplatte steht zur Person *Choisys* der Text in französischer Sprache, siehe Bild 30–31.

Choisy hat als pflichtbewusster Offizier seine Aufgaben als Gouverneur sehr ernst genommen und während seiner Dienstzeit in Saarlouis residiert. Darüber hinaus nahm er viele unterschiedliche Aufgaben wahr. Seine Nachfolger im Amt verzehrten ihren Salaire/ Einkommen in Paris oder anderswo.[9/1]

Das Andenken an den ersten Gouverneur *Choisy* wird seit 1970 auch in der neu gebauten Ludwigskirche wach gehalten. Die Bleikapsel mit seinem Herzen befindet sich hinter einer Marmortafel in der Wand rechts vom Hochaltar.

Choisys Mitstreiter, der Marschall *Vauban*, soll das letzte Wort haben, weil er den Festungsingenieur sehr geschätzt hat. Für ihn war *Choisy* das Vorbild eines Gouverneurs, der sein Fach und den infanteristischen Kampf verstand. In einem Brief an den Kriegsminister *Le Pelletier* schreibt *Vauban* über *Choisy*:

> »Quand on peut parvenir à se rendre bien intelligent dans les ouvrages et dans les sièges et à être bon officier d'infanterie, cela fait en perfection du métier. Mesgrigny et Choisy possèdent assez bien ces trois parties.«[13/167]

> »Wenn es einem gelingt, sich mit der Materie ›Festungswerke‹ und Belagerungen kundig zu machen, dazu auch ein guter Offizier der Infanterie zu sein, macht das die Vollendung im Beruf aus. Mesgrigny* und Choisy besitzen diese drei Eigenschaften zur Genüge.«

* *Mesgrigny, geboren 1630, war Generalleutnant und Festungsbauingenieur, Onkel seines Schwiegersohns, des Hauptmanns Jacques-Louis, Comte de Villebertin et d'Aunay.*

V. »Festungsplan 1777« mit sachverständigen Erläuterungen

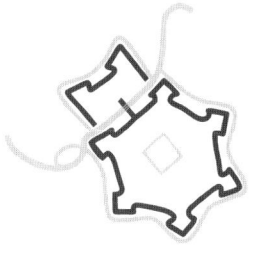

»Il sera donc obligé d'attaquer par l'unique front [...] par des défilés sous le bout du mousquet. Après cela il aura à surmonter les courantes des demilunes et ensuite ceux du corps de la place qui rouleront sur 7 à 8 pieds de profondeur [...] Il sera donc bien difficile de rencontrer en plein terre une place qui se puisse égaler à celle-ci, soit par la qualité soit par la beauté.«[1/§160]

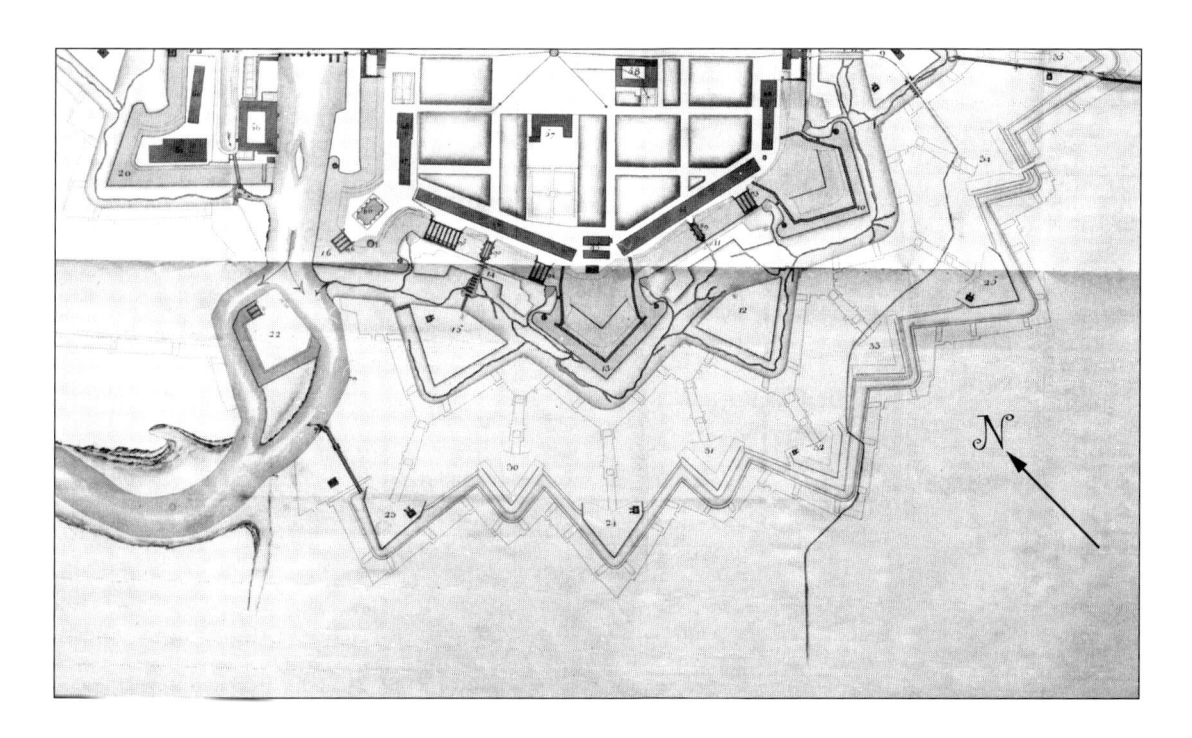

Der Feind »wird also gezwungen sein, von der einen Seite aus anzugreifen [...] durch Engstellen unter der Musketenmündung. Danach muss er über die Wassergräben der Halbmonde und dann über die Gräben vor dem Hauptwall, die eine Tiefe zwischen 7 und 8 Fuß haben [...] Es wird daher kaum möglich sein, in einer Ebene eine Festung zu finden, die sich mit dieser messen kann, sei es an Qualität, sei es an Schönheit.«

Vauban 1686

Ein Ausschnitt aus dem »Festungsplan 1777« zeigt die »ungeschützte« Südwest-Seite der Stadt. An dieser Front erwarten Choisy und Vauban den potentiellen Angreifer.

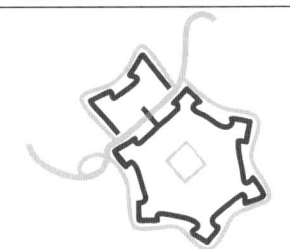

V. »Festungsplan 1777« mit sachverständigen Erläuterungen

Der *Festungsplan 1777* begleitet den Leser bei der Auffindung der im Text genannten Bauten und Festungswerke. Er ist in Abbildung 9 zu sehen und im Buchdeckel zu finden. Verschiedene Bildausschnitte aus dem Plan begleiten den Text auch in anderen Kapiteln des Buches. Auf dem *Festungsplan 1777* sind die Werke von 1 bis 100 nummeriert. Er soll zusammen mit dem *Festungsplan 1730* den Leser durch die wohl geordnete, aber vielgestaltige und verschiedenartige Festungslandschaft führen, deren Werke und Anlagen in den folgenden Erläuterungen zu finden sind.

Viele der bekannten Festungspläne führen am Rande sogenannte Legenden, das sind Zeichen- und Sacherklärungen. Die Erklärungen zu den beiden Festungsplänen sollen hier übersetzt im Wortlaut folgen, da sie erstens eine genaue Beschreibung der Werke und Festungsanlagen liefern, zweitens zu Festungsplänen geschrieben wurden, die die Objekte weitgehend mit den gleichen Ziffern belegten.

Bei dem zweiten Plan handelt es sich um den handgezeichneten und kolorierten Festungsplan von 1730 (seit 1988 im Städtischen Museum Saarlouis). Sein Verfasser ist unbekannt. Er wird im Folgenden mit »*Festungsplan 1730*« bezeichnet.

Der kolorierte *Festungsplan 1777* stammt aus dem »Atlas ou Recueil de la ville de Sarrelouis«, signiert am 1. Oktober 1777 von Sieur *d'Aubigny* in Metz.[2/76] Unser Hauptaugenmerk gilt dem *Festungsplan 1777*, der von zwei Ingenieuren gefertigt wurde. Unser Gewährsmann hieß *Claude de Beyliés,* er kam als Chefingenieur 1773 für drei Jahre nach Saarlouis. Der von ihm abgezeichnete Plan beschreibt sehr genau die installierten Schleusen, die erst in ihrem Zusammenspiel das Wasser der Saar zu einer wirksamen Verteidigungswaffe machten. Wir folgen der Legende dieses Plans ab Ziffer 59 bis zur Ziffer 100, die vorausgehenden Ziffern 1 bis 58 beziehen wir für die ergänzende Darstellung aus *Festungsplan 1730,* weil dessen Erläuterungen aussagekräftiger sind. In einzelnen Fällen war es geraten, die Erläuterungen mit Informationen aus *Festungsplan 1777* und umgekehrt Erläuterungen aus *Festungsplan 1777* durch Informationen aus *Festungsplan 1730* zu ergänzen. Zusätze und Erläuterungen des Verfassers sind in eckigen Klammern beigefügt.

1 .... Bezeichnet die **Bastion**, in der sich ein bombensicheres **Pulvermagazin** befindet, in dem 173.000 Pfund Pulver, jeweils 5 Fässer übereinander gestapelt sind [Magazin à poudre im *Festungsplan 1777* unter Nr. 66].

2 .... **Tenaille** [Grabenschere] schützt die Kurtinen zwischen den Bastionen.

3 .... **Halbmond** deckt die Einlassschleuse 75.

4 .... Bastion, unter deren Spitze sich 3 bombensichere unterirdische **Gewölbekeller** Nr. 91 mit *Kaminen* [Luftschächten] befinden – 7–8 Toisen lang und 2 Toisen breit [14 m bis 16 m × 4 m].

5/6 .... Tenaille und Halbmond schützen die Frontseite zwischen Bastion 4 und 7.

2 *Ausschnitt aus dem »Festungsplan 1730«, der neben dem »Festungsplan 1777« für die Lokalisierung der Bauten herangezogen wurde.*

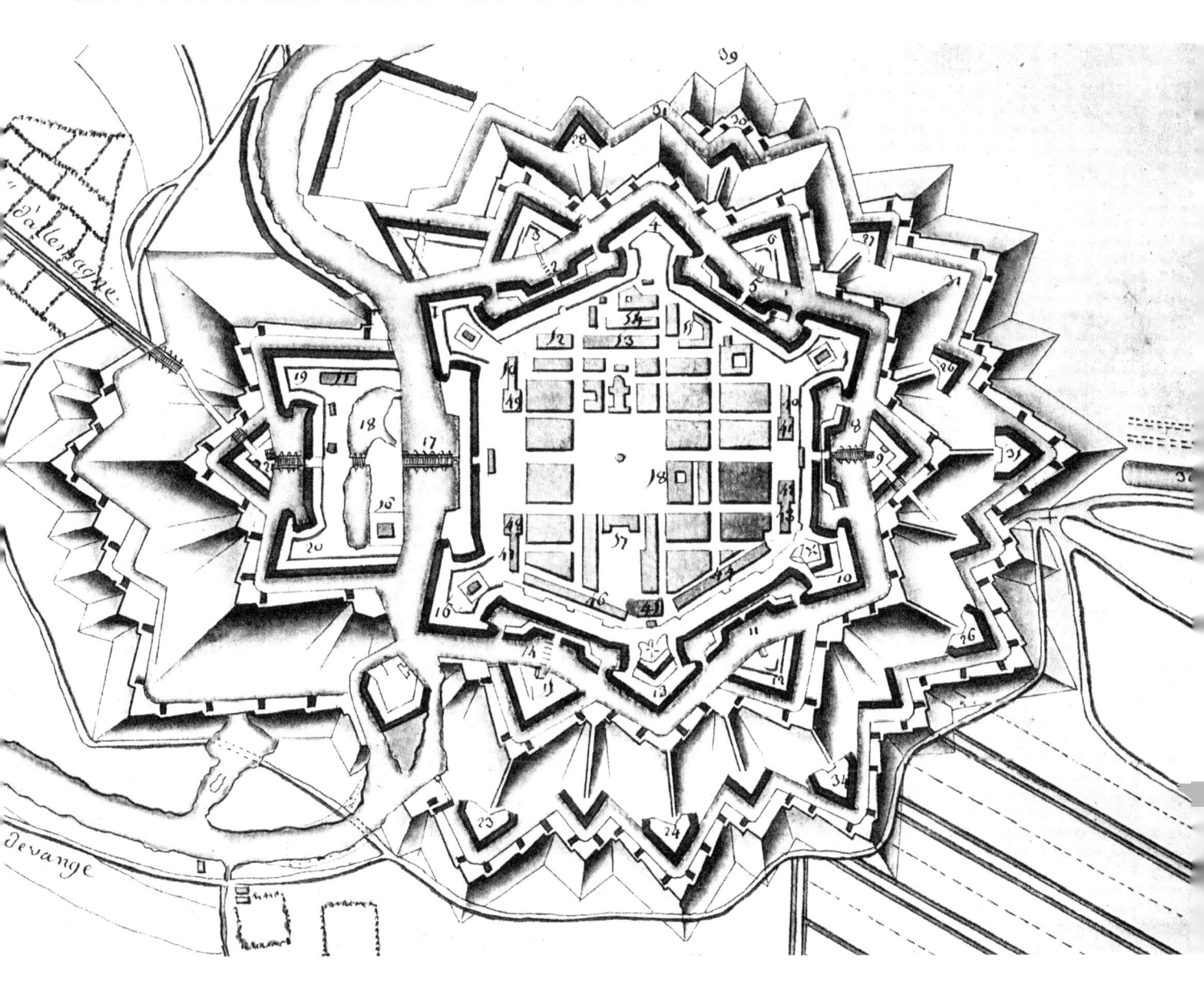

7 .... Bastion mit dem Pulvermagazin Nr. 65 – wie in Bastion 1 – 3 unterirdische Gewölbekeller Nr. 92 an der Spitze – wie in Bastion 4. Die rechte **Bastions-Face** [Stirnseite der Bastion] und die rechte Flanke dieser Bastion sind konterminiert [mit Gegenminen geladen].

8 .... Tenaille vor dem Französischen Tor [mit Brücke zum Halbmond 9].

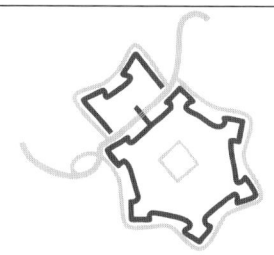

3   Gegenüberliegende Seite: Legende aus dem »Festungsplan 1777«. Die Vorlage für die Reproduktion ist nur schwer zu entziffern.

4   Die Skizze gibt zwei Typen von Bastionen wieder: der breite graue Strich kennzeichnet den Saarlouiser Typ des Orillon/Ohrenbastion, die schwarze Linie den späteren Typ mit gerader Bastionsflanke.
(1) Courtine / Kurtine
(2) Epaule / Schulter
(3) Pointe / Bastionsspitze
(4) Face / Bastionsmauer
(5) Flanc / Bastionsflanke
(6) Capitale / Kapitale
(7) Demi-gorge / Halbkehle
(8) Gorge / Bastionskehle
(9) Orillon / Ohrenflanke

9 .... Halbmond vor dem Französischen Tor mit einem kleinen bombensicheren Untergeschoss, 12 Fuß im Quadrat [3,90 m²], unter dem Wall der rechten Stirnseite.

10 .... Bastion mit einer gut gemauerten Schanze, sogar unter dem Wall und an den Flanken, und ein **Kavalier** [überhöhte Beobachtungsstellung] oberhalb der erwähnten Schanze. Darauf eine Windmühle. Die Stirnseiten und Flanken dieser Bastion sind konterminiert [haben geladene Minenkammern und Minengänge]. Unter dem Kavalier befinden sich 2 kleine bombensichere Gewölbekeller, 12 Fuß im Quadrat [3,90 m²], die an der Flanke der Bastion anliegen. Unter dem Hauptwall befinden sich 3 geschützte Gewölbekeller Nr. 93 mit ihren Luftschächten.

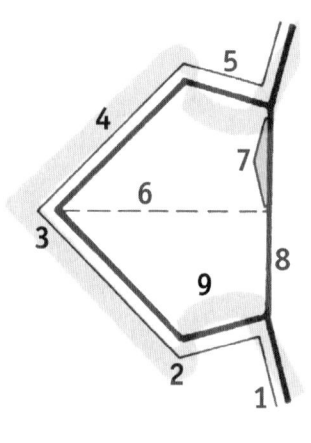

11/12 .... Tenaille [Zangenwerk] und Halbmond, decken den Frontabschnitt 10–13.

13 .... Bastion mit einer Schanze; unter dem Wall an den Flanken sogar gemauert, ein Kavalier aus Erde oberhalb der genannten Schanze. Die **Facen** [Stirnseiten] und Flanken dieser Bastion sind konterminiert.
Unter dem Kavalier liegen zwei Untergeschosse von 12 Fuß im Quadrat [3,90 m²], sie gleichen denen in der Bastion 10 und stoßen an die rechte Flanke dieser Bastion.

Unter dem Wall der Kurtine [dem Hauptwall zwischen den Bastionen] befinden sich drei geschützte Untergeschosse [Gewölbekeller Nr. 94] mit Luftschächten von 7–8 Toisen Länge auf 2 Toisen Breite [14 (16) × 4 m].

LÉGENDE

Pour l'explication des ouvrages ou des batimens distingués par les différentes couleurs.

N°s Toutes les cotes depuis 1 jusqu'a 16 désignent des ouvrages de fortification qui n'ont point de noms particuliers et ont toujours été omises dans les légendes des années précédentes.

17. Grand pont écluse sur la Sarre.
18. Pont sur la petite Sarre.
    Toutes les cotes suivantes jusques et comprise celle 37 sont encore des ouvrages de la fortification sans noms particuliers.
38. Cimetière de l'hôpital militaire.
39. Lunette commencée et imparfaite.
40. } Casernes et Pavillon dont une partie est occupée par
41. } les prisons militaires, une autre par l'exempt et les cavaliers de la Maréchaussée, une autre par le Casernier, et le reste destiné pour la Cavalerie et l'Infanterie.
42 et 43. Pavillon et Casernes pour la Cavalerie et l'Infanterie.
44. Casernes d'Infanterie.
45. Magasins pour les vivres et qui étoient autrefois des salles pour les Cadets.
46. Casernes d'Infanterie.
47. Casernes pour la Cavalerie et l'Infanterie.
48. Pavillon occupé par le Major de la place.
49. } Pavillon et Casernes servant de logement aux
50. } Ingénieurs, aux officiers de l'artillerie au Commissaire des guerres au Médecin et au Chirurgien Major de l'hôpital.
51 et 52. Magasin à fourage.
53. Casernes pour la Cavalerie.
54. Casernes pour la Cavalerie.
55. Arsenal.
56. Hôpital militaire.
57. Logement du Gouverneur.
58. Boulangerie du Roy où loge le lieutenant de Roy.
59. } Hangar dans le bastion 10 pour retirer les pontons de l'artillerie.
60. } Hangars pour les bois d'approvisionnement
61. } de la fortification.
62. Depôt des fourages d'imposition.
63. } Hangar dit Magasin rouge pour les bois d'approvisionnement de l'entrepreneur des fortifications.

64. Magasin à poudre dans le bastion 1.
65. Magasin à poudre dans le bastion 7.
66. Magasin à poudre dans le bastion 16.
67. Écluse de chasse des avant-fossés.
68. Ancien Canal de Listroff.
69. Retranchement des Capucins.
70. } Digues en maçonnerie et en terre sur la rive
71. } droite de la Sarre.
72. Éperon en maçonnerie qui soutient les terres du glacis.
73. Écluse de chasse pour les fossés de l'ouvrage à corne.
74. Écluse de fuite pour les fossés de l'ouvrage à corne.
75. Écluse de chasse pour les grands fossés de la place.
76. Écluse de fuite pour les grands fossés de la place.
77. Entrée de la petite Sarre dans l'ouvrage à corne.
78. Sortie de la petite Sarre.
79. Quai de la basse Sarre.
80. } Porte d'Allemagne, ses corps de garde et le Pavillon au-dessus occupé par le Major de la place.
81. } Porte de France ses corps de garde et le Pavillon au-dessus occupé par le sous-aide Major de la place.
82, 83, 84, 85 et 86. Corps de gardes.
87, 88, 89 et 90. Pierriers avec égouts sous quatre courtines.
91. Souterrain sous le rempart et dans la capitale du bastion 4.
92. Souterrain sous le rempart et dans la capitale du bastion 7.
93, 94, 95. Souterrains sous des courtines.
96. Souterrain sous le rempart et dans la capitale du bastion 16.
97. Ancien aqueduc qui conduisoit les eaux du Canal de Listroff dans le fossé de la lunette 35.
98. Corps de garde dans la place d'armes de la basse Sarre.
99. Écluse de fuite des avant-fossés.
100. Manège.
A. Église paroissiale.
B. Hôtel de ville avec corps de garde aussi des hangards.
C. Couvent des Augustins.
D. Cimetière des bourgeois en avant du front de la porte de France.
E. Glacière dans le bastion 16.

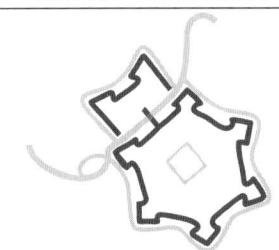

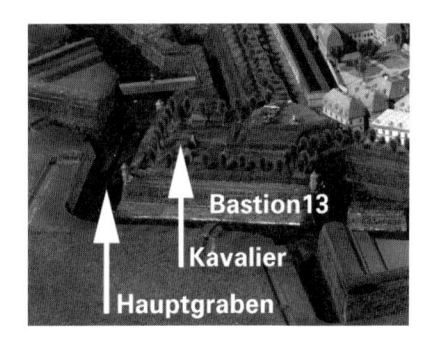

Durch die Mitte der Kurtine führt die **Poterne** Nr. 90, [ein Tunneltor, durch das der Verkehr läuft]. Unter derselben Kurtine befinden sich, angelehnt an die linke Flanke der Bastion 16, sieben bombensichere Gewölbekeller Nr. 95. In jedem von ihnen steht ein **Ofen**, in dem man täglich 400 Rationen Brot [400 kg] backen kann.

14 .... Tenaille.

15 .... Halbmond deckt die **Schleuse** Nr. 76 und besitzt unter dem Wall der rechten Flanke ein kleines bombensicheres Untergeschoss von zwölf Fuß [3,90 m] im Quadrat.

16 .... Bastion mit dem Pulvermagazin Nr. 66 und Untergeschossräumen Nr. 96, die denen der Bastion 4 gleichen. [Das runde Feld von etwa 88 cm Durchmesser »auf der Rückseite der Ohren«[1/27] der Bastion verweist auf den Zugang zur Wendeltreppe und den unteren Ausgangstüren, die zu den Gängen unter Bastion 13 führen.[2/53] Die Wendeltreppen waren 0,88 m breit. Das senkrecht verlaufende Kernstück maß 0,22 m im Durchmesser. Von den unteren Ausgangstüren führten kleine Gänge, die drei oder vier Mann beherbergen konnten.[1/27]]

»E« bezeichnet den **Eiskeller** in dieser Bastion.

17 .... **Schleusenbrücke** über die Saar. Die Schleuse dient dazu, die Überschwemmung in Nr. 39 [die Au] zu spannen, und zwar zwischen 12 und 15 Daumenbreiten [pouces] Wasserhöhe [das sind 15 x 0,027 m = rd. 40 cm] auf 3000 Toisen Wiesenfläche. [3,3 x 1,8 km Fläche].

18 .... Brücke über die **alte Saar**.

19/20 .... **Hornwerk** [Brückenkopf aus zwei **Halbbastionen**] deckt die große Schleuse Nr. 17.

21 .... Halbmond vor dem Hornwerk mit **Wachhaus** Nr. 84.

22 .... **Kontergarde** [Contregarde][mit Geschützstellungen] deckt die große Schleuse Nr.17, die [andernfalls] einer am Saarufer in Stellung gegangenen Kanone ausgesetzt wäre. Unter der Brustwehr der rechten Schulter befinden sich zwei bombensichere Gewölbekeller mit Luftschacht, 8 Toisen lang und 4 Toisen breit [16 m x 8 m, hieß ab 1821 **Contregarde Vauban**].

23–27 ...... **Lünetten** [31 bis 35 gemauerte Lünetten].

28 .... Selbständiges Werk zum Schutz des Verbindungskanals zu den Vorgräben [in Form einer Lünette].

29 .... **Hufeisenwerk**, deckt die Schleuse Nr.17, und zwar von der oberen Saar her, ebenso die Schleuse 67 für den Vorgraben. [hieß ab 1821 Fort Choisy]

30–36 ...... **Schanzen** [in Form von Lünetten] in den zurückspringenden Teilen des Vorgrabens mit Koffern mit gedeckten Verbindungen zu den Waffenplätzen des **Gedeckten Weges**.

[37 .... gemauerte Lünette [vor den Auwiesen].]

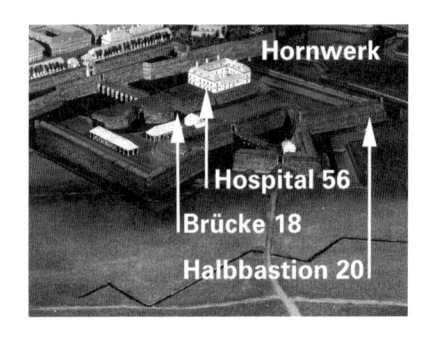

SAARLOUIS – DAS KÖNIGLICHE SECHSECK 97

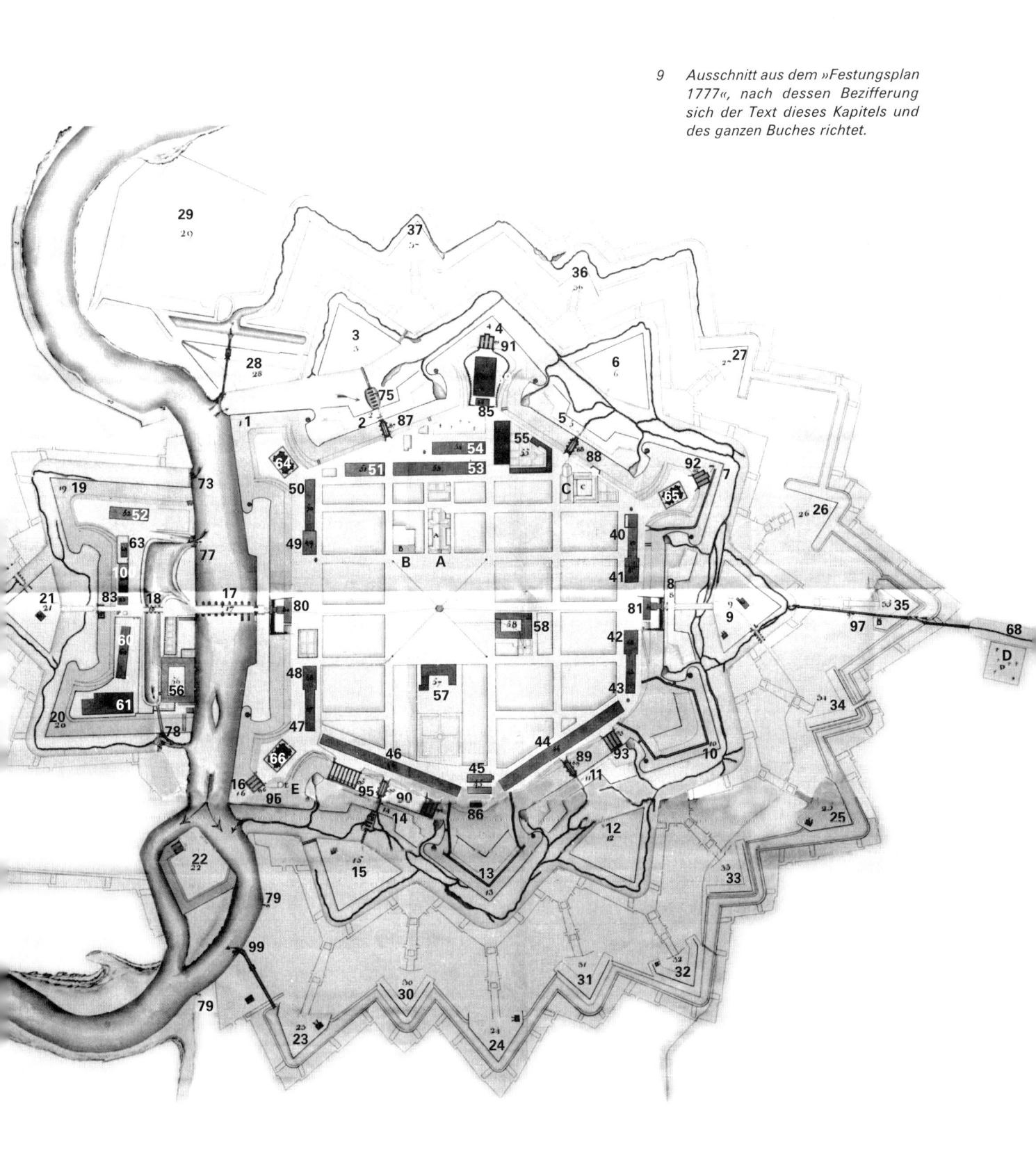

V. »FESTUNGSPLAN 1777« MIT SACHVERSTÄNDIGEN ERLÄUTERUNGEN

9   Ausschnitt aus dem »Festungsplan 1777«, nach dessen Bezifferung sich der Text dieses Kapitels und des ganzen Buches richtet.

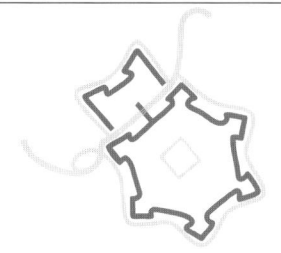

Ab Ziffer 37 – gemauerte Lünette – lesen wir die Erläuterungen aus *Festungsplan 1730* und *Festungsplan 1777;* Ergänzungen sind in Klammern hinzugefügt.

38 .... **Friedhof** des Militärhospitals [vor dem Hornwerk].

39 .... Lünette, unvollendet [vor dem Halbmond des Hornwerkes. Im *Festungsplan 1730* ist Ziffer 39 die Bezeichnung für die **Prairie**/Au].

40/41 .... Kaserne mit **Pavillon**, ein Teil davon ist vom **Militärgefängnis** belegt [12 Räume unterstehen dem Gefängniswärter (*Festungsplan 1730*)], ein weiterer Teil ist belegt vom **Feldgeistlichen** und den Reitern der **Feldpolizei**. Der Rest ist bestimmt für Kavallerie und Infanterie. [Die Offizierskaserne (Pavillon) umfasst 14 Pferdeställe und 28 Räume (*Festungsplan 1730*).]

42/43 .... Pavillon und **Kaserne** für Kavallerie und Infanterie [mit 16 Ställen und 36 Kasernenräumen (*Festungsplan 1730*)].

44 .... Infanteriekaserne [mit 158 Räumen, *Festungsplan 1730*].

45 .... **Magazin für Lebensmittel**, andernfalls dienen die Säle den Kadetten [2 Gebäude, das eine diente zeitweise einer Kadettenschule (*Festungsplan 1730*)[72/60]].

46 .... Infanteriekaserne [mit 124 Räumen, darin enthalten 6 Backöfen, die 12 Räume beanspruchen. (*Festungsplan 1730*)].

47 .... Kaserne für Kavallerie und Infanterie.

48 .... Pavillon für den **Platz-Major** [umfasst 12 Ställe und 24 Räume].

49/50 .... Pavillon und Kaserne dienen zur Unterkunft von **Ingenieuren**, **Offizieren der Artillerie**, dem **Kriegskommissar**, dem **Arzt** und dem Stabsarzt des Hospitals [nach Wegfall der flankierenden Bauten am Gouvernement fanden der Platz-Major Quartier in Nr. 48, die Kriegskommissar in Nr. 49 und der **Königs-Leutnant** in Nr. 58].

51/52 .... **Fourragemagazin** [im Hornwerk, Nr. 52, mit demselben Fassungsvermögen wie das Fourragemagazin Nr. 51 in der Stadt, das auch – im mittleren Teil – 36 Rationen Heu und Stroh fassen kann. (*Festungsplan 1730*)].

53 .... Kavalleriekaserne [mit 36 Ställen und 52 Räumen].

54 .... Kavalleriekaserne [mit 14 Ställen und 28 Räumen].

11 *Kaserne 5/42-43 vor dem Abriss im Jahr 1970. Foto Karl Hans.*

12 *Kavallerie-Kaserne 3/53 fotografiert 1936; rechts daneben verdeckt die Kaserne 2/54.*

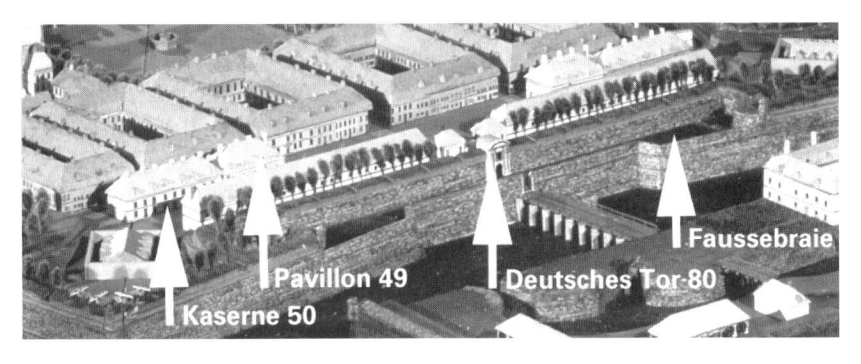

55 .... **Arsenal** [mit Hofraum und Werkstätten].

56 .... **Militärhospital** [im Hornwerk für 800 kranke Soldaten].

57 .... Wohnung des **Gouverneurs** [mit Parkanlage].

58 .... Königliche **Bäckerei**, wo der Lieutenant du Roy [Stellvertreter des Gouverneurs] wohnt [Bäckerei mit 10 Öfen, jeder zum Backen von 400 Rationen pro Tag geeignet (*Festungsplan 1730*)].

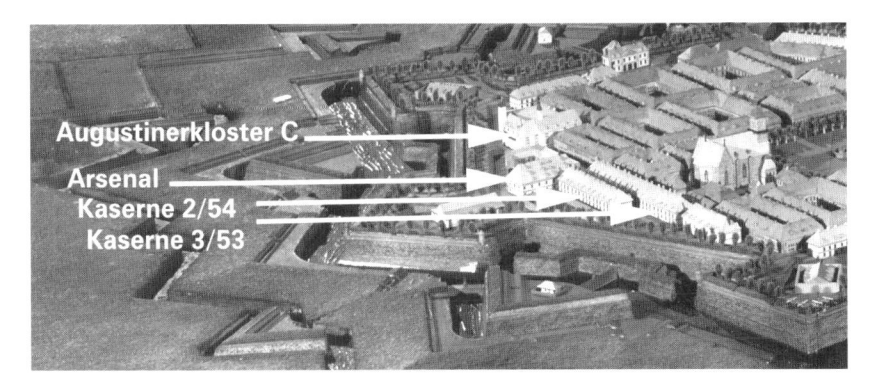

Mit der Ziffer 58 enden die Erläuterungen zum *Festungsplan 1730*. Es folgen die Erläuterungen aus *Festungsplan 1777*.

59 .... **Wagenhalle** der Artillerie auf der Bastion 4, auch zur Aufbewahrung der Brückenkähne.

60/61 .... **Schuppen** als Vorratslager für Hölzer [Palisaden, Balken, Bretter] für die Festungswerke.

62 .... **Depot** für Naturalabgaben.

63 .... **Hangar** [Halle], genannt rotes Magazin, zur Vorratshaltung von Holz für den Festungsbauunternehmer.

64 .... Pulvermagazin in Bastion 1 [dreistöckig].

65 .... Pulvermagazin in Bastion 7 [dreistöckig].

66 .... Pulvermagazin in Bastion 16.

67 .... **Einlassschleuse** für den Vorgraben [der Kanal führt durch das Werk Nr. 28].

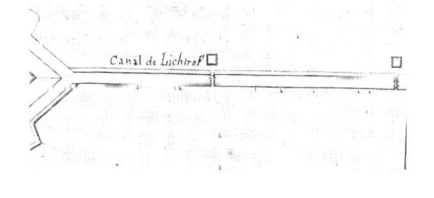

14 Das Zeughaus, Arsenal 55, auf dem heutigen Zeughausplatz.

15 Militärhospital 56 hinter der Schleusenbrücke 17.

16 Residenz 57 des Gouverneurs der Festung am Großen Markt.

17 Lisdorfer Kanal in die Festung mit zwei Wachtürmen. (5/13)

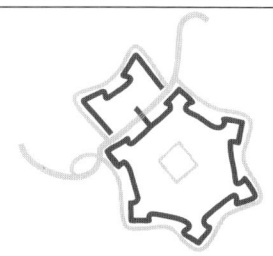

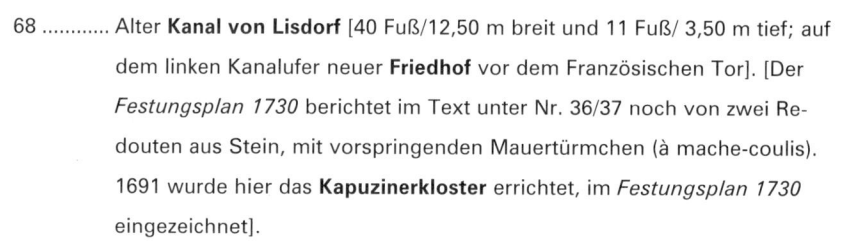

68 .... Alter **Kanal von Lisdorf** [40 Fuß/12,50 m breit und 11 Fuß/ 3,50 m tief; auf dem linken Kanalufer neuer **Friedhof** vor dem Französischen Tor]. [Der *Festungsplan 1730* berichtet im Text unter Nr. 36/37 noch von zwei Redouten aus Stein, mit vorspringenden Mauertürmchen (à mache-coulis). 1691 wurde hier das **Kapuzinerkloster** errichtet, im *Festungsplan 1730* eingezeichnet].

69 .... **Kapuzinerschanze**, retranchement.

70/71 .... Mauer- und Erddamm am rechten Saarufer.

72 .... Gemauertes Außenwerk [éperon], schützt das **Glacis**-Gelände [Winkel am Saarufer – obere Saar].

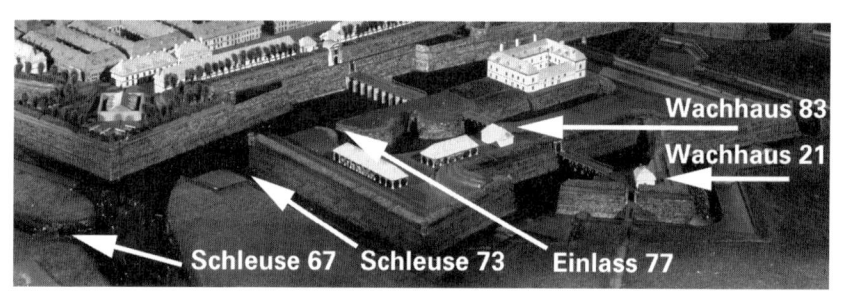

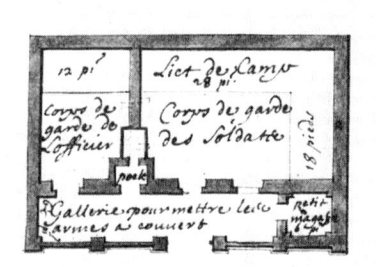

73 .... **Flutschleuse** / Einlassschleuse für die Gräben des Hornwerks.

74 .... **Auslassschleuse** für die Gräben des Hornwerks.

75 .... Einlassschleuse für den Hauptgraben der Festung. [*Festungsplan 1730*: Schleuse mit kurzen Balken und einem Schütz am **Batardeau** (Wasserbär), angelehnt an die rechte Schulter des Halbmondes Nr. 3. Der Batardeau hinderte das Hochwasser der Saar, in den Graben zu strömen.]

76 .... Auslassschleuse für den Hauptgraben der Festung. [*Festungsplan 1730* ergänzt unter Nr. 14: Schleusen, die mit kleinen Balken geschlossen werden können]. [Wenn man die Schleuse Nr. 2 in *Festungsplan 1730* beziehungsweise Nr. 75 in *Festungsplan 1777* öffnet, hält man die gestaute Saar in den Gräben bis zu einer Höhe von 12 Fuß / 3,90 m. [Die »militärische Wasserhöhe« im Graben betrug bis zu 2 m.[(19/105)] Die 12 Fuß unterhalb des Bauhorizonts ergeben einen errechneten Wasserstand von 176,17 m ü. NN.]

77 .... Einlass der **kleinen Saar** in das Hornwerk.

78 .... Abfluss der kleinen Saar.

79 .... **Anlegestelle** an der unteren Saar [zwischen Kontergarde 22 und Halbmond 15].

80 .... **Deutsches Tor** mit seinen Wachstuben und dem Pavillon darüber, belegt vom stellvertretenden Platz-Major/**aide-major** de la place.

81 .... Französisches Tor mit seinen Wachstuben und dem Pavillon darüber, belegt mit dem Adjutanten des stellvertretenden Platz-Majors.

20   Wachgebäude aus der Festungsstadt Lille.

21   Planzeichnung für ein Saarlouiser Wachhaus.

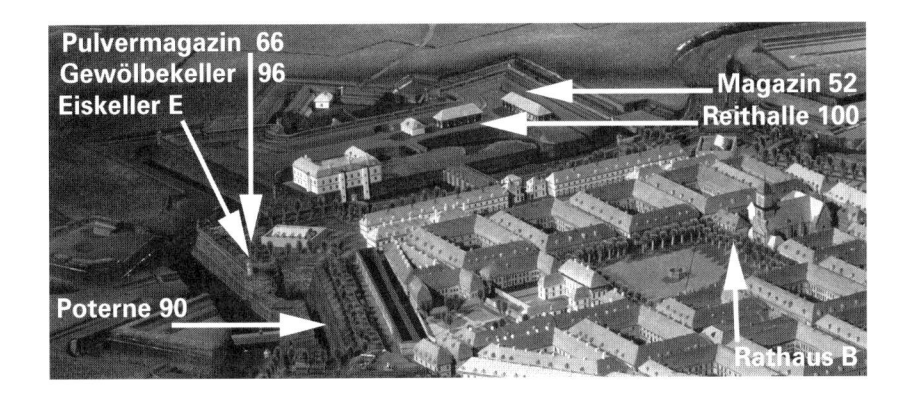

[Luftbild mit Beschriftungen: Pulvermagazin 66, Gewölbekeller 96, Eiskeller E, Magazin 52, Reithalle 100, Poterne 90, Rathaus B]

82–86 ...... 5 **Wachgebäude** [Nr. 82 auf dem Halbmond vor dem Französischen Tor, Nr. 83 vor der Hauptgrabenbrücke im Hornwerk, Nr. 84 auf dem Halbmond im Hornwerk, Nr. 85 nicht zu finden, Nr. 86 Wachgebäude in der Kehle der Bastion 13].

87–90 ...... 4 **Poternen** [Durchlässe] mit Abflussrinnen unter den vier Hauptwällen. [Die Abflussrinnen führten die Abwässer aus der Stadt in die Gräben.]

91 .... Gewölbekeller unter dem Wall und in der Hauptachse der Bastion 4.

92 .... Gewölbekeller unter dem Wall und in der Hauptachse der Bastion 7.

93–95 ...... Gewölbekeller unter den Hauptwällen [an der Angriffsfront, sie dienten als Kasematten].

96 .... Gewölbekeller unter dem Wall in der Hauptachse der Bastion 16.

97 .... Alte **Wasserleitung**, führt das Wasser aus dem Lisdorfer Kanal 68 in den Graben von Lünette 35 [Wie der *Festungsplan 1777* zeigt, führte die gedeckte Leitung darüber hinaus durch das Glacis zum Graben am Halbmond Nr. 9 vor dem Französischen Tor. Die Flutung des Vorgrabens und des Hauptgrabens erfolgte von der oberen Saar her mit Hilfe der Schleusen Nr. 67 und Nr. 75].

98 .... Wachhaus auf dem **Waffenplatz** an der unteren Saar.

99 .... Auslassschleuse der Vorgräben.

100 .... **Reithalle** [im Hornwerk. Um 1780 wurde eine neue Reithalle hinter der Kavalleriekaserne Nr. 54 gebaut.].

A .... **Pfarrkirche**.

B .... **Rathaus** mit **Hauptwache** im Erdgeschoss. [In der Hauptwache wurden die Torschlüssel aufbewahrt.]

C .... **Augustiner-Kloster**.

D .... **Bürgerfriedhof** [auf der rechten Seite des Lisdorfer Kanals 68. Der Friedhof innerhalb der Stadt vor der Bastion 4 ist noch eingezeichnet, er wurde 1773 vor das Französische Tor D verlegt. Zur selben Zeit wurde dieser Plan angefertigt.].

E .... **Eiskeller** in der Bastion 16 [an der linken Flanke].

24 Rathaus B mit Hauptwache, hier Bildmontage als zweistöckiges Gebäude.

25 Stich des Augustinerklosters C um 1700. Es fehlen die Festungsanlagen hinter der Anlage.

26 Positionen ehemaliger Bastionsspitzen im heutigen Stadtbild: Bastion 7 an der Ecke Hohenzollern-Ring–Prälat-Subtil-Ring.

27 Bastion 13 an der Ecke des evangelischen Pfarrhauses.

28 Bastion 4 an der Kreuzung Zeughausstraße–Choisy-Ring.

29 Bastion 10 am Busbahnhof an der Ecke zum Kaiser-Friedrich-Ring hin.

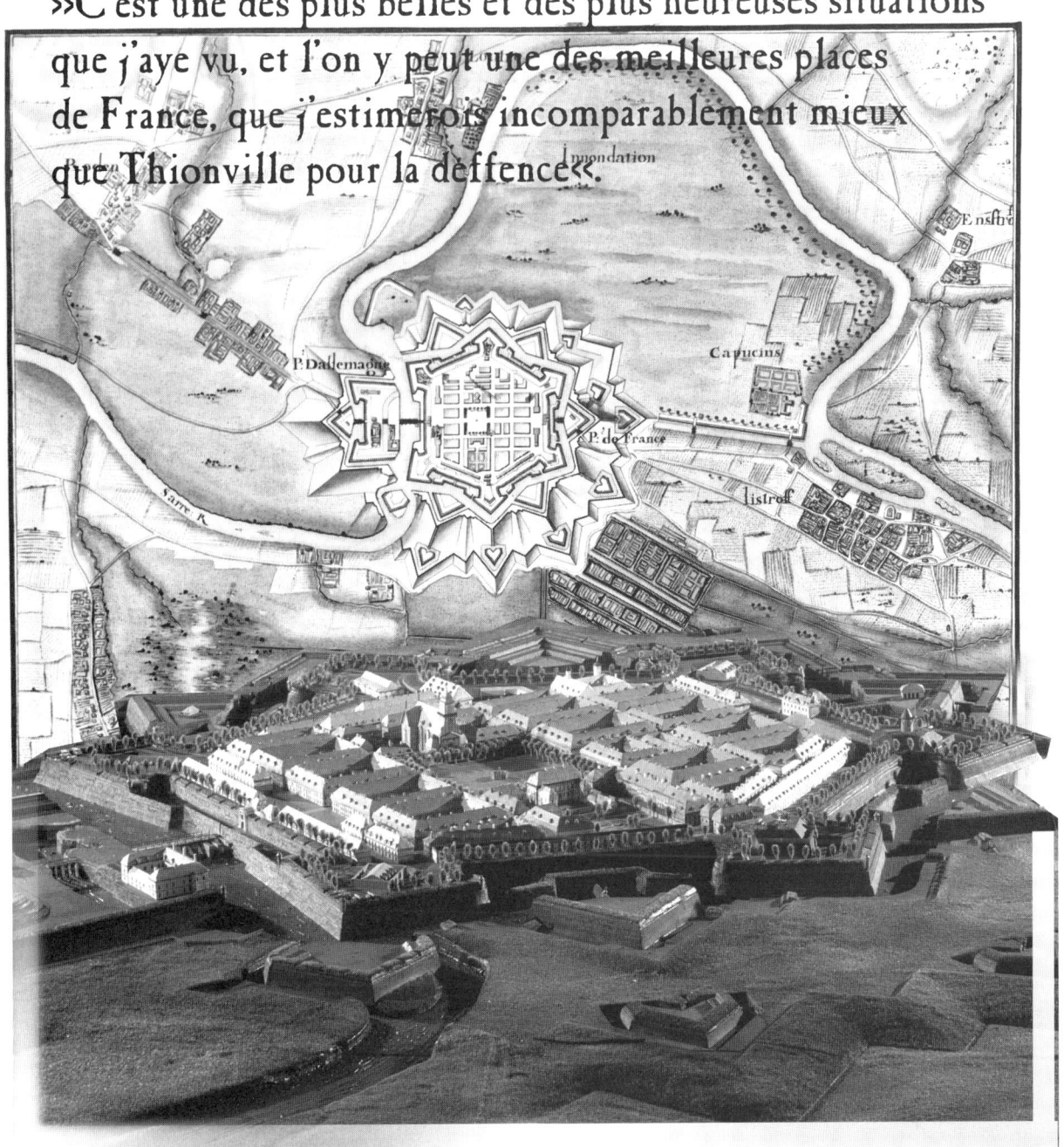

VI. »Hier ist die Seite, an der der Feind gezwungen ist anzugreifen!«

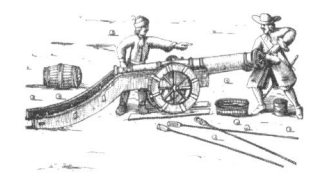

»C'est une des plus belles et des plus heureuses situations que j'aye vu, et l'on y peut une des meilleures places de France, que j'estimerois incomparablement mieux que Thionville pour la deffence«.

VI. »Hier ist die Seite, an der der Feind gezwungen ist anzugreifen!«

Ende Januar 1680 bezieht *Vauban* im Augustinerkloster Wallerfangen, das bis zum Jahre 1780 stand, Quartier. Er reitet mehrmals die Gegend zwischen Wallerfangen und Lisdorf ab und erwägt Für und Wider der Pläne *Choisys*. Vom Saarbogen oberhalb von Wallerfangen bis zum Saarbogen unterhalb von Lisdorf hat *Choisy* 2.500 m (une demi-lieue), von der Mitte der großen Saarschleife in Höhe der Abtei Fraloutre bis zur Hügelkette westlich davon (oberhalb Beaumarais und Holzmühle) etwa 5.000 m (une lieue) gemessen. *Vauban* musste sich zunächst erst ein genaues Bild dieser Saargegend machen. Auf ein für seine Zwecke geeignetes Kartenmaterial konnte er nicht zurückgreifen.

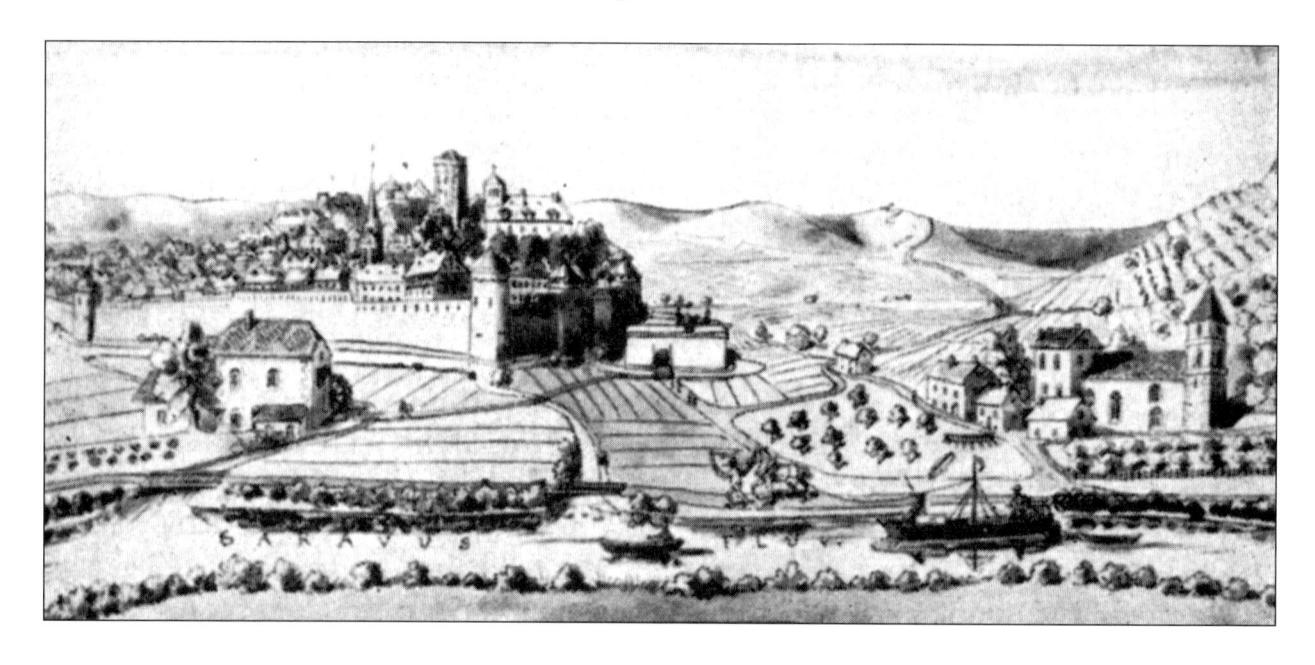

Es fehlte auch im Kriegs-Departement in Paris an geeigneten Karten von dieser Gegend. Schon in seinem Schreiben vom 4. November 1679 aus Dünkirchen an *Louvois* klagte *Vauban* über den Mangel an brauchbaren Karten.[13/38]

Trotzdem bestätigt er die Wahl *Choisys* für den Platz an der Saar und schreibt:

> »Aber soweit ich mir ein Bild über den Verlauf der Saar machen kann, weiß ich sehr wohl, dass nichts notwendiger wäre, [...] als einen festen Platz auf diesem Ufer in der Umgebung von Wallerfangen zu bauen.«[13/38]

2   Das Augustinerkloster in Wallerfangen – der Turm der Klosterkirche ist rechts vom Wehrturm zu erkennen – war nach den Zerstörungen in den Kriegsjahren von den Mönchen wieder aufgebaut worden; in die Stadt war wieder Leben eingekehrt. Handwerker, Handelsleute, Bauern und hohe Verwaltungsbeamte hatten neue Häuser gebaut oder die alten instand gesetzt.(11/91)

3   Gegenüberliegende Seite: Die Karte mit dem Titel »Le Cours de la Sare« wurde 1703 von dem königlichen Geographen Nicolaus de Fer in Paris veröffentlicht. Kopie im Stadtarchiv Saarlouis.

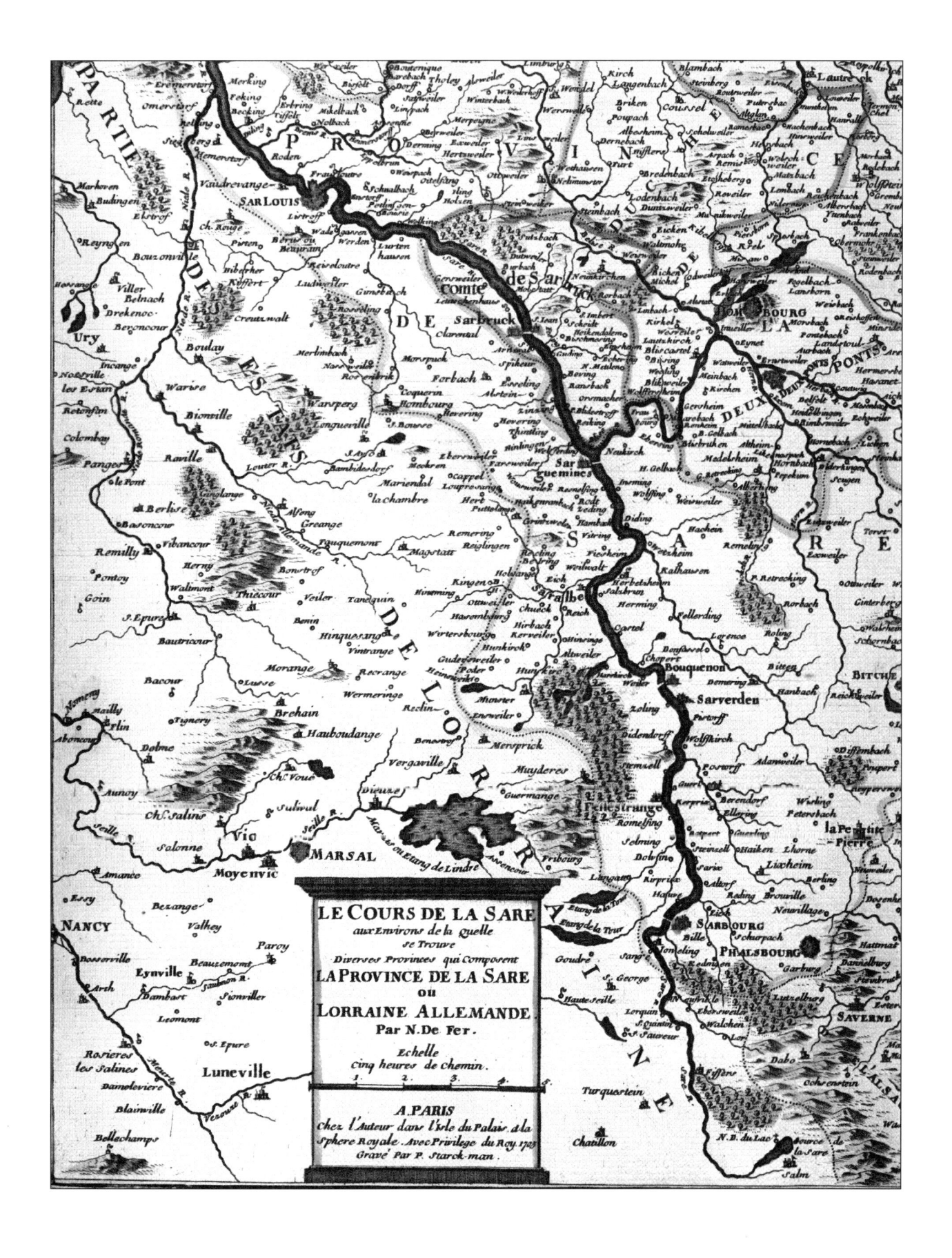

LE COURS DE LA SARE
aux Environs de laquelle
se Trouve
Diverses Provinces qui Composent
LA PROVINCE DE LA SARE
ou
LORRAINE ALLEMANDE
Par N. De Fer.
Echelle
cinq heures de chemin.

A PARIS
chez l'Auteur dans l'Isle du Palais à la
Sphere Royale Avec Privilege du Roy 1705
Gravé Par P. Starckman.

Kretschmer weist eher arglistig auf *Vaubans* Klage hin, dass in Dünkirchen keine Karte der Saargegend aufzutreiben sei, und fragt: »Entzog er sich dadurch weitgehend der Verantwortung für die Beurteilung der Lage der von Choisy geplanten Festung?«(7/27)

Vauban mahnt mit Recht den Mangel an Karten an und rät *Choisy* im Kapitel 156 des »Projets«/Bauanweisung *Vaubans*, diesem Übelstand abzuhelfen und sich über die Straßen im Umland der Festung besondere Kenntnisse anzueignen und dafür zu sorgen, »eine genaue Karte anfertigen zu lassen, die die Gegend im Umkreis von zwei Meilen (8 km) erfasst und in der Wälder, Felder, Flüsse und Bäche genau eingezeichnet sind«.(1/§58)

Der Mangel an brauchbaren Karten ist heute schwer verständlich, wenn wir an die zahlreichen Truppenbewegungen der vorausgegangenen Kriegsjahre denken, die doch die Erstellung von Kriegskarten gefördert haben müssten. *Vauban* forderte trigonometrisch aufgenommene, topografisch gezeichnete Karten. Erst ab 1750 wurden sie in Frankreich von den Brüdern *Cassini* gefertigt.

Die »Carte Du Duche De Lorraine, Kaart van Lotharingen« (Bild 5) stammt aus Amsterdam aus dem Jahre 1706 und ist Teil eines handlichen Kriegsatlasses. »Ihm war ein großer Erfolg beschieden. Von 1706 bis 1729 erschienen elf Ausgaben mit holländischen, französischen und englischen Titeln.«(5/73)

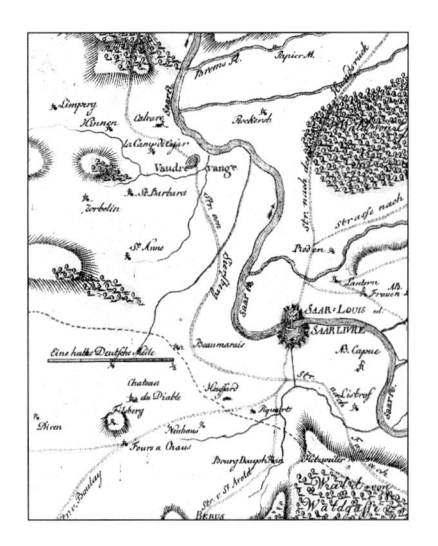

4   Die Karte, hier ein Ausschnitt, wurde 1793 in Leipzig gestochen, sie ist genordet und zeigt unsere Gegend in übersichtlicher, nicht maßstabsgetreuer Darstellung. Die Ortsnamen sind lautgetreu geschrieben. Die Hütte in Dillingen fehlt, sie wurde 1685 gegründet. Die Papiermühle ist eingezeichnet.(5/101)

Vauban plädiert dafür, die Lage der Festung zu ändern

Wir wissen bereits, dass nach gewissenhafter Inspektion des Baugeländes *Vauban* die Entscheidung für eine günstigere Lage der Festung traf. *Choisy* und *Vauban* plädieren beide für den Neubau einer Festung an der Saar. Der Ausbau von Saarbrücken oder eines anderen Ortes kam nicht in Frage. Der folgende Text von *Jean Florange* versucht, in Anlehnung an den Brief *Vaubans* vom 4. November 1679 die Problematik auf den Punkt zu bringen:*

*   »Il [Choisy] proposa même de compléter la défense de la Sarre, en élevant une nouvelle place forte près de Fraulautern. Le 4 novembre, Vauban écrit de Dunkerque à Louvois pour se raillier à l'opinion de Choisy; mais, au lieu de Fraulautern, il propose une nouvelle place aux environs de Vaudrevange. ...« (49/17)

»Er selbst [Choisy] schlug vor, statt Saarbrücken die Verteidigung der Saarlinie zu ergänzen, und zwar durch den Bau einer neuen Festung bei Fraulautern. Am 4. November schrieb Vauban aus Dünkirchen an Louvois, dass er Choisys Meinung teile, aber statt Fraulautern schlage er einen neuen Platz in der Umgebung von Wallerfangen vor.«

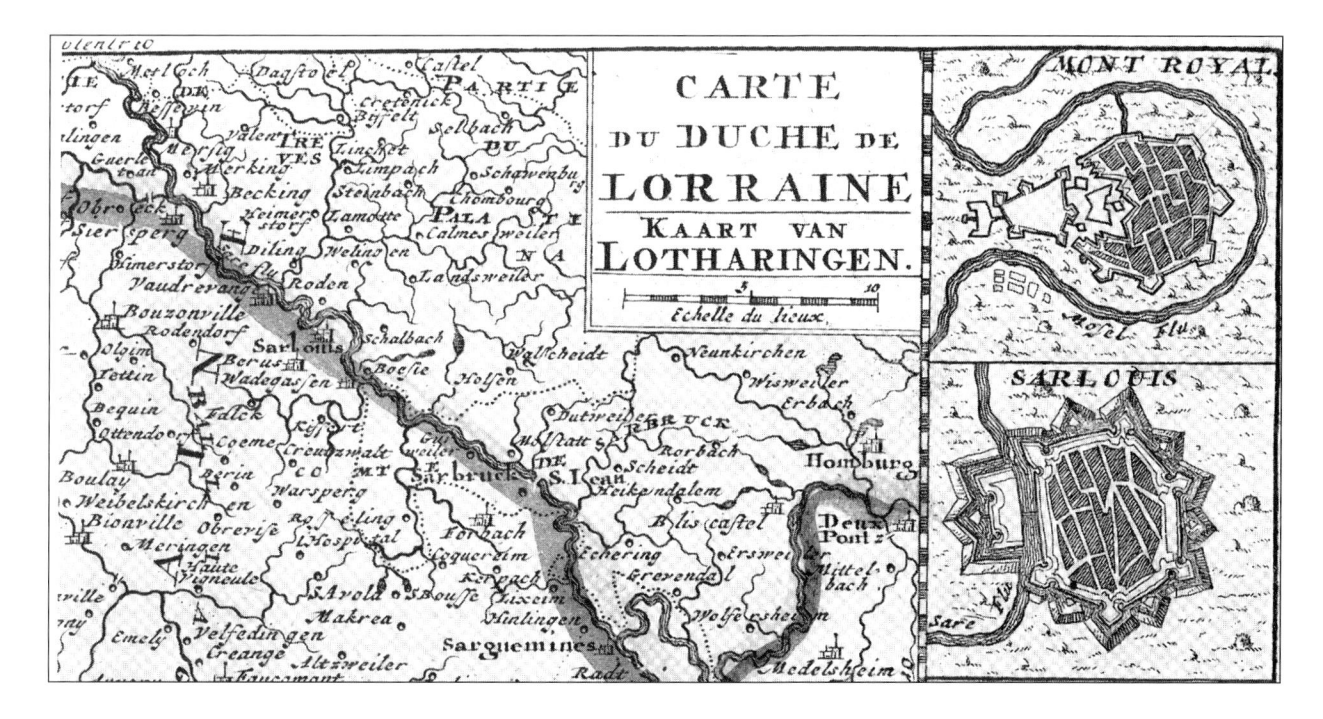

VI. »HIER IST DIE SEITE, AN DER DER FEIND GEZWUNGEN IST ANZUGREIFEN«

5   Der Ausschnitt aus der Karte von 1706 »Carte Du Duche De Lorraine« von Daniel de la Feuille hat am Rand zwei kleine Pläne. Der Festungsplan von Saarlouis zeigt sechs geometrisch nicht konstruierte Bastionen und im Stadtinnern willkürlich verlaufende Straßen. (5/72)

6   Auf dieser Karte »Lotharingiae Ducatum« von N. Sanson d'Abbéville sind Walderfang, Roden, Frauwen Lauteren, Enstorff, Linstorff, Feltzberg und Wadegasln eingezeichnet. (11/151)

Wir haben bei *Gaston Zeller*[13] diese Formulierung im Brief *Vaubans* an *Louvois* vom 4. November nicht finden können. Ganz deutlich beschreibt *Vauban* jedoch die Lage von Saarlouis Ende Februar 1680 an

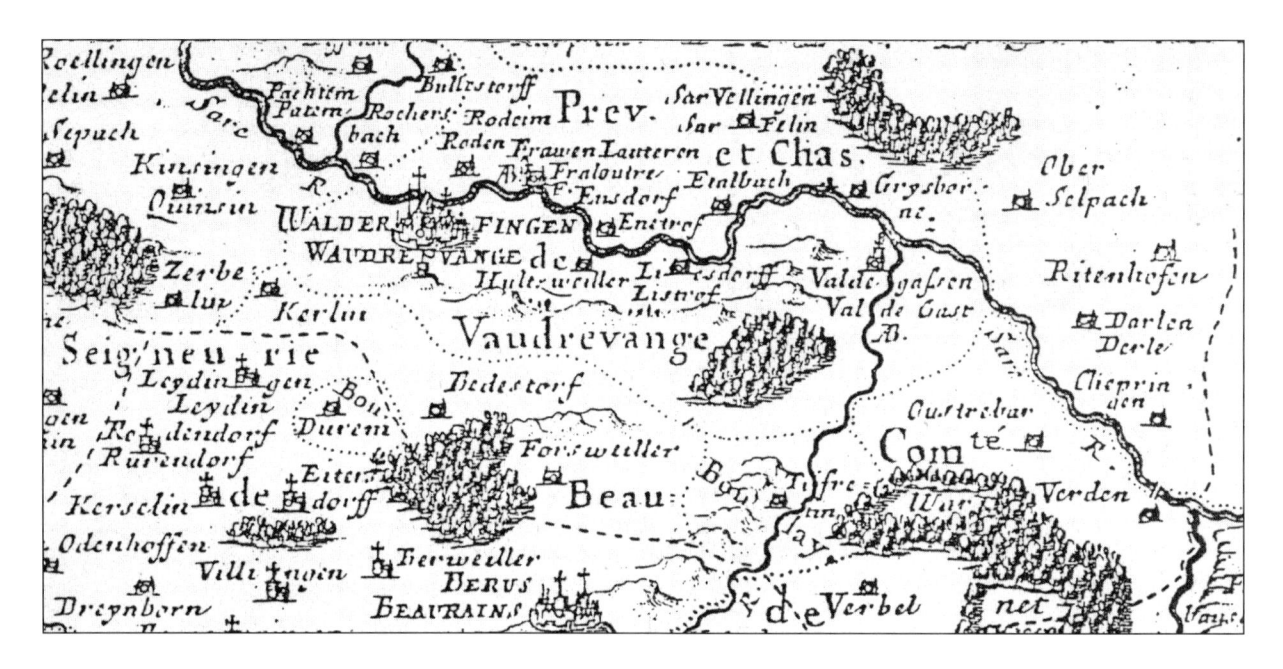

7/8 Die Karte, aus der dieser Ausschnitt stammt, ist laut obiger dazugehörender Kartusche 1650 datiert.

die Priorin *Comtesse* des Krankenhauses in Lille wie folgt: »Von Metz reiste ich an die Saar, wo ich bei Wallerfangen den schönsten Festungsplatz, den ich je plante, verwirklichte und den man Saarlouis nennen wird.«[13/43]

Choisy schrieb dem König

Der vorausgegangene Brief *Choisys* vom 20. Oktober 1679, wörtlich zitiert im Kapitel III., bleibt für Saarlouis ein geschichtliches Dokument. *Choisy* beschreibt präzise die von ihm gewählte und strategisch begründete Lage der geplanten Festung an der Saar und benennt die bestehenden Besitzverhältnisse. Für die im Folgenden dargestellte Auseinandersetzung zwischen *Vauban* und *Choisy* um die endgültige Lage der neuen Festung ist es dienlich, die von *Choisy* genannten Kennzeichen dieser Lage in acht Punkten herauszustellen. Dabei sollen die von *Choisy* angesprochenen Sachverhalte präzisiert werden, wobei auch die örtliche Lage erhellt und damit auch die Frage beantwortet werden kann: Wem gehörten Grund und Boden, auf dem die Festung erbaut werden sollte? Man vergleiche dazu die Feststellungen in Kapitel II. Die Herzöge Lothringens zwischen König und Kaiser.

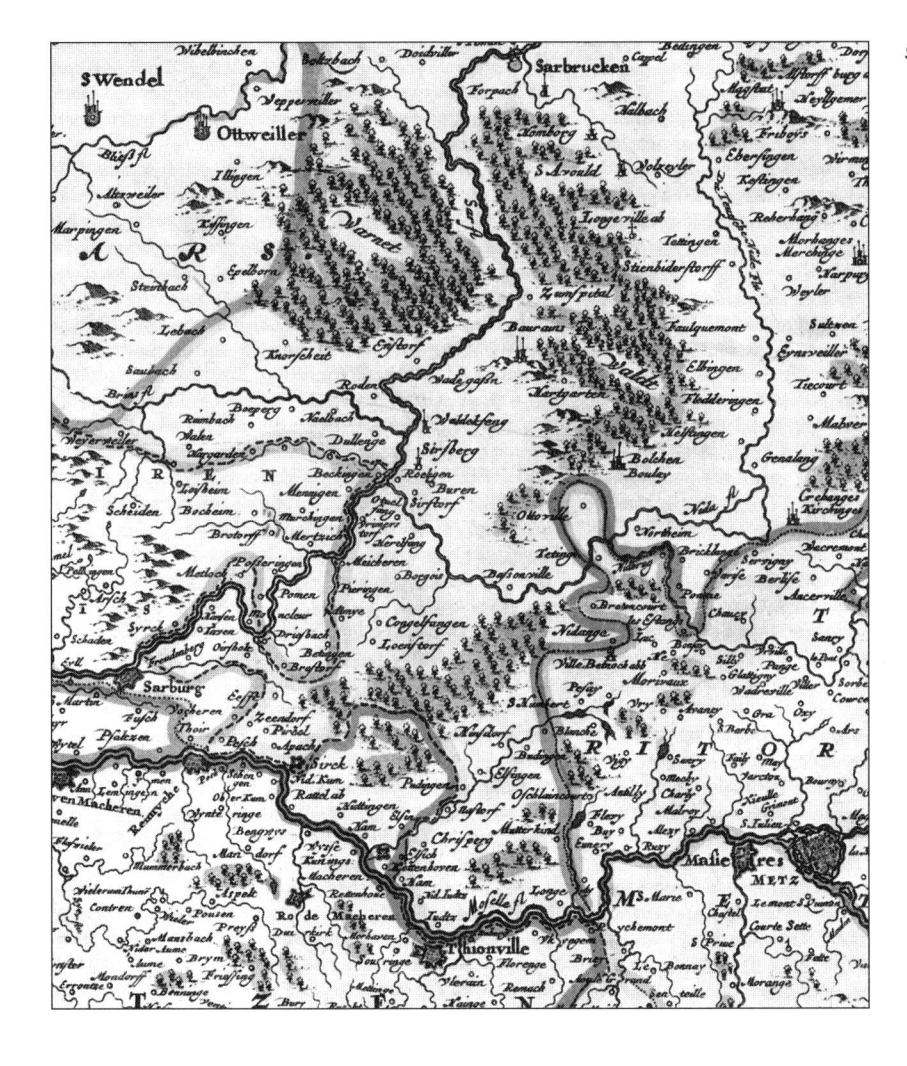

9   Ein Ausschnitt aus der Karte »Exactissima Lotharingia« von Carel Allardt mit der Saargegend. Entweder lag diese Karte Vauban nicht vor oder er betrachtete sie als nicht geeignet.

1. Eine kleine Meile [fünf km] oberhalb von Wallerfangen [gemessen entlang des Saarufers] befindet sich eine Damenabtei ...

Mit dem Platz ist die Wiesenfläche gemeint, die im großen Saarbogen liegt, und zwar dort, wo der Flusslauf seine nördliche Richtung ändert und fast rechtwinklig nach Westen abbiegt.

2. ... unter der Gerichtsbarkeit der Stadt Wallerfangen, Fraloutre genannt, am Ufer auf der anderen Saarseite gelegen – auch Lothringer Land.[13/16]

Es ist erstaunlich, wie korrekt *Choisy* die Merkmale in seinem Brief an *Louvois* formuliert, zunächst bezüglich von Wallerfangen und seiner Gerichtsbarkeit. Wallerfangen war die Amtsstadt mit dem Obersten Gerichtshof der Ballei und der Ort, wo Sitzungen der

Assisen, außerordentlicher Gerichtstage der Herzöge, stattfanden. Nach der zweiten französischen Besetzung Lothringens im Jahre 1670 waren die lothringischen Zentralbehörden aufgelöst und »teilweise nach französischem Vorbild umorganisiert ...« worden[23/443] bis zur Reunion 1683 und der Entstehung der Saarprovinz. Die Damenabtei mit eigenem Hochgericht gehörte zum Wallerfanger Gerichtsbezirk – ab 1670 mit dem Recht zur Appellation an den Conseil souverain, das höchste Gericht in der Généralité des trois évêchés/dem Bezirk der drei Bistümer.

3. Diesseits [auf der linken Saarseite] liegt eine schöne, weite Wiesenfläche, fast 2,5 km breit und mindestens 5 km lang.

Choisy meint die Lisdorfer Au, heute noch 160 ha groß. 1680 besaßen Bürger von Wallerfangen und die Äbtissin von Fraulautern in der Au Grundstücke, Grundherr war der Abt von Wadgassen. Aufgrund dieser Tatsache kam es durch den Intendanten am 13. Juni 1684 »zur Zahlung der Entschädigung von 640 Livres, 18 Sols, 5 Derniers […] als Bezahlung der Hälfte des Preises der ›Erbschaft‹, ihnen zufallend und in den Befestigungen des Platzes Saarlouis einbegriffen...«. Die Zahlung erfolgte für »17 Morgen Ackerland, in 7 Parzellen messend 7.084 Toisen, 2 Fuß, und 29¾ Fauchées Wiesen, 2.395 Toisen 5 Fuß, im Preise von 1 Sol die Toise Ackerland und 1½ Sols die Wiesen.«[71/289]

Fazit: Das Areal, auf dem die Festung erbaut werden sollte, lag im besetzten Lothringen, seiner Souveränität beraubt. Grundbesitzer war der Abt von Wadgassen, der für den abgetretenen Besitz entschädigt wurde.

4. Auf der anderen Seite [der Abtei] ist guter fester Boden, der 1,50 bis 1,80 m höher liegt als das gegenüberliegende Wiesengelände.

Choisy sah in diesem höher liegenden Gelände die Möglichkeit zur vorteilhaften Anlage eines starken Brückenkopfes. Das Kloster hatte zu keiner Zeit Hochwasserschäden zu verzeichnen.

5. Rechts davon und vis-à-vis befinden sich kleine Hügel, geeignet für feindliche Batteriestellungen – aber in Reichweite von Kanonen [der Festungsartillerie].

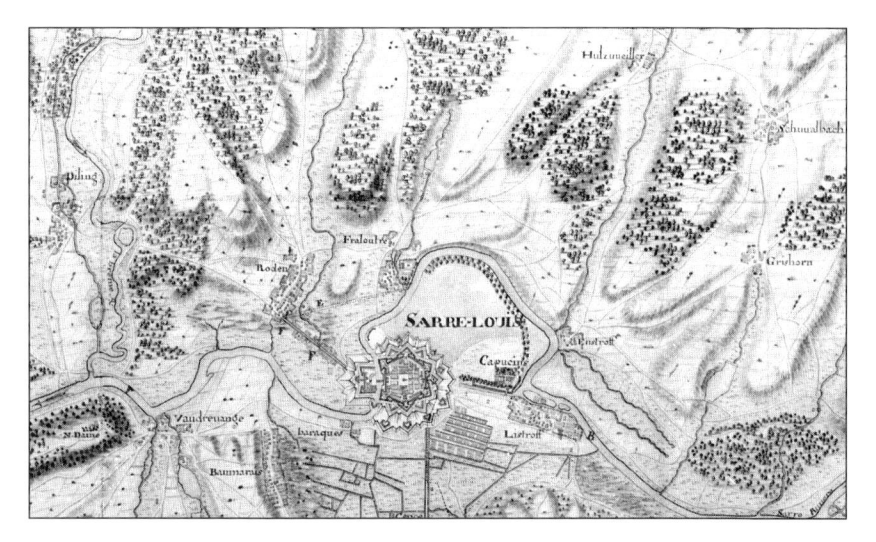

VI. »HIER IST DIE SEITE, AN DER DER FEIND GEZWUNGEN IST ANZUGREIFEN«

10 Diese undatierte Karte illustriert sehr anschaulich die geografische Situation der Festung: umgeben von verschiedenen Höhenzügen, die nach der neuen Positionierung der Festung durch Vauban weniger bedrohlich sind.

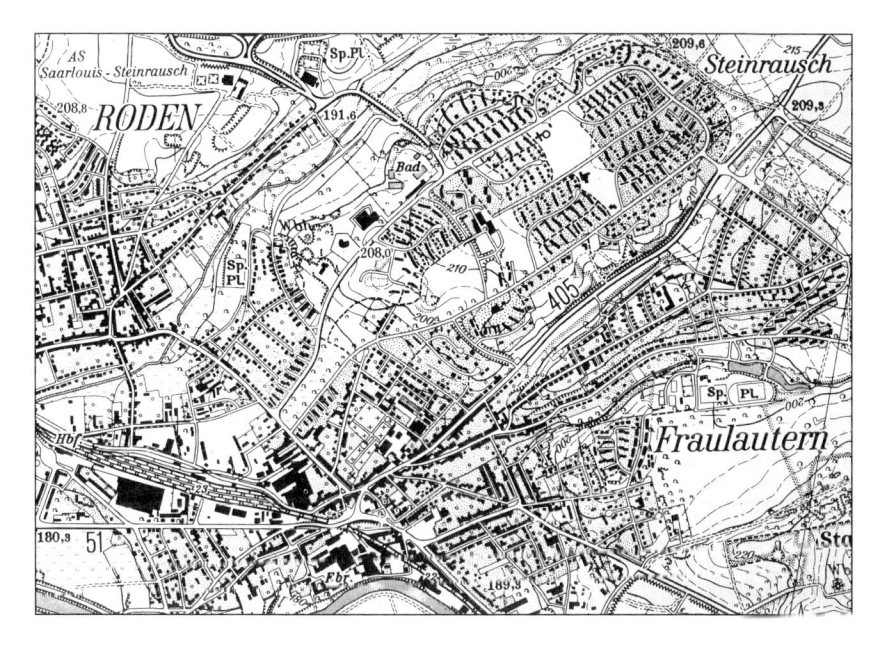

11 Zwei der Höhenzüge rechts der Saar in heutiger Karte: Bereich Steinrausch und Fraulautern-Kreuzberg, »geeignet für Batteriestellungen des Feindes, aber auch in Reichweite von Kanonen aus der Festung«, schrieb Choisy dazu an Louvois.

Die Hügelkette – mit den Erhebungen Rosselwald, Kreuzberg, Steinrausch, Röderberg – lag für damalige Geschütze am Rande der möglichen Reichweiten. *Choisy* ahnte nicht, dass er sich mit seinem korrekten Hinweis auf die kleinen Hügel einen erneuten Marschbefehl an die Saar einhandelte mit dem Auftrag, in Paris umgehend spezielle Geländeskizzen vorzulegen. Seine derzeitigen Ausführungen reichten nicht aus, aufgekommene Bedenken zu zerstreuen.

6. Es wäre leicht, ihnen auszuweichen, indem man auf dieser Seite nur ein großes Hornwerk baute ...

12 Die Kartenskizze zeigt die Lage der Festung nach dem Plan Choisys vom 20. Oktober 1679. Das Hornwerk liegt im Gelände des Klosters Fraulautern. Der Festungsplan links davon entspricht der verbesserten Situierung durch Vauban vom Januar 1680. (Skizze des Verfassers vom Mai 1999)

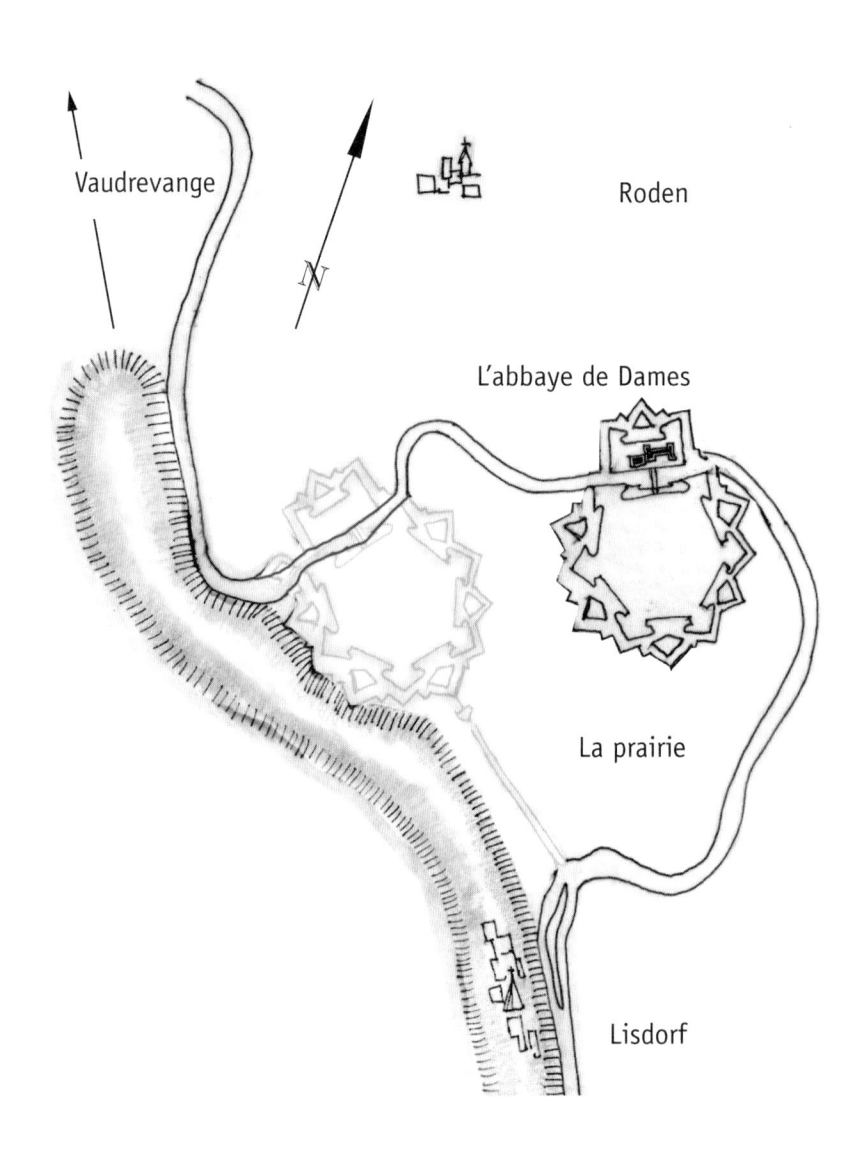

Es ist eindeutig: *Choisy* wollte auf dem Klostergelände das Hornwerk errichten – gewissermaßen als vorgeschobenes Bollwerk der Festung.

7. ... *die Festung aber auf diese Seite in die Wiese baut.*[13/16]

Nach *Choisys* Plan sollte die Festung in die Au gebaut werden. Sollte der Gegner wider Erwarten von der rechten Saarseite her das Hornwerk einnehmen, so müsste er, um die Festung zu erobern, »erst die Saar überwinden, angesichts einer großen Front von Befestigungen.«[13/16]

VI. »HIER IST DIE SEITE, AN DER DER FEIND GEZWUNGEN IST ANZUGREIFEN«

Den Gedanken, dass der Feind von der Au-Seite her die Festung angreifen könnte, erörtert *Choisy* aufgrund der speziellen Lage und der nachfolgenden Überlegungen nicht:

8. Falls es dem Gegner gelänge, das Hornwerk und seine Werke einzunehmen, hätte er nichts gewonnen, weil er noch die Saar überwinden müsste angesichts einer großen Front von Befestigungen, die das Übersetzen des Flusses verwehrt, der hier so breit ist wie die Marne bei Chateau-Thierry. Man müsste Schleusen bauen, um den Fluss auf die ganze Wiese zu leiten.

13 Simulation des Ernstfalles nach dem Vorschlage Choisys, die Festung gegenüber der Abtei Fraulautern zu platzieren. Der Nachteil: Bei jedem Hochwasser der Saar wäre die Festung eingeschlossen gewesen. Auch ohne Hochwasser hätten die Staumanöver an der Schleusenbrücke die Au überschwemmt und die Stadt isoliert. Im Gegensatz dazu bleibt nach der realisierten Vauban-Lösung die Kontrolle über die Ausfallmöglichkeiten und Zugänge zur Stadt von außerhalb der Festung erhalten. Bildmontage Christoph Dutt.

Choisy definiert an dieser Stelle die Festung ohne irgendwelche Einschränkungen als Inundationsfestung. Im Text der Gründungsmedaille von 1683 heißt es analog: Der Fluss fließt von allen Seiten um die Festungswerke herum.[5/3] Es ist für den Gegner ganz aussichtslos, vom rechten Saarufer aus, auf dem das Hornwerk liegt, die Festung ernsthaft zu bedrohen – daran hindern ihn die Flussbarriere und die Feuerkraft der Festungsartillerie.

Auffallend ist, dass *Choisy* bei dieser Planung keine Rücksicht auf die Klostergebäude der Abtei nahm. Sie hätte man seiner Meinung nach abreißen und an anderer Stelle neu aufbauen können. Auch *Vauban* schloss in Erwägung einer Kriegslage das Kloster Fraulautern in seinen Planspielen nicht aus: Falls ein feindlicher Angriff von

14   Im alten, 1950 wieder aufgebauten Klostergebäude befindet sich heute die Klosterschule. Das Rathaus von Fraulautern und die Klosterschule waren von 1830 bis 1944 in den Räumen der alten Abtei untergebracht.

Seiten des Hornwerks erfolgen sollte, »so glaube ich, dass man Mühe haben wird, sich den Abriss der Abtei dieses Namens zu versagen«.[1/§158]

Im Zusammenhang mit der vom König geforderten Sicherung der Ostgrenzen des Königreiches wollte *Vauban* Saarlouis als besonders starkes Glied der Festungskette bauen. Er bekräftigt, dass nach dem Bau der Festung »die genannte Region sich in absoluter Sicherheit vor dem Einbruch der deutschen Armeen befindet, denen es unmöglich gemacht wird, sich in diesem Lande festzusetzen oder sich sonst wie zu betätigen«.[1/§160]

Auch *Choisy* hatte zuvor als »Kundschafter« – wie deutlich aus seinem Bericht hervorgeht[13/16] – der zu bauenden Festung eine hervorragende Platzierung zugedacht. Sie sollte uneinnehmbar sein. Wiederholen wir noch einmal die Kriterien: »Der Fluss wäre eingebunden zwischen Festung und Hornwerk«, hatte er dem Kriegsminister geschrieben. Das Hornwerk/der Brückenkopf sollte an die Stelle des Klosters Fraulautern zu liegen kommen, gewissermaßen als ein Bollwerk zur Abwehr des Feindes, die Festung aber als starker Stützpunkt für die eigenen Kräfte mit allen Bastionen, Magazinen, Werkstätten am linken Saarufer in den Auwiesen, dem Feind jeden Zutritt verwehrend. »Man müsste Schleusen bauen, um den Fluss auf die ganze Wiese zu leiten …«.[13/16] Gerade durch die Inundation sollte die Festung unangreifbar werden oder, wie im Begleittext zur Gründungsmedaille von 1683 geschrieben, »den Ort fast unüberwindlich« machen.[5/2]

15 Das Abteigebäude Fraulautern mit Klosterkirche nach einem alten Stich.

Szenenwechsel: Januar 1680

Mit seiner Begleitung steht *Vauban* auf dem Gelände der Abtei Fraloutre, auf dem bekanntlich mehr als einen Meter höheren rechten Ufer, und begutachtet die Geländeverhältnisse. An dieser Stelle – so hat es *Choisy* eingezeichnet – soll die Schleusenbrücke gebaut werden, im Grundrissplan hat *Choisy* auch die etwa 200 m hohe Hügelkette, die sich nördlich der Abtei nach Osten hinzieht, skizziert. Das Hauptargument für *Choisy* aber war der Fluss, manipulierbar mit Hilfe großer Schleusen. »Mit Schleusen« wäre der Fluss »auf die ganze Wiese zu leiten ...«[13/16]

Choisy ließ sich impulsiv, aber verständlich bei seiner Schleusenkonzeption von dem dramatischen Erlebnis sieben Jahre zuvor im Holländischen Krieg 1672 leiten. Gleich zu Anfang hatten die Holländer die Schleusen zum Meer hin geöffnet und die gefährdete Stadt Amsterdam zu einer Insel und damit für die französische Angriffsarmee uneinnehmbar gemacht.[22/174]

Genauso sollte nach seiner Auffassung die neue Festung nach Schließen der Schleusen, im Überschwemmungsgebiet der Saar liegend, uneinnehmbar sein. *Vauban* wird *Choisy* in diesem Punkt Recht gegeben haben: Eine Überschwemmungsfestung, mitten in die Au gebaut, würde dem Feind jede Möglichkeit nehmen, an Vorwerke und Bastionen heranzukommen. Die Konsequenz aber wäre, so wird *Vauban* seinem Kollegen klar gemacht haben, dass die feindlichen Armeen an der Festung vorbeiziehen – da sie mit keinen nennenswerten Ausfällen und Störungen durch die in der Festung selbst eingeschlossene Garnison zu rechnen hätten. Gerade das Gegenteil sollte die Festung aber leisten – sie sollte die Belagerungsarmee durch überraschende Angriffe binden, ihren Nachschub blockieren oder durch Störtrupps erschweren.

Und auf einen weiteren Umstand wird er hingewiesen haben: Die Überschwemmung des Umlandes der Festung wäre wegen der unzureichenden Wassermenge der Saar in den Sommermonaten eine kaum zu kalkulierende und daher strategisch fragwürdige Verteidigungshilfe. Die Abhängigkeit der Verteidigung der Festung vom schwankenden Wasserstand der Saar ist tatsächlich ein Thema, das in Akten und Plänen, die in den Pariser Archiven ruhen, angesprochen wird.[5/80]

Vauban nimmt zu diesem Thema »Überschwemmung« im »Projet« deutlich Stellung: Es ist »nur sehr schwierig und es wird nur mit äußerster Anstrengung gelingen, die Wiese unter Wasser zu setzen. Vielleicht wird man nur deren Oberfläche benetzen können. Man sollte auch nicht glauben [*Choisy* und seine Auftraggeber sollten nicht glauben], dass man damit [gerade] den von Fraulautern kommenden Feind am Angriff hindern kann, da dieses Gelände um etwa 1 m bis 1,20 m höher liegt als das andere.«[1/§160]

Vauban zielt mit dieser Darlegung auf die erhöhten Batteriestellungen, die der Feind auf dem rechten Ufer bereitstellen könnte. Als Verteidigungshilfe spielt das Wasser bei *Vauban* nicht die entscheidende Rolle. Infolgedessen prüft und kalkuliert *Vauban* andere Möglichkeiten, so auch eine Situation, in der sich der Feind veranlasst sehen könnte, den Fluss ab Fraulautern mit Hilfe eines noch zu bauenden Kanals abzuleiten. Dann »wäre der Platz dennoch in der Lage, sich sehr gut zu verteidigen, da er dann immer noch über alle seine einzelnen Festungsteile verfügt, die so gebaut und sorgfältig gestaltet sind, als hätte man von der Überflutung nie besonderen Schutz erwartet.«[1/§160]

Für Vauban hatten strategische Überlegungen Priorität, und es reift in ihm der Entschluss: Die Festung musste an diesem Saarabschnitt mit nur einer Seite in eine Lage verschoben werden, die, weil überschwemmungsfrei, sich für eigene Angriffsunternehmungen nutzen ließ.

Und *Vauban* kannte bereits diese Lage. Schon bei seinem ersten Inspektionsritt hinunter von den Höhen südlich von Wallerfangen Richtung großer Saarbogen, hatte er unterhalb des 222 m über NN gelegenen Salzweges ein breites, mit Eichenwald bestandenes Sumpfgebiet durchquert, anschließend die mindestens zwei Meter über den Saarwiesen gelegene alte Handelsstraße Wadgassen–Lisdorf–Wallerfangen–Trier überquert und überraschend einen bis zu zwei Meter hohen und mehr als 50 m breiten von Lisdorf sich hinziehenden Geländerücken passiert.[32/7]

Für *Vauban* stand fest, dass sich in diesem Abschnitt des Terrains die weitaus bessere Lage für die neue Festung befinde: die überschwemmungsfreie Westfront und gegenüber – zu den Auwiesen und dem Saarbogen hin – die tiefer liegende Inundationsfront.

Der Plan zeigt bereits deutlich die nur an der Westfront vorgeschobenen Schanzen mit Vorgräben, die später durch Lünetten verstärkt wurden.

Hier fand *Vauban*, bekannt für die Fähigkeit und Entschiedenheit, die Geländeverhältnisse bestmöglich in seine Planungen einzubeziehen, eine geradezu ideale Erdformation vor, bestehend aus Sandstein und Kies, die den Bau großer Werke geradezu begünstigen würde. Hier sollte, so erhärtete sich sein Entschluss, die Westfront, die den Belagerer herausfordern könnte, zu stehen kommen. – Seine Ingenieure nannten sie später »le front d'attaque« oder auch »le front français«. Die Lage der Festung musste also zwingend nach dem Ort Vaudrevange hin verschoben werden.

Die drei stärksten Bastionen sollten danach an der Coste d'attaque / der Angriffsfront mit einem vorgelagerten, nur schwer zugänglichen Sumpfgebiet zu liegen kommen. »Diese Festungsfront kann der Feind«, so schreibt *Vauban*, »nur über große Ebenen mit freiem sumpfigen Gelände voller Baumstümpfe erreichen.«

Dann stünde er vor einer »ausgezeichneten Kontereskarpe, die er nur nach Überwindung des Vorgrabens angehen kann«, das heißt über Engstellen und unter der Mündung der Musketen. Danach müsste er die Strömung um die Halbmonde überwinden und anschließend die Strömung im Hauptgraben, gefüllt mit 2,50 m tiefem

16 Die von Vauban autorisierte Planzeichnung »Plan de Sarrelouis relativ au Projet Instructif de la fortification par Monsieur de Vauban, Ingénieur Général« (5/5) zeigt an der westlichen Flanke (hier vergrößerter Bildrand oben) die Eintragung »Coste du Rideau«, was auf den genannten Geländerücken hinweist, der von Süd nach Nord in Höhe der geplanten Bastionen Nr. 10, Nr. 13 und Nr. 16 verlief. Siehe dazu auch Kapitel VIII.

Wasser.⁽¹/§¹⁶⁰⁾ Inzwischen würden die Truppen der eigenen Operationsarmee eingetroffen sein, die Festung hätte ihre eigentliche Aufgabe erfüllt, nämlich den Feind am Vormarsch zu hindern.

Ohne Zweifel bedeutete eine Lageverschiebung der Festung einen massiven Eingriff in die bereits vom König genehmigten Pläne, die sich auf *Choisy* stützten, der in seinem Brief betont hatte, dass »es hier eine der schönsten und günstigsten Lagen« für eine Festung gebe. Wörtlich: »Es ließe sich hier eine der besten Festungen Frankreichs anlegen, die ich für eine Verteidigung vergleichbar besser hielte als Thionville.«*

Vauban liest während der Abfassung seines »Projet« noch einmal diese Stelle in *Choisys* Bericht an den König und formuliert, geschickt auf diese hochgestimmte Einschätzung seines Festungsbaukollegen eingehend – auch mit Blick auf den königlichen Auftraggeber:

> »*Schließlich gleichen Lage und Verhältnisse der Festung, so wie sie entworfen worden sind, dem Vorschlag, der letztlich von Monsieur de Choisy gemacht worden ist und an den ich mich als an den besten von dreien gehalten habe.*«⁽¹/§¹⁵⁹⁾

Von wem stammten die beiden anderen Vorschläge?

Crequi und seine Pläne wurden bereits im Kapitel III genannt. Vor dem Auftrag an Monsieur *Crequi* durch *Louvois* am 8. Mai 1679 war bereits im November 1675 der Marschall *Rochefort*, Kommandant in Lothringen, an der Saar gewesen⁽¹³/¹⁰⁾ und hatte detaillierte Vorschläge zur Befestigung von Saarbrücken gemacht. *Crequi* griff diese Überlegungen im September 1679 auf. Beide wollten Saarbrücken ausbauen, ein Vorhaben, das beim König auf wenig Gegenliebe stieß. Dagegen fand er, wie wir sahen, den Vorschlag *Choisys*, die neue Festung auf einem Platz an der mittleren Saar zu bauen, einmalig – eine hervorragende Leistung!

Vauban fährt fort: Es sind nur wenige Veränderungen an dem Hauptwall der Festung vorgenommen worden/»on n'y a fait que fort peu de changements au corps de la place« – der immer noch die gleiche Größe hat wie vorgesehen!⁽¹/§¹⁵⁹⁾

Ein kluger, verbindlicher Satz, den *Vauban* in sein »Projet« schrieb. Er spricht von »nur wenigen Veränderungen am Hauptwall« und dass er noch die gleiche Größe habe. Die von ihm angeordnete

---

* »C'est une des plus belles et des plus heureuses situations que j'aye vu, et l'on y peut une des meilleures places de France, que j'estimerois incomparablement mieux que Thionville pour la deffence«.(13/17)

Lageänderung, diesen opponierenden Eingriff, erwähnt er im »Projet« mit keinem Wort.

Plan für die neue Lage der Festung

Vauban sah sich nach Vortrag seiner Gründe gegenüber *Choisy* auch den hohen Auftraggebern gegenüber hinreichend gerechtfertigt, die Lage der Saarfestung innerhalb des großen Saarbogens zu ändern. Die Umrisse des von ihm neu bestimmten Bauplatzes ließ er – um 20° gegen Südwest gedreht – etwa 1.000 m flussabwärts zum Orte Vaudrevange hin trassieren. Hinzu kam, dass nun nicht mehr von einer Inundationsfestung getreu dem Entwurf *Choisys* die Rede sein konnte – hatte dieser doch deshalb noch den Bau von Schleusen gefordert, »um den Fluss auf die Wiese zu leiten, was sich ganz natürlich durch die Beschaffenheit des Geländes erreichen ließe«.[13/16]
Schleusen wurden 1683 gebaut, jedoch nur für eine Teilinundation. Die Schleusenbrücke sowie die Grabenschleusen blieben nach dem Willen *Vaubans* unentbehrliche Bauwerke zur Überschwemmung der östlichen, an die Au grenzenden Festungsfront. Diese verlief vom Rodener Damm über die Bastionen Nr. 1, 4 und 7 bis zum Lisdorfer Kanal.
Die Schleusen hatten nach dem Projekt *Vaubans* in erster Linie den Zweck, die 36 m breiten Hauptgräben und die Vorgräben nach taktischen Erfordernissen mit Wasser zu füllen oder wieder zu entleeren. Mit der nun eingeschränkten Installation zur Inundation des Vorgeländes, beschränkt auf nur eine Festungsseite, nahm es *Vauban* nicht weniger genau. Daher drang er bei seiner Inspektion 1683 auf den Bau der Kontergarde flussabwärts in der Saar, heute Vauban-Insel genannt, um den Schutz der Schleusenbrücke zu gewährleisten. Auf dieser Frontseite, der front d'attaque, erwartete *Vauban* die Angriffe des Feindes und wies darauf hin: So gesehen hat »der angreifende Feind nicht die Wahl der Mittel […] Die einzige Seite, von der der Feind angreifen muss, ist die, die sich gegenüber dem Galgenberg von Vaudrevange befindet.«[1/§160]
Vauban war mit der veränderten Platzierung der Festung gefährlich nahe an die etwa 200 m hohe Höhenkette hinter Beaumarais gerückt und befahl daher: »Die kleine Höhe unterhalb der Richtstätte von Vaudrevange, also die, die sich dem Hornwerk am nächsten befindet, ist um etwa 28 m abzutragen.«[1/§147] *Choisy* führte diesen Befehl

17 Der 218 m hohe Wackenberg liegt nördlich von Beaumarais. 400 m südostwärts davon lag früher der 230 m hohe Galgenberg. Der senkrechte Pfeil zeigt auf das Gelände, das heute »Im Park« heißt. Der Galgenberg lag 1.700 m von der Schleusenbrücke in Saarlouis entfernt. Vauban nannte den Galgenberg »justice de Vaudrevange«. Er meinte damit die Richtstätte des Obersten Gerichtshofes in der ehemaligen Provinzhauptstadt der deutschen Ballei in Lothringen. (11/92)

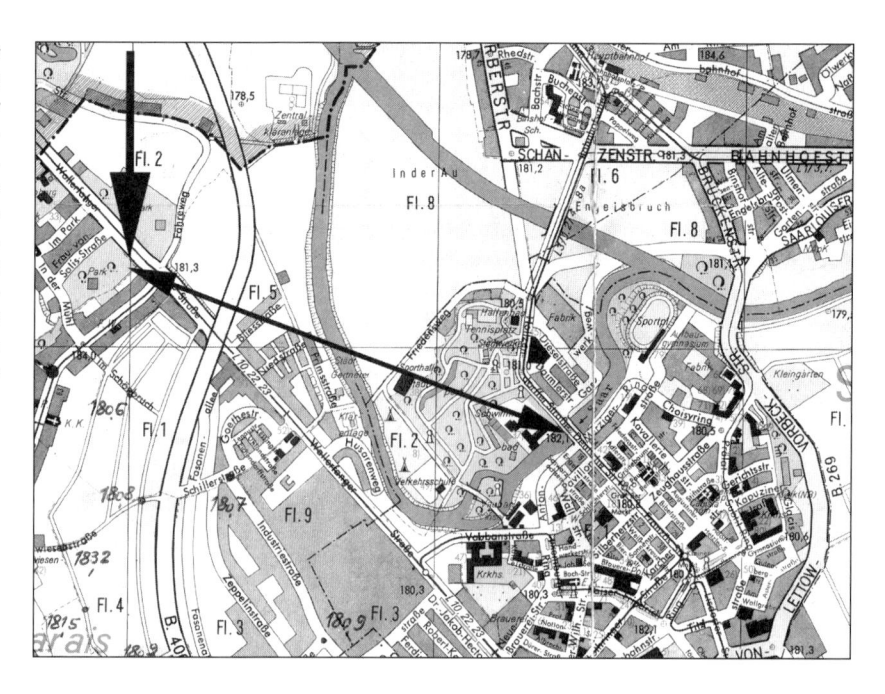

* Offensichtlich ist die Jahreszahl 1682 im Brief von Louvois an den König ein Fehler – entweder ein Schreibfehler oder ein späterer Druckfehler. Schon die Bauzeit von sechs Jahren war äußerst kurz bemessen.

sofort aus und stellte so sicher, dass keine Batterien von diesem Galgenberg aus die Festung »jemals« beschießen konnten.

Vaubans Planung umfasste auch das strategische Umfeld der Festung, wozu intakte Wegeverbindungen gehörten. Die hochwasserfreie Straße Wadgassen–Wallerfangen–Trier, die durch die »Wallerfanger Engt« führte, war Teil des Verteidigungskonzepts, und er mahnte: »Man sollte auf keinen Fall den Weg, der unterhalb von Vaudrevange angelegt ist, zerstören, da ich gehört habe, dass man Schwierigkeiten hatte, ihn anzulegen. Dieser Weg kann auch erheblich dazu beitragen, Hilfe für den Platz herbeizuführen.«(1/§157)

Die Reaktionen bei *Choisy* und *Louvois* nach Ankündigung der Festungsverlegung durch *Vauban* – wir wissen nicht, in welcher Form sie erfolgte – signalisierten offensichtlich Zustimmung. *Louvois* reiste an die Saar und machte sich an Ort und Stelle ein Bild. Er schrieb sofort nach der Inspektion der Großbaustelle Ende August 1680 an den König: »Die Lage dieses Platzes ist im höchsten Grade gut, und ich habe keinen Zweifel, dass er nicht schon 1682* einer der schönsten Plätze unter der Herrschaft Seiner Majestät sein wird.«(13/42)

Sachliche Gründe, nämlich eine überlegenere strategische Position für die Festung, bessere Boden- und Bauverhältnisse an der »Französischen Front«, hatten den Festungsbauingenieur *Choisy* und den Kriegsminister davon überzeugt, dass der Experte *Vauban* letztlich den einzig erfolgversprechenden Platz für die Saarfestung bestimmt hatte.

Trumpfkarte – Inundationsfestung Saarlouis

Die Festung Saarlouis sollte für den König ein Symbol sein für die starke Festungsfront entlang der Ostgrenze des Reiches und eine Trumpfkarte in dem Drama »Frankreich ringt mit den europäischen Mächten«.

Vauban sah seine Aufgabe darin, als Baumeister des Königs mit dieser vorgeschobenen Festung, genau auf der strategischen Linie Metz–Mainz gelegen, seinem Herrn dazu zu verhelfen, vor aller Welt Macht und Ruhm des Hauses *Bourbon* zu demonstrieren.

Die Prägung der Gründungsmedaille war Ende 1679 in Auftrag gegeben worden. Der begleitende Text verkündete unmissverständlich die Politik des Siegers.* Der Text lautet in der deutschen Ausgabe, Baden/Schweiz 1704:

> *»Weil der König beschlossen, den Deutschen Lothringen völlig zu versperren, war nötig, eine Vestung an der Saar anzulegen: Hierzu erwählte er nun den gelegensten Ort, und legte daselbst die Grund einer Stadt, die hernach genannt wurde Sar-Louis. Dieser Fluss, den man auch durch die Schleusen erhöhen kann, so oft man das Land umher unter Wasser setzen will, fleußt von allen Orten um die Vestungs-Werke herum, und machet also den Ort fast unüberwindlich.«*

In dem Text tauchen alle die Aussagen auf, die *Choisy* bereits am 20. Oktober 1679 in seinem Brief an den König machte. Es ist vom Fluss die Rede, der »um die Festung und das Hornwerk mit großer Geschwindigkeit fließen würde«, so oft man es will. Man könnte es durch »Schleusen bewerkstelligen, um den Fluss die ganze Wiesenfläche unter Wasser setzen zu lassen«.

Im Departement des Kriegsministers waren die »abschreckenden« und exemplarischen Passagen aus dem *Choisy*-Brief als willkommene Formulierungshilfen verstanden worden, wodurch sich die weitgehende Übereinstimmung zwischen den Formulierungen im Text von Brief und Gründungsmedaille erklärt. Die 63 mm große Gedenkmünze (siehe Kapitel I) wurde von *Jean Mauger* von der königlichen Akademie der Medaillen und Inschriften gestochen.(5/3)

Die Vorstellung von einer Festung, die sich mit Hilfe der Inundation die Feinde vom Leib hielt, war eingängig und einprägsam. Sie lenkte Phantasie und Stichel einiger Kupferstecher. Als Beispiel dafür diene der Plan von der Saarfestung, der von einem anonymen Künstler stammt und vor das Jahr 1700 zu datieren ist.

---

* »La résolution que le Roy avoit prise de fermer entièrement la Lorraine aux Allemands, le détermina à bastir une Place sur la Sare. Il choisit la situation la plus avantageuse, & on y traça le Plan d'une Ville appelée Sarlouis. Cette rivière, qu'on éleve mesme par des Escluses, pour inonder le païs quand on veut, environne de tous costez les Fortifications, & rend la Place presque imprenable.«(5/3)

Der Kupferstecher des Überschwemmungsplans (Abbildung 18) hatte von dem höher liegenden Gelände an der »Französischen Front«, die nach *Vauban* die Angriffsseite sein sollte, keine Kenntnis. So lässt er die Inundation mehr als 400 m saarabwärts bis zu der Stelle sich ausdehnen, wo heute die St.-Nazairer-Allee in die Wallerfanger Straße mündet.

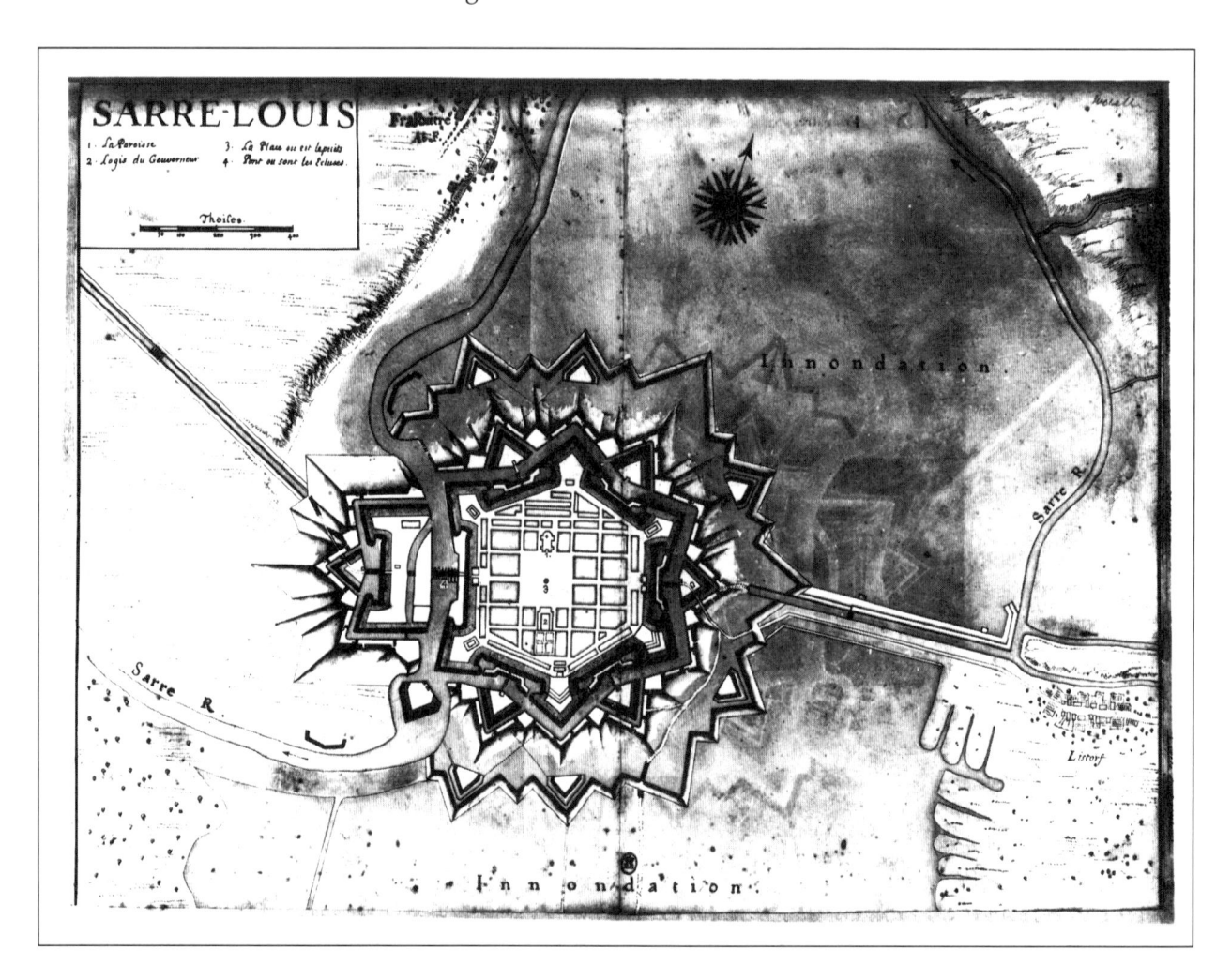

18 Ein anonymer Plan der Festung Saarlouis aus dem Stadtarchiv Saarlouis. Er stammt etwa aus dem Jahr 1700, ist aber nicht datiert. Der Plan soll die Überschwemmungsszene um die Festung wiedergeben, geht aber an den realen Zuständen vorbei.

Es wäre interessant zu wissen, ob wir diesen und ähnlich »gelungene« Pläne der Phantasie der Künstler oder einem Wink aus der Umgebung des Kriegsministers für eine »vorteilhafte Darstellung« verdanken.

VII. »Herr de Choisy wird das Projekt Saarlouis genauestens ausführen«

»*Monsieur de Choisy fera exactement exécuter ce projet, à moins qu'il n'y fût contrevenu par Monseigneur de Louvois. Si dans le détail de ces parties il s'y rencontrait quelque difficulté, en m'en donnant avis avec quelque bout de plans et profiles, je ne manqueraia pas de lui en mander aussitôt mon sentiment.*«[1/§160]

Vauban 1680

»*Monsieur de Choisy wird das Projekt sehr genau ausführen, wenn nicht Monseigneur Louvois dagegen spricht. Falls in irgendwelchen Einzelheiten Schwierigkeiten auftreten sollten, unterrichte man mich, um welchen Teil der Pläne oder Festungsteile es sich handelt, und ich werde nicht zögern, ihm [Choisy] umgehend dazu meine Auffassung mitzuteilen.*«

Vauban 1680

VII. »Herr de Choisy wird das Projekt Saarlouis genauestens ausführen.«

Die Entscheidung, die Festung an der Saar Sarre-Louis zu nennen, muss wohl Anfang Februar 1680 am Hofe gefallen sein. *Louvois* spricht am 4. Februar in einem Brief an Baudirektor *Boisot* noch von Fraloutre, doch im Brief vom 12. Februar gebraucht er den Namen Sarre-Louis. Die »Gazette de France« hatte den Namen Saarlouis bereits am 20. Januar desselben Jahres in einer Meldung genannt, für unser heutiges Medienverständnis eine gute Leistung.

2   *Die Ausfertigungen Vaubans zum »Projet instructif de la fortification de Sarrelouis 1680« sind in einer Abschrift erhalten. Eine photographische Reproduktion befindet sich im Stadtarchiv Saarlouis. Im Folgenden zitieren wir die Schrift mit »Projet«.(1)*

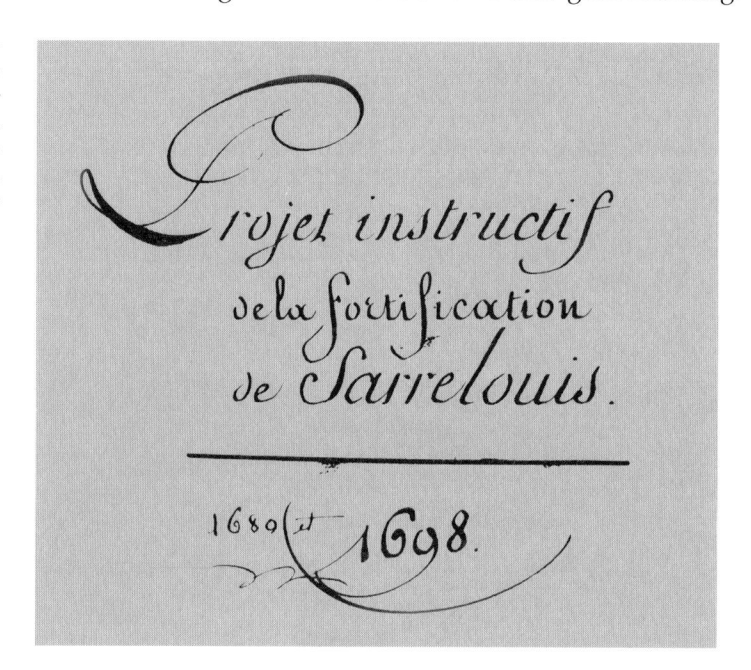

Wir werden im Folgenden Saarlouis statt Sarre-Louis schreiben, außer bei Zitaten. Diese Schreibweise ist geschichtlich belegt, denn *Motte* schreibt eingangs seiner Chronik wörtlich: »Sarrelouis oder vielmehr Saarlouis, wie es 1690 in der ersten Sitzung des Bezirksgerichts geschrieben worden ist.«[6/1] Eine interessante Schlussfolgerung: Der Greffier/Gerichtsschreiber galt als Autorität für die »richtige Schreibweise«.

Am 8. Februar schloss *Vauban* den »Projet instructif de la fortification de Sarrelouis 1680«/Planungen und Anweisungen für den Festungsbau in Saarlouis 1680 in Wallerfangen ab.* Die Unterlagen zum Festungsbau wie Bauprofile, Berechnungen, Konstruktionen und das Aussehen einzelner Werke, darunter Beschreibungen und Detailzeichnungen, kurz: einen Teil des Festungsbau-Dossiers Saarlouis hatte *Vauban* zusammen mit den ihm zugesandten Plänen und Entwürfen seines Kollegen *Choisy* aus seinem Festungsbaubüro in der Zitadelle von Lille mitgebracht. Zum engsten Mitarbeiterstab vor Ort gehörten der Ingenieur *de Montille*, der seit 1677 die Verant-

*   »Was die Ideen Vaubans zu Saarlouis nach seinem Besuch der Gegend anbelangt, so kennen wir sie dank eines Dokuments, das in der Bibliotheque du Comité technique du génie / Bibliothek der technischen Kommunikation für das Ingenieurkorps aufbewahrt wird. Es ist datiert mit Wallerfangen, 8. Februar 1680.« (13/44)

wortung für die Festungsanlagen von Nancy trug, und sein sechsundzwanzigjähriger Neffe *Antoine de Vauban*, genannt *Dupuy-Vauban**, Offizier im Pioniercorps, der ihn auf seinen Inspektionsreisen begleitete.[74/14] Ferner gehörten Vermessungsingenieure, Zeichner und Schreiber zum Arbeitsstab *Vaubans*.

Baudirektor Claude Boisot

Mit *Vauban* war auch *Claude Boisot* nach Wallerfangen gekommen.[2/33] *Louvois* hatte ihm anlässlich seiner Reise an die Ostgrenze im Juni 1679 »la direction des travaux«, das heißt die Bauaufsicht über die Arbeiten an den Festungen Longwy, Phalsbourg, La Petite Pierre, Hombourg und Bitche und damit zusammenhängende Finanzvollmachten übertragen.[37/21]

Wer war dieser *Boisot*? Von einem Zeitgenossen wird er als ein Mann beschrieben, der aus einer Familie hoher Verwaltungsbeamter stammte, er gehörte zur »noblesse de robe«/Amtsadel. Sein Vater war Gouverneur von Besançon. »Boisot vereinigte in sich in hohem Maße die unterschiedlichsten Verwendungsmöglichkeiten.«[13/40] *Louvois* hatte ihn 1678 zum Präsidenten des Parlaments der Franche-Comté bestellt, nachdem er dort fünf Jahre als Kanzleichef gearbeitet hatte. Im gleichen Jahr hatten die spanischen Habsburger die Franche-Comté/die Freigrafschaft Burgund, die sie von 1555 an besaßen, an Frankreich abtreten müssen. Die Verwaltung der festen Plätze in der Freigrafschaft gehörte ebenfalls zu seinem Aufgabenbereich. *Louvois* schätzte ihn sehr wegen seiner geistigen Beweglichkeit und seiner Kenntnisse im Festungsbauwesen.[13/40] Aufgrund seiner bis dahin wahrgenommenen Tätigkeiten wurde *Boisot* in dienstlichen Schreiben mit »Monsieur le Président« tituliert.[37/21]

Bereits Mitte Juli 1679 wurde *Boisot* la direction des travaux/die Baudirektion in Longwy übertragen.[13/13] Es bedeutete für *Boisot* einen neuen Vertrauensbeweis, dass der Minister ihn am 9. November 1679 auch mit den »Baumaßnahmen bei Fraloutre« beauftragte und zugleich von allen Aufgaben in der Freigrafschaft entband. Vorgesehen war, dass er sich frühzeitig und gründlich an Ort und Stelle umsehen sollte, nachdem ihn der König dafür eingesetzt hatte, »die technischen Mittel zur Realisierung der Saarfestung zu ermitteln, die Kosten der Materialtransporte zu schätzen und ganz allgemein die Kosten aller Baumaßnahmen pro toisé**«.[13/40]

* Dupuy-Vauban wurde 1713 Gouverneur von Bethune, einer von Vauban verstärkten Festung in Flandern. Vauban, der seinem Neffen sehr zugetan war und ihn als Erben einsetzte, warnte ihn vor den Raffinessen der Frauen: Les petites femmes, qui se sont jolies et qui ont de la naissance sont volontiers guindées sur des échasses et pas toujours faciles à vivre...! (Vauban 2. Oktober 1704, Fontainebleau): Die jungen Frauen, die schön und von hoher Geburt zu sein glauben, spielen sich gerne auf und sind nicht leicht zu ertragen.

** La toise hieß das damals gebräuchliche Längenmaß und war umgerechnet 1,949 m lang. La toise war auch das Maß für einen Klafter, ein Raummaß von 6 x 6 x 6 Schuhen oder etwa 6 cbm. Mit la toisée bezeichnete man das Schachtbuch, in dem die ausgeführten Arbeiten mit ihren Maßen aufgeführt wurden.

Boisot fungierte beim Bau der Festung Saarlouis von Anfang an als Bau- und Finanzkommissar mit dem Titel »Directeur des fortifications«/Festungsbaudirektor. Er hatte keine leichte Aufgabe, denn er musste nicht nur die Höhe der zu erwartenden Ausgaben feststellen, durch ihn flossen auch die hohen Summen Staatsgelder, die der Minister für das Ressort Finanzen *Colbert*, ein Intimfeind von *Louvois*, für Longwy und dann für die Festung Saarlouis bereitzustellen hatte. *Boisot* verkörperte eine vortreffliche Einheit, er war Regierungsbeamter und als Richter und Ingenieur tätig.[72/12] Er wurde enger Mitarbeiter von *Choisy*.[37/21] Von diesem Mann konnte *Choisy* Sachkenntnisse, Redlichkeit und Härte erwarten. *Boisot* wird es, das sei in diesem Zusammenhang berichtet, schwer getroffen haben, als er eines Tages einen Brief von *Choisy* erhielt, in dem er ihm mitteilte, dass [Boisots] Sekretär 25.000 Livres gestohlen habe und Richtung Trier geflüchtet sei.[6/13] Zum Vergleich: *Boisot* verdiente 1.000 Livres im Monat,[37/21] der Intendant der Saarprovinz *de La Goupillière* 15.000 Livres.

Gaston Zeller[13], der in den zwanziger Jahren in die Dokumente des Pariser Kriegsarchivs Einblick nahm, erwähnt keinen irgendwie gearteten Einspruch des »Sieur Boisot« in die laufenden Arbeiten zum Festungsbau von Saarlouis. Das Verhältnis zwischen dem Festungsbauer *Choisy* und dem Ingenieur und königlichen Finanzbeauftragten *Boisot* könnte mit vertrauensvoller Zusammenarbeit bezeichnet werden, was unter anderem daraus hervorgeht, dass nach der Visitation der Baustelle und nach der Abreise des Königs von Vaudrevange am 9. Juli 1683 *Thomas de Choisy* den Herrn *Claude Boisot* in einem Brief diskret wissen ließ, dass der Schatzmeister des Hofes die Kleinigkeit von 25.000 Livres zur Bestreitung der Reise und der Quartierkosten »habe locker machen« müssen.[10/4] Kosten für die Empfangsfeierlichkeiten und für alle mit dem Besuch in Saarlouis verbundenen Veranstaltungen werden in dem Brief nicht genannt.

3 *Drei Fotografien mit ursprünglichen Steinmetzzeichen im Mauerwerk der Kontereskarpe, auf der das Militärlazarett im Hornwerk stand.*

Festungsbauingenieur und Hauptmann Anton Ritter

Sehr wichtige Informationen über den Festungsbau und die einzelnen Baumaßnahmen liefert uns der preußische Platzingenieur *Anton Ritter*, der in den Jahren zwischen 1854 und 1856 in Saarlouis tätig war und in seiner Festungsbaugeschichte von Saarlouis[9] die Chronologie des Festungsbaus festgehalten hat. Als Grundlage sei-

4   Ausschnitt aus einem Kupferstich, der 1691 von Menesson Mallet angefertigt wurde. Dargestellt werden Transport und Einbau von Mauersteinen. Im Vordergrund sieht man einen Träger mit einer leeren Kiepe. Im Mittelgrund rechts wird der Kalkmörtel angerührt. Dahinter liegen leere Kiepen auf einem Gerüst. Im Bildzentrum erkennt man aufgeschichtete Steine, auf denen eine Kiepe liegt, die gerade beladen wird.

ner Berichte dienen ihm die Toisées, zu deutsch Schanzbücher oder Schachtbücher. Alle Auflistungen in diesen Schanzbüchern wurden ab 1680 vom ersten Platzingenieur und Chefingenieur *de Richerand* und den leitenden Ingenieursoffizieren abgezeichnet. Nach den Aufstellungen in den Schachtbüchern erfolgte die Auszahlung an die Unternehmer nach genauer Berechnung im Büro des Festungsbaudirektors *Boisot*. Die Auszahlung an die Steinbruch-Gewerke erfolgte anhand der ausgezählten Steinmetzzeichen auf den eingemauerten Tragsteinen, die an der rechten Eskarpen-Mauer unterhalb der Schleusenbrücke noch zu sehen sind. Die Soldzulagen für die Schanzsoldaten erhielten die Bataillonschefs ebenfalls im Büro des Baudirektors.

Ab 1685 bescheinigte Herr *de Koeler*, der Präsident »au bailliage du siège présidial de Sarrelouis«/der Präsident des Präsidialgerichts-

Bezirkes von Saarlouis, die Eintragungen. Das bestätigt die Annahme, dass die dienstliche Tätigkeit des Baudirektors *Boisot* sechs Jahre nach Baubeginn als Finanzkommissar zu Ende war. *Vauban* hatte dem Gouverneur der Festung, *Choisy*, der am 1. Januar 1680 das Kommando in Thionville abgegeben hatte, das Festungsbau-Dossier Anfang Februar, verbunden mit ergänzenden Erläuterungen, wohlwollend überreicht.

5   Für die Mauerwerke der Festung Saarlouis wurden wenige Kunststeine angefertigt (siehe Bild 4), sondern man führte von den umliegenden Gauhöhen Bruchsandsteine heran, die vor Ort behauen wurden. Eine solche Szene hat Claude Masse in diesem Bildausschnitt Ende des 17. Jh. festgehalten: Sandsteinquader werden auf ihre Eignung untersucht, vermessen, angepasst und im Sinne ihrer Verwendung zurechtgelegt.

Persönliche Bindungen, die *Vauban* pflegte, sollten nicht unerwähnt bleiben. *Anne Blanchard* zielt auf diese ihn auszeichnenden Eigenschaften, wenn sie schreibt: »Er bildet um sich eine gute Mannschaft, die ›bande d´Archimède‹ [die Jünger des Archimedes], die ihn mit Eifer und Hingabe unterstützen: Chazerat, Choisy, Des Houillières, Montgivrault usw. Er vertraut jedem seiner Mitarbeiter die Arbeiten an, für die er am besten geeignet ist, und will jede Missgunst unter ihnen, diese schlechte Eigenschaft, vermeiden.«$^{(81/129)}$

Die am Ende des »Projet« gezielt ausgesprochene Bestätigung *Vaubans* »ich bin sicher, Monsieur de Choisy wird das Projekt genauestens ausführen«, unterstreicht, dass *Vauban* nach seiner Abreise den Festungsbau verantwortlich in die Hände *Choisys* legte.$^{(1/§160)}$ Im August des Jahres 1683 machte *Vauban* in Saarlouis die erste Inspektion.$^{(81/582)}$ Er kam gerade recht, um noch die Fundamentsgründung der Schleusenbrücke zu sehen. Bei dieser Gelegenheit wird er *Choisy* auch nachdrücklich auf den noch ausstehenden Bau der Kontergarde als Flankenschutz für die Schleusenbrücke hingewiesen haben. *Choisy* ließ den Bau jedoch aus nicht bekannten Gründen erst sechs Jahre später in Angriff nehmen. Am 15. Juli 1700 machte *Vauban* eine

VII. »HERR DE CHOISY WIRD DAS PROJEKT SAARLOUIS GENAUESTENS AUSFÜHREN«

zweite Inspektionsreise nach Saarlouis. Die alarmierenden Meldungen des Tiefbaudirektors *Favard*, in Saarlouis bis 1689 tätig, und die seines Nachfolgers, die über den desolaten Zustand der Schleusenbrücke berichteten, hatten sein Kommen unausweichlich gemacht. Weitere Ausführungen lesen Sie im Kapitel XI. »Die Errichtung der Brücke über den Fluss erfordert größte Sorgfalt«.

Das Verhältnis *Vaubans* zu *Choisy*, seinem langjährigen Weggefährten, war kollegial und von gegenseitiger Achtung geprägt. »Wegen der Stichhaltigkeit seiner Argumente traue ich ihm am meisten zu«, schrieb *Vauban* 1673.[36/82] Wir wissen, dass bei der Planung der Festung Longwy die von *Vauban* vorgestellte Konzeption bezüglich der strategischen Lage Longwys mit der Planung *Choisys* konkurrierte und der König sich für Planung und Argumente *Choisys* entschied. Für *Vauban* war nach dem Urteil des Königs das Thema vom Tisch. Im Falle Saarlouis stellte er nur wenige Monate später ohne Einschränkung fest: »Örtlichkeit und Verhältnisse der Festung, so wie sie entworfen worden sind, gleichen dem Vorschlag, der letztlich von Herrn de Choisy gemacht worden ist […]«.[1/§159]

6   Blick auf den »Halben Mond«, wie die Saarlouiser die »Contregarde Vauban« nennen, bevor die Fußgängerbrücke gebaut wurde.

7   Spitze der Bastion 13 / Luise mit Kordongesims, Messlinio für die Magistrale.

Choisy führt Vaubans Pläne aus

Nach den umfänglichen Vermessungsarbeiten im Wintermonat Januar 1680 wurde sogleich der Verlauf der Gräben, Wälle und Werke

8 Die Kapitale halbiert das Sechseck. Im Falle der Festung Saarlouis läuft sie durch die Spitze der Bastion 1 und bildet auch die Diagonale der Place d'armes. Vauban richtete sie genau in Nord-Süd-Richtung aus. Die Magistrallinie verbindet die Spitzen des Sechsecks. An der Nordwestfront der Festung mit der Schleusenbrücke hat der Magistralabschnitt die größte Ausdehnung zwischen den Bastionsspitzen. Collage aus vier Blättern. Christoph Dutt.

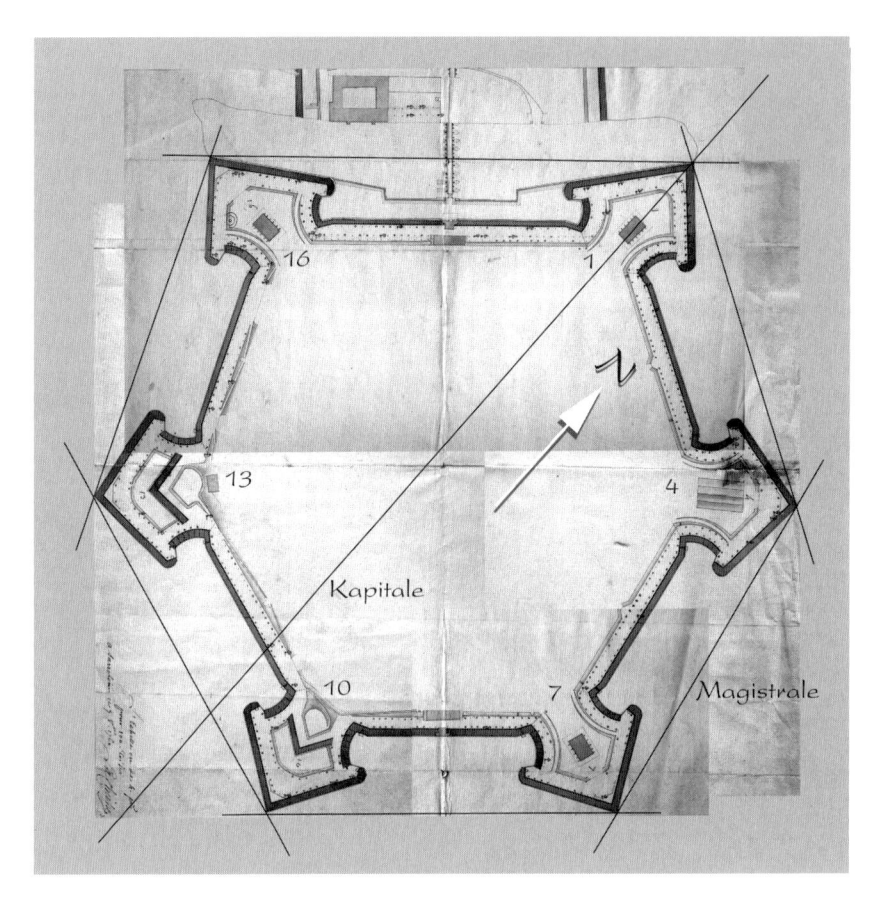

trassiert. Die Mittelachse der Bastion 1, genannt Kapitale, hatte *Vauban* in die Nord-Süd-Richtung gelegt. Platzingenieur Hauptmann *Ritter* maß 175 Jahre später die Achse nach und bestätigte: »Die an Ort und Stelle ausgesteckte Nordlinie, wobei die jetzige westliche Deklination der Magnetnadel von 8 Grad berücksichtigt wurde«, ist auf den Plänen verzeichnet.[9/11]

Von *Choisy* und seinen Ingenieur-Offizieren wurden die Anweisungen *Vaubans* strikt befolgt:*

> »Es sind erstens alle im Plan vorgesehenen Maße zu beachten, zweitens ist zu beachten, dass die Linie, die die Bastionen umschreibt – genannt Magistrale – das Kordongesims genau vorgibt und dass schließlich alle Maße darauf bezogen sein sollen.«[1/§1]

* »Observant premièrement toutes les mesures préscrites par le plan, sécondement que la ligne qui figure les bastions appellée magistrale, résponde directement au cordon, et qu'ensuite les mesures soient prises là dessus.«[1/§1]

Die Magistrallinie der Saarbastion/Bastion Nr. 1 umschreibt das Kordongesims auf 117 m Länge auf der Saarseite und 104 m Länge Richtung Damenbastion auf der »Wiesenseite«, wie es *Vauban* im Kapitel 2 des »Projets« beschrieben hat.

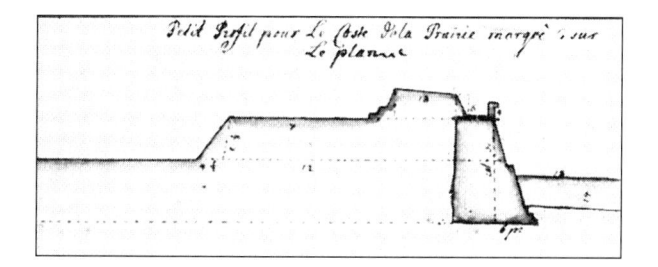

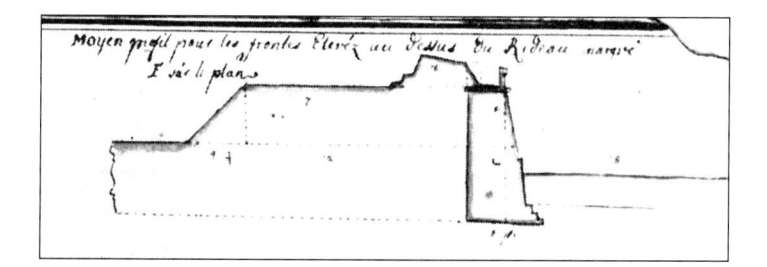

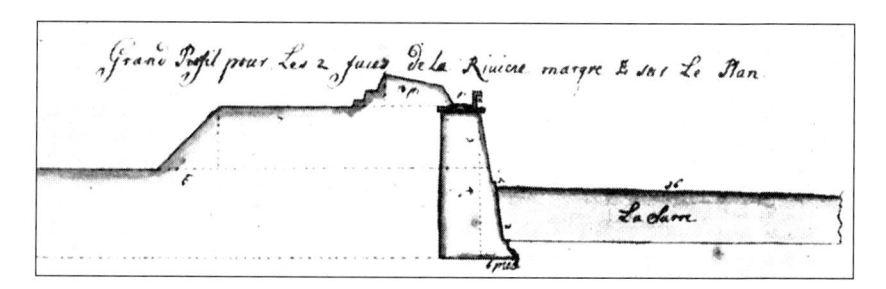

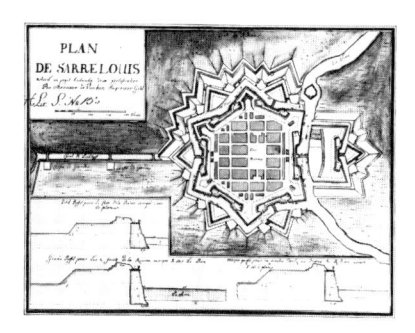

VII. »HERR DE CHOISY WIRD DAS PROJEKT SAARLOUIS GENAUESTENS AUSFÜHREN«

9   Plan de Sarrelouis. Anonyme französische Zeichnung, wahrscheinlich vor 1683 (5/5). Die Profilzeichnungen links sind Ausschnitte aus diesem Plan.

10 »Petit Profil pour Le Coste de la Prairie marqué D sur Le Plan«/Kleines Profil auf der Au-Seite, angezeigt mit D auf der Planzeichnung: die kleineren Bastionen 4 und 7.

11 »Moyen profil pour les frontes Elevéz au dessus du Rideau marqué F sur le plan«/Mittleres Profil, an den Fronten oberhalb des Rideau errichtet, in dem Plan mit F markiert: die mittelhohen Bastionen 10 und 13.

12 »Grand Profil pour Les 2 faces de la Rivière marqué E sur Le Plan«/ Großes Profil der beiden Frontseiten am Fluss, markiert mit E: die tieffundamentierten und hohen Bastionen 1 und 16.

Nach heutiger Messung liegt die Oberkante des Kordongesimses 6,43 m über der Geländeoberfläche im Bereich der Bastion Nr. 16. Das Kordongesims der Bastionen 4 und 7 an der Front zur Au hin lag etwa 1,80 m niedriger. Das zeigt die obere Profilzeichnung »Petit profil pour la Coste de la prairie sur le plan« in dem hier abgebildeten Plan (Abbildungen 9–12).

Die größte Ausdehnung hatte die Festung zwischen der Bastion Nr. 13 und der Bastion Nr. 4, gemessen durch die Mittelachse – heute Evangelische Kirche–Silberherzstraße–Großer Markt–Zeughausstraße – mit 2 × 180 toises oder 720 m Länge. Die kleinste Entfernung lag zwischen den Bastionsspitzen der Bastionen Nr. 7 und Nr. 10, heute Hohenzollernring–Kleiner Markt–Kaiser-Friedrich-Ring (bis Verkehrskreisel); es waren 360 m. Zwischen den Spitzen der beiden Saarbastionen, der Bastion Nr. 1 und der Bastion Nr. 16, heute etwa die Länge des Anton-Merziger-Ringes, lagen 480 m. Saarlouis, in einen Wiesenplan gebaut, zählt trotz geringfügiger Abweichungen von der damals gepriesenen Symmetrie zur Standardfestung nach *Vaubans* »Erster Manier«. Äußerlich war die Bauweise erkennbar an sechs Bastionen mit Orillons/Bastionsohren$^{(19/54)}$ mit zurückgezogenen, konkav gemauerten Flanken$^{(4/151)}$ und gesichert durch einen Hauptgraben mit Vorwerk. Der holländische Festungsbaumeister *van Coehoorn* nannte diesen Festungstyp anerkennend »das königliche Sechseck«.$^{(5/XXII)}$ Auf den Bastionen Nr. 10 und Nr. 13 wölbten sich je ein »Cavalier«/Kavalier, die beide eine »wirkungsvollere Beherrschung des Vorgeländes an taktischen Schwerpunkten« ermöglichten.$^{(19/118)}$

»Nicht Systeme, sondern Erfahrung und gesunder Menschenverstand leiten den Festungsbaumeister«

Die Nachfolger *Vaubans* stellten »drei Manieren« bezüglich der Festungsbauten *Vaubans* heraus. Die eigentliche Unterscheidung beruht auf der Weiterentwicklung der räumlichen Ausdehnung und Differenzierung der gestaffelten Werke. Die Konsequenz der Planungen führte zu den in späterer Zeit gebauten detachierten Forts, in Saarlouis »Fort Rauch« und »Rodener Schanze«. »Bei Vauban lässt sich die Entwicklung an der von ihm vorgenommenen Platzierung und dem Ausbau der Bastionen ablesen. Im zweiten System ist die Bastion vom Hauptwall losgelöst und deckt eine ›tour bastionnée‹, einen bastionnierten Kragen zur Verstärkung des Hauptwalls. Hinzu kommt, dass es jetzt 2 Hauptgräben gibt.« Das Dritte System, in Neubreisach verwirklicht, zeigt die Zeichnung (3/50). Siehe auch das Bild in Kapitel XVI.

Die Festungsbauten *Vaubans* nach der Ersten Manier folgten mehr dem Gebot der Sparsamkeit als der taktischen Einsicht. *Vauban* wusste nur zu gut, dass das Fehlen eines zweiten Abschnittes für die Verteidigung, ein permanenter Abschnitt, dem Feind nach Schlagen einer Bresche große Chancen zur Eroberung bot.$^{(4/150\text{ und }3/42)}$ Die Bastionen in Saarlouis, Longwy, Hüningen, Maubeuge, Phalsbourg waren alle mit Orillons versehen. *Zastrow*$^{(4)}$ veröffentlichte 1854 Konstruktionspläne *Vaubans* zum Studium an deutschen Militärschulen. In einer seiner Zeichnungen ist der Bastion mit »Ohren«, linke Bastion, die Bastion mit geraden Bastionsflanken, rechte Bastion, gegenübergestellt.

In seinen »Oisivetés« – die Gedanken eines Müßiggängers könnte die Übersetzung lauten – versichert *Vauban*, keine bestimmte Manier angewendet, sondern sich beim Festungsbau nach den Gelän-

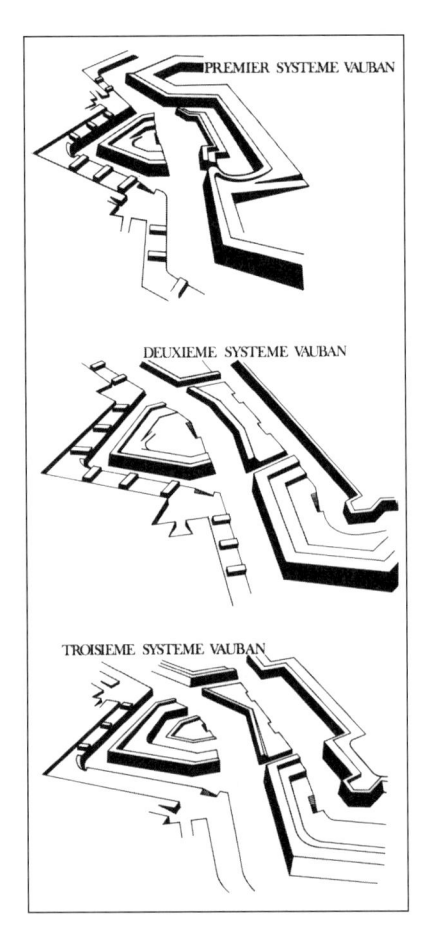

13 Die drei Manieren, die drei Verteidigungssysteme, wie sie bei Michel Parent abgebildet sind. Die Bastionen sind durch Kurtinen verbunden. Davor liegen im Graben die Tenaillen und jenseits des Grabens schützen die vorgelagerten Halbmonde. (21)

deverhältnissen und seinen Erfahrungen gerichtet zu haben. Sein Leitsatz lautete: »L´art de fortifier ne consiste pas en règles et en systèmes mais bien en experience et en sens commun.«/Die Festungs-

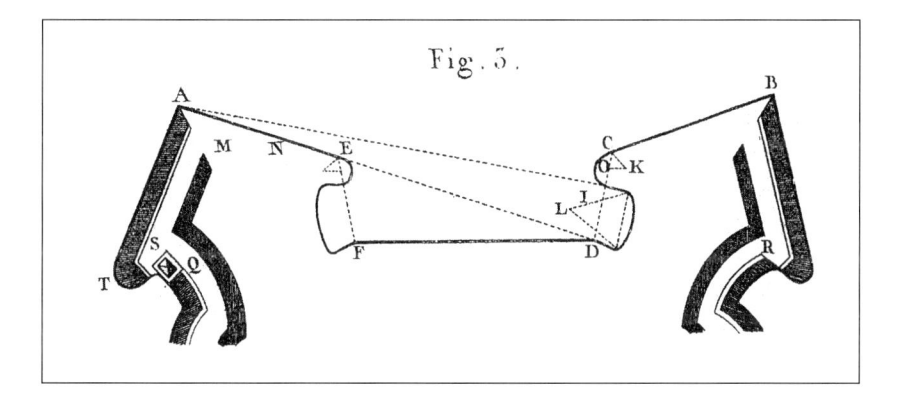

14 Eine Darstellung aus dem 18. Jahrhundert (95) zu geometrisch-strategischen Untersuchungen zweier Ohrenbastionen (Orillons), wie sie auch in Saarlouis gebaut wurden. Es ging um das Ausschalten der toten Winkel in den Bastionsflanken.

baukunst beruht nicht auf Regeln oder in Systemen, aber sehr auf Erprobung und gesundem Verstand.«$^{(19/261f)}$

Der Grund, die Bastionen mit Orillons zu bauen, lag in der Absicht, den Brustwehren an den Flanken möglichst viel Längenausdehnung zu geben. Diese gerundeten Bastionsflanken weisen andererseits schwere Mängel auf: »Da nämlich [...] der Soldat maschinenmäßig stets senkrecht [im rechten Winkel] auf der Brustwehr anschlägt, hinter welcher er steht, so folgt daraus, dass alle kleinen Gewehrschüsse, die von der gekrümmten Flanke abgefeuert werden [...] teils in die Kurtine, in die Flanke und die Face der gegenüberliegenden Bastion, teils in die Kehle der Ravelins und die Konterskarpe des Hauptgrabens treffen.«$^{(4/151)}$ Die auf den Bastionen postierten Kanonen, die umständlich auf Ziele eingerichtet wurden, machten diese Fehler allerdings nicht.

Ein Hauptgraben, im Belagerungsfall mit Saarwasser gespeist, umfloss die sechs Bastionen und die sie verbindenden Kurtinen. Um die Kurtinen besonders zu schützen, ließ *Choisy*, der Planung *Vaubans* folgend, in den Hauptgraben fünf Tenaillen/Zangenwerke bauen. Gedeckte Wege führten vor den Halbmonden und dem Hauptgraben entlang zu den Waffenplätzen und waren durch Traversen/quergestellte Mauern gegen Rikoschettfeuer geschützt. Der von *Vauban* eingeführte Rikoschettschuss ist ein Abpraller, auch Prallschuss genannt, »der in direktem Feuer unter einem flachen Winkel abgegeben wird, so dass er nach dem Auftreffen abprallt, in Bodennähe explodiert und eine erhöhte Wirkung erzielt«.$^{(19/216)}$

Der »projet instructif de la fortification de Saarlouis«

Als *Choisy* den »projet instructif de la fortification de Saarlouis«, die Pläne und Bauanweisungen *Vaubans*, 1680 in der Hand hielt, veranlasste er, sofort mit der »Trassierung der Festung als Ganzes« zu beginnen.[3/6]

Kapitelüberschriften aus dem »Projet«

La fondation	das Fundament
Les terres	die Erdarbeiten
Revêtement des tenailles	die Futtermauer der Grabenscheren
Le revêtement des demi-lunes	die Futtermauer der Halbmonde
La corne et ses accompagnements	das Hornwerk und was dazugehört
Les réduits	die Kernwerke
Les portes	die Tore
Les corps de garde	die Wachhäuser
Les ponts	die Brücken
Écluses de chasse et écluses de fuite	die Einlass- und Auslassschleusen
Bâtardeaux	die Grabenwehre
Les eaux du dedans de la place	das Wasser innerhalb der Festung
Distribution des bâtiments	die Platzierung der Gebäude
Magasins à fourrage	die Futterlager
Propriétés de Sarrelouis d'après ce dessein exécuté	die Eigenschaften von Saarlouis nach dem vorgelegten Plan
Addition	Zusatzbemerkung

»Nachdem die örtliche Lage festgelegt und der gesamte Hauptwall mit Stangen und Pflöcken markiert worden ist, müssen zunächst Absteckpfähle gesetzt werden, und zwar möglichst tief, um zu verhindern, dass sie ausgerissen werden oder Tiere sie umreißen. Zu Beginn der Arbeit muss der Lageplatz zunächst mit der Kreuzhacke oder mit dem Pflug trassiert werden und gleichzeitig müssen die Gräben, die Halbmonde und die gedeckten Wege markiert werden. Dabei ist darauf zu achten, dass alle auf dem Plan angegebenen Maße berücksichtigt werden! […]«[1/§1]

Der Planung mit ihrer Beschreibung und den Anweisungen waren im Original viele Karten und Zeichnungen beigefügt, die verloren gingen. Das Werk hat *Vauban* in 160 Kapitel eingeteilt und mit 16 zusammenfassenden Überschriften versehen.

Im Anschluss an die Bauanweisungen erläutert *Vauban* die »Propriétés de Sarrelouis d'apres ce dessein exécuté«/die Eigenschaften von Saarlouis nach dem ausgeführten Plan, und zählt als erstes »Ses mauvaises qualités«/ihre Nachteile auf, legt dann aber das Gewicht auf die »Bonnes et remarquables qualités de cette place«/die guten und bemerkenswerten Eigenschaften dieser Festung. Zu den Nachteilen zählen unter anderem:

❧ *sehr weite Entfernungen zu allen großen Städten, von denen Kriegsmunition und Lebensmittel zu beziehen sind,*

❧ *schlechter Zustand der Verbindungswege mit vielen gefährlichen Engpässen,*

❧ *sehr geringer Umfang des Geländes ringsum, dazu schwer zugänglich, aber ausbaufähig – schwierig für die Herbeiführung von Hilfstruppen.*

❧ *Ein weiterer Nachteil ist, dass es nur mit äußerster Anstrengung gelingt, die Wiese unter Wasser zu setzen. Es wird schwer sein, den Angreifer aus Richtung Fraulautern am Angriff zu hindern.*

Diese differenzierte, vor allem ungeschönte Beschreibung gerade der Nachteile der Festung stärkt uns in der Überzeugung, dass *Vauban* ein Mann war, der sich selbst nichts vormachte. Er zählte sich zu den Schülern des Philosophen und Mathematikers *Descartes*. In der Praxis prüfte er alles, was er von der Gegend und den dort herrschenden Verhältnissen wusste und was er im Hinblick darauf als seine Aufgabe ansah. Einsichten und Zweifel versuchte er gegeneinander abzuwägen, zu überdenken und, wenn nötig, zu berichtigen, bis er zu den »guten und bemerkenswerten Eigenschaften dieser Festung« kam und fand, dass 16 Punkte hervorgehoben werden sollten. Einige Kernsätze lauten [in gebotener Kürze vom Verfasser dargestellt]:

❧ *Unter dem Feuer der Kanonen ist für den Angreifer eine Umleitung des Flusses nicht realisierbar. Die Festung ist gut gelegen, so gut, dass sie eine Landstrecke von 20 Wegstunden/120 km sichert und 20 weitere Wegstunden für Lothringen und das Metzer Land öffnet.*

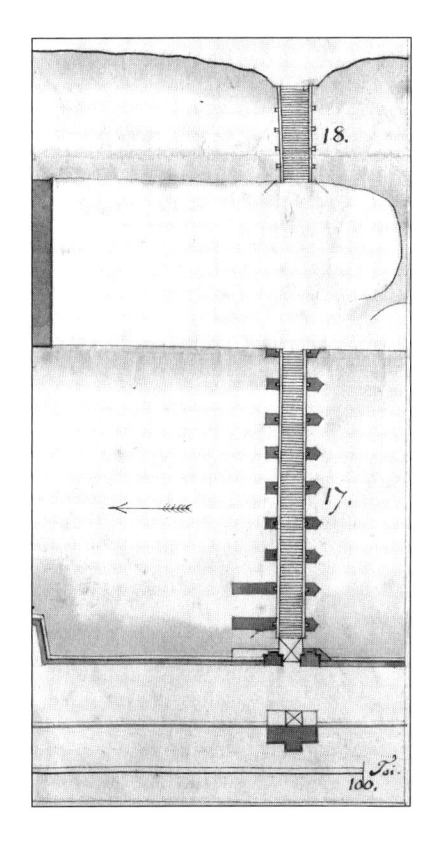

15 *»Im Jahre 1685 waren die Mühlen auf der Saar schon vorhanden«, schreibt Baltzer in seiner Chronik (10/143) und es war nicht vorauszusehen, dass gerade die Mühlen auf der Schleusenbrücke später viel Ärger einbrachten! Der Bildausschnitt zeigt die Schleusenbrücke in der Draufsicht mit den verlängerten Pfeilern, die zur Aufstellung der Mühlen dienten.*

»Die gesamte Region befindet sich demnach in absoluter Sicherheit vor dem Einbruch der deutschen Armeen, denen es unmöglich gemacht wird, sich in diesem Land festzusetzen oder sich sonstwie zu betätigen. Darüber hinaus kann die Festung einen Krieg bis an den Rhein tragen, von Straßburg bis Koblenz, und die Ausführung sehr großer Feldzüge gewährleisten.«[1/§160] Siehe dazu die Karte mit den Festungslinien in Kapitel I.

Die strategischen Vorgaben, die *Vauban* hier als Festungsbaubeauftragter trifft und an seinen Nachfolger *Choisy* weiterreicht, deckten sich mit der Politik des Hofes. Das gilt für das Angriffsvermögen der Festung wie auch für die Tauglichkeit in dieser Hinsicht: »Die Festung sichert eine Reihe von Lebensmittel- und Futterlagern in der Umgebung. Sie kann im Ernstfall bis zu 1.000 Garnisonspferde und 3.500 Fußsoldaten mit ihren Offizieren, den Festungsstab, die Artillerie und etwa 200 bis 250 Männer der Bürgerwehren beherbergen.«

Vauban verweist auf die starke Rüstkammer, das Arsenal, mit leistungsfähigen Stellmachereien und Eisenschmieden, aber auch auf die geräumigen Lebensmittellager mit den dazu gehörenden Mühlen, Mehlspeichern und Bäckereien. Er hebt hervor, »dass alle die Zugänge und auch die des Arsenals durch die Geräumigkeit der Straßen für Wagen sehr leicht passierbar sind«.

Vauban betont hier deutlich die zweite vordringliche Funktion der Festung – sie wurde als unentbehrliche Versorgungsbasis der im Felde operierenden Armeen geplant und eingerichtet.

»Von Vorteil sind die drei großen Mühlen, zwei auf der Schleusenbrücke und eine im Vorgraben, die fortwährend arbeiten können und in der Lage sind, eine ganze Armee zu versorgen. Außerdem gibt es in den umliegenden Dörfern noch vier andere, derer man sich bedienen kann.« Dann erwähnt *Vauban* die sechs Pulverlager, die eine Armee beliefern können, und er weist darauf hin: »[...] wie leicht es ist, hier all das zu verladen, was man für Unternehmungen entlang der Mosel bis Trier und Koblenz brauchen könnte«.[1/§160]

Die beiden Hauptaufgaben der Festung, die Beherrschung und Sicherung des weiten Vorgeländes zwischen Koblenz und Straßburg und die Funktion als Versorgungsbasis für operierende Armeen, finden Ausdruck in der sprachlich gelungenen Darstellung durch *Alfred Gulden*, der auflistet: Saarlouis war »Schlüssel und Klinke zugleich: Stützpunkt, Festung, Befestigung, Schutz und gleichzeitig Ausgangspunkt für Feldzüge«.[61/14]

VIII. Neues Saarbett – Höhenmaße, alte und neue Fundamente

»*Pour pouvoir plus facilement venir à bout de ce ouvrage qui en soi assez difficile, il faudra changer le lit de la rivière, ce à quoi le terrain se trouve heureusement disposé. Mais avant delui faire quitter le vieux lit, il faudra en avoir achevé le pont. Les fondéments du pont seront ouverts fort larges afin d'éviter les chutes des terres. Il faudra les approfondir jusqu'à deux, trois, quatre, cinq, six pieds plus bas que le plus bas fond de la rivière.*«[1/§97]

Vauban, 1680

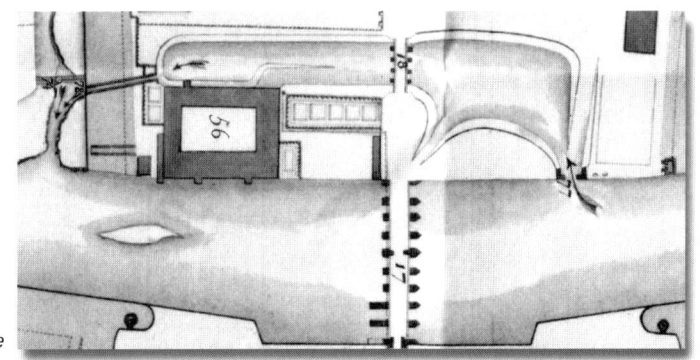

Alte Saar, neue Saar mit Schleusenbrücke

»*Um diese Arbeit [den Brückenbau], die in sich schwierig genug ist, leichter bewerkstelligen zu können, muss der Fluss ein anderes Bett bekommen. Glücklicherweise eignet sich das Terrain gut dazu. Aber bevor man ihn sein altes Bett verlassen lässt, muss die Brücke fertig gestellt sein. Die Aushubgräben für die Brücke müssen recht breit angelegt werden, um Erdrutsche zu vermeiden. Anschließend ist bis auf zwei, drei, vier, fünf, sechs Fuß tiefer zu graben als die tiefstgelegene Flusssohle.*«

Vauban, 1680

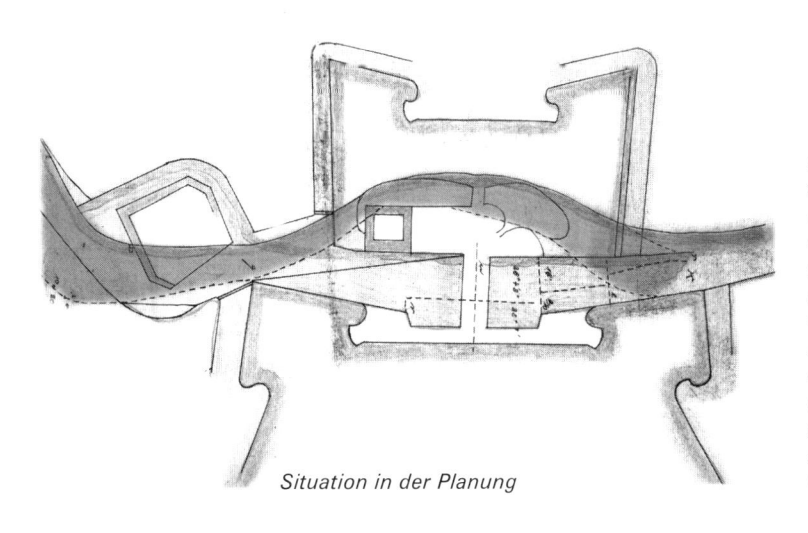

Situation in der Planung

Die Bilder zeigen den Verlauf der alten Saar und das neu gegrabene Saarbett mit der Schleusenbrücke an der Festungsfront. Die Zeichnung links stammt von dem preußischen Ingenieur Johansen, der die Wasserverhältnisse der Festung um 1850 beschrieben hat.
Das Bild oben ist ein Ausschnitt aus dem Festungsplan 1777 nach d'Aubigny. Deutlich sind Zu- und Abfluss des Wassers im alten Saarbett hervorgehoben.

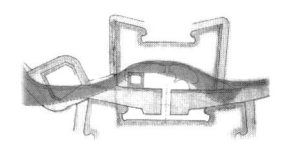

VIII. Neues Saarbett – Höhenmaße, alte und neue Fundamente

Nachdem am 14. April 1680 die zum Schanzen und Roden kommandierten Soldaten der ersten Abteilung des Grenadier-Regiments *Beauvoisy* eingetroffen sind, beginnen die Bauarbeiten.[15/10] Der Platzoffizier, Herr *de Richerand*[9/106], vollzieht *Vaubans* Anweisungen:

3 Geschulte Feldmesser markieren nach den Plänen Vaubans den Verlauf der Gräben und die Baufluchten der Werke. Höhen und Tiefen wurden mittels Nivellierfernrohr und Nivellierlatten gemessen.

»Während man darauf wartet, dass alle Werkzeuge, Schiffe und Wagenfrachten, die zu dieser Arbeit nötig sind, bereitstehen und die Jahreszeit es ermöglicht, vier oder fünf Bataillone kommen und kampieren zu lassen, soll man schon ein gutes Bataillon nach Vaudrevange schicken, um dort die Steinbrüche vorzubereiten, die dort stehenden Bäume zu fällen, die Wege zu ebnen, Brücken und Abflussdrainagen zu legen und andere weitgehend nötige Aufgaben zu erledigen. Währenddessen soll man schon mit klugen und kreditfähigen Unternehmern verhandeln und, nachdem man sich über den Preis einig geworden ist, darauf achten, dass diese mit Sorgfalt alle nötigen Vorbereitungen ausführen, damit man möglichst am 15. August mit der Grundsteinlegung beginnen kann.«[1/§3] *

* Am 15. August feiert die Katholische Kirche das Fest Mariä Himmelfahrt. Nach Vaubans Willen sollte an diesem hohen Feiertag symbolisch der Festungsbau beginnen. Choisy legte den Grundstein jedoch zehn Tage früher. Bei einer geplanten Bauzeit von sechs Jahren musste jeder Tag genutzt werden.

Bald waren die Grundpfähle gesetzt, der Umriss der Festung mit Pflug und Kreuzhacke trassiert, der Verlauf der Gräben, Halbmonde und gedeckten Wege markiert.
Als Erstes wurde der Hauptgraben ausgeschachtet. Seine Sohle lag etwa 4,40 m[1/§1] unter dem Niveau der Wiese/Geländeoberfläche. Die obere Breite des Grabens sollte entlang der Kurtinen 36 m betragen. »Die nacheinander eintreffenden Bataillone kampierten, sobald

es das Wetter zuließ, in der Nähe der betreffenden Orte.«⁽¹′§⁵⁾ Umgehend wurden an den vorbereiteten Lagerstraßen Holzbaracken mit eichenen Bettstellen aufgestellt, von Unternehmern aus Wallerfangen in Auftrag gegeben.⁽¹⁰′¹⁴⁰⁾

Es entstanden mehrere Lager rund um die Großbaustelle, genannt seien die auf dem Gelände, wo heute das Rot-Kreuz-Krankenhaus steht, am Hussar,⁽³²′¹⁰⁾ in Beaumarais westlich der Hauptstraße,⁽⁹′¹⁰⁾ im heutigen Stadtteil Picard, vor Roden und Fraulautern.⁽⁹′¹⁰⁷⁾

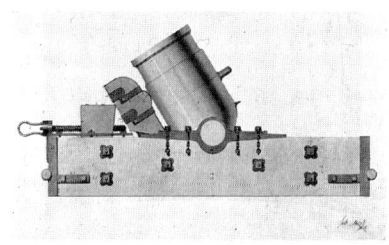

In Frankreich gab es im 17. Jahrhundert ein »stehendes Heer«, das heißt, die Soldaten blieben in der Zeit nach dem Dreißigjährigen Krieg auch in Friedenszeiten bei den Fahnen. Die Rekrutierung erfolgte aufgrund der Militärdienstpflicht durch Auslosung. 1685 führte *Ludwig XIV.* eine einheitliche Uniform ein.⁽³¹′³²⁹⁾

Hauptwaffen waren die 14 Fuß (4,50 m) lange Pike (Langspieß) und die Radschlossmuskete, die Musketiere von einem gegabelten Ständer abfeuerten. Die Muskete schoss etwa 250 m weit.*

Auf Betreiben *Vaubans* wurde von *Louvois* anstelle der Pike das Bajonett eingeführt. Truppenteile der Armee erhielten eine eigene Artillerie. Bis dahin war die Artillerie ein Gewerbe und wurde von Handwerkern, die sich Feuerwerker nannten, betrieben.⁽⁸′²⁵⁾ Jedem Regiment wurden 97 Vier- und Sechspfünder-Geschütze zugeteilt.⁽²²′¹⁷¹⁾ Die Artillerie-Offiziere trugen den blauen Rock mit roten Aufschlägen, roten Westen und Hosen.⁽²′³⁹⁾ »Das Militär wird zum erstenmal exakt«, konstatiert der Kulturphilosoph *Fridell* und denkt dabei an die Zeiten der Landsknechte. »Der Soldat ist von da an keine lebendige, einmalige Individualität mehr, sondern eine gleichgültige Ziffer, für die das algebraische Symbol der Uniform eingesetzt wird. Statt eines bestimmten Soldaten gibt es nur noch den

4 *Der Geschützführer wartet, bis die Kugel in den Lauf gestopft ist, um dann den Befehl zu geben, das Feuer an die Lunte zu halten, damit die Kanonenkugel »losdonnert«.*

5 *Offiziere der Infanterie aus der Zeit Ludwigs XIV. mit einer Pike.*

6 *In den vorderen Stellungen setzte man tragbare Mörser ein, Kalibergröße 10–20 cm. Ihre Kugeln aus Stein, Schlacke oder Eisen flogen etwa 300 m weit. Die Geschütze auf den Bastionen und Halbmonden waren 24-, 16-, 12- oder 8-Pfünder. Sie konnten maximal 2.500 m weit schießen. Das Pulver wurde im Laboratorium aus Kohle, Schwefel und Salpeter bereitet.*

* »Die Angehörigen des Regiments Dauphin erkennen wir am grauen Rock mit blauen Aufschlägen, blauer Hose, blauer Weste und weißen Strümpfen. Die Ingenieur-Offiziere trugen graublauen Rock mit schwarzen Aufschlägen.« (2/39)

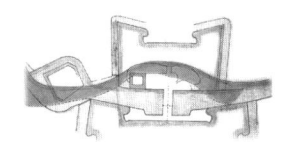

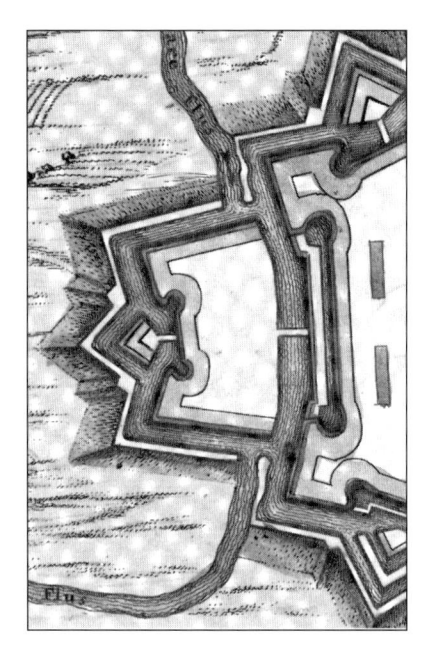

Begriff Soldat, mit dem man nach Belieben zu operieren vermag.«[30/506]

Vauban hatte ein eigenes Verständnis vom Soldaten. Er sah den Wert, heute würde man sagen die Würde, des einzelnen Soldaten und schrieb 1693 an *Louvois*: »Wann werdet Ihr auf meinen Vorschlag eingehen, eine Pionierkompanie einzusetzen, um weniger Blut zu vergießen?«[8/39] *Vaubans* Sinnen richtete sich darauf, Menschenleben zu schonen. »Brûlons de la poudre et versons moins de sang/verschießt Pulver und vergießt weniger Blut!«[3/9]

Choisy standen mehrere Bataillone für die Bauarbeiten zur Verfügung. Die Truppen wurden bereits drei Jahre später in den Kasernen der Festung Saarlouis gut verpflegt untergebracht. Drill und Kasernierung bewirkten die Disziplinierung der Soldaten; die Offiziere handelten nach dem Gesetz der Ehre und konnten mit einer Beförderung entsprechend der Rangliste rechnen.

7   *Die Darstellung von Nicolaes Visscher (5/41) zeigt einen unterbrochenen Saarlauf und dazwischen eingeschoben die »neue Saar« als Teil des Grabensystems der Festung. Es fehlen die Lünetten und die innere Bebauung. Der Kartograph aus Amsterdam war bei der Herausgabe seines Werkes 46 Jahre alt. Er bzw. der Zeichner konnten unmöglich an Ort und Stelle gewesen sein.*

Großbaustelle am neuen Saarbett

Entlang der Saar, anfangs die größte Baustelle, waren zunächst zwei Bastionen, zwei Kasernen und die Schleusenbrücke zu errichten. »Der Platz soll sechseckig sein, unterteilt in sechs Fronten. Die größte am Fluss entlang soll 240 Toisen von einer Bastionsspitze zur anderen messen.«*

Zuvor musste ein neues Bett für den Fluss, der an dieser Stelle als Hauptwassergraben dienen sollte, ausgehoben werden. Die Saar-Bastionen und besonders deren Fundamentierungen waren im Hinblick auf die aggressive Strömung des Flusses besonders sorgfältig auszuführen. Von *Ritter* erfahren wir, dass das Fundament der Bastion Saar, Bastion Nr. 1, zwischen 30 cm und 1,20 m tief in den Buntsandstein eingeschrotet wurde, ebenso die Mauern der beiden Saarbastionen.

Flüsse umleiten, Moore trockenlegen und Kanäle bauen – das waren ingenieurtechnische Leistungen, die zum »Handwerk« des Festungsbauers gehörten. *Vauban* plädierte immer für die bestmögliche »Ausnutzung der Geländeverhältnisse«. Er kam dieser Forderung nach, indem er die neue Saarfront so an den natürlichen Saarbogen heranführte, dass durch das fließende Wasser die Front an dieser Stelle gestärkt wurde, zugleich aber für das Schleusenwerk günstigste Voraussetzungen geschaffen wurden, ohne die Schifffahrt zu be-

* »La place en hexagone doit être divisée en six fronts dont le plus grand qui est celui de la rivière aura 240 toises d'une pointe de bastions à l'autre...«(1/§2)

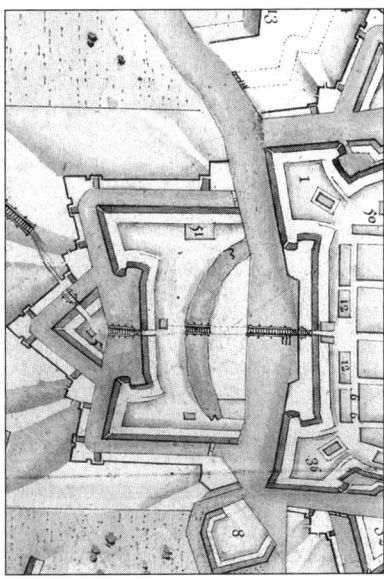

hindern. Keine 50 m von der alten Saar entfernt wurde ab 1680 auf einer Strecke von knapp 400 m das neue Saarbett ausgehoben. Reste des alten Saarbettes sind auf dem Ausschnitt aus dem »Plan de Sarrelouis« im »Atlas de Sarrelouis«, signiert 1777 von *d'Aubigny* in Metz, zu sehen. Der Verfasser des Plans, *Claude de Beylié*, hat drei Jahre als Chefingenieur in Saarlouis gearbeitet und großen Wert auf die Darstellung der Wasserverhältnisse in der Festung gelegt: Die kleine Saar oder besser »die alte Saar« wird aus dem neu gegrabenen Flussbett gespeist. Die verbliebenen Reste des Flussbettes werden in der Hauptachse überbrückt; das Wasser fließt in einen Kanal, der es unter der Kurtine des Hornwerks hindurchführt, wo es in den Festungsgraben fließt und von dort in die Saar mündet. Erst beim Neubau der Saarschleuse im Jahr 1777 wurden anfallende Erdmassen dazu verwandt, große Teile des alten Saarbetts aufzufüllen. Der Kanal im Brückenkopf kommt in den alten Toisées/Abrechnungslisten unter dem Namen »la vieille Sarre« oder »la petite Sarre« vor. Er war vor der Erbauung der Festung ein wirklicher Saararm, er ist nicht gegraben worden, betont *Ritter*, um alle Unklarheiten zu beseitigen.[9/13]

Konsultieren wir noch einen zweiten Experten auf dem Gebiet des Festungsbaues. Er war wie *Ritter* ein preußischer Festungsingenieur, von dem wir nur wissen, dass er *Johansen* hieß und Zugang zu den erwähnten Schachtbüchern hatte. 1850 schrieb er eine »Geschichte der Wasserverhältnisse Saarlouis«. In einem Heft mit 11 Seiten, achtzig Jahre später mit einer Schreibmaschine abgeschrie-

8 *Postkarte von 1904 mit der Grabenbrücke und der Kurtine des Hornwerks, das damals »Hornwerk Kronprinz« hieß. Der Graben ist geflutet, das heißt, das Wasser ist auf dem Bild aufgemalt. Zu sehen ist ferner das Offizierskasino der Holtzendorff-Kaserne, die im Jahr 1897 errichtet und 1959 abgerissen wurde.*

9 *Der Saarlauf an der Schleusenbrücke mit der »kleinen Saar«. Dieser Kartenausschnitt stammt aus dem Jahr 1693, von dem sich eine Kopie im Stadtarchiv Saarlouis befindet.*

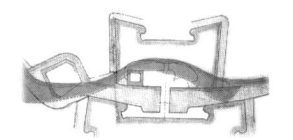

10 Zwei Ausschnitte aus dem Festungsplan nach d'Aubigny von 1775. Dieser Plan zeigt nordwestlich der Festung auf dem Weg nach Vaudrevange am linken Saarufer den Hof mit der Bezeichnung »le hussar«. Noch keine hundert Meter weiter beginnt »le marais« / das Sumpfgebiet vor Beaumarais.

ben, findet sich unter anderem eine späte Zeichnung des Saarlaufes zur Zeit der Gründung von Saarlouis.[32]

In der Beschreibung zu seiner Skizze (Bild 2) klärt *Johansen* alle, die auch 1850 noch an die Geschichte von der Umleitung der Saar ab Fraulautern durch *Vauban* oder *Choisy* glaubten, darüber auf, dass der Fluss zur Zeit *Vaubans* etwa 900 m abwärts der Abtei Fraulautern in demselben Bogen wie auch später noch vor der Saarbegradigung im Dezember 1971 floss. In den Jahren 1680/81 erfolgte lediglich das Ausgraben eines 400 m langen neuen Flussbettes entlang der Festungsfront, da man nur so ohne allzu aufwendige Baumaßnahmen im Flussbett die Schleusenbrücke, die noch heute über den »neuen Saaraltarm« führt, fundamentieren und errichten konnte.

Die Skizze zeigt auch die beiden Flussarme, die die Vauban-Insel (Contregarde Vauban) umschließen. Der rechte Flussarm wurde erst Anfang 1689 beim Bau der Contregarde gegraben. Von hier ab floss die Saar heute wie früher am Distrikt »Auf'm Husar«[44/52] vorbei. Dort stand schon vor dem Bau der Festung das Gehöft »Hasard«, ein Name, den man häufig im hiesigen Land Feldparzellen beigelegt findet, die »au hasard«/auf gut Glück, ob sie sich lohnen werden, ausgerodet wurden.[32/10]

Auf dem zum zentralen Bauhof erweiterten Hof »l'oussar« (le hussar) lagerten Werkzeuge, Karren, Pontons, Krane, Maschinen zum Einschlagen von Pfählen und Palisaden, Geräte für die Entwässerung der Gräben usw. Hier standen die Scheunen und Ställe für Wagen und Zugpferde sowie die Baracken der Ingenieure. Hier standen auch die Festungsschmiede und ein festes Haus nebst Garten, Keller und einer Treppe zur Saar. In ihm wohnte und arbeitete Herr *Boisot*, der Präsident der Festungsbauadministration, mit seinem Stab. »Ein Weg führte entlang der Saar nach Wallerfangen, wo anfangs der erste Gouverneur Choisy und andere Notabeln wohnten.«[32/10]

Dort in Wallerfangen hatte *Choisy* auch ein Lazarett für die Kadetten anlegen lassen. Verletzte oder kranke Soldaten wurden von den Kapuzinern versorgt. In sein Wallerfanger Haus nahm *Choisy* 1683 die ersten Pfarrherren von Saarlouis auf. Es waren zwei Rekollektenpatres aus Paris, die erst drei Jahre später in der Stadt das Pfarrhaus hinter der Kirche beziehen konnten.

11 Der Name »Husarenweg« für den dort verlaufenden Weg ist irreführend. Er könnte, mundartlich gefärbt, »Am Houssar«, also am »Hasard-Hof« heißen. Das Hofgebäude lag auf einem Kiesrücken, mindestens einen Meter höher als der Paradeplatz. In alten Plänen ist der Name l´oussar eingezeichnet. Das Terrain eignete sich gut zur Anlage eines umfänglichen Bauhofes.

1. Studie: Bastion 16 »Vaudrevange« – heute Bastion Albrecht an der ehemaligen Saarfront der Festung

Auf der ersten Seite des Projektes schrieb *Vauban* die Höhe der Bastionen und Kurtinen fest, ebenso die Länge der sechs Fronten. Die dem Fluss zugewandte Festungsfront sollte 240 toises/468 m lang sein, »die fünf anderen sollten eine Länge von je 180 toises/ 351 m haben, gemessen zwischen den jeweils angrenzenden Bastionsspitzen.«[1/§2]

Jede Bastion sollte ab Fundamentsockel bis zum Abschlussstein der Stützmauer rund 48 Fuß/15,70 m hoch sein. Erst auf der letzten Seite des Projekts bestimmte *Vauban* die Tiefen der Gräben: des Hauptgrabens, der Gräben um die Halbmonde und der Vorgräben.

Alle Planskizzen, die *Vauban* im Projekt mit Maßen versehen hatte und die uns Aufschlüsse über die Größe der einzelnen Bauwerke hätten geben können, gingen verloren.

Die Bastion Nr. 16 blieb bis in unsere Tage erhalten. Sie hieß ab 1680 Bastion Vaudrevange, heute heißt sie Bastion Albrecht. Die gut erhaltene Bastion wurde im Innern der drei nebeneinander liegenden Tonnengewölbe restauriert und als Restaurant eingerichtet. Das in permanenter Bauweise errichtete Blockhaus auf der Bastion wurde um 1850 von den Preußen über dem darunter befindlichen Pulvermagazin errichtet. Die Luftschächte sind noch vorhanden.

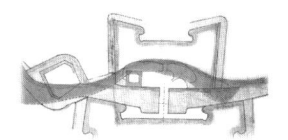

12 Blick von der Vauban-Insel auf die Bastionsspitze und die ehemalige Schleusenbrücke. An der dem Betrachter zugewandten Seite der Bastion floss das Wasser aus dem Grabensystem wieder zurück in die Saar.

An diesem, für uns heute im wahren Sinne des Wortes maßgebenden Baudenkmal können wir die Höhen ablesen, die für die drei Bastionen an der Angriffsfront galten. *Vauban* bezieht sich in seiner Projektbeschreibung allerdings auf die gleich gebaute Bastion de la Sarre, Bastion 1, wenn er im ersten Kapitel schreibt: »Es ist darauf zu achten, dass die Linie, die die Lage der Bastionen bestimmt – genannt Magistrallinie –, genau dem Kordongesims [dem oberen Abschluss der Bastion Nr. 1] entspricht und dass anschließend alle Maße im Hinblick auf diese Magistrallinie gelten.«[1/§1]

»Die Magistrale ist die Hauptlinie des Festungs-Tracés«, erläutert das Glossar,[19] »eine gedachte Linie, die am Fuße [unterhalb] der Eskarpenbrustwehr verläuft und durch den Kordon markiert ist.«[19/123]
Das Bild zeigt das Kordongesims im Profil mit aufstehender Stützmauer für den aufgebrachten Erdwall. Hinter dem Erdwall befand sich in einer Entfernung von 18 Fuß / 5,80 m die um die Festung laufende Brustwehr mit dem Rondenweg. Die im Foto (Bild 13) gezeigte Bruchstelle befindet sich an der Bastion Albrecht, und zwar an der linken Bastionsface. Gegenüber befand sich die Kontereskarpe des Hauptgrabens mit der 125 m zurückliegenden Auslassschleuse. Der Blick des Betrachters geht in Richtung Contregarde Vauban.
Die Vermessung wichtiger Festpunkte an der Bastionsspitze vom Kordon bis Höhe Saarpegel erfolgte am 12. August 1998 und am 10. Juni 1999 durch Ingenieure der Vermessungsabteilung des städti-

schen Bauamtes. Weitere Ausführungen zum Fortifikationspegel siehe 4. und 7. Studie dieses Kapitels.

Der nicht mehr vorhandene Abschlussstein der 1,30 m hohen Stützmauer lag bei 187,86 m über NN. Der Kordonstein, die von *Vauban* festgelegte Messlinie für die Arbeit der Ingenieure, lag 186,56 m hoch über NN. Die Crête/der Brustwehrkamm zeigte zu *Vaubans* Zeit den höchsten Punkt der Bastion an und lag 189 m über NN. Er ragte somit 8,87 m über das Baugelände, das auf der Skizze mit einer durchgehenden Linie, die bei 180,13 m liegt, angezeigt ist. Das Höhenmaß 175,55 m über NN bezeichnet den heutigen Pegelstand der Saar. Die Flusssohle fungierte bei *Vauban* als ±-Linie, umgerechnet auf heutige Maße lag sie 173,95 m über NN. Die Fundamentsohle der Bastion 16 liegt wahrscheinlich bei 1,50 bis 1,80 m unter der Flusssohle. Das Fundament für den Sockel wurde 1680 vor der Saarumlegung gegraben. Die Messzahl 178,75 m über NN verweist ebenfalls auf eine Messhöhe, die als Bastionssockel, beziehungsweise Mauersockel, rund um die Festung lief und als »Attachement« der Vermessung diente. Mit dem Bastionssockel, in den alten Schachtbüchern »Attachement« genannt, hatte es seine Bewandtnis. »Die französischen Ingenieure und Unternehmer«, schreibt *Johansen*, »haben nämlich, wie es scheint, kommissarisch nicht nur die Arbeiten gemessen, sondern auch gewisse Punkte, die nachher verschüttet oder unzugänglich werden konnten, zur späteren Vermessung aber nötig waren, an andere Festpunkte durch Messungen angeschlossen und diese Anschlussmaße ›Attachements‹ genannt… Ein solcher viel gebrauchter Festpunkt ist am Revêtement/an der Futtermauer des Hauptwalls die untere Sockelkante, welche ziemlich waagerecht auf 18 Fuß 6 Zoll um die Festung läuft.«[32/8]

13 Blick nach Nordwesten auf die Bastion. Auf die ursprüngliche Anlage hatten die Preußen das trapezförmige »Blockhaus« gebaut. Die Bastion 16 wurde von 1985 bis 1989 von Günther Weber aus Wallerfangen, einem Liebhaber der alten Festungsanlage, restauriert.

14 Die denkmalgeschützten Anlagen im Innern der Bastion werden heute als Restaurant genutzt.

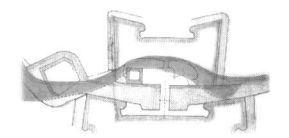

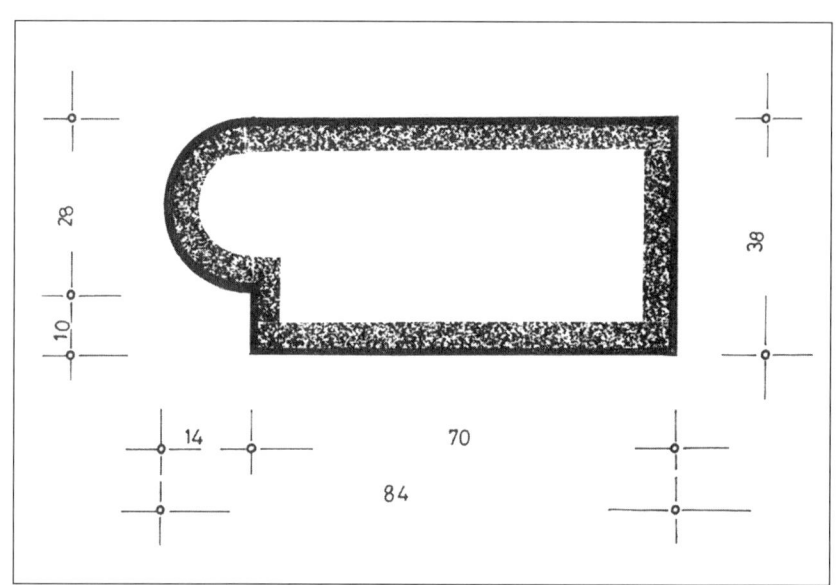

15 Bruchstelle an der Bastions-Face mit Kordonstein. Der Blick des Betrachters geht in Richtung Saar.

16 Profil des Kordongesimses, das die Festungsmauer umzog. Das Gesims markierte die Höhe der Festungsanlage. Ein Kordonstein war 84 cm breit, 38 cm hoch und 60 bis 80 cm lang. Zeichnung Kurt Ziegert 2000.

17 Das »Attachement« an der Bastionsspitze 16. Der Blick geht in Richtung Schleusenbrücke. Der Sockel führte auf der Höhe von 178,75 m über NN rund um die Festungswerke. Die französischen Ingenieure nannten die Sockelkante Attachement / Anknüpfungskante für Vermessungen.

2. Studie: Die »Wiese« als Nullpunkt für die Feldmesser

Über die Tiefen der Festungsgräben gibt uns *Vauban* erst am Ende Auskunft, nachdem er in der Einleitung zum »Projet« das Areal der Festung mit seinen Ausmaßen beschrieben hat: »Die Sohle des Flusses wird etwa 1,63 m bis 1,93 m tiefer liegen als der Grund des Hauptgrabens; dieser Graben wird etwa 65 cm bis 98 cm tiefer sein als die Halbmonde; der Graben der Halbmonde wird etwa 1,63 bis 1,95 m tiefer sein als der Vorgraben; der wird ebenfalls 1,63 m bis 1,95 m

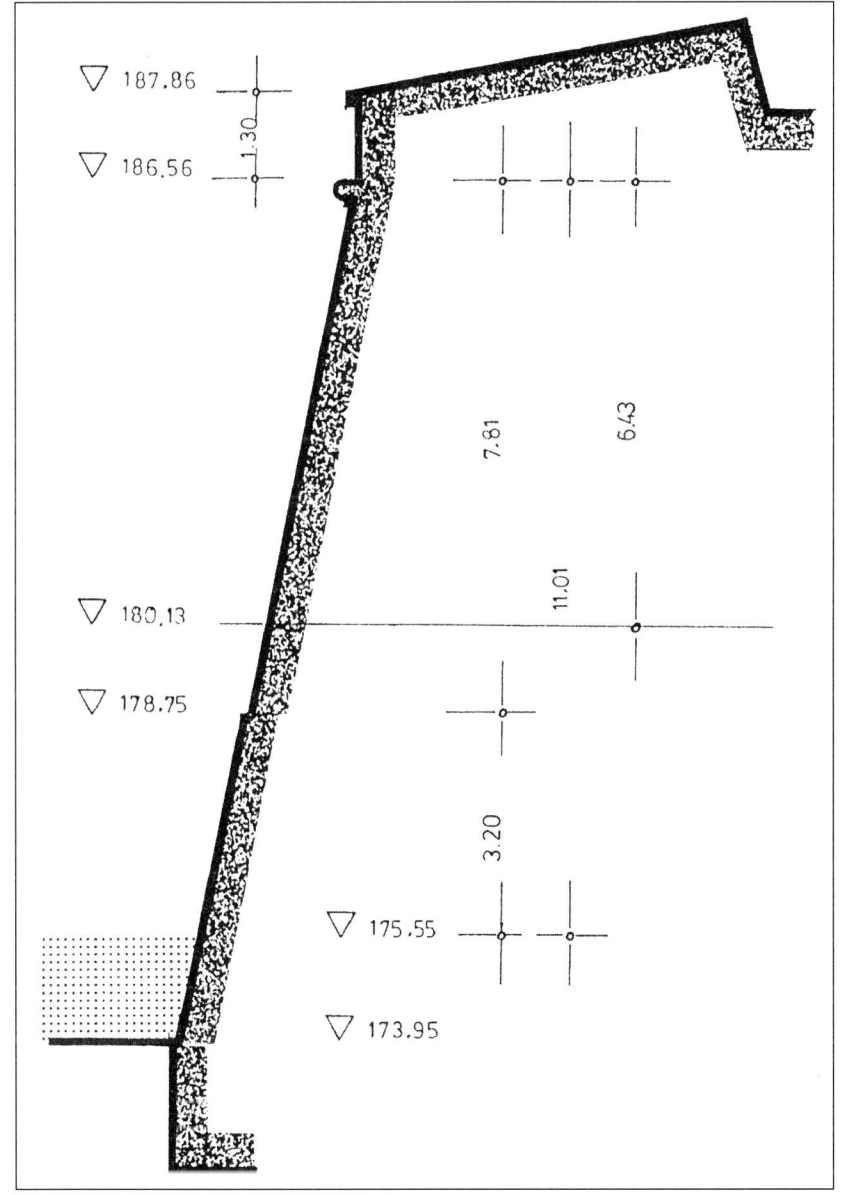

VIII. NEUES SAARBETT – HÖHENMASSE, ALTE UND NEUE FUNDAMENTE

18 Aufriss der Bastion 16/Albrecht. Die Maße wurden 1999 vom Saarlouiser Vermessungsamt ermittelt und von Architekt Kurt Ziegert gezeichnet.

19 Die Mauer im Bild ist die ehemalige Kontereskarpe, die äußere Grabenwand des Hauptgrabens. Gegenüber befand sich die Face der Bastion 1. Rechts oberhalb stehen Gebäude des heutigen Max-Planck-Gymnasiums. Der Weg führt in Richtung Saaraltarm und zum Gaswerkweg. Foto Manfred Schulz.

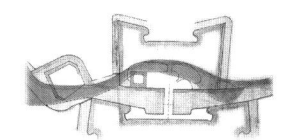

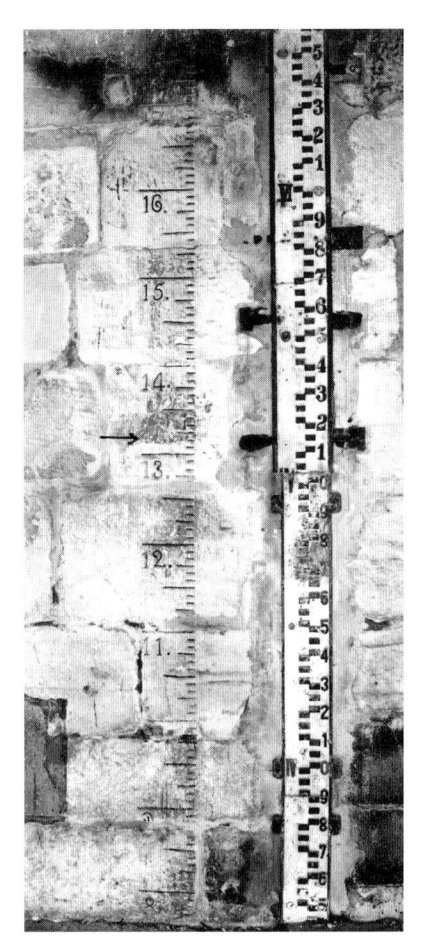

tiefer liegen als die Wiese [der Bauhorizont]. Dies lässt erkennen, dass es möglich ist, sich der Wasserstände unterschiedlich auf mehreren Ebenen zu bedienen.«[1/§160] Das bedeutete in der Praxis: Nach dem Schließen der Hauptschleuse in der Saar lief das Wasser vor der Bastion 1 (heute Max-Planck-Gymnasium) erst in den Hauptgraben, bis zur Einlassschleuse in Höhe der heutigen Gräben der Halbmonde und die Vorgräben.

20 Unter der Schleusenbrücke ist eine Pegelleiste in den Stein geschnitten. Sie ist mit preußischen Fuß- und Zollmaßen aus dem Jahr 1817 versehen; rechts die gegossene Pegelleiste mit metrischen Maßen von 1871.

21 Vermessungsingenieur Wolfgang Braunnagel mit einem Feldmesser im Sommer 1999 vor dem linken Landpfeiler unter der Schleusenbrücke beim Begutachten der Pegelleisten.

Die Saar bildete zwischen Festung und Hornwerk sozusagen den Hauptfestungsgraben. Die Skizze zeigt, dass der Hauptgraben mit 4,40 m Tiefe mehr als doppelt so tief war als die Vorgräben. Aus dem vorausgegangenen Zitat geht deutlich hervor, dass *Vauban* die Wiese als Ausgangspunkt für seine Maßangaben bestimmte. Mit »Wiese« bezeichnete er die weite Ebene, die sich vom großen Saarbogen – heute liegt dort am anderen Ufer die Grube Ensdorf – bis hin zur gegenüberliegenden Seite dehnte, wo damals die Auwälder des Wallerfanger Bürgerwaldes standen und heute die Autobahn A620 verläuft.

Ungefähr in der Mitte dieser Ebene kam nach dem Plan *Vaubans* die Place d'armes zu liegen. »Einen Teil der Erde, die aus der Ausschachtung (der Gräben) kommt, benutze man, um die tiefer liegenden Stellen und Senkungen des inneren Platzes auszufüllen, einen anderen Teil, um das Terrain um 50 bis 60 cm anzuheben.«[1/§7]

Saar und Festungsgräben

Die Zeichnung zeigt den Querschnitt durch das Grabensystem der Festung Saarlouis. Die Längenmaße haben den Maßstab 1:1000, die Höhenmaße sind der besseren Darstellung wegen im Maßstab 1:500 gezeichnet. Die Linie 0,00 m markiert den Bauhorizont, das Niveau der »Prairie«/Wiese, 180,13 m über NN. In den Plänen Vaubans markierte die Flusssohle die Null-Linie. Diese liegt nach unseren Berechnungen im Schnitt 6,18 m unter dem Niveau der Wiese oder 173,95 m über NN. Die Saar war in Höhe der Festung 1,70 bis 1,80 m tief. Durch die Gräben führte normalerweise nur das Rinnsal der Künette. Zeichnung Kurt Ziegert.

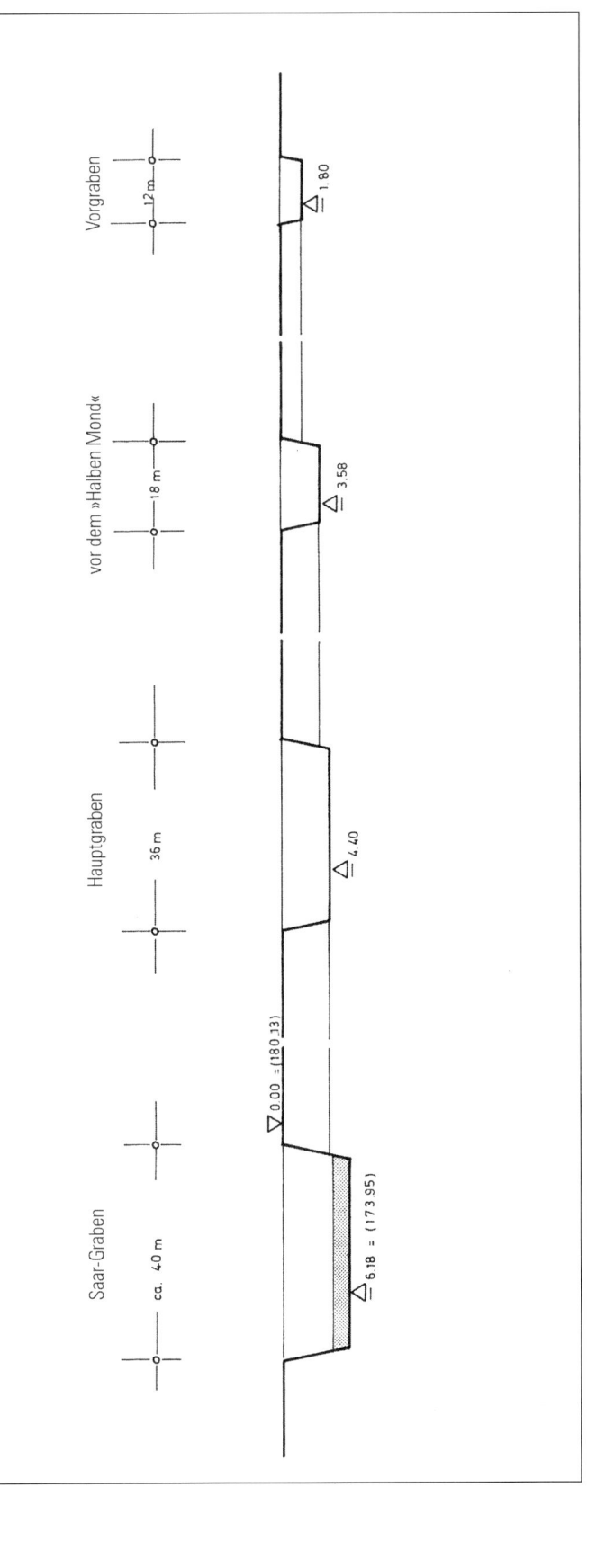

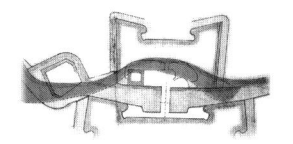

Leider blieb in den Chroniken, die über die Anfangszeit der Festung berichten, ein bemerkenswertes Ereignis unbeachtet. Es bleibt uns nichts anderes übrig, als uns davon ein Bild zu machen.

Der Eisenbolzen im Mauerwerk nahe der Bastionsspitze der Bastion Albrecht korrespondiert in der Höhe mit dem von *Choisy* festgelegten »Null-Punkt auf der Wiese«. Das heißt, er entspricht in der Höhe dem Festungsbaugelände – nach heutiger Messung 180,13 m über NN. Der Bolzen ist auf den Fotos 24 und 25 zu sehen. Zur Bestätigung: Die Straßenniveaus in der Innenstadt liegen auf annähernd gleicher Höhe. Die Pavillonstraße misst an einem Ende 180,61 m über NN, am anderen Ende liegt sie 179,90 m hoch. Das Niveau der Karcherstraße liegt bei 180 m, die anschließende Alte Brauereistraße bei 180,60 m und die Zeughausstraße bei 180,30 m über NN. Die Maße stammen aus einem Stadtplan von 1928.

23 An einem Tag im Februar 1680 ließ Choisy im Beisein von Ingenieuren, Feldmessern und Unternehmern den zentralen Messpunkt für alle Höhenmessungen für Bauten und Festungswerke auf dem künftigen Paradeplatz, der Place d'armes, einschlagen. Zeichnung Regina Zapp 2000.

3. Studie: »Profil du Revestement du Corps de la Place«

Der »Schnitt durch die Eskarpenmauer des Hauptwalls« (Bild 26) stammt, was die Maße anbelangt, aus dem Dossier *Vaubans*. Der Aufriss wurde von einem Ingenieur Ende des 17. Jh. gezeichnet.[53]

Die in französischen Fuß (1 Fuß sind 0,325 m) eingetragenen Maße betragen umgerechnet :
- für den Fundamentunterbau mit Sockel 6 Fuß/1,95 m.
- Der darauf stehende Sockel misst 12 Fuß, 6 Zoll/4,06 m bis zur Sockelkante/dem »Attachement«.
- 21 Fuß, 6 Zoll/6,99 m sind es vom Sockelwulst bis zum Kordongesims.
- Darauf steht die 4 Fuß/1,30 m hohe Stützmauer mit der Tablette/Maueraufsatz,[19/73] an die sich
- eine 1,14 m hohe, leicht ansteigende, mit Rasen bewachsene Brustwehr anlehnt. Die Brustwehr, der Schutzwall liegt 5,80 m von der Stützmauer entfernt.

Das Profil der Eskarpenmauer zeigt (Teilbild 26) eine der vielen Stützmauern, obeliskenförmig gemauerte Baukörper, die die Mauern abstützen. Der abgebildete Grundriss hat die Größenverhältnisse: 1,90 × 4,20 m in einem Abstand von 3,80 m. Die Zwischenräume waren mit Bruchsteinen und Mörtel aufgefüllt. Dahinter, stadtwärts, waren an vielen Stellen unter dem Wall Magazine ausgebaut.

24 Die Mauer der Bastion 16/Albrecht mit dem Messpunkt.

25 Ausschnittvergrößerung mit Messpunkt. Der Eisenbolzen wurde um 1895 eingeschlagen. Er markiert mit 180,13 m über NN die Höhe des Bauhorizonts und gleichzeitig das Niveau des Paradeplatzes ohne seinen Belag.
Das Eisenschild über dem Bolzen ist die Wasserstandsanzeige des letzten großen Hochwassers in Saarlouis am 13. Mai 1970.

4. Studie: Fortifikationspegel zur preußischen Zeit mit Maßen

Im Jahr 1817 wurde in Saarlouis »unterhalb der Deutschen Thorbrücke« der Fortifikationspegel errichtet. Siehe Abbildung 20. Der Null-Punkt wurde von Amts wegen festgelegt, und zwar so, dass er zwei rheinische Fuß, das waren 0,627 m, unter dem bekannt niedrigsten Wasserstand lag. Nach heutiger Messung bedeutete das eine Höhe von 174,62 m über NN. Erst im Dezember 1871 wurde der Null-Punkt des Pegels in Saarlouis in das erste preußische Landvermessungssystem eingeordnet. Er lag von da an 174,56 m über NN, gemessen am Amsterdamer Pegel. *Ritter* benennt Höhen und Tiefenmaße selbstverständlich nach dem Fortifikationspegel von 1817, wenn er bei der Niederschrift der Festungsgeschichte 1856 schreibt: »Die Saarschleuse diente dazu, das Wasser des Flusses bis zu einer Höhe von 22 Fuß/6,90 m anstauen zu können.«[9/74] An keiner Stelle

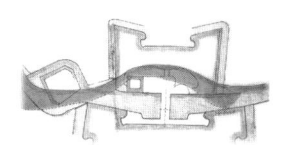

26 Schnitt durch die Kurtine. Hier ist die Futtermauer zu sehen, »le revêtement d'escarpe«. Gemessen von der Flusssohle reichte die Eskarpenmauer 12,61 m bis zur Oberkante des Kordongesimses. Vom Bauhorizont aus lag das Kordongesims 6,43 m hoch. Die Originalzeichnung stammt vom Ende des 17. Jh. Die metrische Einteilung in der rechten Hälfte stammt vom Verfasser.
Das Profil der Eskarpenmauer, unten, zeigt eine Stützmauer, obeliskenförmig gemauerter Baukörper, der die Mauern abstützt. Der abgebildete Grundriss hat die Größenverhältnisse: 1,90 × 4,20 m in einem Abstand von 3,80 m.

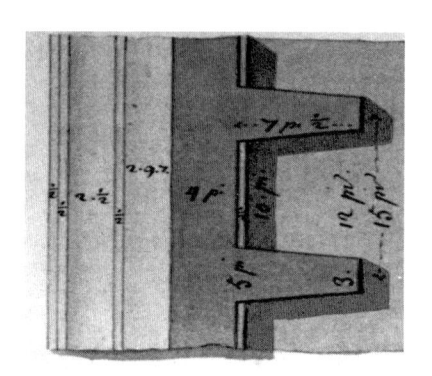

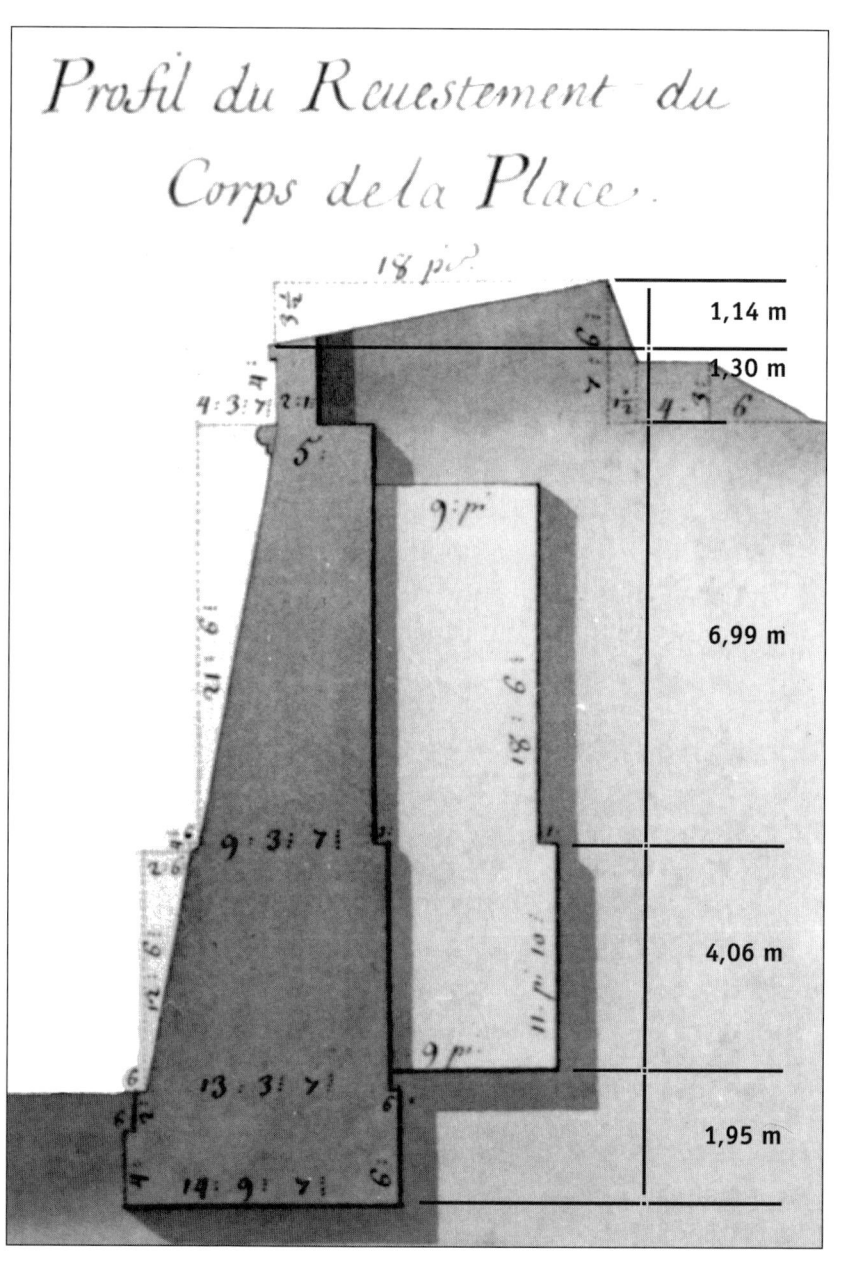

ist übrigens zu lesen, ob dieses extrem hohe Staumanöver im Laufe der Jahre jemals stattfand.*

»Bei einer in Aussicht stehenden Belagerung soll die Saarschleuse gegen den gewaltsamen [überraschenden] Angriff auf 18 Fuß [5,65 m] versetzt werden, gegen den förmlichen [geplanten] Angriff auf 22 Fuß [6,90 m] versetzt werden.«⁽⁹/⁷⁷⁾ Wollte man die Au über-

27 Ausschnitt aus einer Tabelle des Wasserwirtschafts- und Schifffahrtsamtes Saarbrücken über die Wasserstände der Saar (um 1890).

schwemmen, dann musste statt 18 Fuß wenigstens 19 Fuß hoch angestaut werden. Mit 19 Fuß erreichte das Wasser eine Höhe von 6,18 m über den Pegelstand von 174,62 m über NN und stieg auf 180,80 m über NN, was die Auwiesen stellenweise bis mehr als 40 cm hoch oder »15 Daumenbreiten« überschwemmte. Siehe dazu Kapitel V. Bei der Inundation kam es nicht auf die Höhe der Überschwemmung in der Au an. Der Zweck war erfüllt, wenn Kanonen und Wagen im Schlamm versanken und wenn das Ausheben von Gräben sinnlos wurde. *Ritter* macht in seiner Geschichte der Festung Saarlouis die grundsätzliche Angabe: »Der Nullpunkt des Pegels ist die Oberfläche des Schleusenherdes.«⁽⁹/⁶⁶⁾

Unter »Oberfläche des Schleusenherdes« ist eine gedachte »rechtwinklige Wasserfläche« unter jedem der neun Brückenbogen zu verstehen. Dieser Wasserspiegel markierte den »Null-Punkt« unter dem jeweiligen Brückenbogen und lag umgerechnet mit 174,62 m über NN relativ hoch. Der heutige Wasserspiegel der Saarwasserstraße, der mit der Wasserhöhe im Saaraltarm korrespondiert, liegt durch die Anstauung bei Rehlingen 0,93 m höher, und zwar bei 175,55 m über NN.

* Der Null-Punkt für die Höhenmessungen zur Zeit der preußischen Festungsadministration lag zwischen 1817 und 1870 umgerechnet bei 174,62 m über NN. Das bedeutet, dass bei einem Anstau von 22 Fuß/ 6,90 m die Wasser der Saar über dem Paradeplatz bis zu 181,52 m über NN gestiegen wären. Der Vergleich mit den Hochwasserständen in der Zeit von 1784 bis 1979 (folgende Seiten) ist aufschlussreich.

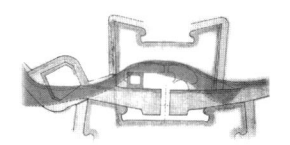

5. Studie: Hochwasser

Zwei Nachrichten konnten den Bewohnern der Stadt Schrecken einjagen: der Befehl, die Gräben zu spannen, weil feindliche Streitkräfte heranrückten, oder der Ruf: Hochwasser! Man sollte meinen, dass die Festungspioniere, die die Wasserspiele[19/224] im Griff hatten, auch das Hochwasser beherrschten – doch das Hochwasser war unberechenbar. Am 28. Februar 1784 wurde die Festung von einem gewaltigen Hochwasser mit Eisgang überrascht.*

Das Wasser schoss rechts und links über die Landpfeiler der alten Schleusenbrücke, die nur noch in der Mitte ein paar Zentimeter aus den tobenden Wassermassen hervorragte. Das Hochwasser stieg 7,40 m über den Normalpegel bis auf 181,96 m über NN und stand

28 *In diesem Bild von der Schleusenbrücke wurden zwischen den Pfeilern die Schleusenherde eingezeichnet. Der Wasserspiegel lag an diesen Stellen zur Zeit Anton Ritters 174,62 m über NN und galt als Null-Niveau für die Berechnung der erforderlichen Bespannung/Anstauung. Das Wasser war im Schleusenherd weniger als 1 m tief.*

* »Das Chaos begann im Dezember mit ungeheuren Schneemassen. 45 cm fielen in einer Nacht. Bis Ende Januar 1784 lagen zwischen Rhein und Neckar bis zu 1,50 m ... Ende Februar trieb ein Wärmeeinbruch die Pegel auf Rekordmarken: Treibeisblöcke in den reißenden Flüssen zerfetzten Brücken und Dämme, Städte meldeten Land unter ... « (Der Spiegel, 12.2.2001).
Ritter berichtet in der Festungsgeschichte auch von dem Hochwasser des Jahres 1714 und den eingerissenen Dämmen und dass ab 1816 »die Dämme von Saarlouis nach Roden und von hier nach Lautern wiederhergestellt und erhöht wurden.«(9/140)

damit etwa 1,83 m über dem Paradeplatz und den Straßen der Stadt. Die große Not und die Schäden waren noch hundert Jahre später in schlechter Erinnerung: »Bedeutende Schäden an der Pfarrkirche«, schreibt ein Chronist, »verursachte die Überschwemmung, die im Jahre 1784 die Stadt heimgesucht hat. Durch erhebliche Verschiebungen des Fußbodens und der Grüfte wurden Chor und Schiff ganz empfindlich in Mitleidenschaft gezogen.«[29/17]

Es kann nur vermutet werden, warum das Hochwasser trotz der höher gezonten Befestigungsanlagen in die Stadt drang – entweder waren die Werke reparaturbedürftig, so dass alle Anstrengungen, die offenen Stellen abzudichten, nutzlos erschienen, oder das Hochwasser kam völlig überraschend, und es konnten keine Tore und andere Einlässe rechtzeitig geschlossen werden.

Vauban hat die Macht und die Tücken des Hochwassers wohlüberlegt in seine Festungsplanung aufgenommen. Schon in der Bauphase sollten die Gräben so angelegt werden, »um genug Platz zu haben, während des Hochwassers Schiffe heranführen zu können«.[1/§6]

Zeitbedingtes Hochwasser durfte den Zeitplan der Bauarbeiten nicht ernsthaft beeinträchtigen. So forderte er, dass die aus »Haustein bestehenden Mauerschichten mit Zement zu vermauern sind,

und zwar bis zur Höhe des höchsten Wasserstandes während des Winters«.[1/§20]

Vauban konnte die Höhe des letzten Hochwassers an der »Schlammmarkierung« im Geäst der Uferbewachsung ablesen. Sollte während der Bauzeit das Wiesengelände überschwemmt werden, so dass die gedeckten Wege ebenfalls überschwemmt werden können, sollte man diese um etwa 50 cm erhöhen. »Man achte streng darauf, dass der genannte Graben [Graben um das Hornwerk] an keiner Stelle in direkter Verbindung mit dem Fluss steht, damit es während der Hochwasserzeiten nicht zu schlimmen Überschwemmungen kommt.«[1/§39]

Die Kernwerke bzw. die Halbmonde wurden in gleicher Höhe wie das übrige Baugelände ausgebaut. Die Zugänge und die Wege dort

29 Hochwasser 1947 in der Augustinerstraße vor dem Gasthaus Jäckel, später Mexico-Bar.
Der Wasserstand der Saar vom 28. Februar 1784 ist in die Sandsteinwand des ehemaligen preußischen Proviantamtes hinter den Kasematten am Deutschen Tor eingeschnitten. Das Proviantamt, heute Magazin des Kaufhauses Pieper, ist 1828 gebaut worden, die Inschrift wurde 1872 angebracht.

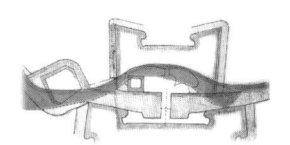

waren auf ihrer gesamten Breite sorgfältig gepflastert. »Sollten irgendwelche Straßen zu niedrig liegen und von Überschwemmungen bedroht sein, soll man dafür sorgen, sie durch kleine Erddeiche etwas zu erhöhen, die man später pflastern sollte.«[1/§87]
Beherrschten die Festungsingenieure nach Befolgen dieser Anweisungen die Hochwassergefahren? *Vauban* gibt auf die noch offenen Fragen die einzig mögliche Antwort: »Wenn man entsprechende Erfahrungen mit dem Verhalten des Hochwassers gesammelt hat, dann kann man je nach Bedarf Schleusen oder Wehre bauen.«[1/§115]

Überblick über die Hochwasserstände in den letzten 175 Jahren:

1714	der Rodener und der Fraulauterner Damm werden eingerissen.	
1784	stand die Saar	181,960 m über NN
1824		180,814 m über NN
1882		180,183 m über NN
1947/48		180,750 m über NN
1952		180,250 m über NN
1958		180,340 m über NN
1970		181,280 m über NN

An das katastrophale Hochwasser im Jahreswechsel 1947/48 muss in diesem Zusammenhang leidvoll erinnert werden. Die Flut war deshalb so verheerend, weil sie nach den Kriegsschäden zusätzliches Elend brachte. Das Wasser drang in die Keller der zerstörten oder beschädigten Häuser (das waren 80 %), in denen viele Familien notdürftig wohnten und in denen wertvolle Sachen, Nahrungsmittel und Brennstoffe für den kalten Winter gehütet wurden. Eine notdürftige Versorgung von Kindern, Alten und Kranken erfolgte durch beherzte Bürger mit wenigen Booten und Flößen, tatkräftig unterstützt durch Soldaten der französischen Garnison.
Das Hochwasser vom 12. Mai des Jahres 1970 gab nach vorausgegangenen fruchtlosen Debatten den entscheidenden Anstoß zur Begradigung des Saarlaufes bei Saarlouis durch die Bundesregierung. Sie gab grünes Licht für die Planung der Ausbaustufe I »Bau der Wasserstraße Saar«. Schon am 13. Dezember 1971 konnte die Gustav-Heinemann-Brücke über einem neuen Flussbett dem Verkehr übergeben werden.

6. Studie: Darstellung des Terrains an der Südwestseite der ehemaligen Festung

Vauban gibt im Kapitel Fondation/Fundamentierung die generelle Anweisung: »Das Fundament soll auf einer Tiefe von 5 m unterhalb des höchsten Niveaus der Wiese gelegt werden. Wenn man bis dort vorgedrungen ist und wenn der Untergrund fest ist, soll er geebnet werden [...] und man beginne zu bauen«(1/§8) – »wie das Fundament auch angelegt sein mag, je nach Bodenbeschaffenheit, sei es, dass diese von Natur gut ist, sei es, dass sie mit Hilfe der Verschalungen und Pfeiler oder sonstiger Mittel zu einem tragfähigen Untergrund geworden ist, auf jeden Fall muss dieses Fundament mit großen Blöcken oder Grundmauersteinen [ ] errichtet werden.«(1/§14)

Vauban kannte die unterschiedlichen Bodenverhältnisse rund um die geplanten Festungsmauern – besonders die ideale Bodenbeschaffenheit an der »Coste de Rideau«, wie einer seiner Ingenieure auf dem Kupferstich »Plan de Sarrelouis« 1680 dokumentierte.(5/5) Wenn wir dieses »Längenprofil durch den Hauptgraben der französischen Front zur Darstellung der alten Terrainoberfläche des Felsgrundes und der Tiefe der Fundamente« betrachten, das *Johansen* 170 Jahre nach dem Festungsbau mit der Absicht erstellte, über die Grundierung der Festungswerke genauen Aufschluss geben zu können, so finden wir zu unserer Überraschung Sandsteinfelsen über der Null-Linie eingezeichnet.

Die Bastionen und Kurtinen an der Angriffsfront wurden tatsächlich mit ihren Fundamenten in die hier lagernde Sandsteinformation eingeschrotet. Die obere, ansteigende, hier wellenförmig gezeichnete Linie, sie liegt bis zu 1,10 m über dem umliegenden Gelände, markiert die Terrainoberfläche oberhalb der Sandsteinformation und wurde von den Ingenieuren *Choisys* le Rideau/Kiesrücken

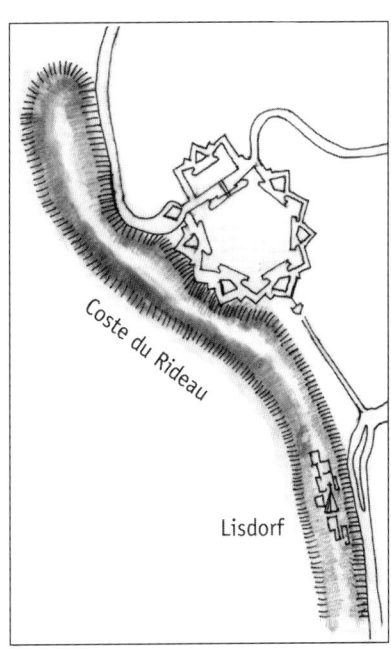

30 »Plan de Sarrolouis Relatif au projet Instructif de la fortification Par Monsieur de Vauban Ingenieur Gnal«.(5/5) Im Südwesten der Festung ist der Coste du Rideau eingezeichnet – zur besseren Darstellung computertechnisch hervorgehoben.

31 Skizze des Saarlaufs mit der Festung und dem eingezeichneten »Rideau«, dem Kies-Sandsteinrücken, gezeichnet vom Verfasser nach den Angaben bei Johansen. (32/7)

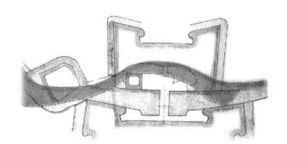

genannt. Die Bastionen auf dieser Seite hießen Rideau-Bastionen. Auf der gegenüberliegenden Seite hießen die Bastionen Prärie-Bastionen.(32/8)

Ritter bestätigt später: »Die Fundamente der Revêtements-Mauern [Grabenwände] von folgenden Werken sind zwischen ein und vier Fuß tief [0,31 m, beziehungsweise 1,26 m] in den Felsen eingeschrotet worden:

Linke Face [Seite der Bastion Nr. 1],

rechte Face von Bastion Nr. 6 [Nr. 16 nach *Festungsplan 1777*],

Fausse-braie [Niederwall] vor dem Deutschen Tor,

ein Teil der Kurtine 5–6 [zwischen Bastionen Nr. 13 und 16],

ein Teil der Bastionen 5 / 6 [Nr. 13 / Nr. 16] einschließlich deren linker Face,

ein Teil der Kurtine zwischen den Bastionen 4 / 5 [Nr. 10/13]

und der Bastion 4 [Nr. 10] bis einschließlich deren linker Face.

Die Sohle des Hauptgrabens vor den erwähnten Linien ist, wenn auch nicht

unter die Oberfläche [des Felsens] versenkt, doch wenigstens bis auf denselben

von aller Erde entblößt worden.«(9/108)

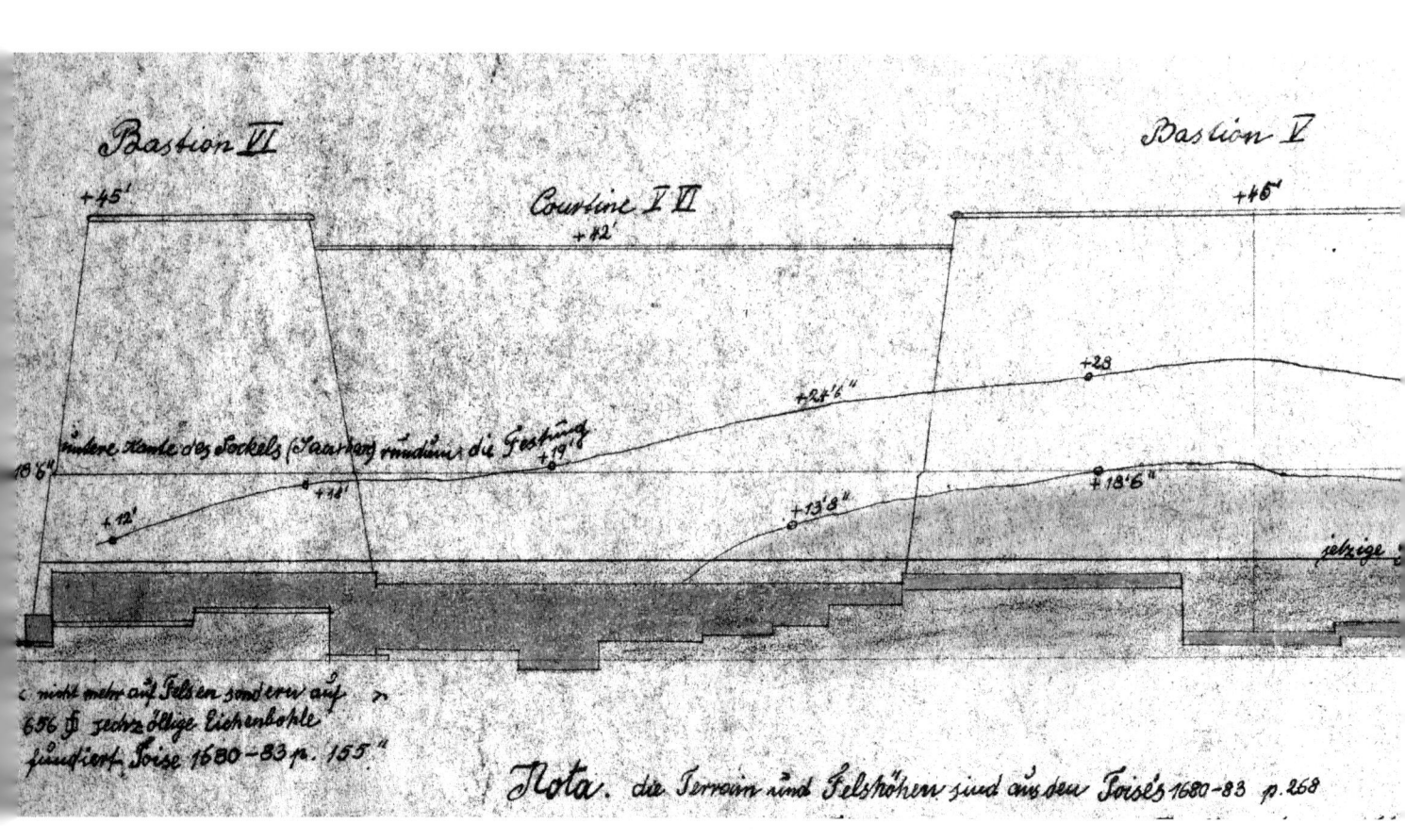

Nur dieser Plan (Abbildung 30), entstanden zwischen 1680 und 1683, trägt unseres Wissens am oberen Rand zur Kennzeichnung der Geländestruktur an der Westseite der Festung den von einem Ingenieur aus dem Stabe *Vaubans* stammenden Hinweis: »Coste de Rideau«[5/4], die *Johansen* als alte Terrainoberfläche mit Höhenzug des Rideau in seiner Skizze (Bild 32) bis zur maximalen Erhebung von 28 Fuß/8,80 m ab der Null-Linie eingezeichnet hat, ebenso wie die Oberkante des darunter liegenden Sandsteinfelsens, die zwischen 1,90 m und 2,10 m unterhalb des Baugeländes lag. Mit dieser Skizze, im Schachtbuch von 1680–83 auf Seite 50 als »découpement de la party du rideau, qui s'est trouve en dedans la place« bezeichnet, zeigt Johansen den einmaligen baulichen Nutzen dieser Formation, durch die der Bauplatz gewissermaßen in einen für Bauzwecke günstigen und einen weniger günstigen geteilt wird.

Der Höhenzug Rideau/Kiesrücken an dieser Stelle im Festungsgelände kam *Vauban* für den Festungsbau wie gerufen. *Johansen* spricht die Ausgangslage treffend an: »Auf dieser Anhöhe und gleich weit von allen umliegenden Höhen legte man die neue Festung an, und es scheint, als hätte man, wenn auch nicht in strate-

32 *Die Abbildung über die Doppelseite gibt die Zeichnung Nr. 5 bei Johansen wieder. (32/5) Es ist ein Längenprofil durch den Hauptgraben zur Darstellung der alten Terrainoberfläche. Zu sehen sind die bis zum Kordongesims gezeichneten Bastionen auf der Nordost-Seite, die Nr. 16/VI, Nr. 13/V, Nr. 10/IV und die dort 2 Fuß/0,63 m niedrigeren Kurtinen. Die Höhen der Bastionen ab der Null-Linie betragen 45 Fuß/ 14,13 m. Die Kurtinen sind 13,50 m hoch von der Null-Linie aus gemessen. Die Null-Linie liegt bei Johansen liegt auf 172,43 m über NN.*

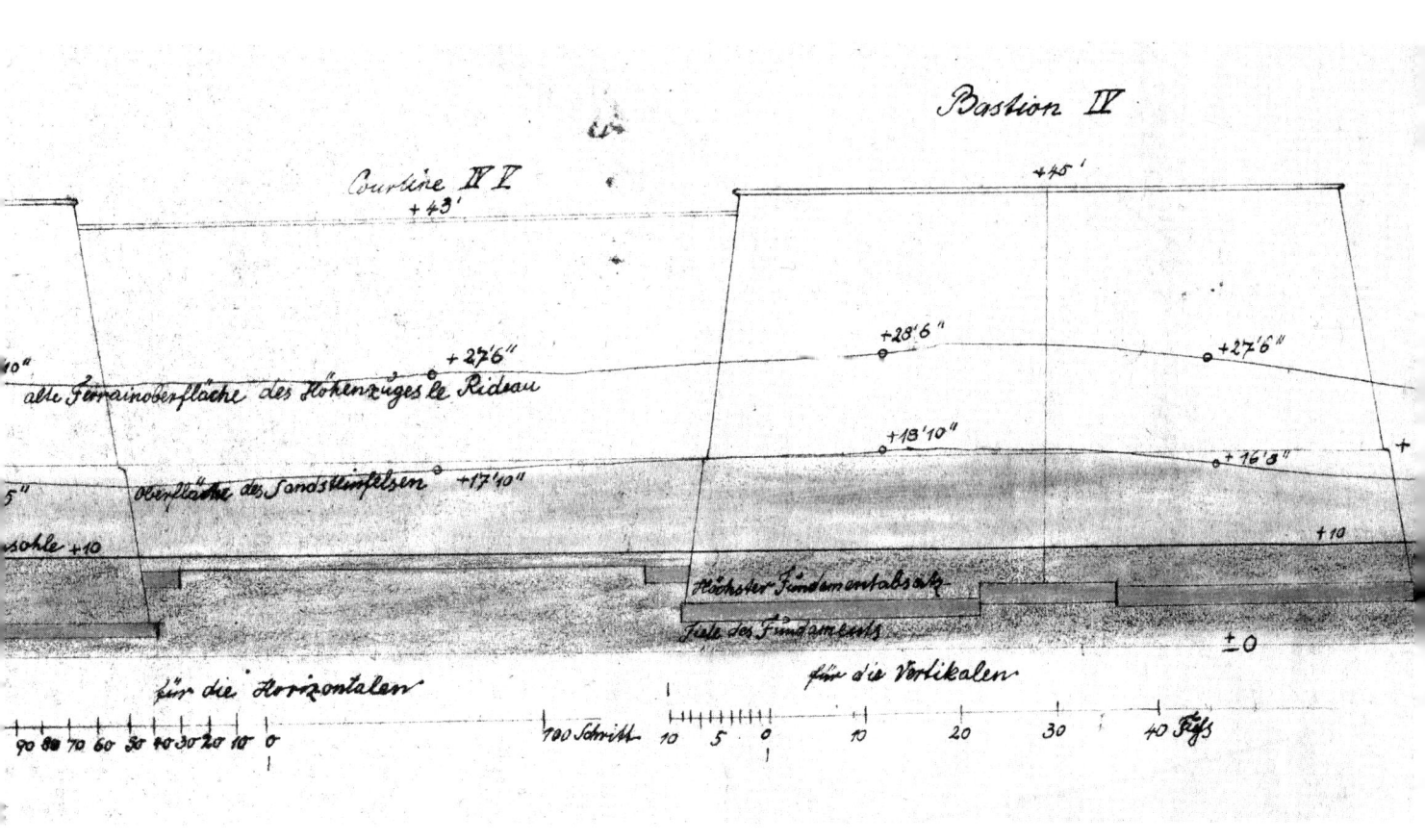

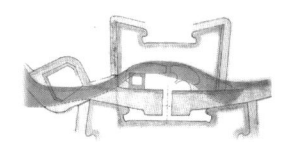

33 Beim Bau des Hochhauses am Kaiser-Friedrich-Ring 1977 und der damit verbundenen Tiefgarage unter der Kurtine zwischen den Bastionen 10 und 13, vor der Kaserne Nr. 6/44, zeigte sich die Sandsteinformation, die bis an die Oberfläche reichte. Sie gehört zum vorher beschriebenen Rideau.

gischer, doch gewiss in fortifikatorischer Hinsicht keine bessere Wahl treffen können.«[32/7] Ingenieur *Johansen* bewertet die bautechnische Qualität, nicht die hier geradezu wie ein Geschenk gefundene startegische Lage, die wir bereits in den Kapiteln IV. und VI. würdigten. Beim Bau der Tiefgarage zwischen dem Hochhaus am Ring und Kaserne 6/44 erfolgte 1977 die Ausschachtung in festem Buntsandstein. Auf dieser Formation wurden 1683 die Bastionen 10 und 13 und die Kurtinen gegründet.

7. Studie: Vermessungen im Stadtgebiet in den Jahren 1894/96

Alle Messungen gehen von der Höhe des Pegels von 174,56 m über NN aus. Dieser Pegel wurde, wie in Studie (4) bereits gesagt, im Dezember 1871 »nach Metermaß unterhalb der Deutschen Torbrücke« errichtet. Er trat an die Stelle des alten preußischen Fortifikationspegels von 1817. Die Einteilung nach rheinländischem Fußmaß ist in den Stein des linken Widerlagers der Schleusenbrücke eingeschnitten.

Die von der Stadt durchgeführten Messungen sind vom Bürgermeister und vom Stadtbaumeister unterschrieben. Interessant sind zunächst die monatlich aufgezeichneten Wasserstandsbeobachtungen am Saarpegel. Sie zeigen, wie stark der Wasserstand schwankte. Im Monat Januar 1894 gab es 51 Beobachtungen. Bezogen auf den Normalpegelstand wurden einmal ein Hochwasser von 4,38 m über Normalpegel und einmal 0,60 m als niedrigster Wasserstand gemessen. Im Monat Mai wurde bei elf Beobachtungen einmal 0,60 m als Höchststand und 0,18 als Niedrigststand gemessen. Im Monat August betrug bei fünf Beobachtungen der Höchststand einmal 0,45 m und der niedrigste Wasserstand 0,00 m. Im Monat Dezember kletterte der Wasserstand bei 30 Beobachtungen auf 3,50 m, der Niedrigststand fiel auf 0,30 m über dem Normalpegelstand von 174,56 m über NN.

Im Jahre 1894 wurden im Stadtgebiet 19 Bolzen angebracht und ihre Höhe wurde vermessen. Hier eine Auswahl der Messpunkte:

Bolzen der Landesaufnahme	Höhe der Messpunkte
Nr. 5915: Rodener Schanze	180,568 m über NN
Vermessungsdaten im Stadtgebiet:	
Nr. 2: am Proviantmagazin	180,634 m über NN
Nr. 4: an der Front des Alten Rathauses	180,716 m über NN
Nr. 7: an der NW-Ecke des Hospitals (beim Canisianum)	180,513 m über NN
Nr. 8: an der Kaserne Nr. 4 (heute Galerie Kleiner Markt, noch vorhanden)	180,824 m über NN
Nr. 11: Schulgebäude in der Bierstraße Nr. 9 (heute noch vorhanden)	180,820 m über NN
Nr. 13: nördlicher Giebelsockel der Kaserne VI (heute Möbelhaus Paquet, noch vorhanden)	180,969 m über NN
Nr. 16: Vorderseite der Restauration Kramp (heute Parkhotel Ludwigstraße)	182,726 m über NN
Nr. 17: nördliche Fronteck des Neuen Kreisständehauses Kaiser-Wilhelm-Straße (noch vorhanden)	182,139 m über NN

34 Messpunkt an der Kirche St. Ludwig, Bolzen 11 am Haus Nr. 9 in der Bierstraße (ehemalige Schule) und Bolzen 13 an der Kaserne 6/44 (Möbelhaus Paquet).

Die Vermessungen erstreckten sich im Jahre 1896 auf 169 sogenannte Terrainpunkte und 162 Sohlenpunkte. Letztere sind Punkte auf der Sohle der Festungsgräben. An 64 Stellen wurden die Terrainpunkte zusammen mit den Sohlenpunkten gemessen. Eingetragen wurden die Messpunkte in den Festungsplan und eine Liste. Als

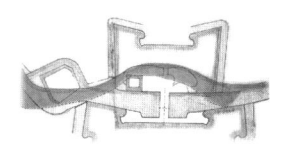

Beispiele für die vermessenen Terrainpunkte dienen die Höhenmessungen um den Großen Markt:

Nördliche Marktecke, Punkt 44	180,14 m über NN
Deutsche Straße, Punkt 49	180,24 m über NN
Westliche Ecke Großer Markt, Punkt 51	180,45 m über NN
Mitte Kommandantur, Punkt 63	180,86 m über NN
Südliche Marktecke, Punkt 60	180,69 m über NN
Französische Straße, Punkt 79	180,65 m über NN
Östliche Marktecke, Punkt 77	180,57 m über NN
Mitte des Platzes, Punkt 65	180,85 m über NN

Noch zwei andere Beispiele: Das Ende der Deutschen Straße vor dem ehemaligen Proviantmagazin lag 179,76 m hoch. Die Höhe am Ende der Französischen Straße betrug 179,93 m über NN (Regenwasserablauf).

Werfen wir noch einen Blick auf die Maße, die bei der Höhenvermessung der Gräben ermittelt wurden: Die Höhe der Sohle des Hauptgrabens von der Poternenbrücke (heute Vaubanstraße) bis zur Kreuzung Kaiser-Friedrich-Ring/Kaiser-Wilhelm-Straße beim Landratsamt lag zwischen 175,77 m und 174,72 m über NN. Bei zehn Messungen errechnet sich ein Durchschnitt von 175,75 m. Das Stück Hauptgraben von der Kaiser-Wilhelm-Straße bis zur Lothringer Straße (Theater am Ring) kommt nach der Berechnung von zehn Messungen auf eine Durchschnittshöhe von 175,32 m über NN. Die Messergebnisse aus dem Jahr 1896 bestätigen, dass der Hauptgraben, gemessen ab Bauhorizont, auch in preußischer Zeit zwischen 4,30 m und 4,60 m tief war.

Der Revisionsbericht vom Oktober 1894 weist darauf hin, dass in der Lünette des Hauptgrabens von Bastion IV (heute Lothringer Straße) Richtung Poternenbrücke nach Ravelin V (heute Vaubanstraße) »die Sohle der Lünette aus Felsen« besteht; an anderen Stellen befindet sich »Schlamm und zwar in einer Höhe von 1½ m, dann folgt blauer Letten«.[80] Die Tatsache, dass auf der Sohle des Grabens Felsen zutage trat, ist aufgrund der Feststellungen in Studie (6) keine Überraschung mehr.

Im genannten Revisionsbericht werden auch die »Ausläufe der Stadt in den Festungsgraben« aufgezählt. Es ist so gut wie sicher anzunehmen, dass die sechs genannten Ausläufe dieselben sind, die bis 1685 beim Bau der Festung angelegt wurden. Es handelt sich um die Ausläufe an den beiden Festungstoren und die Ausläufe an den

Poternen Nr. 1, Nr. 2, Nr. 4 und Nr. 5 – auf dem beigefügten *Festungsplan 1777* die Poternen Nr. 87, 88, 89 und 90. Der zitierte Bericht[80] »Höhenverzeichnis aller nivellierten Punkte der Altstadt und des städtischen Geländes von 1894« verzeichnet: »An der sog. Wallerfanger Poterne (Poterne Nr. 90) liegt die Ausflussrinne.« Durch Ausläufe und Rinnen flossen die städtischen Abwässer zuerst in Senkgruben, bevor sie, auf diese Weise grob gereinigt, in den Hauptgraben bzw. am Deutschen Tor in die Saar gelangten.

Es fällt auf, dass in der Nähe der Tore und in der Nähe der vier Poternen – dort, wo sich die Ausläufe in die Saar und den Hauptgraben befanden – die Straßen unter 180,00 m über NN lagen im Gegensatz zur Stadtmitte, wo sie alle 0,50 m und mehr über 180 m lagen. Beim Bau der Straßen war ein leichtes Gefälle eingeplant, was dem Abfluss der Oberflächenwasser förderlich sein sollte.

8. Studie: Schleifen der Festung – mit dem Bau der Neustadt begann die Zukunft

Am 1. Juni 1895 lag der Stadt der »Bebauungsplan für die Stadt Saarlouis« von *Josef Stübben* aus Köln vor.[44/95]

Auf der Sohle des Grabens wurde sogleich mit dem Bau des Abwasserkanals begonnen. Das Kanalsystem liegt heute noch unter den Ringstraßen. Bis zum Bau der Zentralkläranlage 1963 führte das Kanalsystem die Abwässer der Stadt zur alten Klär- und Pumpanlage an der Vaubanstraße gegenüber dem Eingang zum Rot-Kreuz-Krankenhaus.

Auf der rechten Grabenwand (siehe Bild Nr. 35) stehen heute die Treppe und ein Flügelbau des Landratsamtes, Kaiser-Wilhelm-Straße/Kaiser-Friedrich-Ring. Das Fotodokument wurde an einem Sommertag des Jahres 1902 aufgenommen. Es war ein besonderer Tag, denn Bürgermeister *Titz*, die Baukommission und die Herren des Bauamtes besichtigten feierlich gestimmt die fortgeschrittenen Maurerarbeiten am Hauptsammler auf der Grabensohle des ausgedienten Hauptfestungsgraben. Alle sind sich der Bedeutung des Tages bewusst.[44/36] Der Vermessungsgehilfe hat augenfällig die Vier-Meter-Messlatte vor der Bastion Luise aufgestellt, auf der schon Vorarbeiten zur Errichtung der neuen evangelischen Garnisonskirche begonnen haben, deren Einweihung am 29. Juni 1906

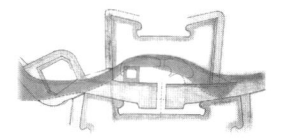

35 Das Foto von 1902 zeigt links die Mauerkante der Bastion 13, Luise, auf der seit 1904 das evangelische Pfarrhaus und seit 1906 die evangelische Kirche stehen. In der Mitte sieht man den Hauptgraben mit dem neuen und ersten Hauptkanal für Saarlouis. Heute befindet sich darüber der Kaiser-Friedrich-Ring. Nach links führt der Luxemburger Ring, nach rechts die Neue Brauereistraße. Die Kaiser-Wilhelm-Straße verläuft oberhalb der Bildmitte, zu erkennen an der jungen Baumreihe. Das klassizistische Gebäude dahinter beherbergt die Zulassungsstelle für Kraftfahrzeuge.

erfolgte. Ein Arbeiter posiert mit erhobenem Hammer hinter dem fertig gestellten Revisionsschacht.

Der Neubau eines Arzthauses in der Kaiser-Wilhelm-Straße rechts oben im Bild präsentiert in der Giebelspitze die Göttin der Gesundheit, das Symbol für die Erwartung besserer hygienischer Verhältnisse in der entfestigten Stadt. Alles in allem: Das Bild macht die damalige Aufbruchstimmung deutlich, denn für das entfestigte Saarlouis hatte 1895 die Zukunft begonnen. Etwa 50 Jahre davor beschreibt Ingenieur *Ritter* die Verhältnisse »im heißen Sommer, wenn [...] aus den Lünetten ein verpestender Geruch« die Luft verdirbt. Betrachtet man den Umstand, »dass aus allen Häusern, welche keine Höfe haben, Unrat und Abfälle auf die Straße geschüttet werden müssen, wo sie nur spärlich ein- oder zweimal die Woche abgeholt werden, betrachtet man die große Bevölkerung auf kleinen Raum zusammengedrängt, so wird die Behauptung, dass Saarlouis durchaus nicht zu den reinlichen Städten zu zählen und die Luft daselbst ungesund sei, keines weiteren Beweises bedürfen, und man wird den Grund zu den oft wiederkehrenden Wechselfiebern bald gefunden haben.« (9/32)

Die preußische Kaserne 6, erbaut 1869, erstreckt sich 180 m lang von der ehemaligen Bastion 13/Luise bis zur Bastion 10/Alexandrine. Hier hatte bis zum Jahre 1918 das Infanterie-Regiment Nr. 30 Quartier bezogen. An dieser Stelle beiderseits der Wallmauer, die von der Kurtine zwischen den Bastionen übrig blieb, wurden ab 1976 das Hochhaus am Ring, das Ärztehaus und die Tiefgarage gebaut. Die beiden weit voneinander entfernt liegenden Latrinenhäuser mit je sieben Fenstern an den Fronten mit Abzugshauben standen dort, wo heute die Tiefgarage und der Fahrzeugpark der Polizeiinspektion liegen. Der rückwärtige Wallfuß reichte in der Festungszeit bis unmittelbar vor den Kasernenhof. Vor der Wallmauer, von der heute noch ein Stück bei der Einfahrt zur Tiefgarage an der Kaiser-Wilhelm-Straße zu sehen ist, lag der Hauptgraben mit Tenaille und dem Halbmond 12, später »Laurens«. In der rechten Bildecke ist das Erdreich über dem zugeschütteten ehemaligen Hauptgraben zu erkennen. Die ein- und zweistöckigen Gebäude zwischen den Resten der Festungsmauern gehörten als Wirtschaftsgebäude zur Kaserne.

Die Häuser in einer Zeile auf der Außenseite des Kaiser-Friedrich-Rings hatten beim Bau einen Vorteil: Sie erhoben sich mit ihren Fas-

36 Blick auf die neue Kaserne 6, vormals Nr. 44. Die Teilbilder links und rechts deuten die Eckstücke der Eskarpenmauer an, die Einfahrt zur Tiefgarage und den Restauranteingang am Theater am Ring. Die Mauerteile wurden nach der Entfestigung aus Originalsteinen neu errichtet. Die Wirtschaftsgebäude im mittleren Bild wurden Ende des 19. Jh. hinter die Eskarpenmauer auf die Kurtine zwischen den Bastionen Nr. 10 und 13 gebaut. Auf dem freien Platz vor der Mauer stehen heute Hochhaus, Ärztehaus und Theater am Ring.

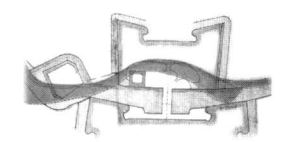

saden sicher fundiert auf der Kontereskarpenmauer/Futtermauer des Hauptgrabens, Bild 37.

So wie hier wurden nach der Entfestigung, also ab 1890, viele Häuser in der Neustadt auf die Mauern abgetragener Festungswerke gestellt. Als überzeugendes Beispiel sei das evangelische Pfarrhaus genannt, das auf der Mauerspitze der Bastion Nr. 13 steht. Architekt *Karl Schlück* aus Saarlouis nahm 1904 dafür in Kauf, dass die dem Ring zugewandte Ecke des Pfarrhauses auf der solide gemauerten Bastionsspitze mit einem Winkel von 97° errichtet wurde und damit noch heute die Lage der darunter liegenden ehemaligen Bastion 13 »du Bois«, später »Prinzessin Luise«, dokumentiert. Viele Kellergeschosse in der »Neustadt« zeigen bis heute stolz die wiederverwendeten Bruchsteine aus den ehemaligen Festungsmauern.

37 *Diese Häuserreihe am Kaiser-Friedrich-Ring steht mit ihren Fundamenten auf der ehemaligen Kontereskarpe, der äußeren Wand im Hauptgraben. Die Häuserfront folgt dem Verlauf des Grabens.*

9. Studie: »Wurde Saarlouis in den Sumpf gebaut?« Pfahlgründungen 1685 und Stahlbetonfundamente von sechs Großbauten ab 1965

Vier Bilder (41–44) haben uns das ursprüngliche Aussehen von Gouvernement, Zeughaus, Hospiz und Ludwigskirche überliefert. Das Gouvernementgebäude wurde 1973 abgerissen, das Zeughaus 1938, das Hospiz 1956 und die Halle der Ludwigskirche 1864. Der Rückblick soll darauf aufmerksam machen, dass diese Bauten dank ihrer soliden Grundierung mit Hilfe von Pfählen und Pfahlrosten im Falle Ludwigskirche 179 Jahre, im Falle Gouvernement 288 Jahre gestanden haben. Die von 1681 bis 1687 gebauten acht Kasernen zeigen eindrucksvoll, dass ihre Fundamente stabil waren.

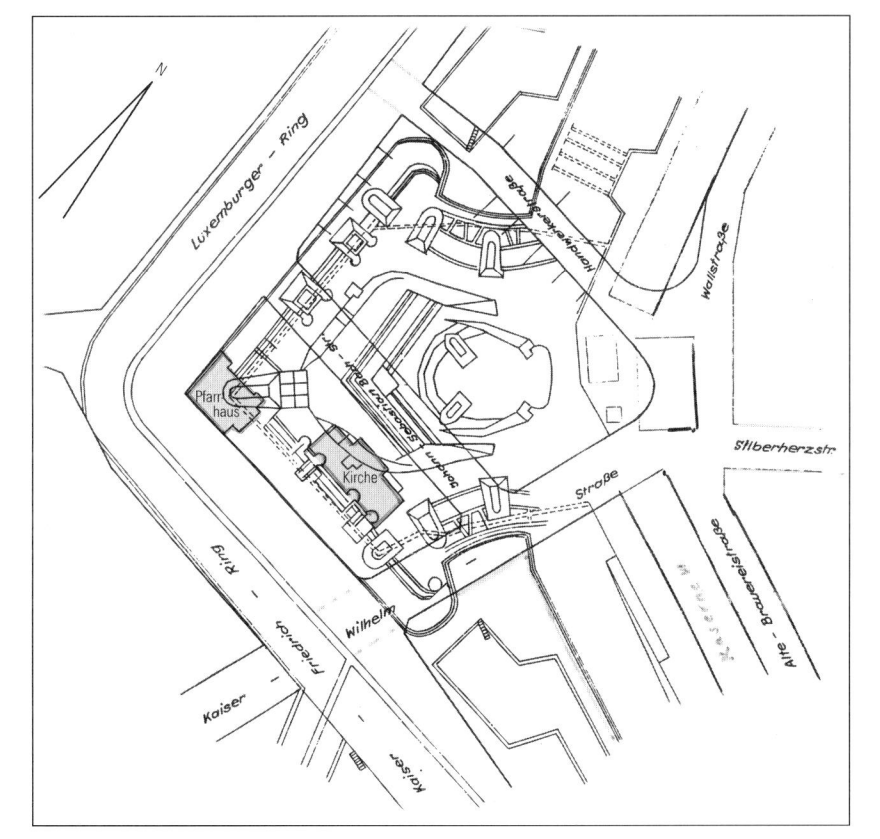

Die Liste der Kasernen in Abbildung 45, Seite 171, erstellt nach den Angaben des Ingenieur-Offiziers *Anton Ritter*, erläutert nicht nur die Größe der einzelnen Gebäude, sondern auch ihren Verwendungszweck und die baulichen Veränderungen im Laufe der Jahre.

»Im übrigen handelt es sich nach der Überlieferung um ein Wappen, das etwas über die Entstehung der Stadt auszusagen hat. Die Sonne [...] sowie die Devise dissipat atque fovet – die Sonne zerstreut und erwärmt – sollen auf die Gründung der Stadt durch Ludwig XIV. in einem Sumpf hinweisen.«[110]

»Saarlouis wurde in den Sumpf gebaut.« »Die Fläche, auf der Saarlouis steht, war ganz sumpfig.«[10/3] Es gilt, diese Aussagen, diese unzutreffenden und irreführenden Bilder zurechtzurücken. Wer von einer sumpfigen Gegend spricht, meint damit ein Gelände, von dem

38 *Dieser preußische Plan aus dem Jahr 1910 zeigt den Grundriss der Bastion 13, beziehungsweise Bastion Prinzessin Luise, wie sie seit 1821 hieß. Eingezeichnet ist auch die Lage der evangelischen Kirche und des Pfarrhauses, die 1904 und 1906 fertig gestellt wurden.*

39 *Blick vom Kaiser-Friedrich-Ring in Richtung Luxemburger Ring. Die Ecke des evangelischen Pfarrhauses steht genau auf der Spitze der ehemaligen Bastion Nr. 13.*

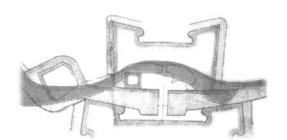

40 Das Hospiz war eines der fünf bedeutenden Gebäude aus der Gründungszeit, die leider nicht mehr erhalten sind. Es wurde 1685 errichtet und 1956 abgerissen. An seiner Stelle steht heute das Gymnasium am Stadtgarten.

41 Auf dem Weg durch die Zeughausstraße in die Stadt blickt man auf den Giebel des Zeughauses, 1685 erbaut, 1936 abgerissen. In der Bildmitte erkennt man die Giebel der Kasernen 3/53 und 2/54.

das Oberflächenwasser aus mehreren Gründen nicht abfließen kann. Ist es aber möglich, das Wasser durch Gräben und Kanäle abzuleiten, so ist das Gelände zur Landwirtschaft oder als Baugrund zu nutzen. Im Hinblick auf die Talaue, in die Saarlouis gebaut wur-

VIII. NEUES SAARBETT – HÖHENMASSE, ALTE UND NEUE FUNDAMENTE

de, kommt hinzu, dass sie bis zu diesem Zeitpunkt deshalb als Siedlungsgebiet ausschied, weil sie der Saar bei Hochwasser, oft zweimal im Jahr, als natürliches Überschwemmungsbecken diente. Weiterhin gehört im Zusammenhang mit der Erörterung darüber, dass die Talaue stellenweise sumpfig war, die Beobachtung dazu, dass in Saarlouis nach dem Bau der Wall- und Vorgräben der vorher hohe Grundwasserstand auf die Höhe des Saarpegels absank, so dass die Gräben in normalen Zeiten trocken waren. Beim Graben

42 Wie diese Fotomontage zeigt, war das Rathaus der Stadt 1685 ein zweistöckiges Gebäude. Die Bildszene stammt aus preußischer Zeit. 1945 wurde der Bau zerstört.

43 1685 wurde die Ludwigskirche gebaut. 1864 wurde das Schiff abgerissen. Turm und Fasssade blieben wie im Bild stehen, bis die Brandkatastrophe von 1880 die Turmfassade zerstörte.

44 Thomas de Choisy amtierte im 1685 fertig gestellten Gouvernement. Das Gebäude stand bis 1973, als es abgerissen werden musste. Beim Wiederaufbau legte man Wert darauf, die alte Fassade wiederherzustellen.

der Brunnen stellte man fest, dass der Wasserspiegel mehr als 4 m unter dem Pflaster der Höfe lag.
Die Lebensdaten der Bastionen und ihrer Mauern, besonders die Tatsache, dass die acht Kasernen mehrere Jahrzehnte Standfestigkeit zeigten, sprechen gegen die Aussage, Saarlouis sei in den Sumpf gebaut worden. Die in der Festungszeit errichteten Bauten geben

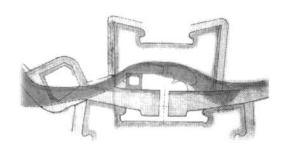

Zeugnis von der Stabilität ihrer Fundamente und der Haltbarkeit ihrer Bauweise. Dem einen reicht zur Erklärung der Hinweis auf geologische Gegebenheiten, zum Beispiel darauf, dass Saarlouis denselben Baugrund hat, den auch andere Städte haben, die in diluvialen Flussauen errichtet wurden. Den andern genügt es zu wissen, dass die Kaserne 1/49-50 bis heute 317 Jahre in der Pavillonstraße steht. Die Ingenieure, die zwischen 1967 und 1999 Neubauten ausführten, legten die Fundamente nach eingehenden Berechnungen und mit Hilfe zeitgemäßer Baugeräte auf einen gründlich sondierten, stabilen Baugrund. Davon zeugen sechs Großbauten:

- die neue Ludwigskirche mit dem Kirchturm von 1885,
- das Sparkassengebäude am Großen Markt,
- Geschäftshaus am Großen Markt/Postseite von 1998/99,
- das Kaufhaus *C&A* am Kleinen Markt, erbaut 1970,
- der Bau der *Kreissparkasse*, Ecke Kaiser-Friedrich-Ring/Kleiner Markt, erbaut 1997/98,
- das Geschäfts- und Wohnhaus *Immetsberger* am Kaiser-Friedrich-Ring gegenüber dem Busbahnhof, erbaut 1998/1999.

In ihren Gutachten über »Untergrundstrukturen in Saarlouis« stellten die mit diesen Arbeiten beauftragten »Erdbaulaboratorien« ihren Bauherren zuvor exakte Analysen des jeweiligen Baugeländes zur Verfügung. Die Interpretation dieser Untersuchungen kann durch Aufzeigen des geologischen Gesamtbildes erleichtert werden: Unsere Gegend liegt am Rande des riesigen Beckens, dessen Mitte und Grund im Inneren Frankreichs zu suchen ist. In den Ardennen, der Eifel, dem Idarwald und dem Taunus kommen die Ränder zutage.

Dieses Becken ist erfüllt von späteren Formationen, welche vom Rande nach der Mitte gleichsam zu durchblättern sind, in dem auf Tonschiefer der bunte Sandstein, dann der Muschelkalk, die Keuper-, Lias- und die Juraformationen folgen. – Außer diesen treten am östlichen Rand noch Steinkohle und Eruptivgestein auf.[32/1] *Erfahrungsgemäß können in Saarlouis die Bodenverhältnisse aus dem Diluvium auf engstem Raum wechseln.*[91]

Der Buntsandsteinhorizont kann allerorten ab Tiefen von ca. 8,50 m bis 9,00 m unter der Geländeoberkante angenommen werden. An seiner Oberfläche ist der Buntsandstein im Stadtgebiet infolge Alterungsprozessen zu mürben Sanden aufgewittert, die erst in der Tiefe in Fels übergehen. Die obere Verwitterungszone beträgt ca. 2,00 m. Darüber liegen sehr unterschiedliche quartäre Schichten.[91]

Die Kasernen der Gründungszeit

Bezeichnung der Gebäude	fertig gestellt	Fundamente erhalten bis: / Abriss	Maße	Erster Verwendungszweck	Merkmale
Kaserne Nr. 1/49-50 Pavillonstraße Wohn- und Geschäftshaus	1683	heute	L. 85,00 m B. 14,00 m H. 11,80 m	Personalunterkunft teilw. unterkellert	auf Bohlenrost errrichtet, 13–19 cm stark und 47–63 cm breit; 1855 und später neu verputzt und angestrichen; 1984 entkernt und restauriert
Kaserne Nr. 2/54 Kavalleriestraße	1687	1936	L. 68,00 m B. 13,90 m H. 11,70 m	Kavallerie; nur 2 Ställe bombensicher; geklinkert	nach 1918 Sozialwohnungen
Kaserne Nr. 3/53 Kavalleriestraße	1683	1936	L. 128,00 m B. 13,50 m H. 11,60 m	Kavallerie nur 2 Ställe bombensicher	auf Bohlenrost gegründet; 1844 Ständerungen angebracht; 1846 Luxemburger Schiefer-Dach
Kaserne Nr. 4/40-41 Karcherstraße Heute Galerie Kl. Markt	1684 1860/63	1840	L. ~77,00 m B. 14,00 m H. ~11,00 m	Infanterie	auf Bohlenrost gegründet; Einsturzgefahr 1840; 1860/63 Neubau für Inf.Reg. Nr. 30; 1986 integriert in Galerie Kleiner Markt
Kaserne Nr. 5/42-43 Gefängnisstraße Warenhaus	1683	1970	L. 77,60 m B. 14,00 m H. 11,15 m	Personalunterkunft Arrestanstalt	auf 1650 Akazienpfählen errichtet, je 5,30 × 0,22 m; 1853 neu verputzt; vor 1970 Wohn- und Geschäftshaus; Neubau 1972
Kaserne Nr. 6/44 Alte Brauereistraße Museum, Bibliothek, Polizeiinspektion, Möbelhaus	1686	1865	L. 183,50 m B. 14,06 m H. 11,93 m	Infanterie	1844 Ständerungen; 1866-69 klassizistischer Neubau; 1920 Handwerksbetriebe, Wohnungen; 1927 Heimatmuseum
Kaserne Nr. 7/46 Wallstraße	1684	1877	L. 191,00 m B. 14,13 m H. 12,00 m	Infanterie	1844 Ständerungen; nach 1877 neue Stallungen; Garnisonsschmiede
Kaserne Nr. 8/47-48 Pavillonstraße heute Parkplatz Pieper	1681/82	1964	L. 84,50 m B. 14,00 m H. 10,70 m	Offiziere, Kasino (Pavillon) Artillerie, Kavallerie, Ställe	1832 Frontmauer des Pavillons erneuert; 1838 Mauer zum Wall hin erneuert; 1855 Einsturzgefahr wegen verfaulter Köpfe der Stockwerksbalken; Ersatz der Eichen- durch Tannenbalken, neues Mauerwerk; nach 1920 Wohnungen, Kleinbetriebe, Lagerräume

Höhe (H.) bezieht sich auf die Traufhöhe. Die Dächer waren in der Regel 3,25 m hoch.

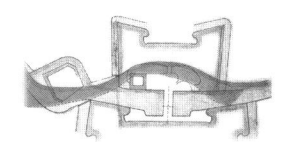

Wir können die Bodenverhältnisse im Stadtbezirk Saarlouis wie folgt charakterisieren: Den Untergrund bildet überall der Buntsandstein, der in einer Tiefe von 8 bis 9 m ansteht. Er wird von Sedimenten der Terrassen geringer Mächtigkeit überdeckt. Auf ihnen ruhen mächtigere Ton- und Torfschichten, die im eigentlichen Bauhorizont liegen. Darüber lagern unterschiedliche Auffüllungen von Menschenhand. Sie bilden in der Regel die Geländeoberfläche. Je nach den Festungsbauresten ist diese oberste Schicht sehr unterschiedlich ausgebildet.

Zu Studie 9: Bau der Ludwigskirche in den Jahren 1967 bis 1970

Die Auskünfte sind spärlich. Die Fundamentierung der heutigen Kirchenhalle erfolgte bis 10 m Tiefe, wo sich eine tragfähige Felsschicht fand. Wie der Bauleiter *Klaus Hoffmann* berichtet, wurden für den Neubau, 1967 bis 1970, 30 armierte Betonpfähle mit 75 cm Durchmesser, belastbar mit 200 Tonnen Gewicht, eingegossen. Hinzu kamen weitere 15 Pfähle mit 32 cm Durchmesser, mit 35 Tonnen belastbar. Die 10 Meter tiefe Baugrube für den Turmbau erschloss: 2,00 m aufgefüllter Boden, darunter 3,00 m Letten (Ton, Lehm), dann 2,50 m Sandboden und 2,50 m Kiesboden, ruhend auf Sandsteinfelsen. Auf die Felsformation wurde zunächst eine Zementplatte aufgetragen und auf sie das Mauerwerk gesetzt, verbunden mit Kalkmörtel und Zement.

Der Plan des neugotischen Turmes stammt von dem königlichen Baurat *Vincenz Statz* aus Köln, die Grundsteinlegung war am 6. April 1885.

45 Blick auf die katholische Kirche St. Ludwig am Großen Markt im Jahr 1997.

Zu Studie 9: Neubau der damaligen Stadtsparkasse am Großen Markt im Jahre 1977

Das Baugelände umfasste das Geviert Petrusstraße, Augustinerstraße, Zeughausstraße, Großer Markt. Vorher standen dort die Gebäude des *Münchener Kindl*, des Elektrohauses *Merziger*, der früheren Reichspost (alte Stadtsparkasse), des Hauses *Britz* und weitere kleine Häuser. Siehe dazu die Abbildungen 46 und 47. Die Mitte des

46 Oben: Häuser in der Zeughaus- und Augustinerstraße im Zustand nach dem Krieg. Sie wurden 1977 vor dem Bau des Sparkassenkomplexes abgerissen.

47 Fotos von 1900 und 1997. Zu dem 1977 abgerissenen Komplex gehörte das ehemalige kaiserliche Postamt, in das 1929 die Stadtsparkasse einzog. Der Neubau von 1977 nimmt das gesamte Geviert ein.

Bauplatzes lag etwa 30 m von der Ludwigskirche entfernt. Heute gehört das Gelände der *Kreissparkasse* Saarlouis.

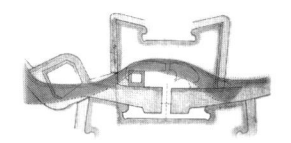

174 SAARLOUIS – DAS KÖNIGLICHE SECHSECK

Die Bodenproben zeigten unter der Geländeoberkante (GOK) von 180,00 m über NN folgendes Profil, gemessen von oben nach unten:

1,70 m	mächtige Schicht mit aufgefülltem Schluff (Lehm)
0,90 m	sandiger Schluff
2,20 m	feinsandiger Ton
1,80 m	dicke Schicht Mittelsand
0,60 m	kiesiger Mittelsand

In 7,20 m Tiefe stieß man auf Sandstein.

Zu Studie 9: Bau des Geschäfts- und Bürohauses rechts vom ehemaligen Gouvernement

Das Grundstück misst 13,60 × 30 m. Auf dem Grundstück stand ein im Zweiten Weltkrieg zerstörtes dreistöckiges Wohnhaus mit fünf Achsen. Siehe Bild Nr. 44. Das Bohrloch Nr. 1 lag 5 m entfernt von der vorderen Baugrenze am Marktplatz. Der Bohrkern förderte ab Geländekante, 181,10 m über NN:

1,70 m	Auffüllmaterial
0,70 m	Fein-Mittelsand, stark schluffig, feucht, hellbraun
0,10 m	Ton / Schluff, torfig, steif, halbfest, dunkelbraun
3,60 m	Ton / Schluff, schwach sandig mit humosen Einlagerungen, steif, grau bis blaugrau
1,20 m	Fein-Mittelsand, schluffig, nass, dunkelgraubraun, Beginn der Kiesterrasse, teilweise ausgeflossen

Bei 7,30 m endete die Bohrung.

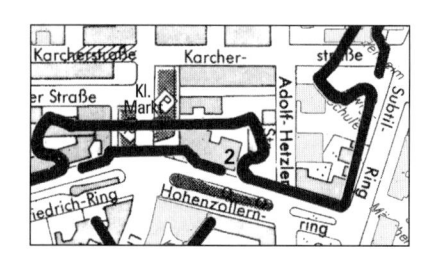

48 *Neubau am Großen Markt, rechts neben dem ehemaligen Gouvernements-Gebäude.*

Sandstein war in dieser Tiefe noch nicht vorhanden. Das Wasser stieg ab 6,10 m auf und stand im Boden bei 4,70 m. Das waren 0,85 m über dem Saarpegel. Tragfähiger Baugrund wurde mit den Kiessanden der Saarterrasse ab 5,50 m bis 6,00 m unter GOK erreicht. Der Bohrkern Nr. 2b lag dem Bohrkern Nr. 1 gegenüber, 0,60 m außerhalb der Grundstücksgrenze. Unter dem Gelände von 181,10 m lagen:

1,80 m	hohe Auffüllung
0,30 m	Ton / Schluff, schwachsandig und torfig, halbfest, graubraun
0,40 m	Auffüllung, Fein-Mittelsand, schluffig, schwach kiesig, nass und gelbbraun

49 *Die Lage der Bastion 7 im Stadtplan. Die erste Bohrung für das Kaufhaus »C&A« erfolgte vor der Schulter der Bastion (oben Ziffer 2), also im Tenaillen-Graben.*

0,30 m	Ton / Schluff, schwach sandig und torfig, steif bis halbfest, graubraun
4,20 m	Ton / Schluff, schwach sandig, örtlich schwache torfige Beimischung, halbfest, graubraun bis blaugrau
1,20 m	Fein- bis Mittelsand, schluffig, nass, dunkel bis graubraun, ausfließend, Beginn der Kiesterrasse
0,30 m	Fein-Mittelsand, schluffig, schwach kiesig, nass, dunkelbraun

Bei 8,50 m Tiefe endete die Bohrung.

Zu Studie 9: Das Kaufhaus C&A am Kleinen Markt

Die Baggerarbeiten begannen 1970 am Kleinen Markt. Zuvor musste der dort 1905 erstellte Saalbau abgerissen werden. Die Bohrung 1 fand nahe der Stelle statt, wo sich zur Festungszeit die rechte Schulter der Bastion Nr. 7 befand.

Unter der Geländeoberkante von 180,85 m über NN lagen:

0,20 m	Pflasterung
1,50 m	sandiger, zäher brauner Ton
1,70 m	plastischer, grauer Ton
1,30 m	hellbrauner Ton, angereichert mit Pflanzenresten
1,50 m	braun, hellbrauner Grabsand
3,10 m	sandiger, graubrauner Kies, fein-, mittel-, grobkörnig
1,00 m	mürber, rotbrauner Sandstein

In 10,30 m Tiefe stand fester Sandstein an.

50 Foto um 1890 mit der Grabenbrücke auf die Tenaille zum Französischen Tor, das 1889 abgetragen wurde. In der Mitte des Bildes der vier Jahre alte neugotische Turm der Ludwigskirche.

51 Probegrabungen auf dem Kleinen Markt im Jahr 2000 brachten den letzen Brückenbogen zum Vorschein. Der weiße Pfeil im Bild 50 zeigt auf diesen Brückenbogen. Blick in die Lisdorfer Straße.

52 Der Blick über den Brückenbogen in Richtung der ehemaligen Eskarpenmauer, auf der das Kaufhaus C&A steht.

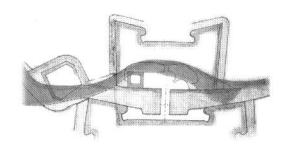

Die Bohrung 2 fand dort statt, wo sich zur Festungszeit vor dem Französischen Tor der Tenaillengraben und der Hauptgraben mit der Brücke zum Französischen Tor befanden.
Unter der Geländeoberfläche von 180,85 m über NN lagerten:

4,10 m	Auffüllmasse, bis zur Sohle des ehemaligen Grabens
1,10 m	sandiger, schluffiger graubrauner Ton
1,30 m	leicht sandiger Ton
2,30 m	Kies, fein, mittel, grob und sandig, graubraun
1,00 m	mürber Sandstein

In 9,80 m Tiefe stand fester Sandstein an.

Zu Studie 9: Neubau durch die Kreissparkasse Saarlouis am Kleinen Markt 1996/98

Das Gebäude wurde 1998 fertiggestellt und steht mit 19 m Front am Kleinen Markt und mit 26,50 m am Kaiser-Friedrich-Ring. Von der Lage her spiegelgleich mit dem Bekleidungshaus *C&A*, auf der linken Schulter und dem Tenaillengraben der Bastion Nr. 10. Beide Bauten stehen 50 m entfernt einander gegenüber. Bohrkern Nr. 1, gefördert am 4. Juni 1995 unter dem Fußgängerweg vor der nördlichen Ecke des Grundstückes. Darunter wurde mit dem Bohrer in 3 m Tiefe das Mauerwerk der Tenaille vor dem Französischen Tor getroffen. Unter der Geländeoberfläche von 180,80 m über NN liegen:

3,00 m	Auffüllung
3,70 m	braunes und graues Mauerwerk, vermörtelt
1,20 m	mittel bis grober Sand, feucht bis nass, grau, Bodenklasse 4 (DIN 18300)
0,70 m	Sand fein bis mittel, stark feucht, rot, Buntsandsteinsand
2,10 m	Sandstein, kleinstückig, unverwittert, mürbe, grusig, rot, zerbohrt
10,70 m:	5,30 m mächtiger Sandstein, verwittert, stark verwittert, dickplattig, dünnplattig, klüftig, stark klüftig, stückig, rot, gelb, örtlich geringhart

Die Analyse sagt nichts darüber aus, ob ab 16 m fester Sandstein folgt.

53 *Baulücke Kleiner Markt, Ecke Kaiser-Friedrich-Ring. Seit Auflassung der Festung bis 1996 unbebaut.*

54 *In die Baulücke setzte die Kreissparkasse Saarlouis ein Geschäftshaus.*

Bohrkern Nr. 3 in der südlichen Ecke des Grundstückes; Kaiser-Friedrich-Ring – Nachbar ist die anstoßende Apotheke, der Bohrer traf in den Hauptgraben, der 1898 aufgefüllt wurde, im selben Jahr, als am anderen Ende des Grabens das neue Gymnasium bezogen wurde. Unter der Grundstücksoberfläche, 181,10 m über NN, lagen:

5,20 m   Auffüllmassen, Schotter, tonig-sandige Sandsteinbrocken, Kies, Ziegelstücke, inhomogene Tone

0,90 m   Ton / schluffig, humos, fein und grau, organische Einschlüsse

2,30 m   Torf, tonig und stark feucht, mäßig zersetzt, Torf stark feucht, grauschwarz, Torf, schluffig, tonig, stark feucht, schwarz, mäßig zersetzt

0,30 m   Tonlagen

3,30 m   Kies, sandig, stark feucht bis nass, grau, darunter Sandstein, verwittert bis stark verwittert, brüchig, mürbe, dünnplattig, klüftig, stückig, grusig-rotgelb, örtlich geringhart

Die Analyse sagt nichts darüber aus, ob ab 12 m fester Sandstein folgt.

Zu Studie 9: Geschäfts- und Wohnhaus, Kaiser-Friedrich-Ring

Das Haus wurde 1998 bis 1999 zwischen *Dresdner Bank* und *Volksbank Saar-West* errichtet. Beim Ausschachten des 29,00 × 31,43 m großen Bauplatzes kamen exakt gefugte Teile der äußeren Grabenwand vom Halben Mond Nr. 9 vor dem Französischen Tor (siehe *Festungsplan 1777* Nr. 9) zum Vorschein und Reste der gemauerten Traversen im 8 m breiten gedeckten Weg. Der Gedeckte Weg war ein gegen Sicht und Beschuss geschützter Weg, häufig sägezahnförmig um Bastionen und Halbe Monde geführt. Traversen im Abstand von 3 m schützten gegen seitlichen Beschuss.[19/160]

55 Reste der sauber gefugten Kontereskarpe zum Vorgraben vor dem Halben Mond Nr. 9. An dieser Wand entlang liefen die Soldaten auf dem Gedeckten Weg, vor Beschuss im Graben geschützt durch Traversen, quergestellte Deckungen.

56 Vom Bagger abgeräumte Kontereskarpe/äußere Grabenwand. Links ragt ein Stück Traverse in den Gedeckten Weg, der vor dem Hauptgraben und den Halbe-Mond-Gräben um die Festung führte. Beide Fotos Architekturbüro Wolfgang Fery 1997 und 1998.

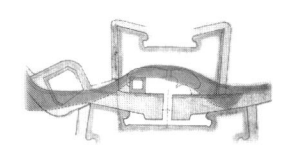

57 Wohn- und Geschäftshaus am Kaiser-Friedrich-Ring (Busbahnhof), 1999 auf Teilen der ehemaligen äußeren Grabenwand errichtet.

Durch Baggerschürfen wurde auf dem Baugelände die Lage der Grabenwand des Halbmondes Nr. 9 und deren gemauerte Traversen geortet. Die Gedeckten Wege fand man mitten im Grundstück in 1,50 m Tiefe – das Bild (55) zeigt die äußere Grabenmauer des Halbmondes. Die Grabenmauern »bestehen aus groben Sandsteinen mit ca. 0,50 m Kantenlänge, wobei sich der Mauerverband in einem kompakten und guten Zustand darstellt. Die Sandsteine konnten mit dem eingesetzten Mobilbagger nur mit Mühe in der horizontalen Mörtelfuge gelöst werden.«[65]

Zur »Feststellung der Lagerungsdichte und Ortung des festen Untergrundes« wurden sechs Rammsondierungen niedergebracht. Ab 1894 wurden die Häuser an der neuen Lisdorfer Straße gebaut. Sie stehen auf dem Terrain des Halben Mondes Nr. 9, der die Grabenbrücke zu schützen hatte, die über den Hauptgraben führte. Eine leichte Rammsonde 2 wurde etwa 7 m südlich der mittleren Grabenmauer niedergebracht. Unter der Geländeoberfläche von 181,20 m lagerten:

0,10 m	Auffüllung Mutterboden, Schlacke, Grasnarbe
0,70 m	Lehm, Asche, Schlacke. Sandsteinstücke
0,55 m	Auffüllung aus Fein-Mittelsand, schluffig, schwach kiesig, feucht, braun
0,85 m	Fein-Mittelsand, schluffig, Buntsandsteinsande
0,40 m	Fein-Mittelsand, stark kiesig, schluffig, graubraun, Terrassenböden
0,80 m	Kies, sandig, schluffig, feucht, braun
Tiefe:	3,40 m

Die schwere Rammsonde an der linken Ecke des Grundstücks, ca. 5,50 m vom Perron des Omnibusbahnhofes entfernt, brachte folgenden Bodenaufschluss unter dem Gelände von 180,09 m über NN:

0,15 m	Plattenbelag, Mörtelbett
0,35 m	Auffüllung, Sand, Kies, Sand mit Sandsteinbröckchen
3,40 m	Auffüllung: Fein-Mittelsand, stark schluffig, schwach kiesig, schwach steinig, sehr feucht, dunkelgraubraun – rotbraun
0,10 m	Auffüllung, Kanalrohrstück
0,90 m	Auffüllung: Fein-Mittelsand, schluffig – stark schluffig, schwach kiesig, sehr feucht, nass, rot-braun – dunkelgraubraun
1,10 m	Auffüllung: Sand / Schluff, schwach tonig, schwach kiesig, stark feucht – nass, dunkelgrau – braun
0,40 m	Auffüllung: Sand / Schluff, humos, Mudde-Morast, feucht, halbfest, dunkelgrau – schwarz

0,10 m   Fein-, Mittelsand, schluffig, Sandstein zerbohrt, Buntsandstein, rotbraun
Die Bohrtiefe erreichte 6,50 m, der Wasserspiegel bei 5,30 m unter GOK.

58 Beim Ausbaggern wurde im Gedeckten Weg, der jenseits des Hauptgrabens um die Festung führte, einer der Grundwasserbrunnen gefunden. Er befand sich seinerzeit in einem Winkel des Gedeckten Weges und hatte einen Durchmesser von 2 m. Foto Architekturbüro Wolfgang Fery 1998.

Die aufgezeichneten Bohrproben sind ein unbestechlicher Nachweis für das Vorhandensein bestimmter Bodenschichten, ihrer Zusammensetzung und Mächtigkeit. Die Bohrungen an sechs verschiedenen Baustellen in der Innenstadt bestätigen, dass diese Schichten, konnten wir sie einmal im Schnitt betrachten, wellenförmige Linien beschreiben, gekennzeichnet durch »Berge, Täler und Ebenen« unter der GOK. Das kommt daher, dass unsere Landschaft erst infolge eines mächtigen Veränderungsprozesses während der letzten Eiszeit, die vor mehr als 10.000 Jahren zu Ende ging, entstand. In dieser Zeit formten sich viele der heutigen Täler, Seen, Flüsse und Bäche. Besonders die starken Wassermassen hatten Anteil an der Gestaltung der Oberfläche der Landschaft, in die Saarlouis 1680 hinein gebaut wurde.

IX. Saarlouis, ehemalige Festungsstadt – ein Plädoyer für den Denkmalschutz

»Der Denkmalpfleger muss auch offen sein für die Architektur der Gegenwart [...] Nur zu oft steht am Ende des Bemühens das Bedauern, wenn das Neue nicht in gleicher Weise befriedigt wie das Alte. Trotzdem muss es immer wieder gewagt werden, Neues dem Alten zuzugesellen. Die Galerie am Kleinen Markt kann eine Ermutigung hierzu sein. Dieser Neubau fügt sich städtebaulich dort, wo er in dieser Weise in Erscheinung tritt, sehr mühelos ein. Der gläserne Bau ist nicht auffällig und störend, er steht durchaus bescheiden in der Häuserzeile, nimmt der daneben stehenden Kaserne nicht ihre architektonische Kraft.«

Martin Klewitz, Landeskonservator im Saarland von 1963 bis 1982

IX. Saarlouis, ehemalige Festungsstadt – ein Plädoyer für den Denkmalschutz

»Da ist die Stadt, so wie sie durch lange Zeiträume gewachsen ist, um in Saarlouis zu bleiben: mit rechtwinkligem Straßensystem, zugeschütteten Festungsanlagen, auf deren sternförmigem Grundriss Straßen und Grünanlagen entstanden sind, mit Vororten außerhalb der alten Festung, mit Kirchen und Schulen, Plätzen und alten Kasernen, im letzten Weltkrieg hart mitgenommen und mit Gefühl für Maß wieder aufgebaut. Nun leben die gegenwärtigen Bewohner darin, und künftig werden es weitere Generationen sein. Wieviel vom alten Bestand muss bewahrt bleiben, damit das ›Woher‹ ablesbar und das ›Wohin‹ nicht im Nebel verschwimmt?« [44/63]

1 Restaurierte Bastion 16 / Albrecht aus der Festungszeit vom »Halben Mond« aus gesehen.

2 Die »Galerie Am Kleinen Markt« zwischen Kaserne 4/41 und dem Kaufhaus C&A gilt als gelungenes Beispiel moderner Architektur.

3 Kaserne 1/49-50 – einzige erhaltene Kaserne aus der Zeit der Stadtgründung.

Wir können uns heute nur schwer in die Erwartungen und Stimmungen versetzen, die unsere Saarlouiser Vorfahren erfassten, als sie 1887 von der Aufgabe der Festung durch das Reichskriegsministerium erfuhren. Jetzt haben die Einengungen, Belastungen und Bevormundungen durch Militär- und Festungsbehörden endlich ein Ende – so wird wohl die vorherrschende Meinung gelautet haben.

Lesen wir, welche Emotionen ein schreibgewandter Bürger von Breslau in Worte fasste, als diese starke Festung 1807 auf Befehl *Napoleons* geschleift werden musste. Viele Saarlouiser werden, wie er, Jahrzehnte später ebenso empfunden haben:

»Man wird schwerlich in der Abtragung und Ausfüllung des zweckwidrigen, luftraubenden, platzfüllenden, verderbendrohenden und bei alle dem unnützenden Haufens von Bastionen, Gräben, Kasematten usw. ein trauriges Ereignis finden.
Der Sinn und das Denken des Menschen hat sich verändert wie das Antlitz der Erde. Immer bedauert man die unnütz verschwendete Kraft der Erbauung gigantischer Gewölbe und kühntrotzender Mauerberge. Für uns haben diese Riesenwerke keine Daseinsberechtigung, und erst durch ihre Vernichtung lernen wir sie kennen. Mit stillem Entzücken hängt das Auge an dieser wohltätigen Zerstörung, die uns zum ersten Male von der Herrlichkeit unserer Vorzeit überzeugt, und freudig versichert man einander, dass für solchen Gewinn die Schrecken der Belagerung kein zu hoher Preis waren. In zehn Jahren werden hier friedliche Wohnungen prangen, denen kein Feuerbrand, von der Hand der Freunde und Verbündeten geworfen, mehr bevorsteht; wo sonst das Geschütz verderbensschwanger aufgepflanzt stand, werden Alleen duften und Saaten keimen.« [87/896f]

Wir sehen die Sache wieder mit anderen Augen; für die meisten Saarlouiser Bürger gehören die denkmalgeschützten Reste der ehemaligen Festung zu einem außergewöhnlichen Stadtbild, an dem sie festhalten wollen. Die Bürger können es heute Zufall oder Glück nennen, dass die Bastion Vaudrevange, seit 1821 Bastion Albrecht genannt, mit den umgebenden Mauern am Saaraltarm entlang die Zeiten überdauert hat. Sie ist ein einmaliges Zeugnis aus Zeiten der Festungsgründung. Zum ersten Male konnte die Bastion in der Zeit der Entfestigung, also vor 1900, überleben. Damals wurde das Ensemble befestigter Saarlauf, ehemalige Schleusenbrücke, zwei Saarbastionen, zwei Kasematten und zwei Kasernen an der alten Saarfront erhalten. Dem »Stübben-Plan« von 1895 war das nicht zu verdanken. Aus ihm ist zu entnehmen, dass die Ringstraßen über den zugeschütteten Gräben als Alleen entlang des Saarufers weitergeführt wurden. Das hätte zwar den Erhalt der beiden Kasematten bedeutet, die Bastionen aber wären der Allee zum Opfer gefallen.*

Zum zweiten Male, es war nach 1950, lag der wenig durchdachte Plan auf dem Tisch, die Kasematten und Bastionen für die an dieser Stelle geplante Ringstraße zu opfern. Eine verbesserte Planung zeigte schließlich die Möglichkeit auf, die Kasematten und die noch vorhandene Bastion zu erhalten, sie zu sanieren und dennoch an dieser Stelle die erforderliche Ringstraße entlang zu führen. In den Jahren 1951–52 wurde die Stadtgartenanlage an der Kurtine der Halbbastion

4   1972 legte Oberbaurat Peter Focht einen Sanierungsplan für die Festungsanlagen am Anton-Merziger-Ring vor. 1981 wurden die Mauern der Bastion restauriert.

*   Der königliche Baurat *Herrmann Joseph Stübben* aus Köln, ein Fachmann auf dem Gebiet der Sanierung von Festungsstädten, hatte sich bereit erklärt, für Saarlouis einen Bebauungsplan vorzulegen. Im Februar 1895 besuchte er die Stadt, und der Stadtrat stimmte am 1. Juni seinem »Bebauungsplan für die Stadt Saarlouis« zu. Alle folgenden Arbeiten und Neubauten hatten damit nach der Entfestigung eine solide planerische Grundlage.(44/95)

5   Hauptgraben vor der Halbbastion 20 des Hornwerks im Stadtgarten.

6   An der Bastions-Face 20 haben die Wurzeln eines Baumes das Kordongesims durchbrochen.

7   Die Bastionsmauer in verschiedenen Zuständen: oben die feinverfugte ursprüngliche Oberfläche, darunter unsachgemäß restaurierte Mauerteile.

IX. SAARLOUIS, EHEMALIGE FESTUNGSSTADT – EIN PLÄDOYER FÜR DEN DENKMALSCHUTZ

8   Bewuchs verdrängt den Kordonstein an der Bastion 6/16.

9   Im Frühjahr 2001 entkrautete man die Bastionsspitze Nr. 20.

10 Die Bastionsspitze Nr. 20 und das Vorwärmbecken des Freibades um 1938.

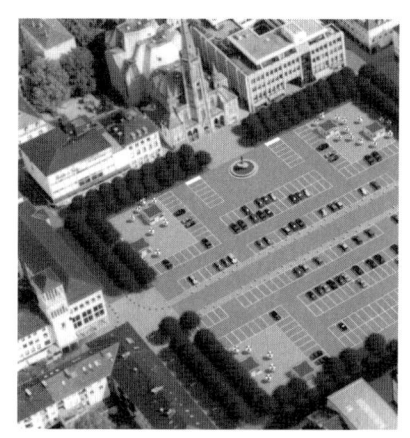

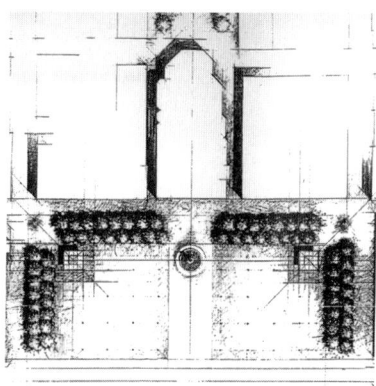

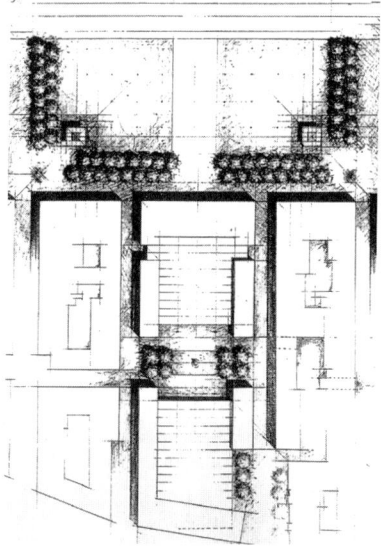

mit Orillon, an der das Freibad liegt, zur Parkanlage mit Aussichtskanzel gestaltet. Es war das dritte Mal, dass die Bastion und die Anlagen am Saaraltarm in Zusammenhang mit dem Saardurchstich von 1971 überlebten: Der Saaraltarm wurde von der neuen Wasserstraße Saar abgetrennt und auf Beschluss des Stadtrates zu einer Parklandschaft ausgebaut. Ein eindrucksvolles Sanierungskonzept für die Bastion Albrecht wurde im April 1972 von Oberbaurat *Peter Focht* vorgelegt, aber nicht verwirklicht.

Die Mitglieder des Stadtrates ließen im rechten Augenblick keinen Zweifel aufkommen, dieses Stück Festungsgeschichte erhalten zu wollen. Das war vorausschauend, denn damals gab es noch keinen Denkmalschutz, der das Ensemble hätte retten können. Aber es herrschte die Einsicht, den alten Saarlauf vor allem aus städtebaulichen und ökologischen Gründen zu bewahren: Besonders im Sommer sorgt nun die Parklandschaft durch ihre Ausweitung von Nordost nach Südwest, durch ihre ausgedehnte Wasserfläche und ihren dichten Grünbestand spürbar für eine anhaltende Durchlüftung des städtischen Raumes. Zudem hält dieser Park den Bürgern ein gut gestaltetes Erholungsgebiet vor.

Am 15. Juli 1975 wurde der Stadt ein großartiges Geschenk überreicht: der Neubau des ehemaligen Gouvernements der Festung, seit 1815 preußische Kommandantur, ab 1951 im Besitz der Post- und Telegraphenverwaltung des Saarlandes. Stadtgeschichtlich interessierte Bürger atmeten schon 1968 auf, als bekannt wurde, dass das Postgebäude abgetragen und mit einer stilgerechten Fassade wiedererrichtet werden sollte, nachdem das Gebäude durch den Einbau schwergewichtiger fernmeldetechnischer Anlagen starke Schäden aufwies.

Aus drei Gründen sah sich die Postverwaltung verpflichtet, einen Neubau zu erstellen: Das Gebäude stammte aus der Gründungszeit der Festung, war demnach bauhistorisch gesehen ein Denkmal. Es hatte wohlbehalten die Kriege überstanden und war erst durch die Einbaulasten zu Schaden gekommen. Drittens hatte es den Architekten des »Wiederaufbaus« nach dem Krieg als Maßstab gedient.

Beim Abbruch des 286 Jahre alten Gebäudes wurden Originalsandsteine erhalten. Sie fanden neue Verwendung zum Beispiel in der Laibung und dem dazugehörigen Spiegelfeld des dritten Fensters von links im Obergeschoss.

Nach dem Erwerb durch die Firma *Pieper* wurde der rechte Teil des Gebäudes vom Erd- bis zum Dachgeschoss zu dem modernen Laden »Bücher und Musik« umgebaut. Die Post behielt den linken Teil

11 Der Große Markt in einer Bildmontage aus dem Planungsentwurf des Oberbürgermeisters im Jahr 2000 mit den »Pavillons« in den Winkeln des Platzes.

12 Gestaltung des Platzes nach dem preisgekrönten Entwurf von Prof. Dr. Hellmut Schmidt. (88/8)

mit dem Schalterraum. »Pieper hat die ehemalige Kommandantur eingenommen«, kommentierte der Landrat *Dr. Peter Winter* die begrüßenswerte Veränderung bei der Einweihung im September 2000. Wer in Saarlouis – das kann nicht deutlich genug gesagt werden – an die wenigen noch verbliebenen Festungsreste Hand anlegt oder, was das Gleiche ist, sie verkommen lässt, der schadet der Stadt, er nimmt der Stadt ihr Aussehen und Ansehen, er nimmt ihr das Gesicht, das sie von anderen Städten unterscheidet.

Am 15. März 1995 schrieb die Stadt einen offenen Ideen- und Realisierungswettbewerb für den Bereich Innenstadt aus, in der Erwartung, auf dem Wege der Ausschreibung städtebauliche Ideen und besonders »konkrete Vorschläge für den Bereich Französische Straße und Kleiner Markt« zu gewinnen.[88/3] Vorausgesetzt wurde, dass das Zentrum als städtebauliche Gesamtidee mit seiner Geometrie und seinen Platzfolgen »erlebbar« erhalten blieb. Dazu wurden als wichtigste Forderungen formuliert (Auswahl durch den Verfasser):

*»Die beiden historischen Stadteingänge in den Stadtkernbereich sollen wieder erkennbar werden.«**

»Die Übergänge von der Stadt innerhalb der Wallanlagen zu dem Inneren Ring sollten herausgearbeitet werden.«

»Der Innere Ring, der zum Teil Mittelinseln besitzt [...], sollte auch räumlich erlebbar sein.«

»Die fehlenden Raumkanten innerhalb des Inneren Ringes und in seinen Rundbereichen sollten bearbeitet werden.«

»Zu den zum Teil durch Fehlnutzung belegten und gestörten Blöcken innerhalb des Inneren Ringes sollten planerische Aussagen getroffen werden.«

»Die Kernstadt sollte mit den historischen Resten der Wall- und Festungsanlagen, heute als Grünzug genutzt, signifikanter verbunden werden.«

Zusammengefasst: Die Stadt in der Funktion des Auslobers verwies alle von ihr angesprochenen kreativen Architekten auf den zentralen Planungspunkt: Die Wiederbelebung der städtebaulichen Errungenschaften *Vaubans* in Saarlouis, was durch die Erhaltung (!) und

---

* Im Preisgericht wurde über die Begrünung der Kasematten eingehend diskutiert. Festgestellt wurde, dass der eigentliche Charakter der Festungsstadt nicht durch den begrünten Wall verfälscht werden darf. Es wird darauf hingewiesen, »die ehemalige Wehrhaftigkeit der Stadt und damit auch ihre Identität wieder deutlich zu machen«.(88/4)
Anfang des Jahres 2001 fasste der Stadtrat den Beschluss, zur Erhaltung der Festungsanlagen umfangreiche Maßnahmen durchzuführen. Mit der »Entkrautung« der Kasematten wurde im Februar 2001 begonnen.

13 Foto aus demselben Prospekt wie Bild 11 mit einer modellierten Szene um einen der geplanten »Pavillons« vor dem Rathaus und dem Gebäude der Firma Bock & Seip. Die nicht maßstabsgerechten Bäume täuschen über die wahren Größenverhältnisse hinweg.

Weiterentwicklung des geometrischen Kernbereichs zwischen den historischen Stadteingängen und durch Beachten (!) der ursprünglichen Raumkanten, das heißt Abgrenzung zum Inneren Ring, und die Pflege der noch erhaltenen ehemaligen Festungsanlagen erreicht werden sollte.

Es kamen bei dem Ideenwettbewerb einige gute Entwürfe zusammen: Fünf Preise wurden verliehen und vier Gestaltungsvorschläge angekauft. Seitdem sind sechs Jahre vergangen und die ausgelösten Diskussionen haben gezeigt, wie schwierig es ist, sachdienliche Ideen im Konfliktbereich zwischen Planung, Meinungen und Interessen durchzusetzen. Am 22. November 2000 wurde die Bürgerbefragung zur Neugestaltung des Großen Marktes ausgewertet. Zu dem in Bild 11 und 13 gezeigten Entwurf sollten die Bürger »Ja« oder »Nein« sagen. Bild 12 zeigt zur Orientierung des Lesers den ursprünglichen Entwurf, den der Preisträger des Wettbewerbs von 1995 vorschlug.[88/8]

Die Auszählung der Befragung ergab: Ablehnung jeder Art von Bebauung auf dem Großen Markt, das Herzstück der Stadt sollte nicht angetastet werden. Die Bürger sind sich in diesem Punkt klar: Das Erbe aus der Zeit *Vaubans*, das im Sinne von Aussehen und Qualität bis heute anziehend geblieben ist, soll erhalten bleiben. Das nach wie vor beeindruckende Stadtzentrum vermittelt Bürgern und Besuchern gerade auf der Basis von Berechenbarkeit und Vertrautsein ein Gefühl für Offenheit und Weite.

Es ist wünschenswert, dass weiterhin konstruktive Ideen vorgetragen werden, die tauglich sind, die Architektur der Stadt mit angemessenen, zeitgemäßen Lösungen zu bereichern.

❦

X. Sechs Jahre Bauzeit in vier Bauphasen von 1680 bis Ende 1685

»*La largeur du fossé sera de 18 toises mesurées sur la hauteur du chemin couvert devant les pointes des bastions et de 14 pieds de profondeur à compter du haut terrain de la prairie.*«[(1/§35)]

Vauban 1680

In Modellgröße ist hier eine Szene aus der Bauzeit der Festung nachgebildet.

»*Die Breite des Grabens betrage 18 Toisen [ca. 36 m], gemessen auf die Höhe des Gedeckten Weges vor den Bastionsspitzen, und die Grabentiefe betrage 14 Fuß [ca. 4,50 m], gemessen ab der Oberfläche der Wiese.*«

Vauban 1680

X. Sechs Jahre Bauzeit in vier Bauphasen von 1680 bis Ende 1685

»Im März 1854 nimmt der zehnte preußische Militärbaumeister seine Tätigkeit in der Festung Saarlouis auf, die er bis 1857 ausübt.«[2/99] Es ist Ingenieurhauptmann *Anton Ritter*, dessen Alter und Herkunft leider nicht ermittelt werden konnten. Ihm verdanken wir die Beschreibung der vier Bauphasen während der Zeit von Januar 1680 bis Dezember 1685.

Im Festungsarchiv waren die Schachtbücher/Toisées 1680–1686[9/87f] aufbewahrt. *Ritter* konnte sie eingehend studieren. *Ritter*: »In den fünf in Schweinsleder gebundenen Büchern, in die ich Einsicht hatte, sind die ausgeführten Arbeiten und die dazugehörige Abrechnung verzeichnet, gegliedert in Erdarbeiten, Mauerarbeiten, Zimmerarbeiten, Schreinerarbeiten, Schmiedearbeiten, Schlosserarbeiten usw.«

Bauperiode A 2 Jahre	Bauperiode B 1 Jahr 5 Monate 8 Tage	Baustopp	Bauperiode C 6 Monate 12 Tage	Bauperiode D 2 Jahre	
1680	1681	1682	1683	1684	1685

2 Die ersten Jahre der Errichtung der Festung Saarlouis lassen sich in vier Bauphasen gliedern. Eine Zäsur bildeten die Vorbereitungen für den Besuch Ludwigs XIV. im Jahre 1683. Es gab einen Baustopp von zehn Tagen, zwischen dem 8. und 19. Juni 1683. Am 8. Juli 1683 inspizierte der König die Baustelle.

Die Zeitleiste mit den dargestellten vier Bauperioden in den Jahren 1680 bis Ende 1685 verschafft uns einen zeitlichen Überblick mit der Einschränkung, dass es »nicht mit Bestimmtheit anzugeben ist, in welcher Zeitfolge die verschiedenen Werke ausgeführt worden sind«.[9/107]

Die Bauperiode A umfasste zwei Jahre

Eine leicht zu übersehende Zäsur von nur zehn Tagen zeigt sich zwischen dem 8. und 19. Juni 1683. Die Bauperiode B geht bis zum 8. Juni 1683, die Periode C beginnt mit dem 19. Juni. Die Zäsur von 10 Tagen – *Ritter* erwähnt sie nicht – lässt Spekulationen zu. Ein wahrscheinlicher Grund für diese »arbeitsfreie« Zeit könnte sein, dass nach gut drei Jahren harten Einsatzes gerade zu diesem Zeitpunkt und nach Fertigstellung von vier Kasernen der geplante Austausch einiger Bataillone und Regimenter erfolgte, die zuvor in

Lagern kampierten – ein Vorgang, der außerhalb des militärischen Bereichs von den Chronisten nicht bemerkt oder nicht für erwähnenswert gehalten wurde.

Von den in Saarlouis stationierten Regimentern – *H. P. Klauck* zählt von 1680 bis 1740 235 Namen von Regimentern auf[84/32f] – waren vollzählige Regimenter oder einzelne Bataillone stationiert. Im letzteren Fall lagen die Stammtruppen in den benachbarten Garnisonen.

Zwischen 1680 und 1683, also in den Bauperioden A und B und zum Teil in der Bauperiode C, waren Einheiten folgender Regimenter zum Festungsbau eingesetzt:

de Champagne 1680	Normandie 1680
de Clérembeau 1680, 1681	d´Orléans 1680
de Crusolle 1680, 1682, 1683	de Picardie 1680
Dauphin 1682	de Poitou 1680
d´Hamilton 1680, 1683	du Roi 1681, 1683
d´Haraucourt 1680	Vaubécourt 1680
de Navarre 1680	Vermandois 1680, 1682

Die Recherchen *Klaucks* verraten uns auch die Teilnahme von Truppenteilen der folgenden Regimenter anlässlich der Visite des Königs an der Baustelle am 8. Juli 1683:

du Crusolle	d'Hamilton
Dauphin	du Roi

Die erste Abrechnung von Januar 1680 bis Dezember 1681 berichtet von den Erdarbeiten zum Aufschütten des Hauptwalls nach dem Ausheben der Gräben und dem Vorstufenausbau für die Gedeckten Wege, auf denen sich die Arbeitskolonnen mit Fuhrwerken, schweren Baugeräten und Baumaterialien zunächst zügig bewegen sollten. Soldaten rammten Palisaden ein und verbauten Faschinen/Reisigbündel zur Befestigung der Böschungen entlang der Baufluchten.

Charles du Plessis, ein hoher Beamter des Wallerfanger Gerichts[11/177], leitete ab April 1680 die Arbeiten zur Einrichtung der Truppenlager um Wallerfangen. Er erwarb sich ein so hohes Ansehen, dass er am 24. November 1685 als erster im Boden der Pfarrkirche, von der erst sechs Monate davor der Grundstein gelegt worden war, begraben wurde.⁽³⁸/⁴⁹⁾ Herr *de Boufler* kommandierte die Lager bei Saarlouis.⁽¹⁰/¹⁴²⁾ *Daniel Podessan* war 1680 Oberstleutnant im Regiment *Hamilton*. Er bestellte für 900 Franken 16 Baracken aus Holz und eine Wachstube für 16 Kompanien seines Regiments bei *Mathias Favier* – seines Zeichens Goldschmied aus Paris.⁽³⁸/⁸⁴²⁾ Zu den Aufgaben der General- und Subunternehmer gehörten die Maurer-, Zimmerer- und Schlosserarbeiten, Drainage- und Pumparbeiten, das Herbeischaffen von Baumaterialien, Tragsteinen, Kalk und Holz.

»Der große Komet von Halley, der im Dezember 1680 und Januar 1681 erschien, beschäftigte nicht wenig Geist und Gemüt der Erbauer und Arbeiter, und Glück und Unglück wurden der neuen Stadt geweissagt.«⁽¹⁰/³⁾*

Tüchtige Unternehmer wurden herangezogen

Vauban hatte darauf hingewiesen, man solle vorher mit »klugen und kreditfähigen Unternehmern verhandeln«.⁽¹/§³⁾ Wenn man über den Preis einig sei, solle darauf geachtet werden, dass sie alle Vorbereitungen genau ausführten, damit möglichst schon am 15. August, dem Fest Mariä Himmelfahrt, die Grundsteinlegung erfolgen könne.⁽¹/§³⁾

Die Auswahl und der Einsatz tüchtiger Unternehmer war die Aufgabe *Choisys*. Aus seiner Zeit in Wallerfangen kannte er den Unternehmer, Grundstücksmakler und Getreidehändler *Georg Theodore Dupin*, auch *de Bellegarde* genannt, den er als Generalunternehmer einstellte.⁽³⁸/³⁶³⁾

Liebertz berichtet von der Kapelle auf dem Limberg.⁽¹¹/¹⁷⁹⁾ Wir wissen, dass 1682 in dieser Kapelle das sechs Tage alte erstgeborene Kind des *Dupin* begraben wurde. *Choisy* hatte ihm zum Bau der Kapelle die Erlaubnis erteilt.⁽³⁸/³⁶³⁾ Der Mann muss sehr unternehmungslustig gewesen sein, denn er kaufte 1690 dem Platzmajor von Saarlouis, *Charles de Lamont*, den von ihm an der Straße nach Metz errichteten Hof, später Souty-Hof genannt, ab. »Das Terrain war [ursprünglich] Sumpfland und urbar gemacht für den Bau der [Festungs-]Stadt und des Lagers von Saarlouis. Er [*de Lamont*] hatte 18.000 bis 20.000 Baumstämme oder Eichenklafter und anderes Holz daraus holen lassen. Er ließ es [das Terrain] mit Gräben von 10 Fuß Breite und 5 Fuß Tiefe auf 2.500 Toisen Länge umgeben und wohin er zwei Meierhöfe gebaut hatte.«⁽⁶/⁶⁷⁾

---

* *Edmund Halley*, Mathematiker, geb. 1656 in England, beobachtete zwischen Paris und Calais den berühmten, nach ihm benannten Kometen. Schon im Alter von 20 Jahren sagte er das Erscheinen auf Grund seiner Methode voraus.
Alfred Gulden erzählt anlässlich der Erscheinung über Saarlouis:
»Der Comet, der Comet. Alle stehen erstarrt. Schauen nach oben. Da zieht er langsam feierlich, der Comet. Einen Augenblick Totenstille. Dann Durcheinander wieder Klatschen. Bravorufe. Glück! Glück! O Elend! O Adonai! Für eine gute Zukunft! Ach Elend!«(61/23)

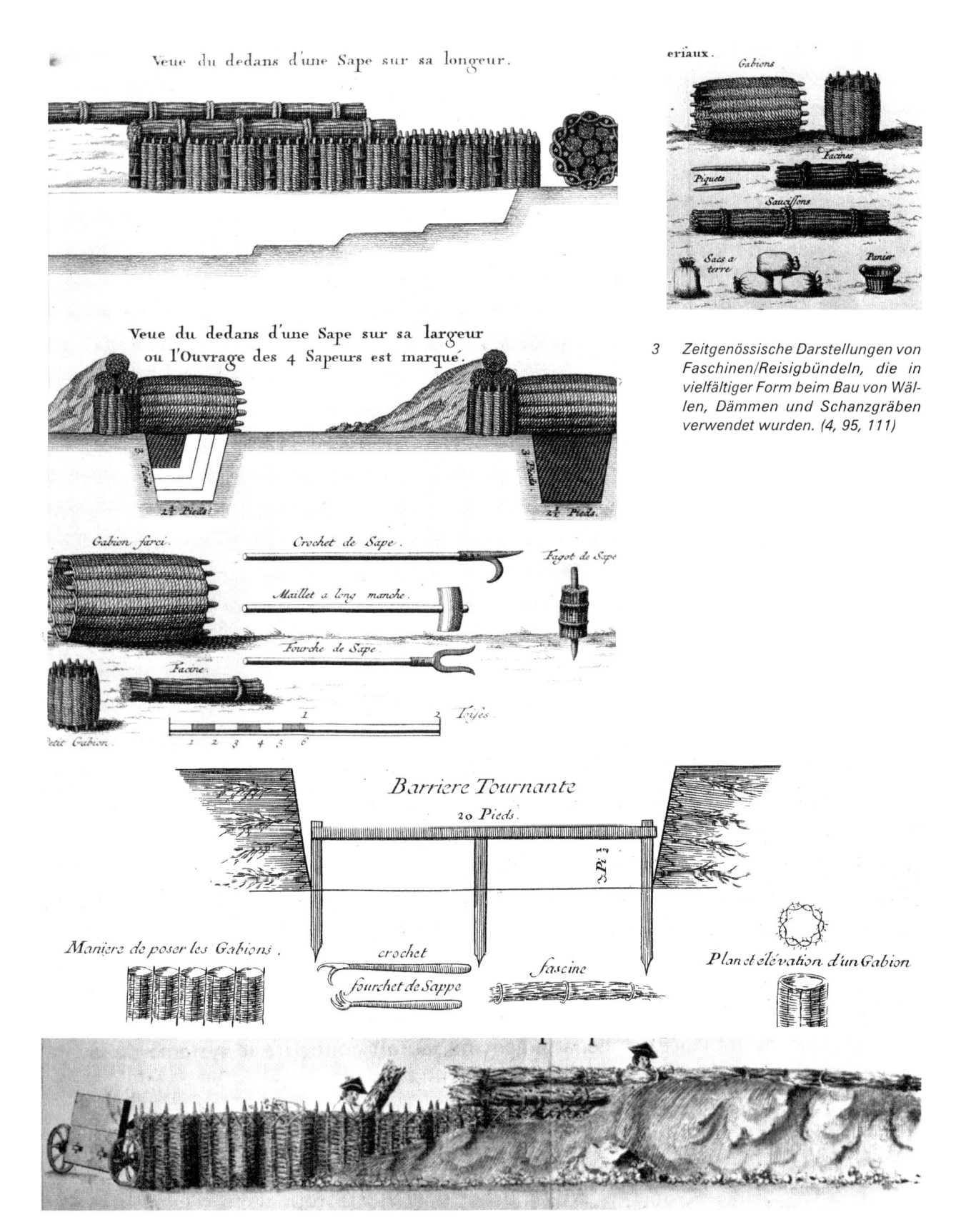

3   Zeitgenössische Darstellungen von Faschinen/Reisigbündeln, die in vielfältiger Form beim Bau von Wällen, Dämmen und Schanzgräben verwendet wurden. (4, 95, 111)

1694 musste jedoch *Georg Dupin* seinen Besitz nach einem Gerichtsbeschluss verkaufen, weil er »weder Preis noch Zins beibrachte«.[6/678] Zwei Jahre zuvor war er von *Choisy* nach Montroyal als Generalunternehmer gerufen worden. Er hatte sechs Kinder und erscheint in den Urkunden zehnmal als Taufpate, was immerhin auf großes Ansehen schließen lässt.[42]

Der neue Besitzer des Hofes wurde der Festungsingenieur *Johann Baptiste Favart*[17/272], der den Hof aber auf zwölf Jahre verpachtete, da er ab 1689 in Longwy als Chefingenieur tätig wurde.

Ein anderer tüchtiger Unternehmer hieß *Antoine Racine*. Ihn nahm *Choisy* 1687 gleich mit zum Festungsbau nach Montroyal, wo er nach zwei Jahren Generalunternehmer wurde. Rechts neben der Ludwigskirche baute er sich ein stattliches Haus, das er später an den Intendanten *de la Goupillière* verkaufte.

Die Generalunternehmer beschäftigten ihrerseits Subunternehmer für ganz bestimmte Bauabschnitte oder Bauten. Zu nennen wäre hier der Subunternehmer *Pierre Meunier*, der aus dem Bourbonnais (Mittelfrankreich) stammte und den »rechten Flügel der Bastion des Dames baute«.[48]

Von vielen namentlich bekannten Unternehmern seien noch genannt: *Nicolas Perrise*, der 1681 den Unternehmer *Mathieu Thu* aus Saarlouis verpflichtete, »Bretter für die zur Herbeischaffung der Steine zu erbauenden Kähne und Boote zu liefern«. Die größten Bretter sollten 1,30 m lang und 48 cm breit sein.[10/141] Weitere Unternehmer waren *Beausoleil*, der 1684 die Pflasterung der Straßen fortführte, und *Etienne Caillier*, der beim Festungsbau die Maurer- und Zimmererarbeiten ausführen ließ und in dessen Auftrag *Cornelius Schmidt* in Fraulautern sechs Saarschiffe zum Transport von Baumaterialien baute. Sein Sohn *Jacques Caillier* übrigens hatte eine bemerkenswerte Kariere. Um 1665 geboren, war er schon 1690 königlicher Rat und Forstmeister – starb aber schon mit 29 Jahren in Metz.[38/216]

Großes Interesse am Festungsbau Saarlouis

Mitte 1680 waren auf dem Bauplatz das Ausmaß der Festung abgesteckt und die geplanten Wallgräben trassiert – da befahl *Choisy* bereits am 5. August, zehn Tage vor dem ursprünglich festgesetzten Termin, die Festungsbauoffiziere und Truppenkommandeure zur feierlichen Grundsteinlegung. Zur Segnung des Steines kam Kapuzinerpater *Coelestin* aus St. Dié, der zu dieser Zeit bei seinen Ordensbrüdern im Kapuzinerkloster in Wallerfangen weilte. Die Inschrift des Grundsteins ist nicht bekannt, sie könnte gelautet haben:

AUF BEFEHL DES KÖNIGS
HAT HEUTE AM 5. AUGUST DES JAHRES 1680
DER GOUVERNEUR DER FESTUNG SAARLOUIS
THOMAS DE CHOISY
DIESEN GRUNDSTEIN FEIERLICH
IN DIE BASTION DE LA SARRE GELEGT.

Wir wissen, dass *Choisy* den Grundstein der Festung Longwy schon am 17. April »in den Schulterwinkel der Bastion Fauxbourg, rechts vom französischen Tor« legte.[37/19]

Es ist daher anzunehmen, dass *Choisy* in Saarlouis, vergleichbaren Überlegungen folgend, den Grundstein ebenso in den Schulterwinkel einer Bastion einmauern ließ, und zwar der Bastion de la Sarre, oberhalb des Deutschen Tores und der Schleusenbrücke.

Der Bau der Festung Saarlouis wurde sogleich weithin bekannt. Aus guten Gründen war nach dem Friedensschluss von Nimwegen das Interesse der europäischen Höfe an den neuen Festungsbauten groß, die auf Befehl *Ludwigs XIV.* errichtet wurden. Genannt seien Holland, Schweden, Spanien, das Reich und die Fürstentümer am Rhein. Mit berechtigtem Argwohn verfolgten die europäischen Fürsten die politischen Aktivitäten *Ludwigs des Großen* gleich zu Beginn des »immerwährenden« Friedens. Was plante er?

Naheliegend ist, dass in der Folge viele Kupferstiche mit der neuen Festung Saarlouis in den benachbarten Ländern angeboten wurden, aber auch von anderen Plätzen, die als Glieder des Festungsgürtels an der Ostgrenze Frankreichs neu entstanden oder verstärkt wurden. Dieser Gürtel erstreckte sich von der Maas bis an die Schweizer Grenze, und zu ihm gehörten bereits Sedan, die vormals spanische Festung Montmedy, deren Unterstadt *Vauban* 1681 bastionierte, Longwy, Thionville, Homburg, Bitsch, Phalsbourg, Schlettstadt und Hüningen.

Fritz Hellwig hat 1980 in dem Band »Alte Pläne von Stadt und Festung Saarlouis«[5] einzelne der dort aufgenommenen Kupferstiche ausführlich kommentiert. Verlagsdirektoren aus Paris, Amsterdam, Leiden, London, Neapel, Venedig, Frankfurt, Augsburg, Berlin, Mainz – besonders die Generalstäbe in den Königreichen Sachsen und Preußen – schickten ihre Ingenieure und Kartografen; oft aber

4 »Ausführliche und Grundrichtige Beschreibung der Vier Welt-berühmten Ströme Mosel / Saar / Neckar und Mayn /...«
1690 brachte Verleger Christoff Riegel aus Nürnberg die Stiche Merians heraus, auf 6 × 11 cm verkleinert. In diesem Bändchen ist auch ein Kupferstich der Festung Saarlouis mit einer Beschreibung zu finden, woraus hervorgeht, dass die Bauarbeiten zur Zeit der Entstehung des Textes noch in Gang waren.(5/20)

5   Mit der Wasserschnecke, der sogenannten Archimedischen Schraube, wurden die Baugruben entwässert. (77/262)

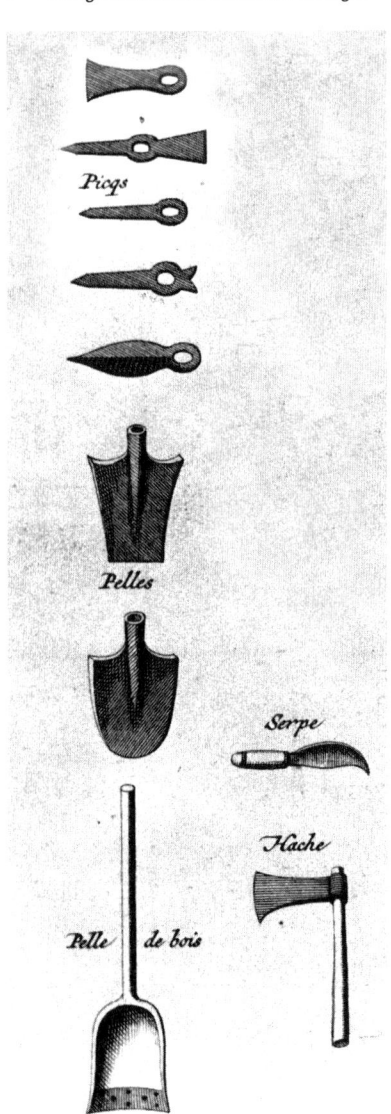

6   Zeitgenössische Grabwerkzeuge.

druckten sie bereits vorhandene Kupferstiche nach – die Ware fand, mit lockenden Titeln versehen, in Europa einen guten Absatz ...
Zur Zeit *Vaubans* dachte niemand an Geheimhaltung. Bauherren und Baumeister waren stolz, wenn ihre Werke bewundert wurden – welchen Sinn hätten sonst die Ausschmückung der Tore, die stilvolle Ausgestaltung der Fassaden von Kasernen, Arsenalen und Kirchen und sogar die verzierende Anbringung von Türmchen an den Festungsmauern gehabt? Die Fachleute auf Seiten des Feindes konnten ohnehin alle Maße von diversen Plänen abgreifen und übertragen, Höhen- und Einfallswinkel für den Beschuss berechnen, damit hatten sie aber nicht viel mehr in Händen, als sie bereits aus der Kenntnis vergleichbarer Festungen wussten.[27/158]

Schwierige Arbeiten an den tief liegenden Fundamenten der Wallmauern, die nur mit Hilfe von Spundwänden und Schöpfwerken ausgeschachtet und gebaut werden konnten, wurden ab August 1680 begonnen. Sie wurden von Unternehmern durchgeführt, die sich um diese Arbeiten beworben hatten. Mit der Wasserschnecke zum Beispiel, der sogenannten Archimedischen Schraube, wurden die Baugruben entwässert. Dasselbe Werkzeug wurde noch 1777 beim Neubau der Saar-Schleusenbrücke eingesetzt.[9/68]

»Die am besten geeigneten Werkzeuge für die Erdbewegungen sind Planierschaufeln, wie man sie in Flandern benutzt«, konstatiert *Vauban* und fährt fort: »Schubkarren und auch Bretter und ein hollandaise chapelet [hydraulisches Paternosterschöpfwerk] werden gebraucht.« Er gibt den Rat, zur schnellen Entwässerung der Baustelle Rinnen auf dem Grabengrund zu graben, die unterhalb des Geländes in den Fluss führen, um das ständige Wasserschöpfen zu vermeiden.[1/§4]

In den beiden ersten Baujahren wurden aus Tragsteinen die Futtermauern – genannt Eskarpen und Kontereskarpen – vor den unterschiedlich hohen Erdwällen hochgezogen. Zugleich wurde 1681/82/83 mit dem Bau der Pavillons und Kasernen Nr. 47/48 und 49/50 an der Saarfront und zwei Pulvermagazinen begonnen. Parallel dazu wurden die Gedeckten Wege mit 9.000 Palisaden feindwärts gesichert. Aus den folgenden grundsätzlichen Anweisungen *Vaubans* spricht der Praktiker:

> »Was die gesamten Maurerarbeiten betrifft, wäre es gut, wenn die Maurer sich alle auf eine Seite konzentrierten, und sobald sie diese Seite errichtet haben, bis zu einer Höhe von etwa 2 m oberhalb der ebenen Erde, soll das Mauerwerk rundherum waagerecht abgeebnet

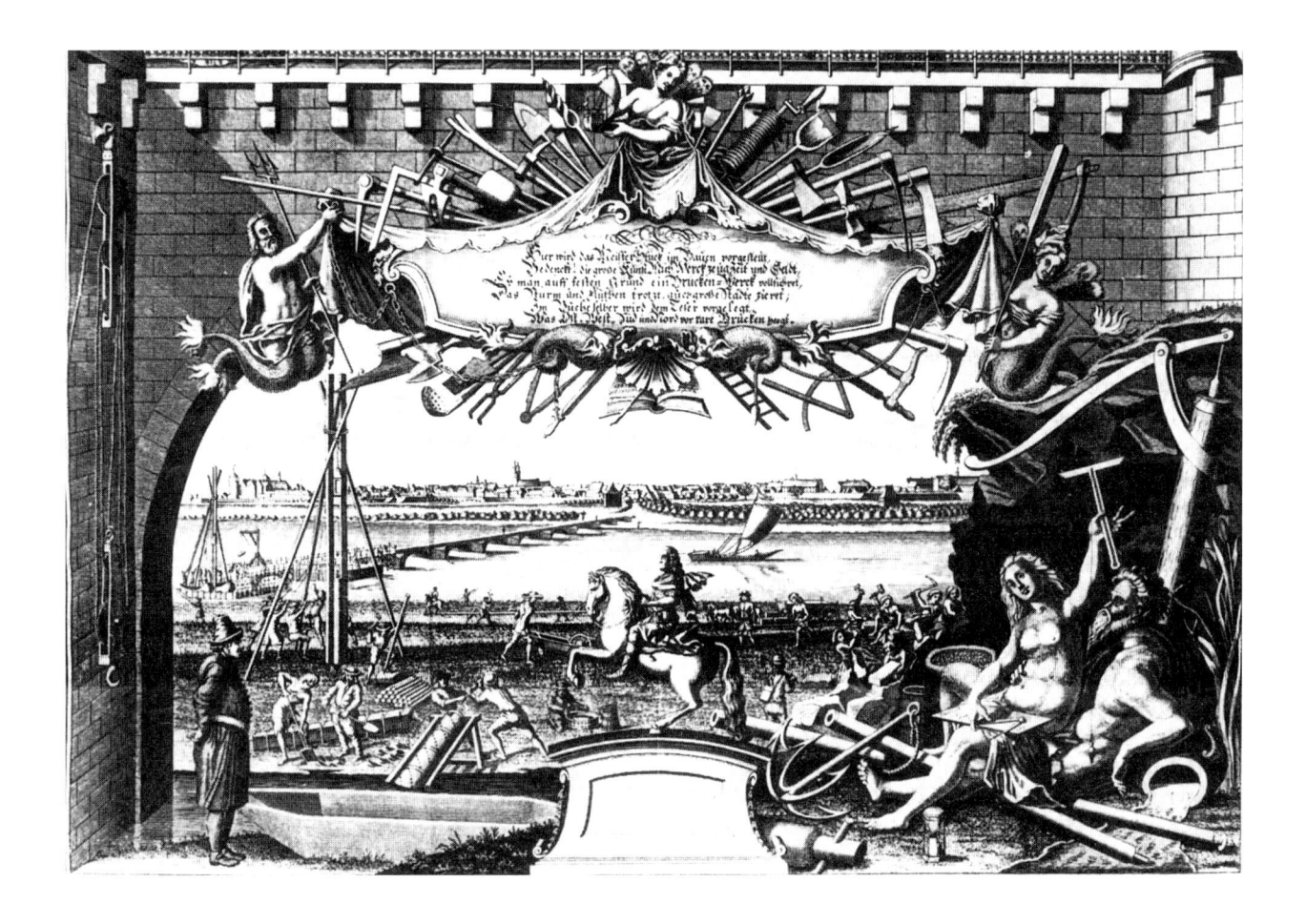

werden. – Dann lasse man sie an einem anderen Ort weiterarbeiten, während die Erdarbeiter diesen Platz einnehmen. Diese räumen alle jene Erdmassen weg, die hinderlich hinter der Mauer durcheinander geraten sind, sowie die älteren, etwas abseits liegenden Erdmassen oder die nicht von fester Qualität sind. Nachdem sie die Unterschicht bis auf die feste Erde vertieft haben auf einer Breite von 3 bis 4 m, muss die Erde planiert werden ...« (1/§31)

Zusammen mit dem neuen Flussbett werden alsdann Hauptgraben und Vorgraben von der oberen bis unteren Saar ausgegraben – die anfallenden Erdmassen dienen den Bastions- und Kurtinenwällen, dem Ausbau der Gedeckten Wege und der Anböschung der Glacis. Der Vorgraben, der sämtliche Werke auf dem linken Saarufer umschließt, wird von der oberen bis zur unteren Saar ausgehoben und aus seinem Aushub der äußere Gedeckte Weg und das Vorglacis gebildet.

7 Sehr informativer Kupferstich über Handwerkzeuge, Baugeräte und Messinstrumente aus der Zeit der Festungsgründung. (77/262)

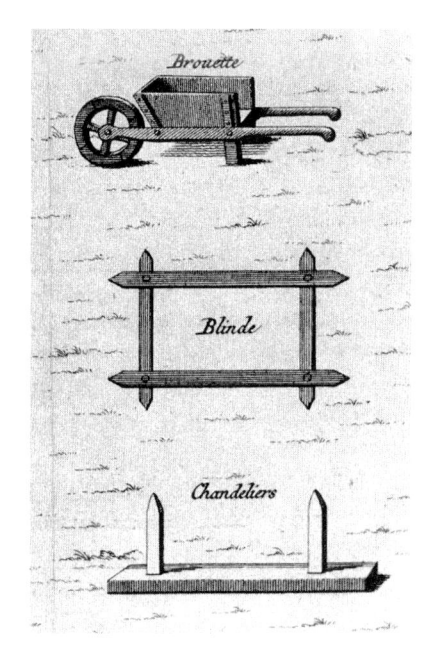

8   Ob für Schubkarren, Gerüste, Wagen, Palisaden, Verstrebungen, usw. – Holz war der wichtigste Baustoff.

9   Tragsteine in der Holzmühle. Bei Aushubarbeiten in der Neue-Welt-Straße im Stadtteil Lisdorf-Holzmühle fand man auf dem Grundstück Senzig 1984 den Mühlenschacht, den Ingenieure der Festung zum Zweck der Produktionssteigerung der Holzmühle beim Herrichten von Bauholz anlegten.

Die vorgeschobenen Gedeckten Wege vor den Glacis – das waren Wege mit Brustwehren – lagen höher als der Bauhorizont. Die Glacis waren nach der Feindseite hin abfallend.

Zwei Kanäle, einer von oberhalb Lisdorf bis zum Hauptgraben, der zweite unterhalb von Wallerfangen bis zur Saar, wurden ausgehoben, die Böschungen mit Palisaden abgestützt. Auf dem Wasser war die Herbeischaffung von Steinen, Bäumen und anderer Materialien von Süden und Norden leichter zu besorgen.(9/110)

Der spätere Kanal von Lisdorf war zu Zeit der Festungsgründung ein trockener Graben und verlief ab der Stelle nach Nordwesten, wo die Saar im rechten Winkel nach Osten in Richtung Ensdorf abbiegt. Er wurde auf eine Tiefe von 3,60 m gebracht und auf 13 m Breite erweitert. Auf dem *Festungsplan 1777* trägt er die Nummer 68 und wird dort »alter Kanal« genannt. Er lief der Kapuzinerschanze entlang und fungierte als Enveloppe-Graben. Aufgrund der Schachtbücher besteht die Gewissheit, dass diese Kanalrinne – vielleicht einem alten Arm der Saar folgend – weit in das Festungsgebiet reichte.(32/8) »Noch jenseits bis ins Innere des Platzes lassen sich seine Spuren als morastiges Bett verfolgen.«(32/9)

Der Bau des Wallerfanger Kanals brachte Ärger. Für den Abtransport der an den Hängen des Mokenlochs gebrochenen Steine hatten Soldaten die Weiher am Fuße des Limbergs, darunter den Schilzenweiher, durch einen Stichkanal mit der Saar verbunden.

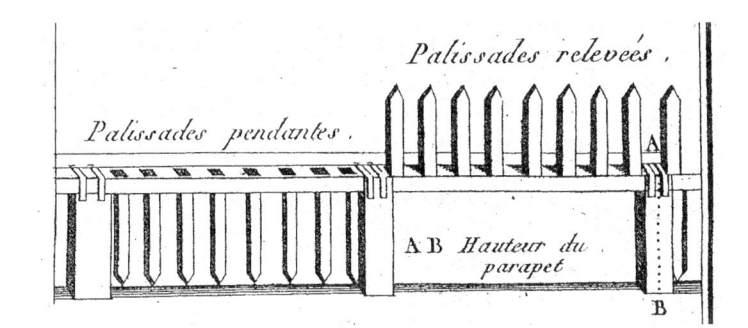

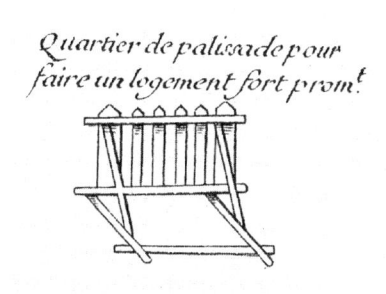

Die Trasse dieses Kanals ging durch die Gärten von 14 Wallerfanger Bürgern. Der Ärger war groß, und sie säumten nicht, in der Erklärung »zu den Gärten, die verloren gingen durch den Bau des Kanals von Wallerfangen für den Transport der Steine zum Bau von Saarlouis« vom 3. April 1683 einen Ausgleich für die Verluste zu fordern.*

Am Holzmühlenbach lag schon vor dem Bau der Festung die Holzmühle, 1.200 m westlich von Lisdorf. Bei Erweiterungsarbeiten am Haus *Senzig* 1984 stieß man auf einen 3,10 m hohen und 3,60 m breiten Mühlenschacht. Das Aussehen der exakt behauenen Tragsteine verriet, dass hier ein Festungsingenieur am Werk war, der den Auftrag ausführte, die Leistung der alten Holzmühle zu steigern, um große Mengen Baumstämme für den Festungsbau schneiden zu können.

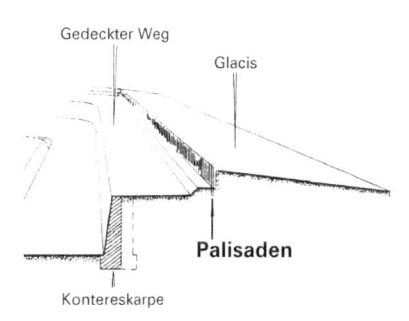

10 *Palisaden/hölzerne Pfostenreihen dienten unter anderem als Wehr- und Deckungszäune. Zwischen Bous und Elm/Schwalbach trägt eine Gemarkung im Gemeindewald bis heute den Namen »Palisadenwald«. (105)*

Bauabschnitt B

Der Bauabschnitt B war zugleich zweiter Haupt-Rechnungsabschluss, der 17 Monate umfasste, also die Bauperiode vom 1. Januar 1682 bis 8. Juni 1683.

Der umfangreiche Baubericht aus der Feder von Hauptmann *Ritter* kann im Folgenden nicht mit allen Einzelheiten vorgetragen werden. Er wurde vom Verfasser stark zusammengefasst, so dass nur die wesentlichen Punkte einbezogen wurden. Dennoch konnte ein überzeugender Gesamtbericht von den vielseitigen und umfangreichen Bautätigkeiten erstellt werden, so dass gerade die Anstrengungen technischer und logistischer Art, die in so kurzer Zeit beim Bau der Festungsstadt zu bewältigen waren, im rechten Licht erscheinen.

* »Déclaration des jardins qui ont été perdu pour la construction du canal de Vaudrevange pour le transport des pierres pour la construction de Saarlouis.« (11/179)

Die Ingenieure im Stabe Choisys

Zur Zeit *Vaubans* (1683) zählte die Armee 132 Ingenieure. In Flandern waren beispielsweise 40 Ingenieure stationiert, in Lothringen 20, im Elsaß 24.[72/12] Zum engeren Stab des Gouverneurs *Choisys* gehörten:

* *François Nicolas Perron du Lys*, Platzkommandant in Saarlouis von 1681 bis 1696 und zugleich Lieutenant de Roy/Stellvertreter des Gouverneurs,*
* Chevalier *Guy Creuzet*, Seigneur de Richerand et de Chevenon, Ingenieur-Offizier und Platzmajor,
* Ecuyer *Jean-Baptiste Favart*, Ingenieur-Offizier, ab 1680 als Directeur du Génie/Tiefbaudirektor maßgeblich am Bau der Festung beteiligt.

Du Lys war Komtur der Malteserritter von Gelincourt und hatte als Infanterieoffizier Erfahrungen und Kenntnisse im Festungskampf. Dass er als Abbé commendataire/Laienabt der Abtei Freistroff entsprechende Einkünfte aus diesem Amt bezogen haben soll, ist unwahrscheinlich; er trug lediglich den Titel. Die Abtei Freistroff, abhängig von Bouzonville, war zwar eine sehr kleine und arme Ordensniederlassung, beanspruchte aber einen gewählten Abt.[10/139]

De Richerand, geboren am 15. Juli 1652, war ab 1690 Erster königlicher Ingenieur (Chefingenieur in Saarlouis). Der Hauptmann im Regiment de Normandie erledigte als Platzmajor zusammen mit den Stabsoffizieren die umfangreichen Verwaltungsarbeiten der Festung. Er führte zudem den Titel Commandeur de l'ordre de St. Lazare et de Jerusalem du Mont Carmel, »Kommandeur des Karmeliterordens«. Er kämpfte nach Fertigstellung der Festung Saarlouis mit 52 Jahren in der königlichen Italienarmee als »Ingenieur-Befehlshaber« im Range eines Maréchal de Camp/Brigadegenerals. 1704 fiel er bei Piemont.[17/u.38/1334]

Favart, geboren am 31. Dezember 1659 in Reims, studierte die Ingenieurwissenschaften im Département/Ressort des Kriegsministers *Louvois*. »Affecté à Sarrelouis«/interessiert an Saarlouis bewarb er sich mit 20 Jahren um die Ingenieursstelle in der neuen Festung.[17/272] *Choisy* stellte ihn sofort als Directeur du génie ein, das heißt als Leiter des Büros für die umfangreichen und schwierigen Tiefbaumaßnahmen während des Festungsbaus.

Wenn man die bis ins Einzelne gehende Bauanweisungen *Vaubans* liest, kann man sich des Eindrucks nicht erwehren, dass der routinierte Festungsbaumeister der Meinung war, den jungen Nachwuchsingenieuren in väterlicher Weise mittels gründlicher und

---

* »Lieutenant de Roy ist ein Offizier, der in einem Kriegsplatz [in einer Festung] in Abwesenheit des Gouverneurs befehligt und [zwar] unmittelbar vor dem Platzmajor« (aus der Enzyklopädie von Diderot und d'Alembert von 1751).

X. SECHS JAHRE BAUZEIT IN VIER BAUPHASEN

11 In der Französischen Armee erhielten die Ingenieure nach ihrer Ausbildung das Ingenieurspatent. Thomas de Choisy erhielt es als Infanterieoffizier mit 36 Jahren.
Nach 1680 trugen die königlichen Ingenieure den blauroten Rock mit schwarzem Kragen und Manschetten. (22)

ausführlicher Texte viel Wissenswertes aus seinem Erfahrungsschatz für die Praxis anbieten zu müssen. Aus dieser Einstellung heraus stammen wohl Darstellungen und Formulierungen, von denen uns heute einige weniger informativ als selbstverständlich vorkommen. Ein Beispiel, in dem *Vauban* das Hochziehen der Mauern am Hauptwall erläutert:

> »Außerdem soll immer so verfahren werden, dass die erste Schicht völlig auf ihre Unterlage gebettet wird und nicht anders, zweitens, dass immer die dicksten Schichten zuerst gesetzt werden, drittens, dass die rückwärtigen Flächen dieser Außenseiten ordentlich mit guten Natursteinen und Mörtel gemauert werden, wie es im 16. Artikel beschrieben wurde, und viertens, dass das ganze Mauerwerk stets aus waagerechten Steinlagen besteht, und zwar muss diese waagerechte Ebene bei den dickeren Schichten der Außenmauern nach jeder einzelnen Mauerlage hergestellt werden, bei den dünnen

Lagen genügt es, nach jeder zweiten Schicht die waagerechte Lage zu überprüfen.«⁽¹/§²¹⁾

Die Tragsteine, wie *Vauban* sie nennt, hatten meist eine Größe von 80 cm Länge, 16 cm Tiefe und 45 cm Höhe und wogen etwa 215 kg. Sie konnten von vier Mann an die Baustelle transportiert werden, wo man sie mit Hebekränen auf die Arbeitsbühne hob und sorgfältig in die Mauer einpasste. Zwischen aufgeschüttetem Erdwall und wachsender Mauer wurden die Moëllons/Bruchsteine, verbunden mit Kalkbrei, eingestampft.

Die Ingenieure gehörten in der Armee des Königs anfangs nicht zu den Kerntruppen; sie führten zwar dieselben Dienstränge wie die Offiziere in den Nahkampftruppen, hatten aber keine Kommandogewalt. Im Kampf zeichneten sie sich jedoch »als unentbehrliche technische Kader und Volloffiziere aus«.⁽²/²⁷⁾ Chefingenieur *Vauban* bringt ironisch den Sachverhalt auf den Punkt: »Auf meinen Befehl hin rückt kein Schilderhäuschen auch nur einen Schritt von der Stelle.«⁽⁸/²⁸⁾

Der Festungsalltag der Ingenieure war ausgefüllt mit der Vorbereitung von Planunterlagen, der Überwachung der Bauarbeiten, dem Verhandeln mit den Unternehmern und deren Einsatz, dem Vorausbestellen von Baugeräten und Baumaterialien und dem Errechnen der Mengen benötigter Materialien. Vier Ingenieur-Offiziere, die Herren *des Marets, du Faut, Saint Amant* und *Saint Comtesse*, leiteten und überwachten unter dem Chefingenieur und Platzmajor *de Richerand* die Schanz- und Bauarbeiten der Soldaten und die Tätigkeiten der Unternehmer. Die Soldaten erhielten für Arbeiten, die sie mit der Schaufel, dem Spaten, mit Axt und Messer ausführten mussten, eine Soldzulage.

Von Beginn der achtziger Jahre des 17. Jahrhunderts an begannen die Ingenieur-Offiziere sich anders zu kleiden, um sich von den Feldoffizieren zu unterscheiden. Sie trugen mit Stolz einen blau-roten Rock, der mit schwarzen Aufschlägen geziert war.⁽³⁷/²¹⁾ Werfen wir einen vergleichenden Blick auf die kaiserliche Armee: Reichsfeldmarschall Prinz *Eugen von Savoyen* (1683–1736) schrieb 1710 aufgebracht und provozierend an den Kaiser, dass es »nicht einen einzigen Ingenieur in kaiserlichen Diensten gibt, der fähig wäre, eine richtige Festung zu bauen«.⁽³⁴/¹¹⁹⁾

12 In Körben, Kiepen, Stoßkarren, Schubkarren oder auf Leitern transportieren Bauarbeiter, vor allem auf unwegsamerem Gelände, kleinere Mengen und Stücke für den Festungsbau. Ausschnitte aus den Illustrationen von Claude Masse, dem Zeitgenossen Vaubans und Choisys: »Atlas de Masse«.

Fuhrleute mit Pferden auf dem Festungsbauplatz

Das Gemälde von *Claude Masse*, Ingenieur und Kartograph, aus dem die Bilder 12 und 13 stammen, heißt »Beim Festungsbau«. Eingehend hat sich *Masse* mit Pferden, Pferd und Wagen und Fuhrleuten befasst. Er erkannte die Bedeutung der Pferde auf der Baustelle und stellte sie als jederzeit zuverlässige und unentbehrliche Helfer des Menschen dar. Ein Sechsergespann zum Beispiel fährt einen großen Quaderstein auf die Baustelle, von links kommen zwei hintereinandergespannte Pferde mit einem unbeladenen zweirädrigen Leiterwagen mit großen Rädern – ein Gefährt, das zum Transport von Baumstämmen im Gelände diente. Die Pferde auf dem Gemälde ziehen ihre Lasten mit dem in unserer Region üblichen Kummetgeschirr. Rückblickend stellt ein Historiker lapidar fest: Le cheval apparait comme une des pierres angulaires de l'ancien régime économique et politique, dans la paix comme dans la guerre / das Pferd stellte damals ein wirtschaftliches und politisches Rückgrat des alten Regimes in Kriegs- und Friedenszeiten dar.[39/707]

Bau und Versorgung der Festung Saarlouis sind ohne kräftige Mithilfe der Pferde nicht denkbar. Aus den Wäldern wurden die Baumstämme zur Saar oder zu den Kanälen gezogen, von den Bergen die Steinquader und die gebrannten Kalksteine. Die Pferde halfen beim Verladen, sie zogen die Lasten auf Schiffen und Flößen, sie brachten die Baumaterialien bis an die Baustelle. Zwischen 1680 und 1715 wohnen in Saarlouis 23 Fuhrleute.[38] *Adam Becker*, beispielsweise, kam aus Wallerfangen, *François Bertard* von der Holzmühle, *Johann Rupp* aus Lisdorf, *Pierre Stein* aus Fraulautern. Schon diese paar Namen erklären die Tatsache, dass viele Fuhrleute aus Saarlouis auch Verwandte aus der Umgebung zu Spanndiensten heranzogen die meisten Fuhrleute hatten in der Stadt in Hinterhäusern Ställe und Scheunen errichtet. Die Pferde wurden durch den Hauseingang in den Stall geführt. Aus der großen Metzgerfamilie *Hayer* betrieb *Pierre Hayer* das Geschäft mit der königlich lizenzierten Reitpost in der Augustinerstraße und Kavalleriestraße, wo er zwei große Anwesen mit Ställen und Remisen bewirtschaftete.[48]

Wer sich erinnert, dass zur Zeit des Festungsbaues gerade einmal 32 Jahre vergangen sind, seit der Dreißigjährige Krieg zu Ende war, wundert sich, dass es damals noch Fuhrleute mit Pferden gab. Aus den Berichten des herzoglichen Amtswalters aus Siersburg, die er schon 1661 nach Nancy an die Rechnungskammer schickte, geht hervor, dass beispielsweise Rammelfangen unbewohnt war, Hemmers-

13 Für loses Gut, schwere Lasten, große Stücke und auf längeren Strecken nutzte man Pferde, Leiterwagen, Einachser und Kastenwagen. Die Spanndienste kaufte man bei Fuhrleuten und Fuhrunternehmern der Region.

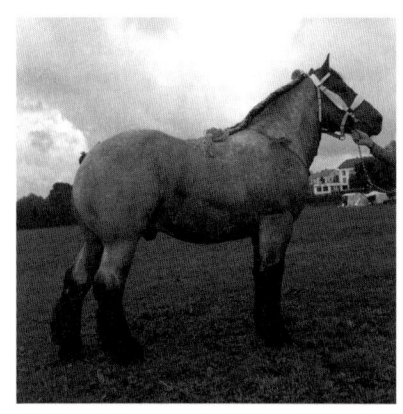

dorf sechs arme Einwohner, Düren zwei arme Einwohner zählte, von denen *Hans Kiefer* noch zwei Pferde besaß. In Itzbach wohnte *Hans Holtzappel*, der 25 Jahre in der Armee des Herzogs von Lothringen gedient hatte und noch sein Pferd und leihweise fünf Rinder besaß. Die Witwe *Velche* hatte ein Pferd, drei Kühe und drei Kälber.[106/66] In Kerprich-Hemmersdorf wohnten fünf Ackerer: *Stoffel Theis* mit sechs Pferden, *Lutwin Bioringer*, schlecht bespannt, *Wilhelm Weingärtner* mit zwei Pferden, *Philipp Gell* mit sechs Pferden. In Guisingen war der freie Gutshof des Herrn *von Kerpen* total zerstört. An Ackerern lebten dort *Clemens Weber* mit zwei Pferden und *Klaus Lang* mit zwei Pferden.[106/67] Roden zählte im Jahre 1590 65 Haushaltungen. Dort befanden sich nach dem Krieg zwei Beamte Seiner Königlichen Hoheit. An Ackerern u. a. *Franz Weber* mit drei Pferden und »Johann George, Bote von Roden, der zwei Fohlen besitzt und mit drei Kindern belastet ist«.[106/69]

Welche Pferderasse war in Lothringen bis in unsere Gegend heimisch? Zur Zeit *Choisys* war Frankreich das Land der Arbeitspferde: Lothringen blühte nach den Kriegen mit Hilfe der Ardenner, des »cheval de trait Ardennais«, wieder auf. Die Ardenner »dienten« bereits in den römischen Kohorten, die ab 57 v. Chr. unter *Cäsar* Gallien eroberten und besetzten. Der Ardenner (auch Belgier oder Rheinländer) ist ein kompaktes, tiefgestelltes, hartes, äußerst umgängliches Kaltblutpferd mit einem relativ kleinen, ausdrucksvollen Kopf, kleinen Ohren, energischem Antritt und flotten, raumgreifenden Bewegungen in Schritt und Trab. Das Stockmaß liegt zwischen 158 und 163 cm.[108/150]

Nach den Plänen *Vaubans*[1/§143] sollten in den Kasernen der Festung Saarlouis 1.000 Pferde garnisoniert werden (siehe dazu den »Vauban-Grundrissplan«, Kapitel XV. und XVI.). Diese Zahl wurde jedoch nach der Fertigstellung der Festung nicht erreicht. Während des Festungsbaus brachten die eingesetzten Abteilungen der Regimenter *de Champagne*, *Vaubécourt*, *Vermandois* und *Hamilton* ihre Ardennerpferde mit.[105] Die Pferde waren meist »gris«, das heißt, ihr Fell zeigte ein stichelhaariges, helles Grau mit rötlichem Unterton. Mächtige bemuskelte Schultern und stämmige Beine bestätigten ihren Ruf: Sie waren hervorragende Arbeitspferde.

Die Arbeitskolonnen des Regiments *Normandie* brachten ihre Schimmel, genannt »Boulonnais«, aus dem Zuchtgebiet an der französichen Kanalküste mit.[105] Der Boulonnais ist größer als der Ardenner, der Kopf wirkt leicht und edel und verrät den Einfluss von Araber- und Berberhengsten.

14 Der »Ardenner« ist ein schweres Kaltblutpferd.

15 »Boulonnais« mit Araber-Einfluss.

16 »Percherons« – vielseitiges Reit- und Kutschenpferd.
    Fotos 14–16 Klaus Speicher.

Die Regimenter *d'Orléans*, *de Poitou* und *du Roi* brachten ihre »Percherons« mit.⁽¹⁰⁵⁾ Sie kamen aus der »Perche«, einer Landschaft südwestlich von Paris. Sie zählten zu den schönsten Zugpferden – man nannte sie »Araber in groß«. Schon zur Ritterzeit waren sie beliebt. Diese Rot-, Braun- oder Blauschimmel wurden besonders als schnelle Postpferde genutzt. Mit Percherons war auch die Kutsche bespannt, mit der *Ludwig XVI.* 1791 der Revolution entfliehen wollte. Die zum Festungsbau kommandierten Soldaten rückten morgens mit ihren Pferden und Wagen aus den Truppenlagern und später* aus den Kasernen aus – zum Holztransport, zu den Steinbrüchen, zu den Mühlen oder zu den Maschinen an den Bauplätzen. Von den Fuhrleuten der Unternehmer wurden sie bei den Bauarbeiten unterstützt. Wenn die Militärpferde zwölf Jahre im Dienst waren, wurden sie ausgemustert – Fuhrleute kauften sie bereitwillig für weitere sechs bis acht Dienstjahre an.

Entgegen den auf anderen Produktionsfeldern praktizierten merkantilen Handelsgesetzen überließ der Staat Pferdehändlern den Markt. Sie nutzten ihre Chance und zogen für importierte Pferde große Gewinne ein. Obwohl in den Provinzen Gouverneure und Intendanten eingeschaltet waren, um Zucht und Verkauf von Reitpferden zu kontrollieren, passten die Gestüte sich den überhöhten Preisen an. Unnachsichtig kritisierte *Vauban* dieses Verhalten, er qualifizierte es als »maltôte fort onéreuse«/unsauberes Gelderpressen.⁽³⁹/³¹⁹⁾

Im Pavillon der Kaserne Nr. 49/50, heute Kaserne 1, standen im Erdgeschoss die Reitpferde der Stabsoffiziere. Sie hatten ihre Besitzer

17 Der Gasthof Scholl, Ecke Silberherzstraße und Wallstraße, hatte Anfang des 20. Jh. im Souterrain des anschließenden Gebäudes Pferdestallungen.

18 Historischer einachsiger Gespannwagen. Foto Klaus Speicher.

* Erst 1638 wurde in der französischen Armee für berittene Einheiten die Bezeichnung »Kavallerie-Regiment« eingeführt. Benötigte Reitpferde wurden in Spanien, Deutschland, England, Dänemark und Nordafrika gekauft. Im 15. Jahrhundert, in der Zeit *Ludwigs XI.*, hatte man noch Mühe, »100 Pferde zu finden, die eine Strecke von 16 km galoppieren konnten«.(107) Der Hof bezog seine Reitpferde vom königlichen Gestüt in Le Pin-au-Harras, am Ufer der Perche gelegen. Dort hatte der Architekt *Mansart* ein Schloss gebaut, umgeben von Gartenanlagen mit Pferderennbahn, gestaltet von *Le Nôtre*. Noch gegen Ende seiner Regierungszeit musste *Ludwig XIV.* Pferde für seine Kavallerie-Regimenter importieren; es hatte nichts genutzt, dass er am 25. Oktober 1680 Richtlinien für die Hofgestüte erlassen hatte, in denen die Größe der Pferde sehr bescheiden festgelegt war: Stockhöhe für Gendarmeriepferde 145 cm, für Kavalleriepferde 142 cm und für Dragonerpferde 137 cm.

viel Geld gekostet und *Choisy* sorgte als Festungsbaumeister dafür, dass diese Ställe bombensicher gebaut wurden und von unten erwärmt und belüftet werden konnten (siehe Kapitel XII.).

Von Wegen und Galerien

Mit den härteren Sandsteinen aus den Felsberger Steinbrüchen wurden die Futtermauern am Hauptwall und die Mauern der Halbmonde auf der Angriffsseite auf Anordnung von Chefingenieur *Richerand*[17/190] hochgemauert. Die genaue Ausführung der unterirdischen Pulvermagazine nach den Plänen *Vaubans*, ebenso den Bau der unterirdischen Gewölbekeller mit den Backöfen Nr. 95 unter den Kurtinenwällen beaufsichtigte Ingenieur *Favart*.

19 Im Jahre 1990 wurde bei der Verlegung von Erdgasrohren in der Lothringer Straße unter der Straßendecke ein mannshoher gewölbter Gang gefunden, ehemals zur Galerie der Bastion 10 gehörend, der die Lothringer Straße in der Höhe der Saarbauindustrie schneidet und zum Hauptgraben (Kaiser-Friedrich-Ring) führte. Der 1 m breite und ca. 1,75 m hohe Gang wurde wieder zugeschüttet. Der Gang lag 5 Fuß/ 1,57 m höher als die Sohle des Hauptgrabens (9/94), also etwa 2,80 m unterhalb der Geländeoberfläche. Bei einer Bespannung der Festung mit Wasser (Fluten der Gräben) waren die Galerien nicht mehr zu nutzen.

Besonders schwierig waren die Arbeiten am Bau der unterirdischen Galerien/Verbindungsgänge. Solche Gänge, die sich unter den Facen und Flanken der Bastionen Nr. 7, Nr. 10 und Nr. 13 befanden – wobei es diesen Gang in der Bastion Nr. 7 nur auf der rechten Seite gab – dienten einerseits der Kommunikation, andererseits als Zugang zu den höher gelegenen Stollen zur Aufnahme von Gegenminen in gemauerten Kammern. Zur Bastion Nr. 10 schreibt *Ritter*:

Die linke Flanken-Galerie ist in einer regelmäßigen, gebrochenen, 18 Fuß 6 Zoll/5,81 m langen Linie geführt.[9/96] Die Höhe von oben herunter zu diesem Gang betrug laut *Ritter* 26 Fuß 8 Zoll/8,37 m. (Siehe dazu Kapitel V., Nr. 16.)

Alle fünf Poternen/Ausfalltore – vier führten durch die Kurtinen, eine Poterne ging durch den Hauptwall des Hornwerks – ließ *Richerand* in dieser Bauphase zur Unterstützung des ungehinderten Baustellenverkehrs beschleunigt fertigstellen. In Belagerungszeiten waren die Poternen unentbehrliche Durchlässe für Stoßtrupps, für Ablösungen und Nachschub. Sie schützten Munitionslager und Munitionstransporte durch ihr sandsteingemauertes Tonnengewölbe mit Erdeindeckung gegen Mörserbeschuss. Zwischen den Futtermauern der Poterne waren Eingang und Ausgang nur 1,15 m breit, dazwischen weitete sich der 27 m lange Tunnel unter den Kurtinen auf 5 m Breite.[1/§28]

»Aus den Abrechnungen erhellt, dass unter die Fundamente der Widerlager für die Poternen Nr. 1, 2 und 5 und der Passage des Fran-

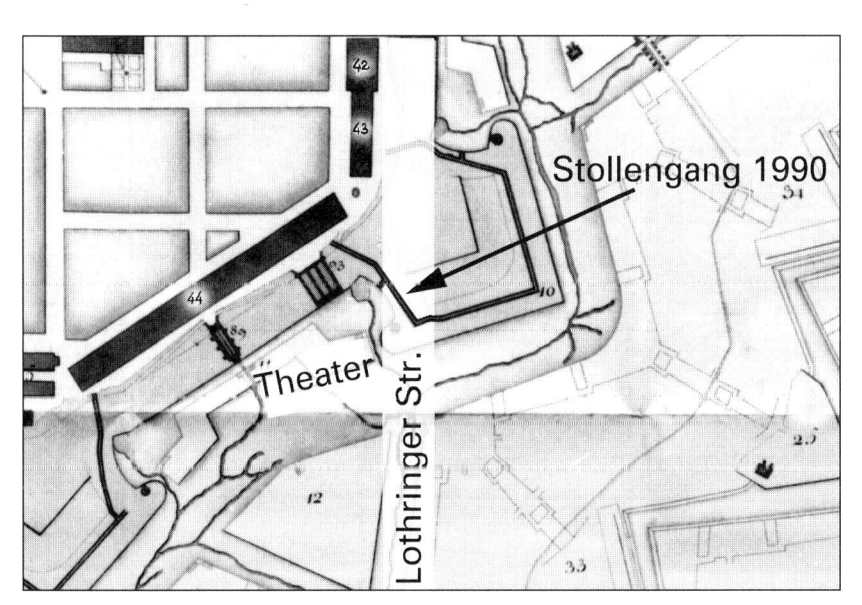

20 In den Festungsplan ist im Bereich der Bastion 10 die Lothringer Straße eingezeichnet, die heute am Theater Am Ring vorbei zum Kleinen Markt führt. Der schwarze Pfeil zeigt auf den Abschnitt des Stollenganges, der 1990 entdeckt wurde und in Bild 19 zu sehen ist.

zösischen Tores sowie unter die Fundamente des Pulvermagazins Nr. 2 Bohlen gesteckt worden sind.«[9/110f]

Die Poternen in der Mitte der Kurtinen Nr. 2 und Nr. 14 führten ebenerdig aus der Festung und sollten nach Anweisung *Vaubans* in der Höhe der dort befindlichen Grabenschleuse angelegt werden. Die Soldaten konnten mit Gerät und schweren Waffen aus ihren Kasernen auf gleicher Ebene durch die Poternen Nr. 2 und Nr. 14

21 Der weiße Pfeil deutet auf den Ausgang der Poterne 87 in der Kurtinenmauer zwischen den Bastionen 1 und 4. Sie führte zur Lisdorfer Au.

22 Die Poterne 90 hieß zur preußischen Zeit Poterne 5 »Wallerfangen«. Durch Abflussrinnen in der Pflasterung floss das Oberflächenwasser durch die fünf Poternen aus der Stadt in den Festungsgraben.

über die Tenaillen zum Halbmond gelangen. Die gedeckten Wege waren rechts und links von Brustwehren eingeschlossen, sie lagen 4,50 m über dem Wasserspiegel der Gräben.

Die Gedeckten Wege

Zur Kommunikation innerhalb der Festung zählten Tore, Treppen, Rampen, die fahrbaren Brücken und die Wege. Es gab den Rondenweg, den »Gedeckten Weg« und den »Vorgeschobenen gedeckten Weg«. Der nur zwei Meter breite Rondenweg oder Wallgang auf dem Hauptwall führte hinter der Brustwehr um die Bastionen.

X. SECHS JAHRE BAUZEIT IN VIER BAUPHASEN

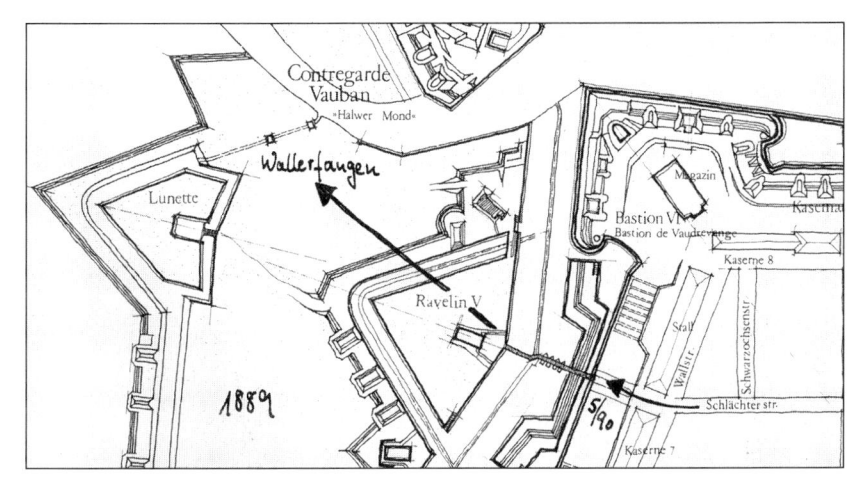

23 Auf dem Lageplan von 1889 vor der Entfestigung wurde (durch den Verfasser) der Weg angedeutet, der aus der Schlächterstraße durch die Poterne 5/90 unter dem Hauptwall (Kurtine) durch die Poterne, über Graben, Tenaille und Hauptgraben auf den Halbmond (Ravelin) führte und von dort in Richtung Wallerfanger Chaussée abbog.

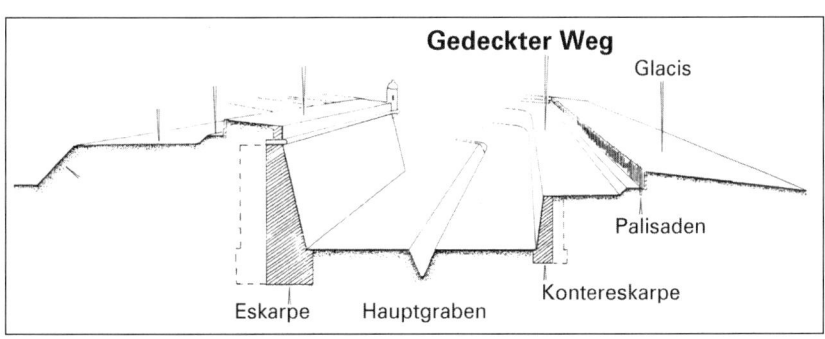

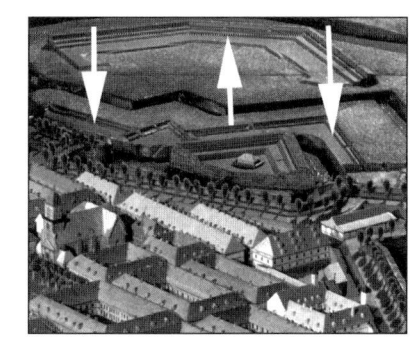

Der mit Traversen bestückte Gedeckte Weg – Traversen waren Querwälle oder quergestellte Mauern – führte oben auf der Wallmauer der Kontereskarpe, feindwärts des 36 m breiten Hauptgrabens in einer Breite vom 8 m um Bastionen, Halbmonde und Hornwerk. Von den Spitzen und den Winkeln des Zickzackweges gingen die Koffer – gedeckte Verbindungsgänge – zum Vorgeschobenen gedeckten Weg – auch Glacis-Weg genannt. Er verlief in etwa 10 m Breite jenseits des Vorgrabens und führte im Zickzack um die Lünetten und die abfallenden Glacis, deren Crête/Kamm in Höhe der Brustwehr des Vorgeschobenen gedeckten Weges verlief. Auch der Vorgeschobene gedeckte Weg – er endete in Höhe der Bastion Nr. 7 in der Au – war durch Traversen gegen seitlichen Beschuss oder bestreichendes Feuer geschützt. Alle 100 m weitete sich der Weg zu einem zurückspringenden oder vorspringenden Waffenplatz, wo sich die Soldaten zu Kampfeinheiten sammeln konnten.

Ritter berichtet, dass während der Bauzeit 9.000 Palisaden zur Festigung der Erdaufschüttungen beim Bau der Gedeckten Wege eingerammt wurden.(9/109)

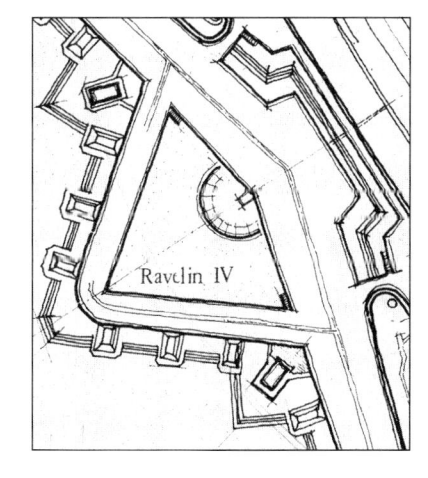

24 Profil durch den Hauptgraben mit der Lage eines Gedeckten Weges.

25 Die weißen Pfeile im Bild deuten auf Gedeckte Wege im Festungsmodell.

26 Traversen auf dem Gedeckten Weg eines Ravelins im preußischen Festungsplan von 1889.

Großen Wert legte *Vauban* auf die starken Brustwehren entlang der gedeckten Wege, die etwa sechs Meter dick sein sollten. Die innere Höhe der Brustwehren sollte mindestens 1,50 m betragen, gerechnet ab der höchsten Infanteriebank, das war ein 0,80 m bis 1,30 m breiter Standplatz für die Schützen. Seine Maßangaben genau zu beachten forderte der im infanteristischen Abwehrkampf und im Festungsbau erfahrene *Vauban* und fügte hinzu: »Falls die Erde, aus der man die Brustwehr bauen will, sandig sein sollte und nicht gut hält, muss man sie mit Rasen bepflanzen.«[1/§32]

»Das jeweilige Glacis muss schön geglättet sein, eine regelmäßige Neigung haben und dauernder Kontrolle unterliegen, die vom äußeren Rand der Brustwehr des Hornwerkes und des Halbmondes aus zu geschehen hat. So ist zu erwarten, dass alles, was auf dem Glacis erscheint, sofort gesehen und entdeckt werden kann.«[1/§63]

Bis in die Einzelheiten hat *Vauban* seine Bauanweisung gegeben. Es führt an dieser Stelle zu weit, auf alle ihm wichtig erscheinenden Details einzugehen. Folgende Kostprobe soll jedoch einen überzeugenden Eindruck von der Sorgfalt und Gewissenhaftigkeit dieses großen Ingenieurs vermitteln:

27 »Une dame«, ein Hindernistürmchen auf der ehemaligen Konterseskarpenmauer, anschließend an das ehemalige Hospiz, heute Gymnasium. Der Fußgängerweg unterhalb täuscht darüber hinweg, dass die Saar an den Fundamenten des Hospizes entlang floss.

»Die Rasenquader, derer man sich für die Werke dieser Festung bedienen wird, sollen alle an einem Stück in leichten Querstreifen gestochen werden, aus einer dicht bewachsenen Wiese entnommen, und etwa 40 cm lang, 16 cm breit und 4 cm dick sein. Zunächst achte man darauf, dass man frische Rasenstücke und keine trockenen benutze. Zweitens achte man darauf, dass sie mit der Hand verlegt werden, ein Stück nach dem anderen gut nebeneinander in Bahnen, die mit feiner und gestampfter Erde bestreut werden. Drittens ist darauf zu achten, dass man den Rasen mit dem Spaten von überflüssigen Ranken und Blüten befreit, dass man ihn nach jeder dritten oder vierten gelegten Reihe schön sauber absticht, schließlich, dass drei dieser Bahnen etwa 33 cm hoch sein sollen und dass nach je drei Rasenflächen eine Schicht Faschinenwerk gelegt werden soll, wie es in Artikel 31 beschrieben worden ist, nur mit dem Unterschied, dass man nur Trauerweide, Korbweide und weicheres Holz darunter mische. Das stärkere Ende der Faschine soll etwa 10 cm vom Rasen entfernt gesetzt werden, die Spitze des weichen Holzes immer nach außen gerichtet mit ein wenig Luft, damit es wieder anwächst.«[1/§36]

Ingenieur *Favart* kontrollierte täglich die Bauarbeiten und befolgte strikt *Vaubans* Anweisung: »Man achte sorgfältig darauf, die Poternen im Hinblick auf schwere Geschosse zu wölben, eine doppelte Tür zu installieren und die Abwässer der Festung durch einen in der Mitte gegrabenen, verkleideten und auszementierten Kanal abzuleiten«, hatte *Vauban* angeordnet.[1/§28]
In der Bauperiode B wurden auch die Pulvermagazine I und III vollendet. Das Pulvermagazin in der Saarbastion verwahrte in der Folgezeit im Untergeschoss in Reihen von jeweils drei übereinandergestapelten Fässern 95.000 Pfund Pulver. Die Bastion Nr. 16/ Vaudrevange hatte *Favart* nach den Plänen *Vaubans* ebenfalls als eine »hohle« Bastion mit Pulvermagazin bauen lassen. Von der linken Seite des Bastionshofes ließ er eine Treppe zum dort angelegten Eiskeller bauen. Die übrigen Bastionen und die Halbbastionen im Hornwerk blieben »volle« Bastionen, mit nur kleinen gewölbten Kellern.[2/53]
Zur Beschleunigung der Arbeiten drängte Chefingenieur *de Richerand* darauf, dass schon Ende 1683 die große Saarschleuse im neuen Saarbett mit der darüber führenden Brücke fertig gestellt wurde. Die ersten Unterkünfte für Soldaten, die Kasernen Nr. 47/48 und 49/50, waren bereits 1682 unter Dach gebracht.

Bauperiode C

Die nur sechsmonatige Zeitspanne vom 19. Juni bis Ende Dezember 1683 ist in den Aufzeichnungen des dritten Rechnungsbuches festgehalten.
»Das Mauerwerk der linken Flanke von Bastion Nr. 1 und der rechten Flanke von Bastion Nr. 16 sowie der dazwischen liegenden Kurtinen wurden angefangen und beendigt und dadurch der Hauptwall geschlossen.«[9/111]
An den Spitzen der Bastionen wurden Batteriebänke aufgeführt, die vier Kanonen tragen konnten. »Dazu gehörten die nötigen Rampen und Plattformen«.[1/§33] Auch auf den Innenseiten der Bastionsflanken, dort wo sie auf die Kurtinen stießen, wurden Rampen in Richtung Bastionsschulter in einem sanften Anstieg 4 m breit gebaut. Maurerarbeiten im südlichen Hornwerk wurden im Juni angefangen und an anderen Stellen fortgesetzt. Der Hauptwall wurde mit scharierten und sauber gefugten Sandsteinblöcken nach nur 3½ Jah-

Sarrelouis

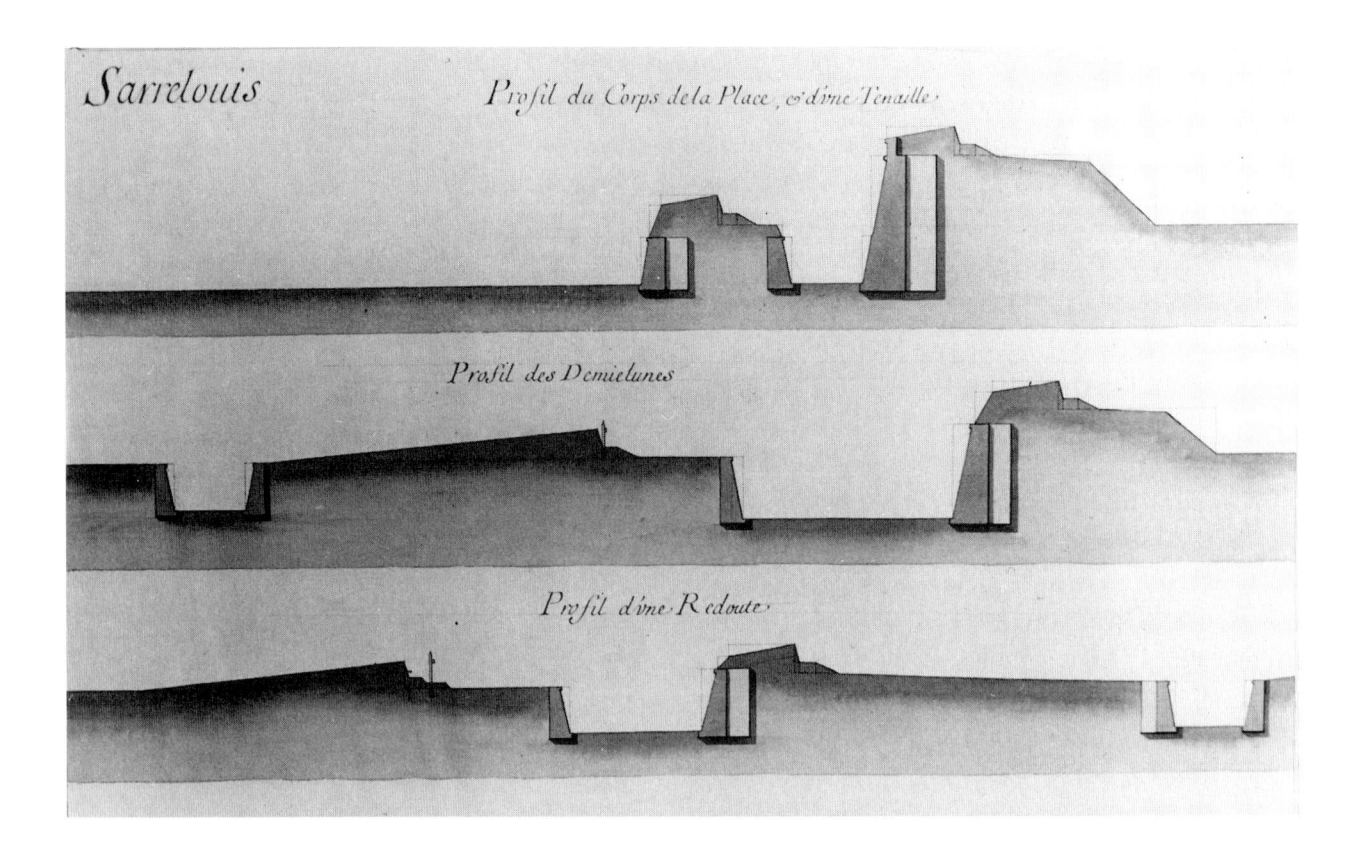

Profil du Corps de la Place, & d'une Tenaille

Profil des Demielunes

Profil d'une Redoute

28 Die steil zu den Gräben abfallenden Mauern der Kontereskarpen waren so hoch wie das umliegende Gelände. Sie wurden in knappen sieben Monaten vor den Bastionen hochgezogen und mit Kordonsteinen abgedeckt. Die Eskarpen/Futtermauern der fünf Ravelins/Halbmonde wurden fertiggestellt, ebenso die Mauern der fünf Tenaillen/Zangenwerke.

29 Die weißen Pfeile im Modell zeigen auf eine Demi-Lune/Halbmond, eine Tenaille/Zangenwerk oder Grabenschere und auf eine Escarpe/Eskarpenmauer.

ren Bauzeit vollendet. Dem Chefingenieur *de Richerand* waren zuvor Feldmesserlehrlinge und Ingenieurschüler zugeteilt worden, die er zur besseren Kontrolle der Bauarbeiten einsetzte.

Die kurzen Bauzeiten waren Rekordzeiten, vergleicht man sie mit heutigen Bauzeiten, die mit Hilfe modernster technischer Geräte erreicht werden. *Ritter* schreibt zu Anfang des Bauabschnitts, dass »die Bauten in dieser Zeit sehr stark betrieben wurden«.[9/111] Ein Grund war mit Sicherheit die dem Gouverneur vom Hof aus Fontainebleau für den Sommer 1683 angekündigte Besichtigung der Baustelle durch den König. Im Kapitel XIII. »Am 8. Juli 1683 stieg der

König zu Pferde« wird von diesem Ereignis berichtet. Der Kriegsminister hatte ohnehin nach seinem überraschenden Besuch auf der Baustelle im August 1680 ein beschleunigtes Tempo vorgegeben, als er den König trotz seines vorausgegangenen Unmuts über die Entscheidung *Vaubans* in »aalglatter« Form brieflich wissen ließ, dass dieser Platz schon im Jahre 1685 einer der schönsten Plätze unter der Herrschaft Seiner Majestät sein würde.[13/42]

Von Anfang an standen die Arbeiten unter gewaltigem Zeitdruck. Festungsingenieur *Ritter* wies 173 Jahre später darauf hin, dass

> *»der rasche Aufbau der Festung und die zu wenig beobachtete Auswahl der Materialien zum Bau der Werke verursachten, dass von dem Jahre an, wo man sie als vollendet erklärte, [es war im Jahre 1685, nach sechs Jahren Bauzeit] sie gleich in den ersten 30 Jahren jedes Jahr eine Summe von 15.000 bis 30.000 Franken und für die folgenden Jahre – so lange sie in die erste Linie der Festungen gehörte und ihre Wichtigkeit noch anerkannt wurde – 30.000 bis 40.000 Franks zur Erhaltung und Verbesserung bedurfte. – Daher die französischen Ingenieure sehr richtig sagten: Saarlouis ist mit großer Übereilung erbaut, aber nie ganz vollendet [worden].«*[9/122]

Tiefbauingenieur *Favart* hatte schwierige Probleme mit den Fundierungsarbeiten im Jahre 1683, insbesondere die am Französischen Tor und an den zugehörigen Wachtgebäuden. Den Bau der Passage über den Halben Mond vor dem Französischen Tor in Richtung Lisdorfer Kanal und zum Chemin de Vaudrevange sowie die Passage an der fausse-braie/dem Niederwall vor dem Deutschen Tor konnte er jedoch bis Ende 1683 fertig stellen.

Außer der in Stein gebauten Saarbrücke ließ er im Jahre 1683 fünf starke Pfahljoch-Brücken (Brückenkonstruktionen auf Holzstützen) errichten, die in Richtung Französisches Tor erst über den Vorgraben, dann über Ravelingraben und Hauptgraben führten; zwei weitere Brücken spannten sich im Hornwerk über den Hauptgraben und den Halbmondgraben.[9/112]

Die Kasernen Nr. 54, 40/41, 42/43 und die Militärbäckerei am Paradeplatz, Ecke Französische Straße (Westseite), kamen unter Dach. Zur Wasserversorgung der Militärbäckerei sowie der Soldaten in den Kasernen ließ Favart Brunnen graben. Am Eingang des Gartens hinter dem Gouvernement ließ er ein weites Brunnenbecken mauern, besonders zur Pferdetränke geeignet.

30 Das Foto vom Oktober 2000 zeigt ein kleines ausgegrabenes Teilstück der alten Grabenbrücke (Pfeil rechts) auf dem Kleinen Markt – dort, wo die Brücke auf die Tenaille 8 (Pfeil links) stößt. Bis 1762 führte eine Pfahljochbrücke aus Holz über den Hauptgraben. Foto Christoph Dutt.
Die vollständig sichtbar zu machende alte Brücke vor dem Französischen Tor soll bei der geplanten Neugestaltung des Kleinen Marktes zusammen mit einem Torbau aus Stahl und Glas Festungsgeschichte wieder lebendig machen.

Die Bastionen 10 und 13 an der Angriffsfront/der Front d'attaque erhielten quadratische Magazine mit gewölbten Decken. Auf diese beiden Bastionen ließ *de Richerand* mehrere Meter hoch Erde aufschütten und mit Platten belegen. Dadurch boten sie für die Kommandeure in Kriegszeiten überhöhte Standorte – Kavaliere genannt, die zur militärischen Beobachtung des weiten Festungsvorfeldes dienten.

Anfang Juni 1683 ließ Tiefbauingenieur *Favart* die Straßen vom Französischen Tor über den Paradeplatz zum Deutschen Tor – also die Hauptachse der Festung – pflastern. Über sie sollten einen Monat später die Karossen des Hofes rollen und der König mit seinem Gefolge in die neue Festung einreiten.

Die letzte Bauperiode D dauerte zwei Jahre – von Anfang 1684 bis Ende 1685

Das Baujahr 1684 brachte für *Choisy* und seine Festungsbauingenieure viel Ärger und Verdruss. Mauerteile in der Länge von 137 Toisen/275 m mussten wegen der »schlechten Ausführung« abgerissen oder ausgebessert werden.[9/117] Von Unternehmern außerhalb der Region wurden Angebote für die Ausbesserungen eingeholt. Von Reparaturen betroffen waren der Halbmond Nr. 6, heute steht dort das Amtsgericht am Prälat-Subtil-Ring, die Tenaille und der Halbmond vor dem Französischen Tor, heute Lisdorfer Straße, die Wallmauer jenseits des Grabens vor der Damenbastion/Bastion Nr. 4, heute Prälat- Subtil-Ring, und die Tenaille Nr. 2, heute Gesundheitsamt. Auch an dem Hauptfestungswall zwischen Bastion Nr. 1 und Nr. 4 hinter der heutigen Kaserne X., sowie an der Futtermauer des Halbmondes Nr. 15 und der davorliegenden Wallmauer – Anfang der Vaubanstraße, wo 1900 der Schlachthof gebaut wurde – müssen kostspielige Ausbesserungsarbeiten durchgeführt werden. Chefingenieur *de Richerand* muss einen ausführlichen Rapport vorlegen.

Es war sehr bedenklich, dass bereits 1685, zwei Jahre nach der Fertigstellung der Schleusenbrücke, Steine und Mörtel an den Oberteilen der Pfeiler erneuert werden mussten. *Vauban* hatte noch bei seinem Besuch 1683 die Fundamente der Brücke gesehen, aber er rechnete nicht damit, dass der Untergrund so wenig Standfestigkeit geben könnte. Im folgenden Kapitel XI. »Die Errichtung der Brücke erfordert größte Sorgfalt« wird über diesen Sachverhalt und den immer wieder hinausgezögerten Neubau der so wichtigen Schleusenbrücke berichtet.

Weitere Straßen zur Place d'armes wurden gepflastert, ebenso die Zufahrtsstraßen aus Richtung Metz und Richtung Trier. Der Straßendamm nach Roden erhielt 1685 eine Schleusenbrücke, so dass man das Überschwemmungswasser der Saar festhalten konnte.

Neben den Abflusskanälen beiderseits der beiden Haupttore, die ebenfalls zur Einleitung von Abwässern aus den Häusern und Straßen der Stadt in den Wallgraben am Französischen Tor bzw. in den Fluss am Deutschen Tor dienten, wurden im Hornwerk zwei Wach-

31 *Blick aus Richtung des heutigen Gesundheitsamtes über die Tenaille 2, den Hauptgraben (Choisy-Ring) mit der Einlassschleuse 75 auf das »Laboratorium« aus preußischer Zeit, heute »Institut für aktuelle Kunst im Saarland«. Foto Max Ziegert.*

häuser gebaut und letzte Mauerarbeiten durchgeführt; die Mauerarbeiten an den Halbmonden, den Poternen 2 und 4 und den Kasernen Nr. 53 und Nr. 44 wurden vollendet.

In dieser Bauphase wurden auch die Fassaden des Deutschen Tores und des Französischen Tores (1684/1685) errichtet. Steinmetze und Bildhauer begannen mit der künstlerischen Ausgestaltung nach den Entwürfen, die *Choisy* aus Paris hatte kommen lassen. Dazu mehr im Kapitel XII. »Von Toren, Kernwerken, Kasernen – und Linden«.

Um die Kasernen herum wurden die Zufahrten gepflastert, ebenso die Innenhöfe; die Straßen vom Gouvernement zum Amtssitz des Lieutenant de Roy auf der Seite der Bäckerei und die Straße am Rathaus erhielten eine Pflasterung. Die Kasernenbauten waren 1684 weitgehend in Dienst gestellt, jetzt wurde der Bau der restlichen Militärbauten und der öffentlichen Gebäude in Angriff genommen. *De Favart* ließ Anfang 1685 innerhalb kurzer Zeit die Fundamente »des Pfarrhauses, […] des Lazaretts, des Zeughauses, der Kommandantur, des Augustinerklosters, […] « legen.[9/118]

Im gleichen Jahr folgten der Bau der Ludwigskirche, der Kadettenanstalt Nr. 45, des Rathauses. Dieses umfangreiche Bauprogramm ist mit der Tatsache zu erklären, dass zu diesem Zeitpunkt für alle bisher an den Festungswerken beschäftigten Unternehmer und Handwerker die Hände für diese innerstädtischen Bauten frei waren. Ein wahrer Großeinsatz konnte beginnen, der in 12 beziehungsweise 18 Monaten zu fertigen Bauten führte und eine hervorragend vorausschauende Planung und Logistik erkennen lässt. »Die Festungswerke wurden in diesem Jahre für fertig erklärt, nachdem also der Bau mit allen für die Garnison wichtigen Gebäuden einen Zeitraum von sechs Jahren eingenommen hatte.«[9/119]

⚜

XI. »Die Errichtung der Brücke über den Fluss erfordert größte Sorgfalt«

»Le grand pont, qui doit être fait en travers de la rivière, qui doit aussi servir d'écluse et à deux moulins est un ouvrage de conséquence et dont la construction demande grand soin.«[(1/§96)]

Vauban 1680

Das große Foto zeigt die für die Eisenbahn befestigte Schleusenbrücke. Auf dem vorderen Pfeiler erkennt man in dem dunklen, senkrechten Streifen eine Führungsschiene für die Versatzbalken. Die Bildmontage links zeigt ein Foto der Brücke aus der Mitte der sechziger Jahre. Darüber liegt eine Aufrisszeichnung von Kurt Ziegert.

»Die große Brücke, die den Fluss überqueren und darüber hinaus noch Schleusen und zwei Mühlen besitzen soll, ist ein bedeutendes Bauwerk. Ihre Errichtung erfordert größte Sorgfalt.«

Vauban 1680

XI. »Die Errichtung der Brücke über den Fluss erfordert größte Sorgfalt«

Die Kreisbrücke von Lisdorf nach Ensdorf war 1894 fertig gestellt, Pläne zum Bau der Dampfbahnlinie zum Staatsbahnhof in Fraulautern nahmen konkrete Gestalt an. In diesem Zusammenhang rückte auch die Schleusenbrücke wieder in das allgemeine Interesse.

Der preußische Vizefeldwebel *Voetsch* arbeitete in der königlichen Kommandantur in Saarlouis und hatte Zugang zum Festungsarchiv. Aus seiner Feder stammt der Artikel »Die Saarbrücke«, der in Nr. 62 des Saarlouiser Journals vom 16. März 1895 erschienen ist, aus dem wir zitieren: »Die Fundamente dieser Schleusenbrücke waren über vier Fuß [1,25 m] tief unter die Sohle des Flussbettes eingelassen, ober- und unterhalb sieben Fuß [2,20 m] stark mit Quadern bekleidet, das Innere mit Bruchsteinen und großen Moëllons ausgemauert, also in jeder Beziehung ein äußerst solides und dauerhaftes Unterlager für den Rost. In den Pfeilern sind Limberger Steine verwandt worden, der Oberbau und das Geländer waren aus Holz, der schmale Fahrdamm [7,20 m breit] gepflastert. Trotz aller angewandten Vorsicht fing das Bauwerk bald an, sehr zu leiden.*

Die Pfeiler verloren oberstrom ihre Eisenschienen, mit denen sie bekleidet worden, die Fugen wurden durch das Wasser ausgespült, so dass ganze Haussteine sich loslösten. Der erste und zweite Pfeiler, auf welchem eine Mühle errichtet worden, war im Jahre 1700 bereits so weit gespalten, dass die Mühle abgesteift werden musste, um ihr Einfallen zu verhindern. Die Ursache lag an dem Kalk und dem wenig widerstandsfähigen Limberger Stein. Da der Schleusenherd mit unterspült war, geriet die Brücke, selbst bei nur geringem Hochwasser, in Gefahr umzustürzen.«

3 Festungsbrücke über die Saar in preußischer Zeit mit Vorrichtungen zum Schließen der neun Schleusenkammern.

* Die Limberger Steine zählen bei den Bauleuten zu den verwitterungsanfälligen Sandsteinen, härter waren die Steine aus Felsberg und aus den Steinbrüchen bei Bous und Bolchen / Boulay.

Die neun Schleusen an der Saarbrücke gehörten wegen der Inundation zu den unentbehrlichen Bauwerken der Festung. Die über die Schleusen führende Brücke verband die Festung mit dem Brückenkopf und den Vorratslagern, Mühlen und Werkstätten in den Gemeinden rechts der Saar. Die zeitgenössische Zeichnung (Abbildung 4) verdeutlicht die Handhabung der Schleusen an der Saarbrücke. Sie stammt aus dem Lehrbuch »Dessins d'architecture militaire« und wurde dort erst nach 1870 eingeklebt.[2/61] Zu sehen sind die Bastion 1 im Schnitt, der Saarfluss und die Werke auf dem Hornwerk bis zu den Glacis. Hauptwerk und Objekt unserer Betrachtung ist die Schleusenbrücke. »Sie dient dazu, das Wasser des Saarflusses bis zu einer [maximalen] Höhe von 22 Fuß [6,91 m] [bei einem errechneten Nullpegel der Saar von 174,56 m über NN] anstauen zu können.«[9/74]

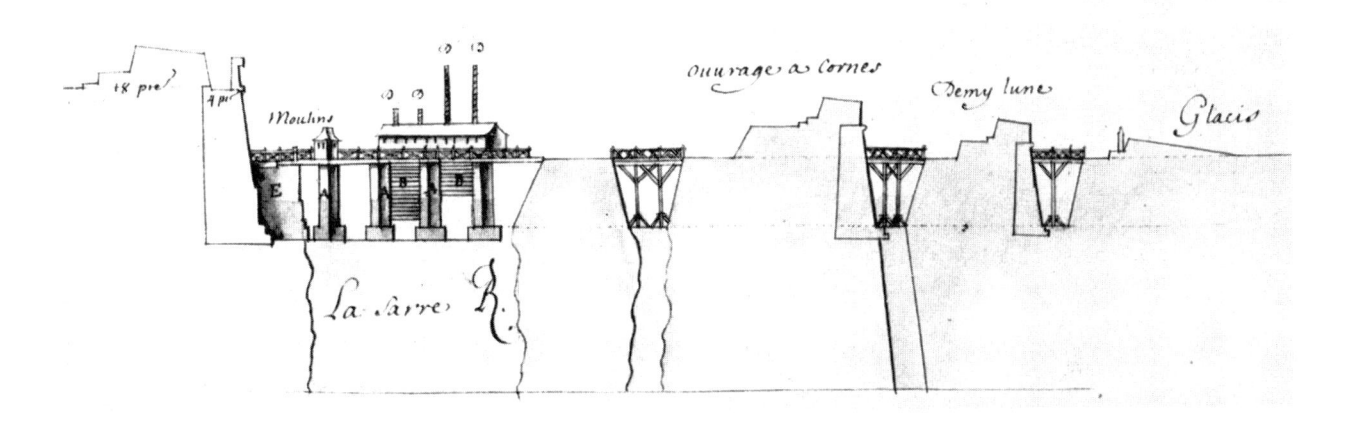

Von den acht Pfeilern der Schleusenbrücke A im Bild 4 sind nur vier gezeichnet, das Schütz B, bestehend aus Staubalken, ist heruntergelassen, ein zweites angehoben. »Die Schütze haben bis 1743 existiert. Sie waren 3,14 m hoch und bestanden aus sieben aufeinandergelegten, zusammengebolzten Balken, waren immer niedergelassen, um das Wasser auf 10 Fuß [3,14 m] zu stauen, damit es durch die zwei ersten offen gelassenen Schleusenöffnungen strömte und hier die Räder der Mühle trieb. Sollte höher versetzt werden, so wurden an den anderen Schleusentoren die Versatzbalken eingelegt.«[9/14]

Buchstabe C – in der Zeichnung nicht eingezeichnet – deutet auf die beiden offenen Schleusentore hin. Bei einem förmlichen Angriff, das heißt bei einem an eine voraussehbare Vorgehensweise gebundenen Angriff,[19/177] wurden alle Versatzbalken eingelegt, an zwei Haken

4 Profil der Festung Saarlouis mit Schleusenbrücke zum Hornwerk hin. Der Schnitt führt durch die Bastion 1, die Schleusenbrücke 17 (deren Länge auf 4 Pfeiler verkürzt ist), durch die Brücke 18 der Alten Saar, durch die Hauptgrabenbrücke zum »Halben Mond«, die Vorgrabenbrücke bis zum Glacis. Bis auf die gemauerte Schleusenbrücke sind die anderen Jochbrücken. Die Buchstaben im Plan beziehen sich auf Funktionen der Schleuse.

heruntergelassen und mit Balken/»Widder« von der Brücke aus in den Stauraum gedrückt.* *D* bezeichnet die Zahnstangen, die mit Hilfe von Zahnrädern an Winden die Schütze bewegten. Die ganze Anlage ist durch ein Hüttendach geschützt. *E* weist auf eine Tenaille hin, die aber in Saarlouis an dieser Stelle als fausse-braie/Niederwall vor dem Hauptwall an der Saarfront gebaut war. Auf zwei Brückenpfeilern stand die Wassermühle, die auf Befehl *Ludwigs XV.* entfernt werden musste. Grund dafür war der dauernde starke Wasserdruck, dem die Brückenpfeiler auf Dauer nicht standhielten.

Nach dem Herablassen der Schütze staute sich die Saar, das Wasser lief in die Gräben, Einlassschleuse und Grabenschleusen waren offen, die Ausgangsschleuse vor der Bastion 16 geschlossen. Nach Füllung der Gräben wirkte sich der Wasserstau auf die obere Saar aus, das Wasser stieg über die Ufer und überschwemmte die Saaraue bis zu den Glacis vor den Bastionen 1 und 7 und machte erst vor den Wällen des Lisdorfer Kanals und dem Rodener Damm halt, der sich von dem Halbmond vor dem Hornwerk (heute Firma *Globus-Handelshof*) genau nach Norden bis zum höher gelegenen Dorf Roden erstreckte.

Interessant ist auch, dass auf den älteren Festungsplänen überall der Lisdorfer Kanal eingezeichnet ist, aber nie der Rodener Damm. Auf einem anonymen Plan von 1700 [5/53] ist erstmals der Rodener Damm eingezeichnet, aber noch nicht der Lauterner Damm. *Ritter* schreibt, dass sich »aus dem Mangel des Lauterner Dammes auf diesen Plänen auch schließen lässt, dass bei dem ersten Entwurf der Festung eine Inundation in der Ausdehnung, wie sie jetzt [1855] besteht, nicht angenommen worden ist, sondern das ganze Schleusenspiel sich auf die Anspannung oder den Abfluss des Wassers aus den Gräben beschränkt hat«.[9/14f] Diese Feststellung besagt, dass Durchführbarkeit und Wirksamkeit der Überschwemmung erst Schritt für Schritt erprobt wurden, was *Vauban* mit der Aussage bestätigt, dass die Festungsanlagen so gestaltet sind, »als hätte man von der Überflutung nie besonderen Schutz erwartet«.[1/§160]

* »Die kleinen Balken, die zum Schließen der Schleusen dienen, sollen aus jungen, geraden Holzstämmen ausgewählt und ohne Astknoten sein, einen Querschnitt von 27 cm im Quadrat haben, genau auf die Länge zugeschnitten sein, die sie haben sollen, und jeder einzelne Balken sei mit zwei crochets/Eisenzapfen versehen, damit man sie in ihren Führungen senken und heben kann. Danach werden alle Balken nummeriert und in einem kleinen Schuppen oder in einer Halle untergebracht, wo sie trocken und sicher gelagert werden können.« So lautet die genaue Beschreibung bei *Vauban*.(1/§121)

Maße und Baugeschichte der Schleusenbrücke

Heute führt diese Brücke über den Saaraltarm. In ihrer alten Bausubstanz ist sie gerade 222 Jahre alt, denn in den Jahren 1777/78 wurde sie neu gebaut, indem man die Fundamente beibehielt, die

Balkenauflage aber in Stromrichtung um 25 Fuß/7,85 m verlängerte, so dass das Balkenrost 12,90 m maß. Die Verlängerung wurde auf einen »guten Pfahlrost« gelegt und die äußere Kante mit einer Spundwand gesichert. Diese Vorrichtung gab die Gewissheit, »dass dieser neue Rost mit dem alten nur einen Körper bildet«.[9/65] 1818 wurde der Oberbau der Brücke erneuert, und 1843 erfolgte die Erweiterung des vorletzten Brückenbogens bis auf 24 Fuß/7,50 m lichte Weite, um die Schifffahrt auf der Saar nicht zu behindern. Die Brücke erhielt ein Geländer aus Eisen.[9/71]

Am 29. Januar 1899 fuhr der »feurige Elias«, so nannte man die Saarlouiser Dampfbahn, erstmalig über die alte Schleusenbrücke. 69 Jahre später wurde die Brücke erweitert, sie nimmt jetzt vierspurig einen Großteil des Verkehrs des inneren Rings zu den Stadtteilen rechts der Saar auf. Ab dem Jahre 1971, in dem die Begradigung der Saar erfolgte, überspannen die neun Brückenbögen den abgetrennten Saaraltarm, an dem entlang Fußgängerwege unter der Brücke ins Grüne führen.

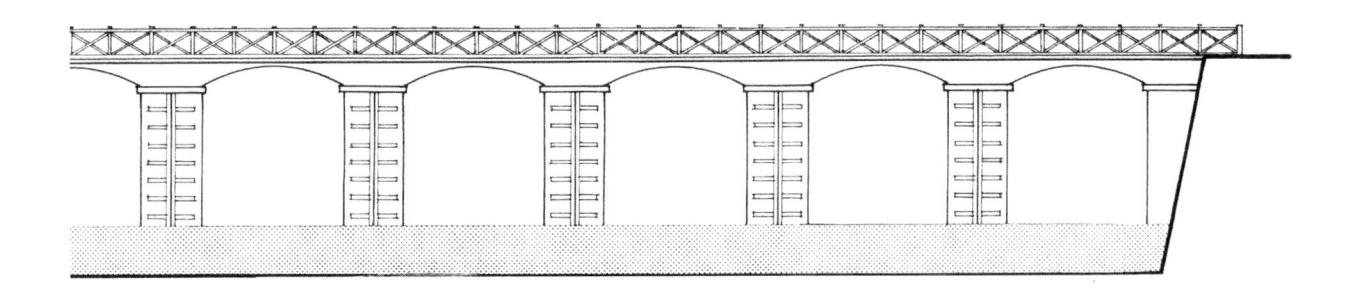

Die Brücke liegt auf zehn Pfeilern – acht Pfeiler stehen in der Saar, zwei Pfeiler an den Ufern. Die Brücke zählt neun Durchlässe, früher Schleusenherde genannt. Wie aus der Zeichnung zu ersehen, hat die Brücke eine Spannweite von 77,66 m und erreicht in der Mitte eine Pflasterhöhe von 181,98 m über NN und eine untere Scheitelhöhe von 181,38 m über NN. Der höchste Punkt der Brücke liegt 6,43 m über dem jetzigen Pegelstand von 175,55 m über NN. Die Breite der Brücke betrug anfangs 7,20 m, nach der Erweiterung von 1971 ist sie 21 m breit.

In der Festungszeit musste die Pont-d'écluse/Schleusenbrücke vielen Anforderungen gewachsen sein. Wenn beispielsweise bei Hochwasser die Saar große Wassermengen durch die neun Schleusenkammern trieb und Eisschollen, Treibholz, belaubtes Astwerk gegen ihre Pfeiler drückte, war die statische Beanspruchung maximal hoch.

5 Schleusenbrücke, gezeichnet 2000 nach Ingenieurmaßen von Architekt Kurt Ziegert. Die Brücke ruhte auf 10 Pfeilern, die 9 Schleusenkammern bildeten. 77,66 m war die Brücke lang und 7,20 m breit. Der höchste Punkt der Brücke liegt 6,43 m über dem Wasserspiegel.

Die Pont-d'écluse war von Vauban so dimensioniert, dass sie einem Wasserstau von drei Toisen Höhe/5,85 m über dem Normalpegel standhielt.

Vauban brachte in seinem »Projet«, 16 Tage vor seiner Abreise nach Phalsbourg am 24. Februar 1680 fertig gestellt, deutlich zum Ausdruck, wie wichtig die Schleusenbrücke für die Festung ist: »Die große Brücke, die den Fluss überqueren und darüber hinaus noch Schleusen und zwei Mühlen besitzen soll, ›est un ouvrage de conséquence‹ [ist ein Bauwerk von Bedeutung]. Ihre Errichtung erfordert große Sorgfalt. Deshalb versuchen wir, die Einzelheiten etwas genauer zu erklären, als es für die anderen Werke der Fall war […] Die Fundamente* müssen recht breit angelegt sein, um das Abbröckeln der Erde zu vermeiden. Anschließend ist auf 2, 3, 4, 5, 6 Fuß/0,65 m, 0,98 m, 1,30 m, 1,60 m, 2,00 m tiefer zu graben als die tiefstgelegene Flusssohle. Die Tiefe des Fundaments richtet sich danach, wann man früh oder spät einen guten Untergrund findet.«(1/§96ff)

24 von 160 Kapiteln hält *Vauban* im »Projet« für erforderlich, um Anordnungen, Ratschläge und Hinweise für den Brückenbau zu geben. Es geht ihm vor allem um die exakte Ausführung des Pfahlbaues, für den *Vauban* einen detaillierten Plan erstellte, der leider verloren ging: »Wenn man mit Hilfe der Ausschöpfkästen keinen geeigneten Untergrund erreichen kann, so muss man unbedingt auf die Pfahlbauweise zurückgreifen.«(1/§98)

Aufschluss über die Konstruktion erhielten die Ingenieure 1971 bei der Verlängerung der Brückenpfeiler flussabwärts. Sie fanden unter dem Mauerwerk der Pfeiler die Grilles de charpentérie /die gezimmerten Roste(1/§9) auf den Pfählen liegend. Sie waren mit geschmiedeten Nägeln zusammengehalten.

Ritter beschreibt an anderer Stelle die Konstruktion der von *Vauban* geforderten Schwellroste: Sie bestehen aus »zehn Zoll Balken mit drei Fuß Mauerflächen aus Backsteinen, auf der hohen Kante gemauert. Darauf drei Zoll Eichenbohlen in der Stromrichtung, die Fugen übernagelt mit Leisten. Darauf eine zweite Lage Zwei-Zoll-Bohlen auf die erste aufgenagelt.«

Vauban beschreibt die Vorgehensweise zur Errichtung des Brückenfundaments wie folgt: Das auf die Pfeiler aufgesetzte Gitterwerk »soll aus großen quadratischen Eichenholzbalken von etwa 32 cm Dicke gezimmert sein, mit Hilfe von Verblattung quadratisch zusammengesetzt und auf den Köpfen der Pfähle befestigt sein«. In Kapitel 99 fährt er fort: »In die Zwischenräume sollen weitere Pfähle gerammt und die Köpfe aller Pfeiler auf ein Niveau gebracht wer-

6 Geschmiedete Nägel, die 1971 bei den Arbeiten an der Schleusenbrücke gefunden wurden. Der längste misst 27 cm.

* Les fondements du pont seront ouverts fort larges afin d'éviter les chutes de terres et ensuite il faudrat les approfondir jusqu'à deux, trois, quatre, cinq, six pieds plus bas que le plus bas fond de la rivière. La profondeur des fondements se règlera selon le bonfont qui se découvrira tôt ou tard.

den.« In noch vorhandene Zwischenräume fülle man groben und feineren Kies, »den man zu einer Art halbflüssigen Mörtel angerührt hat«, und presse diese Masse in die Fugen. »Danach trage man mit der Mauerkelle Putz auf und bedecke das Gerüst mit etwa 10 cm /›quatre pouces‹ dicken, aneinander gelegten Eichenplanken in Flussrichtung. Diese Bretter sollen an mehreren Stellen mit etwa 27 cm langen Nägeln auf dem Gitterwerk befestigt werden«.[1/§99] In den folgenden Kapiteln fordert *Vauban*, dass die Fundamentgründungen für die Schleusenpfeiler noch mit einer Reihe Spundpfähle abgesichert werden. »Dann ist der Augenblick gekommen, wo man

7 Claude Masse illustrierte die Arbeiten an den Festungswerken. Hier zeichnete er Zimmerleute beim Zurichten der Balken für den Innenausbau von Kasernen.

beginnen kann, das Fundament zu mauern […] Auf welche Weise man das Fundament auch gründen will, es soll, quer zum Flussbett gemessen, eine Länge von mindestens 36 Toisen [70 m] und 12 Toisen [23 m] Breite haben.«[1/§103]

Das Wasser der Saar spielte zur Verteidigung der Festung eine große Rolle. Als Beispiele für diese Art und Weise der Verteidigung seien die Festungen Landau und Hüningen genannt. In Landau wurde die Queich angestaut. Mit ihrem Wasser konnte das Grabensystem geflutet werden, darüber hinaus füllte die Queich die Überschwemmungskessel, die um die halbe Stadt herum lagen und dem Feind nur die Südseite zum Angriff ließen.[20/51] In Hüningen versorgte das Rheinwasser einmal mit Hilfe des Rheingrabens (auf dem Festungsplan Nr. 61) den geschlängelten Vorgraben um die beiden gegenüberliegenden Hornwerke, durch einen zweiten Stichgraben stromabwärts, Nr. 69, den Hauptgraben der Festung. Der Abfluss des Wassers erfolgte durch eine mit zwei Werken geschützte kleine Rheininsel mit Hilfe zweier hintereinander gelegener Auslassschleusen.

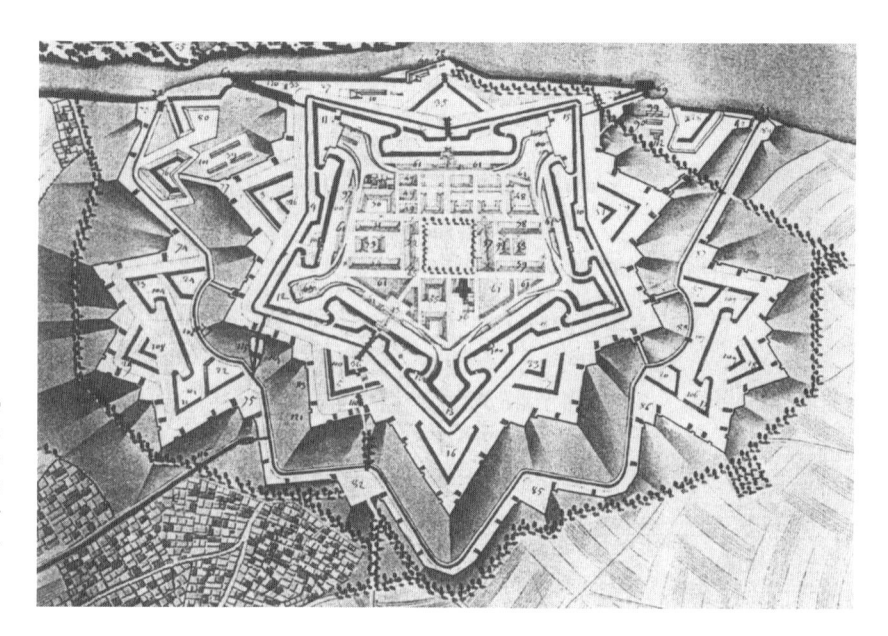

8   Die Festung Hüningen, 1679–1689 von Vauban erbaut, wurde 1814 von österreichisch-bayerischen Truppen erobert. Dieser Plan stammt aus dem Jahr 1786. Das Rheinwasser versorgte die Gräben der linksrheinischen Festung, die bei Basel liegt. (21/156)

Wir haben versucht, die Anforderungen *Vaubans* an eine sorgfältige Fundierung der Schleusenbrücke so eingehend darzustellen, um dem Verdacht zu begegnen, dass er diesem Schleusenwerk die für eine erfolgversprechende Teil-Inundation erforderliche Beachtung versagt hätte. Trotz seiner präzisen Anweisungen stellte sich jedoch in den folgenden Jahren heraus, dass sich die durchgeführten Fundierungen und Aufbauten aus Gründen, die wir anfangs nannten und auf die wir weiter ausführlich zu sprechen kommen, als mangelhaft erwiesen.

Ende 1682 wurde mit dem Bau der Schleusenbrücke begonnen, 1683 war der Generalbeauftragte *Vauban* zur Inspektion in Saarlouis. In der Denkschrift, die er anlässlich seiner zweiten Inspektionsreise am 15. Juli 1700 in Saarlouis unterschrieb, erinnert er sich, »die Fundamentierung dieser Brücke [1683] gesehen zu haben. Sie war drei bis vier Fuß tief in den Tuff unter die Sohle des Flussbettes, welche für den Lauf des Flusses gegraben war, eingelassen. Die Fundamente waren ober- und unterhalb sechs bis sieben Fuß stark mit Quadern bekleidet, das Innere mit Bruchsteinen und großen Moëllons ausgemauert, um als Unterlager für den Rost zu dienen.«[9/61] Die weitere Darstellung folgt der Übersetzung, die Hauptmann *Ritter* 1856 nach dem Manuskript *Vaubans* anfertigte. Da die Ausführungen *Vaubans* sicher nicht nur den Fachmann interessieren, sind sie hier in wesentlichen Teilen ungekürzt zitiert.

> *»Der Schwellrost des Schleusenherdes war aus eichenen Längen- und Querbalken von zehn Zoll Dicke, welche rechtwinklig, drei Fuß im Quadrat, überschnitten waren. Die leeren Quadrate waren mit ausgesuchten Ziegeln auf der hohen Kante ausgemauert und die Oberfläche mit Zement bedeckt. Über das Ganze war eine Lage mit dreizölligen eichenen Bohlen in der Richtung des Stromstrichs, die Fugen mit eingelassenen Leisten genagelt, nachdem die Fugen vorher mit Moos kalfatert und verpicht waren. Das Ganze war mit Teer überstrichen. Eine zweite Lage von zweizölligen Bohlen war auf den ersten aufgenagelt, das Parament der Pfeiler von Quadern alle zwei Lagen verklammert [Das Fundament der Pfeiler aus Quadern war alle zwei Lagen hoch verklammert.]; die Köpfe der Pfeiler waren oberstrom mit Eisenschienen versehen. Das Innere derselben war mit den besten Moëllons ausgemauert.«*[9/61f)]

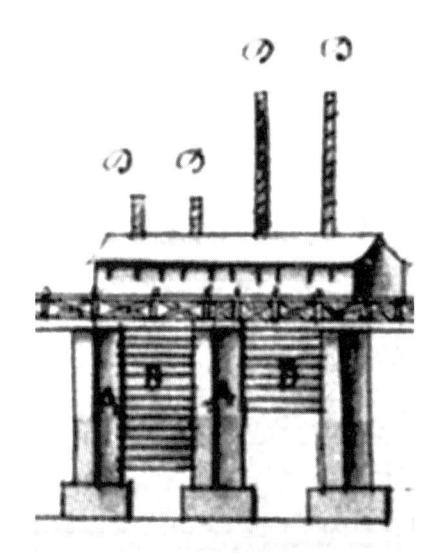

Sicher ist, dass der leitende Tiefbauingenieur *Favart* 1683 von *Vauban* den Auftrag erhielt, laufend einen Rapport über den Fortgang des Brückenbaus zu erstellen, besonders alle weiteren Brückenbaudaten zu sammeln, so dass *Vauban* auf diese Ausführungen zu gegebener Zeit zurückgreifen konnte, was er im Jahre 1700 zusammenfassend in einer Denkschrift tat:

9   Ausschnitt aus der Profilzeichnung Bild 4. Die Querstriche deuten die Versatzbalken an, die zum Aufstauen des Wassers nacheinander in Führungsschienen zwischen die Pfeiler gelegt wurden.

> *»Trotz aller angewandten Vorsicht fing das Werk nach acht bis zehn Jahren bereits sehr zu leiden an, welches seinen Grund in der Qualität des Haussteins, des Kalks und des Tuffs des Flussbettes hatte. Der Stein vom Limberg widersteht wegen seiner geringen Härte nicht dem Wasser, dem Frost und den Eisschollen. Deshalb verloren die Köpfe der Pfeiler oberstrom ihre Eisenschienen, die Ecken wurden abgestoßen und die Fugen ausgespült; einzelne Quader drohten herauszufallen und wurden nur durch ihre ins Innere gehenden eisernen Anker gehalten. Die langen Seiten der Pfeiler waren von diesen Fehlern nicht frei, indem viele Quader weggerissen oder aus der Richtung getrieben sind. Die Falze für den Schleusenversatz waren so stark zerstört, dass man 1693 schon hölzerne Kulissen [Fugen] in denselben anbringen musste, um die Schleusenbalken einlegen zu können. Die Spitzen des ersten und zweiten Pfeilers, worauf die*

Mühle stand, fielen in Stücke, die Pfeiler selbst waren gespalten und wurden immer wieder durch den Strom erschüttert. Im Juni 1700 wurden daher die Mühle und die Pfeiler mit starken Stützen abgesteift, um ihr Einfallen bis zum Frühjahr zu verhindern. Der angewandte Kalk bindet nicht ab, deshalb soll zukünftig der von Metz genommen werden.

Die Sohle des Flusses, aus Tuff [lockere mürbe Schicht des Sandsteins] bestehend, den man fälschlich Felsen genannt und den man mit dem Schleusenherd gleich hoch hatte stehen lassen, wurde durch das Wasser ausgespült, und zwar bis zu 6 bis 18 Fuß [2 bis 5 m] Tiefe auf eine Länge von 10 Ruthen [31 m] quer über den ganzen Fluss.« (9/63)

Vauban führt drei Gründe für den Verfall der Brücke an: die mangelhafte Qualität des Haustens, der schlecht abgebundene Kalk und die Beschaffenheit der Sohle des Flusses. Bedenkenswert ist der Umstand – mit Blick auf diese Mängel –, dass die Baustelle in der Bauphase auf dem linken Ufergelände lag und es durchaus möglich gewesen wäre, tiefer zu graben und sorgfältiger zu fundieren. Der Untergrund sollte gemäß den Anweisungen *Vaubans* der dort liegende Sandstein sein, es war aber Tuff, »den man fälschlich Felsen nannte« und als tragfähig ansah.

Im eingangs zitierten Zeitungsartikel von 1895 hieß es sinnigerweise: »Trotz aller angewandten Vorsicht fing das Bauwerk bald an, sehr zu leiden.« Die Vorsicht war hier – wie paradox es auch klingen mag – als Besorgnis vor jeder Bespannung gemeint, und die Rücksichtnahme war auch geboten: »Die Pfeiler verloren oberstrom bald ihre Eisenschienen und die Quader waren im Winter auch noch dem Eisgang ausgesetzt!«

Vaubans Inspektion im Jahre 1700 fand in unruhigen Zeiten statt: Pfälzischer Krieg ab 1688, Verlustfrieden von Rijswijk 1697, drohender Krieg wegen der spanischen Erbfolge schon vor der Jahrhundertwende. Zu allem Unglück war in der Festung Saarlouis gerade zu dieser Zeit das Herz des Schleusensystems vom Infarkt bedroht! Sogar der Besuch *Vaubans* in Saarlouis und seine Denkschrift an den König und den Kriegsminister brachten keine Abhilfe. Für weitere 77 Jahre sollte der miserable Zustand der Schleusenbrücke die Verteidigungsfähigkeit der Festung in Frage stellen. Es fehlten einfach die Finanzen, was der Festungsbaubeauftragte Jahr für Jahr in seinem Ressort bis zur Unerträglichkeit zu spüren bekam. – Es existiert ein Brief *Vaubans* an den Dichter und Kriegsberichterstatter *Ludwigs XIV. Jean B. Racine* (1639–1699), in dem *Vauban* seinem Freund im Nachhinein die Gründe für die finanziellen Beschränkungen und Streichungen und die politischen Folgen darzustellen versucht: »Durch die vielen Kämpfe zu Lande und zur See sowie durch die enorme Bautätigkeit Ludwigs XIV. war die Staatskasse erschöpft, so dass der König gezwungen war, im Jahre 1697 einen wenig ehrenvollen Kompromissfrieden [Rijswijk] zu schließen, obwohl die Lage – rein militärisch gesehen – ein Weiterkämpfen gestattet hätte!«[33/101] *Vauban*, treuer Diener seines Königs, versuchte gegenzusteuern. Er hält seit 1698 einen Finanzierungsplan zur Lösung der Staatsmisere bereit. Im Juni 1700, einen Monat vor seinem Besuch in Saarlouis, schreibt er: »Ich habe dem König das System unterbreitet und an drei Abenden von je 2 ½ Stunden mit aller möglichen Aufmerksamkeit vorgelesen. Nach mehreren Fragen und Antworten hat Seine Majestät applaudiert, aber, so fügte Sie hinzu, ich möchte wetten, dass es niemals durchgeführt wird.«[33/14]

Damit behielt er leider Recht. 1707 wurden die anonym gedruckten Exemplare des »Projet de Dixme Royale« – so hatte *Vauban* sein Manifest über den Königszehnten genannt – beschlagnahmt. In *Vaubans* Wohnung fand am 25. März 1707, welch ein Skandal, eine Hausdurchsuchung statt. Fünf Tage später starb *Vauban*[8/53], in ganz Europa als großer Feldherr, Festungsbaumeister, Städtebauer und Wissenschaftler hoch geschätzt und nachgeahmt.

Kostspielige Reparaturen in den Jahren 1726–1728 konnten keineswegs den desolaten Zustand der Brücke beheben.[9/64] Für ihren Neubau, der erst 77 Jahre nach der Inspektion erfolgte, hatte *Vauban* 95.850 Livres veranschlagt.

In Saarlouis gab es einen Festungsbauunternehmer mit Namen *Fiscal*, der zu Geld gekommen war und eines der günstigst gelegenen Grundstücke – auf ihm lag die Garnisonsbäckerei – kaufte (heute Westecke Großer Markt–Französische Straße). Dieser *Fiscal* erhielt 1777 den Zuschlag zum Neubau der Saarschleusenbrücke. Der amtierende Platzingenieur *Desandrouin* machte seinem berechtigten Ärger über *Fiscal* Luft, indem er ihn im Abrechnungsbuch (!) in einer Notiz »als einen höchst nachlässigen und faulen Menschen« bezeichnet.[9/116] Genau betrachtet ein Urteil, das eigentlich nur eine Seite dieses Mannes charakterisiert. Die Preußen mussten danach die erneut auftretenden Schäden mit Reparaturen in Höhen von 6.500 Talern in den Jahren 1818 bis 1840 beheben.[9/116]

Saarschleuse und acht weitere Schleusen

Die Brücke über den Fluss mit ihren neun Schleusenkammern (Nr. 17) war das Herzstück eines ausgeklügelten Schleusensystems, das weitere acht größere bzw. kleinere Schleusen umfasste. Der *Festungsplan 1777* zu Kapitel V. des Buches hilft beim Auffinden der acht Werke anhand der nachgesetzten Nummern.

Werk 1	Einlassschleuse für das Wasser der Saar in die Vorgräben, gelegen an der oberen Saar – Nr. 67	
Werk 2	Einlassschleuse für die Gräben des Hornwerks mit Wasser aus der oberen Saar – Nr. 73	
Werk 3	Schleuse am Batardeau / in der Staumauer zum Einfluten und Ausfluten des Wassers der oberen Saar in den Hauptgraben – Nr. 75	
Werk 4	Auslassschleuse am Batardeau zum Ausfluten des Grabenwassers in die untere Saar – Nr. 76	
Werk 5	Schleuse zum Regulieren des Wasserstandes der kleinen Saar im Hornwerk aus der oberen Saar – Nr. 77	
Werk 6	Abflussschleuse der kleinen Saar in die untere Saar – Nr. 78	
Werk 7	Wasserkanal, aus früherer Zeit herrührend, der aus dem Lisdorfer Kanal durch das Glacis über den Graben des Halben Mondes Nr. 9 Wasser in den Hauptgraben führte – Nr. 97	
Werk 8	Auslassschleuse für den gefluteten Vorgraben um die Festung herum in die untere Saar unterhalb der Contregarde Nr. 22 – Nr. 99	

Je nach ihrer Funktion gab es écluses d'entrée/Einlassschleusen und écluses de fuite/Abzugsschleusen. Hinzu kamen noch die Wehre. Die Platzierung der Schleusen im System bestimmte ihre jeweilige Funktion. Durch Hochwinden der Staubalken an der Saarschleuse hob sich der Wasserspiegel saaraufwärts und das Wasser floss in den Hauptgraben unterhalb der Bastion 1 und in die Gräben um die Halbmonde. Ein ostwärts führender Stichkanal mit einem Wehr versorgte die Vorgräben. Schon nach 100 Toisen/50 m trifft das aus der Saar in den Hauptgraben einströmende Wasser auf ein Wehr mit Schleuse, Batardeau genannt. Der Batardeau oder Bärenrücken ist so hoch wie die Tenaille und der Halbmond, zwischen denen er liegt, also ein Bauwerk von rund fünf Metern Scheitelhöhe über dem Normalpegel. Zum Bau dieser Batardeaux ordnete *Vauban* an:

»Ihre Fundamente werden mit der gleichen Sorgfalt befestigt und gesichert wie das der großen Brücke. Das Mauerwerk ihrer Pfeiler und auch das der Seitenmauern der Schleusenkammer sei gleichermaßen sorgfältig errichtet, aber bezüglich der Zusammensetzung der Unterwasserbettungen, der flachen und spitzen Tore, der Pfähle, der Verbindungspfeiler und der oberen Schießscharten folgt man den Schleusenplänen von Metz, die sehr gut sind. [...] Dicht bei den Schleusen errichte man kleine Kammern, in denen man die zum Öffnen und Schließen der Schleusen nötigen Hebestangen, Seile, Kettengelenke und Hebelarme verwahrt.« (1/§123)

Mit dem folgenden Hinweis wird der Baumeister der Festung persönlich angesprochen:

»Herr de Choisy wird versuchen, dem ersten Tor eine Durchgangsbreite von 5,30 m zu geben, dem zweiten etwa 6 m. Sollte sich im Laufe von Planung und Ausführung eine Schwierigkeit ergeben, die genauere Erklärung verlangt, so sende er nur eine Beschreibung des Plans und des Problems, und ich werde versuchen, die Sache zu klären.« (1/§126)

»Die Qualität des Mauerwerks [am Batardeau] sei die gleiche wie die der Brückenpfeiler, allerdings ist es nicht notwendig, die einzelnen Mauerschichten mit Eisenhaken zu verbinden. Der Batardeau

10 Der Batardeau über den Hauptgraben verbindet links die Poterne 90/ Vaudrevange mit den Halben Mond 15. Links teilt er die Tenaille 14 und überspannt den Graben mit der Künette in der Mitte. Im Hintergrund erkennt man die Bastion 13 mit einem Kavalier/erhöhte Stellung.
Im Bereich des Batardeau läuft heute die Vaubanstraße mit dem DRK-Krankenhaus rechts dahinter. An Stelle der Bastion 13 steht heute die evangelische Kirche.

soll auch mit Haussteinen verkleidet werden, mit sauber bedeckten Fugen und in der Mitte des Wehres baue man einen runden Turm von etwa 1,50 m Durchmesser und etwa 1,35 m Höhe, gemessen bis zum Kuppelansatz. Die Kuppel ende in einem spitz zulaufenden Dach, dessen Spitze mit einer Kugel oder mit einem anderen Schmuck versehen ist. In der Mitte [des Turmes] installiere man eine Zisterne in einer Stärke von vier Ziegeln, die mit ihren Schmalseiten aufeinandergesetzt werden und schichtweise mit Zement vermauert werden. Dieses mache man vom unteren Punkt des Fundamentes bis zur Spitze des Batardeaus.« (1/§128f)*

Wir können nirgends sehen, wo diese Türmchen über den Zisternen gebaut wurden. Im Übrigen ist die Frage erlaubt, was *Vauban* mit diesem Vorhaben erreichen wollte. Glaubte er, in den Zisternen Trinkwasser aus anderen Quellen speichern zu können?

Denkschrift über das Schleusensystem von Saarlouis

Nachdem im April des Jahres 1777 damit begonnen worden war, die alte Schleusenbrücke abzureißen, unterzeichnete sechs Monate später der Festungsbaudirektor der Provinz der drei Bistümer, Oberst *Aubigny*, in Metz eine Bestandsaufnahme mit dazugehörigen Plänen der Festung unter dem Titel »Atlas ou Recueil de la ville de Sarrelouis«. Die Pläne waren von dem in Saarlouis tätigen Chefingenieur *de Beylié* erstellt worden.(53) Er beschreibt im »Mémoire sur la manoevre des Eaux«/Denkschrift über die Steuerung des Wassers die effektive Verwendung des Wassers bei der Verteidigung der Festung durch nasse Gräben, Flutgräben, Schleusen, Unterwassersperren usw. und die Funktion der Schleusenbrücke** und der Grabenschleuse. Der Text bringt einige Ausführungen, die durch Kommentierungen und Einwände des Verfassers verständlicher werden könnten.(19/224)

»Eines der wichtigsten Mittel zur Verteidigung von Saarlouis besteht in der Handhabung des Wassers.« Die Schleusenbrücke Nr. 17 »a été établi pour la communication avec l'Allemagne«/wurde als Verbindung mit Deutschland gebaut. Einwand: Das Werk war als Schleuse und Brücke innerhalb der Festung gebaut. Man hätte nach Deutschland auch über die Brücke am Französischen Tor reisen oder an anderer Stelle über die Saar setzen können.

---

* Der Batardeau diente zugleich als Grabenbrücke. Über sie konnten militärische Einsätze und Transporte von den Kasernen und Magazinen erfolgen, und zwar durch die Poternen im Wall über die Tenaillen zum Halbmond zu den Gedeckten Wegen, zu den Glacis und zurück – in der Festungssprache: der Batardeau diente auch der Kommunikation.

** Im allgemeinen Sprachgebrauch ist eine Schleuse dazu da, um Schiffe über Höhenunterschiede hinweg zu schleusen. In Saarlouis diente die Schleusenbrücke dazu, das Saarwasser anzustauen und damit die Gräben zu füllen und die Au zu überschwemmen. Der Wasserstau erfolgte mit Hilfe von Versatzbalken, die an der Oberstromseite und an der Unterstromseite der Brücke herabgelassen wurden, so dass Schleusenkammern entstanden, die den Namen Schleusenbrücke rechtfertigen.

»Der Stau wird mit Balken ausgeführt, die in die doppelte Kulisse der Wände geschoben werden. [Die Versatzbalken hatten in Saarlouis eine Länge von ca. 6,30 m, sie waren etwa 35 cm dick. Sie wurden in die Falze der Brückenpfeiler gelegt, die 27 cm tief und 32 cm breit waren.] Das Schließen der Einlass- und Auslassschleusen Nr. 75 und Nr. 76 wird ebenso mit Balken gehandhabt [genannt Dammbalkenverschluss]. Das ist zeitraubend und kompliziert, denn sie können keine wiederholten und genügend starken Wasserstöße erzeugen, um die Anstrengungen der Belagerer zu zerstören. Portes tournantes [Drehtore] wären zum Erreichen des Zweckes dienlicher und wirksamer.«

Der Ingenieur *de Beylié* kommt hier mit einem eigenen Vorschlag: Er würde zum Schließen der Ein- und Auslassschleusen lieber drehbare Tore verwendet wissen, wodurch schnellere und wirksamere Manöver zu erreichen wären. Auch *Vauban* hat ursprünglich Drehtore geplant, denn er schreibt 1680: »Es ist darauf zu achten, dass man niemals die Tore öffnet, ohne vorher eine Schilfrohr-Faschine zwischen die Tore und die Seitenmauern gesetzt zu haben, damit die Wucht der sich öffnenden Tore aufgefangen wird, die zerstörerisch wirken könnte.«[(1/§125)] Allem Anschein nach hat *Choisy* diese Konstruktion abgelehnt und von vornherein alle Schleusentore mit Versatzbalken schließen lassen, was zwar im Ernstfall zeitraubender, dafür aber technisch problemloser zu handhaben war. Für die Saarschleuse waren Tore schon wegen des riesigen Wasserdrucks ungeeignet und sie ließen keine unterschiedlichen Stauhöhen zu.

Der Ingenieur vom Platz, *Nicolas-François Curel*, in den Revolutionsjahren in Saarlouis, damals Sarre-Libre, tätig, schrieb als Directeur des fortifications in einem Journal:

»Die Brücke hat zwei Falze untereinander [eine zweite Falz befand sich stromabwärts – heute noch zu sehen] und man ersieht daraus, mit welchen Schwierigkeiten man in reißenden Wässern zu kämpfen hat, um die Versatzhölzer dicht niederzubringen, trotz eines von Vauban dafür ersonnenen Hebels. [Verfasser Curel] zieht es daher vor, nur einen Vorsprung an den Pfeiler anzulegen, gegen welchen das Wasser die Versatzhölzer drückt, bei schwachen Strömungen aber [wären] die Versatzhölzer durch einen vertikalen Querbalken gegen Umkanten zu sichern.«[(43/95)]

Kommen wir zu einem zweiten kritischen Punkt der Denkschrift. Ingenieur *Beylié* beschreibt ihn wie folgt:

> »Nach dem Wiederaufbau der Schleusenbrücke Nr. 17 [Beylié hat den Abriss 1777 schon einkalkuliert] wäre es ratsam, den Ein- und Ausgang der Festungsgräben mit Dämmen und Schleusen zu schließen: Das Saarwasser könnte nicht mehr eindringen und die Gräben verschlammen.«

Weiter oben stellte er nämlich fest, dass man

> »im heutigen Zustand von der Einlassschleuse keinen Gebrauch zur Verteidigung der Gräben machen könnte: Der Zwischenraum am Eingang ist 11 bis 12 Fuß [3,60 m bis 3,90 m] hoch verschlammt [unvorstellbar hoch!], und es wird immer so sein, denn bei jedem Hochwasser setzt die Saar neuen Schlamm ab. Daher muss der Einlass des Wassers in die Gräben durch einen Schleusendamm geschlossen werden.«

Der Plan ist sehr gut, Anfang und Ende des Hauptgrabens nicht, wie ausgeführt, in Höhe der Halbmonde mit Batardeaus zu schließen, sondern schon vorher in Höhe des Flussufers. Das hätte die Ablagerung von Schlamm in den Gräben vermieden. Grabenränder und Schleusenoberkanten lagen etwa in Höhe der Halbmonde (etwa 180 m über NN), so dass extrem hohes Hochwasser über sie hinwegströmte. Die Halbmonde dagegen waren durch die Brustwehren vor Hochwasser geschützt.
Vauban: »Die Oberkante der Batardeaus soll bis zur Höhe des gedeckten Weges hochgezogen werden«,[1/§130] eine Anweisung, die nicht befolgt wurde.
Die Verschlammung der Gräben und die nachhaltigen Folgen gehörten zu Überschwemmungsfestungen. Die Preußen legten Sandrechen an den Einlassstellen der Gräben an. *Vauban* hatte Maßnahmen angeordnet, die verhindern sollten, dass die Wassermassen zuviel Schlamm in die Gräben hineinspülen, »aber es wäre vernünftig«, fährt er fort, »zunächst einige Winter vorübergehen zu lassen, um verfolgen zu können, wie die Überschwemmungen sich auswirken und was das Hochwasser mit sich bringt«.[1/§137] Später geschah nichts, um dem Übel abzuhelfen, man musste die Schlammmassen aus den Gräben herauskarren.

»*Die Saarschleusenbrücke Nr. 17 ist auch gedacht, das Wasser so aufzustauen, dass beide Ufer an der oberen Saar überschwemmt werden.*«

Hier spricht *Beylié* von einer zur Zeit nur theoretischen Möglichkeit zur Überschwemmung. Er hat in der Zeit, in der er sich in Saarlouis aufhielt, wegen der Baufälligkeit der Brücke keine Bespannung mit Wasser erleben können. Was er meint, versucht er im Folgenden im Blick auf eine neue, intakte Brücke klar zu machen.

»*Um die Überschwemmung beider Ufer von der Rodener Chaussee bis zum Kapuzinerkanal herbeizuführen, müssten die neun Durchlässe der Flussschleuse sowie die Einlassschleuse Nr. 75 und Nr. 76 und die der Vorgräben sowie die Schütze der Batardeaus des Hornwerks herabgelassen und die drei Dammbrücken von Roden geschlossen werden. [Von Dammbrücken im Fraulauterner Staudamm ist hier deshalb nicht die Rede, weil dieser 1714 durch ein Hochwasser weggerissen und nicht mehr erneuert wurde.] Dann wäre das rechte Ufer mit den Rodener Brücken, wo sonst das jährliche Hochwasser durchfließt, für die Saar abgeriegelt. Das Wasser würde dann von der Chaussee bis zu den Kapuzinern reichen, die vorderen gedeckten Wege wären nass. Die Bastionen 1, 4 und 7 [die Au-Bastionen] wären für feindliche Angriffe nicht mehr erreichbar. Man kann diese Überschwemmung nicht als gesichert ansehen, die Saar führt im Sommer zu wenig Wasser, die erwünschte Menge zur Überflutung wäre nur nach starken Regengüssen erreicht.*«

Dies war einer der Nachteile, die *Vauban* voraussah und dementsprechend die übrigen Hauptwerke so bauen ließ, dass sie auch ohne Wasserverteidigung dem Feinde widerstehen konnten.[1/§ 160]

»*Es wurde [von seinen Vorgängern] beobachtet, dass bei Hochwasser die Kapuzinerau bis zur Hauptlinie an der Bastion Nr. 7 [Bastion Ensdorf] benetzt war, wenn das Wasser 20 Fuß [6,50 m] über dem Schleusenherd der Brücke Nr. 17 stand. Die verschiedenen Messungen, in diesem Bereich vorgenommen, bestätigen die Beobachtung.*«

Es gab verschiedene Messungen mit unterschiedlichen Resultaten. Beobachtung und Erfahrungen jedoch bestimmten in vieler Hinsicht das fortifikatorische Handeln, wo Berechnungen allein nicht ausreichen. *Beylié*:

»Nehmen wir an, die Überschwemmung findet statt, so wäre es einfach, das Wasser danach abzuleiten, indem man einen Kanal ab der Mündung des Lauterner Baches durch den Garten von Herrn Achatius Richard bis zur Gerberei Roden führen würde. [Richard kam aus Nürnberg. Er war gelernter Metzgermeister.[38/847]] Dort würde das Wasser ein so natürliches Gefälle finden, dass es mit eigener Kraft den benötigten Ablauf graben könnte.«

Ganz abgesehen davon, dass der natürliche Ablauf des Wassers wohl das geringste Problem gewesen sein dürfte, greift *Beylié* die Vision eines Saarkanals auf als Mittel, das Hochwasser zu beherrschen. *Beylié* verschweigt jedoch, welche zusätzlichen Schleusenprobleme so ein Kanal, wenn er auch zur Inundation hätte genutzt werden sollen, heraufbeschworen hätte. *Beylié*:

»Im Verteidigungsplan dieser Festung kann [im Regelfall] mit dem Saarwasser nur für die Verteidigung der Gräben gerechnet werden, und nur wenn Wetter und Umstände es erlauben, könnte auch eine Überschwemmung versucht werden – und obwohl es [für den Feind] leicht wäre, das Wasser abfließen zu lassen, würden Pfützen zurückbleiben und ein durchnässter Boden das Ausheben von Gräben erschweren.«

Diese Form der Verteidigungshilfe entspricht in etwa den Intentionen, die *Choisy* vor dem Bau der Festung anstrebte, die in eingeschränkter Form auch die Pläne *Vaubans* inspirierten. Bemerkenswert ist jedoch, dass der Rodener Damm zu Anfang nicht vorgesehen war, so dass, wie sich herausstellte, es schwer war, den raschen Ablauf des Wassers zu verhindern.

Vauban hatte sich mit dem Gedanken befasst, dass der Feind den Fluss umleiten, besser gesagt, ableiten könnte. »Um den Fluss aus seinem alten Bett abzuleiten, müsste der Feind ihm einen neuen Lauf von etwa 40 m Breite und gut 5 m Tiefe schaffen und anschließend ein Wehr quer durch den Fluss errichten. Das alles würde unter dem Feuer der Kanonen und Musketen aus der Festung vor sich gehen und ist infolgedessen zwischen Fraulautern und der Festung nicht realisierbar.«[1/§160]

Die folgenden Ideen *Beyliés* wurden nie realisiert. Sie hätten den strategischen Überlegungen *Vaubans* deutlich widersprochen.

»Man könnte auch eine Überschwemmung vor den anderen Frontabschnitten vollführen: von den Kapuzinern bis zur Wallerfanger Chaussee. Diese wäre nicht so erheblich, und das Wasser könnte auch leicht abfließen, doch das von Natur aus sumpfige Terrain würde das Grabenziehen noch schwieriger machen.«

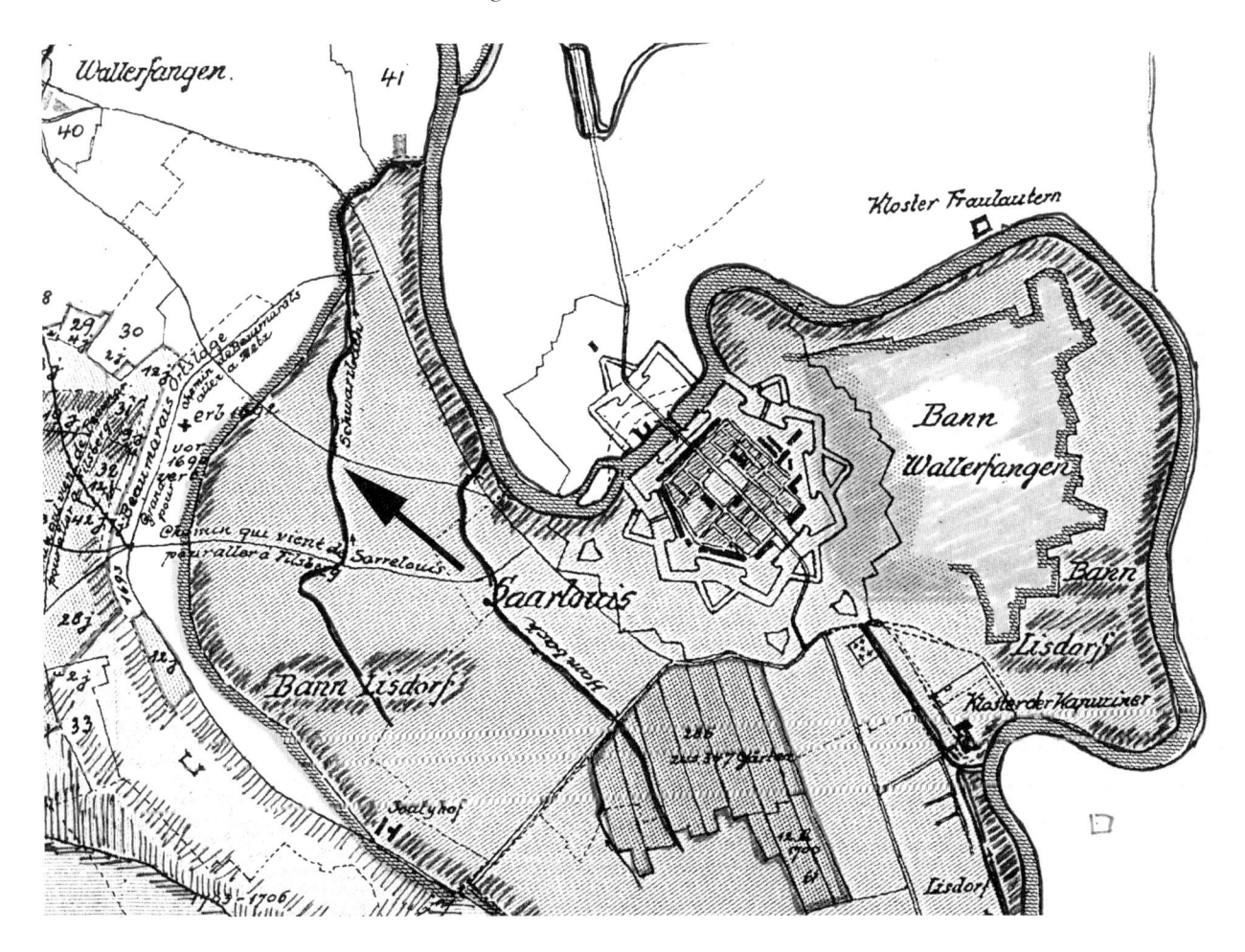

Dieser Plan provoziert folgenden Einwand: Wenn das Terrain von Natur aus sumpfig war, wozu dann noch eine Überschwemmung?

»Diese Überschwemmung kann durch die Stauung des Holzmühlenbaches bewirkt werden. [Der Holzmühlenbach, der heute südlich des Stadtteils Lisdorf an der Kapellen-Mühle in die Saar mündet, wäre leicht in Richtung Norden in Höhe des Marienhofes durch

11 Karte über die Bannmeile von Saarlouis (18/52). Die Schwarzbachstraße führt heute von der Metzer Straße in das Gebiet, das der Schwarzbach (Pfeil) früher entwässerte: Areal Marienhof–Soutyhof–Metzer Wiesen–Beaumaraiser Wiesen–Gebiet Wallerfanger Straße. Die Mündung des Baches lag in Höhe der heutigen Zentralkläranlage.

Dämme abzulenken gewesen.] Sein Wasser würde in die Ebene und in die Bruchgärten fließen. Die Stauung des Schwarzbaches an der Brücke der Chaussee nach Wallerfangen und am Hussard sowie eine Ableitung des Kanals vom Pachtgut Salverte* und alle Wasserrinnen zusammen mit mehreren Quellen der Sumpfwiesen würden ein schwer zugängliches Sumpfgebiet bilden.«

Das Memoire *Beyliés* endet mit dem Eintrag »Metz, 1. Oktober 1777«. Ingenieur *Beylié* kann zur Gruppe der »Inundations-Ilusionisten« gezählt werden. Er übersah, dass *Vauban* in seinem »Projet« gerade diese Seite als taktische Angriffsseite für den Feind verstanden wissen wollte. Gerade dieses Gelände sollte den Feind, ungeachtet der vielen Geländeschwierigkeiten, zum Angriff reizen, sogar herausfordern, und das vor einer Front, die durch starke Artilleriebestückung und starke Mauern dazu eingerichtet war, Angriffe für längere Zeit abzuwehren, so dass der Feind im Rahmen eines strategischen Konzeptes aufgehalten und am Weitermarsch gehindert worden wäre – eine Auffassung, die besonders die Verfechter des Bewegungskrieges ihren Gegnern immer wieder klar machen mussten.

Ausbau des Schleusensystems durch die Preußen

Im Jahre 1816 begannen preußische Ingenieure in der Festung Saarlouis mit der Bestandsaufnahme, und gleich zu Anfang wurde entschieden, dass die ab der letzten großen baulichen Anstrengung von 1778 – gemeint ist der Neubau der Schleusenbrücke – vernachlässigten Festungswerke wiederhergestellt werden sollten. Die Beibehaltung und der Ausbau des Schleusensystems nach den Vorstellungen *Vaubans* bedeuteten die grundsätzliche Entscheidung. »Um die Inundation völlig anspannen zu können, sollte die große Inundationsschleuse über die Saar in vollkommenen Stand gesetzt« werden, und um die Inundation zu erhalten, sollten auch die Dämme von Saarlouis nach Roden und von hier nach Lautern, die bei dem Hochwasser im Jahre 1714 eingerissen worden waren, neu gebaut werden.[9/140]

* Gemeint ist der Souty-Hof. Dies geht aus der Notiz von Notar *Motte* hervor, wonach Herr *Souty* den Lamont-Hof im Jahre VI der Revolution (1794) von »Herrn Lallemant, Schwiegersohn des Herrn Salverte« kaufte.(6/678)

Es wurde beschlossen, »die Festung wieder in einen verteidigungsfähigen Zustand gegen den förmlichen Angriff zu setzen, die Gräben zu entschlämmen und wieder auf ihre ursprüngliche Tiefe auszuheben, die Wasserwerke und die eingefallenen Revêtements [die gemauerten Grabenwände] wiederherzustellen«.[9/139]

Die Preußen erhöhten noch die Zahl der Schleusen im Festungsbereich, verbesserten durch 18 Seilwinden sowohl auf der Oberstromseite als auch auf der Unterstromseite der Saar-Schleusenbrücke die Technik für die Bespannung und legten Künetten an (ca. 60 cm brei-

12 Zwei Brückenpfeiler aus einem Foto vom Ende des 19. Jh. Vor den Pferden kann man jeweils die preußischen Seilwindenaufbauten auf den Pfeilern erkennen. Zwischen den Pfeilern liegt quer einer der Dammbalken.

13 Das zweite Foto (Ausschnitt aus Bild 3) ist wahrscheinlich etwas später aufgenommen worden. Die Aufbauten haben schmucke Bedachungen erhalten.

te Abflussrinnen auf der Sohle der Festungsgräben), um der Verschlammung und der Verpestung der Luft samt der Mückenplage Herr zu werden. Eine planmäßige Reinigung der Künetten sollte die hygienischen Verhältnisse verbessern.

Alles in allem ist festzuhalten, dass die preußischen Kommandanten das Verteidigungs- und Angriffssystem *Vaubans* in der Festung Saarlouis würdigten, die durch Vernachlässigungen in der napoleonischen Zeit entstandenen Schäden behoben, die Werke nicht nur ausbauten, sondern auch zeitgemäß verstärkten.[9/139]

Entsprechende Anweisungen erfolgten von der dazu eingerichteten preußischen Festungsbaukommission unter Leitung des Obersten *Keibel*.

⚜

XII. Von Toren, Kernwerken, Kasernen – und Linden

»*Dans le centre de chaque demi-lune et tout à fait hors de la visée du canon que l'ennemi pourrait mettre sur les angles du chemin couvert qui enveloppe les pointes des bastions, faire des petits réduits de maconnerie.*«(1/§71)

Vauban 1680

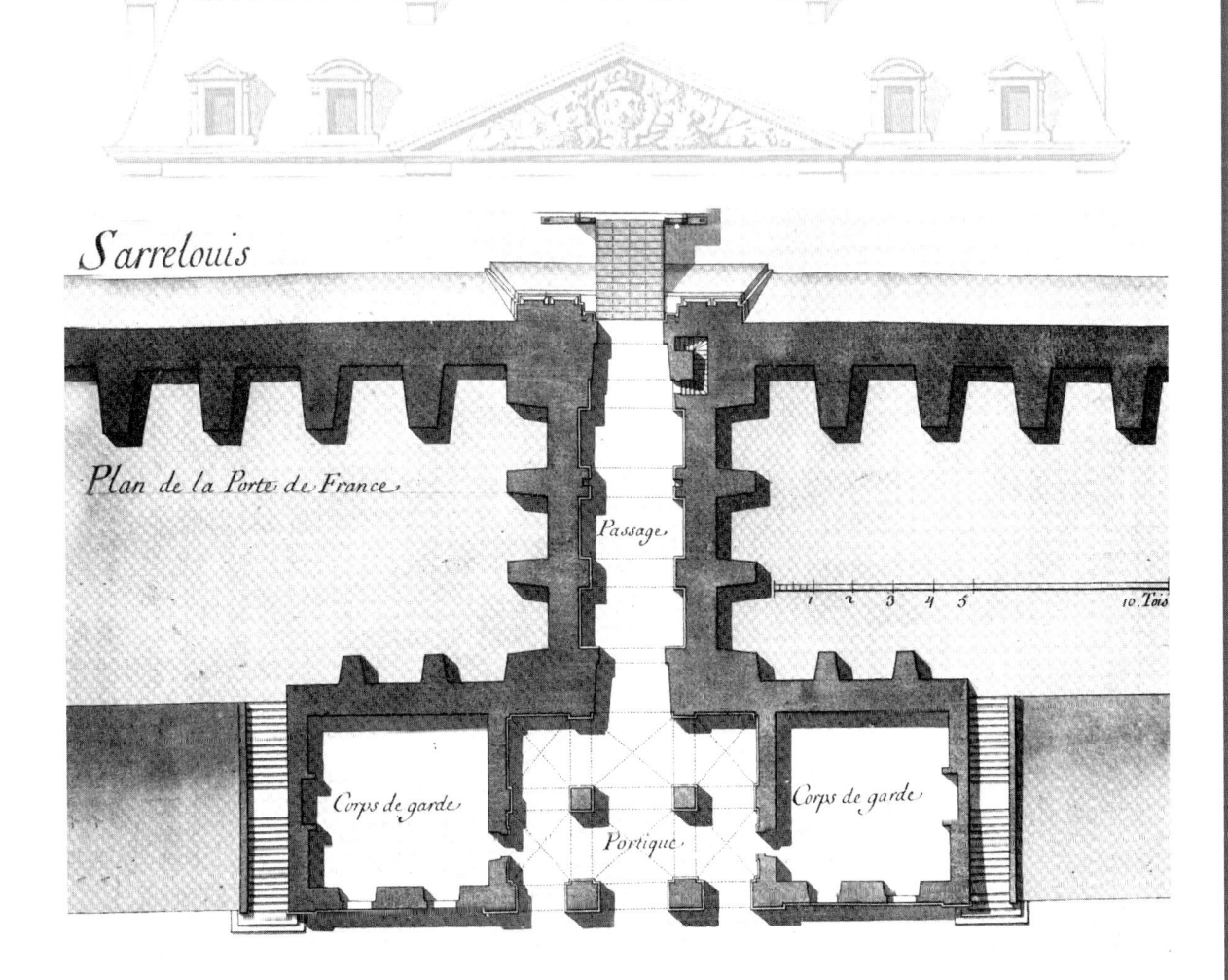

»*In der Mitte eines jeden Halbmondes und völlig unerreichbar von Geschützen, die der Feind auf die Winkel des Gedeckten Weges, der die Spitzen der Bastionen umgibt, richten könnte, müssen kleine gemauerte Kernwerke [Kasematten] errichtet werden.*«

Vauban 1680

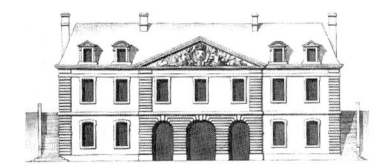

XII. Von Toren, Kernwerken, Kasernen – und Linden

»Die Thore waren im Altertum stets durch zwei nah aneinanderliegenden Türme geschützt. Innerhalb der mit Eisen beschlagenen Thorflügel lag noch ein sogenanntes Fallgitter, welches Mittels Ketten an einer Welle hing, die sich in einem verschlossenen Raume über der Thordurchfahrt befand.«[4/30]

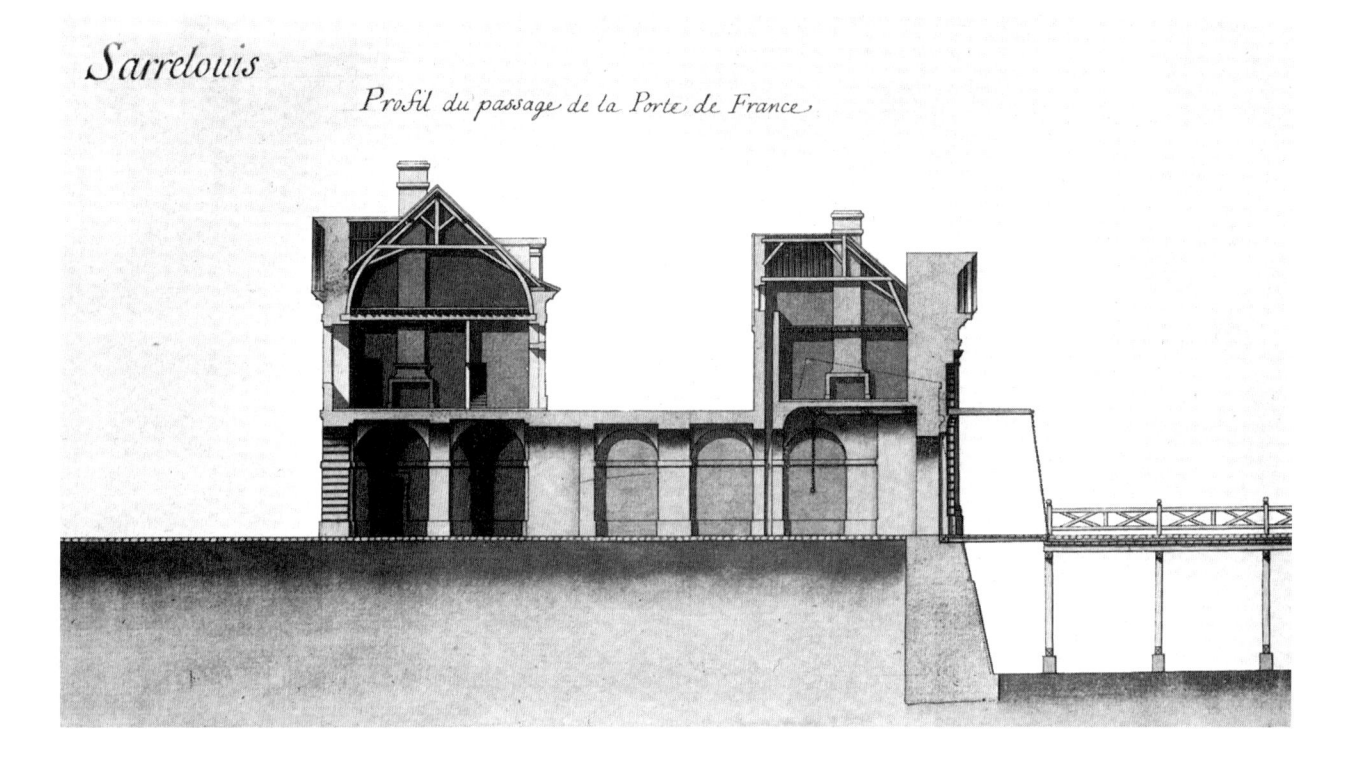

2   »Profil du passage de la Porte de France« / Profilzeichnung vom Durchgang durch das Französische Tor in Saarlouis. Kolorierte Handzeichnung, wahrscheinlich entstanden im 18. Jh.(112)

*   Aus der Ferne konnte man die Festung in der Saarebene gut sehen. Die etwa 8,90 m hohen Bastionen und die rund 11 m hohen Festungstore wurden von den etwa 15 m hohen Kasernen und dem 31 m hohen Barockturm der Kirche überragt.

Für die frühneuzeitliche Festung Saarlouis ordnete *Vauban* an:

»Die Tore sollen mit Türflügeln, Fallgattern und den anderen üblichen Schließvorrichtungen ausgestattet werden, die mit all ihren nötigen Beschlägen, Sperrbalken und Schließteilen versehen sind.«[1/§81]

»Das ganze Torgebäude soll auf der Innenseite der Festung ruhig über den Wall hinausragen, jedoch nicht mehr als 4 m [...] Unmittelbar neben der Wache sind zwei große Treppen zu bauen, und zwar aus Hausteinen von etwa zwei Meter Breite, damit man über diese Treppen den Wall erreichen kann.«[1/§79,80]*

»In der Höhe des Wallganges muss eine weitere Etage gebaut werden, die genau wie die untere in Wachstube und Offizierskammer unterteilt ist. Dort richte man eine kleine Abteilung für die Fallgatter ein, die eine Winde zum Heben auf dem Speicher haben soll, und Niedergänge, um die Fallgatter rasch niederlassen zu können. Im Übrigen sollten die Architektur und die Skulpturen der Innenseite und der Rückseite dieser Torgebäude entsprechend den Zeichnungen, die aus Paris kommen, angefertigt werden.«^(1/§80–82)

Sparsamkeit war wohl einer der Gründe, warum Minister *Louvois* sich die Entscheidung über die Ausmaße der Bildhauerarbeiten vorbehielt – gern wollte der ehrgeizige Minister aber auch das Mitspracherecht behalten. Das ging bei der Beschaffung der Skulpturen für die Tore von Straßburg (1681 von französischen Truppen besetzt) so weit, dass *Louvois* bei der Betrachtung der eingereichten Entwürfe wohl die Hände über dem Kopf zusammenschlug und an *Vauban* schrieb:

»Die von Euch geplanten Tore, deren Zeichnung Ihr mir geschickt habt [...] sind viel zu groß und prunkvoll. Sie müssen beträchtlich verkleinert werden, [...] so dass sie zusammengenommen nicht mehr als 12.000 Taler kosten.«

Den Leser wird die Antwort *Vaubans* interessieren, und er kann sich gut vorstellen, dass auch für Saarlouis dieselben Meinungsverschiedenheiten ausgetragen wurden.

»Wenn Ihr das Schmuckstück dieser Tore beschneiden wollt, braucht Ihr es nur Tarade [dem zuständigen Baumeister] zu vermelden, und Ihr dürft versichert sein, dass sie sehr schlicht und sogar sehr schlecht ausfallen werden. Ich halte dies indessen nicht für angebracht, da hier ganz Deutschland durchkommt und die ungemein neugierigen und in den Künsten recht gut bewanderten Deutschen an der ›Schönheit‹ der Tore sehr wohl ablesen können, wie es um die Herrlichkeit dieses Königs und die Qualität seiner Festung bestellt ist.«^(2/31)

Es könnte wohl der Hinweis auf das Ansehen des Königs bewirkt haben, dass *Louvois* in dieser Sache einlenkte.

»Rampert, Kullang un Poort«

Die folgenden Verse waren in preußischer Zeit in Saarlouis bekannt. Die Saarlouiser sprachen lange Mundart mit treffenden, bedarfsgerecht ausgeformten französischen Wörtern. Bekannte Beispiele sind

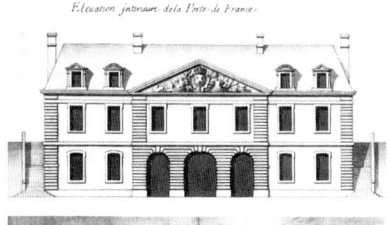

2   Von oben nach unten: Plan des Französisches Tores Saarlouis, aus dem Stadtinnern gesehen (03/66). Dasselbe Tor als Gemälde von Becking in preußischer Zeit. Tor in Neubreisach. Französisches Tor in Longwy, 1985, als noch Autos durchfuhren. Landau mit dem königlichen Motto: *NEC PLURIBUS IMPAR.*

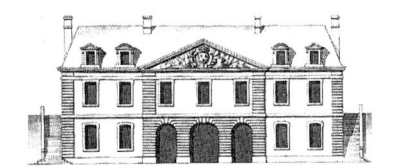

der »Kullang«, für die Abflussrinne in den Straßen, vom französischen *couloir*, »Rampert« für den Festungswall, vom französischen *rempart*, »Redoute« für Maskenball oder »franseesch Poort« für das Französische Tor.

> *»Nanzich, Mannheim et Sarrelouis*
> *Senn drei Städt, qui sont très jolis.*
> *Nanzich, Mannheim et Sarrelouis*
> *Die schönste Städt dans tous l'pays.*
> *Nanzich an d'Meurthe, Mannheim am Rhein*
> *Saarlouis sur la Sarre ganz fein. [...]*
> *So es Saarlouis doch eine poucelle*
> *On lait sur la Saar wie en Citadell*
> *Couronnet wie en Königin*
> *Met Battrien, Bäm on Magazin.*
> *Se hat zwey Porten en Symetrie*
> *Die gesit mer grad vis-à-vis*
> *De französisch Port et des allemands*
> *So nennt mer se communément.«**

* Die Verse stammen aus »Burleske Beschreibung der Stadt Saarlouis in Saarlouiser Dialekt«.(103) Die Gedichte waren im Umlauf und wurden 1857 bei *Franz Stein* in der Bibelstraße, nachmals Verlag *Hausen*, gedruckt. Verfasst hat sie *Abbé Jager*, Sohn eines Bäckers aus Saarlouis, geboren 1765, gestorben als Pastor in Kedingen/Lothringen. (18/208)
Jager war kein Mundart-Forscher. Er bediente sich dieser Sprechweise, um die Stimmung zu erfassen, die der Seelenlage vieler Saarlouiser nahe kam, die nach 1815 plötzlich zwischen der bisher erlebten französischen Zeit und der preußischen Gegenwart hin- und hergerissen waren. Schon diese acht Zeilen machen bewusst, wie die Festung mit ihren Werken die Menschen beschäftigte und wie ihre Umwelt sich recht glaubwürdig dazu eignete, hochstilisiert zu werden. Unser heutiges Festungsinteresse ist, wenn überhaupt vorhanden, nostalgisch bedingt und auf der Suche nach Identität.

Beschäftigen wir uns weiter mit der Festung und ihren Werken. Es war der Festungsingenieur und große Maler *Leonardo da Vinci* (1452–1519), der die »Halbmonde« die »Schilde der Festung« nannte. Fünf Halbmonde schützten mit ihren feldwärts gerichteten Spitzen das Königliche Sechseck Saarlouis. »In der Mitte eines jeden Halbmondes«, schreibt *Vauban*, »und unerreichbar von den Geschützen, die der Feind auf die Winkel des Gedeckten Weges, der um die Spitzen der Bastionen und Halbmonde läuft, stellen könnte, müssen kleine gemauerte Kernwerke [auch Kasematten genannt] von etwa 6 m für die Flankenseiten, 14 bis 16 m für die Gesichtsseiten und etwa 24 m für die Rückseiten gebaut werden«[(1/§71)], womit der Bau die Form einer zusammengelegten Bischofsmütze erhielt. Kernwerke waren selbständige, schusssichere und sturmfreie Kasemattenbauten im Inneren einer Festung oder eines Werkes, in die sich die Besatzung bei starkem Feuer zurückziehen konnte.[(19/132)]

Den Halbmonden, besser gesagt ihren Kernwerken, widmet *Vauban* im »Projet« vier Kapitel mit der Überschrift: »les réduits«/die Kernwerke. Dem Bau der sechs Bastionen – für jede war im Belagerungsfall eine Besatzung mit 660 Soldaten vorgesehen[(8/48)] – widmete er kein eigenes Kapitel, er erwähnt sie in bestimmten Zusammenhängen.

Vauban fährt fort: »In den Kernwerken baue man Wachstuben mit 12 m Länge und 5,50 m Innenmaß, auf der Vorderseite ein kleines balkonartiges Dach, von Pfeilern gestützt und an die Mauer herangebaut, damit man darunter Waffen aufbewahren kann!« Offiziere und Soldaten sollen in getrennten Räumen untergebracht sein, mit einem gemeinsamen Kamin oder einem kleinen Ort für zwei Öfen. Es ist »darauf zu achten, dass sowohl das Wachhäuschen als auch der Balkon sorgfältig gepflastert werden«.(1/§74)

Man könnte auch »ein kleines Stück des Balkons ausmauern und mit einem gewölbten Dach versehen, um daraus ein Pulverlager zu machen [...] ungefähr dort, wo auch die Latrinen stehen werden. Rechts und links müssen die Kasematten kleine Türen haben und Verbindungswege zum Wall des Halbmondes.«(1/§73)

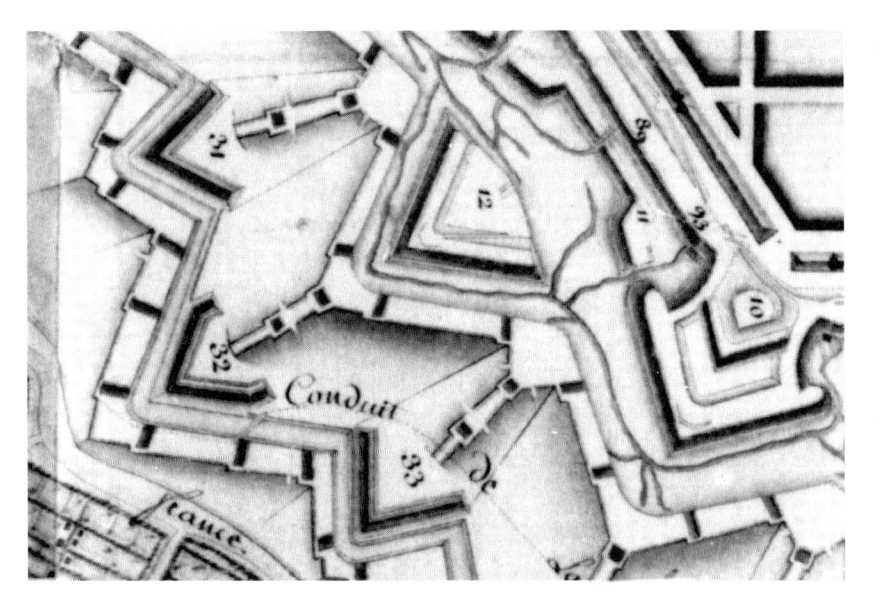

3   Jacques Tarade wurde 1640 als Sohn eines Architekten in Paris geboren. 1683 wurde er geadelt, 1722 starb er in Straßburg. In der Zeit Ludwigs XIV. war der Ingenieur-Architekt ein angesehener Mann. Nach der Besetzung Straßburgs verstärkte er die Festungswerke, errichtete die Zitadelle und residierte in ihr als Direktor der Festungen im Elsass.(17/1661). Es scheint, dass Vauban ihn weniger als andere schätzte.

4   Planausschnitt von Saarlouis nach d'Aubigny 1775. Die Kernwerke der Festung besaßen bombensichere Kasematten in Form einer Bischofsmütze. Die Rückseite maß 24 m, die Flanken 6 m und die Gesichtsseiten 14 m.

Vauban mahnte an, dass an der Spitze jedes Halbmondes ein spanisches Türmchen angebracht werde. Sie sollten aus Haustein sein und »mit einer einfachen, aber soliden und freundlichen Architektur verziert werden. Es ist darauf zu achten, dass ihre Spitzen mit Lilien und Sonnensymbolen aus vergoldetem Kupfer versehen werden, das Ganze schön und sorgfältig ausgeführt.«(1/§29)

Wichtiger waren für ihn die Brustwehren, »sie sollen zwischen den zwei Böschungen etwa 6 m dick sein, auf der Vorder- und Rückseite mit Rasen bepflanzt sein, sorgfältig mit Faschinenwerk verstärkt, die Erde soll gut ausgewählt sein und immer gut gestampft werden bis sie nicht mehr abbröckelt (la terre bien choisie et toujours battue jusqu'à ce qu'elle ne refoule plus)«.(1/§55)

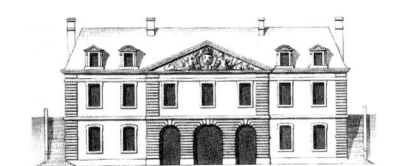

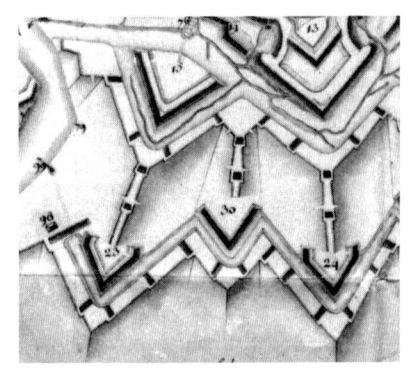

Vauban plante »außerdem eine Geschützbank«, eine Plattform, zwischen 1 bis 2 m hoch hinter der Brustwehr, vor allem an der Bastionsspitze und ein oder zwei Auffahrten für die Kanonen und die Munitionskarren.[(1/§55)]

Die Lünetten waren entweder gemauerte Werke oder Erdbefestigungen mit Palisadenwänden. Sie lagen am Fuße der Glacis und waren durch einen »Koffer« – einen gedeckten Gang – mit den Halbmonden verbunden. In den Koffern lagen Traversen. Diese Querwälle dienten den Soldaten als Deckung. Die Preußen gaben den Lünetten Namen, zum Beispiel lag die Lünette »Aster« unterhalb des Französischen Tores – heute verläuft dort die Asterstraße, benannt nach dem General *Ernst Ludwig von Aster*, Mathematiker und Generalinspektor der preußischen Festungen.

Die Kasernen

5   Lünetten hatten die Form einer Pfeilspitze. Die meisten waren gemauert, andere als Erdschanzen ausgebaut. Ausschnitt aus dem d'Aubigny-Plan 1775 – Westseite der Festung.

6   Der weiße Pfeil zeigt auf eine gemauerte Lünette vor der Bastion 4 im Modell der Festung im Städtischen Museums Saarlouis.
Lünetten fungierten als »Vorposten« der Festung und waren durch Laufgräben mit den rückwärtigen Waffenplätzen entlang der Gedeckten Wege vor dem Hauptgraben verbunden.

In Saarlouis stehen heute noch vier Kasernen aus der Festungszeit, eine aus französischer, drei aus preußischer Zeit.

Über den Kasernenbau schreibt *Vauban* in seinem »Projet« keine Zeile. Das ist auf den ersten Blick erstaunlich, hat aber seinen Grund in der Tatsache, dass zu jedem neuen Festungsplan, den *Vauban* erstellte, sein im Königreich bekanntes Kasernenbau-Dossier gehörte. Alle Festungsgouverneure waren über den Bau von Kasernen nach Entwürfen *Vaubans* unterrichtet. *Colbert* hatte ihnen die Pläne im November 1679 zugesandt.[(2/29)]

Nach dem zweiten Eroberungskrieg *Ludwigs XIV.* gegen die spanischen Niederlande und Holland von 1667–1678 war die französische Armee zahlenmäßig stark angewachsen, und die Unterbringung der Soldaten machte mehr und mehr Schwierigkeiten. Es wurde nach einer Lösung gesucht, die besser sein musste als die bisher praktizierte, nämlich die Unterbringung der Soldaten in feuchten Festungswerken, engen Bürgerhäusern oder Zeltlagern. Eine Entlassung aus der Armee kam nicht in Frage.

Mit dem Bau der Zitadelle von Lille im Jahre 1667, *Vaubans* späterem Amtssitz, entstand erstmals ein »vollständiger Kasernenkomplex mit allen zugehörigen Bauten wie Kapelle, Pulvermagazine, Proviantamt, Zeughaus und Kommandantur, das heißt eine autonome Militärstadt«.[(2/28)] In den von *Vauban* konzipierten Kasernenbauten, die aus Elementen bestanden, die man beliebig zahlreich aneinanderreihen konnte, sind 400, 600, 1.000 Soldaten je nach örtlichem Bedarf unterzubringen. Minister *Colbert* war von Vaubans variierbarem Grundplan für den Kasernenbau begeistert. *Vauban* hatte damit ein modernes Bauprinzip – das des Baukastens und der Serienfertigung – vorweggenommen.[2/70]

Die Darstellung in der Zeichnung (Abbildung 12), sie stammt aus einem Lehrbuch[21/159], ist von *Vauban* mit Datum von 1689 abgezeichnet. Die Mannschaftsstuben waren 28 Quadratmeter groß. Der Grundriss rechts zeigt eine Elementarzelle mit je vier Stuben. Jede Stube konnte mit zwölf Mann (oder mehr!) belegt werden, in drei Stockwerken in einem Element konnten rund 150 Mann und in vier Elementen 600 Mann untergebracht werden. Die Kaserne mit vier Elementen war 18 m lang. *Ritter* schreibt, dass die in preußischer Zeit gebaute zweistöckige Kaserne Nr. 10 530 Mann Infanterie aufnehmen konnte.[9/45]

Der links gezeichnete größere Grundriss zeigt vier Doppelstuben in erweiterter Dimension, sie gehörten zum angebauten Offizierspavillon. Aus dem oben seitlich gezeichneten Aufriss mit Treppenhaus ist ersichtlich, dass das Erdgeschoss als Pferdestall ausgebildet war. Im Laufe der Sanierung der Kaserne 1, auf dem Plan Nr. 49/50, wurde 1980/83 unter dem noch vorhandenen Stallboden ein Belüftungskeller gefunden. Für die hier untergebrachten edlen Reitpferde konnte durch den niedrigen Hohlkeller und durch entsprechende Luftschächte die Stallluft wesentlich verbessert, bei Bedarf sogar

7   Foto aus der Zeit nach 1954. Im Vordergrund die Kasernen 8/47-48, erbaut 1681. Schäden wurden 150 Jahre später von der preußischen Bauverwaltung behoben. Infanterie- und Kavallerieeinheiten waren hier untergebracht. Im Pavillon 48 residierte der Major de la Place.
Das Pendant der Kaserne, Kaserne 1/49-50 in der Pavillonstraße, wurden nach Plänen des Architekten Dr. Karl Hanus 1980–83 restauriert.

8   Ofenplatte der Dillinger Hütte für eine Saarlouiser Kaserne mit der Aufschrift: »Casernes de Sarrelouis 1727«.
Als Bild: Lilienwappen, Königskrone und Palmzweige mit Früchten; Größe 87 × 62 cm; (Städtisches Museum Saarlouis).

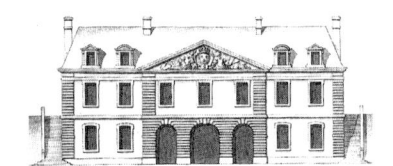

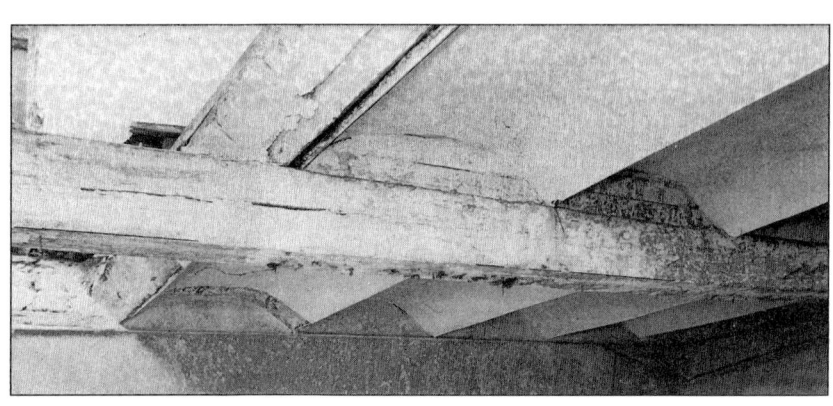

9   Decke im Laden »Gardinen Kleist« im Untergeschoss der Kaserne 1/49. Die Nachbildung der Decke ist als Beitrag zur Denkmalspflege zu sehen.

10 Ursprüngliche Decke über dem Pferdestall der Kaserne 1/49. Die Deckenbalken waren auf eine Kante gelegt, ihre Tragfähigkeit war dadurch erhöht. Mit dem dazwischen gemauerten Tonnengewölbe war die Decke bombensicher.

11 Der Pfeil zeigt auf den damaligen Städtischen Friedhof; rechts daneben stehen die Kasernen 2/54 und 3/53, anschließend Fouragemagazin 51 und im Vordergrund rechts die Kasernen der Pavillonstraße 1/49 und 1/50.

* Erstaunlich ist es, dass die Preußen diese französische Kaserne auf drei Stockwerke erhöht haben sollen, wo sie doch selbst die ab 1840/ 1865/1833 gebauten Kasernen Nr. 4, 6 und 10 zweistöckig ausführten. Zur Klarstellung: Die französischen Kasernen 2 und 3, Nr. 54 und 53, an der Zeughausstraße und die Kaserne 5, Nr. 42/43 (abgerissen erst im November 1970), waren ebenfalls dreistöckig.

erwärmt werden. Die quadratisch zugeschnittenen Holzbalken der Decken im Erdgeschoss waren auf die Kante gelegt, so dass die seitlichen, schrägen Balkenflächen zur Aufnahme des gemauerten Tonnengewölbes dienten. So bauten die französischen Ingenieure damals bomben- und einsturzsichere Kasernendecken – jedoch nur im Stallbereich. Alle französischen Kasernen, gebaut in der Gründerzeit, waren dreistöckig. Der etwas vorstehende Teil diente zu Offizierswohnungen und hieß Pavillon. *Ritter* hat die Ausmaße der Kaserne 1/Nr. 49/50 nachgemessen: Bauweise massiv, 2 Stock hoch [über dem Erdgeschoss] mit Mansardendach, 270 Fuß lang, 44 Fuß breit, 34¼ Fuß hoch [85 m lang, 14 m breit, Traufhöhe 11,46 m], im Jahre 1683 erbaut, ab 1815 zu »Dienstwohnungen für die zum Festungsstabe gehörenden Offiziere und Beamten und zur Garnisonsschule benutzt«.[9/43] Die Angaben *Anton Ritters* wurden nach der Vermessung durch das städtische Vermessungsamt 1998 bestätigt. Im Amtsblatt des Saarlandes vom 25. Mai 1993 steht dagegen im Zusammenhang mit den in Saarlouis denkmalgeschützten Bauten: »Kaserne 1, ältester Kasernenbau der Stadt. 1683 möglicherweise ursprünglich als zweigeschossiger Bau zu 32 Achsen errichtet. Von den Preußen 1838 dann um ein Geschoss erhöht. Dabei auch Ersetzen der ehemaligen Walmdächer durch ein Mansardendach ...«* Im Kapitel VIII. »Neues Saarbett, Höhenmaße, alte und neue Fundamente« wurden alle acht Kasernen im einzelnen beschrieben. Es ist schon bemerkenswert, dass von 1681 bis 1683, in einer Bauzeit von nur drei Jahren, vier Kasernen – die Nrn. 47/48, 53, 49/50 und 42/43 – hochgezogen wurden. Sie dienten der dringenden Unterbringung von Kavallerie, Artillerie und Infanterie, der Aufnahme von Dienststellen für die Stabsoffiziere, Ingenieure und zur Errichtung der Arrestanstalt.

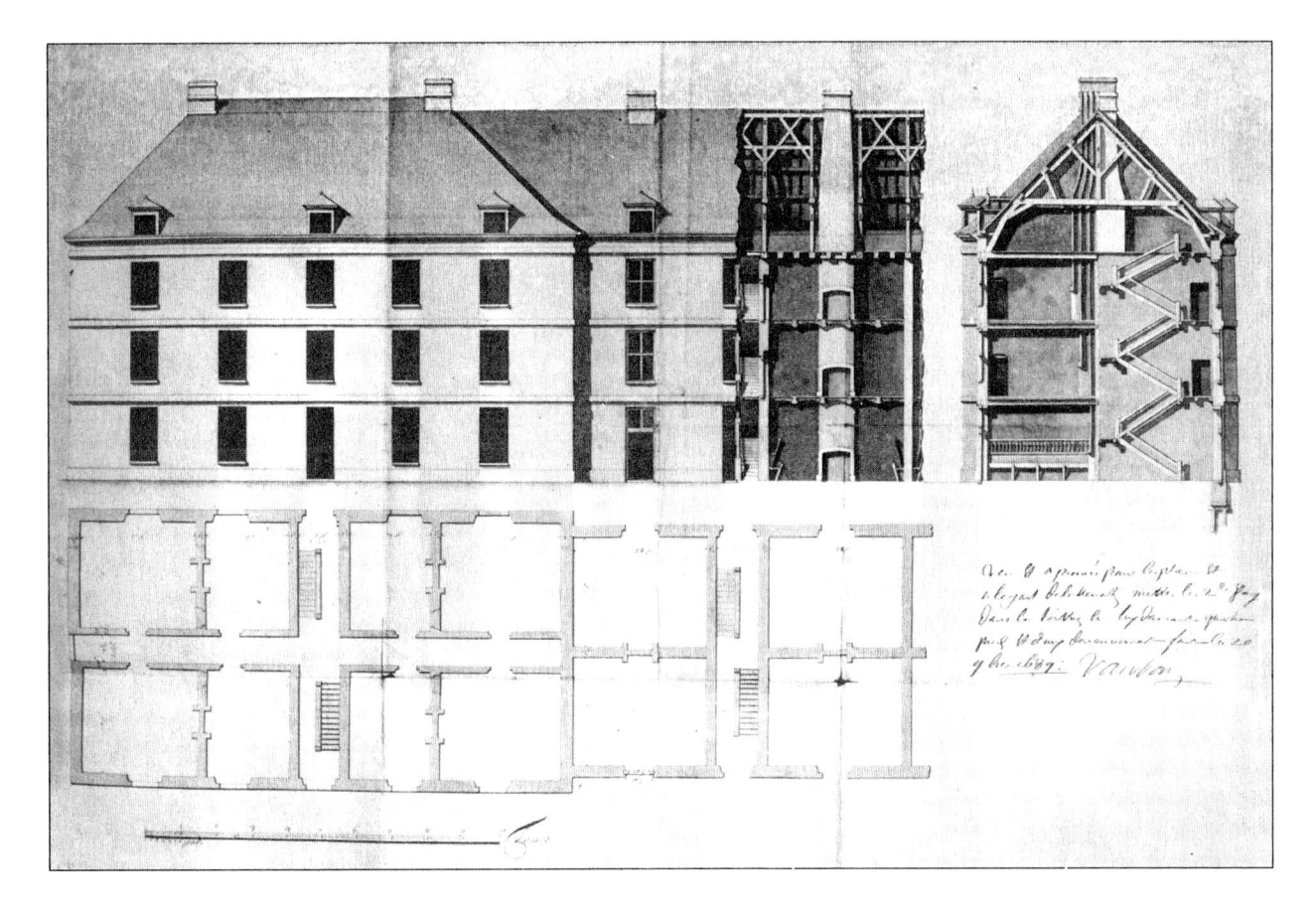

Das Festungsmodell im Städtischen Museum Saarlouis, das von Filmarchitekt H. *Just* 1979/80 nach einem Festungsplan von 1726 gefertigt wurde, zeigt die Kaserne 7/46 ohne Dach, »sie sei damals – nach Recherchen im Jahre 1979 – im Abbruch gewesen«.[(2/52)] Bei *Ritter* findet sich der Hinweis, dass sie 1877 abgerissen wurde.

Hinter den Kasernen 3/53 und 2/54 lag der Städtische Friedhof. Nach Verlegung vor das Französische Tor im Jahre 1773 wurden auf dem Friedhofsgelände eine unbedeckte und eine bedeckte Reitbahn angelegt.[(6/20)] Wegen ihres abgewirtschafteten Zustandes erfolgte 1936 der Abriss der beiden Kasernen, in denen 17 Jahre zuvor Sozialwohnungen eingerichtet worden waren. Die Bewohner zogen in neue Mietshäuser, errichtet im Obstgarten des Stadtteils Lisdorf, um.

12 Kolorierte Zeichnung für Kasernen der Festung Lille, mit Datum 20. November 1689 und der Signatur Vaubans (21/159). Beschreibung siehe Text. Ludwig XIV. ließ diesen Plan als Modell für sämtliche Kasernenbauten als Kupferstich vervielfältigen. (2/70)

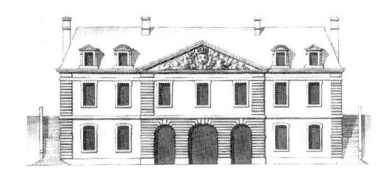

13 Die Kaserne 5/43 mit Pavillon Nr. 42, unten rechts entlang der Lothringer Straße, wurde 1970 abgerissen. An ihre Stelle baute Dr. Karl Hanus ein Warenhaus für die französische Kette »Prix Unic«, heute »Peek & Cloppenburg«.
Das Gebäude war 1683 errichtet worden und hatte als Pfahlgründung 287 Jahre auf 1.650 eingerammten Akazienpfählen (Robinien) gestanden. Die Pfähle waren 17 Fuß (5,30 m) lang und etwa 7 Zoll (18 cm) dick. Sie reichten, gemessen von der 5 m tiefen Fundamentsohle der Kaserne, bis zum Buntsandstein in 10 m Tiefe.
In diesem Bereich endete wahrscheinlich der Baukanal, »Lisdorfer Kanal« genannt. Foto 1964.

Das Arsenal / Zeughaus

Die Zeughausstraße hat ihren Namen von dem preußischen Zeughaus, das in französischer Zeit Arsenal hieß. Seinen Plan, wonach das Arsenal an der Place d'armes zur Französischen Straße gegenüber der Militärbäckerei liegen sollte, ergänzte *Vauban* durch den Hinweis, dass die Festung »durch die Aufteilung an verschiedenen Stellen ein sehr schönes Arsenal mit großen Stellmachereien und Eisenschmieden [besitzt]. Der Vorteil ist, dass alle diese Zugänge zu den Korn- und Mehlspeichern, Bäckereien usw. und auch die zum Arsenal par le dégucement des rues/durch die Nebenstraßen, die zu ihnen führen, für Wagen sehr leicht passierbar sind«.[1/§160]

Das Gebäude mit einem Zeltdach hatte von außen gesehen zwei Stockwerke, im Innern war es »durch eingezogene Balken und mit Hinzurechnung des Speichers in fünf Etagen geteilt«. An dieses Gebäude schlossen sich zwei Seitengebäude an. *Ritter* schreibt: »Das Hauptgebäude kann aufnehmen:

14 Blick auf den Ostteil der Stadt im Jahr 1934. Der Pfeil zeigt auf das Zeughaus, in dem Rüstzeug für Infanterie und Kavallerie gelagert wurde. Vauban hatte das Arsenal 55 entlang der Hauptachse (Französische Straße) geplant, Choisy verlegte den Bauplatz an die Kurtine bei der Bastion 4.
Oberhalb des Zeughauses stehen die Kasernen 3/53 und 2/54 sowie die preußische Kaserne 10. Dahinter steht der Wasserturm, erbaut 1897, am Ende einer 4,5 km langen Rohrleitung. (44/72)
Im Vordergrund die Kaserne 4/40-41) und am unteren Bildrand der Saalbau, der 1970 abgerissen wurde.

15 Das Saarlouiser Arsenal war dreigeschossig, das Satteldach fasste drei Böden. Der Bau kann auf das Jahr 1685 datiert werden. Am 27. Januar 1936 wurde er abgerissen.

a) in seinem Erdgeschoss die Geschütze gegen den gewaltsamen Angriff und den größten Teil der hohen Rahmenlafetten,
b) im ersten Stock die zur Verteidigung der Festung gehörenden Gewehre und außerdem noch 4.000 Gewehre für die Truppen,
c) im zweiten Stock im ersten Boden Geschützzubehör, Werg und Sandsäcke,
d) im zweiten Boden und
e) im dritten Boden alle die der Artillerie gehörenden leichten Gegenstände. Die Nebengebäude des Zeughauses enthalten: Werkstätten, Nutzholzschuppen und die Wohnung des Zeuglieutenants und des Zeugschreibers«.[9/40]

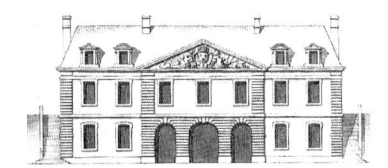

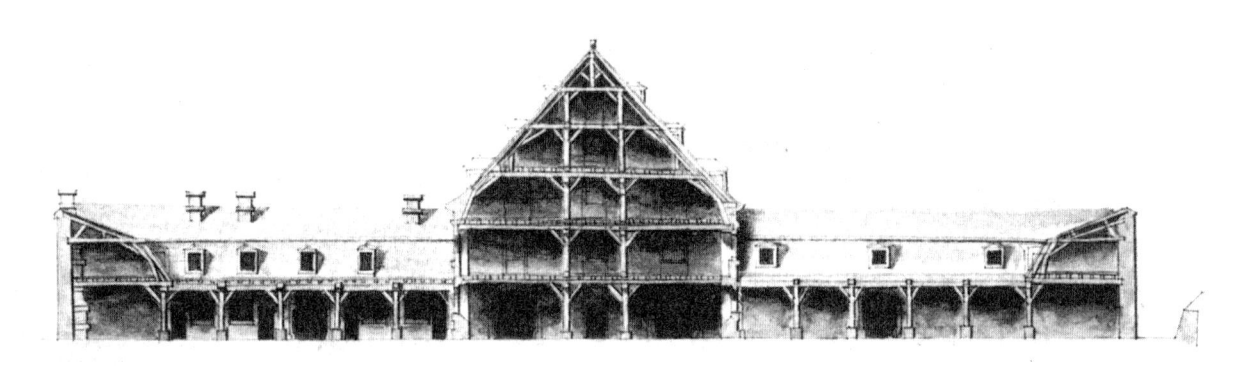

16 Querschnittzeichnung durch einen Arsenal-Komplex, wie er ähnlich auch in Saarlouis gebaut wurde. (2/69)

17 Das Arsenal in der Festung Montroyal bei Traben-Trarbach wurde zwischen 1687 bis 1692 von Choisy erbaut. Nach dem Frieden von Rijswijk musste die Festung geschleift werden. Das Arsenal von Montroyal galt als eines der schönsten im Königreich.(20/72) Auf dem Bild zeigt die vordere Mauer nach Westen, die Hauptfront lag gegenüber an der Straße von Traben nach Kövenig, die linke Mauer grenzte an den »Hauptplatz Vauban«.

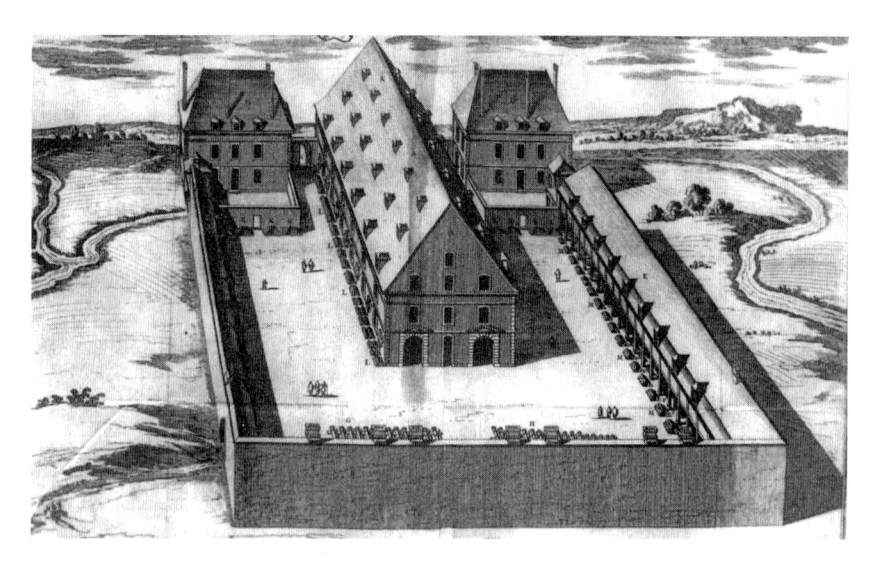

Wir schreiben das Jahr 1705: *Choisy*, Gouverneur der Festung Saarlouis, lässt die Festung in Verteidigungszustand versetzen. Die Magazine werden aufgefüllt. Anlass ist der Spanische Erbfolgekrieg. So erfahren wir, welche Mengen an Nahrungsmitteln die Garnison von 6.000 Mann benötigte und in Magazinen und im Arsenal in Erwartung einer Belagerung gespeichert wurde:[12/67]

400 Sack Getreide	438 Liter Olivenöl
12.500 Sack Hafer	3 Hotten Brennöl
454 Quart Bohnen (908 Liter)	12.000 Pfund Talglichter
440 Quart Erbsen	5400 Tabakpfeifen
6.365 Pfund geräuchertes Fleisch	16.000 Pfund Tabak
9.254 Pfund Speck	18 Lampen
4.855 Pfund Käse	6 Laternen
900 Pfund Reis	3.000 Paar Schuhe
1.000 Pfund Salz	

Das Militärhospiz im Hornwerk

Das Militärhospiz war ein vierflügeliges Gebäude mit zwei hohen Geschossen, die Krankensäle lagen an der Saarfront. Zwei vorspringende schmale Baukörper waren Latrinenschächte, sie mündeten in die Saar. Die Preußen nannten die Anstalt Garnison-Lazarett. Die Bauten wurden nach 1918 für soziale Einrichtungen genutzt. »Schwestern vom hl. Josef« aus Trier, sie nannten das ehemalige Lazarett »Gertrudenstift«, nahmen ab 1927 schutzbedürftige junge Mädchen zur Erziehung und Ausbildung in allen Zweigen der Hauswirtschaft auf.[29/148] Nach dem Abriss des Bauwerks 1957 wurde an dieser Stelle das Gymnasium am Stadtgarten gebaut.

Nach der Zielsetzung *Vaubans* gehörte zu einem Kasernenkomplex ein Militärhospiz. Das »Hotel des Invalides«, das *Louvois* bereits 1670 in Paris hatte errichten lassen, galt als Vorbild für eine fürsorgliche Aufnahme invalider Soldaten.[3/75] Die Unterhaltungskosten für das »Hotel des Invalides« trugen die Abteien in der Champagne, im Herzogtum Luxembourg, in Savoyen, da sie vorher diese Aufgaben wahrgenommen hatten. Die Abtei Wadgassen kam der Aufforderung, sich am Unterhalt der Einrichtung zu beteiligen, nicht nach. Der Abt machte geltend, seine Abtei gehöre zum Deutschen Reich.[12/32] »Die Bauten [Hospize] wurden in der Regel in der Nähe fließenden Wassers errichtet.« Sie standen um einen Mittelhof und hatten mittelgroße Krankensäle. Jeder Kranke sollte ein Bett haben – meist lagen zwei in einem Bett. Kapellen dienten der Seelsorge. Die Anstalten verfügten über Kochküchen, Teeküchen, Waschküchen, Apotheken. Die Aborte lagen im Bau, anders als in den Kasernen.

18 Ehemaliges Militärhospiz Nr. 56 am Saarufer auf der Kontereskarpe im Hornwerk gelegen.

19 Das Tor zum Innenhof, nachdem die Firma »MannWerk KG Gerätebau« die Gebäude verlassen hat.

20 Die baufällig gewordene Anlage des Lazaretts während des Abrisses.

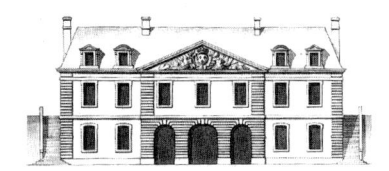

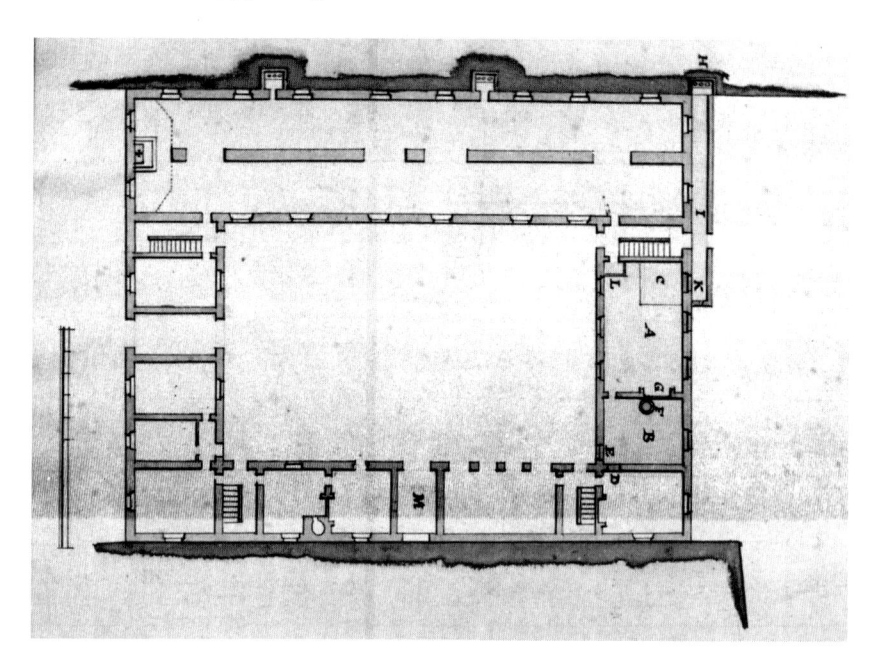

21 »Plan de l'Etage du Rez de chaussée de l'hopital de Sarrelouis«/ Plan der Erdgeschoss-Etage des Lazaretts von Saarlouis. Die obere Seite des Bildes ist die Saarseite; links ist die Toreinfahrt nach Osten eingezeichnet. Die Buchstaben markieren einige Funktionsräume und Verbesserungsvorschläge für die hygienischen Verhältnisse, zum Beispiel:
»H: Latrine de charpente a faire entaillée sur la Riviere de Sarre« / gezimmerte Latrine, die über der Saar anzufügen ist.
»I: galerie a faire en maconnerie pour aller [...] a la latrine [...]« / zu mauernder Flur, um zur Latrine zu kommen.
A: Isolierraum für die Geschlechtskranken;
B: Schwitzraum für diese;
C: Raum für Badeplätze;
D: Tür soll zugemauert werden;
E: Tür soll durch Fenster ersetzt werden;
F: gusseiserner Ofen;
G: Kamin für den größten Saal;
K: Tür zum Flur;
L: Windfang;
M: herzurichtender Waschplatz.

»Die Führung der von Unternehmern unterhaltenen Lazarette erweist sich als regelrechte Katastrophe. Man stiehlt das Inventar und fertigt betrügerische Aufstellungen an; auch das Lazarett hat seine Strohmänner. 1799 beispielsweise nimmt das Neckar-Lazarett 1.800 Kranke auf, obwohl es nur über 128 Betten verfügt. Wer heraus kommt, zittert bei dem Gedanken, wieder hinein zu sollen und muß oft gewaltsam zurückgeholt werden, da er lieber fieberschlotternd in der Wachstube sitzt«, schreibt *Truttmann*.[68/420] Schon in den ersten Festungsplänen finden wir das Saarlouiser Hospiz eingezeichnet. Es wurde ab 1685 gebaut. Mehr darüber in Kapitel XVI.
Auch für schwerkranke mittellose Bürger stand ein Haus mit den erforderlichen Einrichtungen zur Verfügung. Das Haus soll von Anfang an in der Bierstraße gestanden haben. Ab 1688 wurden aus der Armenkasse die Aufwendungen für Unterbringung und Verpflegung bestritten. Die Armenkasse erhielt Hilfsgelder, die größtenteils aus Gütern und Einkünften des Wallerfanger St.-Anna-Stiftes kamen und von den Rekollekten in Saarlouis verwaltet wurden.[10/129]

Von Mühlen, Mehl und Broten

Vauban hatte in dem von ihm autorisierten Stadtplan neben den Schlachtereien zur Versorgung der Garnison eine Fläche für Lebensmittelmagazine vorgesehen und daneben »ausreichend Platz, wo man Speicher bauen kann und Lagerhallen für andere lebensnotwendige Artikel«.

Im »Projet« betont er, »dass die Festung ein sehr geräumiges Lager für Lebensmittel mit allem nötigen Raum für große Bäckereien, Brotläden, geräumige Korn- und Mehlspeicher besitzt«.[1/§160ff] Das Korn musste in den Magazinen so gespeichert werden, dass genügend

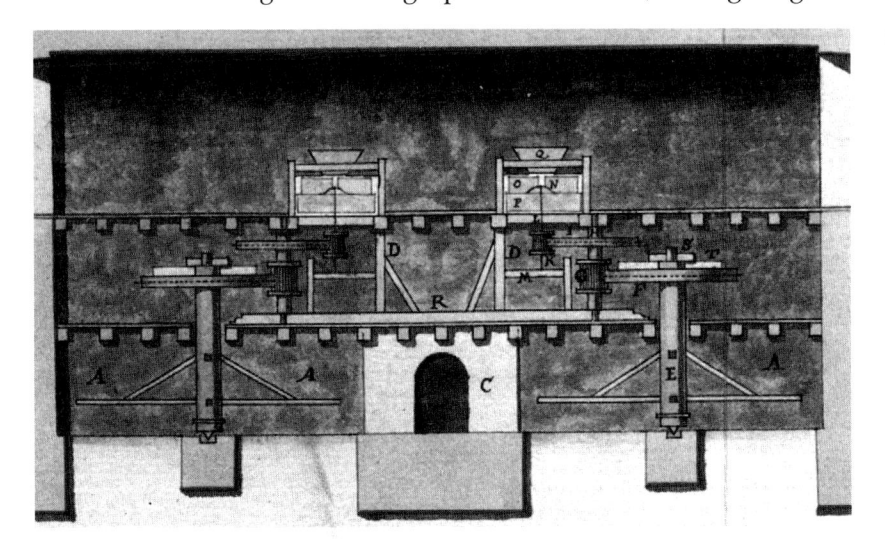

22 Ausschnittvergrößerung aus dem unteren Bild, den Schnittzeichnungen und einem dazugehörigen Grundrissplan einer Mühle, entstanden 1746.
Eigentlich handelt es sich um zwei Mühlen. Oben sieht man zwei Einfülltrichter Q und darunter die beiden Antriebssysteme. O und P kennzeichnen die Mühlsteine. C ist eine Stützmauer.

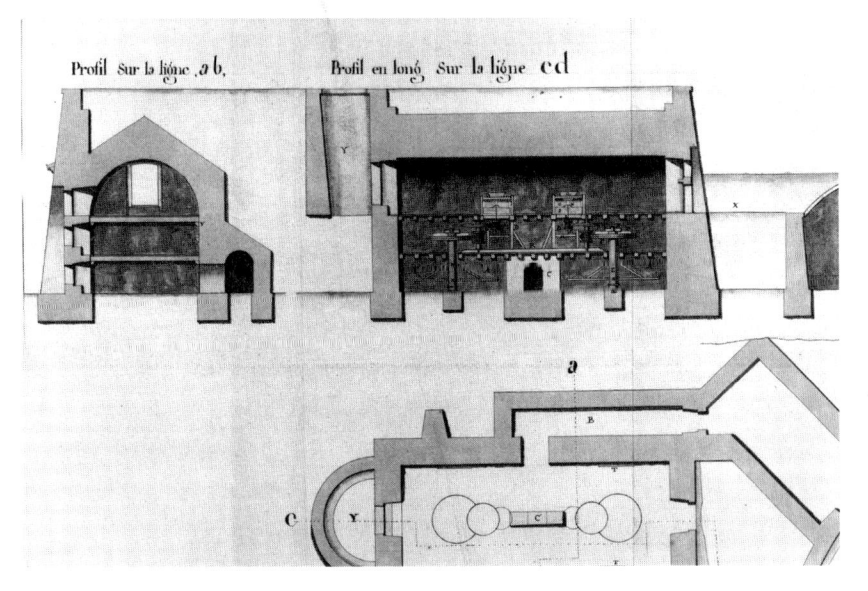

23 Die geplante Mühle ist in einem Wall versteckt. Im Querschnitt links erkennt man deutlich drei Böden. Durch den Gang B, siehe Grundriss, werden die Pferde auf den untersten Boden geführt und können im Kreis gehend über die Drehhaspeln A, siehe Längsschnitt rechts, die Zahnradwalzen E antreiben. Auf dem obersten Boden wird das Getreide herangeschafft und eingefüllt. Die beanspruchten technischen Teile, wie das Stockgetriebe K, »lanterne« genannt, sind in Eisen ausgeführt.

Platz zum Umschaufeln blieb. Ein Mehlspeicher – das Magazin der Kaserne Nr. 47 – erhielt dauernden Nachschub von den Mühlen außerhalb der Festung und konnte 24.000 Sack Mehl lagern.[2/54]

Das Festungsmodell im Museum Saarlouis nach der Karte von 1726 zeigt auf dem Kavalier der Bastion Nr. 10 eine Windmühle. Sie bot eine der Möglichkeiten, das Korn im Kriegsfall zu mahlen. *Toussaert* zitiert die »Planung von Pferdemühlen in der Bastion Nr. 16 im Jahre 1746«.[2/71] Wir wissen nicht, ob sie gebaut wurden. Von Anfang an gab es an der Stelle, an der die »alte Saar« im Hornwerk durch zwei Kanäle ihre Wasser vor dem Hauptgraben der Halbbastion Nr. 20 zur Saar führte (Nr. 78 auf dem *Festungsplan 1777*), also oberhalb der »Contregarde Vauban«, auf dem rechten Saarufer, die Auslassschleuse Nr. 74 für den Hauptgraben. Vor dem Abfluss der »alten Saar« im Hornwerk war ein Mühlenwerk auf Pfeilern errichtet, das 1725 abgerissen wurde (Bild 25).

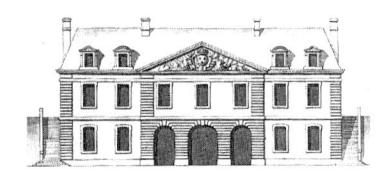

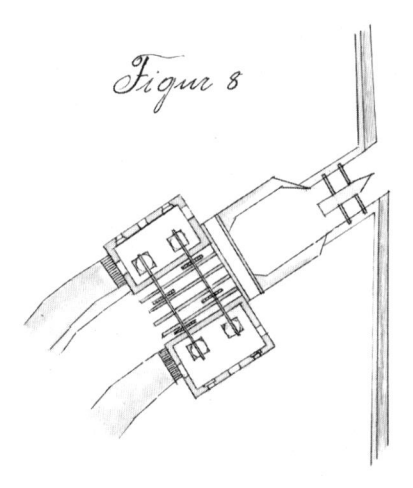

1742 plante *Senneton de Chermont*, Chefingenieur in Saarlouis von 1724 bis 1758[2/59], eine interessante Mühlenanlage in der Saar zwischen der Sandbank und der Grabenwand der Kurtine Nr. 20 des Hornwerks.

Schiffsmühlen wurden bevorzugt zum Kornmahlen eingesetzt. Eine Mühle wurde unterhalb der Schleusenbrücke verankert. Diese Schiffsmühle konnte mit ihren vier Mühlenrädern 14 Zentner in einem Gang mahlen.

Beim Bau der Schleusenbrücke 1683 wurden die ersten Pfeiler auf der linken Seite flussabwärts so lang gebaut, dass »zwischen zweien derselben eine ›Mühlenarche‹ zum Betreiben von zwei Wassermühlen eingerichtet werden konnte. Die eine hatte zwei Gänge und konnte in 24 Stunden 96 Zentner Mehl mahlen.«[6/19] Die beiden Brückenmühlen wurden von den Militärs nur widerwillig geduldet; durch Kabinetts-Order von König *Ludwig XV.* wurde im Februar 1742 der Abriss befohlen[9/116] – nachdem schon zwanzig Jahre zuvor auch wegen der Mühlen kostspielige Reparaturen an der Brücke vorgenommen werden mussten. Aus dieser Zeit stammen die Pläne für eine Pferdemühle.

Die verlängerten Brückenpfeiler blieben erhalten und sind noch auf alten Plänen zu sehen. In einer belagerten Festung gehörte das Mahlen des Korns und das Backen täglicher Brotrationen zu den vordringlichen Aufgaben, besonders angesichts der Mengen von Rationen, die täglich zu backen waren. Die Bäcker arbeiteten in sieben Gewölbegängen der Kurtine zwischen den Bastionen Nr. 13 und Nr. 16 mit jeweils einem Backofen – heute steht an dieser Stelle das Parkhaus der Firma *Pieper*. 15.127 Rationen Brot konnten in den sieben Backöfen pro Tag gebacken werden. Im vorderen Teil der Kaserne Nr. 47 befanden sich sechs Backöfen, sie konnten täglich 12.980 Rationen Brot liefern. Eine große Militärbäckerei befand sich in dem Areal, in dem auch das Haus des Königsleutnants stand – am Gro-

24 Blick auf die Schleusenbrücke 17 des Festungsmodells mit den verlängerten Pfeilern am linken Saarufer, auf denen Wassermühlen errichtet werden konnten. Unten rechts im Bild der Einlass zur »alten Saar«.

25 Zeichnung »Figur 8« aus der Handschrift Anton Ritter (9/70). Der Ausfluss der »alten Saar« führte durch »2 Kanäle vor dem Hauptgraben der linken Anschlusslinie des Brückenkopfes. Über dieselbe führten 2 Brücken und nicht weit von ihrem Anfang stand eine Mühle auf Pfeilern, welche 1725 abgerissen wurde«. (9/70)

ßen Markt/Französische Straße. Ihre dreizehn Öfen hatten eine Tagesleistung von 25.920 Rationen.[2/53] Mit ihnen war man in der Lage, außer den Militärpersonen der Garnison und der Bevölkerung noch eine Armee, die in der Nähe stand, zu versorgen.
Ritter berichtet vom Ende dieser Militärbäckerei. Die Gebäude wurden 1780 an den Unternehmer *Fiscal* verkauft, nachdem eine neue Garnisonsbäckerei zwischen den Hintergebäuden des Gouvernements eingerichtet worden war. Sie stand dort bis 1848.[9/37]
Wie lange hält die Festung eine Belagerung aus? Jeder denkt bei »Brotrationen« an Krieg. Früher dachte man an harte Belagerungszeiten für die eingeschlossene Festung wegen der schwierigen Versorgung von Soldaten, Pferden und der Zivilbevölkerung. Das war nur eine von vielen Überlegungen, wenn es bei den Generalstäben um die Berechnung der Durchhaltezeit einer belagerten Festung ging.[4/219]
Vauban hat in seiner Schrift »Traité des sièges et de l'attaque des Places« aufgrund eigener Erfahrung viele nachfolgende Experten dazu angeregt, die Zeit festzuhalten, die für die verschiedenen vorbereitenden Belagerungsarbeiten bis hin zum Sturm auf die Werke erforderlich ist. Danach richtete sich u. a. auch der Aufwand an Verproviantierung und Munitionierung. Diese Analysen von Zeit und

26 *Eine Windmühle hoch oben auf der Bastion 10 konnte gute Dienste leisten. Im Kriegsfalle wäre sie sicher ein leichtes Ziel für die Kanonen gewesen.*

27 *Reste der ehemaligen Militärbäckerei Nr. 95 im Jahr 1952. Im Vordergrund des Bildes fließt die Saar, links ist ein Teil der Bastions-Face 16 zu sehen, das helle Haus im Hintergrund ist das Hotel Fuhrmann in der Wallstraße. Die Ruine in der Mitte zeigt noch die 7 Zugänge zu den 7 Gewölbekellern der Bäckerei in der Kurtine.*

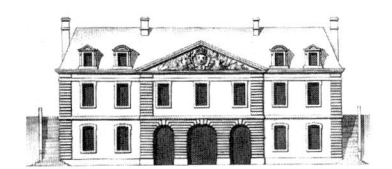

Widerstandskraft einer Festung konnten bei genauester Kalkulation nicht die Faktoren »Widerstandwillen« und »Kraft der Verteidiger« auf der einen Seite und Umsicht, Zielstrebigkeit und richtiger Einsatz der Kräfte auf Seiten der Angreifer ausreichend in Rechnung setzen.

Immer blieben unkalkulierbare Faktoren auf beiden Seiten der Front. Es gab regelrechte Rechnungen, »wie viele Tage sich eine Festung (im Verhältnis zu ihrer Dimension) gegen einen mit Sappen und Approchen vorgehenden Belagerer halten konnte: für die sechseckige Festung vom Typ Saarlouis galten 22 Tage als Norm«.[5/94]

Auch *Alexander von Zastrow*[4] hat sich mit dieser komplizierten Materie befasst. Seine Darstellungen lassen den Schluss zu, dass – bei intensiven Angriffen – keine Festung der bastionierten Systeme mehr als 30 Tage Widerstand zu leisten vermochte. Was 10 oder 20 Tage darüber hinausging, wurde als heldenhafte Verteidigung angesehen und daher von dem »edelmütigen Sieger« durch ehrenhaften Auszug aus der Festung belohnt.

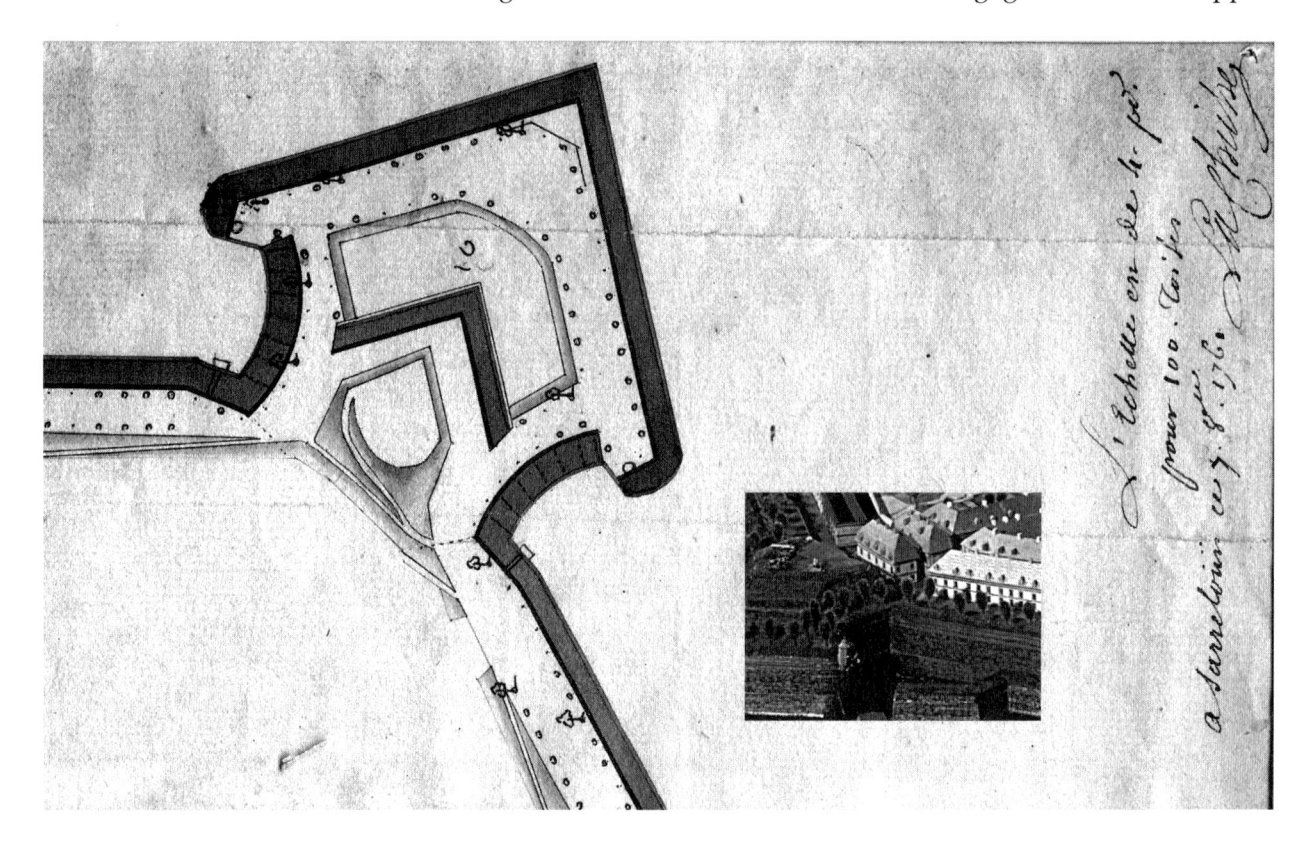

28 Baumbepflanzung der Festungswälle: »Sarrelouis 1761. Plan qui réprésente les arbres plantés sur les remparts.« / Plan, der die gepflanzten Bäume auf den Wällen wiedergibt. Einzelne Bäume sind als solche ausgemalt, die übrigen sind durch kleine Kringel markiert. Das Bild zeigt einen Ausschnitt mit der Bastion 10 des an sich kompletten Sechsecks. Die Signatur gibt den Maßstab an mit Datum und Unterschrift.
Eingeblendet ist ein Foto des Festungsmodells Saarlouis mit Bäumen im Bereich der Bastion 13.

Die Linden

Saarlouis ist heute eine Stadt mit vielen Parks und Alleen. Das Luftbild 29 zeigt, wie Bäume auf Plätzen, in Gärten, Ringstraßen und Zubringerstraßen mit ihrem Grün zum Schmuck des Stadtbildes beitragen.

Das Bild ist im Frühjahr aufgenommen – die Platanenarkaden auf dem Großen Markt sind noch unbelaubt. Bis 1895 standen hier Linden. Das Grün in Saarlouis hat Tradition. 1928 verwandelte die Stadt die bislang militärisch genutzten und seit 1918 unbrauchbaren Anlagen des Hornwerkes in einen Stadtpark, der 1954 eine weitere Ausgestaltung erhielt.

Vauban beklagt 1701 in seiner Schrift »Traité de la culture des forêts« den Holzraub in den Hochwäldern Frankreichs. »Ein Wald ist das beste aller Güter. Es gibt gegenwärtig keine Hochwälder mehr an Orten, die einstmals von ihnen besetzt waren. Man muss die große

29 *Blick auf Saarlouis 1993. Baumreihen und Alleen haben Tradition. Wo früher die Gräben von baumbestandenen Festungswällen überragt wurden, verlaufen heute die Alleenstraßen des »Inneren Rings«. Der Große Markt wird von Baumreihen eingerahmt, und im Zuge der Ausgestaltung der Mittelachse Französische und Deutsche Straße sind auch diese inzwischen mit Platanen geschmückt.*

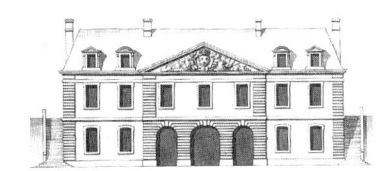

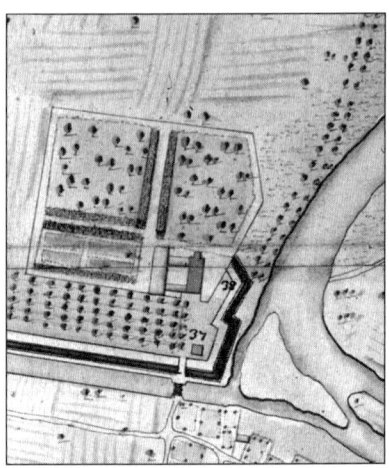

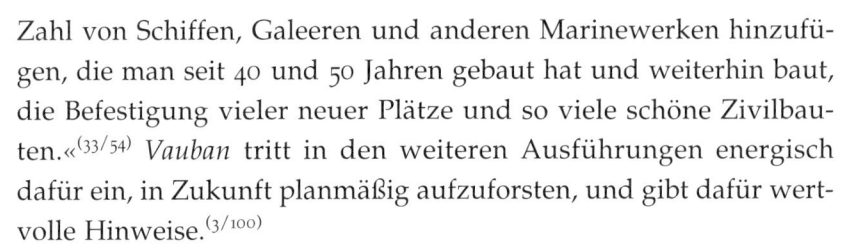

Zahl von Schiffen, Galeeren und anderen Marinewerken hinzufügen, die man seit 40 und 50 Jahren gebaut hat und weiterhin baut, die Befestigung vieler neuer Plätze und so viele schöne Zivilbauten.«[33/54] *Vauban* tritt in den weiteren Ausführungen energisch dafür ein, in Zukunft planmäßig aufzuforsten, und gibt dafür wertvolle Hinweise.[3/100]

Ganz im Sinne *Vaubans* veranlasste bereits 1685 Gouverneur *Choisy* eine sehr großzügige Baumpflanzung, die sich über die ganze Festung erstreckte: Er ließ 972 Lindenbäume mit ihren tief eingreifenden und sich weit verzweigenden Wurzeln auf Bastionen und Kurtinen pflanzen. Streng wurde darauf geachtet, dass die jungen Bäume mindestens 8 m weit von der Eskarpenmauer entfernt gepflanzt wurden, um so eine »Sprengung« des Mauerverbandes durch die Wurzeln zu vermeiden.

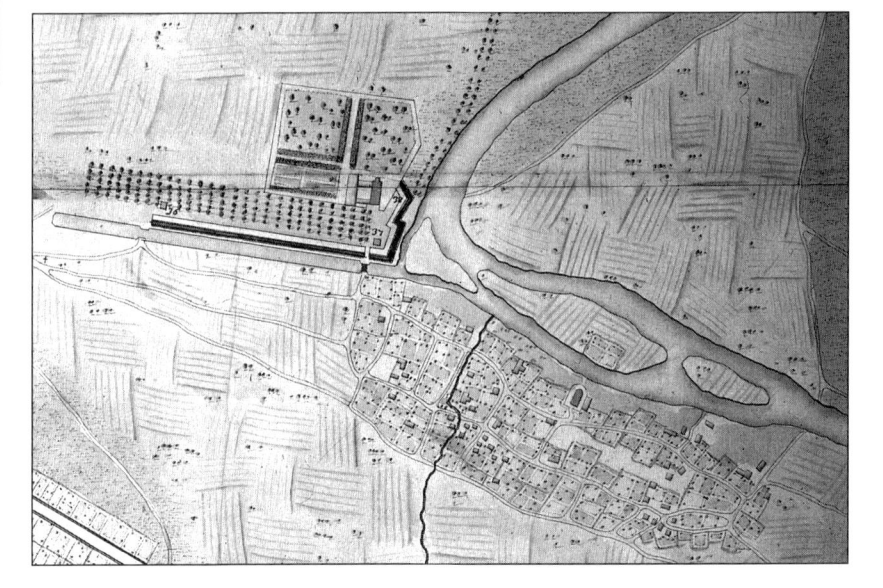

30 Ein Plan von 1712 verzeichnet bereits Baumreihen entlang des Lisdorfer Kanals und des Saarlaufs.

31 Ausschnittvergrößerung des Kapuzinerklosters mit angepflanzten Bäumen. Karte von 1750.

32 Dieselbe Karte von 1750 zeigt den Ort Lisdorf mit dem Kapuzinerkloster südlich vor der Stadt, wo die Saar zum großen Bogen um die Kapuziner-Au (Lisdorfer Au) ausholt.

»Die Wälle um die Stadt herum sind mit zwei Reihen hoher Linden bepflanzt, die nahezu alle so alt wie die Wälle selbst sind. Dieselben bilden eine der angenehmsten Promenaden, die man nur wünschen kann«, lobt *Georg Baltzer* 1865 die Bepflanzung, die er aus eigener Anschauung kannte. Wall und Graben waren zwei maßgebliche Bestandteile einer Festung. Die Kurtine war der Wall zwischen den Bastionen. Diesen Wall nannten die Franzosen Rempart und die Saarlouiser gingen im Frühjahr »uff de Rempart Hirle fänken«. Die

Hirles sind Maikäfer, die am liebsten Lindenblätter fressen. Der Zeichner des »Bepflanzungsplanes« (Bild 28) bemühte sich, auf viele Details aufmerksam zu machen: Ab und zu zeichnete er ein Bäumchen aus, um zu sagen, »die aufgereihten Kringel bedeuten ebenfalls Bäume«. In der Bastion Nr. 16 ist der Zugang zum Eiskeller eingezeichnet. Das Hospiz zeigt eine vierflügelige Anlage mit einer Baumallee, an der noch heute denkmalgeschützte Platanen stehen. Die Fausse-brai/Niederwall vor dem Deutschen Tor ist exakt eingezeichnet, ebenso die zehn Pfeiler der Schleusenbrücke mit den Hebevorrichtungen für die Schleusentore. Die alte Saar und die Brücke darüber sind im Hornwerk eingezeichnet. Zwei Poternenausgänge Richtung Stadt sind angedeutet, an derselben Stelle führen die Rampen zum Wallgang auf die Kurtine, am Fuße der Bastion Nr. 13 steht das Wachhaus Nr. 86, siehe Kapitel V. Eine Rampe führt hinauf zu den Geschützstellungen hinter den winkelförmig gelegenen Kasematten der Bastion Nr. 13. Dieser Plan von 1761 zeigt im Detail die Bepflanzung von 972 Linden auf dem Hauptwall mit Bastionen. Hinzu kam die Pflanzung von 22 Linden im Garten des Gouverneurs, 72 in Doppelreihe um die Place d'armes, das heißt an den vier Seiten je neun Paare in Form von Arkaden, und 864 Linden um die große Flussschleife als Begrenzung der Kapuzinerau. Rechnet man die Bäume in den ausspringenden Winkeln der Glacis und ent-

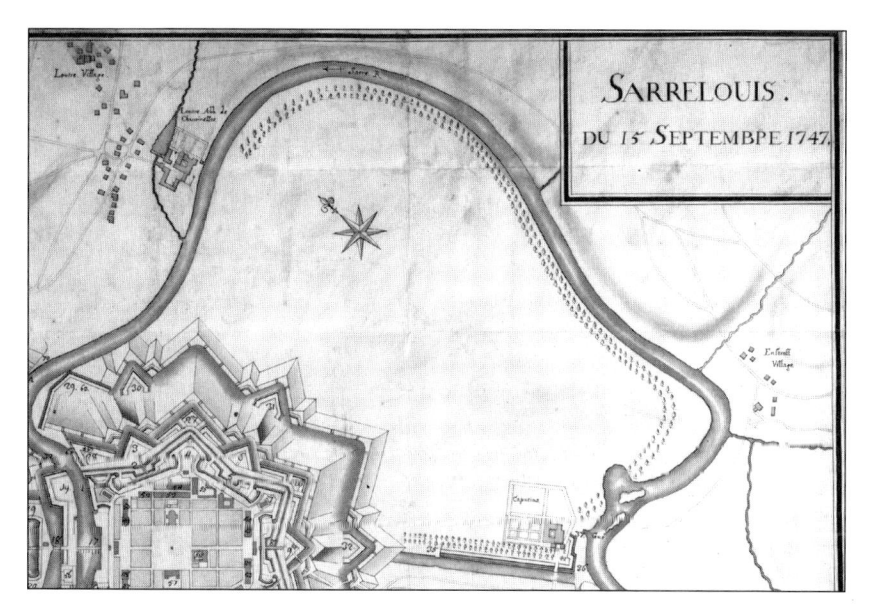

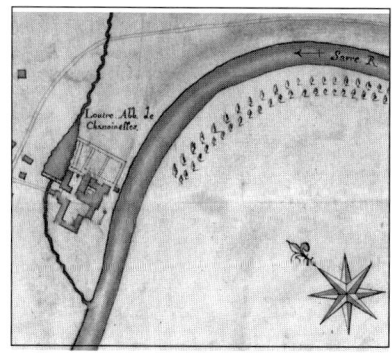

33 Einige Karten der Festungsstadt weisen den zweireihigen Baumbestand entlang der Saar auf.

34 Ausschnittvergrößerung der Karte von 1747 im Bereich des Klosters Fraulautern mit der Mündung des Lauterbachs.

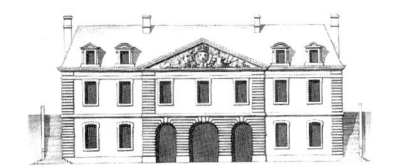

lang des Lisdorfer Kanals hinzu, so gehörten insgesamt 3.600 Bäume zur Verschönerung der Festungsstadt und ihrer näheren Umgebung.

⚜

XIII. »Am 8. Juli stieg der König zu Pferde«

»Non seulement il s'est fait de grandes choses sous son règne, mais c'était lui qui les faisait.«
Voltaire

»Es waren unter seiner Herrschaft nicht nur bedeutende Ereignisse zu beobachten, er war es, der sie bewirkte.«
Voltaire

XIII. »Am 8. Juli stieg der König zu Pferde«

Im Juni 1683 wunderten sich Ingenieure und Unternehmer, dass die Arbeiten an bestimmten Erdbefestigungen, Eskarpen, Mauern und Hochbauten auffällig vorangetrieben wurden.

2 Der 24-jährige König zu Pferde auf dem »Carrousel« 1662. »Niemals hat ein König soviele Tage auf dem Rücken seines Pferdes verbracht wie Ludwig XIV. vor Cambrai 1677.«(16/204) Bei Hofe und in Kriegszeiten ritt der König einen Schimmel aus der Züchtung der feurigen und willigen Andalusier.

In den Lagern wurde bekannt, dass der König, die Königin, der Dauphin, der Bruder des Königs, der Herzog von Orléans, zusammen mit dem Hofstaat die neue Festung besichtigen wollten. Die »Gazette de France« berichtete zuerst von Reisevorbereitungen in der neuen Residenz Versailles, die der Hof am 6. Mai 1682 offiziell bezogen hatte, und schrieb dann gut informiert über die Ankunft an der Saar Anfang Juli:

* Der Genealoge *H. P. Klauck* hat herausgefunden, dass dieTruppenteile folgender Regimenter an der Parade vor dem König und dem Hofstaat am 8. Juli auf der Place d'armes teilnahmen: du Crusolle, d'Hamilton, Dauphin, du Roy.(23/8)

»Am 7. Juli kam der Hof nach Vaudrevange. Er passierte die Truppenlager um Saarlouis, belegt mit den Bataillonen der Regimenter Picardie, Navarra, la Couronne, de Humière, Vaubécourt und Cruset, dem Regiment Dauphin und vier Kompanien aus der Dauphiné.* Am 8. Juli stieg der König zu Pferd und besichtigte die

Bauarbeiten in Saarlouis, die er in gutem Fortschreiten fand. Seine Majestät zeigte sich sehr befriedigt über den guten Zustand der Truppen und bewilligte den Obersten und Hauptleuten ansehnliche Gratifikationen.«[11/179]

Das Hofblatt informierte auch über die Rückreise:

»Der König hat von Vaudrevange aus seine Reise über Metz, Marslatour, Verdun nach Châlons sur Marne fortgesetzt, wo er am 15. Juli eintraf.«[11/179]

Die Zeitung hob in ihrem aktuellen Bericht als wichtige Begebenheit hervor, dass der König in Saarlouis zu Pferde stieg und die Festungswerke besichtigte. Mit keinem Wort wird erwähnt, dass der General und Gouverneur *Choisy* dem König zur Seite ritt und ihm Bericht erstattete. Der König war dafür bekannt, dass er stets die Meinung von Fachleuten einholte, und er »hielt sich in der Regel auch an ihren Rat«.[16/191] Es war nicht das erste Mal, dass der König den Rat *Choisys* einholte. *Ludwig XIV.* war 45 Jahre alt und wurde als sachkundiger und aufmerksamer Bauherr gepriesen. Aus zeitgenössischen Chroniken erfahren wir, dass »dieser arbeitsbesessene Monarch dem Wirken seiner im Felde stehenden Ingenieure besonderes Interesse zuwandte und ihrer Tätigkeit wöchentlich mehrere Stunden widmete, in denen er sich ihre Projekte und Denkschriften vortragen ließ«.[2/26]

Die von *Vauban* vorgelegten Pläne studierte er jedes Mal eingehend. Das geht aus einem Schreiben des Kriegsministers *Barbezieux* vom 6. Juli 1698 an *Vauban* hervor: »Ich sah gestern den Plan in Händen des Königs und kann Euch versichern, dass er um halb zehn Uhr abends mit der Lektüre begann. Wann Seine Majestät eine Entscheidung fällen wird, vermag ich nicht zu sagen.«[2/26]

Ludwig XIV. hatte sich schon zu Lebzeiten seines Erziehers und Vorbilds Kardinal *Jules Mazarin*, ab 1642 Prinzipalminister, mit dem Festungsbau befasst. In den Fächern »Kriegstechnik« und »Strategie« hatte er seinen Lehrern aufmerksam zugehört. In den kommenden Kriegen wurde offensichtlich: »Bei aller strategischen und politischen Begabung scheute der König die Schlacht, weil der Zufall die große Rolle spielte, während sich bei der Belagerung einer Festung besser Vorsorge treffen ließ.«[8]

Zu Beginn des zweiten Eroberungskrieges gegen Holland zog der König als oberster Kriegsherr mit den Marschällen und ihren

3 Portrait Ludwigs XIV. nach einem Gemälde von Lebrun.

Armeen ins Feld. Im Juni 1673 standen sie vor Maastricht, der stärksten Festung Hollands. Der König übertrug dem 40-jährigen *Vauban* das Kommando über die Belagerung, und *Vauban* praktizierte eine neue Angriffsmethode: Statt der bisher ausgehobenen schmalen

4   Der Hofstaat vor der Abreise nach Arras im Jahr 1671 (Musée Versailles). Rechts im Bild der König auf seinem andalusischen Schimmel.

Laufgräben Richtung Festungswerke ließ er drei Gräben im Abstand von 850 m, 450 m und 100 m parallel zur Festungsmauer und verbunden durch zickzackförmige Stichgräben ausheben. Dies waren 5 m breite Gräben mit hoher Brustwehr, die senkrecht zu den Festungsmauern vorangetrieben und mit den Parallelgräben verbunden wurden. Diese »Schlangensappen« trieb man auch unter dem Feuer der Festungsartillerie ab einer Entfernung von 800 m bis auf 27 m vor die toten Winkel der Festungsmauern von Maastricht, entsprechend der Angriffsmethode der Türken auf Kreta, die *Vauban* von einem italienischen Offizier in türkischen Diensten erfahren hatte. Schon um 3 Uhr früh stand der König von seinem Zeltlager vor Maastricht auf und prüfte den Fortgang beim Bau der Stellungen: »Durch sein Beispiel gewöhnte er eine Nation, der man bislang nachsagte, sie verfüge nur über jene Art von feurigem Mut, der rasch der Ermüdung weicht, an Geduld und harte Arbeit«, kommentierte *Voltaire*.[16/199]

Maastricht fiel nach 14-tägiger Belagerung ohne große Verluste. Das Ansehen *Vaubans* in der Armee stieg gewaltig; der König achtete ihn wegen seiner umsichtigen, wissenschaftlich fundierten Belagerungsoperationen, »die aus dem Herzen der Mathematik erwuchsen«.⁽²²/¹⁷⁵⁾

Mit Sicherheit hat der König bei seiner Inspektion von Saarlouis die Bastion Nr. 16/Vaudrevange bestiegen, nachdem er die fertig gestellte Kaserne 47/48 am Fuße der Bastion, belegt mit Kavallerie und Artillerie, inspiziert hatte. Die Höhe der Bastion bot ihm eine eindrucksvolle Rundschau über das Gebiet, das er aus den Plänen *Choisys* kannte. Er konnte den Saarlauf ab Ensdorf Richtung Kloster Fraulautern bis Wallerfangen verfolgen. Vor ihm lagen die »Front d'attaque«, und die Saarfront mit der Schleusenbrücke. Über das Hornwerk hinweg konnte er weit in das Vorgelände bis zu den Truppenlagern und den Dörfern Wallerfangen und Roden blicken. Auf der Place d'armes waren vor der Rückkehr des Königs von seiner Baustellenbesichtigung die Leibgardisten – zur Zeit in Saarlouis stationiert⁽²/⁴⁶⁾ – angetreten. Wir können uns das prächtige Bild Anfang Juli auf dem künftigen Paradeplatz, der sicherlich mit aufgestellten Bäumen und Girlanden abgegrenzt war, nur ausmalen, weil kein Chronist von der bei solchen Anlässen üblichen Prachtentfaltung Notiz nahm: Hinter den Leibgardisten standen die Händler und Handwerker und viele Schaulustige. Der König – er hatte mit seinem Hofstaat auf einer Tribüne Platz genommen – ließ Offiziere und Ingenieure kommen und ließ Geschenke verteilen. Ein Berichterstatter hätte ganz sicher auch erwähnt, dass hinter den Obersten

5 Im Festzug zum 300-jährigen Stadtjubiläum am 28. Juni 1980 fuhr die »Königin« Gaby Fink mit »Zofe« Eva Pohl mit der schimmelbespannten Kutsche.

6 Josef Diny vom Gestüt Wiesenhof grüßt als »Louis XIV.« im Festzug seine staunenden »Untertanen«.

7 *Der König leitet die Belagerung der Festung Mons/Bergen im Hennegau, die er am 8. April 1691 einnimmt. Links vom König steht sein Neffe, der Duc de Chartres. Ein Soldat liegt, von einer Kugel getroffen, auf dem Banquett der Brustwehr. Davor sieht man Monsieur Philipp I. Herzog von Orléans, den Bruder des Königs. Louis, Monseigneur und Dauphin, steht rechts im Bild.*

und Hauptleuten, die ihre Urkunden für die verliehenen Gratifikationen in Händen hielten, auch der neu gewählte Bürgermeister der Stadt, *Ferdinand Heil*, Schlossermeister aus Wallerfangen, stand, neben ihm die Schöffen und die Notabeln der Stadt. Der Bürgermeister hielt das Wappen in den Händen, das der König seiner Stadt verliehen hatte.

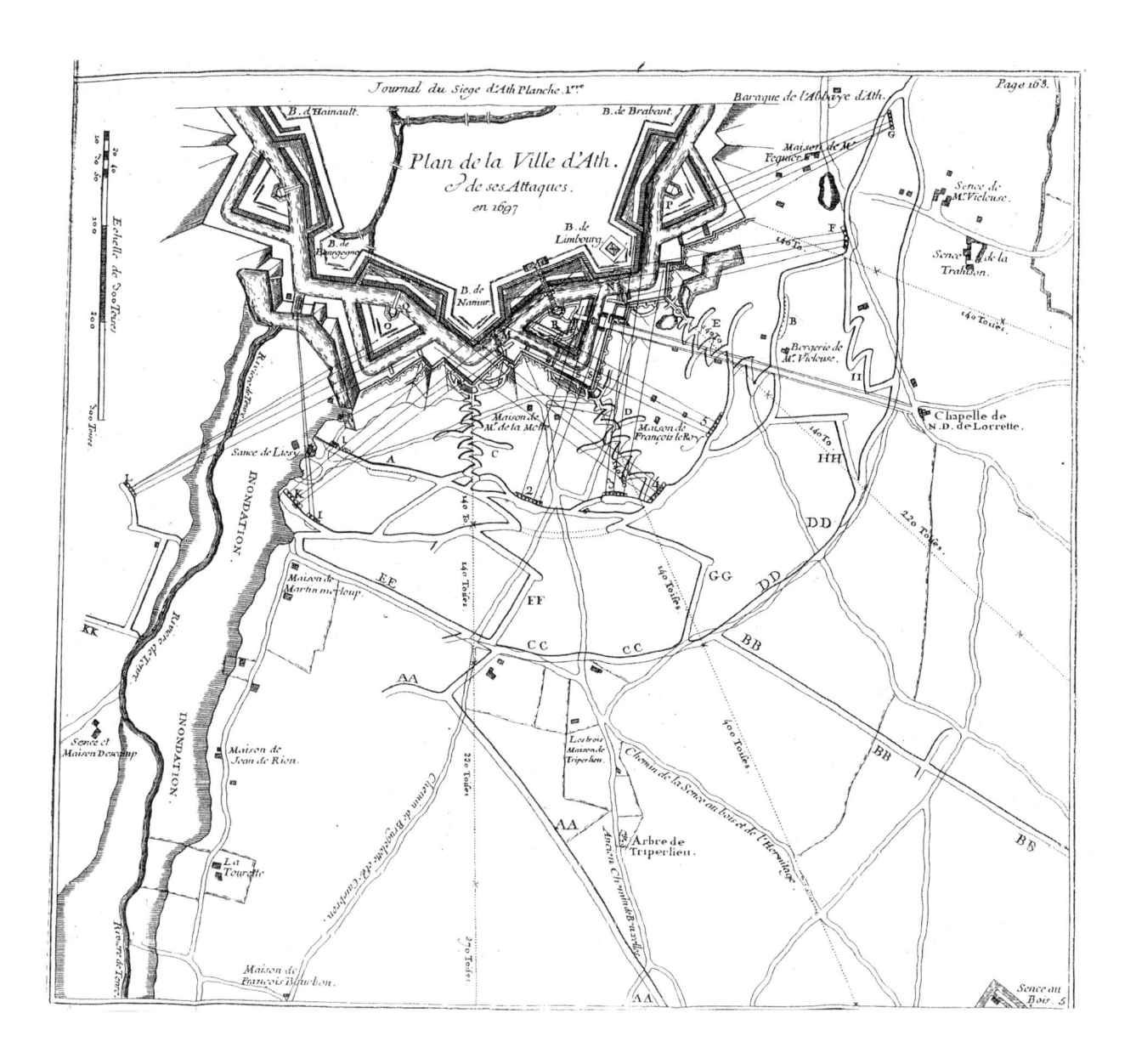

Die Wahl des Bürgermeisters war aufgrund des königlichen Edikts vom November 1682 erfolgt, das vom Parlament in Metz am 29. April 1683 für Saarlouis veröffentlicht worden war.(10/203)
Der Erlass verkündete:

> »Wir wünschen und erwarten, dass, sobald wir in Saarlouis ein Rathaus errichtet haben, in der vorgenannten Stadt Magistrate für das Gerichts- und Polizeiwesen gebildet und zu diesem Zwecke aus

8   »Les sapes«, zickzackförmige Laufgräben, gehörten seit 1673, den Kämpfen um Maastricht, zum Belagerungssystem von Festungen. Die Angreifer trieben die mannbreiten Gräben voran, wobei ihnen Faschinen und der Erdaushub Deckung boten. Das Bild zeigt die Angriffsfront mit den ausgehobenen »Sappen« vor der Festung Ath im Jahr 1697 nach M. F. Goulon.(111)

den Reihen der Bürger und Einwohner ein Maire und eine noch zu vereinbarende Anzahl von Schöffen gewählt werden und dass der Maire und die Schöffen zur Wahrnehmung dieser Ämter über einen eigenen Sitzungssaal im Rathaus verfügen sollen, damit sie sich dort versammeln, sooft es die Angelegenheiten der Stadt erfordern.« (15/13)

1685 ließ der König durch *Choisy* das Rathaus errichten. Hier residierten der Maire und die Magistratsbeamten, zuständig für Gericht und Polizei, zugleich war in den unteren Räumen links im Rathaus die Hauptwache der Festung stationiert.

9   *Gobelins aus der Manufacture royal d'Aubusson, die den Sitzungssaal des Präsidialgerichts ausschmückten. Die Gobelins, ein »Denkmal« aus der Festungszeit, zeigen Blütenpflanzen mit Schmetterlingen, Vögeln und Eichhörnchen.*

10 *Ein Blick auf die Ausstattung des Gobelinsaales im alten preußischen Rathaus.*

Zur Ausstattung des Sitzungssaales im Rathaus, der insbesondere zu Sitzungen des Siège présidial ab 1685 diente, schenkte der König der Stadt einen großen, kostbaren Gobelin. Das war ein blumengeschmückter Wandteppich, der heute im Gobelinsaal des Rathauses hängt und in dem, am unteren Rand eingewebt, steht: M(anufacture) R(oyal) D'AUBUSSONI FOURIE.

Leider gibt es kein Dokument zur feierlichen Verleihung des Wappens mit den drei bourbonischen Lilien durch den König anlässlich seines Besuches.

Das Saarlouiser Wappen ist ein außergewöhnliches, weil sprechendes Wappen. Es verwandelt den biblischen Spruch »Dissipat atque fovet« in das Bild einer strahlenden Sonne, »die die Wolken vertreibt und die Erde erwärmt«. Das kann auch als deutliche Anspielung auf den Sonnenkönig verstanden werden, der das Unheil von seinen Untertanen fern hält. Aus Hofkreisen war zu hören, dass der Spruch unmissverständlich sei: »Der Sonnenkönig vertreibt seine Feinde und begünstigt seine Untertanen.«

Ludwig XIV. ist als Roi Soleil, als Sonnenkönig, in die Geschichte eingegangen. Könige, auch hohe Adlige, führten schon in frühen Zeiten ein Wappentier in ihren Wappenschildern oder markante Zeichen: *Ludwig II.* ein Stachelschwein, *Franz I.* einen Salamander, *Heinrich II.* einen Halbmond.

Ludwig wählte mit 24 Jahren nach Übernahme der Regierung die Sonne als Symbol für sein Wappen. Der König schreibt in seinen Memoiren, dass die Sonne in der Mitte jedem das gleiche Licht gewährt – »wir Könige müssen das Wohl unserer Untertanen über das eigene Wohl stellen. Im Grunde sind sie Teil unserer selbst, sind wir doch der Kopf dieses Körpers, sie die Glieder.«[16/110]

Der Goldschmied *Douvrier* aus Paris entwarf für den König die Medaille mit dem Bild der Sonne, die die Erde bescheint[22/132]; dazu passend gravierte *J. Varin* in die Medaille das Motto »Nec pluribus impar« – »Allen gewachsen«.[65/A 66-245] Heute ist dieser Spruch noch in Landau über dem Deutschen Tor zu lesen.

»Das Stadtwappen zeigt in Silber eine (vom Beschauer aus gesehen) rechts aufgehende, durch Wolken strahlende Sonne, darüber in blauem Schildhaupt drei goldene bourbonische Lilien; umgeben ist das Wappen von einem Lorbeerkranz in natürlichen Farben mit Beerchen, von blauer Schleife zusammengehalten. Über dem Schild schwebt ein rotes Band mit dem Spruch in goldenen Lettern: ›dissipat atque fovet‹, zu deutsch: [die Sonne] ›zerstreut [die Wolken] und erwärmt‹ [die Erde]; das Ganze ist überragt von einer goldenen Mauerkrone, die von einem goldenen Lorbeerzweig mit blauen Schleifen an den Enden überhöht ist.«[12/10]

Die königliche Gründungsmedaille Sarloisium conditum trägt das Datum 1683. »Um diese Zeit ließ die Akademie der Inschriften Medaillen prägen zur Gründung der Stadt.«[6/14]

Und noch ein Ereignis hätte der Berichterstatter, wäre er beim Besuch des Königs zugegen gewesen, der Nachwelt vermeldet: Dem Gouverneur *Choisy* und dem Präsidenten des Gerichtshofes *Franz Ernst de Koeler* händigt der Schatzmeister eine Gründungsmedaille von Saarlouis mit dem Bild des Königs aus. Auf der Rückseite zeigt die Schutzgöttin des Königreiches, bewehrt mit einer Lanze in der

11 Saarlouiser Wappen, das der König 1683 der Stadt verlieh.

12 Medaille SARLOISIUM CONDITUM mit dem Bild des Königs auf der Vorderseite und der Umschrift »LUDOVICUS MAGNUS, REX CHRISTIANISSIMUS«. Den Titel »Allerchristlichster König« erhielt Ludwig XI. 1496 vom Papst, weil er ihm kirchenrechtlich entgegenkam.

linken erhobenen Hand, dem Flussgott Saar das Modell der bastionierten Festung.*

Vom Jahr 1683 an kann die Stadtgemeinde Saarlouis mit der Verkündung der folgenden königlichen Verordnung ihren Beginn datieren:

> *»Déclaration du Roy, En forme d'Edit,*
> *portant Exemtion de Tous droits pour la ville de Sarrelouis, Establissement de foires et Marchez, avec un Siège de Justice, verifié en Parlement le vingt neufvième Avril mille six cent quatre vingt trois«.* (10/202)

Diese königliche Verordnung vom November 1682 gewährt der Stadt Saarlouis die Befreiung von allen Auflagen, die Einrichtung von Märkten und einem Gericht. Sie wurde im Parlament von Metz am 29. April 1683 bestätigt und damit wirksam. Sie ist praktisch der Geburtsschein der Stadt Saarlouis, die nach den Vorstellungen des Königs und seines Baumeisters *Vauban* als Nachfolgerin der Amtsstadt Wallerfangen eine bedeutende und lebensfähige und durch Festungswerke geschützte Stadt werden sollte.

Der Besuch des Königs in Saarlouis im Jahre 1683 war eine wohlgefällige Bestätigung seines Wunsches, Festung und Stadt zur Blüte zu verhelfen. Er war aber auch eine wohlerwogene Demonstration der Macht gegenüber europäischen Fürstenhöfen.

* In dem Kupferstichwerk des *Abbé Bignon* vom Jahre 1702, herausgegeben in Paris von der königlichen »Akademie der Medaillen und Inschriften«, ist das Bild der Medaille nach einem zeitgenössischen Stich wiedergegeben. *Jean Manger* hat die Medaille gestochen.(5/2)

⚜

XIV. Choisy schafft Quellwasser in die Festung

»On pourra y conduire des sources de fontaines soit par les côtés de l'ouvrage à cornes soit par celui de la place même en conduisant les corps de fontaines par les ponts.«[1/§138]

Vauban, Projet 1680

»Die Quellen für die Brunnen können von der Seite des Hornwerks oder von der des Hauptwalles hergeleitet werden, indem man die Brunnenleitungen über die Brücken führt.«

Vauban, Projet 1680

Foto: Dieter Walter, Montage: Christoph Dutt

XIV. Choisy schafft Quellwasser in die Festung

Die Festung in der Saaraue und ihr Trinkwasserproblem

Bis zur »Geschichte des Baues der Stadt und Festung Saarlouis«, die der preußische Festungsingenieur *Ritter* 1856 verfasste, war die Frage, woher das Trinkwasser in französischer Zeit in die Marktbrunnen kam, kein Thema.

Die in preußischer Zeit genutzte Trinkwasserquelle, die *Ritter* beschreibt, lag nahe am Neuhof, südwestlich des Dorfes Picard. Und er vermutete, dass die zur Zeit *Choisys* erschlossene erste Quelle auf dem Gelände des heutigen Wiesenhofes lag, nur 120 m von der Metzer Straße (B 269) entfernt. *Melcion** verweist auf die alte Bannkarte von Felsberg und die farbig angelegte Kartenzeichnung von 1701 aus Paris (Städtisches Museum Saarlouis), wonach die erste Quelle, »Saarlouiser Brunnen« genannt, im Süden des heutigen Ortes Felsberg floss, wo sie heute noch Wasser spendet.

Wir schließen uns seinen Forschungsergebnissen und Argumenten an, so dass wir drei Quellen und ihre Geschichte darstellen können:

1. Die Felsberger Quelle, später »Saarlouiser Brunnen« genannt, wurde 1685 gefasst und auf Befehl *Choisys* mittels einer Holzrohrleitung in die Festung geleitet.
2. Ab 1701 Bau einer zweiten Leitung, diesmal von einer Quelle, die 125 m nördlich davon und höher gelegen sprudelte und wo heute noch ein Brunnen Trinkwasser spendet. Der Grund für die Verlegung war die bessere Trassenführung entlang der abfallenden Straße Metz–Saarlouis.
3. Die Quelle am Wiesenhof, wo man ein Bassin fand und von der *Ritter* vermutete, dass sie von *Choisy* genutzt wurde.
4. Die Quelle nahe dem Neuhof, die *Ritter* genau kannte und beschreibt und aus der ab 1732 ausreichend Wasser in die Festungsstadt floss und aus deren Einzugsgebiet auch heute noch Wasser in das Saarlouiser Wasserwerk fließt.

Bis zum Jahre 1685 hatten Festungsbauingenieur *Favart*, Directeur du Génie, und sein Planungsstab noch keinen Brunnen, der gutes und ausreichend viel Trinkwasser für Garnison und Bürger hätte liefern können, gebohrt. Auch von den Projekten zur Wassergewinnung, die *Vauban* aufgezeigt hatte, war noch keines angegangen worden.

»Die Quellen für die Brunnen können von der Seite des Hornwerks oder von der des Hauptwalles herbeigeleitet werden, indem man die Wasserleitungen über die Brücken führt [...] Außerdem könnte

---

3 *Einer der vier Eckbrunnen auf dem Großen Markt, 1842 in Form von Obelisken aufgestellt. Die vier Brunnen spenden seit 1968 wieder Trinkwasser. Im Winter werden der Wasserfluss abgestellt und die Becken abgenommen.*

* Der Heimatforscher *François Melcion* aus Felsberg, der mit seinem Zunamen *d´Arc* anmerkt, dass einer seiner Vorfahren von einem Bruder der *Jeanne d´Arc* abstammt, legte 1997 seine Forschungsergebnisse unter dem Titel »Felsberg, Flurnamen einst und jetzt« vor. Der maschinenschriftliche Text ist mit vielen Karten, Verzeichnissen aus den Archiven von Nancy, Metz und Saarlouis angereichert.

4 Aus dem »Saarlouiser Burren«, etwa 100 m südlich der Hauptstraße, fließt gutes Trinkwasser von den Gauhöhen. Von hier führte die erste Wasserleitung von 1685 bis 1701 in die Festungsstadt.

5 Aus dem Brunnen an der Hauptstraße beim »Schmid-Hiwwel«, 125 m nördlich vom »Saarlouiser Burren«, floss das Wasser ab 1701 nach Saarlouis, nachdem eine neue Leitung entlang der Straße Metz–Saarlouis (D 209) gelegt worden war. Foto Christoph Dutt.

man in den Wäldern kleine Bäche zusammenleiten und über ein kleines Aquädukt aus Holz in die Festung leiten.«[1/§138] Das war ein brauchbarer Vorschlag, und noch 1732 war davon die Rede, »die Quelle über den Mühlen von Fraulautern« [Kunzenmühle, Hausersmühle, Lebacher Mühle] in die Stadt zu leiten. Die Quelle liegt 28 m höher als der Paradeplatz und ist 4.760 m entfernt.«[6/19]

Ein Blick auf die Karte aber zeigt, dass *Vauban* die Quellen in den Rodener Wiesen meinte, wo heute ertragreiche Tiefbrunnen für die Wasserversorgung der Stadt arbeiten.

Die Trinkwasserversorgung gehörte zu den Grundvoraussetzungen bei der Festungsplanung. Ein Beispiel für eine ausgeklügelte Lösung dieses Problems zeigt die ab 1679 von *Choisy* gebaute Festung Longwy. Der Bauplatz lag 380 m hoch vor einem Steilhang, der zur Chiers abfiel. Sie entspringt in den Ardennen, fließt nach Westen an Montmédy vorbei und mündet in die Maas. Nach Fertigstellung der Festung konnte das Trinkwasser aus einem 60 m tiefen Brunnenschacht in ein rundes, bombensicheres Brunnenhaus gehoben werden, das noch heute auf der Place d'armes in Longwy steht. *Vauban* hatte *Choisy* in den »Instructions« angewiesen, die beiden Quellen oberhalb von Gouraincourt und Coulmy mit Hilfe eines unterirdischen Stollens zu leiten, so dass sie gut versteckt sind und der Feind sie nicht sprengt oder für sich gebraucht.*

Die gegrabenen Brunnen

6   Tiefbrunnen in Longwy. In der »Schwesterstadt« war die Trinkwasserversorgung anfangs schwieriger als in Saarlouis. Auf der Place Darche ließ Choisy »Le puit de siège«/Brunnen für den Fall der Belagerung bauen. Der Aufzug im bombensicheren Brunnenturm konnte in einer Viertelstunde 100 Liter gutes Trinkwasser fördern.

Das Wasser der kleinen Bäche aus den nahen Wäldern um Roden und Fraulautern wollte *Vauban* hygienisch nutzen: »Diese Bachläufe sind sehr gut dazu geeignet, die Straßen zu reinigen, die Festung mit Frische und Kühle zu versorgen, dazu zahlreiche Wasserstellen und sanitäre Einrichtungen.« *Vauban* rät auch, »an mehreren Stellen in der Festung Brunnen für die öffentliche Benutzung anzulegen, sowohl für die Latrinen als auch für die privaten sanitären Einrichtungen«[(1/141)] möglichst nahe an den Kasernen und Wohngebieten. Anregungen, die sich auf weitere hygienische Details bezogen, verdeutlicht *Vauban* in seinem Straßenreinigungsprogramm. Mehr dazu im Kapitel XV.

Nach den Angaben *Ritters* konnten sich um 1860 120 Haushaltungen mit Brunnenwasser versorgen. Bei Fundamentierungen und Neubauten in der Nachkriegszeit wurden alte Brunnen aufgefunden. Die Schöpfbrunnen im Bereich des Grundwassers konnten auf Dauer wegen der allerorts versickernden Abwässer, Fäkalien aus Haushaltungen, Kasernen und Ställen kein genießbares Wasser liefern. »Alle in Saarlouis gegrabenen Brunnen enthalten schlechtes Trinkwasser, und das Wasser von nur einigen ist wirklich zu diesem Zweck brauchbar«, schreibt *Ritter* 1856, und er liefert auch eine Analyse des Wassers aus dem Brunnen bei der Kaserne 1/50: »1000 Teile Wasser enthalten 3/2000 feste Bestandteile aus kohlensaurem Kalk, Gips, Chlor-Magnesium und Spuren von ›Extractiv-Stoffen‹. Nach

*   »[...]de faire entrer les deux sources au dessus de Gouraincourt et du Coulmy par les moyens d'une galerie souterraine, si bien cachée, que l'ennemi ne sautait ou les prendre«.(97/48)

zwölf Stunden bildet sich an der Oberfläche eine Haut, schillernd in den Regenbogenfarben.«[9/58]

Um das Wasser der Brunnen vor Verunreinigung zu schützen, warf man von Zeit zu Zeit Holzkohle und Salz in den Brunnenschacht, »um das Wasser zu reinigen und ihm einen angenehmen Geschmack zu verleihen«.[81/32]

Im Jahre 1702 starb in Saarlouis 47-jährig der Zimmermann und Brunnenbauer *Johann Ulrich Redeler*. Er kam aus Fehren bei Bouzonville und gründete in Saarlouis eine große Familie.[38/859] Als Brunnenbauer war er ein gefragter Mann.

Versuchen wir den Auftrag zu rekonstruieren, in der Rue de seigneur/Herrenstraße im Jahr 1692 im Hause der Komturei Beckingen einen Trinkwasserbrunnen zu teufen. Zuerst ließ Brunnenbauer *Redeler* ein kreisförmiges Loch in etwa 1,80 m Tiefe und einer Weite von 2 m graben. Die Arbeiter trafen bald auf feinen, stark schluffigen/lehmigen Mittelsand. *Redeler* befahl alsdann den Maurern, auf tonigem Untergrund eine Ringmauer von 1,80 m hochzuziehen.

7   Brunnensteine, gefunden auf der Baustelle für den Neubau der Stadtsparkasse Saarlouis im Jahre 1977. Die dazugehörigen Brunnen gehörten in die Zeit vor 1700.

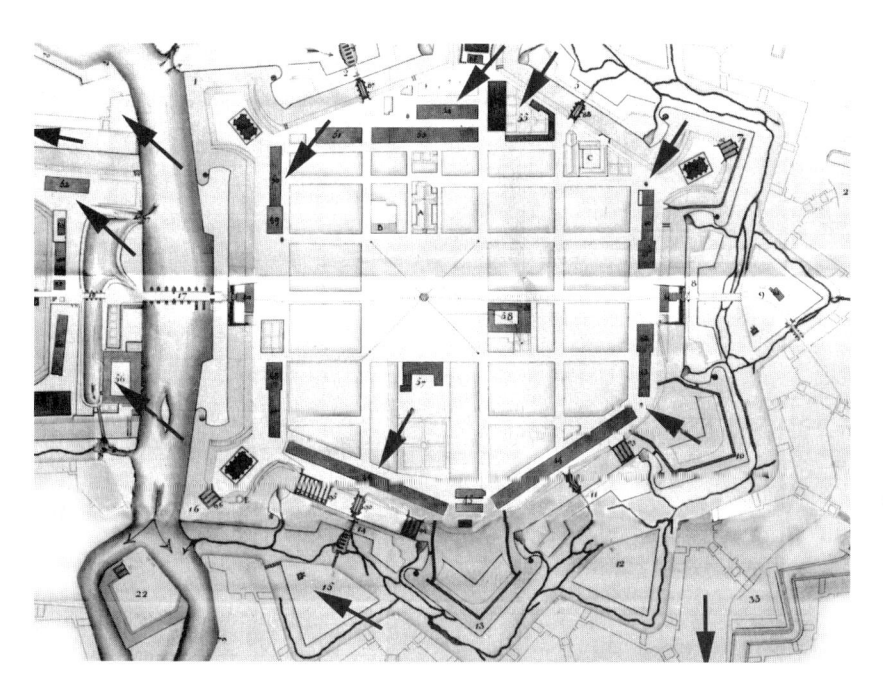

8   Innerhalb der Festung Saarlouis gab es zur Zeit Choisys 11 gegrabene Brunnen. Die Pfeilspitzen weisen auf ihre Lage hin. In preußischer Zeit kam der Brunnen Nr. 9 hinzu, der vor dem Hornwerk in der Rodener Schanze lag.

Dann konnten die Arbeiter die Ausschachtung im tonig-sandigen Boden fortsetzen, nachdem sie die Ringmauer mit Stempeln abgestützt und in Abständen untermauert hatten. In einer Tiefe von etwa 7,30 m erreichten sie eine Kies-Terrasse. Über das dauernd einfließende Grundwasser versuchten sie mit Hilfe von Lehmklumpen, Holzkeilen und dauerndem Ausschöpfen Herr zu werden.

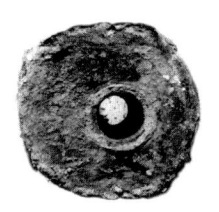

2 m tiefer – die Luftröhre zur Versorgung mit Atemluft war bereits installiert – stießen die beiden Brunnenbauer auf Sandstein, der harte Arbeit mit Hammer und Meißel erforderte. In etwa 11 m Tiefe trafen sie eine Wasserader – und schon stieg das Wasser an. Die Arbeit hatte sich gelohnt!

Die meisten Hausbrunnen in Saarlouis wurden in großen Tiefen auch mit Seilbohrern gebohrt. Das obere Brunnenbecken wurde in einem Durchmesser von 1,50 m und einer Tiefe von 2 m ausgemauert.

Ritter zählt alle gegrabenen Brunnen auf, die es in Saarlouis im Jahre 1850 gab und seiner Festungsaufsicht unterstanden.[9/58] Für den interessierten Leser sind sie in folgender Liste mit der alten Bezifferung versehen und so gut wie möglich lokalisiert.

Brunnen	*heutige Lage*
1. Brunnen bei Kaserne Nr. 44	zwischen dem Südostgiebel der Kaserne 6/44 und dem Westgiebel des Kaufhaus *P&C*. Der Brunnenschacht wurde 1990 beim Bau einer Versorgungsleitung entdeckt.
2. Brunnen bei der Bastion Nr. 7	vor der Ludwigsschule
3. Brunnen bei der Kaserne Nr. 50	am Ende der Adlerstraße vor der Kaserne I
4. Brunnen bei der Kaserne Nr. 46	in der Wallstraße, nahe der Bäckerei *Max*
5. Brunnen im Reduit Nr. 15 Keibel	im Gelände des DRK-Krankenhauses
6. Brunnen im Festungsbauhof Nr. 61	auf dem Gelände hinter dem ehemaligen Lazarett (Hof zwischen Aula und Turnhalle des Gymnasiums am Stadtgarten)
7. Brunnen an der Kaserne Nr. 52	im heutigen Gelände Firma *Großklos*
8. Brunnen im Waffenplatz	rechts der Schleusenbrücke im Bereich des ehemaligen Gaswerks, heute Gaswerkweg
9. Brunnen in der Rodener Schanze	(seit 1841) an der Schanzenstraße
10. Brunnen in der Lünette Nr. 23	auf dem Gelände des Arbeitsamtes, ehemals Lünette Laurens
11. Brunnen im Zeughaus Nr. 55	auf dem Zeughausplatz
12. Brunnen bei der Kaserne Nr. 54	ehemals Kaserne 3/53, hinter der Kavalleriestraße, heute Fernmeldeamt (9/58)

Suche nach einer guten Quelle

1685 befiehlt *Choisy* den Bau einer Wasserleitung von der Stadt in das Quellgebiet südlich des heutigen Dorfes Felsberg, nahe der Straße nach Metz. *Ritter* forscht 170 Jahre später im Festungsarchiv nach Hinweisen auf diese erste Quelle für das Saarlouiser Trinkwasser, findet aber keine Angaben. Er vermutet die Quelle fälschlicherweise südostwärts des heutigen Wiesenhofes, 120 m von der Metzer Straße entfernt, an einer Stelle, wo heute Teiche ein Quellgebiet anzeigen und städtische Tiefbrunnen Wasser für die Stadt liefern. Die Länge der Rohrleitung gibt *Ritter* mit 2161 Toisen an, das entspricht 4.220 m.

»Es befindet sich daselbst jetzt noch ein Bassin von 12 Fuß/3,80 m Durchmesser und 3 Fuß/1,00 m Wassertiefe. Das überfließende Wasser bildet einen Bach, welcher südlich vom Dorfe Picard vorbei nach der Taffings-Mühle fließt und, unten in der Ebene angekommen, Holzmühlenbach genannt wird; derselbe fließt jenseits des Dorfes Lisdorf quer unter der Chaussee durch in die Saar.«[9/50]

Im Jahre 1855 fand man, so berichtet *Ritter*, vor der Poterne Nr. 89 – heute in der Nähe der Rückseite des Bühnenhauses des Theaters am Ring – beim Bau eines Schlammkastens, der zur Reinigung des Rinnsteinwassers diente, bevor es in die Künette des Grabens abgeleitet wurde, »ein Wasserleitungsrohr [...] von neun Zoll Durchmesser und drei Zoll Bohrung [28 cm Durchmesser, 9,5 cm Bohrung], welches höchstwahrscheinlich zu der Wasserleitung von 1685 gehörte.«[9/51]

Wir sind der Meinung, dass dieses Rohr mit der Quellwasserleitung, die *Choisy* baute, nichts zu tun hat, eher mit einem Wasserableitungsrohr, das zur Entsorgung des Oberflächenwassers in den Wallgraben führte.

Der Chronist berichtet, dass der Zimmermeister *Claude Besson* aus Saarlouis[38/149] 1685 den Auftrag erhielt, die Brunnenrohre zum Preis von 18 Sols für 1 Toise zu liefern.[6/38] Im Ganzen handelte es sich um etwa 4.300 m Rohrleitung, also rund 2.200 Rohre aus Eichenholz, einige mehr als 2 m lang.[6/19] Der Baufonds des Königs übernahm die Kosten für die erste Wasserleitung. Im Jahre 1996, in der Woche vom 17. bis 22. Juni, wurden in der Französischen Straße (auf der Seite zur Weißkreuzstraße hin) fast 300 Jahre alte Holzrohre gefunden, die Mensch und Tier auf dem Terrain der Stadt innerhalb der

278　SAARLOUIS – DAS KÖNIGLICHE SECHSECK

9　Holzrohre der ersten Wasserleitung in Saarlouis, gefunden 1996 in der Französischen Straße. Die Eichenholzrohre hatten eine Bohrung von 9 cm. Fotos Balzer, W. Ott.

Festungsmauern bis zur Verlegung gusseiserner Rohre 1827 mit hochwertigem Trinkwasser versorgten. Im Ganzen konnten 19 Rohre sichergestellt werden.

Der Zufallsfund ereignete sich anlässlich der Verlegung neuer Wasser- und Gasleitungen durch die Stadtwerke beim Ausbau der Fußgängerzone innerhalb eines Teils der Französischen Straße (von Karcherstraße bis Höhe Sonnenstraße), genau dort, wo seit Baubeginn 1683 bis nach Zerstörung und Wiederaufbau 1948 die Trottoirs der alten Französischen Straße verliefen. Die Straße war damals nur 11,75 m breit. Heute hat die Fußgängerzone eine Breite von 20 m.

Die unterschiedlich langen Rohre (zwischen 2,00 m und 3,50 m) waren aus Eichenholz. Sie lagen auf einer 80 cm unter Straßenniveau führenden Lehmschicht. Der obere Teil der Rohre war in Sand gebettet und stärker verwittert. Die untere Seite war bemerkenswert gut erhalten. Sogar die Rinde haftete noch an manchen Stämmen, deren Durchmesser 30 bis 40 cm maß. Die Rohrstücke hatten eine mit Brenneisen aufgeweitete Bohrung von 8 bis 9 cm. »Dabei brachte der Schmied Eisenstangen zum Glühen und brannte die Baumstämme bis zur gewünschten Durchlassweite aus.«[82/32] 16 cm breite

Doppelmuffen aus Gusseisen waren in die Kopfenden geschlagen und trotz Rostfraß gut erhalten. Die Muffen hielten die Rohre zusammen, und 4,5 cm breite Eisenringe, um die Rohrenden angebracht, verhinderten das Aufplatzen der Holzrohre.

Klagen über Wassermangel von Seiten des Lazaretts und der Garnisonsbäckerei gaben Veranlassung, den Brunnen am Französischen Tor und einen der Marktbrunnen im Jahre 1854 so einzurichten, »dass dieselben nur dann Wasser gaben, wenn auf einen Knopf gedrückt wurde«.[9/55]

Das gute Wasser aus dem Tal des Mühlenbaches trug viel zur Lebensqualität der Festungsbewohner bei, denken wir an die Haushaltungef, an die Bäcker, Metzger, Köche, besonders die vielen Bierbrauer, die auf gutes Wasser angewiesen waren. Wir wissen heute aufgrund von Katastrophen in vielen Teilen der Welt, was es bedeutet, ausreichend schmackhaftes und sauberes Trinkwasser zur Verfügung zu haben.

Choisy hatte mit dem Bau der ersten Trinkwasserleitung aus dem Felsberger Quellgebiet bis in die Stadt eine Entscheidung getroffen, die weitblickend war, denn noch nach 1897 wurde aus demselben Quellgebiet in einer Hochdruckwasserleitung aus Gussrohren mittels der Dieselpumpe im Pumphaus an der Überherrner Straße Trinkwasser in die Stadt geführt, so dass jeder Bürger ausreichend mit bestem Trinkwasser versorgt werden konnte, das heißt pro Kopf standen 100 l in 24 Stunden zur Verfügung.

Der Chronist *Bernard Motte* berichtet, dass die Leitung im Jahre 1690 »außer dem Wasserstrahl, den das Bassin in der Mitte des Platzes lieferte, noch einen Springbrunnen im Garten der Kommandantur, die vier Brunnen an den Ecken des Platzes, je einen Brunnen am Französischen Tor, am Proviantmagazin [Munitionnaire auf dem Platz der heutigen Kaserne 10], am Hospital und bei den Rekollekten« [den Patres im Pfarrhaus] speiste. Die Steine des Beckens inmitten des Paradeplatzes kamen aus dem Steinbruch von Kerbach, 4 km südöstlich von Forbach.[6/24] Die Place d'armes war ansonsten nicht gepflastert. Der Gouverneur hatte daher untersagt, Pferde am Marktbrunnen zur Tränke zu führen, damit die Pferdehufe nicht den Boden in Schlamm verwandelten.

Das achteckige, 32 cm tiefe »Bassin in der Mitte des Platzes« wurde im Jahre 1765 beseitigt, nachdem es 1690 erneuert worden war.[10/135]

> »Man sagt, dass sich in der Mitte dieses Bassins eine schön gearbeitete Statue befunden hätte, in deren allegorischer Darstellung man

11 Pumphaus im Quellgebiet des Stadtteils Picard an der Überherrner Landstraße (L 167) in der Nähe des Taffingsweihers. Es wurde 1896 gebaut und eine Dampfmaschine betrieb die Pumpe.

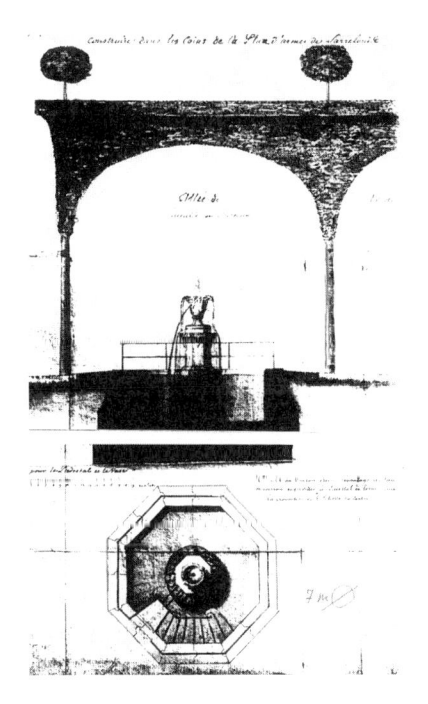

12 Plan für den Bau eines von vier Eckbrunnen 1763. Das Wasser sollte aus einer Vase fließen. Das über eine Treppe begehbare achteckige Becken hatte vom äußeren Rand gemessen einen Durchmesser von 7,20 m, der Sockel mit Vase sollte 3,40 m hoch sein. Wie die Brunnen aussehen sollten, wird leider an keiner Stelle beschrieben.

Ludwig XIV. erkannte, wie er auf die Nacken von vier gebeugten Sklaven trat, die durch verschiedene Attribute leicht als der deutsche Kaiser, der König von Spanien, der Churfürst von Brandenburg und als Holland zu erkennen gewesen wären.«[10/135]

Erst 1842 ließ die Stadt an den vier Marktecken die heutigen Brunnen in Form von Obelisken ausführen, aus denen stets frisches Trinkwasser fließt.

Brunnen und Springbrunnen

In den Chroniken ist von einem Springbrunnen im Garten des Gouvernements die Rede, ebenso von einem großen Bassin mit Springbrunnen in der Mitte des Marktplatzes.[10/134] Diese Angaben können bestätigt werden, und zwar aufgrund folgender Fakten: Das Wasser von der Quelle am Südrand des Dorfes Felsberg floss von einer Höhe von genau 250 m in einer Holzleitung in nordöstlicher Richtung zum Paradeplatz – in gerader Linie gemessen waren das genau 5.100 m. Durch viele Anpassungen an das Gelände war die Leitung mindestens 300 bis 500 m länger. Bei dem Höhenunterschied zwischen Quelle und Paradeplatz von 70 m hätte der Wasserdruck 70 bar betragen und theoretisch eine Fontaine von 70 m erzeugen können. Viele Faktoren bewirkten, dass nur von »einem Springbrunnen in der Mitte des Marktplatzes gesprochen werden konnte«. Bei einem durchschnittlichen Gefälle von 1,30 m auf 100 m floss das Wasser durch die bereits beschriebenen Holzrohre mit 8 cm Bohrung, durch mehrere Revisionsschächte zum Herzogweiher, von hier entlang des Mühlenbaches in Richtung Neue Welt, an der Chaussée de France/Metzer Straße entlang bis vor die Bastion Nr. 10. Dann schwenkte die Rohrleitung durch das Französische Tor bis zum großen Bassin in der Mitte des Paradeplatzes. Von der Hauptleitung wurden durch Nebenleitungen folgende Brunnen gespeist: die vier Eckbrunnen an der Place d'armes, ein Becken am Kopf des Pavillons Nr. 42, je ein Becken im Zeughaushof, am Pfarrgarten und im Hospital. Die Hauptleitung lieferte in der Stunde etwa 5.000 l Wasser. Das ist ungefähr so viel wie heute fünf aufgedrehte Wasserhähne von 0,5 Zoll Durchmesser in einer Stunde spenden. Der *Festungsplan 1777* zeigt die Wasserleitung, die ihren Weg von der Spitze der Lünette 32 durch das Glacis vor der Bastion Nr. 10, in Richtung Poterne Halber Mond Nr. 9, unter der Passage des Französischen Tores hindurch, auf der linken Seite der Französischen Straße zur Place d'armes, durch die Deutsche Straße und auf den linken Pfeilern der Schleusenbrücke zum Hospital führt.

Artesische Brunnen

Ingenieur *Johansen* hat sich fachkundig mit den Saarlouiser Wasserverhältnissen befasst.[32] In einem Schaubild stellt er die unter Saarlouis verlaufenden wasserführenden Schichten dar und schildert die Abteufung für einen Tiefbrunnen neben der Ludwigskirche beim Hause *Ruckstuhl* in den Monaten Dezember 1834 bis Februar 1835. *Ritter* erwähnt ebenfalls den Brunnen im Hofe des Maurermeisters *Ruckstuhl* und gibt eine Tiefe von 121 Fuß und 3 Zoll für das Bohrloch an, das sind rund 38 m. Laut *Johansen* war das Bohrloch 41,75 m tief. *Johansen* führt die einzelnen Bodenschichten und ihre Mächtigkeit auf, die beim Bohren des rund 42 m tiefen Brunnens »Ruckstuhl« durchstoßen wurden:

Formation	Mächtigkeit	
Sand und Kies	5½ Fuß bzw.	1,73 m
reiner Kies	18 Fuß	5,65 m
roter Felsen	10 Fuß	3,14 m
mit Kies durchzog. bunter Sandstein	26 Fuß	8,16 m
weißer Fels mit Spuren v. Kieselstein	3½ Fuß	1,10 m
roter grobsandiger Felsen	6½ Fuß	5,18 m
weißer grobsandiger Felsen	3 Fuß	0,94 m
roter grobsandiger Felsen	11½ Fuß	3,61 m
blassroter tonhaltiger Felsen	6 Fuß	1,88 m
weißer grobsandiger Felsen	8 Fuß	2,51 m
roter Felsen	5 Fuß	1,57 m
weißer Felsen	3–4 Fuß	0,94 m
roter Felsen	17 Fuß	5,34 m

Das Ergebnis dieser Bohrung war ein künstlicher artesischer Brunnen, dessen Wasser nach den Angaben *Johansens* 17 Fuß / 5,34 m über den Grundwasserspiegel (etwa 175 m ü. NN) aufstieg, und zwar bis etwa 0,20 m über das Hofpflaster, so dass man ohne große Mühe das Wasser aus dem Brunnen schöpfen konnte.

Johansen hat in Saarlouis sieben artesische Brunnen ausgemacht, fünf gebohrte und zwei natürliche. Die gebohrten befanden sich am Fort Rauch, an der heutigen Kaserne 10, beim Hause *Ruckstuhl*, bei der Kaserne 6/44 und im Lazarett 56. Der Brunnen im Waffenplatz, rechts vom Brückenkopf, und der in der Kommandantur waren nach seinen Angaben natürliche artesische Brunnen.

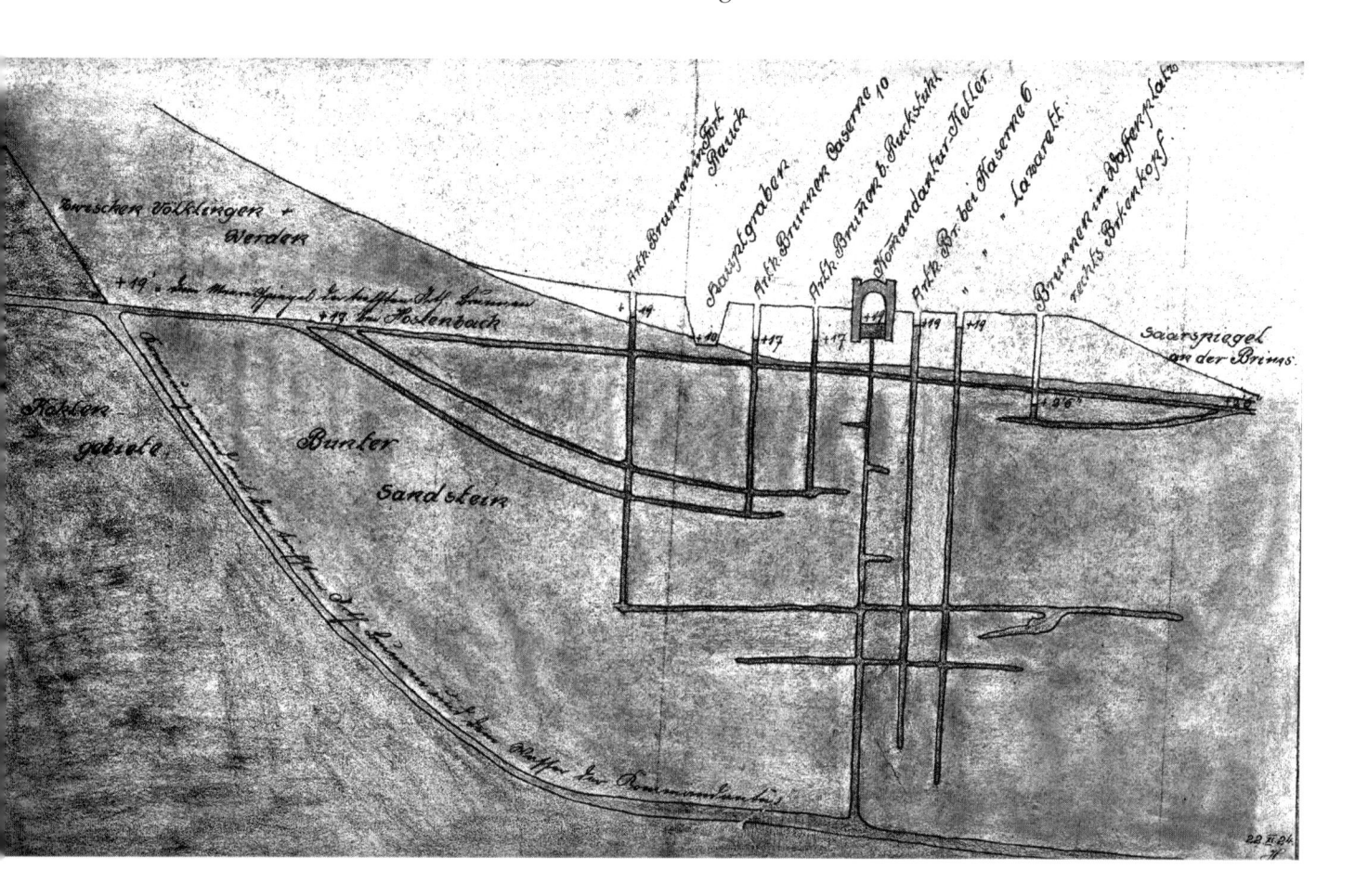

13 Schnitt durch das Terrain Wadgassen–Hostenbach im Südosten (links) und Saarlouis im Nordwesten (rechts), gezeichnet am »22. 11. 24 von H.« nach den Darstellungen von Johansen aus dem Jahr 1850. Die Profilzeichnung zeigt den mutmaßlichen Verlauf der Wasseradern zur Speisung der artesischen Brunnen im Stadtgebiet und die Brunnenbohrung im Waffenplatz »Brückenkopf«/Hornwerk. (32)

Von *Ritter* erfahren wir, dass die Wasserqualität der gebohrten artesischen Brunnen unterschiedlich war. »Das Wasser des Brunnens an der Kaserne X ist noch reiner und weicher als das der Wasserleitung, indem die chemische Analyse folgende Resultate ergeben hat: 100 Teile Wasser enthalten an festen Bestandteilen 1/5000, bestehend aus kohlesaurem Kalk und schwefelsaurem Kalk, Spuren von Chlorverbindungen, Spuren von Eisenoxydil.«[9/59]

Der Brunnen bei Kaserne 6/44 förderte ungenießbares Wasser, »nur zum Scheuern zu gebrauchen«. Die Brunnenbohrung im Lazarett konnte nach *Ritter* nicht vollendet werden, weil Bohrer und Seil auf 316 Fuß/99 m Tiefe stecken geblieben sind.[9/59f)] Der Maurermeister *Ruckstuhl* hatte Glück – seine Quelle förderte trinkbares Wasser. *Johansen* gibt die Erklärung zu dem schlechten Wasser des Brunnens bei Kaserne 6/44, Bohrtiefe 83,50 m.

Infolge geringer Entfernung zu Kohleflözen aus Richtung Völklingen-Werden fördert der Brunnen »das schlechteste schwefelhaltige Wasser, […] wie sich dies von einer an Schwefelmetallen und Kohlenwasserstoff so reichen Gebirgsart erwarten lässt«.[32/2)]

Die beiden von *Johansen* ausdrücklich als natürliche hydraulische Brunnen bezeichneten Wasserquellen erwähnt *Ritter* überhaupt nicht. Umso mehr wird es interessieren, eine der beiden Quellen kennen zu lernen. Sie befand sich unter der Kommandantur. Da kein anderer Chronist diesen natürlichen Brunnen an so exponierter Stelle erwähnt, auch später nichts davon bekannt wurde, besitzen wir nur die kurze Mitteilung von *Johansen*, der 1850 Folgendes zum Brunnen schreibt: Er füllt einen Keller unter der Kommandantur mit seinem Wasser bis zu einer Höhe von 19 bis 20 Fuß [6 bis 6,30 m].[32/3)] Versuchen wir, seine Aussage zu illustrieren: Da es ein natürlicher hydraulischer Brunnen war, dessen Wasserader an der Bruchstelle zwischen Kohlengebirge und buntem Sandstein entlang führte, wird man sich spätestens beim Ausschachten zum Bau des Gouvernements mit ihm befasst haben. Also machte man an dieser Stelle den Keller besonders tief, so dass eine gut gemauerte Brunnenstube unter dem Erdgeschoss entstand. Der Wasserspiegel des Brunnens erreichte eine Höhe von ca. 80 cm über dem Außenniveau. Die Bauleute sorgten für einen Abfluss in ein Brunnenbecken im Hof. Von da floss das Wasser unter der Kaserne Nr. 46 hindurch und durch die Poterne Nr. 89 in den Graben.

Greifen wir nochmals die Auskunft des Chronisten auf, dass 1690 »die [Wasser-]Leitung noch einen Springbrunnen im Garten der Kommandantur speiste«.[6/24)] *Motte* bezieht sich hier auf *Choisys* Trinkwasserleitung aus der Felsberger Quelle. Es lässt sich unschwer vermuten, dass das Wasser aus dem artesischen Brunnen im Gouvernement-Keller wegen seiner Schwefelmetalle keine Trinkwasserqualität aufweisen konnte. Leider konnten vor und nach Wiederherstellung des Postamtes im Jahre 1976 keine Nachforschungen betrieben werden. Einem Hinweis folgend kann bestätigt werden, dass in früheren Jahren auch im Keller des Nachbarhauses während des Jahres Wasser stand.

Vierte Quelle am Neuhof

Die städtische Wasserversorgung zur preußischen Zeit der Festung Saarlouis (1815 bis 1918) basierte auf der südwestlich von Picard sprudelnden Quelle in der Nähe des Neuhofs. Aber schon zur französischen Zeit bezogen die Brunnen von Saarlouis aus dieser Quelle ihr Wasser.

»Herzog Franz von Lothringen [schreibt Ritter] *gewährte im Jahre 1732 der Stadt Saarlouis das Recht, durch eine Röhrenleitung von drei Zoll [etwa 10 cm] Durchmesser Wasser aus dieser Quelle nach Saarlouis hinzuleiten, weil alle gegrabenen Brunnen der Stadt schlechtes Wasser liefern.«*[9/48]

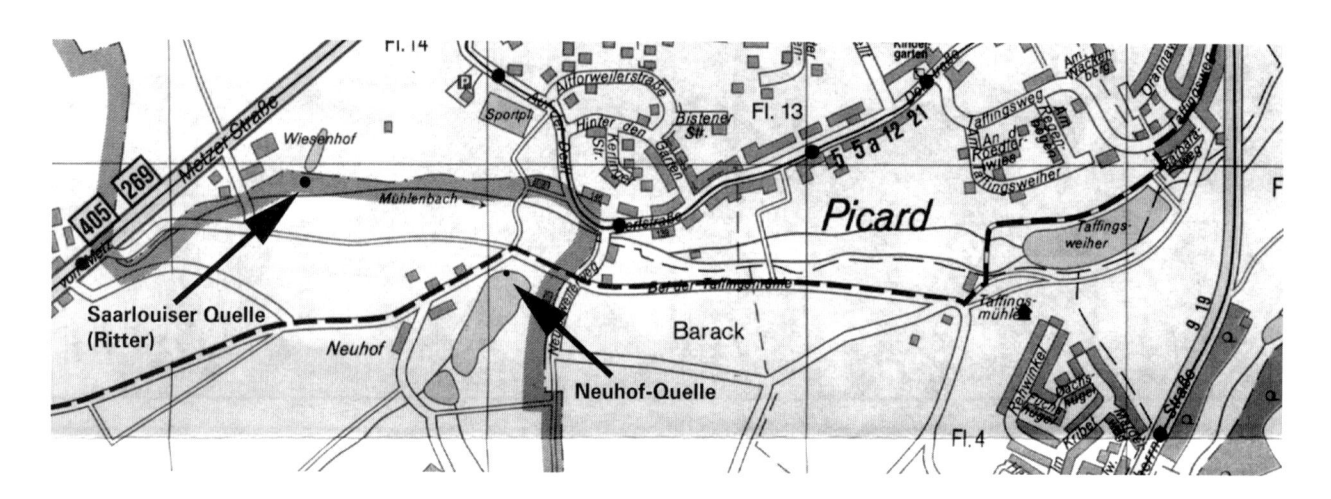

13 Kartenausschnitt Picard. Die Quelle am Wiesenhof sah Anton Ritter irrtümlich als erste Saarlouiser Quelle an. Die Quelle am Neuhof liegt auf Felsberger Bann. Sie war Choisy bekannt. Er bevorzugte aber die höher gelegenen in Felsberg.

Diese Quelle am Neuhof war 1685, als man nach einer ergiebigen Trinkwasserquelle für die Festung suchte, schon vorhanden. Sie sprudelte unter dem Wasserspiegel des Herzogweihers, der sich um den Neuhof herum weitete. Warum ließ *Choisy* diese Quelle nicht fassen? Es ist anzunehmen, dass er sich durch die Nutzung der 50 m höher gelegenen Felsberger Quelle eine taugliche Wasserführung zu den Brunnen der Stadt versprach.

Der Neuhof wurde 1872 errichtet. Er liegt auf Felsberger Bann an der Grenze zum Saarlouiser Bann. Ein gewisser *André* aus Beaumarais hatte im Jahr 1694 den alten Hof mit Weiher auf neun Jahre durch Unterschrift bei der Lothringer Rechnungskammer, Bezirk Busendorf, gepachtet.[29/101]

Nach 1732 war ein großer Teil des Weihers abgelassen. »Der Besitzer von Neuhof hat noch in den 1830er Jahren Stücke der alten Röhrenleitung zwischen dem Bassin am Wiesenhof und dem Dorfe Picard ausgegraben.«[9/50] *Ritter* beschreibt die Anlage am Neuhof, von der zwischen 1732 und 1734 »eine Wasserleitung […] bis auf die Mitte des Marktplatzes der Stadt Saarlouis geführt« wurde.[9/48]

> *»Die Quelle war in einer Brunnenstube, 3,80 m lang, 2,56 m breit und 2,20 m hoch, gefasst. Darüber wölbte sich ein 2,24 hohes Tonnengewölbe mit einem Einsteigloch, Größe 0,73 m mal 0,47 m, das mit einem Quellstein geschlossen werden konnte. […] Das Ganze ist 1½ Fuß mit Erde bedeckt. Fünfsechstel der Quelle fließen durch ein Bleirohr mit trichterförmigem Aufsatz, der durch ein Sieb ge-*

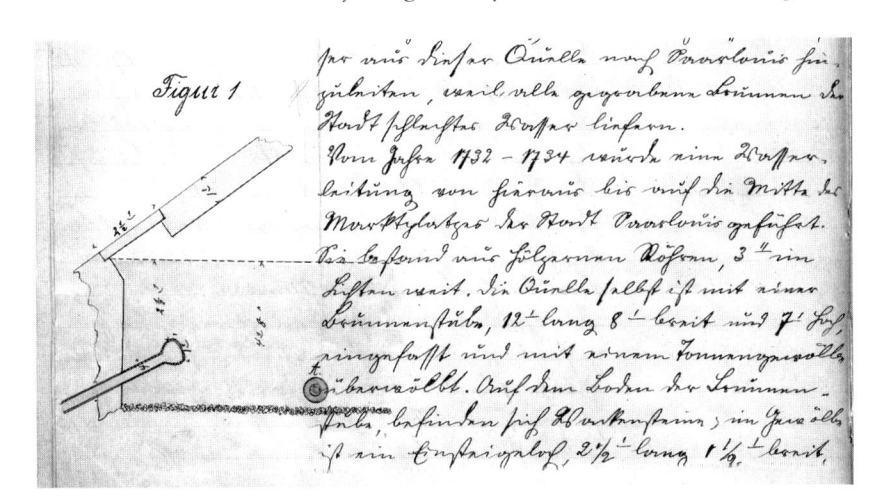

14 Fundstelle in der Handschrift Ritter von 1850 mit Ausführungen über die Saarlouiser Quellen.(9/48)

> *schlossen ist […] in die Wasserleitung nach der Stadt zu; ein sechstel durch ein Holzrohr im östlichen Giebel in einen hölzernen Brunnentrog vor der Brunnenstube. Im östlichen Giebel ist außerdem ein zweites Holzrohr auf der Sohle der Brunnenstube [mit Wackersteinen gepflastert] bei A mündend und mit einem hölzernen Zapfen hier verschlossen, zur Ableitung des Wassers bestimmt, wenn die Leitung repariert werden soll und deswegen wasserfrei bleiben muss. Auf dem obersten Teil des Brunnenhauses auf der Giebelseite ist der Name A. Strouvelle und die Jahreszahl 1759 eingehauen. Dieser Strouvelle war Maurermeister und hat in diesem Jahre wahrscheinlich eine Reparatur ausgeführt.«*[9/48]

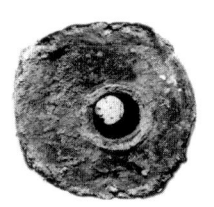

Von Felsberg floss gutes Trinkwasser

Wie erwähnt, war das Quellwasser unterhalb der Baracken am »Felsberg« – in der Gemarkung »Beim Saarlouiser Born« – schon während des Baus der Festung als vorzügliches Trinkwasser bekannt. *Choisy* und seine Ingenieure hatten Jahre vor dem Leitungsbau viele Möglichkeiten geprüft, von wo aus gutes Quellwasser in die Stadt geführt werden könnte. *Choisy*, der fünf Jahre in Wallerfan-

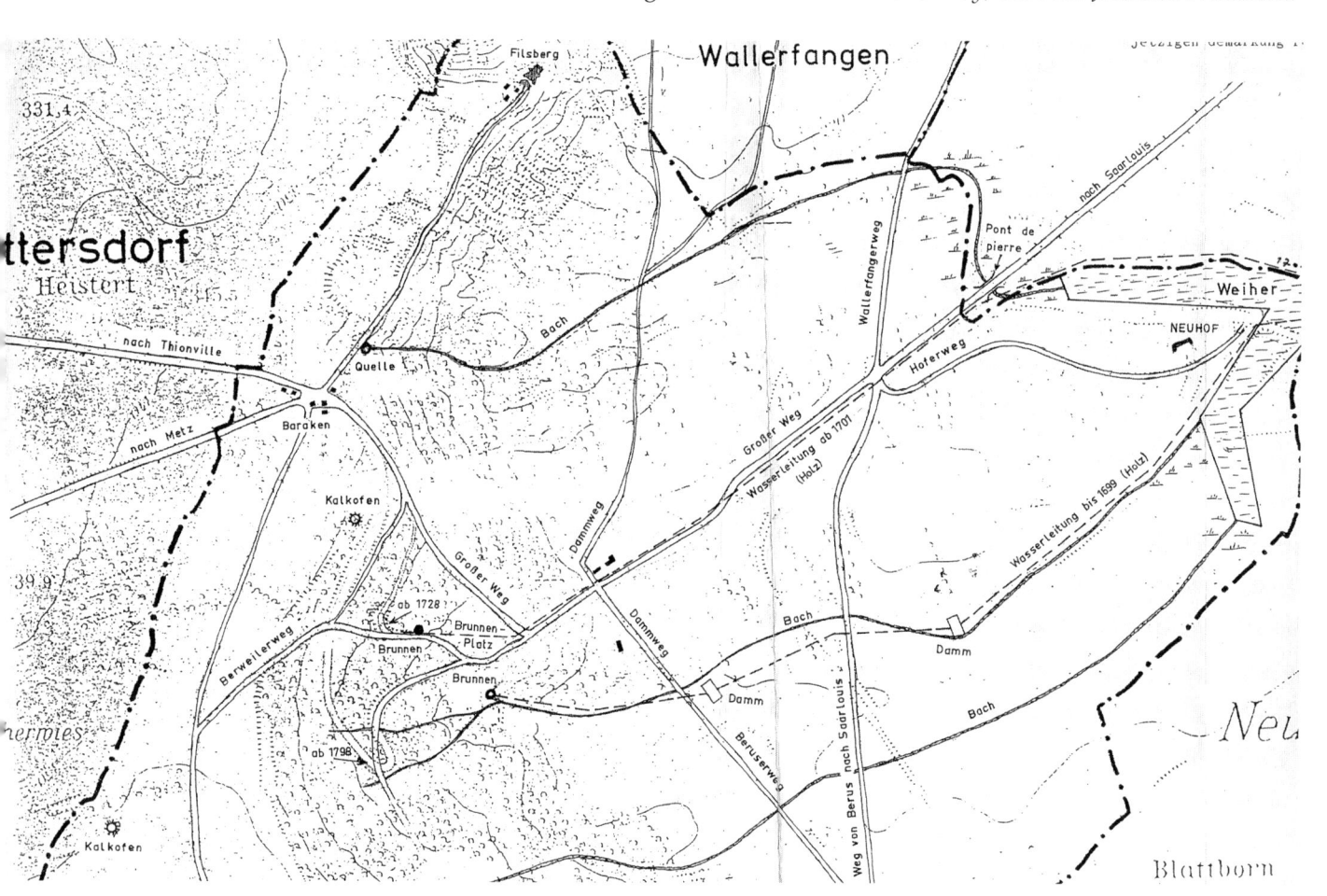

15 *Plan Nr. 25 von Melcion 1997. Eingezeichnet sind die beiden Wasserleitungen von Felsberg zur Festungsstadt, ebenso die Wege und Bäche, wie sie vermutlich 1704 verliefen. 1) Leitung von 1685 bis 1701 vom »Saarlouiser Burren« (Quelle 1) bis zur Stadt. 2) Leitung ab 1701 vom Brunnen (Quelle 2) entlang der Hauptstraße in die Stadt.*

gen wohnte, bevor er in das Gouvernement umzog, schätzte das gute Trinkwasser in Wallerfangen. Die Quellen von Wallerfangen kamen aber zur Wasserversorgung der Festung nicht in Frage, denn die Leitung hätte durch das von *Vauban* kalkulierte und von feindlichen Truppen kontrollierte Angriffsgelände voll Sumpf und Baumstümpfen gebaut werden müssen.

Die Teufelsburg, auf Sandsteinfelsen oberhalb von Felsberg errichtet und auch Filsburg genannt,[40/38] wurde am 10. Juni 1651 von Soldaten der französischen Armee des Marschalls *Ferté*, Gouverneur von Nancy, auf ihrem Marsch nach Wallerfangen zerstört.(79/215) Als neue Siedlung in Lothringen entstand Felsberg nach einem Dekret des Herzogs *Leopold* vom 23. März 1704. Der herzogliche Hof war sehr daran interessiert, das nach den Kriegen verödete Land wieder zu besiedeln. Die beim Abholzen der Wälder und dem Bau der Straße Metz–Saarlouis beschäftigten Arbeiter wurden in Felsberg sesshaft.(79/62)

Festungsingenieure, die von Anfang 1680 an mit Bausoldaten und Facharbeitern in den Felsberger Baracken und in den Baracken nahe am Neuhof wohnten und in den Felsberger Steinbrüchen den Volziensandstein förderten* sowie in den 400 m bis 1.200 m südlich der »Oberfelsberger Baracken« gelegenen Kalksteinbrüchen mit den zugehörigen Kalköfen arbeiteten(79/58), waren zufrieden mit dem guten Wasser, das die vielen sprudelnden Quellen unterhalb des Bergkammes zwischen Sauberg (377 m) und Schlossberg (354 m) spendeten, wozu auch die Quellen »beim Saarlouiser Born«/Burren, heutiger Katastername dieser Gemarkung, gehörten.(40/36)

Im Dorf Felsberg fließt noch heute eine Quelle, die Saarlouiser Brunnen heißt. *Melcion* hat die »Verteilung der Häuser und Gärten in Felsberg 1704« erfasst.(40/12) Das Grundstück, auf dem vom Großen Weg abzweigend ein Gemeindeweg südlich zum Saarlouiser Brunnen führte, gehörte dem Bauer *Olivier Daniel fils* [Sohn]. Ihm wurde 1704 vom lothringischen Amtmann mehr Land zugeteilt, »weil ein Teil des Bodens nicht zu bebauen ist«.(40/10) *Daniel* besaß ein Haus mit Dunggrube und Garten, Länge 56 Ruten/220 m, 6 Ruten grenzten an den Brunnenplatz und 32 Ruten an den Gemeindeweg, wo er eine Breite von 32 Ruten hat. »Sein Plusstück ist größer als das der Landwirte, weil ein Teil des Bodens nicht zu bebauen ist wegen der Teiche und des Brunnens, die sich dort befinden.«(79/70)

Lag wirklich die erste Quelle für die Saarlouiser Brunnen am Ende des Bornweges? Die 1685 gebaute, erste hölzerne Wasserleitung aus der Festungsstadt führte zu dieser 250 m hoch gelegenen Quelle mit Tränkanlage am Ende des Bornweges, 90 m südlich des Großen Weges.(40/12) Zur Bestätigung dieser Aussage gibt es drei Beweise:
1. Der Verlauf der Wasserleitung, eingezeichnet in die Karte aus dem Jahr 1701,
2. die an dieser Stelle gemachten Funde und
3. die zutreffenden Flurbezeichnungen. (40/6)

Die Karte von 1701 »erzählt« viel von der ersten Wasserleitung: Die Legende nennt die Karte eindeutig »Cours de la fontaine de Sarre-

16 Der Ausschnitt aus einer Karte des Saarwaldvereins. Er verzeichnet die historische Brunnenanlage des »Saarlouiser Burrens«. Der Pfeil markiert die Stelle: 100 m unterhalb der Haarnadelkurve der B 269.

* Der Volziensandstein liegt zwischen Schlossberg und Hochlimberg in einer Mächtigkeit von 10 bis 12 m. »Die obere Hälfte ist rot, die untere weiß oder gelb gefärbt, dazwischen Lagen von blauen Letten.«(79/81) Die Festungsbauingenieure zogen den Volziensandstein zum Bau der Werke allen anderen Sandsteinen vor.
In den heutigen Flurkarten sind die Felsberger Steinbrüche unter dem Namen »Schlossberg« und »Auf dem Fels« eingetragen.
Die Katasternamen um die ehemaligen Kalksteinbrüche herum lauten: Am Sauberg, Dreibornwies, Steinkauler, Kalkofen, Barack, Langlängt und Auf dem Pfaffenpfuhl.(40/47ff)

16 Die Karte von 1701 sagt in der Legende aus, dass die Wasserleitung in die Stadt bis zum Punkt D 1699 erneuert wurde. Das erklärt den Fund von Rohren, die man damals neben der neuen Leitung im Boden beließ. Die Leitung ab D wurde 1701 durch eine neue am Neuhofweiher vorbei ersetzt, jedoch nicht, wie die Karte angibt, bis zur alten Quelle, sondern zur neuen Quelle an der Dorfstraße, 125 m weiter nördlich.

louis«/Verlauf der Wasserleitung von Saarlouis. Die Quelle ist als Source de la fontaine etwa 780 m unterhalb der Baraques/Baracken eingezeichnet. Die eingezeichnete Rohrleitung beginnt bei *A* – dem Brunnen auf dem Großen Markt. *A B C D* ist die Strecke, die vom Paradeplatz über das Französische Tor und die Grabenbrücke *D* führt. Das war die erste Rohrleitung innerhalb der Festung, sie wurde bereits 1699 erneuert. Bei dieser Gelegenheit fand auch, wie bereits erwähnt, die Rohrverlegung zu der 125 m nördlich gelegenen

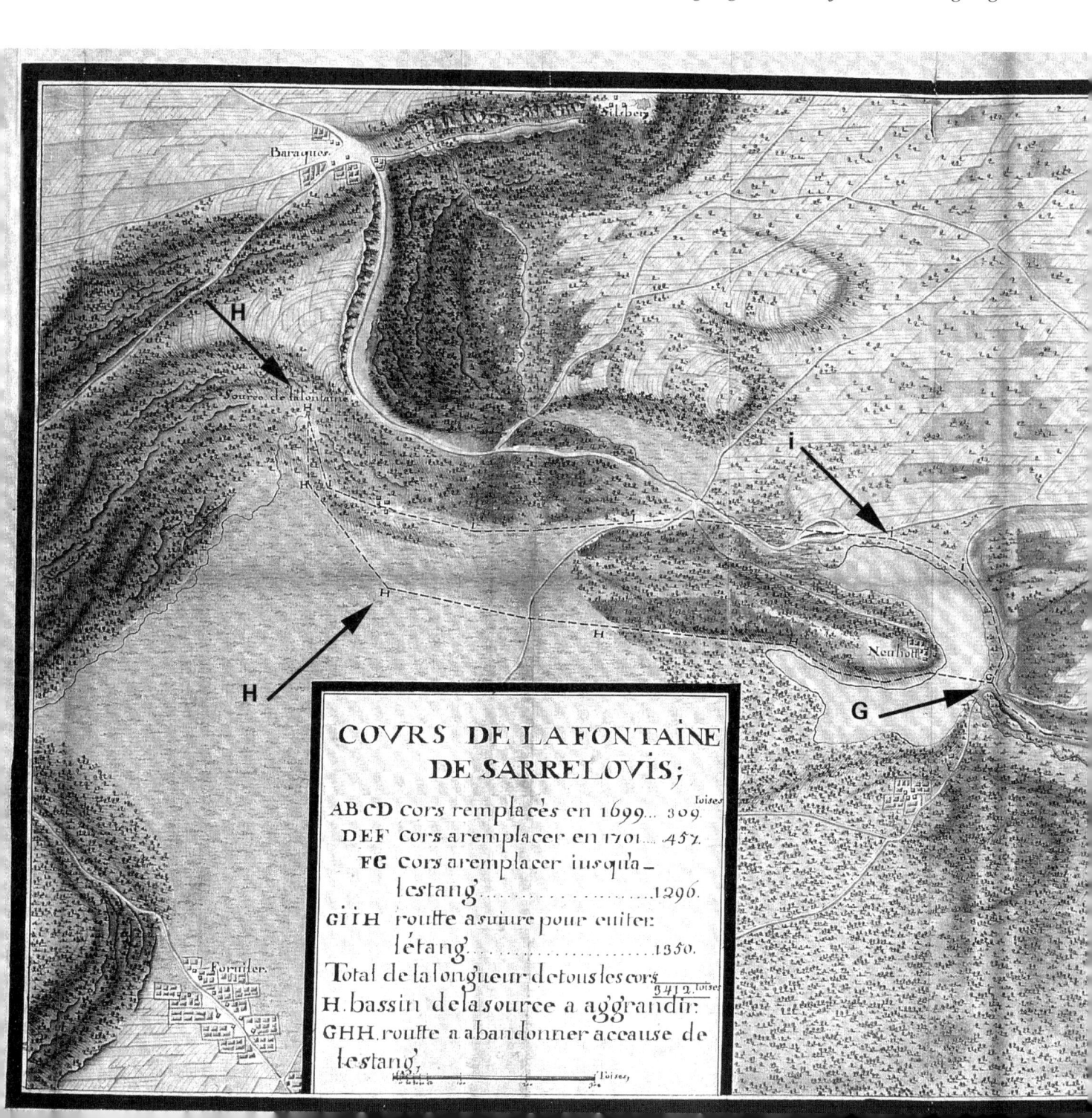

Quelle statt. Rohre aus Akazienholz wurden in der Französischen Straße neben den Eichenholzrohren von 1699 im Juni 1996 gefunden. Die Buchstaben *D E F* zeigen die Strecke, die 1701 geplant und später geändert wurde. Vom Halbmond vor dem Französischen Tor – mit *D* gekennzeichnet – führte die zu erneuernde Leitung nach dem Punkt *F* an der Metzer Straße, gegenüber der VII. Gartenreihe. Von hier führte die Strecke bis zum Herzogsweiher *G*. Die Buchstaben *G* und danach die fünf *i* markieren die neue Trasse ab 1701. Die neue

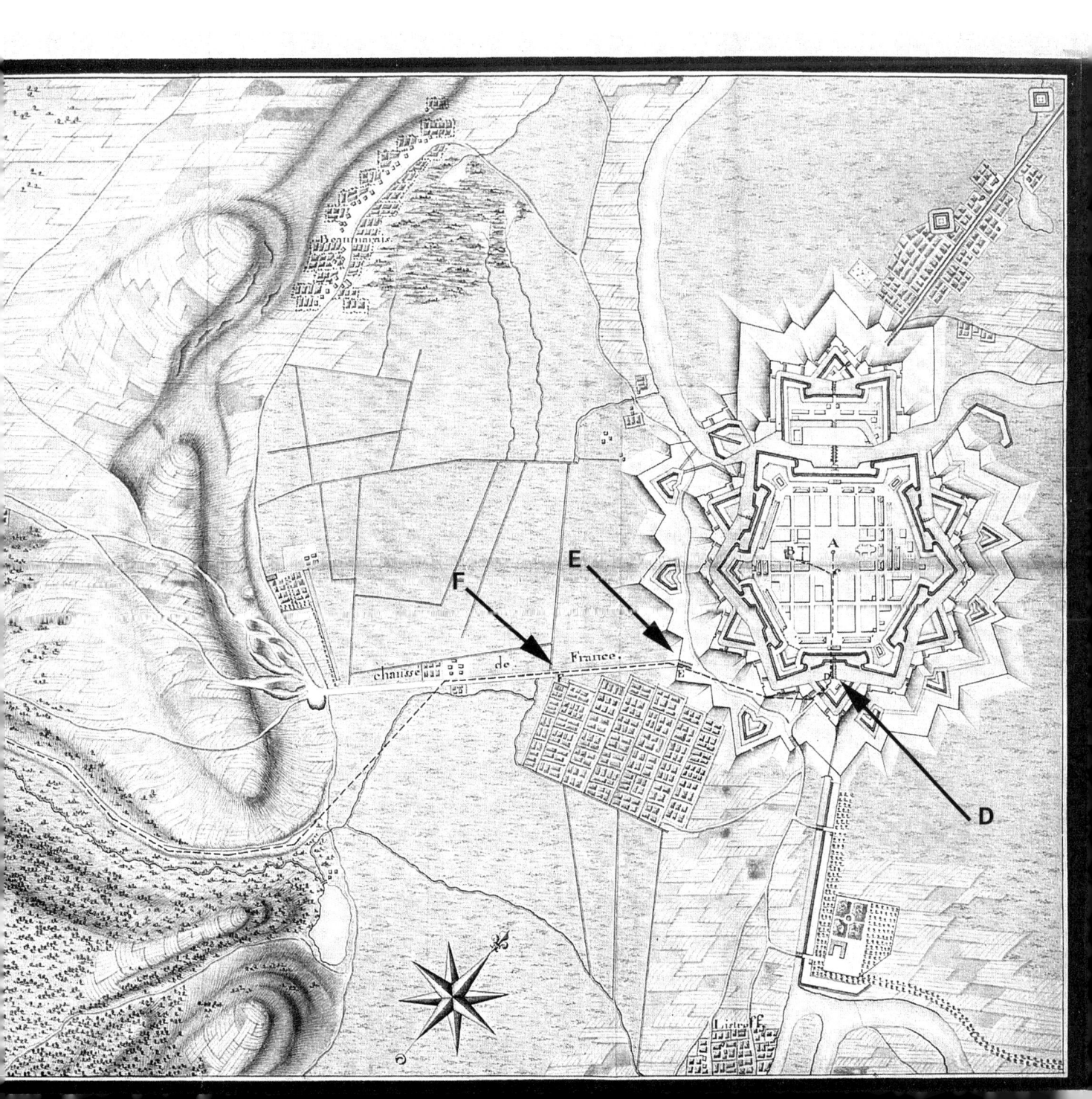

18 Ein weiteres Wasserbecken in Oberfelsberg am Kirchenweg im Bereich des Friedhofs.

19 Schwerer Markstein für den Neuhof aus rotem Buntsandstein mit Wappen.

20 Die Quelle am Neuhof mit einem Sandsteinbrunnenbecken. Im Hintergrund Häuser von Picard und »Auf der Dellt«.

Leitung sollte am nördlichen Rand des 30 Morgen großen Herzogweihers entlang, zweimal unter der Metzer Straße hindurch und dem Hang folgend bis zur Quelle H führen.[40/25] *Melcion* weist dagegen nach, dass die Strecke entlang der Metzer Chaussee bis zur Quelle $H2$ führte, wie wir sie nennen wollen. Das Warum erklärt folgende Geschichte: Die Holzrohre, die auf dem Boden des Weihers lagen, wurden undicht und brachen und mussten öfters ausgewechselt werden. Jedesmal verlangten die Techniker aus der Festung vom Besitzer des Hofes, den Weiher abzulassen. Dieser wehrte sich, da er den Weiher zur Fischzucht nutzte; im Jahre 1700 (das Gebiet gehörte seit 1698 wieder zum souveränen Herzogtum Lothringen) klagte er in Nancy beim herzoglichen Gericht. Die Stadt wurde verurteilt, ihre Wasserleitung am Teich vorbei zu leiten. Die Karte gibt die Länge der ersten Gesamtleitung mit 3.412 Toisen/6.653 m an; davon entfallen auf die neue Leitung entlang des Weihers (pour éviter l'étang) 1.350 Toisen/2.633 m.

In der Karte aus dem Jahre 1701 (Norden in der rechten oberen Ecke) sind die Baracken an der Stelle eingezeichnet, wo sich die Dreigabelung der Straße mit den Wegen nach Thionville, Metz und Berus befindet.

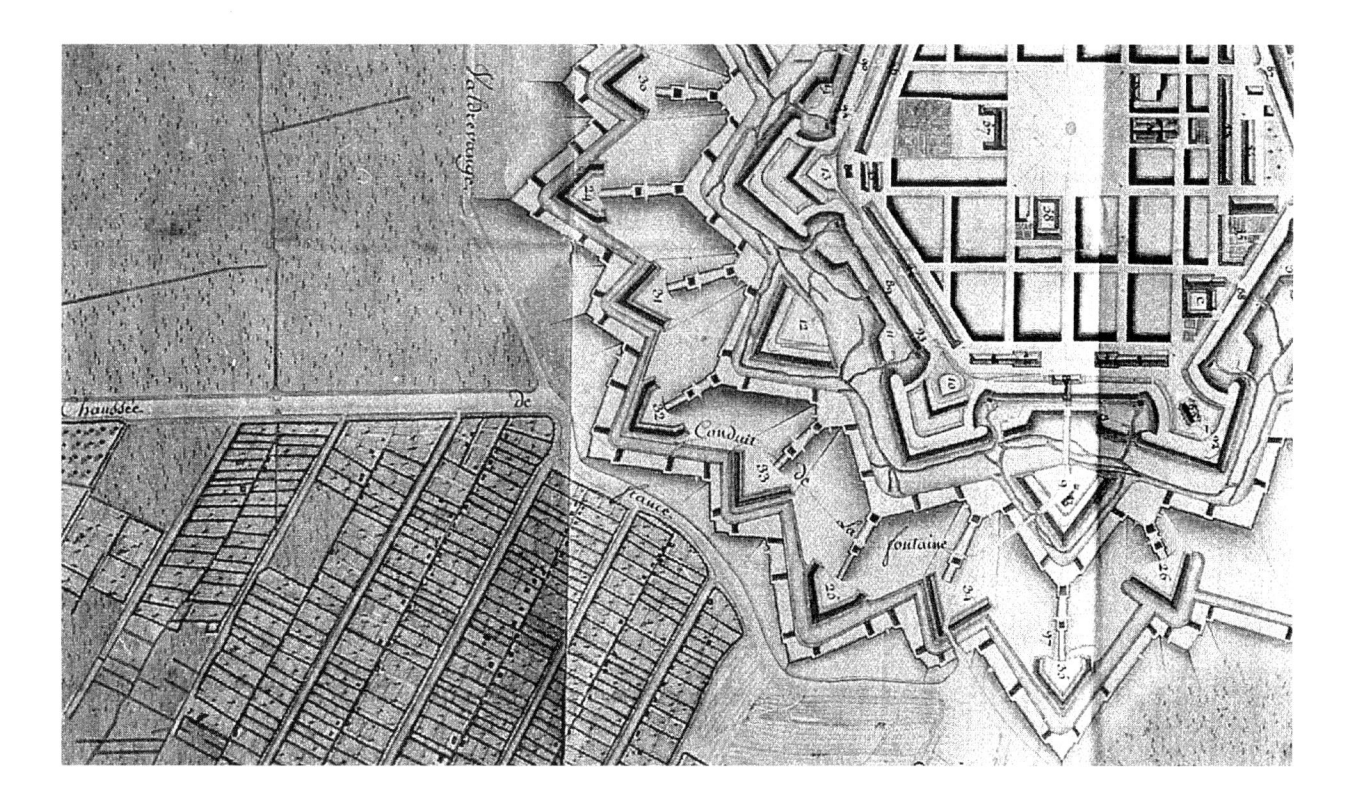

Unterhalb der Baracken – auf der Karte sind es etwa 385 Toisen/ 750 m – liegen beide Quellen und der Anfang der Brunnenleitungen nach Saarlouis.

Melcion hat, das ist Beweis Nr. 2, auf der alten Strecke nach dem Neuhof hin Rohrteile gefunden, auch drei gemauerte Anlagen im Abstand von 600 m, die zur Reinigung des Wasserlaufs dienten. Es sind rechteckig gemauerte Schächte, in die das Wasser einläuft, um oberhalb wieder, von Sinkstoffen entlastet, auslaufen zu können.

Als dritter Beweis dafür, dass die erste Saarlouiser Wasserleitung aus der Quelle am Ende des Bornweges gespeist wurde, gelten nach *Melcion* vor allem die alten Gewann- bzw. Gemarkungsnamen, die für Heimatforscher als geschichtlich relevante Fakten gewertet werden. Er stützt sich auf die zweite Korrektur der Gewannverteilung,

21 Der Planausschnitt stammt aus einer Karte von 1775 nach d'Aubigny. Er zeigt den südlichen Festungsbereich mit den vorgelagerten »Gartenreihen«. Zwischen den Lünetten 32–34 und dem Hauptgraben ist ein »Conduit de La fontaine«/ Röhre von der Quelle eingezeichnet, die von der Chaussée de France herkommt.

22 Melcion trug 71 Cantons/Gewanne in eine heutige Gemarkungskarte ein. Einige Gemarkungen sollen genannt werden: 30) Schloss/Teufelsburg, 31) Gemarkung von Generalleutnant de Requin aus Saarlouis, 51) Kalkofen beim Pfaffenpfuhl, 56) Hinter dem Kalkofen (heute Oberfelsberg), 61) Dreiborn, 62) Weiher, 63) kleine Gemarkung des großen Grabens unterhalb des Berges, 64) Zwischen den Straßen nach Metz und Bouzonville, 65) Baracke. (40/23)

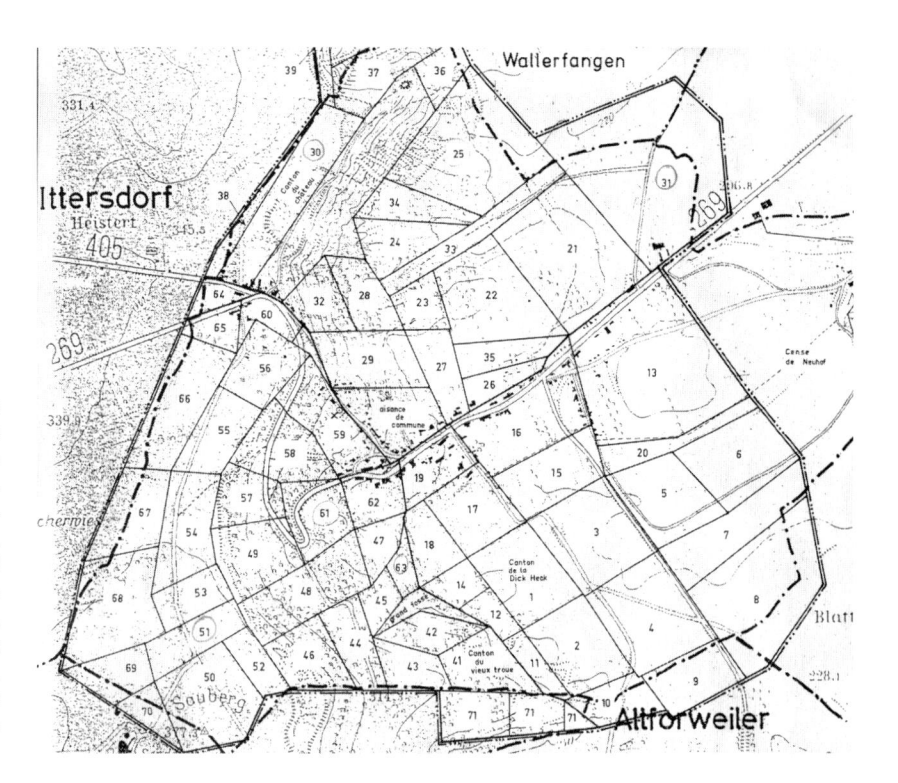

die ab 23. April 1712 galt und die er in eine heutige Gewannkarte übertragen hat. Der Kartenausschnitt mit den Gemarkungen zeigt unter anderem Nr. 30 Gemarkung Schloss, Nr. 31 Gemarkung de Requin, Nr. 51 Kalkofen beim Pfaffenpfuhl, wobei Pfuhl eine trichterförmige Vertiefung im Muschelkalkgebiet bedeutet,[79/109] Nr. 54 große Gemarkung von der »Stai«, Nr. 56 hinter dem Kalkofen, Nr. 61 Dreiborn, Nr. 62 Gemarkung Weiher, Nr. 64 zwischen den Wegen Metz und Bouzonville, Nr. 65 Baracken.[40/22]

Vergeblich ist die Suche nach der Gemarkung »Saarlouiser Bronnen«. Diese Bezeichnung wurde vermieden. Dafür könnten politische Gründe geltend gemacht werden. Die lothringischen Amtmänner, die die Gewannkarten 1712 dem Herzog vorlegten, nannten den »Saarlouiser Brunnen« deshalb nicht namentlich, weil sie Probleme unbedingt vermeiden wollten. Es war zu befürchten, dass von Seiten des königlichen Gouverneurs, der in der in unmittelbaren Nachbarschaft liegenden französischen Exklave Saarlouis residierte, Ansprüche, Besitzrechte, Gebietsforderungen geltend gemacht würden. Noch wurde in Versailles zwischen dem König und seiner königlichen Hoheit, dem Herzog von Lothringen, über den letztendlichen Grenzverlauf verhandelt. Die Grenzsteine wurden 1718 gesetzt.

XV. Lebensfähige Stadt hinter sechs Bastionen

Saarlouis war »im tatsächlichen Sinne Nachfolgerin von Wallerfangen geworden [...] In der neuen Festung lockten bürgerliche und gewerbliche Freiheiten, Bauplätze und reiche Arbeitsmöglichkeiten. Sie war in der kurzen Zeit ihres Bestehens ein wirtschaftlicher Mittelpunkt geworden, dem ein vielfädiger und vielfältiger Verkehr zuströmte, in dem Handel und Wandel in Fluß gekommen waren.« [11/181]

Theodor Liebertz, Geschichtsforscher, 1953

XV. Lebensfähige Stadt hinter sechs Bastionen

Dem damaligen Leiter des Mittel-Mosel-Museums in Traben-Trarbach, dem Montroyal-Forscher *Dr. Spies*, verdanken wir diesen verloren geglaubten Plan, der, unten links ist es zu lesen, »Distribution des bastiments de Sarrelouis« analog zu den Kapiteln 142 und 143 in Vaubans »Projet« heißt. *Spies* gelang es, den Plan im Heeresarchiv Potsdam 1944 zu fotografieren. 1945 gingen die Bestände im Kampf um Berlin in Rauch auf. Das Foto liegt heute im Landesarchiv Saarbrücken. Unsere Abbildung stammt aus dem Werk »Alte Pläne von Saarlouis« von *Fritz Hellwig*.[5/7]

Wir nennen diesen Plan in den folgenden Erörterungen *Vauban-Grundrissplan*. Er ist unseres Erachtens nach 1680 gezeichnet worden. Im Kapitel XVI. »Grundrisspläne und Projekte der Stadtfestung unter der Lupe« gehen wir auf diesen und andere Pläne im Detail noch näher ein.

Es hört sich wie ein Programm an, wenn wir im Projekt lesen: »Dieser Plan zeigt eine sehr schöne Anordnung der Gebäude, nach der der Festungsplatz ganz ausgezeichnet bewohnt werden könnte.« *Vauban* konnte nicht ahnen, dass die erste Blütezeit der Festung nur zehn Jahre dauerte, als sie nämlich ab 1697 vom Königreich getrennt als Exklave überleben musste.

Wir würden heute sagen: *Vauban* strebt mit seiner Stadtplanung für die künftigen Bewohner eine hohe Wohnqualität an; er widerspricht damit der gängigen Meinung, dass man in Festungsstädten nur schlecht wohnen könne, womit an mittelalterliche Stadtfestungen erinnert wird, die über Jahrzehnte gewachsen sind und wo die Menschen auf sehr engem, gering belüftetem Raum in extrem unhygienischen Verhältnissen leben mussten. In der Beschreibung würdigt *Vauban* schon im Voraus seine neu erbaute Festung, in der fortschrittliche Baukunst investiert werden soll, vor allem »die gerade Regelmäßigkeit« der breiten Straßen, die auch heutigen Anforderungen gerecht werden.

Nach unserer Kenntnis hat *Vauban* sich mit dem Thema Idealstadt in keiner seiner Schriften befasst. Beim Bau von Saarlouis verfolgte er auch keine sozialen Denkmodelle oder die Idee, physische und psychische Bedürfnisse der zukünftigen Bewohner zu kalkulieren und in eine architektonische Form umzusetzen. Dementsprechend fährt er in seinem Projekt nüchtern fort: »Alle Bauwerke sollten von einer gefälligen Bauweise sein – ohne Platzverschwendung – und entsprechend dem Stand und der Anzahl der Leute gebaut werden, die diesen Ort bewohnen werden.«[1/§142]

---

2 *Gegenüberliegende Seite: Vauban-Grundrissplan, so genannt, weil er von Vauban autorisiert wurde. Er gehört zu seinen Ausführungen im »Projet« (1/§142f) unter der Überschrift »Distribution des bâtiments« / Verteilung der Gebäude. Die Buchstaben A bis Y sind zur Orientierung vom Verfasser in den Plan eingezeichnet worden. Sie entstammen den Erläuterungen Vaubans und werden im Text erklärt.*

A = Place d'armes
B = Kirche
C = Rathaus
D = Markthalle
E = Arsenal
F = Magazine
G = Gouverneur
H = Intendant
I = Königs-Leutnant
K = Platzmajor
L = Kriegskommissar
M = Hospital
N = Händler
O = Bürger
P = Kasernen
Q = Torwachen
R = Pulvermagazine
S = Wachhaus
T = Französisches Tor
V = Deutsches Tor
Y = Einlassschleuse

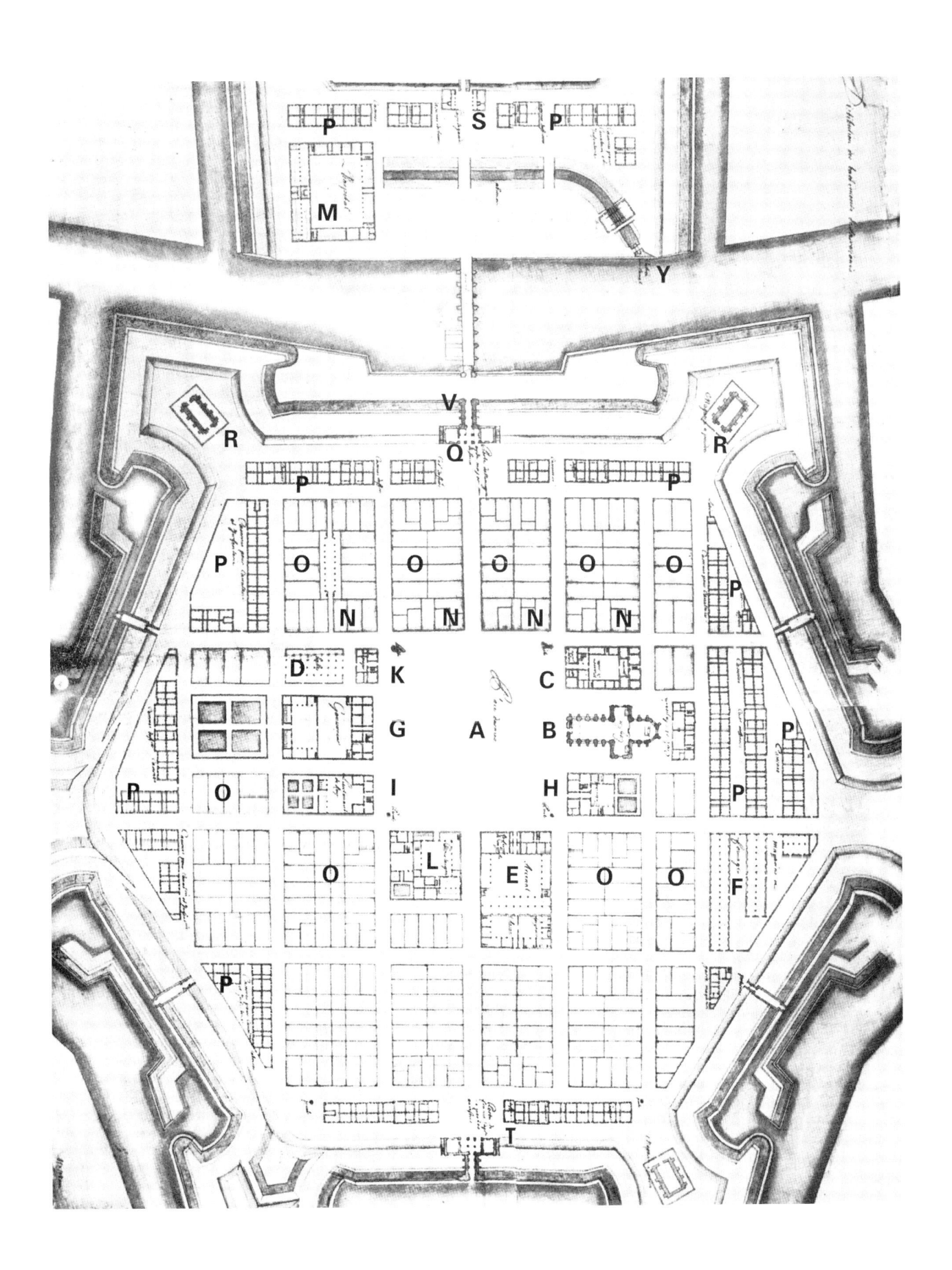

SAARLOUIS – DAS KÖNIGLICHE SECHSECK 295

XV. LEBENSFÄHIGE STADT HINTER SECHS BASTIONEN

Dem Städtebauer *Vauban* waren die unterschiedlichsten Stadtgrundrisse aus Frankreich und Italien und damit viele Spielarten planerischer Gestaltung bekannt.[60/15]

Auch für Saarlouis erreichte er eine optimale städtebauliche Verwirklichung, die aus seinen Erfahrungen resultierte, aber in erster Linie fortifikatorischen Erfordernissen diente. Das heißt, die Festung musste bestimmte Aufgaben erfüllen:

- »Refugium sein für Menschen und Objekte aus der Umgebung«,
- zentralen Einrichtungen als geschützter Standort dienen,
- die Operationsfreiheit feindlicher Streitkräfte einschränken und
- den eigenen Kräften verbesserte Operationsmöglichkeiten verschaffen.[76/213]

Die bevorzugt quadratisch geprägte Stadtanlage bot beste Voraussetzungen für alle militärischen und zivilen Funktionen einer Stadtfestung. Der zentrale große Platz sollte Sammelplatz am Anfang bzw. am Ende aller Straßen sein sowie beherrschende Mitte und

3   Skizze des Paradeplatzes nach Vauban von 1680. Die Zeichnung ist überschrieben: »Vüe et Perspective de la Place d'armes de Sarreloüis suivant le Projet«. Bemerkenswert sind die strengen arkadenförmigen Laubengänge (Treillage) um den Platz, die als einzige Objekte neben der Kirchenfassade und dem Brunnen im Zentrum ausgemalt sind. Eine niedrige Einfassung grenzt den Platz und die Treillage nach außen ab.

Orientierungspunkt. Nur zu gern drängt sich hier die Vorstellung auf, die Ideologie vom absolutistischen Staat und dem König als Mittelpunkt hätte bei der Anlage der Place d'armes Pate gestanden. Auf der einen Seite der Place d'armes platzierte *Vauban* das Gouvernement für den Vertreter des Königs, diesem gegenüber, an das andere Ende der Straße über den Platz hinaus, setzte er das Gotteshaus.

Vauban befand sich mit dieser eindrucksvollen kartesianisch-rationalistischen Platzgestaltung in der Nähe der großen italienischen Baumeister der Renaissance, die Plätze als »repräsentativ und monumental genutzte Raumelemente der Stadtbaukunst« ansahen und sie als Treffpunkt der Bürger, Schauplatz für öffentliche Handlungen und Markt schätzten und vor allem auch als Freiraum vor den städtischen Gebäuden. So sollte »der Platz möglichst aus allen Blickwinkeln die Schönheit der rahmenden Bauten wie ihre Harmonie untereinander erkennen lassen.«[57/361]

4   Die Ausschnittvergrößerung zeigt die Position eines der Brunnen unter den Arkaden und zwei Vorrichtungen in der Einfassung, die wie Drehkreuze als Eingänge anmuten. Die Absperrung konnte verhindern, dass die Brunnen als Pferdetränke genutzt wurden.

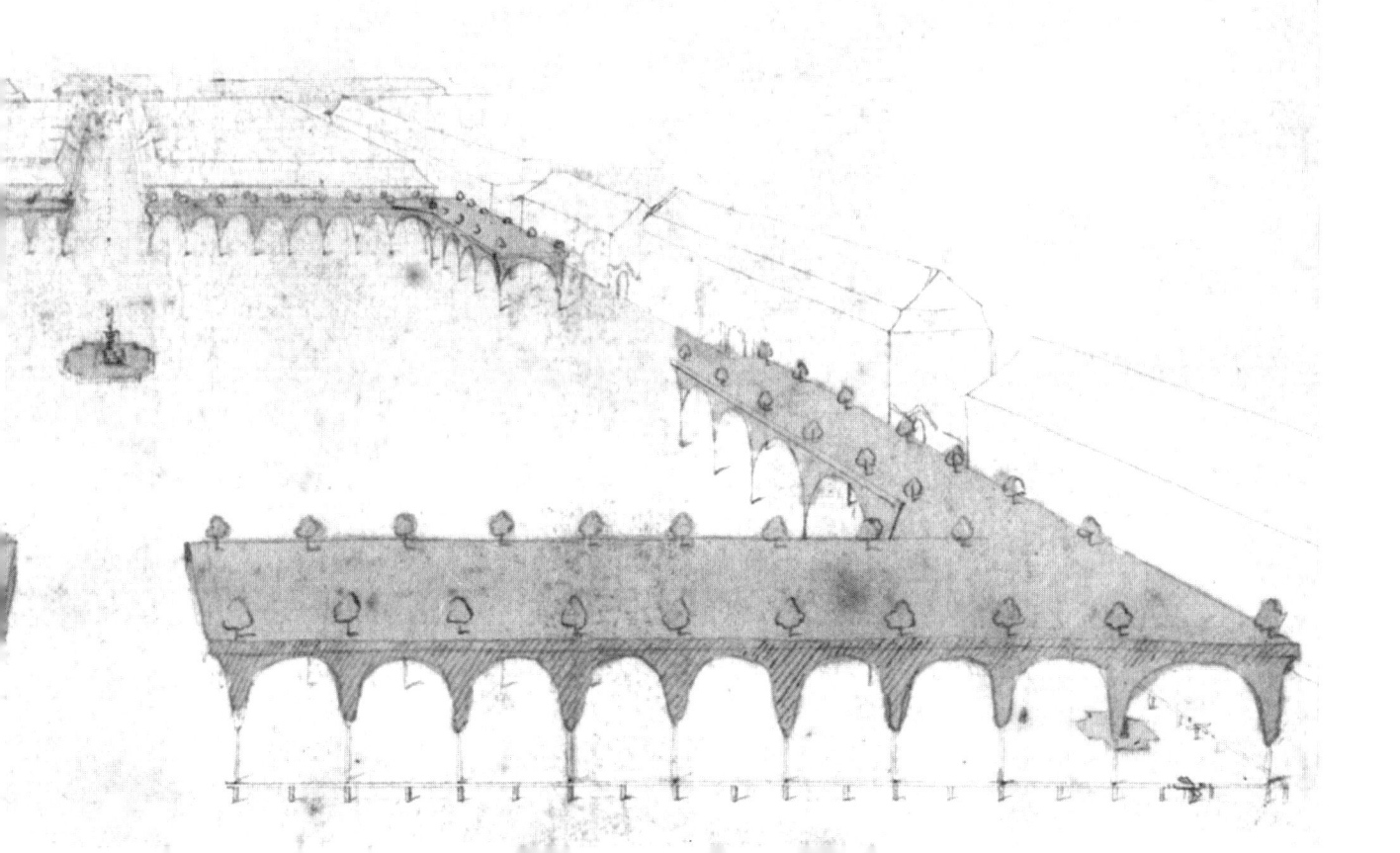

Vauban lobt an seinem Entwurf zur Festung Saarlouis nicht nur die mit Plastiken verschönerten Tore, sondern auch »die Symmetrie der Fassaden«, die beauté/vollendete Form der öffentlichen Gebäude und Stabsgebäude.[1/§160]

Die »Symmetrie der Fassaden« bedeutete bei *Vauban* und *Choisy* Vollkommenheit und Ebenmäßigkeit für das Auge des Betrachters. Erreicht wurde diese Architektur durch gleiche Traufhöhen bei zweistöckiger Bauweise und ansehnliche Fassaden mit Steingewänden und Segmentbögen an Fenstern und Türen. An vielen privaten Häusern wurden die Schlusssteine in Fenster- und Türbögen später noch bildhauerisch gestaltet.

Wir wissen aus Plänen, Bildern und noch erhaltener Bausubstanz, dass weder *Vauban* noch *Choisy* beabsichtigten, die Architektur der Häuser einheitlich zu entwerfen oder gar bauen zu lassen, also auf einen Typ zu reduzieren und dabei die Individualität der künftigen Bewohner zu ignorieren.

Dergleichen geschah in der Stadt Richelieu bei Poitiers, erbaut 1631 bis 1638, weil hier der Bauherr, der Kardinal *Richelieu*, seine absolutistische Doktrin programmmäßig demonstrierte und nach der Devise »Staatsraison bedeutet Disziplinierung der Stände, Disziplinierung des Einzelnen« durch Anordnungen eine einheitliche Stadtarchitektur ausrichten ließ.[60/91] *Vauban* würdigte dagegen an »seiner« Stadt andere Qualitäten, nämlich

> »die Bäche, die man die Straßen entlang fließen lässt, die Brunnen, die diese Bäche speisen – alles, was dazu beiträgt, einen sehr schönen Platz zu gestalten. [...] Vor allem die gute Luft und das gute Wasser, deren sich der Platz erfreuen wird, tragen dazu bei, dass dieser Ort als einer der schönsten und freundlichsten im ganzen Königreich angesehen werden kann – und das umso mehr, als man ab Metz nichts sieht, was das Auge zufrieden stellen könnte.«[1/§160]

Vauban weist im Entwurf des Stadtgrundrisses dem Mittelpunkt der Stadt den Buchstaben *A* zu und legt fest, dass der Platz genau quadratisch sein soll. In der Mitte soll eine große, sehr nützliche Halle gebaut werden. An diesem Platz sollten Brunnen angelegt werden und andere für das öffentliche Leben zugängliche Annehmlichkeiten.[1/§143]

Beiderseits des Gouvernements *G* sollten auf der einen Seite des öffentlichen Platzes der Königsleutnant *I*, als Stellvertreter des Gouverneurs, und der Platzmajor *K* residieren, auf der gegenüberliegenden

5 Die meisten Masken an Tür- und Fenstergewänden fertigte der Saarlouiser Bildhauer und Architekt Ferdinand Ganal (1703–1775), der sein Haus in der ehemaligen Gefängnisstraße baute. (47/263). Hier Masken am Haus Lasalle.

Platzseite, rechts und links von der Kirche *B*, plante er das Rathaus *C* für die Bürger und die Intendantur *H*, den Sitz des Intendanten der neuen Saarprovinz.

Auch heute beeindruckt noch die Geschlossenheit der inneren Platzanlage, die durch den in barocker Pracht angelegten Laubengang mit den vier Eckbrunnen noch betont wird. Das einmal die Platzmitte beherrschende Brunnenbecken wurde wenige Jahre später aus militärischen Gründen abgetragen.

Ohne Zweifel hatte für den Planer der »zivile Sektor« der Festungsstadt einen hohen Stellenwert. *Vauban* sah in einer zufrieden gestellten Bevölkerung eine wichtige Unterstützung für die Garnison. Aus dieser Überlegung heraus schuf er die Einrichtungen, die es möglich machten, »dass die Zivilbevölkerung arbeiten, frohgemut ihrem Erwerb nachgehen, Geselligkeit pflegen, anständig wohnen und sich zum Gottesdienst versammeln konnte«.[(8/48)]

Choisy erkannte es als seine vordringliche Aufgabe, die geplanten Einrichtungen im Sinne *Vaubans* ins Werk zu setzen. Dazu gehörten festumrissene Bezirke für Händler – Buchstabe *N* – und Wohngebiete für die Bürger – Buchstabe *O*. Die Bereitstellung eines Stadtbezirks für die unentbehrlichen Händler weist auf deren Nutzen für das Ganze hin. *Vauban* bemühte sich, sie sesshaft zu machen, da sie wertvolle Verbindungen, reiche Vorräte und Finanzen mitbrachten. *Klauck* zählt mehr als 380 Namen auf.[(84/1047)]

6 Darstellung des Paradeplatzes um 1860. Das Bild, das vom Kirchturm aus gemalt worden ist, zeigt die Weite des hektargroßen Platzes mit einer geschlossenen Umgebung und der Kommandantur als Mittelpunkt. Lithographie von F. A. Borchel nach D. Rausch.

Die vor den Kurtinen errichteten Kasernen – Buchstabe *P* – sollten 3.500 Fußsoldaten und 1.000 Pferden mit ihren Offizieren Unterbringung bieten, deutlich getrennt von der Wohnbevölkerung.(1/§143)

Den Bau unterschiedlicher Werkstätten, vor allem großer Stellmachereien und Schmieden, die alle für das Arsenal arbeiteten, ging *Choisy* mit Nachdruck an. Sie eröffneten für die zugezogenen Bürger Aussichten auf einträgliche gewerbliche Tätigkeit.(1/§160) Ebenso wichtig für die Bewohner der Festung waren »große Bäckereien, Brotläden, geräumige Korn- und Mehlspeicher«.

Vauban wies vorausblickend auf die für Händler wie für das Militär günstige Saar-Wasserstraße hin, »die man für irgendwelche Geschäfte entlang der Mosel bis Trier und Koblenz brauchen könnte.«(1/§160)

Mit den folgenden, polizeilich motivierten Argumenten versuchte er, seinem Kollegen *Choisy* den Vorschlag schmackhaft zu machen, eine Halle *D* auf den Markt zu bauen. »Die große Halle ist von Vorteil, sie erleichtert nicht nur den Markthandel, sondern in deren Schutz kann bei schlechtem Wetter, das in diesem Land sehr häufig vorkommt, Wache gegangen werden.« Damit meinte *Vauban* Rundgänge der Marktpolizei oder der Festungswache, und militärisch zu Ende gedacht schlägt er vor, in Kriegszeiten »hier auch große Artilleriegeräte unterzubringen, aber auch Marketender und vorbeiziehende Einheiten, falls man für sie keine andere Unterkunft findet«.(1/§160)

Der Rückgriff auf Bürgerhäuser – gewissermaßen eine Zwangsbelegung – kam aufgrund der Privilegien, die die Stadt dank königlichem Edikt vom November 1682 genoss, nicht in Frage: »Wir wünschen, dass alle Bürger und Bewohner dieser Stadt, jetzt und für immer von der Einquartierung von Soldaten befreit bleiben.«*

Vauban betonte, »dass alle diese Zugänge« zu Lagern, Speichern und zum Arsenal »durch die Geräumigkeit der Straßen, die zu ihnen führen, für Wagen sehr leicht passierbar sind. Die schöne Anlage der Straßen innerhalb der Festung, [...] ihre gerade Regelmäßigkeit« hebt er besonders hervor,(1/§160) von denen zwölf (!) auf den Paradeplatz münden.

Im Kapitel 139 behandelt *Vauban* die hygienische Seite seines Stadtplans und spricht von Bächen, die man in die Festung leiten sollte:

»Diese Bachläufe sind sehr gut dazu geeignet, die Straßen zu reinigen, den Ort mit Frische und Kühle zu versorgen und zahlreiche Waschstellen und andere sanitäre Einrichtungen zu versorgen.

---

6 Der Saarlouiser Gerbermeister Wilhelm Schmitt (1717–1794).

7 Schmitt wurde 1769 Schwiegervater von Jean Henri Christophe de Galhau. Die Braut Barbara Schmitt war 14½ Jahre alt. Sie hatte den 25-jährigen de Galhau fasziniert. Am 25. Februar 1794 wurde sie in Paris guillotiniert. Ihre Schwester Gertrud hatte 1765 Jean Baptiste François de Lasalle de Louisenthal geheiratet. (85/206ff)

* »Nous voulons que tous les Bourgeois et Habitants de lad. ville, Soient et demeurent exempts pour toujours du logement desd. Gens de guerre [...]«(10/203)

Man muss sich die Neigung des Pflasters derart zunutze machen, dass man das Wasser durch alle Straßen leitet, indem man es von der einen in die andere umleitet und zuletzt Richtung Hospital fließen lässt. [...] Der Abfluss geschieht schließlich, indem das Wasser durch eine Röhre unter dem Wall und der Grabenschere hindurch fließt und den Unrat der Stadt dicht an den Bastionsohren vorbei unterhalb der Mühlen in den Fluss leitet.« (1/§140)

8 Markthalle in Nolay an der Côte d'Or. Vauban vermerkte im »Projet«: In der Mitte des Paradeplatzes soll eine große, sehr nützliche Halle gebaut werden. (1/§143)

Warum ist *Choisy* diesem realisierbaren Vorschlag *Vaubans* nicht gefolgt? Wir können es nur bedauern; was hätte das Befolgen dieses Anstoßes für die Lebensqualität in der Festung bedeutet!
Vauban, Ingenieur de France,(3/10) hatte bei den ersten Grundstücksverhandlungen mit dem Abt *Petrus Marx* von Wadgassen auch ein Gelände an der Chaussée de France/Metzer Straße zur Anlage von Gärten für Offiziere und Bürger gefordert.
Gärten für die Bewohner außerhalb der Festung – die Verwirklichung dieser Idee sollte sich auf Betreiben *Choisys* erfüllen. Die Zuweisung und auch die Bezahlung erfolgte schon 1684. Aufgrund einer Beschwerde der Garteninhaber, vorgetragen gegen den Abt als den Grundherrn, entschied der König 1685, »dass die Bürger und Offiziere die von ihnen urbar gemachten Gärten ganz und ungestört besitzen sollten mit der Maßgabe«, dafür eine Pacht an die Abtei zu entrichten.(18/18)
Die Bürger, darunter viele Wallerfanger, und die Offiziere der Garnison sind noch nach Jahren von diesem erfolgreichen Bemühen *Choisys* begeistert. Es bedeutete für sie die Erfüllung eines Traumes.

In einem gleich gelagerten Fall, der daher ohne Abstriche auf Saarlouis zu beziehen ist, rühmt *Thomas Morus* 1516:

> »Auf diese Gärten legen sie [die Bürger] großen Wert. Darin ziehen sie Wein, Obst, Küchenkräuter und Blumen von solcher Pracht und Kultur, wie ich es nirgends üppiger, nirgends zierlicher gesehen habe. Ihr Eifer in dieser Gärtnerei entspringt nicht bloß ihrem Vergnügen daran, sondern auch einem Wettstreit der Straßenzüge untereinander in der Pflege der einzelnen Gärten. Und sicherlich ist in der ganzen Stadt nicht leicht etwas zu finden, das für die Bürger nützlicher und vergnüglicher zugleich wäre; deshalb scheint auch der Gründer der Stadt auf nichts so große Sorgfalt verwendet zu haben wie auf diese Gärten.«$^{(58/47)}$

9 Malerischer Hinterhof in der Passage zur ehemaligen jüdischen Synagoge in der Silberherzstraße. Foto Joachim Buer/Stadtarchiv.

Wer heute durch die abseits des Verkehrs liegenden Gartenreihen von Nr. I bis Nr. VII geht, ist beeindruckt. Der Reiz liegt in den ansprechenden Häusern, deren freundliche Fassaden aus Gärten mit gepflegten Hecken und prächtigen Bäumen ragen.

Die Umsetzung der *Vauban*-Planungen – also der Bau von Festung und Stadt – oblag ab Februar 1680 mit allen Pflichten und Lasten dem bewährten Festungsbaumeister *Thomas de Choisy*. Wie er den Auftrag meisterte, davon wird in den folgenden Kapiteln die Rede sein – auch über die ihm gestellte Aufgabe, die neue Stadt den Erwartungen der Zuziehenden entsprechend zu besiedeln.

Die strategisch-politische Lage in unserem Siedlungsraum stellte sich mit dem Bau der Festung – ganz in der Nähe der alten lothringischen Amtsstadt Wallerfangen – als ein politisches und soziales Spannungsfeld dar, dessen Auswirkungen jedoch nicht auffällig wurden, weil sie an Ort und Stelle unmittelbar militärisch und administrativ gelöst wurden – und zwar auf die damals probate Art und Weise.

> *Wallerfangen wurde auf Befehl des Königs beseitigt, und Saarlouis wurde durch den Abbruch der Mauern Wallerfangens und den Umzug seiner Bürger eine lebensfähige Stadt. Der Umzug erfolgte aufgrund der Anweisungen aus Versailles. Vollstrecker der Dekrete waren der Intendant, die in Saarlouis stationierten königlichen Beamten und das Militär.*

Liebertz zitiert einen Bericht aus dem Archiv des Erzbistums: »Im Jahre 1687 wurde Wallerfangen dem Erdboden gleichgemacht. Die

Einwohner wurden durch Androhung äußersten militärischen Zwanges zur Auswanderung gezwungen.«[11/266]

Es gibt keine urkundlich belegten Aussagen, die expressis verbis darauf hinweisen, dass die Mauern Wallerfangens wegen der Zugehörigkeit zur deutschen Ballei in Lothringen abzureißen und seine Bewohner umzusiedeln seien,[27/122] sondern in dem königlichen Erlass, genannt »Lettre de Naturalité«, ausgefertigt in St. Germain en Laye am 30. November 1681, registriert vom Metzer Parlament am 29. Dezember 1681, wird »warnend« gesagt, dass aussiedlungswillige Fremde in Wallerfangen nur vorübergehend,[27/106] in Saarlouis für immer willkommen seien.[11/180] Betont wird, dass alle Umsiedler, die in Saarlouis Handel und Handwerk betreiben, »als unsere wahren und natürlichen Untertanen anzusehen sind und die gleichen Rechte, die gleichen Abgabefreiheiten und den gleichen Schutz genießen wie unsere natürlichen Untertanen«.[10/201]

Eine Bedingung mussten Saarlouiser Neusiedler jedoch erfüllen – sie mussten dem Gouverneur fest zusagen, dass sie in Saarlouis ein Haus bauen wollten.[15/11] Den Bauplatz erhielten sie kostenlos.[27/94] Diese Art von Einbürgerung, der viele Privilegien beigegeben wurden, war in damaliger Zeit ein oft gehandhabtes, wirksames Mittel zur gezielten Verpflanzung einer Bevölkerung zwecks Unterstützung politischer Ziele. Daher verwundert es nicht, dass zum selben Zeitpunkt wie in Saarlouis – nämlich im Dezember 1681 – auch in Longwy »ansiedlungswillige ausländische Kaufleute mit den französischen Untertanen« gleichgestellt wurden.[27/93]

10 *Alter Hausflur in der Bierstraße. Die Häuser der Bierstraße waren so schmal gebaut, dass man nur einen gemeinsamen Eingang und einen Treppenaufgang einrichtete.*

Eine Zukunft für die Stadt Wallerfangen und ihre Bürger

Vauban hat bereits 1680 in seinem »Projet« zu dem Thema »Die Zukunft von Wallerfangen« die folgende Anweisung formuliert: »Während des Baues des Platzes darf man nicht vergessen, die Mauern [die alten Festungsmauern] des Ortes Vaudrevange bis auf die Grundmauern abzutragen und« – hier regt sich das Anliegen des Baumeisters –»die daraus zur Verfügung stehenden Materialien für die Eskarpen-Mauern des Platzes und seiner Außenwerke zu verwenden.« Dann fährt er ganz im Sinne vorausschauender Siedlungspolitik fort: »Was die Einwohner betrifft, es könnten etwa 110 bis 120 Haushalte sein, soll ein Teil von ihnen in die neue Stadt übersiedeln. Ihnen gewähre man einige Privilegien und Freiheiten. Die restlichen Bewohner sollen in Vaudrevange wohnen bleiben, um weiterhin die Felder bearbeiten zu können. Außerdem müssen die Häuser der Einwohner, die nach Saarlouis übersiedeln, zerstört werden und Vaudrevange soll zu einem wirklich kleinen Dorf umgewandelt werden.«[1/§152] Nur Bauern sollten in Wallerfangen in der Nähe ihrer Felder und Wiesen bleiben dürfen – und *Vauban* führt anschließend weitblickend aus: »Die unmittelbare und weitere Umgebung der Festung soll urbar gemacht werden, Menschen und Tiere sind dort anzusiedeln – denn zur Zeit lebt dort nicht einmal der zehnte Teil der Bevölkerung, die früher dort lebte.« Um dieses Programm durchführen zu können, schlägt *Vauban* vor, dieser Bevölkerungsgruppe bis zu 15 Jahre lang dauernde Vergünstigungen zu gewähren.[1/§153]

Vauban, ein Kriegsbaumeister mit siedlungspolitischem Verständnis. Er plante und baute seine Festung nicht, ohne »sich eingehend über die landwirtschaftliche und gewerbliche Struktur und Produktion des Umlandes, den Bevölkerungsaufbau und die Leistungsfähigkeit der Verkehrswege zu informieren«.[3/13]

Ein Teil der Wallerfanger Bürger zog, umworben von Gouverneur *Choisy*, in die neue Stadt, viele freiwillig, viele schweren Herzens erst, nachdem 1688 die Zerstörung Wallerfangens angeordnet worden war.

11 Wappen der Stadt Walderfingen sowie der heutigen Gemeinde Wallerfangen: Lothringer Kreuz als Zeichen herzoglicher Obergewalt, silbernes Symbol für Mühleneisen und ein Sternzeichen für gutes und böses Schicksal.(11/14)

12 Gegenüberliegende Seite: Mädchen in der Stube eines begüterten Bürgerhauses; aus einem Gemälde von Wolfgang Heimbach, 17. Jh.

Wallerfangen wurde so zweifellos die Mutterstadt von Saarlouis. Erst die Bürger aus Wallerfangen machten die neue Stadt lebensfähig – durch ihre Kenntnisse, ihre Fähigkeiten und ihren Arbeitseifer. Auch Siedler aus den Niederlanden, aus Frankreich, aus Paris und vielen anderen Gegenden bis hin nach Irland trugen zum Gedeihen der Bevölkerung bei.

Im Buch »Die Einwohner von Saarlouis 1680–1715« hat *Klauck* in einem Ortsregister die ersten Bewohner der Stadt Saarlouis aus verschiedenen Gegenden nachgewiesen.[38/1139]

Viele Wallerfanger Meister mit ihren Gesellen aus alteingesessenen Handwerksbetrieben, in Zünften organisiert, zogen nach Saarlouis, mit ihnen kamen Gerichtsbeamte, Verwaltungsfachleute und Kaufleute mit weitreichenden Beziehungen, Kenntnissen der Verkehrswege und dem Handel zugute kommenden Verbindungen, die bis nach Holland und über Holland in die »neue Welt« reichten. Alle, auch die Ausländer, unabhängig von ihrer bisherigen Rechtsstellung, konnten in der neuen Stadt Häuser bauen, sie erhielten Befreiung von Ein- und Ausfuhrzöllen sowie von allen übrigen Abgaben. Die Umsiedler durften mit Waren und handwerklichen Erzeugnissen Handel treiben, ohne dafür Abgaben zahlen zu müssen. Die vier Jahrmärkte und die beiden Wochenmärkte, bisher in Wallerfangen abgehalten, wurden nach Saarlouis verlegt, und es kamen zwei weitere Jahrmärkte im Jahr hinzu. Saarlouis wurde zu einem bedeutenden Markt-Platz für die Bevölkerung in der Region.

Der bisher in Wallerfangen ansässige Gerichtshof zog nach Saarlouis, und ab 1. November 1683 mussten alle Beamten hier ihre Ämter übernehmen und nach denselben Rechtsgrundlagen und Verfahrensregeln und mit denselben Befugnissen und Zuständigkeiten wie in Wallerfangen Recht sprechen.[10/202] Saarlouis sollte in der Grenzregion nach dem Willen seines Gründers eine überörtliche Stellung einnehmen. *Vauban* wusste schon 1680, dass die Stadt der »Hauptort einer von Frankreich dominierten Region« werden sollte – der Ausweis eines Amtssitzes im Stadtplan für den Intendanten, der zu der Zeit noch in Homburg saß, bestätigt das.

Die Planung *Vaubans*, in der Festung einen Platz für Handel, Wohlstand und Annehmlichkeiten zu schaffen, ging in den folgenden Jahren der Verwirklichung entgegen. Die sechs Bastionen gaben den Bürgern die Gewissheit, an einem sicheren Ort zu wohnen. Das Bedürfnis nach Sicherheit veranlasste auch die in der Region wirkenden Klöster, so wie zuvor nach Wallerfangen jetzt in die Festung Saarlouis ihre Zufluchtstätten und Refugien zu verlegen. *Liebertz* zählt die geistlichen Herrschaften auf, die vorher in Wallerfangen ihre »Refuges« eingerichtet hatten: Es waren »die Klöster Fraulautern, Freisdorf, Tholey, Wadgasssen, sowie die Komturei Beckingen«[11/182] und Mettlach, die bis auf die arme Abtei Freisdorf ihre Häuser ab 1690 auch in der Festungsstadt Saarlouis bauten.

Der Kaufmann, Pelzhändler, Chronist von Saarlouis und Hafendirektor in Trois-Rivière in Kanada, *Baltzer*, schrieb folgende Würdigung: Im Plan *Ludwigs XIV.* lag es nicht »einen gewöhnlichen Ort zu gründen, der durch innere Nichtigkeit die Untätigkeit der Umgebung nur noch vermehren würde. Saarlouis sollte ein bedeutender Platz werden, nicht allein in strategischer Beziehung, da die Stadt durch ihre Lage und die Kunst [des Festungsbauers *Vauban*], diesem Wunsche schon entsprach, sondern auch in politisch-bürgerlicher Hinsicht sollte sie einer großen Umgebung als Beispiel und Muster gelten und den Mittelpunkt eines Bezirks bilden, der im Laufe der nächstfolgenden Jahre eine noch bedeutendere Ausdehnung zu erhalten bestimmt war.«[10/7]

13 Ludwig XIV. schenkte der Stadt Saarlouis zur Ausstattung ihres Gerichtssaales im Rathaus auch Sessel für die Richter und Stühle für die Beisitzer. Den Stuhl des Bürgermeisters zierten die in den Gobelin eingestickten Buchstaben MV für »Maire de la Ville«.

Eine starke Aufwertung erlangte die neue Stadt durch das königliche Edikt vom 26. Februar 1685.[27/94] »Der König hat erklärt, dass er die Bildung eines ›Baillage et Siège Présidial‹ in der Stadt Saarlouis nicht nur wegen deren günstigen Lage, sondern auch in der Absicht beschlossen habe, auf diese Weise zu einer stärkeren Besiedlung der Stadt beizutragen und ihr ein höheres Ansehen zu verleihen«.[15/15] »Durch den Zuzug des Gerichts- und Behördenpersonals mit Familien und Dienstboten wolle man die Einwohnerzahl vergrößern«.[27/107] Es war ein großes Territorium, für das das Präsidialgericht zuständig war. Erstmalig wurden viele der bis dahin zersplitterten Gebiete unterschiedlicher Herrschaften an Mosel, Saar und Lauter in einer Provinz zusammengefasst. Dazu gehörten die deutsche Ballei/Gerichtsbezirk im Herzogtum Lothringen, identisch mit dem Amtsbezirk Wallerfangen, zu dem Sierck, Merzig, Saargau, Schaumburg, Berus, Bolchen, Saargemünd, Dieuze, Morhange, Forbach, Puttelange und Faulquemont gehörten, sowie Direktorien im Reich zwischen Elsass im Süden, Kurtrier im Norden und der Pfalz im Osten.[27/108] Bei dem neu geschaffenen Obergerichtshof waren neunzehn Ämter und zehn Kanzleistellen zu besetzen.

Das Gericht bestand aus »zwei Präsidenten, einem Generalstatthalter für Zivil- und Strafsachen, acht Räten, einem Anwalt des Königs, einem Statthalter des Königs, einem Stellvertreter, einem Sekretär und vier Gerichtsvollziehern«[6/17] und sollte am 1. Juli 1685 seine Funktion aufnehmen. Der Finanzbedarf dieser Ämter belief sich auf 119.200 Livres. Das Gerichtsverfahren wurde nach lothringischem Brauch geführt, und die Berufungen erfolgten zum Metzer Parlament, so hieß damals dieses Gericht. Das Saarlouiser Gericht hatte außerdem einen Grand Bailly/Oberrichter, einen Spezialrichter für Zivil- und Strafsachen und als Vu conseiller d'honneur einen Ehrenrat. Hinzu kamen ein zweiter Anwaltsvertreter, ein Zahlmeister und zwei Notare. Man richtete auch eine Kanzlei ein und gemäß dem Erlass des Königs vom Januar 1687 eine Maîtrise des eaux et des forêts/ein Amt für Gewässer und Forsten, besetzt mit zehn Beamten.[6/17] Der Gerichtssaal des hohen Gerichts im Rathaus wird auf Anordnung des Königs mit Wandteppichen aus der königlichen Manufaktur *Aubusson* und mit zwölf Barocksesseln und Stühlen ausgestattet.[15/19]

Während 1684 in Hüningen nach fünf Jahren erst zwölf Bürgerhäuser standen, füllten sich im Hauptort, wie *Baltzer* 1865 berichtet, nach und nach »die leeren Räume in den Straßen und die noch vorhandenen geräumigen und bequem eingerichteten Gebäude aus jener Zeit, wo jedes Haus eine Front von fünf Toisen [zehn Metern] und eine Tiefe von sechs Toisen [zwölf Metern] hatte«. Die Wohnhäuser »geben uns den besten Beweis für den damaligen Wohlstand der Einwohner, sowie mittelbar für die Rolle, die Saarlouis in dieser zwar kurzen Periode ausgefüllt hatte […] Als Hauptort der Provinz bildete sie das Centrum, um das sich das Interesse ihrer Umgebung bewegte, von Handel und Gesellschaft war sie der Mittelpunkt, einflussreich und tonangebend waren die Notabeln und die Robe«, womit die »Noblesses de la robe«, die königlichen Amtsträger, gemeint sind.(10/13)

Die Zahl der Einwohner Wallerfangens wird auf 1.000 Menschen geschätzt. Zwischen 1683 und 1688 zogen 30% der Festungsbewohner aus Wallerfangen zu, 30% kamen aus der deutschsprachigen Umgebung und etwa 40% aus dem französischen Sprachraum.(7/76) Im Jahre 1690 bot die Stadt für 3.000 Menschen Wohnraum. 1702 zählte man in Trier 3.700 Einwohner und in Metz 20.710. Die Stärke der Garnison Saarlouis schwankte je nach politischer Lage zwischen 4.000 und 6.000 Soldaten. Im Verteidigungsfall sollten aus Metz 2.000 Soldaten zu Hilfe kommen. Für 996 Pferde gab es im Erdgeschoss der Kasernen ausreichende Ställe. 1717 standen in Saarlouis 260 Häuser für 695 Familien, acht Jahre später waren 205 Häuser mehr gebaut.

Erster Präsident des Siège Présidial de la Province de la Sarre wurde der Richter und bisherige Generalbevollmächtigte der Deutschen Ballei in Lothringen, *Franz Ernst de Koeler*, geboren in Wallerfangen am 24. Dezember 1629, gestorben in Saargemünd am 26. Februar 1705. Vom Herzog von Lothringen war er am 23. Juli 1664 geadelt worden.

14 Barocke Doppeltür aus dem Hause Hock, Silberherzstraße 16–18, heute Ausstellungsstück im Städtischen Museum Saarlouis.

»Aus dienstlichen Gründen« waren nach 1687 von Wallerfangen nach Saarlouis unter anderem umgezogen der Stadtschreiber und Anwalt der deutschen Ballei *Adam Bichelberger*(38/151), der Schleusenmeister *François Gauche*(38/443) und der Kommandeur *François Nicolas Perrin du Lys*, Komtur der Malteserritter(38/822), der ab 1681 als Platzkommandant zum Stabe *Choisys* gehörte. Freiwillig waren zuvor umgezogen: die Bürger *Ferdinand Heil*, von Beruf Schlosser(38/511), *Vogelfanger*, ein Waffenschmied, *Louis Braun*, Gerber(38/197), *Maisse* (Mees)(11/183), *Nikolaus Remy*, ein Händler und Wundarzt(38/868), *Jean Claisse, Christophe Florange*, Metzgermeister(38/414), *Anton Helleisen*, Bäcker(38/521) und ein Wallerfanger namens *Alais*.(11/183)

Sie konnten Abbruchteile ihrer alten Häuser zum Bau der neuen Wohnungen verwenden, außerdem beim Gouverneur einen ausreichenden Bauplatz wünschen, um ihre Werkstätten und Häuser in der neuen Stadt wieder aufzubauen. Von ihren aufgegebenen Wallerfanger Häusern wurde ihnen die Hälfte der Abschätzsumme aus-

15 »Haus de Koeler« rechts neben dem Rheinischen Hof. Im Choisy-Grundrissplan hatte dieses Haus des Präsidenten des Präsidialgerichts die Nr. 18 in der Rue de Palais, heute Adlerstraße.

16 Ein alter Stich (vor 1880) gewährt einen Blick in dieselbe Straße: vorne der Rheinische Hof / Hôtel Du Rhin, der an der Stelle des ehemaligen Refugiums der Abtei Fraulautern stand. An der Place d'armes sieht man das zweigeschossige (!) Rathaus mit Wache und die barocke Kirche.

bezahlt. Die Schätzliste »Estimation et juste valeur des maisons de la ville de Waldrfange« wurde im Juli des Jahres 1687 von zwei Offizieren, dem Kriegskommissar *François de Voigny* und *Guy Creuset Seigneur de Richerand*, Ingenieurhauptmann und Platzmajor, sowie dem Bürger *Seigneur Lazard* aus Walderfingen erstellt. Den Befehl dazu hatte ihnen Intendant *de la Goupillière* gegeben.

Das Dokument, heute aufbewahrt im Museumsarchiv Wallerfangen, besteht aus fünfzig handgeschriebenen Seiten. *Liebertz* hat daraus 194 Anwesen, Häuser und Hütten aufgeführt,[11/185ff] von denen wir vier Beispiele ausgewählt haben: zwei Anwesen von wohlhabenden Besitzern und zwei Häuser von kleinen Leuten, die dazu geeignet sind, dem Leser einen Eindruck von der Arbeit der Kommission zu vermitteln.

»1. Das Haus des Herrn Paniel, beamtet in Berus, bestehend aus einem gewölbten Keller, einer Küche, drei hohen Zimmern mit Speichern darüber, eingedeckt mit Schiefer. Eine Scheune, ein Stall und ein Hof. Das Haus hat vier Toisen und fünf Fuß Front [9,40 m] und

*neun Toisen drei Fuß Tiefe [18,50 m]. Nach dem letzten Verkauf und den vorgenommenen Reparaturen geschätzt auf 3.210 Livres.
2. Das Anwesen der Komturei Beckingen vom Orden des hl. Lazarus, bestehend aus großem gewölbten Keller, großem gewölbten Saal und fünf Zimmern, darüber sehr schöne Speicher mit Ziegeldach,*

17 Der renovierte Innenhof des »Hauses de Koeler« in der Adlerstraße.

*zwei Wendeltreppen, davon eine mit 104, die andere mit 61 Stufen. Das Haus lag an der Herrenstraße – 3.415 Livres.
3. Das Haus des Saarlouiser Bürgers und Schlossers Ferdinand Heyl [bereits 1683 umgezogen und Bürgermeister von Saarlouis] mit kleinem Keller, Laden, niedriger Kammer, zwei hohen Zimmern, ziegelgedecktem Speicher, einer Scheune als Stall benutzt, kleinem Hof, das Ganze in leidlich gutem Zustand. – 350 Livres.
4. Das Anwesen des Kaufmanns Valentin André, bestehend aus Keller, Küche, drei kleinen niedrigen Stuben, zwei hohen Zimmern und zwei Speichern, Schindeldach – 180 Livres [Valentin André baute 1689 an der Ecke Deutsche Straße/Pavillonstraße das Haus »Zum goldenen Karpfen«. Er wohnte in Beaumarais.]«*[38/52]

Wallerfangen wurde 1688 aufgegeben und zerstört. In einer Denkschrift aus dem Jahre 1727 wird bestätigt: »Der König hat 1688 die Zerstörung angeordnet und, um den Schmerz der Bevölkerung zu mildern, für die Gebäude die Hälfte des Schätzwertes gezahlt. Der

König beließ den Eigentümern, um ihnen beim Bau der Häuser in Saarlouis zu helfen, die Baumaterialien der abgerissenen Gebäude und – zur Umwandlung in Acker- oder Gartenland – auch die Grundstücke selbst, auf denen diese Häuser in Wallerfangen errichtet waren.«[15/19]

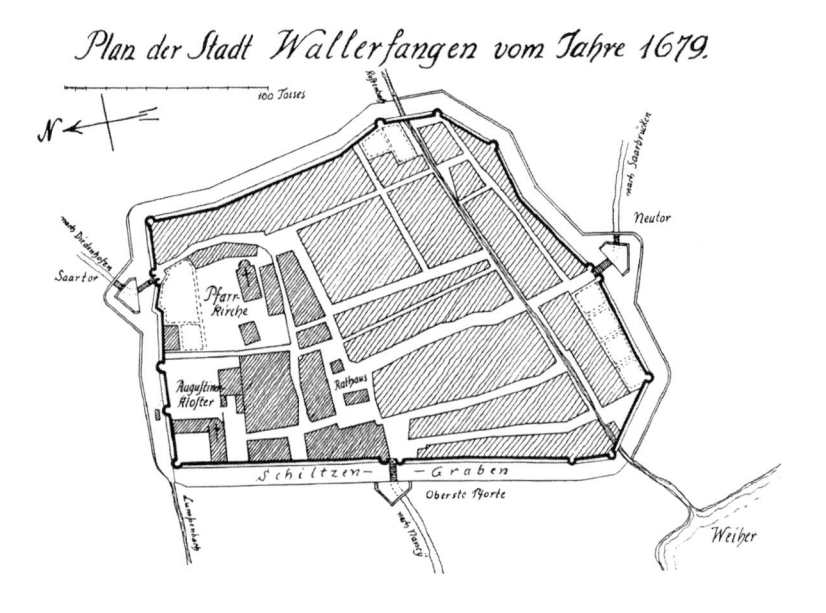

18 Ein Plan der befestigten Stadt Wallerfangen vor ihrer Zerstörung im 17. Jahrhundert.(47/294)

Aus Lothringen und Frankreich zog es weitere Advokaten, Beamte, Kaufleute nach Saarlouis. Die rechtliche Grundlage schuf die

»*Declaration du Roy, En forme d´Edit, portant Exemption de Tous droits pour la ville de Sarrelouis Establissement de foires et Marchez avec un siège de Justice, verifié en Parlement le vingt neufvième Avril mille six cent quatre vingt trois.*«

Das war die offizielle Erklärung des Königs in Form einer Verordnung, beinhaltend die Befreiung von allen Auflagen und Abgaben für die Stadt Saarlouis, die Einrichtung von Jahrmärkten und Wochenmärkten, die Errichtung eines Gerichtes. Das Edikt ist vom November 1682 und wurde im Parlament am 29. April 1683 beglaubigt.[10/202] Im Text heißt es:

»*Wir wünschen, erklären und verordnen, dass alle Bürger und Einwohner der Stadt Saarlouis, unabhängig von ihrer bisherigen Rechtsstellung, daselbst für alle Zeiten von Ein- und Ausfuhrzöllen sowie von allen übrigen Abgaben befreit werden und zudem das*

Recht erhalten, mit Waren und handwerklichen Erzeugnissen aller Art Handel zu treiben, ohne hierfür daselbst Ein- und Ausfuhrzölle zahlen zu müssen.«

»Aufgrund dieser Anordnung werden die vier Jahrmärkte und die beiden Wochenmärkte, die bisher in Wallerfangen abgehalten wurden, in die vorgenannte Stadt verlegt und darüber hinaus zwei weitere Jahrmärkte bewilligt.«

»Kraft Unserer Herrschaftsgewalt verlegen wir hiermit den Gerichtshof Wallerfangen in Unsere Stadt Saarlouis. Deshalb wünschen und verordnen wir, dass sich alle Beamten dieses Gerichtshofes am 1. November des Jahres 1683 nach dort begeben und daselbst ihre Ämter nach denselben Rechtsgrundlagen und Verfahrensregeln und mit denselben Befugnissen und Zuständigkeiten wahrnehmen wie in Wallerfangen.«

»Wir wünschen und erwarten, dass, sobald Wir in Saarlouis das Hotel de Ville / Rathaus errichtet haben, in der vorgenannten Stadt Magistrate [Ämter] für das Gerichts- und Polizeiwesen gebildet und zu diesem Zwecke aus den Reihen der Bürger und Einwohner ein Maire und eine noch zu vereinbarende Anzahl von Schöffen gewählt werden und dass der Maire und die Schöffen zur Wahrnehmung dieser Ämter über einen eigenen Sitzungssaal im Rathaus verfügen sollen, damit sie sich dort versammeln, sooft es die Angelegenheiten der Stadt erfordern.« (15/12)

Die Stadt war nach dem königlichen Edikt vom November 1682 nicht nur in der Lage, eine eigene Selbstverwaltung aufzubauen, sondern die Neubürger besaßen nun den Freiraum, »die im Entstehen begriffene Stadt mit Leben zu erfüllen, aus eigener Initiative eine private Bautätigkeit zu entfalten und die verschiedenen ihnen in der Festungsstadt zugedachten Aufgaben zu übernehmen. Ein intaktes Gemeinwesen war entstanden, die Stadt war lebensfähig.« (27/90)

Herrmann präzisiert, dass »aus der vornehmlichen Funktion der neuen Stadt sich besondere Anforderungen und Erwartungen an die Fähigkeiten und an die berufliche Vorbildung der ansiedlungswilligen Menschen« ergaben. »Bei der Bevölkerung einer Festungsstadt stellten sich die Versorgung von Menschen und Tieren der Garnison mit den täglichen Nahrungsmitteln, mit Textilien und Lederwaren, eventuell auch die Unterbringung von Offizieren und Mannschaften und die Versorgung von Verletzten im Kriegsfall als Aufgaben.« (27/90)

19 Portale an Gebäuden aus der Gründungszeit der Stadt: Gouvernement-Portal mit Balkon.

20 Mitteleingang am alten Rathaus.

312 SAARLOUIS – DAS KÖNIGLICHE SECHSECK

21 Tür und Treppenaufgang zum »Haus Lasalle« bzw. »Haus Koch«.

22 Haus Nr. 99, heute Augustinerstraße 18, am 5. Oktober 1943 durch Bombentreffer zerstört. Fotos Paul Ziegert um 1900.

* Notar und Justizrat *Nicolas Bernard Motte* starb am 2. Januar 1860. Er hat in seiner Chronik eine Liste aller Häuser in Saarlouis erstellt und die Namen der Hausbesitzer und die Anzahl der Hausbewohner aufgelistet. Unter Bemerkungen sind in dieser Liste Hinweise auf die Erbauer der Häuser zu finden.(6/91f)

Ganz sicher gehört zu dem Gesagten auch der Hinweis, dass der absolutistische Staat der Entwicklung und Tätigkeit kommunaler Selbstverwaltung nur einen geringen Spielraum ließ, und es zeichnete sich ab, dass, offiziell ab dem Jahre 1733, die Besetzung der Gemeindeämter statt durch Wahl durch Ämterkauf ersetzt wurde.[7/11] Schon ab 1692 wurde in Angleichung an innerfranzösische Verhältnisse den Gemeinden »das Recht, ihre Beamten selbst zu wählen, genommen. An ihre Stelle trat der erbliche Maire, der möglichst Franzose sein sollte. Auch die Polizeigewalt nahm man den Städten […], Münzen, Maße, Gewichte wurden auf französische Normen umgestellt.«[23/457] Die Attraktivität der neuen Festungsstadt, die Aussichten auf Fortkommen und Einkommen blieben weiterhin günstige Voraussetzungen für den wachsenden Zuzug.*

Auf der bestgelegenen und daher bevorzugten Seite der Festungsstadt, entfernt von der front d'attaque/der Frontseite, lagen nicht ohne Grund Kirche, Arsenal, Augustinerkloster und Kavalleriekasernen. Hier hatten unter der Direktive *Choisys* bis 1689 folgende Notabeln ihre Häuser bezogen: Notar *Laurent* Haus Nr. 18, Baron *von Ahr* Nr. 33. Nachfolgender Besitzer des Hauses Nr. 33 in der Herrenstraße, heute Friedensstraße, wurde die Familie *Florentine*. *Jean Florentine* wurde 1692 Postmeister in Saarlouis und Saargemünd, 1720 Kriegsschatzmeister und königlicher Rat in Saarlouis. Haus Nr. 34 baute *M. Dusart de Vigneuil*, zuerst wohnhaft in Thionville, 1660 Reiterhauptmann in St. Wendel, 1670 bis 1675 Amtmann in Puttelange. Ab 1690 baute er als Festungsbaumeister in der Rue des Seigneurs das Haus Nr. 32 für den Amtmann *Paniel*, Nr. 33 für Baron *von Ahr*, Nr. 34 für sich selbst, Nr. 35 für *Johann Wilhelm d'Ham*, Amtmann von Saarwellingen, Nr. 36 das Refugium für die Abtei Tholey. Ferner bauten in diesem Sektor der Ingenieur *Sire Demarais* und der Kaufmann *Gilles Hanson* aus Theux bei Lüttich, 1699 und 1706 Bürgermeister in Saarlouis, Zunftmeister der Kaufleute und Kirchenschöffe, gestorben 1729 mit 80 Jahren.[38/448] Der Unternehmer *Etienne Cailler*, für Maurer- und Zimmererarbeiten beim Festungsbau zuständig, baute Haus Nr. 82, das er dem Herrn von Roden *de Requin du Pillard* verkaufte.[6/91f]

Kaufmann *Louis Soller*, genannt der Holländer[6/101], war einer der ersten, der Kolonialwaren – Kaffee, Tee, Kakao, Gewürze, Rohrzucker – direkt aus Holland bezog und damit gute Geschäfte machte, obschon die Waren für die Verbraucher sehr teuer waren, denn auf den Produkten aus Übersee lag eine indirekte Steuer. Er konnte gleich zwei Häuser an der Place d'armes, auf der Seite, wo heute das Rathaus steht, bauen. Die Familie *Soller* stammte aus Graubünden.⁽³⁸/⁹⁵⁶⁾

Choisy tat alles, damit die Umsiedlung der Wallerfanger nach Saarlouis freiwillig erfolgte, viele natürlich gelockt durch bürgerliche, steuerliche und gewerbliche Freiheiten. Mit kostenlosen Bauplätzen und guten Arbeitsmöglichkeiten in der neuen Stadt umwarb man Zögernde, die aus vielen Gründen Wallerfangen, die Stadt ihrer Väter, nicht verlassen wollten. Schließlich rechneten die Übersiedler damit, dass sie in Saarlouis ihre Wallerfanger Traditionen fortsetzen könnten.

Nach dem Besuch des Königs 1683 trat der von den Bürgern gewählte Maire *Ferdinand Heil* sein Amt an und baute sein Haus an der Ecke Großer Markt/Deutsche Straße, heute Fotogeschäft *Porst*. Die beiden gewählten Schöffen, zuständig für Verwaltung, Recht und Polizei, nahmen ihre Amtsgeschäfte auf.

»Die Aufstellung der Standarte an den beiden großen Märkten wies darauf hin, dass in Saarlouis die Marktpolizei amtierte.«⁽²⁷/¹⁰⁴⁾

Der Bürgermeister hatte als weitere Mitarbeiter zur Seite: einen Beigeordneten, einen Juristen als Syndikus, vier Assessoren, den Amtsschreiber und den Steuereinnehmer. Aus der Einwohnerschaft, sie war in Gilden und Zünfte gegliedert, wurden die Vertreter des Adels, der Advokaten, des freien Gewerbes als Deputierte für den Magistrat/Stadtrat benannt.

In der ständisch gegliederten Gesellschaft war es Sache des Königs, die Mitglieder einer Notabelnversammlung zu benennen. Aus ei-

23 Eckhaus Sonnenstraße/Weißkreuzstraße im Jahr 2000.

24 In den Eckpfeiler des Hauses ist die kleine Skulptur des »Cardinals« eingelassen.

25 Festkarte zum 100-jährigen Bestehen der Freiwilligen Feuerwehr Saarlouis im Jahr 1911 mit dem Text: »Au grand Cardinal bei Mrs. Levacher. Guter Branntwein im großen Cardinal.«
»Da Cardinal en ›grande tenue‹
Den sieht ma off dem Bildche hie
L'eau de vie dat preisst er sehr
Es dat e Abstinzelor?«

nem Dokument, befindlich im Landesarchiv Saarbrücken, kennen wir eine Vorschlagsliste, die der König der Pfarrei St. Ludwig zur Benennung für die Notabelnversammlung zusandte.[2/47] Aufgeführt sind neben den Amtspersonen der Baillage und der Stadt sowie den Mitgliedern des alten Synodalrates eine Reihe von stadtbekannten Personen, die als Notabeln angesehen wurden. Hin-

26 Portal zum Haus des königlichen Notars Collin de Parrur in der Rue des Pavillons – ein Pilaster-Portal mit ovalem Oberlicht, Gebälk und offener Segmentverdachung; darin das königliche Notarswappen mit drei Lilien und der Jahreszahl 1688.

27 Barockes Treppenhaus im Innern des Gebäudes.

zu kamen die gewählten Vertreter der kirchlichen Bruderschaften und Zünfte: fünf Angehörige der Bruderschaft St. Eligius und vier Mitglieder der Bruderschaft für Lederarbeiter St. Katharina, vier Kaufleute, zwei Schneider, zwei Bäcker, zwei Metzger, ein Bader, ein Küfer, ein Hutmacher, zwei Tuchhändler, ein Weber und ein Wundarzt.[2/74] Zur Bruderschaft St. Eligius gehörten die Schmiede, Schlosser, Zimmerleute, Maurer, Schiffer, Schreiner, Graveure und Zinngießer.[11/193]

Einkünfte erhielt die Stadt aus den »Renten und Zehnten des Bannes, aus den Eichungs- und Waagerechten und den Gefällen [Einkünfte aus Abgaben], Erlösen aus der vielfältigen Nutzung des kommunalen Waldes auf dem Wallerfanger Bann unter anderem durch die Schweinemast und den Holzverkauf«.[18/32f]

Auf Bittschreiben der Stadt an den König antwortete dieser 1703 mit der Genehmigung des »Octroi«. Das bedeutete die Erlaubnis, eine Steuer auf Getränke und Lebensmittel zugunsten der Stadtkasse erheben zu dürfen.[27/105]

Die höheren Einkünfte machten zusätzliche städtische Leistungen möglich, zum Beispiel die Einstellung von Schöffen- und Kanzleikontrolleuren, von Kontrolleuren der Kirchenbücher ab 1706, von Bediensteten für Gewicht- und Maßkontrollen ab 1704.(7/111)

Ein Passus aus der Abteichronik von Fraulautern zeigt an, dass es ein Saarlouiser Getreidemaß gab: Für die neu erbaute Bannmühle zu Schwarzenholz hatte der Pächter neun Jahre lang unter anderem die »summa von acht Quarten Roggen Saarlouiser Maß auf des Klosters Speicher [zu liefern] auf St. Martini Bischof im Winter«.(10/120) Maßkrüge, aussehend wie der abgebildete aus dem Jahr 1749, gehörten zur Ausstattung des städtischen Marktkontrolleurs. Der 8,6 Kilogramm schwere Krug aus Bronze ist im Städtischen Museum Saarlouis ausgestellt. Die Maßeinheiten wurden noch bis Ende des 19. Jahrhunderts in den einzelnen Gegenden von Körpermaßen abgeleitet. Sie waren daher unterschiedlich groß. Zum Vergleich:

2,450 Liter fasste der Pot de Lorraine,

2,578 Liter fasste der Pot de Sierck,

2,528 Liter fasste der Pot de Sarreguemines,

2,087 Liter fasste der Pot de Thionville und

2,609 Liter fasste der Pot de Saarlouis.

(Angaben des Verfassers)

28 Saarlouiser Maßkrug aus dem Städtischen Museum. Die Umschrift lautet: »1749 * SAR*LOUY * BAY *FT« [Bay fecit].

Festungsstadt und Hauptort

Das Kapitel über Planung und Aufbau einer lebensfähigen Stadt, die mit Hilfe ihrer neuen Bürger aus Wallerfangen sich bald zu einem soliden Gemeinwesen entwickelte, soll nicht ohne eine relativierende Betrachtung abgeschlossen werden. Die Gründung von Saarlouis erfolgte aus militärischen und politischen Gründen. Der Gründer selbst, *Ludwig XIV.*, identifizierte sich mit dieser Entscheidung und erklärte seinen Willen:

1. Die neue Saarfestung heißt ab 12. Februar 1680 Sarre-Louis.
2. »Kraft unserer Herrschergewalt verlegen wir den Gerichtshof Wallerfangen in unsere Stadt Saarlouis.« (aus dem Edikt vom 29. April 1683)
3. »Wir haben die Bildung einer Baillage et Siège Présidial in unserer Stadt Saarlouis nicht nur wegen ihrer günstigen Lage, son-

dern auch in der Absicht beschlossen, auf diese Weise zu einer städtischen Besiedlung der Stadt beizutragen und ihr ein höheres Ansehen zu verleihen.«(27/94)

Die Festungsstadt wurde in der Legende von Festungsplänen »Principale Place« genannt,(5/35) was nicht mit Hauptstadt, sondern mit

29 Altes Rathaus Saarlouis am Großen Markt an der Ecke zur Grüne-Baum-Straße, nachdem es 1882 in preußischer Zeit um eine Etage aufgestockt worden ist; Zeichnung A. Lichti. Durch Kriegseinwirkung ist der Bau 1945 zerstört worden.

Hauptort übersetzt werden muss. Hauptort der neuen Provinz wurde sie durch den Amtssitz des Intendanten. Der stützte sich in der Stadt auf die Arbeit des Hochgerichts (Siège Présidial) und auf die ihm unterstellten königlichen Beamten – mehr als diese »verwaltungstechnische Einrichtung« war in Saarlouis von Anfang an nicht vorgesehen.

Die drei königlichen Entscheidungen legten damals für viele Beobachter die Erwartung nahe, dass der König diese privilegierte Festung für alle sichtbar durch einige repräsentative Bauten auszeichnen würde. Betrachten wir vor diesem Hintergrund die in Saarlouis erstellten öffentlichen Bauten, so müssen wir feststellen, dass äußerst sparsam gebaut wurde. Die mit minimalem Aufwand gestaltete Fassade des in königlichem Auftrag gebauten zweistöckigen Rathauses ist alles andere als repräsentativ.

Ein anderes Beispiel ist die »Residenz« des Festungsgouverneurs, ein elfachsiger Bau mit Toreinfahrt und Balkon zwischen zwei Lisenen, der trotz barocker Architektur und Stilelementen einen zurückhaltenden Eindruck vermittelt. Für die Intendantur reservierte *Vauban* in seinem Gebäudeverteilungsplan den Platz an der bevorzugten Längsseite der Place d'armes rechts neben der Kirche, als Pendant zum Rathausbau links neben der Kirche.

Der Amtssitz des königlichen Festungsgouverneurs erhielt nach dem Entwurf *Vaubans* eine in Festungsstädten durchaus übliche Auszeichnung dadurch, dass er immerhin an hervorragender Stelle

---

Was ist der Hof?

Cour, lieue ou habite un Roi ...
Cour, signifie aussi: le Roi et son conseil
Cour, signifie encore: tous les officiers et la suite du Prince
Cour, se dit encore des manières de vivre à la cour.

Antoine Furetier (1620–1688) Jurist und Sachbuchautor.

Der Hof ist ein Ort, wo der König wohnt ...
Hof bedeutet auch: der König und seine Ratgeber
Hof meint darüber hinaus: alle Beamten und der Hofstaat
Hof heißt auch die Art, zu leben wie bei Hofe.

---

30 Aus dem Munde des Zeitgenossen Furetier erfahren wir, dass bereits damals das französische Königtum, der Hof, eine traditionelle Institution war, die nicht mehr einfach zu (be)greifen war. Die Erklärungen sind Indizien für das auf Versailles ausgerichtete politische Leben und die Präsenz des Königtums in der Gesellschaft.

auf der andern Seite des Platzes gegenüber der Kirche zu stehen kam, auf den Plänen flankiert von den Pavillons des Königsleutnants und des Platzkommandanten. Im Gegensatz zum Gouvernement zeigten Bürgerhäuser eine anspruchsvollere äußere Gestaltung mit bemerkenswerten Portalen und Fassadenschmuck.

Mit unseren Feststellungen kontrastieren wir ein Erscheinungsbild, das im offensichtlichen Widerspruch steht zu unseren gewohnten Vorstellungen und Erwartungen des Grand Siècle mit seiner in ganz Europa berühmten Pracht- und Machtentfaltung. Wir ordnen dieser im Allgemeinen die Architektursprache zu, die wir in der Festungsstadt und dem Provinzhauptort Saarlouis nicht ablesen können.

Das Missverständnis beruht auf folgendem Sachverhalt: Befehle, Edikte und Verordnungen zu allen anstehenden Fragen kamen aus Versailles. In Saarlouis erreichten sie den königlichen Gouverneur *Choisy* und den königlichen Intendanten *de la Goupillière*, die für die Durchführung und Überwachung zu sorgen hatten. In Saarlouis existierte kein irgendwie geartetes Regierungszentrum. Im königlichen Frankreich gab es zur Zeit des Sonnenkönigs nur eine wirk-

* *Cartesius / Descartes* (1596–1650) gilt als erster systematischer Denker der Neuzeit. Als einzige Gewissheit gilt für ihn die Erkenntnis: Weil ich denke, bin ich / Cogito, ergo sum«. Vorbild aller Wissenschaften war für ihn die Mathematik. *Vauban* bezeichnete sich als Schüler von *Descartes*.

liche Hauptstadt – Paris. Der Herrschaftsapparat und der Hofstaat saßen seit *Ludwig XIV.* in Versailles. Von Versailles gingen alle Entscheidungen aus, die bis ins Detail bestimmten, was vor Ort ausgeführt werden musste. Frankreich war eine Monarchie, zentralistisch und absolutistisch regiert.

»Das königliche Frankreich war im Zeitalter Ludwigs XIV., dem Grand Siècle, von cartesianischem Denken* beherrscht«, schreibt *Friedell*. Dieses Denken war Ausdruck der Zeit und führte das Weltgefühl der Epoche in ein System, das auf der strengen Analyse der politischen Realitäten beruhte. – Und dieses Denken forderte ein Zentrum, »wovon aus alles einheitlich und methodisch beherrscht und gelenkt wird«. Dieses Zentrum, das heißt dieser zentrale Mittelpunkt des Staates, war der König – »kein größenwahnsinniger Autokrat, sondern ein Herrscher, der nur nahm, was öffentliche Meinung ihm entgegenbrachte, ja aufdrängte«.[30/503] Eine überraschende, aber treffende Beurteilung, die Verhältnisse beschreibt, die sich in der neuesten Geschichte mit ihren nationalistischen Strömungen und autoritären Vollstreckern immer wieder in Form bitterer Erfahrungen bestätigen.

XVI. Projekte, Grundrisspläne und Zusammenhänge unter der Lupe

Distribution des bastimens

(1) 142:

Le plan fait voir une distribution très belle, suivant laquelle la place se trouveroit parfaitement bien occupée; tous les bastimens d'une construction aysée et où il n'y aura rien de perdu, et le tout proportionné à la qualité et quantité de gens qui doivent peupler ce lieu.

143:

La corne devant plustost estre icy considerée comme une partie de la ville que comme un simple

XVI. Projekte, Grundrisspläne und Zusammenhänge unter der Lupe

Zwei Pläne eignen sich dazu, im Vergleich mit dem *Vauban-Grundrissplan* Details und Besonderheiten deutlich zu machen: ein Plan aus der Feder des Ingenieurs *Ritter* und der Plan eines unbekannten französischen Ingenieurs. Grundlage des Vergleichs sind die Formulierungen *Vaubans* im »Projet« unter der Bezeichnung: »Distribution des bastiments«/Verteilung der Bauten.

Vauban bedauerte seinerzeit, keinen weiteren Entwurf vorlegen zu können, »da die Einzelheiten dieser Gebäudeverteilung viel Zeit erfordern«, die er, so ist zu ergänzen, damals nicht hatte. »Wir stellen«, erklärte er weiter, »die entsprechenden Pläne bis auf weiteres zurück.«[1/§144]

Es ist sicher anzunehmen, dass *Vauban* mit *Choisy* übereinkam, seinen Plan als ein Programm und nicht als starre Vorschrift zu betrachten. Er sah voraus, dass die *Choisy* übertragene Aufgabe, den Wohn- und Wirkungsraum für viele unter nicht voraussehbaren Umständen mit Rücksicht auf Einzelinteressen zu verteilen und im Interesse des Ganzen zu nutzen, eine Menge Änderungen mit sich brächte.

Ingenieur Hauptmann *Ritter* hat den abgebildeten Plan (Bild 2) – im Folgenden *Ritter-Plan* genannt – 1855 in Saarlouis gezeichnet. Bei der Abfassung der Baugeschichte der Festung konnte er zwar den Text zum Gebäude-Verteilungsplan *Vaubans* einsehen, es fehlten ihm aber die dazugehörenden Planunterlagen. Um seinen Lesern eine Übersicht über die wichtigsten Bauwerke, die im Jahre 1680 geplant waren, zu vermitteln, zeichnete er die Figur 23 mit der zugehörigen Legende. So entstand der *Ritter-Plan* als eine reine Zweckzeichnung und es ist müßig zu fragen, welche Zielvorstellungen *Ritter* leiteten. Jedenfalls ist von dem städtebaulichen Konzept *Vaubans* nur eine Aufzählung geblieben. Der zentrale große Platz in der Mitte der Festungsstadt wird nicht einmal erwähnt, jedoch mit dem Buchstaben *a* bezeichnet *Ritter* den Amtssitz des Gouverneurs, zu seiner Zeit der Sitz des preußischen Kommandanten, seines Vorgesetzten.[9/108]

Betrachten wir dagegen den Plan (Abbildung 4) eines unbekannten französischen Ingenieurs, im Folgenden *Ingenieur-Plan* genannt, der über sehr gute Informationen verfügt haben muss und möglicherweise zum Stab *Vaubans* gehörte. Mit Blick auf die sonst informationskargen Festungspläne verspricht dieser, die Bauten in der Festungsstadt und ihre Platzierung hinreichend zu erklären. Ein Pfeil in der unteren rechten Ecke des Plans zeigt die Nordrichtung an. Die Legende zählt zuerst die sechs Bastionen auf. Mit den bis 1821 bekannten Bezeichnungen – zu lesen in einer Kartusche auf dem Plan von *Nicolas de Fer* aus dem Jahre 1693[5/35] – stimmen die hier genannten, damals nur mündlich überlieferten Namen nicht überein: Die Bastion *D Einchtroff*/Ensdorf heißt im *Ingenieur-Plan* Bastion *de la prairie*, die Bastion *C Lichtroff*/Lisdorf heißt hier Bastion *des Bois*, die Bastion *des Bois B* heißt hier Bastion *du Comtes*/Grafenbastion, eine Anspielung auf den Comte *de Choisy*.[10/137]

Die Place d'armes hat die Nummer *7*, kommt also in der Aufzählung gleich nach den sechs Bastionen, was sie deutlich als zentralen Waffenplatz ausweist, keinesfalls aber als einen für zivile Zwecke eingerichteten Mittelpunkt. Unter Nr. *8* folgen die beiden wichtigen Pulvermagazine, das Magazin auf der Bastion Nr. *1* ist ohne Nummer eingezeichnet. Zwei Kavaliere tragen die Nr. *9*, die Schleusenbrücke ist Nr. *10*, es folgen unter Nr. *11* vier Poternen und als letztes nennt der Plan das Hornwerk. Ein Hinweis auf die Alte Saar fehlt. Die Symmetrie der gesamten Plandarstellung wird streng gewahrt, es führt eine gerade Linie vom Halbmond vor dem Hornwerk durch die Festung zum Canal (de Lichtroff), lediglich der Vorgraben auf der Angriffsseite hat eine verstärkte Brustwehr zu den Glacis hin.

Der *Ingenieur-Plan* beginnt bei der Aufzählung der Einrichtungen im Innenraum der Festung mit der Garnisonskirche, dem Gouvernement und dem Amtssitz von Königsleutnant und Platzkommandanten. Unterhalb des eingezeichneten Lisdorfer Kanals setzt er seine Aufzählung fort und nennt das Haus des Intendanten und das Rathaus mit Arrestanstalt, Buchstabe *f*. Nun zählt er weiter auf, ohne dass eine Rangordnung erkennbar ist: Pfarrhaus, Kaplanswohnung, Halle, Schlächterei, Kriegskommissar, Bäckerei, Arsenal, Garten des Gouverneurs, Lebensmittellager und Wohnung des Magazinverwalters. Mit dem Buchstaben *r* bezeichnet er Infanterie- und Kavalleriekasernen und mit dem Buchstaben *s* die Kasernen gegenüber den beiden Toren. Die Kennzeichnung der Kasernen hinter der Kurtine *1-2* unterblieb. Rätsel gibt der Buchstabe *t* auf, sonst für Wohnquartiere verwandt, hier aber eingezeichnet in zwei Kasernen am Deutschen Tor. Es könnten, wie in anderen Plänen, Quartiere von Zivilpersonen im militärischen Dienst gemeint sein: Ärzte, Feuerwerker, Magazinarbeiter, Festungsbauer, Garnisonslieferanten.

Vergleichen wir Form und Anordnung der Kasernenbauten mit denen im *Vauban-Grundrissplan*, so können wir weitgehende Übereinstimmung feststellen und darüber hinwegsehen, dass die Kaserne *r* an der Kurtine *4-5* vieldeutig gezeichnet ist. War es wichtig, zu vermerken, dass der Magazinverwalter ganz in der Nähe des Magazins (*q*) an der Kurtine *2-3* wohnt?

Hellwig⁽⁵/¹⁰⁾ ist sich nicht sicher, ob er diesen Plan in das Jahr 1686 datieren soll – gezeichnet wurde er ganz sicher 1680. Diese Behauptung stützt sich auf die Tatsache, dass der Zeichner aufgrund der Aussagen *Vaubans* im »Projet«, die nachfolgend zitiert werden, Informationen aus erster Hand und aus *Vaubans* erster Planungsphase hatte, die er dann in seine Planzeichnung aufnahm: Die Kasernen

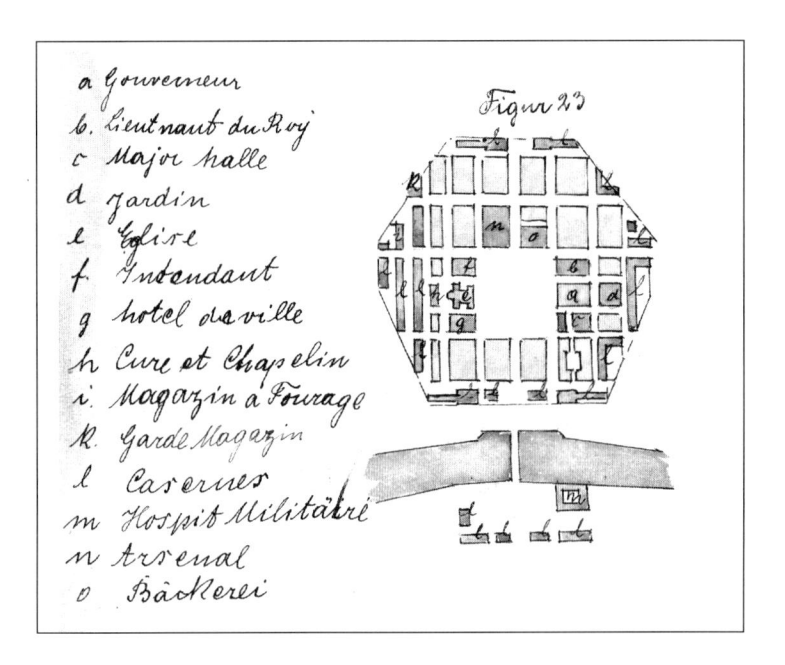

2   In Figur Nr. 23 seiner Handschrift hat der Festungsbauingenieur Anton Ritter die wichtigsten Bauten und Anlagen aufgeführt. Es ist eine Zweckzeichnung ohne städtebauliches Konzept.

3   Die Kartusche, die der Kartograph Nicolas de Fer zeichnete und 1693 drucken ließ, überliefert uns die Namen der Bastionen der Festung Saarlouis, wie sie bis zur Umbenennung durch die Preußen 1821 in Gebrauch waren.

sind entsprechend der Konzeption *Vaubans* in flexibler Form als Winkelbauten hinter den Kurtinen an den quadratischen Stadtgrundriss angepasst. Auch der Zuschnitt der Areale entspricht dem Stadium der ersten Planungsphase, gut feststellbar an den Baufluchten auf der Kirchenseite. Die schematische Aufgliederung im Hornwerk verrät, dass der Ingenieur dieses Werk nach der zu dieser Zeit vorherrschenden Auffassung nicht zum Stadtbereich zählte, was zwei von ihm symmetrisch eingezeichnete Magazinbauten zwischen der Kurtine und der durch die Mitte des Hornwerks verlaufenden geschulterten Grabenschanze belegen.⁽¹⁹/³⁴⁾

Vauban wandte sich in der zweiten Planungsphase gegen diese Auffassung mit dem Hinweis: »Das Hornwerk sollte vielmehr als ein Teil der Stadt betrachtet werden und nicht als ein einfaches Außenwerk.« An den Bau eines Hospitals im Hornwerk war zu Anfang der Planung nicht gedacht, lediglich für die Truppen plante Vauban dort Unterkünfte, »die dort nicht weniger gut als in der Stadt wohnen werden«.⁽¹/§¹⁴³⁾

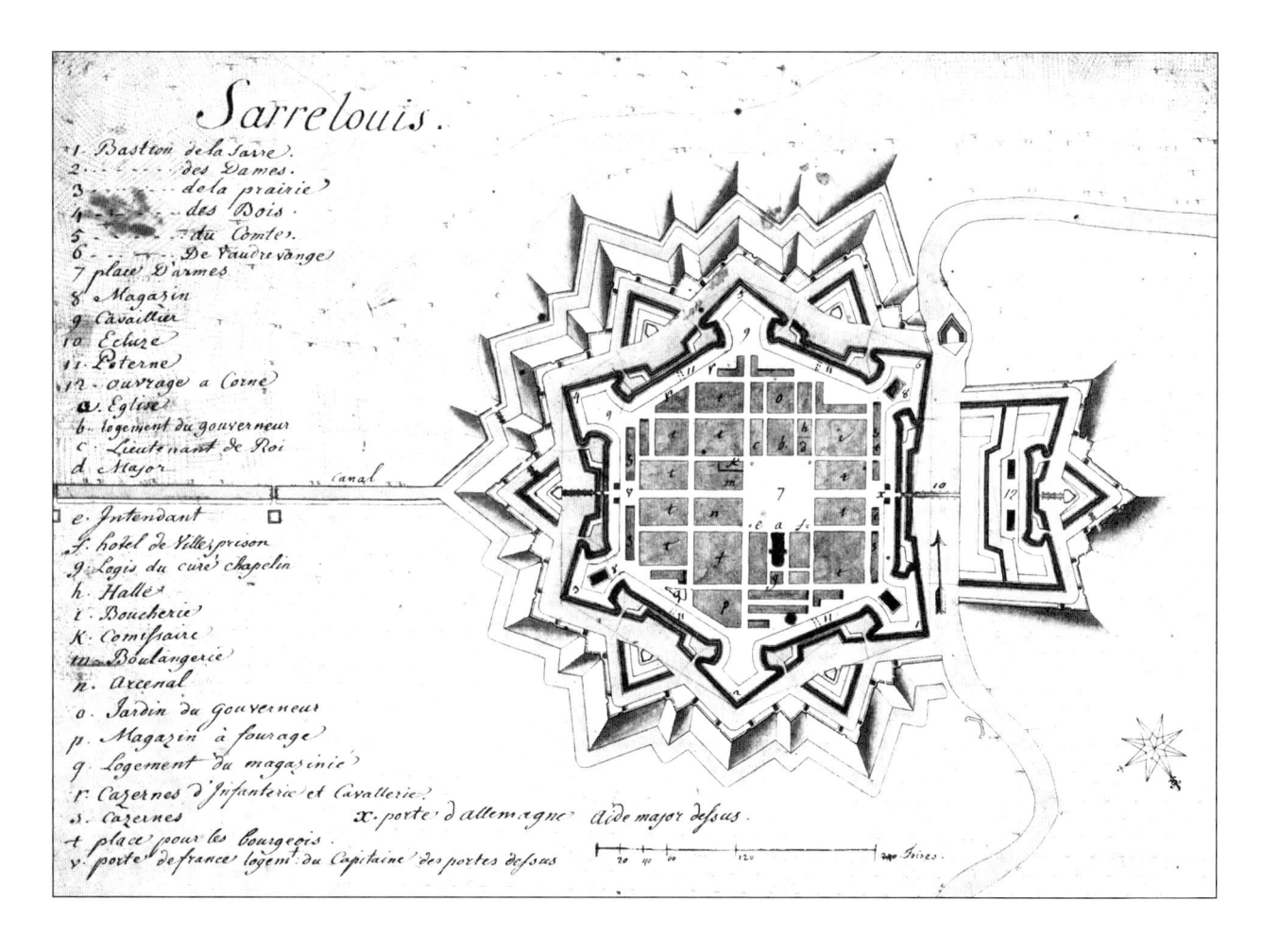

Entsprechend der ersten Planungsphase nennt unser gewissenhafter Ingenieur zwar den Garten des Gouverneurs mit dem Buchstaben o, der Platz für das Hospiz aber ist an keiner Stelle eingezeichnet. Dagegen schreibt *Vauban* in der zweiten Planungsphase im Zusammenhang mit der Aufzählung der guten Eigenschaften der Festung: Zwölftens ist ein Hospiz von großem Vorteil, groß und geräumig und genau dort gelegen, wo es hin muss, das heißt »au bas de la ville«/am Stadtausgang, wo das Abflusswasser hinfließt, das, nachdem es durch alle Straßen gelaufen ist, dort [beim Hospiz] weiteren Abfall aufnimmt und in den Mühlenkanal führt, wo der Unrat alsbald aufgelöst wird.[1/§160]

Der Ausschnitt der Saarfront aus dem Festungsplan von *d'Aubigny* ist in zweifacher Hinsicht interessant: Erstens zeigt er unter der Nr. 56 das um einen Hof gebaute Hospiz mit Anlagen auf dem befestigten rechten Saarufer, zweitens zeigt er dort, wo *Vauban* ursprünglich das Hospiz hinstellen wollte, nämlich neben dem Offizierspavillon Nr. 48, einen Platz, gezeichnet wie eine Anlage.

4   Zeichnung eines unbekannten französischen Ingenieurs. (5/11) Der genau gezeichnete Plan und die korrekte Aufzählung berücksichtigen die wichtigsten Werke, Bauten und Einrichtungen. Die Details des Planes bestätigen die Annahme, dass ein Ingenieur aus dem Stabe Vaubans der Autor ist.

5   Das Foto zeigt das Lazarett auf der rechten Saarseite. Auf dem eingeblendeten Ausschnitt aus dem Festungsplan 1777 nach d'Aubigny hat es die Nr. 56. Der Ausschnitt zeigt auf der linken Saarseite in der Nähe des Deutschen Tores neben dem Pavillon (Nr. 48) einen Platz mit einer Anlage, jene Stelle, die Vauban als Standort für das Hospiz geplant hatte.

Es ist nicht abwegig anzunehmen, dass *Vauban* das geplante Hospiz, versehen mit dem Buchstaben *M* im Katalog der geplanten Stadtbauten, erst in der zweiten Planungsphase im Kapitel 143 des »Projets« unterbrachte. Der im d'Aubigny-Plan (*Festungsplan 1777*) vorgesehene Bauplatz, möglicherweise auch die Unterbringung der Hospizeinrichtung im Pavillon Nr. 48, befanden sich, wie von *Vauban* beschlossen, genau dort, »wo das Abflusswasser hinläuft, das, nachdem es durch alle Straßen gelaufen ist, dort weiteren Abfall aufnimmt und in den Mühlenkanal führt, wo der Unrat alsbald aufgelöst wird« zusammen mit den Abwässern aus dem Hospiz.[1/§160] Die ganze Abwassereinrichtung – später auch für das Hospiz auf der rechten Saarseite brauchbar – war beispielhaft: Auf den drei linken Brückenpfeilern arbeitete die Garnisonsmühle, deren Kapazität man durch Steigerung der Strömung im sogenannten Mühlenkanal noch beschleunigen konnte. Dies wurde dadurch erreicht, dass man zwei oder drei Schleusentore auf der rechten Brückenseite schloss, wodurch das Wasser durch die offenen Tore verstärkt am linken Ufer entlang strömte und aus den Stadtwässer-Ausläufen und dem Hospizkanal allen Unrat mitriss. Wir müssen annehmen, dass *Vauban* noch vor seiner Abreise seinen Plan dahin gehend änderte, das Hospiz auf das Hornwerk zu setzen. Er wurde von *Choisy* in dieser Entscheidung bestärkt, der das Gebäude 1685 direkt auf der Konterskarpe errichten ließ, so dass durch zwei nach außen gebaute Abortschächte die bestmögliche Abfallbeseitigung innerhalb und außerhalb des Hauses erreicht wurde.

Der unbekannte Ingenieur, der die frühen Vorhaben *Vaubans* kannte, wusste auch 1680 von dem geplanten Bau eines Halbmondes im Unterlauf der Saar, später *Contregarde Vauban* genannt, die erst 1689 anstelle einer gewinkelten Schanze am rechten Saarufer errichtet wurde.[9/120] Unser Ingenieur hat die Kontergarde exakt als Saarinsel eingezeichnet, und er hat die Front d'attaque, die Südwestfront, im Sinne *Vaubans* durch Werke verstärkt wiedergegeben. Abschließend: Der Plan ist 1680 gezeichnet worden und vermutlich nach 1686 in Paris unkorrigiert in einer Edition aufgetaucht.[5/10]

Der *Ingenieur-Plan* enthält weitere Übereinstimmungen mit dem *Vauban-Grundrissplan*: So ist der Verlauf der Straßen, abgesehen von dem nicht vorhandenen durchgehenden Straßenzug, der heute die Namen Augustiner-, Friedens- und Herrenstraße führt, mit dem im *Vauban-Grundrissplan* identisch. Die Halle hat auch im *Ingenieur-Plan* ihren Platz in der heutigen Schlächterstraße, und die Schlächtereien in dem Planrechteck gegenüber sind ebenfalls identisch.

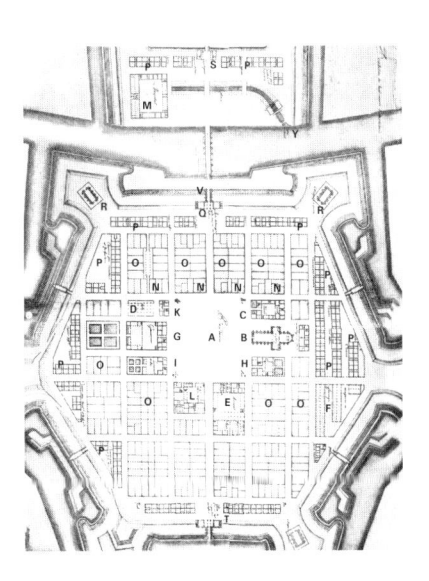

6 Dieser Vauban zugeschriebene Grundrissplan wurde im vorausgehenden Kapitel bereits vorgestellt. Die Angaben Vaubans aus seinem »Projet instructif de la fortifikation de Sarrelouis« wurden vom Verfasser in diesen Plan übertragen.

Bleiben wir beim Vauban-Grundrissplan

Dass der Plan von *Vauban* stammt, deutet besonders die im Stadtbann gezeichnete Form der Kasernen hin. Sie wurden von ihm als gewinkelte Bauten in die freien dreieckigen Bauflächen an der französischen Seite eingepasst. Die Grundrissstruktur der Gebäude mit den einzelnen Elementen ist bis auf Mannschaftsräume und Treppenhäuser dargestellt. »Am Ende der Mannschaftsbauten finden sich die Quartiere der mittleren Dienstgrade in Form etwas geräumigerer, isolierter oder aneinander stoßender Anbauten.«[2/29]

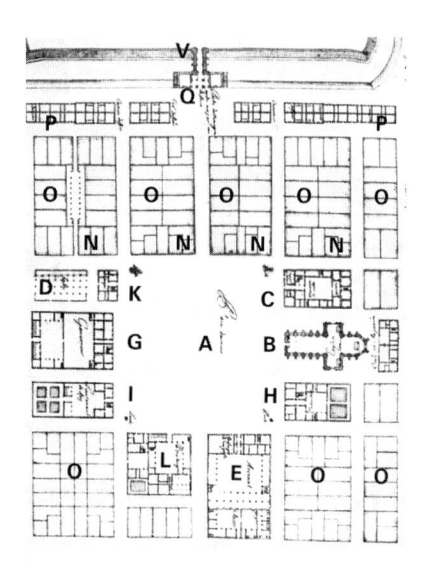

7   Ein Ausschnitt aus dem Vauban-Grundrissplan. Siehe Abbildung 6.

Man beachte, wie genau im *Vauban-Grundrissplan* die Grundrisse der beiden Torbauten mit den Wachstuben, im Gebäudeverteilungsplan mit *T* und *V* bezeichnet, dargestellt sind. Auch beim Gouvernement sind Ställe, Remisen und die barocken Gartenanlagen mit vier Feldern gut zu erkennen – ebenso die Gärten beim Haus des Intendanten *H* und des Königsleutnants *I*. Ausführliche gestalterische Aussagen machen die Grundrisszeichnungen des Arsenals, des Amtssitzes des Kriegskommissars *L* und der Markthalle in der Schlächterstraße. In den Arsenal-Komplex mit Hof und Werkstätten längs der französischen Straße und der Toreinfahrt an der Place d'armes ließ *Vauban* das Refugium für die Abtei Wadgassen einzeichnen, so wie er es bei den ersten Grundstücksverhandlungen dem Abt zugesagt hatte. Die Bäckerei ist in der Liste der Bauten nicht genannt, bei dem mit *L* bezeichneten Gebäude für den Kriegskommissar ist im Plan jedoch das Wort »Boulangerie« zu lesen. *Vauban* benennt die Schlachtereien mit dem Buchstaben *D*. Wir wissen, dass *Choisy* das Schlachthaus später an die Stelle der Halle in der »rue de la boucherie« bauen ließ, dort wo später die Metzgereien angesiedelt wurden.

Der Choisy-Grundrissplan

Dem Notar *Bernard Motte*, Seigneur d'Altviller, verdanken wir eine handgeschriebene Liste aller Haus- und Grundbesitzer, die zu seiner Zeit in Saarlouis lebten. Zu dieser Liste hatte er den oben wiedergegebenen Plan verwandt, der der tatsächlichen Bebauung unter der Bauleitung *Choisys* entspricht. Vergeblich wird der Betrachter die Großbäckerei an der Ecke der Französischen Straße und Place d'armes suchen. *Motte* konnte die Hausnummern deshalb nicht einzeichnen, weil das Ensemble bereits vor dem Jahre 1800 von dem Unternehmer *Fiscal* aufgekauft worden war und ab dieser Zeit Spezielhandwerkern, Spenglern und Mechanikern und ihren Wohnräumen diente. Es gibt noch andere Abweichungen, auf die wir an geeigneter Stelle zurückkommen werden. Zum Auffinden der bebauten und nummerierten Grundstücke nutzte *Motte* die Einteilung des Stadtgebietes in vier Sektoren, bezeichnet mit *A*, *B*, *C* und *D*, eine Einteilung, die in der Französischen Revolution erfolgte. Wir werden an dieser praktischen Einteilung festhalten. Da dieser Grundstücksplan gewissermaßen die Fortschreibung der Grundstücksverteilung in und nach der Epoche *Choisys* darstellt, nennen wir ihn *Choisy-Grundrissplan*. Die einmal erfolgte Verteilung der vorhandenen Grundflächen an Bürger, die dann durch Grundeigentum zur wirtschaftlichen und sozialen Stabilität der Stadtgemeinde beitrugen, erhielt so von Anfang an, trotz Vererbung oder Verkauf, eine bleibende Struktur. Dass eine einmal getroffene Festlegung von Bauflächen sehr langlebig ist, dürfte bekannt sein. Der Grundrissplan der Stadt aus dem Jahre 1910 (Abbildung 10) demonstriert diese Feststellung.

Vergleichen wir den *Vauban-Grundrissplan* mit dem *Choisy-Grundrissplan*, so können wir neun auffallende Abweichungen konstatieren:

1. Es differiert die Zahl der Baustellen um etwa 228. *Vauban* hatte großzügig in geometrisch aufgeteilten Feldern 266 Bauplätze ausgewiesen, *Choisys* Plan weist 494 Baustellen aus. In beiden Plänen sind die Bauplätze für Gouvernement, Königsleutnant, Platzmajor, Intendant, Bäckerei, Rathaus, Pfarrhaus, Kirche und Kloster mitgezählt.

2. Im *Vauban-Grundrissplan* waren die Baugrundstücke in den 19 Arealen gleichmäßig eingezeichnet. Die Baustellen hatten eine Größe von 5 × 6 Toisen, das sind 10 × 12 m = 120 qm, und sie lagen mit der Schmalseite den Straßen entlang.

   Der Zuschnitt der Wohnblöcke, begrenzt von geraden Straßen, glich einem ausgewogenen, wohl gegliederten Muster, einem städtebaulichen Wunschbild. *Choisy* sah sich vor der Aufgabe, der drängenden Nachfrage zu entsprechen, genügend Bauplätze bereitzustellen und dennoch den Grundriss zu wahren.

3. Der Zuschnitt der einzelnen Grundstücke ist beim *Choisy-Grundrissplan* in den vier Sektoren sehr unterschiedlich. An der heutigen Weißkreuzstraße lagen große und kleine Grundstücke, sehr kleine in der Französischen Straße, der Schlächterstraße, Deutschen Straße, Sonnenstraße und der Bierstraße. Besonders große Grundstücke wurden in dem Geviert, das heute von Adler-, Pavillon-, Kavallerie- und Zeughausstraße begrenzt wird, vermessen. Ein kleiner Bauplatz in der Französischen Straße (Westseite) zwischen Kleinem Markt und Sonnenstraße maß an der Straßenfront 4,50 m. Das Grundstück war bis zur Weißkreuzstraße 25,50 m lang. Der Bauplatz in der Zeughausstrasse zwischen Bibelstraße und Augustinerstraße maß an der Front 14 m und war 123 qm groß mit einer rückseitigen Zufahrt.

4. Die bemerkenswerteste Änderung vollzog *Choisy* beim Kasernenbau. *Vauban* hatte, wie aus seinem Plan zu ersehen ist, die Ka-

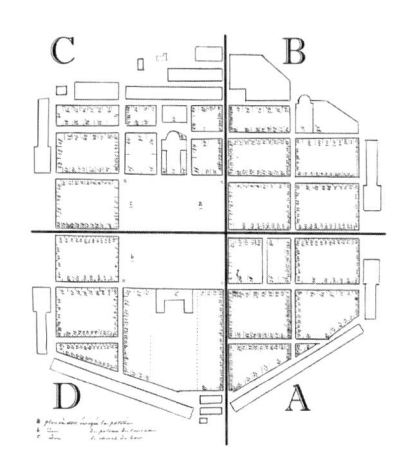

8 Gebäudeverteilungsplan mit den vier Sektoren, vom Verfasser »Choisy-Grundrissplan« genannt. Die Grundstücksverteilung entspricht der Durchführung Choisys, der sich wiederum an den Prämissen des »Vauban-Grundrissplans« orientiert hat. Zur preußischen Zeit benutzte Notar Motte diesen Plan mit der Einteilung in vier Quartiere aus der Revolutionszeit, um die Liste der Grundstücksbesitzer aufzustellen. Der Plan ist in der Abbildung 15 auch vergrößert dargestellt.

9   Ein Luftbild von 1930 zeigt die Stadtarchitektur mit dem Großen Markt und dem parallel verlaufenden Straßennetz. Deutlich werden auch die diesem Raster entgegenlaufende Alte Brauereistraße vorne rechts im Bild und ihre Bebauung entlang der ehemals dort verlaufenden Festungsmauer.

10 Der Ausschnitt aus dem Grundrissplan der Stadt aus dem Jahre 1910 lässt unschwer die Verteilung der Grundstücke aus der Zeit Choisys erkennen. Die Kartusche zu dem Gesamtplan weist mit der Jahreszahl 1831 auf die überkommene Grundstücksverteilung hin.

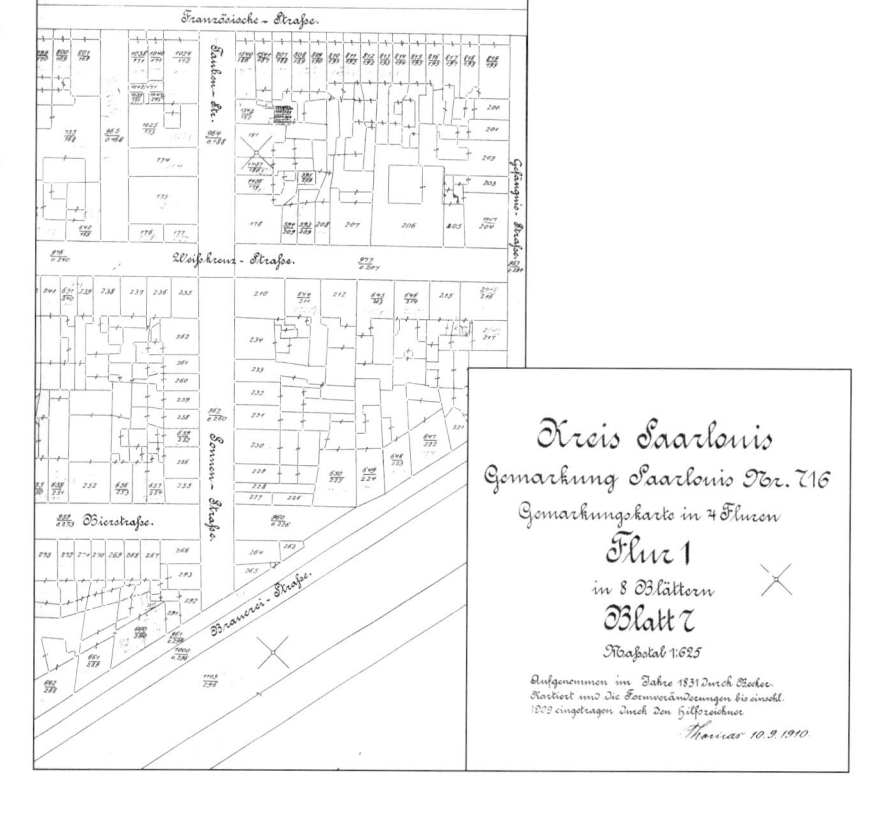

sernen an der Front d'attaque in die freien, dreieckigen Bauflächen platziert. Das geschah im Vollzug der von ihm stammenden Kasernenbauweise, die wir Elementarzellenbau nennen[2/28] und die es *Choisy* gestattete, besser: angeraten hätte, die »Kasernenzellen« in die Winkel einzupassen, um den gewollt geraden Verlauf der Häuserzeilen an allen Stellen im Stadtbild zu bewahren. *Choisy* bewogen wichtige militärische Gründe zum Bau der Kasernen in Langform. Er sah sie als zweite permanente Verteidigungslinie an. Daher wurden die Kasernen »parallel zur Festungsmauer errichtet, so dass die Hauptfluchtlinien in einem Winkel von etwa 30° zum Stadtgrundriss verliefen. Es ist durchaus denkbar«, fährt der Stadtplaner *Jürgen Baus* in seiner Untersuchung der geschichtlichen Entwicklung der Umnutzung von militärisch genutzten Flächen und Gebäuden in Saarlouis fort, »dass Vauban die Idee der schräg zum städtebaulichen Grundraster verlaufenden Kasernengebäude von Choisy abgeschaut hat – denn auch Vauban ließ 1689 beim Festungsbau von Neuf-Brisach die Kasernen parallel zur Festungsmauer und damit nicht entsprechend dem Stadtgrundriss errichten.«[64/35]

Was *Choisy* mit dem Bau der Kasernen in Längsform aber den Bürgerhäusern an der Angriffsfront angetan hat, ist noch heute gut zu sehen: Die Häuser in der parallel zur ehemaligen Kurtine verlaufenden Alten Brauereistraße z.B. stehen mit der Frontseite in der schrägen Straßenflucht, ihre Seitenmauern verlaufen parallel zum quadratischen Straßennetz (siehe auch Seite 248).

Ein kleines Dreieck zwischen Bier- und Sonnenstraße wurde ab 1698 zur Unterbringung von Umsiedlern aus Montroyal genutzt. In preußischer Zeit füllte der Bau des »Siebten Himmels« die Lücke.

5. Die von *Vauban* vorgegebene Einteilung der Stadt in 19 bebaute Areale entlang der rechtwinklig sich kreuzenden Straßen erweiterte *Choisy* auf 23 Areale. Zwölf Straßen mündeten auf den Paradeplatz (heute sind es mit dem Postgässchen dreizehn Straßen). Die Straße, die hinter den Grundstücken des Königsleutnants, des Gouverneurs und der geplanten Markthalle verlief, praktisch eine verlängerte Bierstraße, fiel weg. Dadurch erreichte *Choisy*, dass die im *Vauban-Grundrissplan* gezeichneten Gartenanlagen in das Grundstück, auf dem seit 1686 das Gouvernement stand, integriert wurden. Wir wissen, dass diese dem Gouverneur gehörende Gartenanlage in der Französischen Revolution von der Société populaire/der Volkskommune zu einem Marktplatz

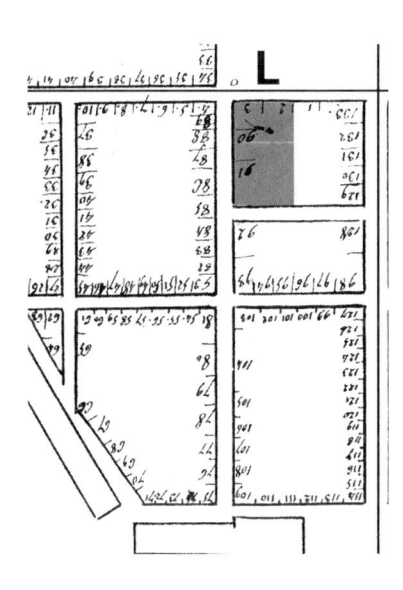

11 *Ausschnitt aus dem Choisy-Grundrissplan mit der Sektion A: In der Mitte senkrecht die Weißkreuzstraße, westlich dazu die Bierstraße, östlich die Französische Straße. Durch die Nordung des Plans stehen die Grundstücksnummern auf dem Kopf.*

12 Im Festungsplan Vaubans von Neuf Brisach/Neubreisach, gelegen in der Rheinebene gegenüber Alt-Breisach, das Ludwig XIV. 1697 wieder hatte herausgeben müssen, erkennt man, dass die innerhalb des achteckigen Grundrisses angelegten Kasernenbauten parallel zu den Festungsmauern verlaufen.

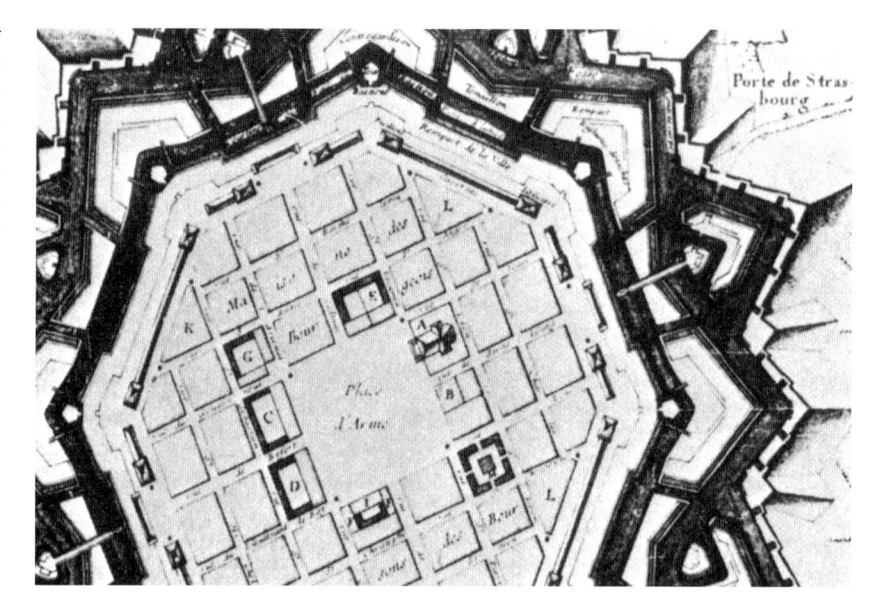

»missbraucht« wurde. Er war von der Place d'armes aus durch zwei Gassen, die neben dem Gouvernement vorbeiführten, zu erreichen. In preußischer Zeit verpflichtete die Garnisonsverwaltung die Stadt zur Rückgabe des Gartens an die Kommandantur. Die Stadt erhielt dafür das Recht, »auf zwei Quadraten des Paradeplatzes zweimal wöchentlich Markt abhalten zu dürfen«.[9/38]

6. Durch den Bau der Kasernen Nr. 44 und Nr. 46 (6 und 7) entlang der Kurtinen entstanden in der Sektion *D* weitere Bauplätze, in der Sektion *A* nur an den Straßen um das Gouvernement. In der Sektion *B* entstand das hinter der Kurtine in den Winkel gebaute Augustinerkloster. Neue Bauplätze gab es in dem Straßenblock Französische Straße – Großer Markt – Bibelstraße – Stiftstraße durch die Verlegung des Arsenals an den dreieckigen Bauplatz entlang der Kurtine bei Bastion Nr. 4. Dadurch entfiel an dieser Stelle das eingezeichnete dreigestaffelte Fourage-Magazin.

7. Betrachten wir beide Grundrisspläne, so fällt auf, dass im *Choisy-Grundrissplan* statt der geplanten vierzehn Kasernenblöcke nur acht realisiert wurden. Die beiden Kasernenblöcke im Hornwerk rechts und links von der Hauptachse, die eine vorgesehen für Kavallerie-Infanterie, die andere für Infanterie, entfielen im darauffolgenden Bauprogramm. Zur Information des Lesers seien hier die handschriftlichen Eintragungen *Vaubans* aufgeführt, bei der Bastion 1 beginnend im Uhrzeigersinn: Pulvermagazin, Latrine, Offizierskaserne, Kaserne für Kavallerie, drei Kasernen mit Offizierskaserne, Futtermagazin, Magazinverwal-

ter, Pulvermagazin in der Bastion 7, Kasernen und Offizierskasernen, Französisches Tor und Torhauptmann im Untergeschoss; ohne Benennung: Offizierskaserne und Kasernen, Latrinen, Kasernen für Kavallerie und Infanterie, Kaserne für Kavallerie und Infanterie vor der Bastion 13, Kasernen mit Offizierskaserne, Kaserne für Kavallerie und Infanterie vor der Bastion 16. Entlang der Saarfront lagen zwei Kasernen und zwei Offizierskasernen links und rechts der Hauptachse.

8. Die Vergabe der Grundstücke um den Paradeplatz und in den Blöcken nahe der Garnisonskirche, besonders an der Rue des seigneurs/Herrenstraße (heute Friedensstraße), erfolgte nach den Wünschen einflussreicher Bauherren, was sich auf die Größe der zugeteilten Bauplätze, zu denen Ställe, Remisen und Speicher gehörten, in bester Stadtlage auswirkte.

Da Ende 1685 das Geld zum Festungsbau immer knapper wurde, konnte das von *Vauban* beabsichtigte platzgestaltende »Ensemble Gouvernement« mit Pavillons für den Königsleutnant und den Platzkommandanten, mit dem Hauptgebäude verbunden durch zwei barocke Torbauten, nicht realisiert werden.

8. An die Stelle der Pavillons errichteten im Laufe der Jahre Bürger ihre Häuser mit dem Ergebnis, dass an dieser Marktfront eine städtebaulich überzeugende Platzgestaltung fehlte. *Choisy* empfand die Leere und Abträglichkeit, die durch den Wegfall der das Gouvernementgebäude flankierenden Bauten entstanden war. Um zumindest die Ausgewogenheit des Hauptgebäudes trotz seiner Isolation zu wahren, verschob er die beiden äußeren Fensterachsen um je 90 cm nach außen und verschaffte dem Hauptgebäude so wenigstens auf der Platzseite optisch ein gefälliges Erscheinungsbild.

9. Aufgrund der geänderten »Quartierliste« *Vaubans* für die Offiziere des Festungsstabes teilte *Choisy* ihnen folgende Unterkünfte zu: Für den Königsleutnant: Wohnung im Bau neben der Garnisonsbäckerei, für den Platzmajor: Pavillon Nr. 48 in der Nähe des Deutschen Tores und für den Kriegskommissar Pavillon Nr. 49. Der Intendant bezog die Wohnung im Hospiz.

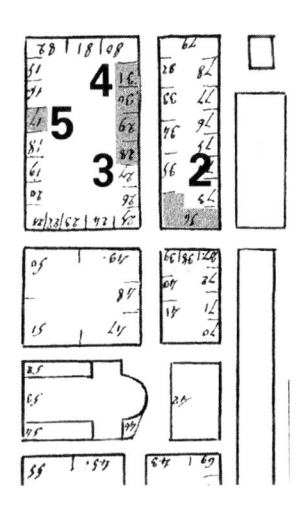

13 Ausschnitt aus der Sektion C des Choisy-Grundrissplans: senkrecht in der Mitte oben die ehemalige Herrenstraße, die als Friedensstraße bis hinter die Kirche weiterlief.

Beim Abschied gab *Vauban* im Februar seinem Kollegen *Choisy* noch den guten Rat: »Wenn in irgendwelchen Einzelheiten Schwierigkeiten auftreten sollten, möge Er mir Nachricht geben und einen Teil der Pläne und Profilzeichnungen schicken, ich werde nicht zögern, ihm alsbald meine Meinung mitzuteilen.«[1/§160]

Choisy war damit gewarnt, sich an *Louvois* zu wenden, mit dem *Vauban* schon manchen Streit und Federkrieg hatte ausfechten müssen. Besonders musste er sich häufig dagegen wehren, dass der Minister in seine Angelegenheiten dreinredete. *Louvois*, ein arroganter, intri-

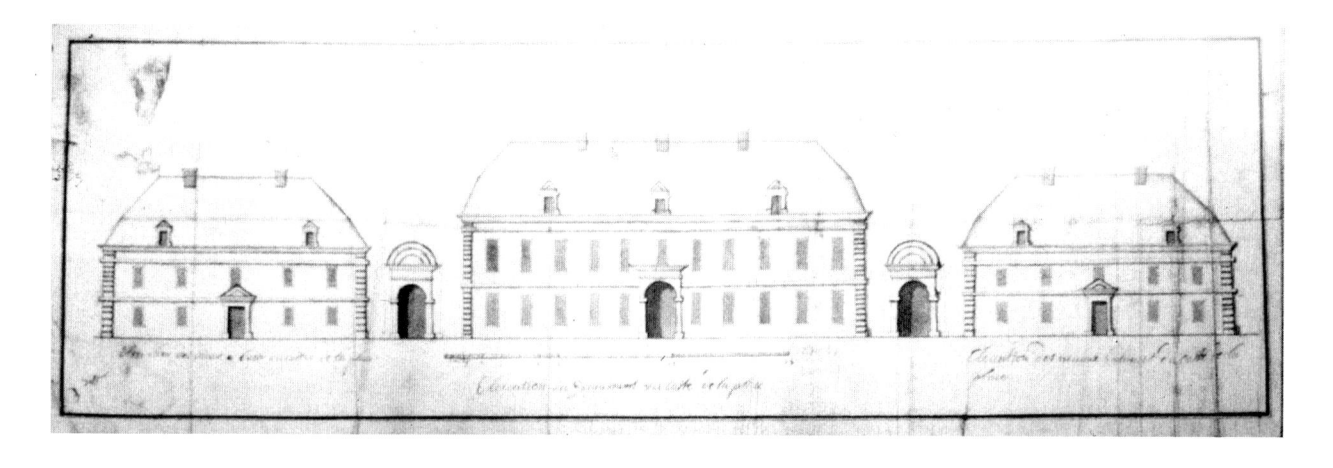

14 Vauban plante an der Südwestfront der Place d'armes dieses barocke Ensemble, bestehend aus dem Gouvernement, den Pavillons für den Königsleutnant und den Platzmajor, verbunden mit Toren und barocken Mauern.

ganter und ehrgeiziger Mann, war zuständig für die Festungsstädte im Königreich.

Überliefert ist ein Brief *Vaubans* an *Louvois* aus dem Jahr 1675, ein Beispiel für den Federkrieg: »Nachdem ich die Ehre hatte, Euch meine Meinung zu sagen, baut die Werke um Thionville oder lasst es sein. Die Sache geht mich nichts mehr an. Ich habe Euch eine gute Zeichnung dieser Festung angefertigt, die Sie hätten studieren müssen, statt sich, wie geschehen, lustig zu machen. Falls der Feind diese Festung je angreift, Ihr werdet an mich denken.«[8/19]

In diesem Zusammenhang ist die Vorwarnung verständlich, wenn *Vauban* am Ende seines »Projets« für Saarlouis feststellt, dass *Choisy* das Projekt genauestens ausführen wird, »es sei denn, dass M. Louvois Gegenteiliges wünscht, wenn man ihn darum angeht«.[1/§160]

Bauherren stellen Ansprüche

Es ist erstaunlich, dass in Saarlouis schon 1682 mit dem Häuserbau begonnen wird. *Baltzer* schreibt, dass am 2. November *Bernhard Helleisen* und *Nikolaus Bourger* Verträge unterschrieben, dass man ihnen in Saarlouis zweistöckige Häuser baue, jedes zu 140 Reichsthaler.[10/142] *Klauck* berichtet, dass *Helleisen* in Wallerfangen Bäckermeister war und ab 1686 Maître de la confrérie des boulangers/ Meister der Bäckereigenossenschaft in Saarlouis. *Choisy* sah sich gezwungen, ein Büro für die Vermessung der Grundstücke und ihre Vergabe an Bauwillige einzurichten. Zuvor waren auf einzelnen Grundstücken schon Baracken aufgestellt worden, so von dem Wirt »Zum Engel« *Johann Corneil* in der Engelstraße.[10/142]

Anfang 1683 wurde, wie bereits erwähnt, die Anordnung des Königs beglaubigt und vom Parlament in Metz am 29. April 1683 bekannt gegeben[10/202], dass alle, die nach Saarlouis ziehen wollen, von den Ein- und Ausfuhrsteuern auf Wein, Lebensmittel und andere Waren befreit sind. Sie brauchten keine Personalsteuern und andere Lasten zu zahlen und keine Kriegseinquartierungen zu fürchten und würden sofort Untertanen des Königs.[97/98]

Ein prominenter und vermögender Bauherr war der Abt *Petrus Marx* (1677–1705) von Wadgassen. Der Abtei gehörten das Dorf Lisdorf und der Grund und Boden, auf dem die Festung gebaut wurde. Der Abt stellte entsprechende Anträge. Er handelte wie nach ihm noch viele Bauherren, die, anmaßend und für gegenteilige Argumente schwer zugänglich, ihre oft überzogenen Ansprüche beim Gouverneur geltend machten. Viele hatten damit Erfolg. Was im absolutistischen Staat in erster Linie zählte, waren Herkunft, einflussreiche Fürsprecher und reiche Besitzungen. *Choisy* musste viele Konzessionen machen.

Auf dem Lisdorfer Bann, auf dem die Festung errichtet wurde, befanden sich zuvor 52,5 ha Hochwald, 12,3 ha Ackerland und 7,6 ha Wiesen. Der Abt verlangte Entschädigung für den in Anspruch genommenen Grundbesitz und für verlorene Einnahmen aus Jagd- und Fischereirechten. Dringlichste Forderung war jedoch das Patronat über die Kirchengemeinde Saarlouis und Grundstücke in der Stadt zu Tauschzwecken sowie der Bau eines Refugiums, einer Zufluchtsstätte in Kriegszeiten, und zwar an bevorzugter Stelle.

Der Wadgasser Abt *Petrus Marx* hatte frühzeitig in Briefen an den König darauf hingewiesen, dass seit über 400 Jahren der Abtei das Patronat an allen Kirchen ihres Gebietes zustand.

Den Äbten war von alters her in ihrem Wirkungsbereich das Recht auf ein Patronat feierlich von den Saarbrücker Grafen und dem Herzog von Lothringen zugesprochen und verbrieft worden. Der Abt reiste in dieser Sache nach Paris; er wusste das Recht auf seiner Seite. Aber bei Hof ließ man keinen Zweifel darüber aufkommen, dass der König kein Interesse hatte, Patres aus einem anderen Land

334 SAARLOUIS – DAS KÖNIGLICHE SECHSECK

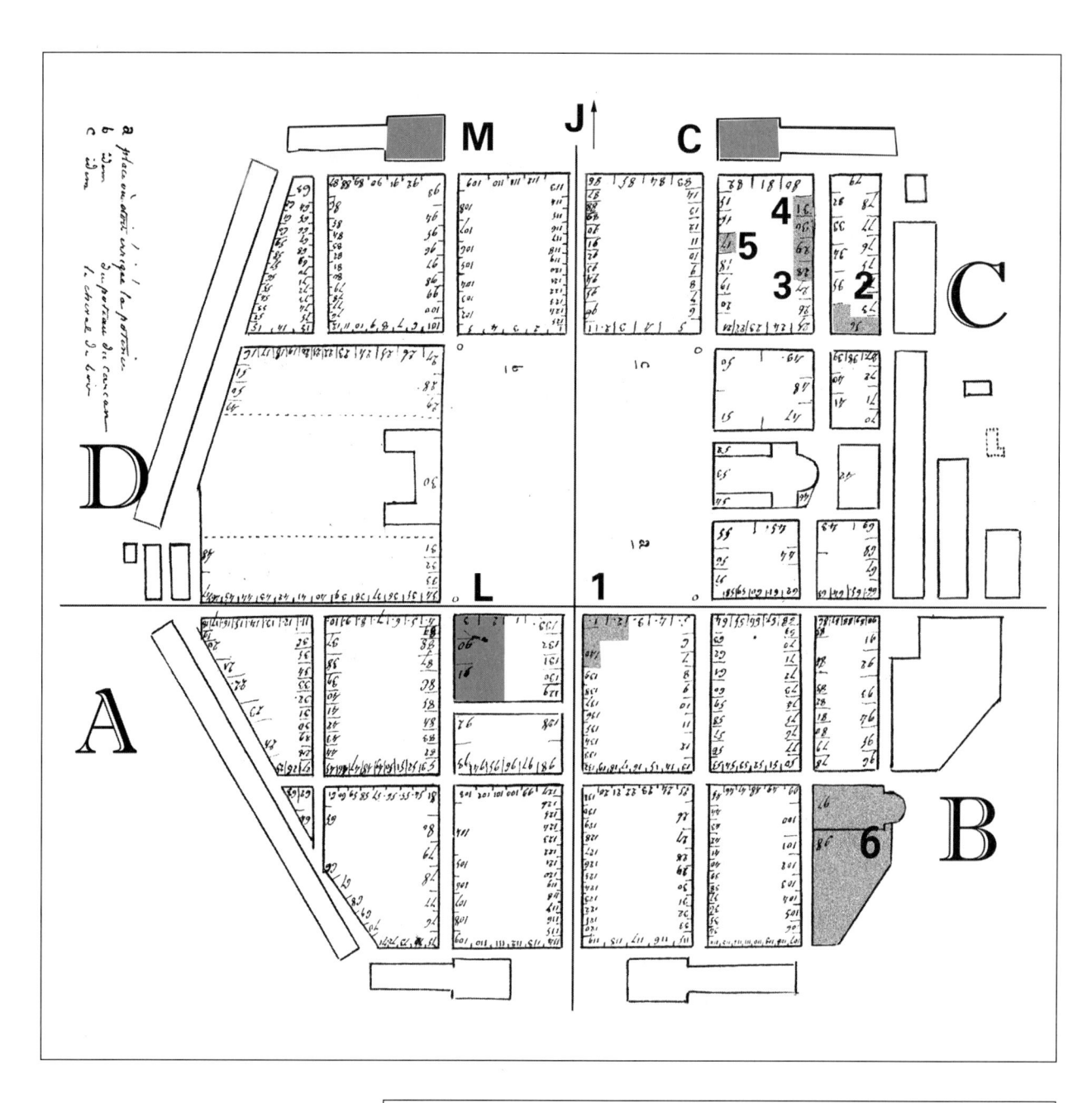

15 Grundrissplan der Stadt mit den von Choisy verteilten Bauplätzen zur Errichtung der Refugien für die Abteien aus der Region (1–6). Auch die Quartiere für die Stabsoffiziere (L–J) hat Choisy nach Wegfall und Änderung der von Vauban für sie geplanten Amtsräume und Wohnungen neu verteilt.

Legende:		Refugien	
Quartiere		1	Wadgassen
		2	Tholey
L	Lieutenant du Roi	3	Mettlach
M	Major de la place	4	Beckingen
C	Commissair de guerre	5	Fraulautern
J	Intendant (im Hospiz)	6	Augustiner Wallerfangen

– und dazu noch aus einem Land unter protestantischer Herrschaft, wie es in der Grafschaft Saarbrücken der Fall war – zum Wohle seiner Untertanen in seiner Stadt wirken zu lassen.

Gemäß den Artikeln der *gallikanischen Konfession* von 1682 bestimmte in Frankreich der König über alle kirchlichen Würdenträger. Mit geistlichen Orden wurde seit *Franz I.* ganz nach Belieben verfahren. »In Frankreich und in Lothringen waren die Klöster der Kompetenz der Bischöfe entzogen.«[63/85] Das ging so weit, dass die Professen in der Kapitelversammlung der Abteien den vom König vorgeschlagenen Kandidaten zum Abt wählen und mit einer Rente ausstatten mussten. Dafür ein interessantes Beispiel: Bereits 1681 hatte der König dem Gouverneur *Choisy Nicolas Perrin de Lys* als Königsleutnant und Platzkommandanten zur Seite gestellt. Er diente in Saarlouis bis 1696. Dieser *de Lys* war Komtur des Malteserordens und zweiter Abt, das heißt Abbé commendataire der Zisterzienserabtei Freistroff bei Bouzonville.[10/139] Ihm gehörte in Wallerfangen ein Haus, auf das die Abtei Freistroff Rechte geltend machte.[11/190]

Wie bereits erwähnt, hatte *Vauban* in seinem Plan an der Ecke Französische Straße–Place d'armes, heute *Haushaltswaren Paul Leinen*, neben der Toreinfahrt zum geplanten Arsenal den Bauplatz für das Refugium der Abtei Wadgassen eintragen lassen. *Choisy* verlegte das Arsenal an die Kurtine zwischen die Bastionen 4 und 7, ließ aber

16 Abteikirche Wadgassen von Abt Hermann Mertz (1705–1743), gebaut 1736 an Stelle der alten Abteikirche. Einer der Architekten, Henry Eckert, kam aus Ermesheim in der Diözese Mainz und wohnte 1725 in Saarlouis. Er baute auch die Lisdorfer Barock-Kirche, die Abt Stein 1764 weihte. Eckert stürzte in Bous von einer Baustelle und wurde in der neuen Abteikirche begraben. Die Kirche war wegen ihrer Schönheit berühmt. »Im Innern standen zwei mal sieben Säulen mit vergoldeten Kapitellen. Angelehnt waren sechs Altäre in poliertem Stuck.« Die Kirche wurde 1800 abgerissen, der Turm 1811 gesprengt. (47/286)

17 Grundstücksverhandlungen vor der Festungsbaustelle: links Intendant de la Goupillière mit seinem Syndic/Advokat, ihnen gegenüber Abt Petrus Marx aus Wadgassen mit seinem Vikar. Der Abtei Wadgassen gehörten Grund und Boden, über den hier verhandelt wurde. Zeichnung von Alfons Fontaine für das Festzugsprogramm im Jubiläumsjahr der Stadt 1980.

der Abtei die Bauplätze Nr. 2 und Nr. 1 an der Place d'armes und den großen Bauplatz Nr. 140 an der Französischen Straße. Hinzu kamen drei Bauplätze mit den Nr. 38, 39, 40 in der Bibelstraße, frü-

18 Die Benediktiner-Abtei Tholey am Fuße des Schaumbergs. Die Abtei baute ihr großes Refugium an der Grüne-Baum-Straße. (47/117)

19 Der Augustiner-Konvent in Wallerfangen. Seine Mönche mussten schließlich nach Saarlouis übersiedeln. Die Nr. 6 im Vauban-Grundrissplan bezeichnet die Lage ihres neuen Saarlouiser Klosters, an der heute noch so genannten Augustinerstraße.

her Aulener Straße. Auch andere in der Nähe der Festung liegende Abteien und geistliche Herrschaften suchten ab 1685 hinter den festen Mauern von Saarlouis ein Refugium, das die meisten schon vorher in der Festungsstadt Wallerfangen besessen hatten und 1688 aufgeben mussten.

Die Abtei Fraulautern hatte vorher in Wallerfangen ein stattliches Anwesen mit Küche und Keller und elf Zimmern. Sie baute ihr Haus in Saarlouis in der heutigen Adlerstraße Nr. 17. Später stand hier der Rheinische Hof, heute wird das Haus von der Stadtverwaltung genutzt. Die Abtei Mettlach baute in der Herrenstraße auf zwei Bauplätzen. Die Umbenennung der Herrenstraße in Friedensstraße erfolgte erst 1956 zugunsten der Herrenstraße im Stadtteil Roden.

Die Komturei Beckingen vom Orden des heiligen Lazarus im Deutschen Ritterorden, süddeutsche Ordensprovinz, bebaute in der Herrenstraße zwei Nachbargrundstücke nahe der Pavillonstraße. Siehe Abbildung 11.

Die Abtei Tholey besaß zuvor in Wallerfangen ein schönes Haus mit drei Stuben und sechs Zimmern.[11/188] Ihr gehörte bis 1729 in der

heutigen Grünebaumstraße die ganze Häuserfront zwischen Herrenstraße und Kavalleriestraße, auf dem Plan die Nr.36.
Erst 1691 stand endgültig fest, dass das Augustinerkloster Wallerfangen in Saarlouis ein Haus errichten werde. *Choisy* hatte für den Bau der Klosteranlagen den ganzen Straßenblock zwischen Augus-

20 *Die Komturei Beckingen um1777. Sie wurde nach den Plänen des Saarlouiser Architekten Francois Motte d'Altviller gebaut. Er wurde 1687 geboren und wurde der Stammvater des im Kreis weitverzweigten Geschlechts der Mottes.*

tinerstraße und Kavalleriestraße und das Winkelgrundstück an der Kurtine zum Bau des Klosters und der Klosterkirche freigehalten. In der *Vauban-Grundrissplanung* führte die Kavalleriestraße durch das Gelände des ehemaligen Canisianums. Die Klostergebäude wurden 1707 fertig gestellt. In der Französischen Revolution wurde das Kloster 1790 beschlagnahmt und einer anderen Verwendung zugeführt.[20/21]
Eine undankbare Änderung, die *Choisy* zwangsläufig vornehmen musste, bestand in der Auflassung von Gartenanlagen, die *Vauban* geplant hatte. Zur Zeit des Sonnenkönigs waren die in die Schlossanlagen integrierten Gärten Vorbilder für viele Baumeister europäischer Fürsten. Als richtungsweisend galten die Gärten von *Le Nôtre* (1613–1700). *Vauban* ging bei der Planung von Saarlouis so weit, innerhalb des engen Festungsrahmens hinter den Gebäuden des Gouverneurs, des Königsleutnants, des Intendanten und des Platzkommandanten mit ordo et claritas/Überschaubarkeit und Klarheit barocke Gartenanlagen bescheidenen Umfangs einzuplanen. Gärten gehörten zur Sprache seiner Stadtarchitektur.[77/270]

20 Polizeisoldat der »Maré-Chaussée«/ Feldpolizei zu Pferd. Jean Laurent war Fuhrmann in Saarlouis(38/634). Er besorgte seinem Sohn Nicolas durch Kauf »la charge d'archer«/ die Stelle eines Polizeisoldaten.

* *Josef Motte*, genannt *la Bonté*, war auch Architekt und Baumeister der Saarbrücker Grafen. 1694 erhielt er von der Gräfin *Eleonore-Clara* den Auftrag, das Residenzschloss in Saarbrücken wiederherzustellen. Er baute von 1709 bis 1711 auch das Jagdschloss Monplaisir auf dem Halberg.(38/769)

Auch die Markthalle – ein besonderes Anliegen *Vaubans* und in seinem Plan (Abbildung 6) eingezeichnet in der Schlächterstraße hinter dem vorgesehenen Amtssitz des Platzkommandanten – entfiel in *Choisys* Neuplanung. Er ließ 1695 an dieser Stelle in der Schlächterstraße ein Schlachthaus mit Ställen und Nebengebäuden um einen Hof herum bauen.

»Am 24. März 1695 ist die Bruderschaft der Metzger in Ausführung einer Anordnung des Gouverneurs Choisy vor dem Notar Grimont übereingekommen, eine öffentliche Metzgerei [Schlachthaus] zu bauen, die dazu bestimmt war, die Metzger für den Verkauf des Fleisches zu vereinen. Es sollten 26 Stände darin sein. Am übernächsten Tag verhandelten sie vor demselben Notar mit den Festungsbauunternehmern Josef Motte und Denis Thevenin,[38/985] welche sich verpflichteten, die erwähnte Metzgerei bis Ende Juni für 1700 Livres zu bauen.«*

Am 6. November verhandeln die Metzger *Jakob Worms* und *Hayem Levy* aus Saarlouis ebenfalls vor dem *Notar Grimond* mit *André Rome*, genannt *la Douceur*, Steinhauermeister und Holzhändler, dass er ihnen für 130 Livres eine Metzgerei neben der öffentlichen und dem *Sr. Laurent* baue. Dazu hatten sie die Genehmigung des Gouverneurs. *Jakob Worms*, um 1650 in Worms geboren, wohnte ab 1690 in Saarlouis. Er war Metzger, Händler, Geldverleiher. 1710 musste er Saarlouis aufgrund eines königlichen Dekrets verlassen, kehrte aber durch die Vermittlung des Herzogs von Autin wieder nach Saarlouis zurück, nachdem er sich verpflichtet hatte, Fleisch für die Garnison unter dem festgesetzten Preis zu liefern.[38/1047] Der Herzog von Autin war Kammerherr beim Dauphin und ehelicher Sohn der Madame *de Montespan*, der Maitresse *Ludwigs XIV*.

Jean Laurent wurde 1715 mit 74 Jahren in der Augustinerkirche begraben. Er war von Beruf Fuhrmann. 1689 baute er für seine Familie mit sechs Kindern in der Schlächterstraße ein Haus zwischen dem Bäckermeister *Jean Helleisen* und dem Metzgermeister, Wirt und Kellermeister *Jacques Petit*, genannt *la Violette*. Sohn *Gaspard* wurde mit 35 Jahren Sekretär des Futterkommandos, stationiert in Saarbrücken. Mit 58 Jahren wurde er Bürgermeister von Saarlouis.

Im Jahre 1783 – Gouverneur von Saarlouis war Marquis und Generalleutnant *Louis François de Montagnard*[10/139] – baute der damalige Chefingenieur der Festung *de Robert*, Major im königlichen Pionierkorps, auf der Fausse-braie/dem Niederwall vor dem Deutschen

21 *Um 1700 baute Herr Cotteau dieses Haus in der Sektion C, Nr. 81, heute Pavillonstraße; ein dreigegliederter Bau mit Gesims und zwei Pilastern und hohem Gebälk und Toreinfahrt in frühbarockem Stil.*

Tor für die Saarlouiser Metzger ein neues Schlachthaus, das bis zum Neubau des Schlachthofes in der Vaubanstraße um 1900 in Betrieb war.

Noch im Jahre 2000 erhalten Grundbesitzer in der Soutyhofstraße in Saarlouis vom Staatlichen Grundbuchamt eine Bestätigung, aus der hervorgeht, dass ihr Grundstück zum Bann Wallerfangen gehörte. Das verwundert nur auf den ersten Blick. Dieses Gebiet, das im Westen ab Schwarzbachmündung (heute Kläranlage) entlang der Bebauungsgrenze von Beaumarais, ab Souty-Hof bis hinter die Gartenreihe reichte, gehörte zum Lisdorfer Bann und wurde 1680 vom König der Abtei Wadgassen abgekauft. Später ging das Recht auf diesen Bann der Stadt wieder verloren und der Bann kam, weil dort ab 1688 Wallerfanger Bürger siedelten, zur Gemeinde Wallerfangen.

Erst die Eingemeindung von Picard, Beaumarais und Lisdorf nach Saarlouis im Jahre 1936 brachte diesen Teil des Bannes Wallerfangen und große Areale darüber hinaus zum eingemeindeten Stadtgebiet.

22 In diesem Ausschnitt aus einem Foto von der Schleusenbrücke sieht man am linken Bildrand Gebäude des alten Schlachthofes, der zum Teil auf der Fausse-braie stand. Das Foto entstand Ende des 19. Jahrhunderts.

Besitzverhältnisse sind langlebig – so gehen noch sehr viele Grundstückszuschnitte innerhalb der ehemaligen Festungsmauern, wie bereits erwähnt, auf die Zuweisungen an Neubürger in der Ära *Choisy* zurück.

✤

XVII. Ludwigskirche und zwei Klöster

Susanna heisen ich
in godes eren luden ich
Bös Wettder vertreiben ich
1548

»1688 kamen die beiden Hauptglocken aus der Pfarrkirche von Wallerfangen [...]
1720 ließ die Stadtverwaltung Saarlouis für 108 écus (Taler) zwei weitere Glocken im Gewichte von 1500 und 1100 Pfund gießen und zwar bei Nicolas Cochois und François Buret aus Champigneul. [...]
Die kleine, 1576 gegossene Glocke stammte aus dem Kloster Fraulautern. Drei Glocken fielen der Revolution zum Opfer. Danach erhielt die Kirche wiederum von der Abtei Fraulautern eine Glocke« mit der obigen Inschrift.[29/17]

Dr. Severin Delges, Heimatforscher, 1931

Kirche St. Ludwig um 1860

XVII. Ludwigskirche und zwei Klöster

Die Rekollekten – erste Pfarrherren der Ludwigskirche

Am 2. Juni 1685 legte Gouverneur *Choisy* den Grundstein zum Bau der Ludwigskirche, einen 16 cm dicken Sandstein, 98 cm lang und 68 cm breit, der seinen Platz unter den Stufen des Hochaltars fand.

3   Das Foto zeigt den Grundstein im Städtischen Museum Saarlouis. Eingeblendet ist der überlieferte Text von Motte (6/18). Die Inschrift auf dem Stein ist nur zur Hälfte erhalten. Beim schonungslosen Abriss der Kirche 1965 schrammte eine Baggerschaufel den Stein mehrmals und beschädigte ihn. Die Übersetzung des Textes:
»Im Namen von Ludwig dem Großen wurde dieser Grundstein zur Kirche von Saarlouis von Herrn Thomas de Choisy, Gouverneur der Festung, gelegt.«

Der vervollständigte Text auf dem Grundstein lautete:

    ✕   ✕

1685
AV NOM DE LOVIS LE GRAND
CETTE PREMIERE PIERRE DE L'ÉGLISE DE SARRELOVIS
A ÉTÉ MISE PAR MESSIRE THOMAS DE CHOISY
GOVVERNEVR DE LA PLACE.

    ✕   ✕

*   Das Patronatsfest – früher Louis-Tag genannt – wird am 25. August von den Bürgern und der katholischen Pfarrgemeinde gefeiert. An diesem Tag des Jahres 1248 erfüllte König *Ludwig IX.* sein Kreuzzugsgelübde und schiffte seine Kreuzritter zum Sechsten Kreuzzug (1248–1254) nach Zypern und von da nach Ägypten ein. Ludwig starb während des Siebten Kreuzzuges am 25. August 1270 vor Tunis an einer Seuche und wurde in Karthago begraben und 1297 von Papst *Bonifatius VIII.* heilig gesprochen.

Der Chronist notiert, dass der Stein mit großer Feierlichkeit »von dem Superior der Rekollekten aus Paris, Pater Vincent Gargan kraft einer vom Erzbischof von Trier erhaltenen Erlaubnis, gesegnet« wurde.[10/112] Die Kirche wurde am 6. April 1687 den Heiligen *Petrus* und *Paulus* sowie *Ludwig dem Heiligen* geweiht.[29/14] *

Die Weihe an die Apostelfürsten *Peter* und *Paul*, zwei Heilige, die im Mittelalter bevorzugte Namenspatrone waren, erfolgte im bereitwilligen Einverständnis mit *Choisy* und den prominenten Neubürgern aus der Pfarrei St. Peter in Wallerfangen. *Choisy* war viel daran gelegen, für die Gläubigen die Wallerfanger Tradition in der neuen Pfarrei und ihrer Festungskirche zu verankern. Die Kirche wurde fortan Ludwigskirche genannt.

Festtage und Trauertage wurden von den beiden größten Glocken verkündet, die 1688 im Turm der Ludwigskirche aufgehängt wurden und von der abgerissenen Wallerfanger Pfarrkirche stammten. Die Weihe an *Ludwig den Heiligen* (1214–1270), »den mittelalterlichen Ritter von echter, tätiger Frömmigkeit, der sein Reich zu erweitern und zu festigen verstand«,(59/1) erfolgte auf Anordnung von König *Ludwig XIV.* Er wollte seinen Namenspatron, der sein Vorbild war und dem er zwanzig Jahre später auch die Schlosskirche in Versailles weihen ließ, in seiner neuen Festung als einen seiner Fürbitter verehrt wissen.

Im rechten Mauerwerk des gotischen Turmes der Ludwigskirche befindet sich im Innern dieser gut sichtbare Grundstein mit dem Text:

CESTE ESCLISEA ESTE FONDEE
DV RE GNE DE LOVIS 14 DV NOM ROY DE FRANCE
ET DE NAVAR RE LE 2 MAY 1685

Dieser Stein kann nicht Grundstein gewesen sein, denn die offizielle Grundsteinlegung hatte genau vier Wochen vorher stattgefunden. Wohin wurde dieser Stein am 2. Mai gelegt, wozu und von wem? Der Stein gibt viele Fragen auf. Er wurde nach dem Brand des Turmes 1880 gefunden – wo lag er vorher? Der Stein ist offensichtlich nicht das Werk eines professionellen Steinmetzes. Das zeigt der unzulängliche Text, das zeigt die unfachmännische Schriftaufteilung der Worte, die um das Lilienkreuz eingemeißelt wurden. – Wer schrieb damals *Ludwig 14.* mit arabischen Zahlen?

Im Pfarrarchiv ist vermerkt, dass es sich bei dieser Inschrift »lediglich um einen Hinweis auf die Erbauung der Pfarrkirche« handelt.(29/169)

Die Weihe der Kirche am 6. April 1687 vollzog nicht der Erzbischof von Trier, *Johann Hugo von Orsbeck*, Kurfürst des Kurfürstentums Trier (1576–1711), zu dessen Erzbistum Saarlouis und die umliegenden Dörfer gehörten. Er war nicht zur Weihe eingeladen. Die Beziehungen der Krone zum Kurfürsten von Trier waren gespannt. Schon 1680 waren dem Kurfürstentum von der Metzer Kammer im Auftrag des Königs außer vielen erzstiftischen Lehen Stadt und Land St. Wendel, Merzig und der Saargau abgesprochen worden.

Die geplante Einverleibung des Saarlouiser Rayons in das Bistum Metz war jedoch am Widerstand der Kirche in Rom gescheitert. Die

4 Vermeintlicher Grundstein im Mauerwerk des Kirchturms. Er wurde 1880 nach dem Brand der barocken Fassade gefunden. Die Inschrift lautet auf Deutsch: »Diese Kirche ist gegründet unter der Regierung von Ludwig dem 14. mit Namen, König von Frankreich und Navarra am 2. Mai 1685«.

5 *Entwurf und Ausführung – Bilder von der Kirchenfassade, links die Barocke Ludwigskirche nach den Vorstellungen Vaubans, rechts ein Foto aus der Zeit vor 1880. Die Zeichnung zeigt abweichend vom Foto einen gegliederten Turmaufbau, aufgesetzt auf einer breiten Blende hinter dem Dreiecksgiebel des vorgesetzten schmäleren Portikus. Zwei Säulenpaare stützen ihn ab.*

anstehende Weihe der Kirche in Saarlouis hatte zuvor in Paris und Trier wegen der Gewaltpolitik des Königs zu schwierigen und vergeblichen Verhandlungen geführt. Ein Ausweg aus diesem politisch-kirchlichen Interessenkonflikt bot sich durch die Berufung des Weihbischofs *Philipp Burckhardt*, Titularbischof von Tripolis, an, der aus Speyer kam. Vorzugsweise nach Speyer reichte damals der mächtige französische Einfluss. Den Bau und die Weihe der Kirche in Saarlouis sah der König einzig als seine Angelegenheit an, was auf dem Grundstein festgehalten ist: Au nom de Louis le Grand/im Namen Ludwigs des Großen.

SAARLOUIS – DAS KÖNIGLICHE SECHSECK   345

XVII. LUDWIGSKIRCHE UND ZWEI KLÖSTER

Alle Macht ging in Frankreich vom König aus, auch die Macht über kirchliche Einrichtungen. »In Frankreich ist der König mehr das Oberhaupt der Kirche als der Papst«, stellte *Fénélon*, Erzbischof von Cambrai, fest. Wenn die Instrumente, mit denen *Ludwig XIV.* seine allgegenwärtige Herrschaft ausübte und befestigte, nach herrschender Meinung Bürokratie, Polizei und stehendes Heer waren[30/504], so darf nicht übersehen werden, dass auch die katholische Kirche, die in Frankreich eine gallikanische Kirche war, mit ihrer Hierarchie und ihren straff geführten Organisationen die Macht des Königs materiell und ideell stützte.

Aus der Kirchenchronik erfahren wir noch, dass sich seit 1704 im gemauerten Teil des Turms die Kirchturmuhr befand. Sie war vom Uhrmacher *Weber* aus Trier eingebaut worden. Die erste Orgel musste ihr Erbauer *Joh. Bramer* aus Cornelimünster bei Aachen bereits 1706 wegen einiger Fehler an der Mechanik ausbessern.[29/16]

Die Kirche stand an einem bevorzugten Platz in der Stadtmitte, sie war als Garnisons- und Pfarrkirche auch ideeller Mittelpunkt der Festungsstadt, sie schuf eine Verbundenheit zwischen den Bürgern, Beamten, Offizieren und Soldaten Ihrer Allerchristlichsten Majestät, die »zur Teilnahme am Gottesdienst verpflichtet waren«.[2/29] Verglichen mit den anderen öffentlichen Bauten zeigte die Fassade einen architektonisch anspruchsvoll gegliederten Aufbau.

Wer die beiden Abbildungen 5 miteinander vergleicht, den Entwurf aus dem Baubüro *Vaubans* und die Fassade, die bis 1880 das Bild am Paradeplatz bestimmte, wird subtile Unterschiede in der Gestaltung feststellen. Der Dreiecksgiebel auf dem Foto, also an der gebauten Kirche, ist ausladender. Er wird von vier Pilastern getragen. Der sich darüber erhebende geschwungene Turmsockel aus Sandstein trägt zwei barocke Vasen und die Uhr. Der Turmsockel wird von einer Balustrade abgeschlossen. Auf der Zeichnung ist diesem Sockel eine rechteckige Wandblende mit zwei Vasen vorgesetzt, die ihn zur Hälfte verdeckt. Über der Balustrade der Kirche erheben sich drei schieferverkleidete hölzerne Turmaufbauten, abgeschlossen mit einer Haube und einem Gitterkreuz. Die Turmaufbauten wirken augenfällig schlanker und höher als in der Zeichnung.

»Die Grundform der Fassade in ihrer überlieferten Dreiheit finden wir schon beim frühen italienischen Barock, zum Beispiel bei der Kirche ›Il Gesu‹ in Rom als eine Porta – von Säulen flankiert und von einem Tympanon überspannt – von zwei Heiligen rechts und links bewacht oder zum Eintritt einladend.«[59/7] In Saarlouis waren

6   In der Stadt St. Johann wurde von 1754 bis 1758 die Barockkirche St. Johann von dem Saarbrücker Baumeister Friedrich Joachim Stengel gebaut. 1975 wurde sie zur Basilika erhoben. Die Fassade zeigt große Ähnlichkeit mit der Ludwigskirche in Saarlouis. »Bei Stengel jedoch ist die ganze Fassade einschließlich Turmaufbau proportionierter und bewegter.«(59/7)

7   Die Fassade der Kirche St. Dagobert von Longwy zeigt ebenfalls einen dreigliedrigen Aufbau mit einer Brüstung zwischen zwei Türmchen als Abschluss. Ähnlichkeiten zu Saarlouis zeigt auch der Portikus mit dem Hauptportal und Wandnischen.

es Petrus und Paulus, die das Eingangsportal zur Kirche bewachten und zum Kirchgang einluden.

Diese beiden prachtvollen Skulpturen (Bilder 8, 9) aus Sandstein, 1,86 m groß, stehen in der Vorhalle der Ludwigskirche zu Saarlouis. Die Wallerfanger Kirche war dem heiligen Petrus geweiht. Petrus- und Paulusfiguren füllten ab 1687 die beiden halbrunden Nischen rechts und links des Portals der neuen Ludwigskirche. Diese ausdrucksstarken Figuren stammen aus einer Bildhauerschule, die ab 1680 in Trier entstand und von einem Mainzer Meister geleitet wurde. Er arbeitete in seiner Werkstatt für die Kirche St. Maximin in Trier.[29/III, 24]

Die beiden Plastiken von Petrus und Paulus zählen ohne Zweifel zu den bemerkenswerten Kunstwerken in Saarlouis. An ihnen ist abzulesen, was Barockplastiken dem Betrachter bis heute vermitteln können: starker Ausdruck durch kraftvolle Bewegung. Bei beiden Figuren scheint der ganze Körper davon erfasst. In Bewegung ist der Faltenwurf der Gewänder, in Bewegung sind Haupt- und Backenhaare an den prächtig gemeißelten Köpfen. Petrus packt mit

8   Die beiden barocken Plastiken Peter und Paul zählen zu den wertvollsten Kunstwerken in der Stadt. Foto Dieter Zell.

9   Innenraum der barocken Pfarrkirche St. Ludwig – Zeichnung von 1834. Zu erkennen sind zwei Seitenkapellen, links der Altar des hl. Antonius, der Schutzheilige der Pferde und verlorener Sachen, rechts der Marienaltar.

kräftiger Faust den Schlüssel zum Himmel, das Zeichen seiner Macht. Das Wort Gottes, die Bibel, stößt er in seine rechte Hüfte. Paulus, gelassen und vornehm in Kopf- und Körperhaltung, stemmt mit ausgestreckten Armen selbstgewiss das scharfe Schwert auf den Boden und hält das Wort Gottes dem Betrachter auffordernd entgegen.

Nach dem Brand des Turmes am 7. August 1880 hatte man die beiden wertvollen Statuen in den Pfarrgarten gestellt. Später wurden für sie an der Außenwand des Chores überdachte Plätze geschaffen. Vor dem Abriss der Kirche 1965 wurden sie wieder in den Pfarrgarten gestellt. Im denkmalgeschützten Pfarrhaus mit Pfarrarchiv wurden Baubüro, Übernachtungsstätten und Tagesräume für die Bauarbeiter eingerichtet. Die wertvollen Skulpturen standen ungeschützt, konnten aber zur rechten Zeit durch das beherzte Eingreifen des Schülers *Peter Kiefer* vor der Zerstörung durch rabiate, steinschleudernde Jugendliche bewahrt werden.

Das Innere der barocken Kirche zeigte eine lichtdurchflutete Saalkirche mit zwei gewölbten Zugängen zum Querschiff mit Seitenkapellen. In der linken Kapelle stand der Antoniusaltar, in der rechten der Marienaltar. Diese rechte Kapelle wurde 1710 mit dem Aufstellen des Epitaphs zu Ehren von *Thomas de Choisy* ausgezeichnet.

»Wie eine große Bühne baut sich der Chor auf, zu dem man durch einen breiten Mittelgang [...] und Treppenanlagen in feierlichem Geleit in brokatgoldenen Gewändern hinschreitet, damit das große

10 Skulptur des hl. Paulus in der Pfarrkirche St. Ludwig. Beide Statuen – Peter und Paul – wurden in Trier gefertigt und 1687 in die dafür vorgesehenen Nischen an der Fassade gestellt. Foto Dieter Zell.

11 Blick in das Mittelschiff der neugotischen Kirche St. Ludwig, die 1866 an der Stelle der barocken Kirche erbaut wurde. 1965 wurde das Mittelschiff wegen Baufälligkeit wieder abgerissen.

Mysterium gefeiert werde.«[59/9] Die Kirche war 33,50 m lang und 13,60 m breit.

Die Barockkirche musste 1864 wegen Einsturzgefahr abgerissen werden. An ihre Stelle wurde eine neugotische Kirche von dem bekannten Saarlouiser Architekten *K. Müller* gebaut. Nach dem Turmbrand von 1880 wurde anstelle des barocken Turms ein neugotischer

12 Apotheose des heiligen Ludwig; großes Wandbild in der katholischen Kirche, auf dem der König dem Dreifaltigen Gott huldigt. Ludwig IX. (1226–1270) starb im Zweiten Kreuzzug vor Tunis.

fertig gestellt, im selben Jahr, in dem in Köln der gotische Dom als nationales Wahrzeichen vollendet und geweiht wurde. Dieses Ereignis war der eigentliche Anlass für die Pfarrei, die neugotische Turmfassade dem Wiederaufbau einer barocken Fassade vorzuziehen. Bewusstsein und Verständnis für die barocke Gestaltung des ehemaligen Paradeplatzes sind darin nicht zu erkennen.

Schon in den Jahren 1864 bis 1866 war die Diskussion um die Turmfassade entbrannt. Sie sollte auf jeden Fall der neugotischen Architektur angepasst werden, »die Pietät, an die man für ihn [den barocken Turm] als Andenken an den Gründer der Stadt appelliert habe, könne sich ein zweckwidrigeres Objekt nicht wählen. Der zur neuen Kirche nicht passende Turm werde von Fremden nicht anders denn als trauriges Wahrzeichen der Geschmacklosigkeit betrachtet werden«, urteilte der damalige Dechant *Hecking*.[29/95]

1965 wurde diese Kirche abermals wegen Baufälligkeit abgerissen. An ihrer Stelle steht seit 1970 eine in Beton ausgeführte Hallenkirche, deren Decke ein Faltwerk bildet, das im Gegensatz zu gewohnten symmetrischen Formen ein »Spiel der freien Kräfte« zeigt und anstelle der ablesbaren Statik eine überzeugende Dynamik aufweist, hoch aufstrebend, vergleichbar mit einer gotischen Kathedrale. Der gotische Turm blieb erhalten.

Für den Hochaltar hatte der französische König der Kirche ein großes Bild geschenkt, gemalt und signiert von dem Hofmaler des Herzogs von Lothringen, *Nicolas Dupuy* aus Pont-à-Mousson: »Dupuy fecit metis 1694«. Es stellt die Huldigung, die Apotheose des heiligen Ludwig gegenüber dem Auferstandenen dar und hing seinerzeit über dem Hochaltar (220 x 350 cm).

Der kniende Heilige hat Krone und Zepter mit ausgestreckter Hand, eine Geste der Demut, zu Füßen des auferstandenen Christus gelegt. Gottvater in der Mittelachse des Bildes und Engel, die um den Heiligen schweben, beleben den Raum in barocker Manier.

Ein zweites Ölbild in gleicher Größe zeigt die »Heilige Familie« Josef, Maria und Jesus zusammen mit der verwandten Familie Joachim, Elisabeth und Johannes, gezeichnet: »Dupuy fecit 1687«.[59/13] Beide Bilder konnten trotz kriegerischer und revolutionärer Zeiten gerettet werden und befinden sich heute wenig beachtet in dunkler Höhe an den Wänden der Vorkapelle in der Ludwigskirche.

Wie schon im vorausgegangenen Kapitel erwähnt, waren die beiden Rekollektenpatres *Vincent Gargan* und *Symphorien Gaillon* die ersten Pfarrherren. Nach ihrem Eintreffen am 13. November 1683 wohnten sie im Hause von Gouverneur *Choisy* in Wallerfangen. Sie lösten die

Feldgeistlichen der Regimenter, Aumoniers genannt, sowie den Prior der Augustinerpatres in Wallerfangen ab, ebenso den Pfarrer von Wallerfangen, *Jean Manderfeld*, die vordem die Gläubigen der wachsenden Pfarrei St. Ludwig betreut hatten. Auf einem losen Zettel, angeheftet im Standesamtsregister von Saarlouis, heißt die Überschrift über den Eintragungen:(6/15) In Sacello Sito in Fortalio Sarrelouis sub districtu parochiae meae/In der Kapelle, gelegen in der Festung Saarlouis, in den Grenzen meiner Pfarrei.

Louis hieß das erste Kind, das am 27. Januar 1681 in einem Lager vor Saarlouis getauft und daher zunächst noch ins Zivilstandesregister Wallerfangen eingetragen worden war(6/15). *Louis* war der Sohn des Kaufmanns *Jean Dumas* und der *Gabrielle Henry*. Taufpaten waren *Jean Anton Yon* und *Margaretha Gibot*.(10/112) *Klauck* vermerkt im Namensverzeichnis zu den Einwohnern der Stadt von 1680–1715: Der Taufeintrag ist sowohl im Kirchenbuch Wallerfangen-Kirchhofen wie auch im Taufbuch von Saarlouis getätigt und lautet:* »Baptizavi infantem primum in fortalitio Sarrelouis Joem Ludovicum natum honestis coniugibus Joanne Dumas et Gabriela Henry uxore eius, patrini fuerunt D. Robertus Joes Antonius Yon et Margaretha Gibot.«(38/359)

Der König ließ in Saarlouis nicht nur das Pfarrhaus bauen, er unterstützte auch die Patres, die hier als Pfarrherren wirkten, mit einem jährlichen Gehaltszuschuss von 800 Franken. Aus Geldmangel musste die Kirchenverwaltung den Bauplatz links vom Kirchenportal dem Schneidermeister *Henry Fremersdorf* verkaufen. Da der aber das Geld zum Bauen nicht besorgen konnte, erhielt der Perückenmacher *Anton Vincent* den Bauplatz. Er war erst Wundarzt, ab 1708 Bürgermeister und Kirchenschöffe. Am 13. Juni 1725 wurde er in seinem Haus tot aufgefunden.(38/1011)

Den rechten Bauplatz neben der Kirche kaufte 1689 *Valentin Heil*, Bruder des Bürgermeisters *Ferdinand Heil*. Er war wie sein Bruder gelernter Schlosser, später Bäcker, ab 1705 Händler und ein Jahr später Schreiber in der Prévôté de Bouzonville und wohnhaft in Berus, wo er 1707 Kirchenschöffe war. Er zog nach Saarlouis um, wo er mit 63 Jahren am 8. Oktober 1734 starb.(38/513) Seitdem gehören die beiden kleinen Häuser zum Gesamtbild der Ludwigskirche.

»Letztes Abendmahl« heißt das barocke Relief aus der Frühzeit der Kirche, das einmal den Altartisch zierte. 1934 wurde es in einem Versteck im Pfarrhaus entdeckt. Das Bild ist aus Holz geschnitzt und vergoldet. Die »Tischrunde der Abendmahlszene im Saal zu Jerusalem« ist symmetrisch angeordnet und dennoch nicht starr auf Christus in

* Ich habe das erste Kind in der Festung Saarlouis getauft, *Johannes Ludwig*, geboren von den ehrenhaften Eheleuten *Johann Dumas* und *Gabriele Henry*, seiner Frau, Paten waren *D. Robertus Joes Antonius Yon* und *Margaretha Gibot*.(38/359)

der Mitte ausgerichtet.⁽⁵⁹/¹¹⁾ An den Seiten der Predella sind Darstellungen aus dem Alten Testament zu sehen: eine Frau, die in ausgesprochen barocker Anmut und Bewegtheit den Wein eingießt, ihr gegenüber zwei Tafeln mit den Zehn Geboten auf einer Kommode an die Wand gelehnt.

Am 17. Juli 1685 weihte Superior *Gargan* den neuen Friedhof, »welcher links vor dem Deutschen Tor in den Außenwerken des Hornwerks lag«.⁽¹⁰/¹¹³⁾ Genauer gesagt lag er außerhalb der Festung, etwa 250 m weit von den Werken entfernt, wie auf dem *Festungsplan 1777* eingezeichnet. Sechs Jahre später wurde er nur noch als Militärfriedhof genutzt. Für die Bürger wurde ein neuer Friedhof hinter der Kaserne 2/54 angelegt. Der Platz lag an der linken Seite der heutigen Zeughausstraße und reichte bis zur Zufahrt zum unterirdischen Pulvermagazin und zur Wagenhalle. Der Eingang befand sich gegenüber dem Arsenal, aus heutiger Sicht in Richtung Oberverwaltungsgericht. Dort baute man 1725 auch ein Totenhäuschen und eine Kapelle. Schon 1773 wurde der Friedhof vor das Französische Tor gelegt – es ist der heutige »Alte Friedhof«, der sich mit seiner östlichen Seite entlang des ehemaligen Lisdorfer Kanals erstreckt.*

Das Kapuzinerkloster im Außenwerk

Seit 1574 durfte der Kapuzinerorden außerhalb Italiens Klöster errichten.⁽⁶⁷/¹²⁹⁾ Es war *Karl IV.* von Lothringen, der 1631 den Kapuzinern vor Wallerfangen Grund und Boden für die Errichtung eines Klosters schenkte. Vier Jahre später – wir sind in der Zeit des Dreißigjährigen Krieges – zerstörten die Kroaten unter General *Gallas* die bereits errichteten Bauten.

Im Jahre 1692 konnten die Kapuziner, die aus der Champagne stammten, nach Saarlouis umziehen. In Wallerfangen hatten sie sich in der Hauptsache der Krankenpflege gewidmet.⁽¹¹/²⁸²⁾ *Baltzer* stellt lapidar fest: »Ludwig XIV. ließ diesen Kapuzinern ein neues Kloster vor der neuerbauten Festung in der Nähe von Lisdorf und der Saar bauen.«⁽¹⁰/¹²⁸⁾

Wenn wir die Umstände näher betrachten, kam den Ordensleuten die Aufforderung zum Auszug aus Wallerfangen sehr entgegen, denn sie hatten noch Jahre nach dem Ende des Dreißigjährigen Krieges, im Jahre 1666, nur einen Teil ihres Klosters vor der Stadt wieder aufbauen können, den anderen Teil mussten sie in Trümmern liegen

---

* Dieser Friedhof ist heute »Zeugnis lebendiger französischer und deutscher Geschichte«, urteilt *Gernot Karge* in einer Abhandlung in der Zeitschrift »Unsere Heimat«, Heft 2, 1999. Erste Restaurierungsarbeiten wurden dank des Fördervereins unter Vorsitz von Frau *Ziegert* ausgeführt.

lassen, weil es ihnen nicht nur an Einkommen fehlte, sie mussten sogar, um zu überleben, wertvolle Wiesen verkaufen.(11/281)

Dazu muss man wissen, dass dieser Orden aufgrund noch strengerer Reformbestrebungen eifriger Mönche aus dem bereits in apostolischer Armut lebenden Franziskanerorden hervorgegangen ist und dementsprechend die »äußerste Armut das charakteristische Merkmal des [Kapuziner-]Ordens [war]. Sie dürfen keine Vorräte irgendwelcher Art ansammeln, nur ärmliche Kirchen und Klöster bauen und sind so die Ärmsten aller Ordensleute.«(67/126)

In Wallerfangen stand das Kapuzinerkloster außerhalb der Festung am Fuße des Limbergs an der Chaussée, die zwischen Engt und Saar Richtung Merzig nach Trier führte. Nun wurde 1687 den mittellosen Mönchen von Gouverneur *Choisy* in Saarlouis unmittelbar zwischen dem Saarufer und dem Lisdorfer Kanal auf dem Festungsgelände ein abgelegener Bauplatz angeboten. Die Kapuziner griffen die Offerte, die für sie gute Aussichten zum Fortbestehen bot, gerne auf, und sie konnten ihren Wallerfanger Besitz dem Unternehmer *Stephan Callier* aus Wallerfangen verkaufen, von wo er dann in weitere Hände wechselte.

In Saarlouis hatte *Choisy* 1687 auf dem eben beschriebenen Festungsgelände mit dem Ausbau der Retranchements am Lisdorfer Kanal begonnen. Erst fünf Jahre später konnte er die dort hineingebauten Klosteranlagen vollenden.* Der große Wiesenplan im Saarbogen, in

13 »Haus Lasalle« oder »Haus Koch« in der Grünebaumstraße. 1737 von Georg Theodor Lasalle erbaut, vor dem Ersten Weltkrieg Möbelhaus Koch, heute restauriert und im Dienste der Stadtverwaltung. Zeichnung Hans Porn, Architekt.

* Retranchements werden Verschanzungen genannt, die mit Wall, Graben und Brustwehr zur Verteidigung eines Geländeabschnitts dienen. (19/33) *Ritter* nennt das Kapuziner-Retranchement »Lünette«, ein Außenwerk am Fuße des Glacis – in diesem Fall begrenzt durch das Saarufer und den Kanal.

* *Albert de Lasalle* studierte Jura, wurde Lebensmittelhändler und Armeelieferant und war Rat und Stadtschöffe in Saarlouis. 1737 baute er das Haus in der Rue à l'arbre verte/ in der »Straße Zum grünen Baum«. Als Anwalt im Parlament wurde er 1757 Generalinspektor Lothringens und der Provinz der drei Bistümer. 1762 erwarb er bei einer Versteigerung in Metz die Herrschaft Dillingen für 147.710 Livres und wurde dank seiner guten Beziehungen zum Kurfürsten von Trier im darauffolgenden Jahr vom Kaiser in den Rang eines Reichsfreiherren erhoben (1763). Sechs Jahre später starb er auf seinem Schloss in Niederlimberg. Sein sieben Jahre alter Sohn *Nikolaus Theodor Anton Adolf de Lasalle*, in Saarlouis am 12. November 1762 geboren, erbte das Schloss und kaufte 1784 das Amt des Président lieutenant géneral civil et criminel et de la police au village et siège présidial de Sarrelouis/des Präsidenten des Gerichtsbezirks und des Hochgerichts von Saarlouis. Er wurde Polizeidirektor der Stadt und Subdeligierter des Regierungsbezirkes Metz für den Amtsbereich Saarlouis. Seine Mitbürger stellten ihn als Kandidaten des Dritten Standes zur Abgeordnetenwahl in Metz auf. Er gewann das Mandat. 1789 wurde er Abgeordneter (92/35). In 104 Briefen berichtete er sehr ausführlich dem Saarlouiser Munizipalrat über die revolutionären Ereignisse in Paris. (53) Lasalles Frau starb in einem Metzer Gefängnis kurz vor der festgesetzten Hinrichtung. Er selbst floh nach Köln und starb 1803 in Paris.(85/122)

den Plänen bisher »prairie« genannt, führte jetzt den Namen »prairie des Capucines«, heute Kapuzinerau oder Lisdorfer Au.

Im Jahre 1741 kaufte der damals 52-jährige Saarlouiser Magazinverwalter *Georg Theodor Lasalle*, 10 Jahre Pächter der Dillinger Hütte, das gesamte Gelände bei Wallerfangen auf und baute dort um das Jahr 1753 ein Barockschloss, das später sein Sohn *Albert*, geboren 1722 in Saarlouis, bewohnte.$^{(85/121)}$* Es ist das heutige Schloss Villeroy.

1687 erteilte ein Titularbischof des Trierer Erzbistums den Kapuzinern die Genehmigung zur Umsiedlung nach Saarlouis. Einen Teil der Kosten für den Klosterbau konnten sie selbst in den nächsten vier Jahren aufbringen. Die Entschädigung für die Wallerfanger Niederlassung betrug »laut Protokoll vom 22., 24. und 25. November 1691« die Summe von 14.592 Livres und »nach Abzug für die Molkerei noch rund 8.000 Livres für den Neubau in Lisdorf«.$^{(11/281)}$

Der Guardian/Oberer kam mit zehn Geistlichen und drei Brüdern$^{(10/128)}$ zum rechten Zeitpunkt nach Saarlouis. *Choisy* hatte zuvor mit der personellen und finanziellen Hilfe der Kapuziner seine Pläne zum Ausbau der Retranchements über die Planung *Vaubans* hinaus am Anfang des Lisdorfer Kanals verwirklicht und für das 33 Tagewerk große Gebäude (3,3 ha), von denen 13 der Abtei und 20 den Lisdorfer Bauern gehörten, die Hälfte des geschätzten Wertes gezahlt.$^{(45/112)}$ Die Kapuziner ihrerseits bezogen entsprechend ihrer asketischen Grundeinstellung einen abgelegenen Klosterbau an der Straße Wadgassen–Merzig und das Außenfort der Festung erhielt mit ihnen eine zuverlässige »Besatzung.« *Baltzer* weiß zu berichten, dass »die Absichten des Königs dahin zielten, aus diesem Kloster und dem Garten eine Zitadelle zu bilden, welche im erforderlichen Falle den Feind an dem Übergang des Flusses hindern sollte.« Mit weiteren gewagten Behauptungen fährt er fort: »Darum umgab er [Choisy] den sehr großen Garten mit Bastionen [??] und Mauern. Die Keller des Klosters wurden fest gewölbt und bildeten Kasematten, in denen mehrere hundert Mann [??] im Falle einer Belagerung aufgenommen werden konnten.«$^{(10/128)}$

Ritter berichtet unter der Jahreszahl 1685 von der »Erbauung einer Brücke über den Graben bei dem Kapuzinerretranchement« und nimmt damit die spätere Bezeichnung schon vorweg.$^{(9/119)}$ Mit Retranchement war der nördlich des Lisdorfer Kanals aufgeworfene Wall gemeint, gedeckt durch die beiden Corps-du-Garde-Wachttürme, eine *Vauban*-Anlage, die auf den Kupferstichen von Festungsplänen$^{(5/13,69,79)}$ einmal sehr nebensächlich, ein andermal sehr genau und ausführlich$^{(5/81, 53, 91)}$ dargestellt wird.

Unter der Jahreszahl 1689 notiert *Ritter* den Ausbau wie folgt:

»*Zwischen dem Lisdorfer Kanal und der Saar wurde unterhalb Lisdorf [gemeint ist nördlich von Lisdorf] bei dem Kapuzinerkloster eine Lünette [ein pfeilförmiges Werk mit seitlichen Anschlusswällen] erbaut, deren rechte Flanke späterhin durch die aus dem Graben gehobene Erde bis an das äußerste Glacis verlängert, dieser Kanal mit dem Vorgraben [vor der Lünette Nr.35] durch einen unterirdischen Kanal verbunden und dieses Werk mit dem Namen Kapuzinerretranchement belegt.*«$^{(9/121)}$

»*Das Kloster war schön gebaut und seine Lage reizend. Haus, Kirche und Garten waren aufs schönste eingerichtet.*«$^{(10/128)}$

»*Das ganze umfasst zunächst das Kloster selbst mit drei Fronten, es bestand aus einem Erdgeschoss und einer Etage nebst Keller und Speicher. Die Kirche nahm die vierte Seite ein. Ein kleiner Blumengarten im Inneren des Klosters, ein Stall, eine Metzgerei bedeckten eine Fläche von 905 Quadrattoisen, sodann die Ökonomiegebäude mit Mönchswohnungen und den Garten, teils Gemüse-, teils Obstgarten, in Größe von 9601 Quadrattoisen.*«$^{(69/33)}$

Aufgrund des Dekrets vom 2. Dezember 1789 wurden die Klöster aufgehoben. Zu Beginn der Revolutionskriege 1792 mussten die Mönche ihr Kloster verlassen, nachdem sie fast hundert Jahre lang weit weg vom Stadtgeschehen und außerhalb der Mauern »im Kloster Lisdorf« gewohnt und gewirkt hatten. Diese exponierte Lage erklärt, warum die Saarlouiser Chronisten von den Patres keine Notiz genommen haben. Aus einem Mahnbrief der jakobinischen Distriktverwaltung Saarlouis an das Direktorium des Départements in Thionville aus dem Jahre 1791 erfahren wir, dass die Ordensleute der Landbevölkerung Dienste erwiesen haben durch Messfeiern und Beichthören, durch Feiern kirchlicher Feste, zum Beispiel des Portiunkulafestes am 2. August – dem Ablassfest der Franziskaner, »wobei eine große Menge von Personen aus der Stadt und dem Lande selbst von weither zusammengeströmt« sei. »Die Erhaltung dieses Hauses ist sehr gefährlich«, fährt der Briefschreiber fort, und zwar »wegen seiner Lage an der äußeren Grenze, wo das Staatsbewusstsein [das Republikbewusstsein] unglücklicherweise noch keine Wurzeln geschlagen hat.«$^{(69/25f)}$ Lisdorf, ab 1697 zur Bannmeile

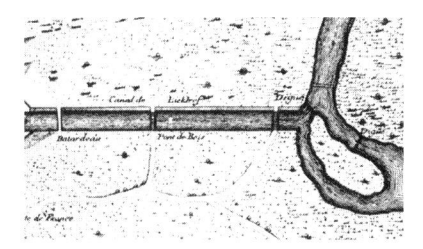

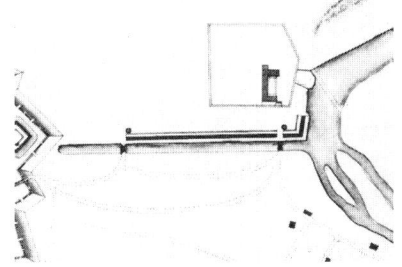

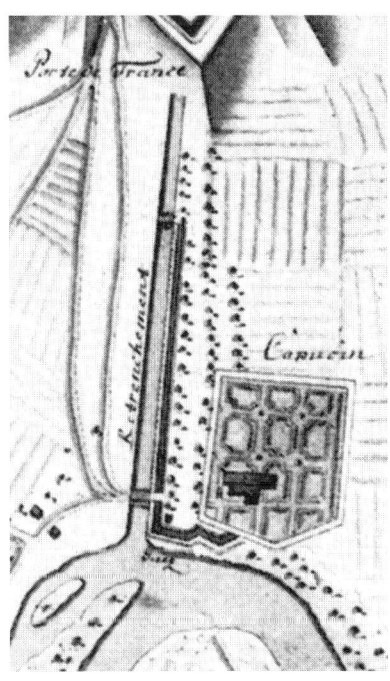

14 *Über den Kanal von Lisdorf wurden zunächst zwei Brücken gebaut, von zwei Redouten/Wachhäusern geschützt.*

15 *Das später gebaute Retranchement/ Einschließungsschanze sollte den Übergang des Feindes über den Kanal verhindern.*

16 *Choisy verband die Errichtung des Kapuzinerklosters mit den Aufgaben des Retranchements.*
(5/79), (5/53), (5/91)

17 Maske Städtisches Museum Saarlouis. Gannal lebte 1705 bis 1793 in Saarlouis und war besonders als Bildhauer und Steinmetz bekannt. Er schuf die Masken an den Saarlouiser Bürgerhäusern und am Abteigebäude in Mettlach. (47/26)

der Festung gehörend, grenzte an das Territorium der Grafschaft Nassau-Saarbrücken. [71/363]

Am 29. September 1791 schritt im Auftrag der Bezirksverwaltung *Johann Nimsgern* mit einem bestellten Anwalt im Kloster gegen die »Missbräuche« ein. »Die Kommissare stellten fest, dass nur zehn von denen sich dort befanden, für die das Haus bestimmt war, und dass elf Fremde ohne Genehmigung der Verwaltung hineingekommen waren.«[69/30] Das Département erklärte am 3. Februar 1792, »dass das Kloster Lisdorf als Fluchtort bestimmt bleibe für zehn Unterzeichner der Bittschrift, da sie bei Aufhebung der Gelübde in den Ordenshäusern des Départements untergebracht worden seien und auf die Erklärung hin, das gemeinsame Leben beibehalten zu wollen, hätten sie das Recht, sich in die ihnen bestimmten Häuser zurückzuziehen«.[69/30]

Der weitere Briefwechsel zwischen dem Bezirk Saarlouis und dem Departement befasste sich mit vaterländischen Kontributionszahlungen – und da ging es kurioserweise u.a. auch um eine Glocke, die die Kapuziner behalten und lieber dafür Geld bezahlen wollten. Man neigte dazu, ihnen das Glöckchen, das den Augustinern ehemals dazu gedient hatte, ihre Schüler zusammenzurufen, zu überlassen. Der Berichterstatter schließt mit der Feststellung: »Wir wissen nicht, was daraus geworden ist.«[69/31] Am 20. April 1792 beginnt der Erste Koalitionskrieg, und in den ersten Septembertagen wird das Haus geräumt. Nach Abschätzung durch die Architekten *Canné* und *Gannal* aus Saarlouis will man es ebenso wie das Augustinerkloster im Prairial des Jahres I [im Wiesenmonat vom 20. März bis zum 18. Juni 1792] »auf dem Wege der Lotterie veräußern«. Im Frühjahr 1793 »wurden eine Ambulanz und ein Lazarett in den Gebäuden des vormaligen Kapuzinerklosters bei Lisdorf eingerichtet«.[10/49]

»Während der Revolution dienten die Räumlichkeiten zu einer Ambulante; später wurden sie verkauft.«[10/129] Das geschah am 8. Oktober 1792; die Abschätzung erledigten zuvor die beiden Saarlouiser Architekten *Canné* und *Ferdinand Gannal*. Die Abschätzung ergab anfangs einen Immobilienwert von 1.200 Livres. Die Summe stieg 1792 infolge der Inflation auf 66.000 Livres.

Nach *Napoleons* Sturz und dem Einzug der Preußen in Saarlouis begannen diese ab 1816 die Festungswerke wieder funktionsfähig zu machen. Oberst *Keibel* gab dazu die Direktiven.[9/141]

Auf dem Klostergelände errichteten die Preußen anstelle des »kaum mehr vorhandenen Kapuziner-Retranchements«[(9/139)] im Jahr 1820 das Fort Rauch, dessen Kontereskarpen/äußere Grabenwände fünf Jahre später gegen das Hochwasser erhöht werden mussten.[(9/144f)]

18 Augustinerkloster in Saarlouis, erbaut 1692 hinter der Kurtine nahe der Bastion 4. Das Portal der Klosterkirche lag an der Augustinerstraße, 225 m von der Ludwigskirche entfernt. Zeichnung 2001 von Kunstmaler Vinzenz Kneip.

Augustinerkloster – Lehranstalt und Begräbnisstätte

Umzug in die Festung Saarlouis:

»Die Augustiner von Wallerfangen richteten 1691 ihr Kloster in Saarlouis ein mit Erlaubnis des Königs.« [(6/25)] Während sie die Klosteranlagen bauten, fanden die Patres im Pavillon Nr. 41 am Französischen Tor Unterkunft, in dem auch die Feldgeistlichen wohnten. Das Kloster in Wallerfangen war wohlhabend und in der Gegend angesehen. Bei der Abtragung Wallerfangens im Jahre 1688 hatte es bei »Herrn de Choisy einen einflussreichen Gönner gefunden, der ihm seinen Weiterbestand mit allen Einkünften sicherte«.[(11/279)]

Choisy, der dem Orden 1692 den Bauplatz an der sogenannten Augustinerstraße zuwies, gestattete die Anlage ihrer Gärten bis an den Fuß der Kurtine zwischen Bastion 4 und 7. Er hatte die Zustimmung des Königs für die Ansiedlung in Saarlouis erhalten und eine Zuwendung von 600 Livres, wie aus der Urkunde vom Dezember 1705 hervorgeht. [(28/16)]*

»Das Kloster bestand aus der Hälfte der Ordensleute des ersten Hauses [im Jahre 1717 waren es 15].«[(6/25)]

Im Wallerfanger Augustinerkonvent hatte Ende Januar 1680 *Vauban* sein Quartier aufgeschlagen. Er befasste sich nicht mit der Übersiedlung der Augustiner in die Festung. Das geht aus dem *Vauban-Grundrissplan* (siehe Kapitel XV.) hervor, in dem dort, wo später das

* Die Urkunde bezieht sich auf die Tätigkeit der Augustiner in Wallerfangen, die beim König »höchste Anerkennung« fand. »Sie hätten die Jugend sowohl in den Geheimnissen der Religion wie auch in Latein zur allgemeinen Zufriedenheit der Bürger unterrichtet. Fromm und eifrig, wie sie seien, wolle er ihnen in Anerkennung ihres gemeinnützigen Wirkens die Bestätigung ihrer Besitzungen gerne gewähren.«(29/128)

Kloster gebaut wurde, ein Fourage-Magazin und getrennt davon die Wohnungen der Magazinverwalter eingezeichnet sind.

Die Klostergeschichte von *Severin Delges* macht deutlich, dass »der Hauptgrund für die Übersiedlung eines Teils der Wallerfanger Augustinermönche nach Saarlouis« nachweislich der war, »dass die Bevölkerung von Saarlouis allgemein eine Niederlassung der Augustinerpatres aus der Kölner Ordensprovinz wünschte«.[29/124] Die

19 An der Stelle des Augustinerklosters wurde 1840 das Städtische Hospiz gebaut, links im Foto hinter der Kurtine. Die neue Krankenhauskapelle, das heutige »Canisianum«, wurde 1901 erbaut. Vor der Kapelle neben der Kurtinenmauer erkennt man Möbelwagen der Firma Comtesse.

Gründe dafür sind verständlich: Die Patres hatten als Prediger und Lehrer, bisher verantwortlich für Erziehung und Bildung der Jugend in Wallerfangen, einen guten Ruf. Allein aus der Zeit von 1569 bis 1691 sind 16 Priore namentlich bekannt, von denen sechs zugleich Lehrer waren.[28/17]

Die Neu-Saarlouiser zweifelten nicht daran, dass Gouverneur *Choisy* ihre Erwartungen unterstützte, und sie wussten, dass sie in ihm »einen einflussreichen Gönner hatten«, der beides tat: dem Kloster Wallerfangen »seinen Weiterbestand sicherte« und in Saarlouis die Neugründung förderte.[11/278]

Bis zur Fertigstellung ihres Klosters gestattete *Choisy* den Mönchen den Aufenthalt im Pavillon Nr. 41 am Französischen Tor. Wenn wir erstaunt sind, dass die »Bevölkerung Wünsche äußerte«, so ist zu bedenken, dass viele der für den Umzug nach Saarlouis geworbenen Wallerfanger aus wohlhabenden Kreisen stammten und ehemalige Schüler der Augustiner waren, mittlerweile drei bis vier Jahre in der Festungsstadt wohnten und als Sprachrohr mit Zustimmung

Choisys sogar ihren eigenen Bürgermeister mitgebracht hatten, der alle zwei Jahre – bis zum Jahr 1691 – gewählt wurde.[18/35] Zu den Pionieren in der neuen Festung gehörten »die Männer der Robe«[19/119], die einflussreiche Oberschicht der Notabeln. Ihr gewählter Bürgermeister sah seine Hauptaufgabe darin, »den Besitz am Wallerfanger Bann festzuhalten und denselben getreu dem Herkommen weiter zu verwalten«.[18/35]

20 Eine ähnliche Ansicht, wie in Bild 19, um 1930 als der Bau des »Pfälzer Rings« fertig gestellt war. Heute heißt die Straße »Prälat-Subtil-Ring«. Die Kurtinenmauer zwischen den Bastionen 4 und 7 ist abgerissen. Rechts in den Bildern sind Teile des Zeughauses zu sehen.

Richter hat diese bemerkenswerte Verwaltungspraxis von zwei amtierenden Bürgermeistern konkretisiert. Der »Maire«, der den Haushaltsplan der Stadt vorzulegen und die darin aufgenommenen Vorhaben auszuführen hatte, sollte aufgrund des königlichen Edikts von 1683 von den Notabeln zusammen mit den Schöffen gewählt werden. Die Wahl erfolgte jedoch erst nach 1687/88 – »nach Abtragung, Niederlegung, Zerstörung [von Wallerfangen] oder wie man es auch immer nennen mag«. Der »Bürgermeister« hatte die Aufgabe, weiterhin die Liegenschaften des Wallerfanger Bannes zu verwalten. Der Syndikus *Marchand* kommentiert das ihm noch 1776 vorliegende Revenü-Buch (ein Verzeichnis der Ländereien auf ehemaligem Wallerfanger Bann): Es sei in bester Ordnung »abgesehen von der Verschiedenheit der Handschriften, dem schlechten Ausdruck, den nachträglichen Streichungen, aber alles noch sehr leserlich ...«. An anderer Stelle ist von der »geringen Vertrautheit der ersten städtischen Beamten mit der französischen Sprache« die Rede.«[18/36]

Lehranstalt der Augustiner

Die deutschsprachigen Ordenspriester aus der Augustinergasse waren also aus mehreren Gründen sehr willkommen, als sie mit wenig Geldmitteln begannen, ihr Kloster zu bauen, eine höhere Schule einzurichten und die Jungen aus der Stadt, zuerst in angemieteten Räumen, zu unterrichten und zu erziehen. Die Schule siedelte dann 1696 in die neuen Klosterräume über, wo die Anstalt sich ständig entwickelte. Im Jahre 1707 erhielten die Patres die Erlaubnis, die Humanitätsstudien zu betreiben, und im gleichen Jahr fügten sie den Unterricht in der Rhetorik hinzu, das heißt, es wurden die Fächer Latein, Religion, Griechisch, Geschichte, Arithmetik und Geographie gelehrt.[6/25] *

21 Nachfolger des Augustinerkollegs war das städtische Gymnasium, 1898 auf der Kontereskarpe gegenüber der Bastion 7 erbaut, heute Robert-Schuman-Gymnasium. Im Hof des Gymnasiums stand eine Turnhalle, die Aborte lagen in einem Bau daneben.

Bonnaire beschreibt ausführlich die weitere Entwicklung des Saarlouiser Collegs. Sie führte im Jahre 1898 zum Einzug in das neu errichtete dreiflügelige Schulgebäude, errichtet auf der Kontereskarpe gegenüber der Spitze der Bastion Nr. 7, heute Robert-Schuman-Gymnasium am Prälat-Subtil-Ring, was gleichzeitig mit der Genehmigung durch das Provinzial-Schulkollegium in Trier verbunden war, die Anstalt zum Vollgymnasium auszubauen.

Es muss an dieser Stelle noch von dem gewaltsamen Eingriff in den Augustinerkonvent im Jahre 1751 auf Befehl des französischen Königs berichtet werden – die Chronik der Augustiner spricht von »militärischer Gewalt«.[28/26] Alle deutschen Augustinereremiten der

* Anlässlich der 300-Jahr-Feier des Gymnasiums am Stadtgarten im Jahr 1991 veröffentlichte *Heiner Bonnaire* in der Festschrift eine Dokumentation »Zur Geschichte des Staatlichen Gymnasiums Saarlouis«, in der die Verdienste der Augustinermönche für die Stadt und die Region gewürdigt werden.(28/16ff)

Ordensprovinz Köln, die in Wallerfangen seit 1306 und in Saarlouis seit 1691 wirkten, wurden damals genötigt, »in zwei Monaten aus politischen Gründen wegzugehen«[29/125] und die Klöster an der Saar zu verlassen.[6/32] »Sie wurden durch französische Mönche des gleichen Ordens aus Paris ersetzt«, und die deutsche Sprache wurde aus dem amtlichen Gebrauch verdrängt.[28/26]

Kirche und Kloster

Die Klosterkirche in Saarlouis war ein einschiffiger Hallenbau, 61,42 m lang und 14,17 m breit. Das Portal der Klosterkirche lag nur 225 m vom Eingang zur Ludwigskirche entfernt.

Die Augustiner bemühten sich an allen Standorten um eine reglementierte Bauweise ihrer Häuser als Ausdruck ihrer Eigenart. Die zweistöckigen Klostergebäude ohne aufwendigen architektonischen Schmuck wurden rechtwinklig um einen Innenhof errichtet und auf ihrer Nordseite durch ein Langhaus mit einem Glockentürmchen auf dem Dach über dem Chorraum abgeschlossen. In Wallerfangen blickte das Kirchenportal im Nordosten auf die Saar. In Saarlouis erhob sich das barocke Portal an der Augustinerstraße, der Westseite. Nach Errichtung der Klosterkirche in Saarlouis im Jahre 1696 wurde diese dem heiligen *Nikolaus von Tolentino* (1246–1306) geweiht. Bereits am 1. August desselben Jahres konnte der fünfjährige *Cornelius Matthieu* in der Kirche begraben werden.[6/25] *Karge* hat aufgrund vieler Urkunden festgestellt, dass in dem Zeitraum von 1690 bis 1700 viele Saarlouiser in der Augustinerkirche bestattet wurden.

Die Zahl der Augustinermönche schwankte zwischen zwölf und fünfzehn. Sie waren in der Stadt bekannt und beliebt. Sie kamen mit einem langen, braunen und fest gewebten Gewand mit weiten Ärmeln daher, um die Lenden einen schwarzledernen Gürtel, darüber ein spitz zulaufendes Mäntelchen mit einer weiten, auf den Schultern liegenden Kapuze. Der Kopf war geschoren bis auf einen schmalen Haarkranz unter den Schläfen (Tonsur), als Kopfbedeckung dienten eine Kappe von glänzend schwarzem Stoff, Kalotte genannt, sowie ein gewöhnlicher dreieckiger Hut. An den Füßen trugen die Mönche schwarzwollene Strümpfe mit Schnallenschuhen. Tägliche Messfeiern, Beichthören und Predigen gehörten zu ihren Hauptaufgaben.[66/172]

22 *Augustinerpater in seinem braunen Gewand mit Kapuze, den Kopf geschoren. Zeichnung Vinzenz Kneip.*

Durch Dekret der Nationalversammlung vom 18. August 1792 durften »geistliche Kleider« nicht mehr getragen werden. Zwei Jahre zuvor – am 14. und 19. Februar 1790 – wurden durch Gesetz die Ordensgelübde verboten, alle Orden und Kongregationen aufgehoben.[29/129] Bereits am 2. November 1789 war der Kirchenbesitz in Frankreich zum Nationalgut erklärt worden. Das Kolleg schloss 1790, nachdem viele Bemühungen, wenigstens die Schul- und Bildungsanstalt für Saarlouis zu erhalten, fehlgeschlagen waren. Stattdessen wurde in St. Avold ein staatliches Kolleg errichtet. *Delges* hat die Zustände im Kloster und die Zwänge und Verhaltensweise der sechs noch im Kloster wohnenden Patres und Lehrer beschrieben.[29/130f] Sie mussten die häufigen Sitzungen des Jakobinerclubs dulden, der bereits am 20. November 1791 im Refektorium seine konstituierende Sitzung abhielt[28/28] und sich mit einer revolutionären Bekanntmachung an »den guten Patrioten« wandte.[29/61] Die Jakobiner wurden in Saarlouis »Horrasse« genannt. Die gemäßigte Partei und ihre Mitglieder hießen »Schnabeliner«.

Es fand sich niemand, der die Gebäude vom Staat kaufen wollte. Sie wurden zunächst zu einem Gefängnis umgebaut, später aber doch verkauft. 1806 erwarb die Stadt die Gebäude zurück, nachdem dort drei Jahre zuvor eine städtische Sekundarschule eingerichtet worden war.[28/30] Im März 1806 wurde die Augustinerkirche abgerissen.

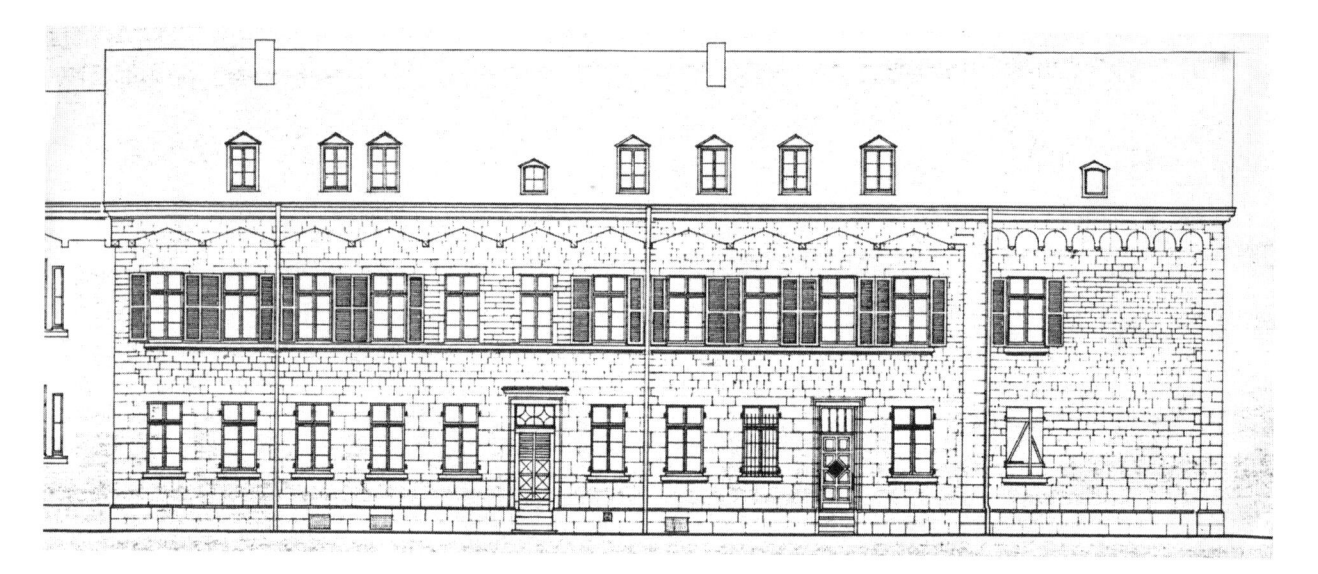

23 Foto des ehemaligen Hospizgebäudes in der Augustinerstraße mit der anschließenden Kapelle St. Canisius.

24 Gezeichnete Fassade des ehemaligen Hospizgebäudes, in neoromanischen Stil 1840 gebaut, ein Krankenhaus für alle Bürger, geleitet von Borromäerinnen aus Nancy. 1986–88 wurde das Gebäude restauriert und zur Aufnahme von Büroräumen und Wohnungen umgebaut. Zeichnung Friedel Ziegert.

XVIII. Vom Hauptort zur Exklave

Frankreich konnte 1697 Saarlouis behalten …

»Der damalige Intendant der Drei Bistümer Turgot hielt eine Zuweisung von 50 Dörfern für notwendig, um die Festung und ihre Wirtschaft zu sichern […] Der Gouverneur von Saarlouis hielt von vornherein die Einbeziehung der Dörfer Lisdorf, Ensdorf, Fraulautern und Roden für unerlässlich. Dazu gaben die wieder eingesetzten lothringischen Beamten ihre Einwilligung, sie versuchten aber durch Neugründungen in der Nähe von Saarlouis einer stillschweigenden Ausdehnung der Bannmeile vorzubeugen. Aus dieser Tendenz entstanden die Dörfer Niederlimberg, Oberlimberg, St. Barbara und Felsberg.«[(23/459)]

Hans-Walter Herrmann 1977

»Saarlouis ist eine befestigte Stadt, kürzlich durch den König erbaut, am Ufer der Saar gelegen, bei 49 Grad 25 Minuten geografischer Breite und 28 Grad 20 Minuten geografischer Länge. Sie ist der Hauptort der Saarprovinz, eine halbe Meile von Wallerfangen entfernt.« Nicolas de Fer 1693.

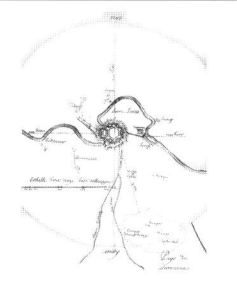

XVIII. Vom Hauptort zur Exklave

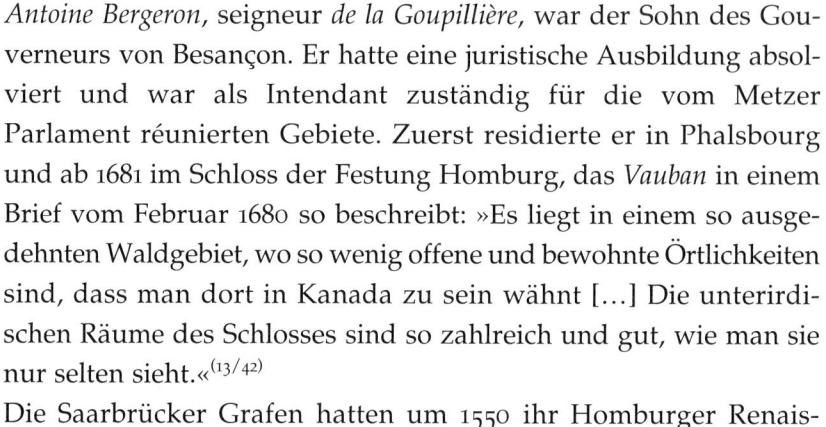

Antoine Bergeron, seigneur *de la Goupillière*, war der Sohn des Gouverneurs von Besançon. Er hatte eine juristische Ausbildung absolviert und war als Intendant zuständig für die vom Metzer Parlament réunierten Gebiete. Zuerst residierte er in Phalsbourg und ab 1681 im Schloss der Festung Homburg, das *Vauban* in einem Brief vom Februar 1680 so beschreibt: »Es liegt in einem so ausgedehnten Waldgebiet, wo so wenig offene und bewohnte Örtlichkeiten sind, dass man dort in Kanada zu sein wähnt [...] Die unterirdischen Räume des Schlosses sind so zahlreich und gut, wie man sie nur selten sieht.«[13/42]

Die Saarbrücker Grafen hatten um 1550 ihr Homburger Renaissance-Schloss mit Festungswerken umgeben – 1661, nach der Besetzung Lothringens durch die Franzosen, blieb Homburg noch zehn lange Jahre lothringische Festung, bis der Kurfürst von Trier sie treuhänderisch übernahm.[2/18] Die Trierer konnten jedoch 1679 nicht verhindern, dass die Festung Homburg, die in Paris als »Schlüssel zum Westrich« galt, von französischen Truppen besetzt wurde.[42] Der Westrich ist eine 380 bis 470 m hohe Kalksandstein-Hochfläche westlich des Pfälzer Berglandes.

De la Goupillière nannte sich ab 1685 »Intendant de la province de la Sarre et des Pays frontières«.[42/16] Seiner Verwaltung unterstanden alle Gebiete, die nach Réunionsurteilen des Metzer Parlaments ab 23. Oktober 1679 der Souveränität des französischen Königs unterstellt waren. Betroffen von den Urteilen waren zunächst alle registrierten Lehensleute der Bischöfe von Metz, Toul und Verdun. Nach genauer Prüfung in deren Lehensverzeichnissen wurden weitere Réunionen ausgesprochen, »die mit der Eidesleistung der Bevölkerung und mit der Anbringung des Lilienwappens an den öffentlichen Gebäuden ihren Ausdruck fanden. Eine militärische Besetzung war nicht überall damit verbunden [...] Allein in den Jahren 1680 und 1681 sprach die Kammer 45 Réunionen aus.«[23/447]

De la Goupillière gehörte zu den 31 Bezirks-Intendanten des Königreiches, die ein privilegiertes königliches Amt ausübten und zur Noblesse de la robe/Beamtenadel gerechnet wurden. Er erhielt als »Intendant im Grenzgebiet« jede Unterstützung durch den Kriegsminister *Louvois*. Sein Gehalt lag bei 15.000 Livres (etwa 25.000 DM) im Jahr. *Goupillière* unterstanden in den réunierten Gebieten alle Beamten der staatlichen Verwaltung. Er hatte die Befugnis, weitgehend in die Rechtsprechung einzugreifen, vor allem in die Verwaltungsgerichtsbarkeit. Zu seinen Aufgaben zählten nachrangig die Kontrolle der Nahrungsmittelversorgung*, die Besoldung der

---

3 De la Goupilliere wurde 1685 zum Intendanten der Saarprovinz und der angrenzenden Länder befohlen. Sein Amtssitz lag in der Festung Saarlouis, dem Hauptort der Saarprovinz. Zeichnung Maurer 1980.

* Von *de la Goupillière* wurde 1684 die Ordonnance concernante la culture des terrres et prairies/Anordnung die Felder und Wiesen betreffend erlassen. Darin wird befohlen, dass jeder Haushalt mit Pferd und auch ohne Pferd eine bestimmte Menge Getreide einzusäen hatte, usw.(18/39)

Truppen und zur Wahrung des Landfriedens die Bekämpfung der »pretendus réformés«/reformierten Religionsanhänger. Als »maître des requêtes«/Instanz für Bittsteller handelte *de la Goupillière* gleichsam als Sekretär des Königs und war für alle Bittschriften und Berufungen zuständig.

Die Saarprovinz mit dem Hauptort Saarlouis

Ab 1685 umfasste die Saarprovinz die unterschiedlichsten Herrschaften und Gebiete:

❖ einen Teil des Herzogtums Lothringen, und zwar das deutsche Bellistum/Ballei mit der Hauptstadt Wallerfangen und das Herzogtum Zweibrücken ohne das Oberamt Bergzabern, das dem Elsass zugeordnet war;

4   Festung Homburg auf dem 325 m hohen Schlossberg, 1679 nach Plänen Vaubans erbaut, nach dem Frieden von Rijswijk wieder geschleift. Modellfoto Museum Homburg.

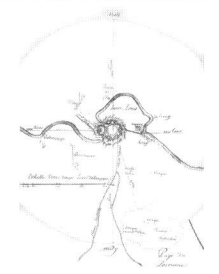

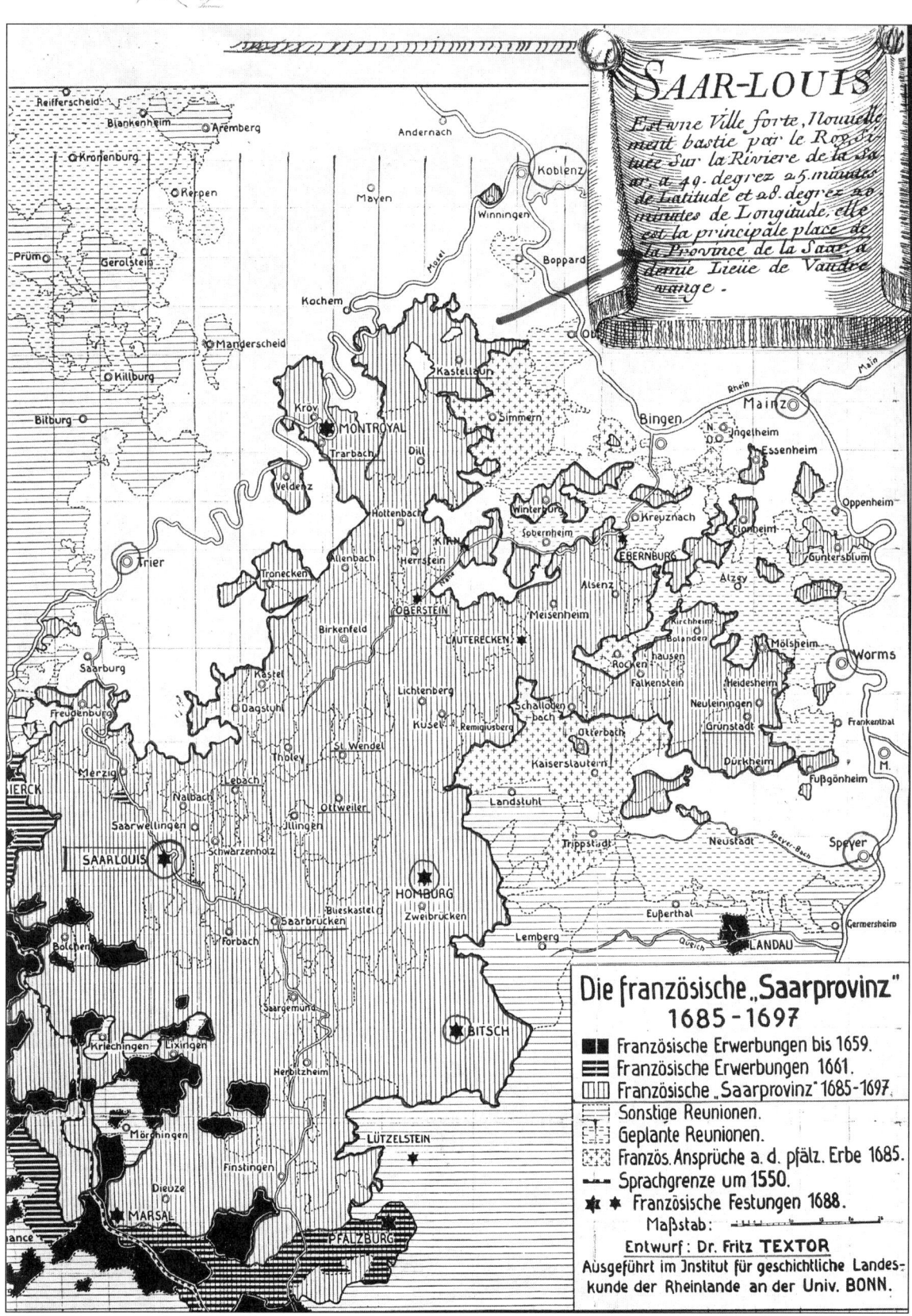

SAAR-LOUIS

Est une Ville forte, Nouvellement bastie par le Roy sur la Riviere de la Sa ar, à 49. degrez 25. minutes de Latitude et 28. degrez 20 minutes de Longitude, elle est la principale place de la Province de la Saar, à demie Lieüe de Vaudre vange.

Die französische „Saarprovinz"
1685-1697

- ▬ Französische Erwerbungen bis 1659.
- ≡ Französische Erwerbungen 1661.
- ▦ Französische „Saarprovinz" 1685-1697.
- Sonstige Reunionen.
- Geplante Reunionen.
- Französ. Ansprüche a. d. pfälz. Erbe 1685.
- --- Sprachgrenze um 1550.
- ★ ★ Französische Festungen 1688.
- Maßstab:

Entwurf: Dr. Fritz TEXTOR
Ausgeführt im Institut für geschichtliche Landeskunde der Rheinlande an der Univ. BONN.

- neun Grafschaften: Saarwerden, Bitsch, Saarbrücken, Ottweiler, Sponheim, die Wild- und Rheingrafschaft,* Leiningen, Falkenstein, Veldenz;
- fünf Festungen: Phalsbourg, Sarrebourg, Marsal, Bitsch, Homburg;
- vierzehn Herrschaften: Ebernburg, Lauterecken, Blieskastel, Oberstein, Finstingen, Saarwellingen, Illingen, Münchweiler, Soetern, Eberswald, Dagstuhl, Freudenburg, Schallodenbach, Dahlberg;
- fünf kleine Besitzungen: Anteile an den Herrschaften Nalbacher Tal, Hüttersdorf, Lixingen und Ruhlingen bei Saargemünd, Michelbach;
- die Vogtei Hamm und die drei Ämter Phalsbourg, Sarrebourg und St. Wendel.(23/455)

Es waren insgesamt 26 Städte und 1.660 Dörfer, die ab 1685 zur Saarprovinz zählten, einer Grenzprovinz, die sich *Ludwig XIV.* mit den »Waffen der Juristen«(2/19) geschaffen hatte. Architekt war der Kriegsminister *Louvois*, das »Baumaterial« – die benötigten Dokumente – hatte Marquis *Charles de Colbert*, der Bruder des Finanzministers *Colbert*, geliefert.

Der Marquis war als langjähriger Verwalter der Provinz der drei lothringischen Bistümer, genannt Généralité des trois évêchés, ein genauer Kenner der Friedensverträge von Münster, Aachen, Nimwegen und damit der ausgewiesene Fachmann. Es war *Colbert*, der die Idee von der »Réunion«, der »Wiedervereinigung«, verkündete. In deren Gefolge wurde versucht, alle alten Lehnsverhältnisse aufzudecken – wonach zu den in den genannten Friedensverträgen an Frankreich abgetretenen Territorien und Plätzen auch deren »Dependenzen«/Abhängigkeiten, die mit ihnen einmal in irgendeiner Verbindung gestanden hatten, gehörten und die nun wieder der Krone Frankreichs unterstellt wurden.(82/61)

Die Reunionskammer in Metz nahm am 31. Oktober 1679 ihre Arbeit auf und machte ihre Ansprüche auf Reichsterritorien geltend – »auf nicht mehr als sechs Dörfer wöchentlich«, kommentierte *Louvois*.(98/259)

Nach Errichtung der französischen Saarprovinz installierte *de la Goupillière* in den von ihm ausgewählten Bezirken seine Correspondants/Verbindungsleute. Sie führten die amtliche Bezeichnung Commissaires subdélégués.

Er selbst verlegte seinen Amtssitz nur sehr widerwillig von Schloss Homburg in die neue Festung Saarlouis. Briefe *de la Goupillières* aus Homburg deuten darauf hin, dass er dort in den neunziger Jahren

5 Gegenüberliegende Seite: Die Karte aus dem Atlas der Saarprovinz von Overbeck Sante zeigt die Gebiete (umrandet), die von 1685 bis 1697 zur »Province de la Sarre« zusammengefasst und vom König zu französischem Territorium erklärt wurden. Die Legende am oberen Rand ist dem Festungsplan »SAAR-LOUIS« von de Fer (5/69) entnommen. Auf ihr steht u.a.: »Elle [Saarlouis] est la principale place de la Province de la Saar«/ Sie ist der Hauptort der Saarprovinz. Zur Saarprovinz gehörten die deutsche Ballei Wallerfangen im Herzogtum Lothringen, Lehnsbezirke im Reich zwischen dem Elsass im Süden, Kur-Trier im Norden und der Pfalz im Osten.

* Die Rheingrafschaft gehörte den Grafen von Salm, Nachfahren der Herrschaften von Stein mit ihrer Stammburg bei Kreuznach an der Nahe. Dazu gehörten die Wildgräflichen Herrschaften Dhaun und Kylburg.

eine Dienststelle hatte. Der damals 42 Jahre alte *de la Goupillière* bezog nicht das Haus am Paradeplatz gegenüber dem Gouvernement, das laut *Vauban-Grundrissplan* als Intendantur⁽⁵/⁶⁾ erbaut worden war (heute Gebäude der Kreissparkasse rechts neben der Kirche), sondern er richtete sich in dem im Hornwerk gelegenen Hôpital/Hospital ein, das der medizinischen Behandlung schwer kranker oder verwundeter Soldaten diente.

Im Vergleich mit älteren Festungen war dieses Hospital in Saarlouis eine beachtliche Neuerung. Es lag auf einem bevorzugten Platz im Hornwerk: Ein großer vierflügeliger Gebäudekomplex in architektonisch abgestimmten Formen schloss einen Park mit Brunnen ein. Königlicher Aufseher des Hospitals war anfangs *Remy Chevereau*, bei dessen erster Tochter *Anne-Marie Luise* der Sohn des Gouverneurs, *Thomas Alexandre de Choisy*, 1699 Pate stand.⁽³⁸/²⁴⁶⁾

De la Goupillière belegte für sich und seinen Stab den westlichen Flügel entlang der Halbbastionsmauer, wohin man von der Festungsstraße durch eine Baumallee zum Haupttor und dem großen Hof gelangte.

Zu seinem Amt gehörten der Sekretär mit zwei Schreibern und der Haushofmeister. Ihm unterstanden sieben Lakaien, ein Türsteher, zwei Kutscher und mehrere Reitknechte. Eine strenge Hausverwalterin wachte über einen Chefkoch mit Küchenpersonal und Serviermädchen.

In der Ausübung seines Amtes konnte *de la Goupillière* jederzeit auf Soldaten der königlichen Armee und Beamte des Präsidialgerichts in Saarlouis zurückgreifen.

Aus den Akten geht hervor, dass der Intendant der Saarprovinz in der Hauptstadt Saarlouis nicht nur an den Sitzungen des Präsidialgerichts im Rathaussaal teilnahm, er hatte dort auch Sitz und Stimme. Am Präsidialgericht wurden die Eingaben, Beschwerden, Berufungen und Einsprüche der Herrschaften und ihrer Regierungen behandelt und darüber entschieden. *De la Goupillière* hatte das Recht, die Etats, das heißt die Einnahmen und Ausgaben der Städte und Herrschaften, zu kontrollieren und festzusetzen. Er genehmigte die Steuern und führte sie an die Staatskasse ab, er überwachte die Polizeiverwaltungen, die Forstverwaltungen, den Straßenbau und die Zollgrenzen zu den Nachbarländern.

Die Zollgrenzen zwischen den Ländern und Gebieten innerhalb der Saarprovinz waren beseitigt. Die Finanzhoheit und die oberste Gewalt (die Hochgerichtsbarkeit) über ihre Untertanen hatten die bisherigen Herren an den Intendanten abgeben müssen.

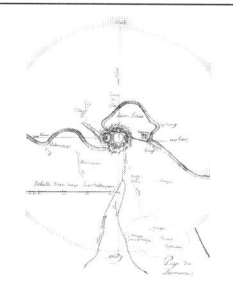

6 Barocke Toreinfahrt zum Hospiz am Ende einer stattlichen Lindenallee. Das Hospiz im Hornwerk der Festung nahm der Intendant der Provinz zum Amtssitz. Foto um 1956.

Der Bekehrungserlass von de la Goupillière

De la Goupillière war als Intendant ein allgegenwärtiger Kontrolleur. Er zog nicht nur Gelder und Abgaben ein, er sorgte für die strikte Erfüllung des königlichen Willens.(23/456) Zum ausdrücklichen Willen des Königs rechnete er auch die Wiedereinführung des katholischen Glaubens und die Einsetzung katholischer Geistlicher in protestantischen Regionen an Saar und Lauter.

6 »Ein Häretiker unterschreibt seine Bekehrung.« Als »neuer Missionar« handelt in diesem Schmähbild ein Offizier der Armee im Dienste des Königs. »La force passe la raison« / Gewalt bricht Recht.(21/224)

Am 4. Januar 1684 erließ *de la Goupillière* in Homburg, von kirchlichen Ratgebern unterstützt, einen »Bekehrungserlass«.(10/14) Er bekundete damit nicht nur seine Ergebenheit gegenüber dem König, sondern stellte damit auch seinen Bekehrungseifer unter Beweis, womit er sich den Hass der Reformierten in den vielen protestantischen Gemeinden der réunierten Gebiete zuzog. Die »Rechtgläubigen« waren sicher, »die Ketzereien verdammen einen Menschen in alle Ewigkeit«.(22/320)

In dem Erlass sicherte er »im Namen des Königs allen Neubekehrten Freiheit von allen Lasten auf vier Jahre« zu. Das bedeutete Befreiung von Steuern, Umlagen, Fronden, Einquartierungen usw. Als Ausgleich für die Verluste der Staatskasse lud er diese Lasten den unnachgiebigen Protestanten auf, die auf keinen Fall zum »wahren Glauben« übertreten wollten. Alle Prozesse, die Neubekehrte wegen dieser Befreiungen mit ihren protestantischen Gegnern zu führen wagten, behielt er sich in zweiter Instanz zur Entscheidung vor, damit den »reumütig Rückgekehrten« ja kein Unrecht geschehe.[10/14] Der Text der Satire »Neue Missionare« (Abbildungen 6, 7) spricht eine deutliche Sprache. »Neue Missionare, entsandt auf Befehl Ludwigs des Großen im ganzen Königreich Frankreich. Sie sollen die Irrgläubigen zum katholischen Glauben in der Gesellschaft des Herrn Rute, Generalmajor, zurückbringen. Er wird zum Missionar zweiten Grades ernannt; 1686.« Den Hugenotten werden in diesem Schmähbild »großzügig« folgende Bekehrungshilfen angeboten:

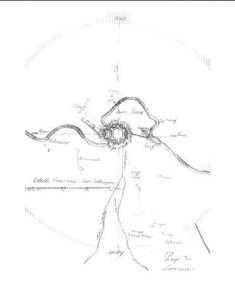

7   Ergänzung zur Karikatur in Bild 6: Der Mönch bekehrt den Häretiker und bietet »Hilfen« an. (21/224)

1. Hilfe: rädern; 2. Hilfe: Haft im Gefängnis als Ort der Bekehrung; 3. Hilfe: auspeitschen; 4. Hilfe: aufhängen; 5. Hilfe: Verbannung auf die Galeere; 6. Hilfe: Tod auf dem Scheiterhaufen.

Das absolutistische Denken in Frankreich führte zur Uniformität. Reformgedanken hatten im absolutistischen Staat keinen Platz. Bild und Verse des Kupferstechers *Hainzelman* aus Paris sprechen die Sprache der Zeit: »Ludwig der Vierzehnte wollte imponieren, aber mit Grazie. Er ließ sich mit Vorliebe als Imperator abbilden.«[30/509]

In Ludweiler im Warndt hatten sich im Jahre 1604 zwölf kalvinistische Familien aus dem Bistum Metz angesiedelt, im Dreißigjährigen Krieg mussten sie vor den Soldaten der Reichsarmee fliehen. Ab 1683 siedeln Hugenotten im Warndt. Ihr neuer Feind heißt nun *de la Goupillière*.

8 »Ludovico Magno«. Ein Loblied auf Ludwig den Großen, den Bezwinger der Ketzerei.
»Frankreich, segne beim Anblick dieses Bildes, in dem Mars sich zeigt, den Schöpfer Deines höchsten Ruhmes. Auf dass die elende Häresie vor Schrecken erbleiche. Hier ist der Held, der diese zwingt, sich zu ergeben, der all das für Dein Glück tut, was Du je erhofft von einem Vater, von einem Christen, von einem Sieger, von einem König.« Graveur Hainzelman, Paris 1686

In der städtischen Chronik von *Baltzer* ist vermerkt, dass im Jahre 1685 auf Befehl des Intendanten »aus Saarlouis Militär requiriert wurde, um in der Umgebung die Protestanten zum Übertritt zu zwingen«.[10/144]

Der gefürchtete Einheizer in Versailles hieß *Louvois*, er setzte auf Gewalt als Mittel der Politik. Der König glaubte zu gern dem

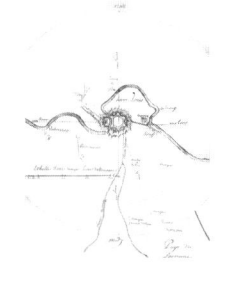

Minister, dass die Protestanten durch die veranlassten Lockmittel und Druckmittel in großen Scharen zum Katholizismus zurückkehrten,[16/246] und fühlte sich dadurch in seiner Kirchenpolitik bestätigt.[22/237]

De la Goupillière handelte ganz im Sinne seines Königs, aber auch der kirchlichen Obrigkeit. Die Soldaten aus den Kasernen von Saarlouis wurden mit entsprechenden Instruktionen in Häuser der Protestanten in der Grafschaft Saarbrücken einquartiert. Sie folgten damit einem probaten Mittel, die Gewissen und das tägliche Dasein unter Druck zu setzen, man nannte das »Dragonaden«. Konvertierte wurden sofort von den Drangsalen befreit – eine üble Erpressung, die Wirkung zeigte.

Am 17. Oktober 1685 widerrief der König das längst durchlöcherte Toleranzedikt von Nantes aus dem Jahre 1598. Protestantische Kirchen wurden sofort geschlossen, alle Prediger hatten Frankreich binnen zwei Wochen zu verlassen, alle neugeborenen Kinder mussten katholisch getauft werden.[16/247]

Im Grunde waren das nur abschließende, das heißt letzte Repressalien, denn schon ab dem Jahre 1679 hatten königliche Erlasse Jahr für Jahr die Religionsausübung der Hugenotten auf allen Gebieten, wie zum Beispiel im Polizeidienst, im Gerichtsdienst, selbst im Arztberuf und Hebammendienst, untersagt.[33] Mehr als 150.000 Protestanten flohen ab 1685 in die europäischen Länder.

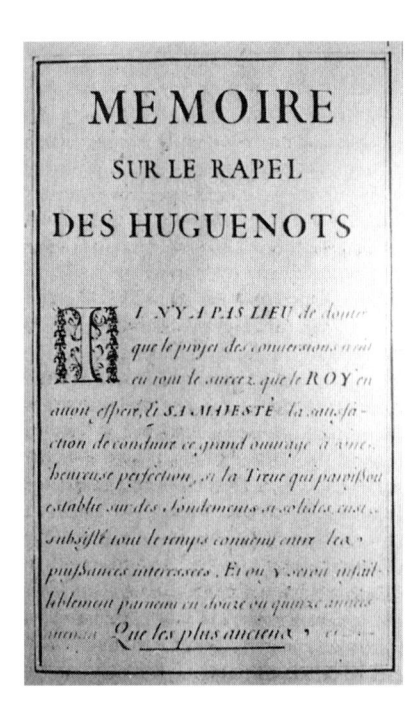

Vauban war ein entschiedener Gegner der Hugenottenverfolgung, für ihn bedeutete sie abscheulichen Machtmissbrauch. Daher ließ er 1689 die Broschüre »Mémoire sur le rapel des huguenots«/Denkschrift zum Rückruf der Hugenotten drucken und im Königreich verteilen. Ein Kernsatz aus der Denkschrift lautet:*

9 Blatt aus der Denkschrift Vaubans zum Thema Hugenotten aus dem Jahr 1689.

»LES ROIS SONT BIEN MAÎTRES DES VIES ET DES BIENS DE LEURS SUJETS, MAIS JAMAIS DE LEURS OPINIONS, PARCE QUE LES SENTIMENTS INTÉRIEURS SONT HORS DE LEUR PUISSANCE, ET DIEU SEUL LES PEUT DIRIGER COMME IL LUI PLAÎT.«

Saarlouis während des Pfälzischen Krieges

* »Die Könige sind sicher Herren über Leben und Eigentum ihrer Untertanen – aber niemals ihrer Meinungen, denn die innersten Gefühle entziehen sich ihrer Gewalt. Gott allein kann diese lenken, wie es ihm gefällt.«

Ein für Saarlouis folgenschweres, für die europäische Geschichte epochales Ereignis war der Friedensschluss von Rijswijk im Jahre 1697. Seine politischen Auswirkungen brachen nach dem Pfälzischen Krieg nicht unerwartet über das Königreich herein, doch als *Vauban* von der bevorstehenden Vertragsunterzeichnung zu diesem Zeitpunkt erfährt, ist er erbost, »dass man ein für allemal den Hintern zurückziehen will [...] sie werden ihren Firlefanz mit uns treiben und uns über den Haufen rennen«.[8/44]

Der König in Versailles dachte nüchtern und pragmatisch. Er »fand gewisse Ansprüche seiner Reunionspolitik für unhaltbar«,[31/337] besonders die »aufgrund gefärbter Beweisstücke«.[12/38] Beobachter außerhalb des Königreiches kommentierten: »Ein räuberischer Krieg ist zu Ende. [...] Frankreich ist nicht mehr die führende Macht in Europa.«[31/338] »Der Zenit der französischen Expansion ist überschritten.«[35/170] Rijswijk »war eine tiefe Niederlage des französischen Hegemoniewillens und ein unverkennbares Zeichen, dass die Zeit Ludwigs des Großen vorüber war.«[30/513]

Der Friedensvertrag bescherte Saarlouis ein hartes Schicksal. Obwohl die Festung französisch blieb, war sie von heute auf morgen nur noch eine Insel am Rande des Herzogtums Lothringen und am Rande des Reiches. Sie behielt weiterhin die Aufgabe, zusammen mit Longwy, Straßburg und dem Elsass die Grenzen des Königreiches zu schützen. Lothringen dagegen versuchte, seine Souveränität wieder aufzubauen, nachdem es dem 17-jährigen Herzog *Leopold*, dem Sohn des Türkenbezwingers vor Wien, zurückgegeben worden war.

Uns interessieren die Ereignisse während dieses dritten Eroberungskrieges, dem »Pfälzischen Krieg« oder, wie die Franzosen ihn irreführend nennen: »Guerre de la Ligue d'Augsbourg«/Krieg der Augsburger Liga.

Die Saarlouiser Chronik beginnt die Schilderung der Kriegsereignisse mit dem Satz: »In diesem und dem folgenden Jahre [1690] war man wegen des Krieges gezwungen, die Schleusen herabzulassen und die Stadt unter Wasser zu setzen.«[6/23] Wir erfahren mit Erstaunen von dieser Maßnahme. Die weit entfernt liegende Festung machte also gleich mobil, sie soll laut Chronik ihre stärkste Verteidigungswaffe eingesetzt haben, nämlich die Überschwemmung der »Au-Seite«. Der Chronist schrieb 1850, was die Militärs 1688 verkündeten – er konnte es nicht überprüfen. Es war eine Falschinformation.

Schon Jahre zuvor hatten die Schäden an der Schleusenbrücke so zugenommen, dass »die Fugen ausgespült, einzelne Quader herauszufallen drohten«[9/62], so dass man ein Staumanöver nicht mal wagen konnte, die Brücke wäre eingestürzt. Auch war es dem

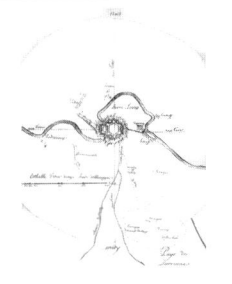

Gouverneur trotz drohender Kriegsgefahr nicht gelungen, aus Versailles die nötigen Finanzen zu beschaffen, um die Schleusenbrücke zu sanieren und so die Verteidigung zu sichern. Der Chronist berichtet, dass man damals, wohl zur Beruhigung, die Stärke der Regimenter nannte, die 1689 in den Kasernen lagen – und er wertet den Neubau von fünf neuen »caveaux«/Kellern zum Lagern von Vorräten als sehr bedeutend. Den Platz dazu hatte man neben dem Friedhof hinter der Kaserne Nr. 54 gefunden.[6/23]

In der Chronik steht auch, dass die nach Saarlouis zuziehenden Herrschaften und Notabeln, von Kriegswirren ungestört, in der Herrenstraße weiter ihre Häuser bauten. Verständlich, denn die politische und militärische Lage in Europa sah seit Baubeginn der Festung besorgniserregend aus und man hatte sich daran gewöhnt. Seit der Besetzung Straßburgs 1681, seit der dauernden Verfolgung der Hugenotten bis zur Aufhebung des Edikts von Nantes 1685, was Verhältnisse heraufbeschwor, die einem Bürgerkrieg gleichkamen, und seit der im Frieden gewaltsam errichteten Saarprovinz (1685) gab es aus den aufgebrachten europäischen Ländern immer wieder Signale, die auf einen Kriegsausbruch hindeuteten.

Wieder und wieder stießen französische Truppen in diesen Jahren in rheinische Gebiete vor. *Louvois*, zur Zeit einflussreichster Berater des Königs, versorgte seinen Herrn mit unzutreffenden und entstellten Nachrichten, um seine brutalen Vorstöße zu rechtfertigen. Und die folgende Aussage war *Louvois'* wichtigstes Argument: »Der Kaiser ist vordringlich mit den Türken beschäftigt, der Zeitpunkt ist günstig, ihn am Rhein anzugreifen.«[42/169]

1684 erfolgt die Belagerung und Einnahme von Luxemburg, 1687 lässt *Louvois* durch *Choisy* die Festung Montroyal an der Mosel auf der Straße von Trier nach Koblenz bauen. Sie soll eine starke Operationsbasis mit Winterbaracken für die Truppe werden, mit Ställen für 3.000 Pferde, Magazinen, Zeltlagerplätzen und mit einem Lazarett für 1.000 Verwundete und Kranke.[20/72] Anstelle der 1679 an den Kaiser zurückgegebenen Reichsfestung Philippsburg wird 1687 die Festung Fort-Louis auf der Rheininsel Giesheim gegen den Willen *Vaubans* gebaut, der dafür »ni d'invention, ni goût«/weder Idee noch Lust zeigte.

Nach einer Vorlage von *Choisy* wird seit Frühjahr 1688 die Festung Bonn verstärkt. Das alte Landau erhält im selben Jahr von *Vauban* neue Bastionen. *Vauban* baut Landau zu einer Festung mit »verdoppelter Widerstandsfähigkeit« aus, mit einem Graben zwischen dem beherrschenden Hauptwall und den Bastionen.[3/42] Später rechnet man diese Festungsbauweise zur Zweiten Manier *Vaubans*.

1686 kommt es zu einem Zusammenschluss der Gegner des Sonnenkönigs in der Augsburger Liga, zunächst noch ohne militärische Zusagen. Den geplanten Pfälzischen Krieg beginnt der König zwei Jahre später ohne Vorwarnung mit der Besetzung des linken Rheinufers.[42/168] Im Generalstab der Armee koordiniert *Vauban* die Pläne zur Eroberung aller Rheinfestungen. Am 22. Oktober fällt Philippsburg, dann fallen Bonn, Linz, Andernach, Mainz, Heidelberg, Speyer, Trier, Worms und Oppenheim. Im November 1689 erheben sich Teile der Pfalz gegen ihre französischen Besatzer. »Eine unschuldige Bevölkerung musste voller Entsetzen mit ansehen, wie ihre Städte niedergebrannt, ihre Felder verwüstet und sie selbst angegriffen wurde.«[16/264]

Das Blatt beginnt sich bereits 1688 zu wenden. Der Holländer *Wilhelm von Oranien* schaffte es, König von England zu werden und mit großer Leidenschaft die Große Allianz, eine Sammlung aller militärischen Kräfte Europas, zustande zu bringen. Zur Allianz gehörten Spanien, Schweden, Brandenburg, Kursachsen, Hannover, England und sogar Savoyen. Auch der Kaiser zögert nicht länger und tritt der Allianz bei, denn er hat nach dem Sieg über die Türken (1683) und ihrer Vertreibung aus Ungarn (1686) wieder die Hände frei für den westlichen Kriegsschauplatz.

Aus den Saarlouiser Stadtchroniken erfahren wir nichts über diesen Krieg und seine Auswirkungen, verständlich, denn in einer Festungsstadt berührt alles, was mit Militär und Feldzügen zu tun hat, den zivilen Alltag wenig und bedarf daher keiner Erwähnung.

Choisy ist mit dem Bau der Festung Montroyal beschäftigt, Intendant *de la Goupillière* betreibt weiter Ansiedlungen in der Festung Saarlouis. Im Sommer 1687 hat er eine Vier-Mann-Kommission gebildet, die den Wert der Häuser und Anwesen in Wallerfangen abschätzt. Danach erhalten die, die nach Saarlouis umziehen, die Hälfte des geschätzten Wertes ihrer Liegenschaften ausgezahlt.[11/182] Klöster und Abteien in der Region sehen den Zeitpunkt gekommen, ihre Refugien/Zufluchtsorte in die starke Festung Saarlouis zu verlegen.

1690 wird auf Betreiben von *de la Goupillière* zusammen mit dem Maire/Bürgermeister und den Handwerkern ein Vertrag gemacht zur Erneuerung des großen Marktbrunnens,[6/24] ferner ein Vertrag mit dem Direktor der Schmelze in Dillingen, für die Militärbehörde das benötigte Eisen, besonders Öfen für das Hospital, dem Amtssitz des Intendanten, zu liefern.⁽¹⁰/¹⁴⁶⁾ Die Reduzierung der Aktivitäten des Intendanten auf Saarlouis zeigt, dass die Administration der Saarprovinz im Krieg weitgehend aus seinen Händen in die der Gouverneure und Kommissare übergegangen ist, die dort das Besatzungsrecht ausüben.

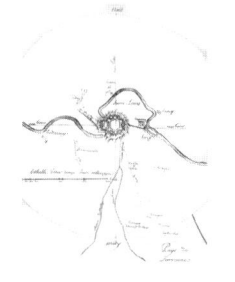

10 Das Wappen des Marquis de Lénoncourt, des Gründers der Dillinger Hütte. Der Marquis erhielt 1685 die Gründungskonzession von Ludwig XIV. in Form einer Urkunde, die im Archiv der Dillinger Hütte einzusehen ist.

Ludwig XIV. wollte gegen ganz Europa kämpfen, doch es fehlte mehr und mehr das Geld, die 300.000 Soldaten zu besolden, dazu die Ausgaben für Festungsbau und Unterhaltung der Festungen zu bestreiten. In dieser zugespitzten Lage sieht der König keinen anderen Ausweg, als sein gesamtes Tafelsilber und die erlesenen Silbermöbel in Versailles preiszugeben. Alles Inventar wurde eingeschmolzen und zu Münzen geprägt.⁽¹⁶/²⁶⁶⁾

Finanzfachmann *Colbert* war 1683 gestorben, des Königs findiger und fähiger Minister *Louvois* starb 1691, und 1692 besiegten die Seemächte Holland und England die französische Flotte bei La Hogue. Eine neue Flotte musste gebaut werden. Aus dieser neuerlichen Zwangslage sah der König nur einen letzten Ausweg: Er bürdete 1694 erstmals allen drei Ständen – Adel, Klerus und Volk – die fünfprozentige »capitation«/Kopfsteuer auf, was einen dramatischen Schritt hin zum politischen Abgrund bedeutete.

Im Frühsommer 1697 ließ *Ludwig* seine Gegner wissen, dass er verhandeln wolle. Schon zwei Jahre zuvor hatten die Schweden vergeblich ihre Vermittlerdienste angeboten. Die »Stockholmer

Denkschrift« und die späteren Präliminarartikel versprachen, dass der König Straßburg zurückgeben wolle, dass er auf Luxembourg, auf alle Reunionen und auf Lothringen verzichten wolle.

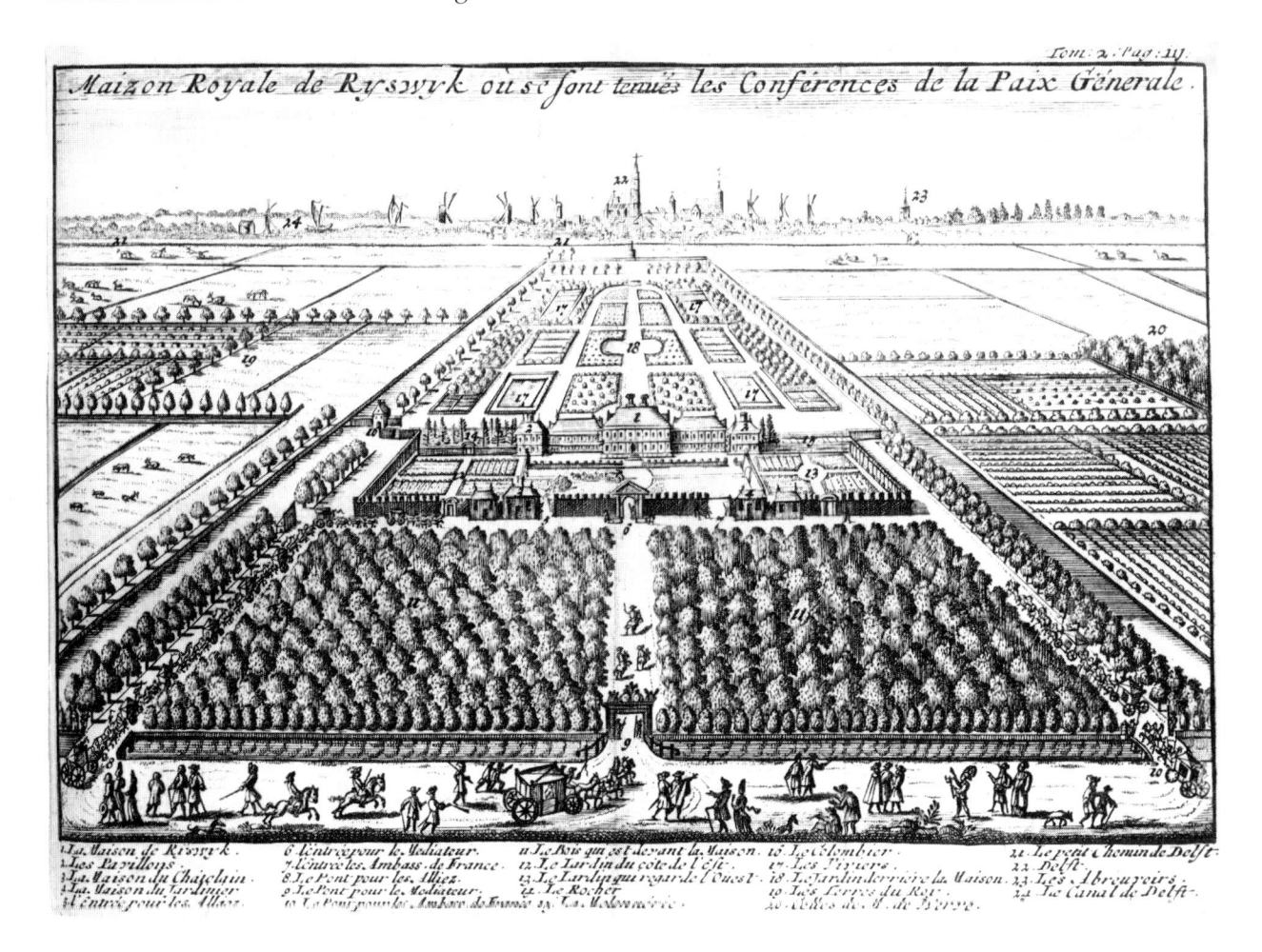

Tom. 2. Pag: 117.

Maizon Royale de Ryswyk où se sont tenües les Conférences de la Paix Générale.

1. *La Maison de Ryswyk.*
2. *Les Pavillons.*
3. *La Maison du Chapelain.*
4. *La Maison du Jardinier.*
5. *L'entrée pour les Alliez.*
6. *L'entrée pour le Mediateur.*
7. *L'entrée les Ambass. de France.*
8. *Le Pont pour les Alliez.*
9. *Le Pont pour le Mediateur.*
10. *Le Pont pour les Ambass. de France.*
11. *Le Bois qui est devant la Maison.*
12. *Le Jardin du coté de l'Est.*
13. *Le Jardin qui regarde l'Ouest.*
14. *Le Jardin derrière la Maison.*
15. *Le Rocher.*
16. *La Menagerie.*
17. *Le Colombier.*
18. *Les Viviers.*
19. *Les Serres du Roy.*
20. *Allées de M. de Bearge.*
21. *Le petit Chemin de Delft.*
22. *Delft.*
23. *Les Abreuvoirs.*
24. *Le Canal de Delft.*

Die Verhandlungen führen zur Exklave Saarlouis

Am 9. Mai 1697 traten die Unterhändler der kriegführenden Mächte erstmals zu Verhandlungen zusammen. Es begannen die »Schicksalstage der Stadt Saarlouis«, wie *Carl Roderich Maria Richter* 1954 sein aufschlussreiches Werk nannte, in dem er vornehmlich die dramatischen Verhandlungen im Jahre 1697 auf 28 Seiten in einer umfassenden, oft wortgetreuen Forschungsarbeit der Nachwelt vorstellt.[12/41] Ort der zähen Verhandlungen war das Schloss Maison Royale nahe Rijswijk bei Den Haag.

Der Sonnenkönig verfolgte mit Festigkeit klare Ziele – seine Gegner waren über ihre Absichten zerstritten. Die Holländer pochten auf

11 »Maizon Royale«, auch Schloss Neuburg genannt, lag bei dem Dorf Ryswyck (Rijswijk) bei Delft, 3 km von Den Haag entfernt in den Niederlanden. Hier wurde der Frieden nach dem Pfälzischen Erbfolgekrieg geschlossen: Saarlouis wurde von Lothringen getrennt und eine französische Exklave.

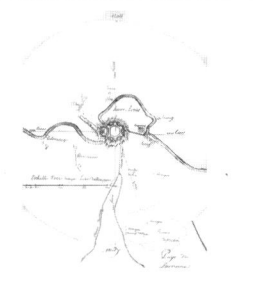

Sonderverhandlungen, der Wiener Hof verhandelte zögerlich und schlecht: So gab es beispielsweise vor den Verhandlungen keine gemeinsame Sitzung zwischen den Reichsdeputierten und dem kaiserlichen Minister Graf *Kaunitz*. Schließlich liefen die Verhandlungen zwischen den kaiserlichen und königlichen Unterhändlern auf den Verlust Straßburgs und die Rückgabe Lothringens an die Herzogin, die Schwester des Kaisers, hinaus.

Gerade die Verhandlungen über Lothringen dauern lange. Endlich heißt es im Artikel VI des französischen Friedensvorschlages unter anderem, dass der »König, mit Rücksicht auf die Empfehlung des Kaisers und getrieben von seiner Güte und Zuneigung gegen den Herzog von Lothringen [...] den Herzog in den Besitz seiner Staaten wieder einsetzen« wolle.

> »Der König versprach, seine Besatzungen aus den Städten Bitsch und Homburg herauszuziehen, nachdem die Befestigungen geschleift seien. Der König behalte sich allein die Festung Saarlouis vor, die er habe errichten lassen, um sie künftig in unabhängiger Staatshoheit zu besitzen – mit einem Gebiet von einer halben Meile im Umkreis, was durch Bevollmächtigte des Königs und des Herzogs festgestellt werden sollte.«

Kaiser und Reichsstände gaben auf diese Vorstellungen hin getrennte und unterschiedliche Antworten ab. Vom Kaiser aus Wien kam die Ablehnung. »Also sehen wir auch nicht, mit was fueg [mit welcher Berechtigung] französischerseits Saarloys behalten und für Longwy ein equivalens [Ausgleich] obtrudirt [aufgezwungen] [...] werden soll.«

Die reichsständischen Gesandten antworteten nach intensiven Beratungen in ihrem kur-mainzischen Quartier: »Der französischen Krone ist für Lothringen kein Ausgleich zuzugestehen, noch sind die angebotenen Bedingungen hinsichtlich Saarlouis anzunehmen, sondern es ist die vollständige Rückerstattung zu verlangen.«[12/49]

Nach den schriftlich vorgelegten Eingaben begannen Mitte August die mündlichen Verhandlungen. Am 16. August wurden einerseits das französische Projekt und andererseits die responsiones Caesareae/die kaiserlichen Antworten vorgetragen – die französische Haltung blieb die gleiche, das heißt, sie blieb unnachgiebig. Die französischen Gesandten setzten zudem ihre Verhandlungspartner unter Druck, indem sie die Frist zum Abschluss unter unveränderten Bedingungen auf den 31. August festsetzten. Nach Austausch der festgefahrenen Standpunkte machten die französischen Gesandten am 1. September noch einen neuen Vorschlag: »Frankreich fordert den uneingeschränkten Besitz der Festungen Straßburg am Rhein, Saarlouis an der Saar und Ath an der Dender in den Spanischen Niederlanden.«[12/60] Ath liegt 50 km südwestlich von Brüssel, und es war allen Beteiligten zunächst schwer verständlich, wieso diese Festung als ernsthafte Forderung bei den Verhandlungen auftauchte. Hatte der französische Verhandlungsführer diese Festung ins Spiel gebracht, weil er die Verhandlungspartner eben mal daran erinnern wollte, dass zwei Monate vorher *Vauban* in dieser Festung Ath von einem Musketenschuss mitten auf der Brust schwer getroffen worden war?[8/40] Nein, es war hochgradige Verhandlungskunst: Ath war austauschbar – und alle waren erstaunt, als der Gesandte

12 Aus dem Antwort-Dokument auf das französische Friedensprojekt: »Vor Lottringen Saarlouis ist kein Æquivalent anzunehmen/und der Präsident Canon hierüber zu hören.«(12)

den Spaniern kurze Zeit später das besetzte Barcelona anbot, damit der Kaiser auf Straßburg verzichte. Der Kaiser ging darauf ein. Zwei habsburgische Mächte, die spanische und die österreichische Krone, hatte der Franzose gegeneinander ausgespielt – und gewonnen! Bezüglich Lothringens erhoben die Franzosen noch die Forderung, dass Nancy entfestigt werde und französische Truppen ungehindertes Durchmarschrecht durch Lothringen nach Saarlouis und zurück erhalten sollten.[12/61]

Das war zugleich ein Ultimatum, denn die Forderungen waren verbunden mit der Drohung, diese Bedingungen bis zum 20. September anzunehmen, andernfalls »könnten die Unfälle des Krieges nur denen zur Last gelegt werden, die sich weigerten, dem König zur Beendigung desselben die Hand zu bieten«.[12/61]

Noch hielt die brüchige Koalition zwischen Engländern, Holländern, Spaniern und den Deutschen. »Die Deutschen rechneten zwar

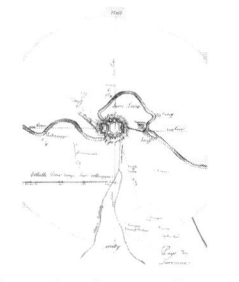

13 Umfang der Bannmeile von Saarlouis, eingezeichnet in eine Karte von 1930. (47/41)

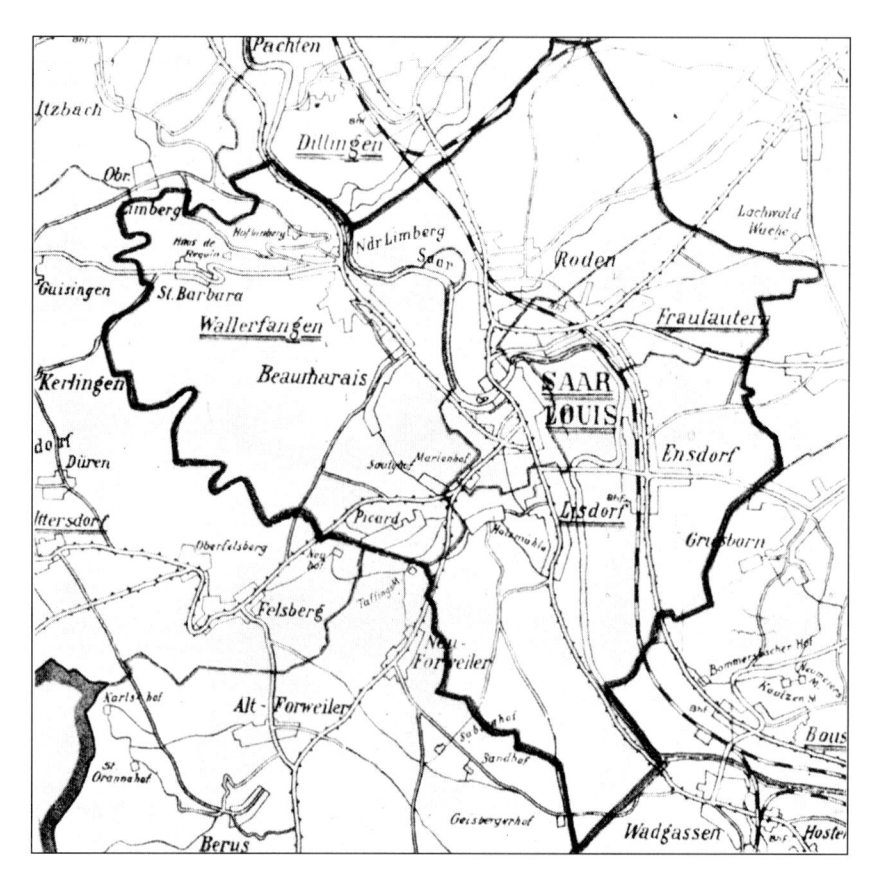

mit der Fortsetzung des Krieges«, nur war die Frage völlig offen, wer den Krieg finanzieren und die Truppen stellen sollte.

Am 20. September schlossen Holland, England und Spanien ihren Sonderfrieden mit dem König. Sie konnten »gnädig erreichen«, dass für Kaiser und Reich die Frist erst am 1. November ablief. Doch am 24. September nahmen die Gesandten des Kaisers und der Reichsstände mit den Franzosen wieder Verhandlungen auf – es ging um die Festung Saarlouis. Am 2. Oktober wurde das Ergebnis der Besprechungen zwischen den lothringischen und kaiserlichen Bevollmächtigten bekannt gegeben. Sie schlugen den Franzosen vor, Zugeständnisse zu machen für die Erhaltung »einer französischen Garnison in der sonst mit allen Eigentumsrechten dem Herzog von Lothringen zurückgegebenen Stadt Saarlouis«.[12/64] Das Angebot wurde von den französischen Unterhändlern rundweg abgelehnt.

Es kam der 30. Oktober 1697 und der »christliche, allgemeine und ewige Frieden« wurde geschlossen. *Ludwig* gab dem jungen Herzog *Leopold* sein Land außer der Grenzfestung Longwy zurück, dazu die Hand seiner Nichte, der Tochter seines Bruders *Philipp von Orléans* und seiner Schwägerin *Lieselotte von der Pfalz. Ludwig* verzichtete

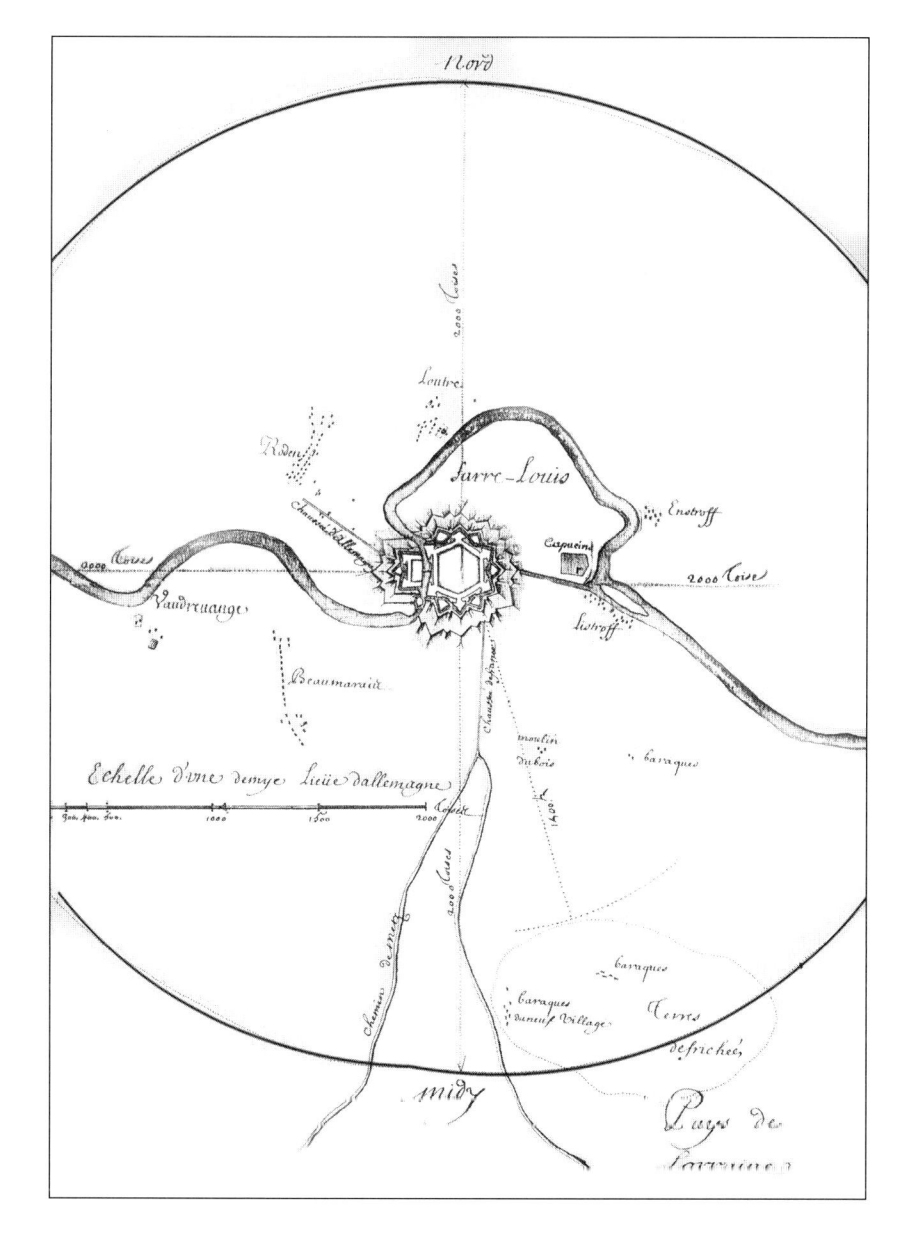

14 Die Bannmeile von Saarlouis im Jahr 1718. Die Zeichnung ist nicht datiert.

auf Katalonien und alle Städte in den Spanischen Niederlanden, die er im Frieden von Nimwegen vor 18 Jahren erhalten hatte. Er gab Breisach, Kehl, Freiburg und Philippsburg dem Kaiser zurück, die Festungen am Rhein ließ er schleifen,(2/20) aber er behielt die Festung Saarlouis.

> *»Die Festung Saarlouis mit einer halben Meile im Umkreis wie durch die königlichen und lothringischen Bevollmächtigten bestimmt werden soll, bedingt sich Seine Allerchristliche Majestät aus, um dieselbe mit allen oberherrschaftlichen Rechten ewig zu besitzen.«**

* »Reservat sibi vero Sacra Regina Majestas Christianissima Fortalitium Saar-Louis cum dimidia leuca in circuitu a Commissariis Regiis et Lotharingicis designanda, cumque omni superioritatis et supremi Domini jure perpetuo possidendum.« (12/66) (Artikel 32 des Friedensvertrages)
»Cum dimidia leuca« heißt im Französischen »avec une demi lieue«. Die »Lieue« maß 3 Meilen, ungefähr 4.452 Meter.

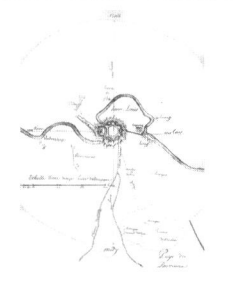

»Die tatsächlich festgelegte Bannmeile mit den fünf Dörfern Roden, Fraulautern, Ensdorf, Lisdorf, Beaumarais mit Picard und Neu-Wallerfangen«[12/69] umfasste einen Kreis von einer Meile, also vier Kilometern und mehr, gemessen von der Place d'armes aus als Mittelpunkt. Eine vergrößerte Bannmeile wurde im Pariser Vertrag von 21. Januar 1718 ausgehandelt und bestätigt.

Saarlouis war fortan nach Artikel 32 eine französische Exklave mit Grenzen zu Lothringen, zum Kurfürstentum Trier, zur Grafschaft Saarbrücken und zu den benachbarten Kleinstherrschaften im Deutschen Reich. Die Grenze zu Lothringen fiel erst 1766 nach dem Tode von König *Stanislaus*, dem letzten lothringischen Herzog.

Warum hat Ludwig XIV. so nachdrücklich darauf bestanden, die Festung Saarlouis zu behalten?

Ludwig hatte wohl zwei Gründe dafür, auf der Festung Saarlouis zu bestehen: Erstens war es für ihn eine Prestigefrage, die Festung auf lothringischem Boden, die seinen Namen trug, zu behalten. Zweitens war es die strategische Grenzlage von Saarlouis, denn *Ludwig* sah voraus: Auch dieser Friede werde nur ein Waffenstillstand sein. Er hatte Recht, denn vier Jahre später, 1701, brach erneut ein 13 Jahre dauernder europäischer Krieg aus, der als Spanischer Erbfolgekrieg in die Geschichte einging.

Erst am 3. Juli 1702 unterzeichnete *Ludwig XIV.* die Kriegserklärung. Sie wurde am 14. Juli in Saarlouis vom Stadtschreiber unter Mithilfe des Stadt-Sergeanten in allen Vierteln und an den üblichen Stellen angeschlagen.[18/51] Die Anordnung dazu hatte der Bürgermeister *Christoph Schneider* gegeben. Er wurde 1684 der Nachfolger von *Ferdinand Heil* als Bürgermeister von Saarlouis, war zuvor Kaufmann in Wallerfangen und wurde 1702 zum zweiten Male als Bürgermeister von Saarlouis wiedergewählt.

Die kriegerischen Ereignisse der Jahre 1705 und 1706 bestätigten die Voraussicht des Königs im Hinblick auf die Bedeutung der Festung Saarlouis, denn es sollte sich schon im Jahre 1705 zeigen, dass die Operationsarmee des Marschalls *Villars*, gestützt auf die Festungen Saarlouis und Luxembourg, »jeder Unternehmung des englischen Marschalls Marlborough, über Mosel und Saar in Frankreich einzudringen«, Grenzen setzte.[9/122]

Nach dem Frieden von Rijswijk

Die Chronisten haben sich angelegentlich mit der Frage befasst, wie »schlecht« die in eine Bannmeile von 8 km im Durchmesser eingeengte Festungsstadt mit sechs Dörfern weiter existieren konnte. Genaue Nachrichten darüber haben wir aufgrund des Verzeichnisses »mehrerer bemittelter Privatpersonen, welche Saarlouis während des Bestehens des Präsidialgerichtes bewohnten und die in Folge des Friedens von Rijswijk teils auswanderten, teils zu Grunde gingen«, und wir wissen, dass die verbliebenen Bürger in der Stadt Saarlouis viel auszustehen hatten.[10/205]

Daran änderte auch die Tatsache wenig, dass die Garnison in der Festung verblieb, die Wirtschaft sich auf die Versorgung der Garnison konzentrierte[2/78] und von daher französische Staatsgelder weiterhin in die Stadt flossen. Wir müssen umgekehrt die Frage stellen, wie es den Bürgern von Saarlouis ergangen wäre, wenn die Festung geschleift worden und die Stadt mit ihren Bürgern zu dem verarmten Lothringen gekommen wäre? Die Garnison und ihre Versorgungsbasis Metz waren noch da, das konnte aber nicht verhindern, dass die in der Stadt verbliebenen Händler, Kaufleute, Wirte, Handwerker und Dienstpersonen verarmten, weil »die Gerichtsbeamten mit ihren gut fundierten Ämtern fortzogen [...] sie verkauften Häuser und Grundstücke mit schwerem Verlust oder ohne etwas dafür zu erhalten. Die Blüte der neuen Stadt, die so rapid gewachsen war,

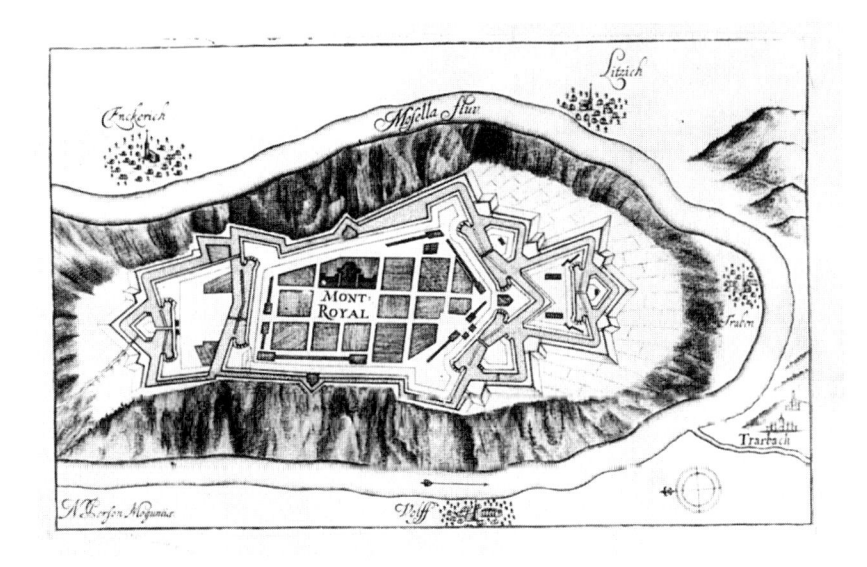

15 Die Vauban-Festung Montroyal an der Mosel nach einem Kupferstich von Nicolaus Person aus dem Jahr 1693. (100/102)

16 Ein Gewölbekeller: Rest der ab 1698 geschleiften Festung Montroyal. Foto 1970.

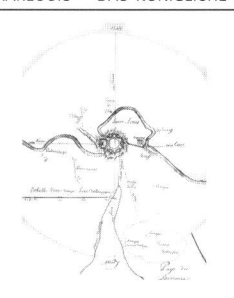

17 Monsieur La Fontenelle, er nennt sich Prévôt de la Sarre, überreicht Gouverneur Choisy die Bittschrift der heimatlosen Bürger von Montroyal. Choisy überlässt einigen Übersiedlern Baustellen, die übrigen verweist er an den Herzog von Lothringen. Zeichnung aus dem Programmheft »300 Jahre Saarlouis, Historischer Festzug«, illustriert von Alfons Fontaine 1980.

verfiel. Die Bevölkerung verminderte sich um drei Viertel, die Arbeiterklasse folgte den wohlhabenden Leuten bei der Auswanderung.«[6/31]

Die Festung Montroyal wurde geschleift. Die wenigen Bürger, die nach Saarlouis umsiedelten, brachten ihre Urkunden, Akten und Taufregister mit. Im Jahre 1691, vier Jahre nach dem Baubeginn der Festung Montroyal, waren es 110 Taufen. Am 16. Mai 1698 ist im Taufregister die letzte Geburt eingetragen. Diese Eintragungen findet man im Taufregister der Pfarrei St. Ludwig mit Hinweisen auf das Register von Montroyal.

Choisy gab den Umsiedlern die Bauplätze Nr. 62, 63, 64 (Motte-Plan) auf dem noch freien dreieckigen Platz, auf dem heute die Gaststätte »Der Siebte Himmel« steht. Der Platz wurde damals »de l'Islot«/Inselchen genannt.[6/31] Wo heute die in den Jahren 1833/34 erbaute Kaserne 10 steht, war auch noch Platz zum Aufstellen einiger Baracken, ebenso zwischen den Pavillons Nr. 48 und 49 (heute Depot der Firma *Pieper* und *Capitol*-Kino).

Der Sprecher der Umsiedler hieß *La Fontenelle.* Sein Bittbrief an den Gouverneur *Choisy* ist erhalten. Er zählt 46 Unterschriften auf und schildert die Not der Bittsteller. Ihr Wunsch ist, »sich in der Umgebung von Saarlouis niederzulassen«. Der richtige Adressat war aber nicht der König, sondern nach dem Friedensschluss von Rijswijk der Herzog von Lothringen, *Leopold I.* (1679–1729). Er gestattete, dass die Umsiedler Anfang 1700 in der Altforweiler Hufe, dem Bann des heutigen Saarlouiser Stadtteils Neuforweiler, roden und siedeln durften.

Die Neuansiedler konnten jedoch die stark gesunkene Bevölkerungszahl von Saarlouis nicht ausgleichen, sie brachten im Gegenteil noch mehr Armut in die Stadt.

Das Bild 17 zeigt eine Abordnung von Vertriebenen aus Montroyal mit ihrem Sprecher *La Fontenelle*, nach eigenen Worten »Prévôt de la Sarre«, der dem Gouverneur *Choisy* auf der Place d'armes eine Bittschrift an den König überreicht. In Nachbarschaft zum ehemaligen Lager Picard sollte eine neue Gemeinde entstehen. Erst im Jahre 1704 erhielten die Vertriebenen die offizielle Erlaubnis des Herzogs von Lothringen, auf der Altforweiler Hufe und in Felsberg zu siedeln. Die Siedlung erhielt den Namen Neuforweiler. Der geschickte Verhandlungsführer *La Fontenelle* hatte als Name der neuen Siedlung an der Grenze zu Saarlouis Bourg Dauphin/Kronprinzendorf vorgeschlagen. Der Pariser Vertrag vom 21. Januar 1718 war die Umsetzung des Friedens von Rijswijk und legte fest, dass die Dörfer Lisdorf, Ensdorf, Fraulautern, Roden, Beaumarais und Wallerfangen mit ihren Besitzungen und vollem Hoheitsrecht auf den französischen König übergingen.

Im Kapitel IV. »Thomas de Choisy, erster Gouverneur von Saarlouis« konnten wir erfahren, dass dessen letzter militärischer Einsatz 1692 außerhalb der Festung Saarlouis bei der vergeblichen Belagerung von Rheinfels bei St. Goar im Pfälzischen Erbfolgekrieg erfolgte. 1705, im Spanischen Erbfolgekrieg, kommandierte der gichtkranke *Choisy* die Festung Saarlouis, die als Exklave jenseits der Grenzen des Königreiches lag, vom Krankenbett aus. Er starb im Jahre 1710. Mit seinem Tod schließt die bewegte Geschichte der ersten Jahrzehnte der Festung Saarlouis. Eine kurze Zusammenfassung soll uns die folgenden »Schicksalstage der Stadt« vor Augen führen:

- Im November 1738 fällt Lothringen durch den Friedensvertrag von Wien an Frankreich, »wenn auch Stanislaus Leszczynski formal die lebenslängliche Souveränität noch zusteht«.⁽¹⁵/³¹⁾
- Ende der Exklave 1766: Die Grenzen zu Frankreich sind wieder offen.
- Im österreichischen Erbfolgekrieg rechnet die Saarlouiser Festung 1743 mit einem Handstreich der in der Umgebung brandschatzenden Österreicher, der jedoch ausbleibt.
- Die Hochwasserkatastrophe von 1784 setzt die gesamte Stadt unter Wasser.
- Ab 1788 radikalisieren der wirtschaftliche Niedergang, die Zerrüttung der städtischen Finanzen, die ständigen Übergriffe der Generalsteuerpächter und die völlige Missachtung aller Bittgesuche zunehmend die Bürger der Stadt.⁽¹⁵/³⁹⁾
- Von Beginn der Französischen Revolution an war Sarre-Libre ein Herd revolutionärer Aktivisten, die fahrbare Guillotine auf der Place d'armes vollzog ein Todesurteil. Die Festung gehörte zum neugeschaffenen Département Moselle.
- Im Kaiserreich *Napoléons* ab dem Jahre 1804 meldeten sich viele Soldaten und Offiziere aus der Stadt *Ludwigs XIV.* zu den Fahnen. In der »Grande Armée« zur Invasion Russlands dienten mehrere Generale, darunter Generalleutnant Graf *Paul Grenier* und Marschall *Michel Ney*.⁽¹⁰/¹⁵⁷⁾

18 *Ortsschild Bourg Dauphin, heute Stadtteil Neuforweiler. Die Bezeichnung »Bodofingen« für Neuforweiler im Saarlouiser Dialekt geht auf den in der Bittschrift vorgeschlagenen Namen Bourg Dauphin zurück. In der Zeit 1945 bis 1955 hatte der Ort wieder den französischen Namen Bourg Dauphin.*

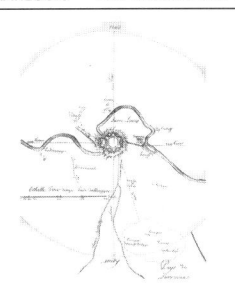

19 Blick von der Vaubanstraße in Richtung Schlächterstraße. Das Militärgebäude (Stallungen) links war ab 1936 »das Capitol«, das Eckgebäude gegenüber wurde das »Gasthaus Scherer« und beherbergt heute ein italienisches Restaurant. Foto um 1900.

⚜ Im Dezember 1815 übernehmen die Preußen die Festung und verstärken sie als Bollwerk gegen Frankreich.

⚜ 1887 wird die Festung aufgegeben, zwei Jahre später beginnt das Schleifen der Werke. Über die ehemaligen Festungsmauern hinaus wächst die »Neustadt«.

⚜

Ereignisse und Daten aus der Zeit zwischen 1670 und 1793

✣ : betrifft Region Saarlouis
• : betrifft europäische Namen und Ereignisse

1670 • : Zweite Besetzung von Lothringen bis 1697;
26. August: Herzog *Karl IV.* von Lothringen flieht nach Mainz.
Gottfried Wilhelm Leibniz (1646-1716), Philosoph, Mathematiker, Diplomat, verfasst die politische Schrift: »Securitas publica«.

1672 • : *Ludwig XIV.* beginnt zweiten Eroberungskrieg – der Gegner ist Holland (bis 1678).

1673 • : Herzog *Karl IV.* und sein Nachfolger, Herzog *Karl V. Leopold*, werden Alliierte des Kaisers und seiner Verbündeten.

1675 • : 22. Juni: *Thomas de Choisy* wird Königsleutnant beim Gouverneur der Provinz Limburg und erhält Patent als königlicher Ingenieur.
27. Juli: Marschall *Turenne* fällt bei Saßbach.
11. August: Herzog *Karl IV.* besiegt Marschall *Crequi* an der Saarbrücke bei Konz.
18. September: Tod Herzog *Karls IV.* in Birkenfeld;
Herzog *Karl V. Leopold* von Lothringen wird zum Herzog ausgerufen und vom Kaiser zum Generalissimus am Rhein ernannt.

1676 • : *Choisy* verteidigt unter dem Kommando des Marschalls *Calvo* Maastricht. Er erhält vom König den Titel »Ritter der Armee« und wird Festungsdirektor in der Champagne.
17. September: *Karl V. Leopold* erobert Philippsburg, den Brückenkopf am Rhein gegenüber Speyer.

1677 • : *Choisy* wird vom König der Zweiten Armee (kommandiert von Herzog *Philipp von Orléans*) als Ingenieur-Adjutant zugeteilt.
17. April: *Choisy* wird Gouverneur der Zitadelle von Cambrai.
Kaiserliche Truppen unter *Karl V.* dringen in die Champagne vor und besetzen für einige Monate Lothringen.
✣ 2. Juli: *Choisy* wird Oberkommandierender der Festung Thionville.

1678 • : Kaiserliches Heer unter Herzog *Karl V. Leopold* dringt bis Longwy vor.
Herzog *Karl V. Leopold* heiratet Prinzessin *Eleonore*, die Tochter des Kaisers.
10. August: Friede von Nimwegen. Abschluss des Vertrages mit Holland; Spanien schließt sich an. Burgund und Freiburg fallen an Frankreich.
Ludwig XIV. hat Frankreich den Weg zur führenden Macht in Europa bereitet. *Ludwig XIV.* behält »das stehende Heer«.
Im August: General *Choisy* erkundet auf Befehl des Königs den geeigneten Bauplatz für die Festung Longwy.
Der König ernennt *Sébastien le Prestre de Vauban* zum Generalbeauftragten für das Festungswesen.

1679 ✣ : Die Festung Homburg wird von französischen Truppen besetzt.
• : Herzog *Karl V.* erobert Philippsburg am Rhein zurück.
5. Februar: Friede von Nimwegen: Die Bedenkzeit für Herzog *Karl V. Leopold* ist ohne Vertragsunterschrift abgelaufen. Der Kaiser lässt für das Reich unterschreiben.
✣ : 25. Mai: Marschall *Crequi*, Gouverneur von Lothringen, berichtet nach Inspektion der Saargegend.
✣ : 12. Juli: *Choisy* erhält die Anweisung, den geeigneten Platz für eine Saarfestung zu finden.
• : Im August: *Choisy* beginnt mit dem Bau der Festung Longwy. *Leopold*, Sohn *Karls V. Leopold*, wird in Wien geboren.
✣ : 20. Oktober: *Choisy* meldet dem König: Der Platz für die neue Festung an der Saar liegt gegenüber der Abtei Fraloutre.
✣ : 23. Oktober: In Metz wird eine Reunionskammer für Lothringen und angrenzende Gebiete eingerichtet.
✣ : 26. Oktober: *Choisy* erhält den Befehl, Einzelheiten am Festungsplatz an der Saar zu erkunden.
✣ : 9. November: *Vauban*, Generalbeauftragter für das Festungswesen (1678), stimmt der Platzwahl *Choisys* zu. *Louvois* teilt *Claude Boisot* Aufgaben an der Festungsbaustelle Saarlouis zu.
• : 11. November: Finanzminister *Colbert* versendet Kasernenbaupläne *Vaubans* an alle Gouverneure.
✣ : 11. Dezember: *Choisy* wird zum Gouverneur der geplanten Festung Saarlouis ernannt.
• : Repressalien in Form königlicher Erlasse sind Auftakt für massive Verfolgungen der Hugenotten.

1680 ✣ : Vom 8. Januar bis 24. Februar bezieht *Vauban* Quartier in Wallerfangen.

- ✣: *Choisy* richtet Baubüro in Wallerfangen ein.
- ✣: Zum Festungsbau kommandierte Regimenter treffen ein.
- ✣: 11. Januar: Der Maître de poste in Metz erfährt von den Vorarbeiten zur Saarfestung.
- ✣: 20. Januar: Gazette de France: An der Saar wird eine Festung gebaut, sie soll Sarre-Louis heißen.
- •: 1. Februar: In den Kirchen Lothringens wird nicht mehr für den Herzog, sondern für den König gebetet – nach Beschluss des Metzer Parlaments.
- ✣: 8. Februar: *Vauban* stellt »Planung und Anweisungen für den Festungsbau von Saarlouis« fertig.
- ✣: *Boisot* kommt als Directeur des travaux/Baudirektor auf die Baustelle und richtet den Bauhof an der Saar ein.
- ✣: April: Um die Baustelle werden Truppenlager errichtet.
- •: 17. April: *Choisy* legt den Grundstein zur Festung Longwy.
- ✣: 18. Juli: *Joh. Amann*, Zimmermann, erhält vom Gouverneur die Holzmühle bei Saarlouis als Erbpacht.
- ✣: 5. August: *Choisy* legt den Grundstein zur Festung Saarlouis.
- ✣: Ende August: *Louvois* inspiziert Lage der Festung Saarlouis.
- •: 5. September: *Ludwig XIV.* feiert seinen 42. Geburtstag.
- ✣: November/Dezember: Soldaten heben das neue Saarbett aus – Aushub der Gräben, Aufwerfen der Wälle und Bastionen.
- ✣: Dezember 1680 und Januar 1681: Himmelskörper mit Schweif – der Komet Halley erscheint über Saarlouis.

1681
- ✣: *Jean Louis*, Sohn des Kaufmanns *Jean Dumas*, wird als erstes Kind in der Festung getauft.
- ✣: Der Intendant für die besetzten Gebiete, *de la Goupillière*, residiert in Homburg.
- •: Zunahme der Hugenotten-Verfolgungen; im September: Der Sonnenkönig lässt Straßburg besetzen: Aufkommen der »Erbfeindschaft« zwischen Franzosen und Deutschen.
- ✣: 29. Dezember: die »Lettre de Naturalité«, registriert und verkündet vom Metzer Parlament, erklärt: Alle, die nach Saarlouis ziehen, werden Untertanen des Königs.
- ✣: *Choisy* erwirbt in der Nähe des Lisdorfer Kanals (heute Kleinstraße) von drei Einwohnern Land zur Anlage seines Hofgutes.

1682
- ✣: 1. Januar bis 8. Juni 1683: Beginn und Ende des Bauabschnitts B beim Festungsbau;
- •: 16. Mai: Der Hof zieht von Paris nach Versailles.
- ✣: Die Fundamente zur Saar-Schleusenbrücke werden gelegt.
- ✣: An der Saarfront der Festung werden zwei Bastionen fertiggestellt, ebenso Kaserne 47/48 (später Kaserne 5).
- ✣: Kaserne 49/50 (heute Kaserne 1) im Bau;
- ✣: Erste Bürgerhäuser werden errichtet.
- •: Dezember: Gallikanische Konfession: Eigenrechte und Unabhängigkeit der französischen Kirche werden protokolliert.

1683
- •: Tod der Königin von Frankreich, Tod des Finanzministers *Colbert*.
- ✣: Pfahlbrücke über den Festungsgraben zum Französischen Tor wird gebaut.
- ✣: 29. April: Königlicher Erlass: Befreiung der Stadt von allen Auflagen, Einrichtung eines Gerichtes und die Verlegung der Märkte von Wallerfangen nach Saarlouis.
- ✣: Ausgabe der Gründungsmedaille von Saarlouis: Ludovicus Magnus Rex Christianissimus Sarloisium conditum.
- ✣: 8. Juni: Hauptachse der Festung gepflastert, Bauabschnitt B zu Ende;
- ✣: 13. Juni: Zunft der Gerber zieht nach Saarlouis – das Zentrum des Handwerks bleibt in Roden.
- ✣: 8. Juli: Der König mit Hofstaat besucht vom Lager Bouquenom (heute Sarre-Union) kommend den Festungsbauplatz. Er verleiht der Stadt das Sonnenwappen mit dem Spruch: *Dissipat atque fovet*. Über Tromborn und Metz reist der Hofstaat wieder nach Versailles zurück.
- ✣: Schlosser *Ferdinand Heil* aus Wallerfangen wird in diesem Jahr erster Bürgermeister.
- ✣: Im August: *Vauban* inspiziert die Festung Saarlouis.
- •: Im September: Herzog *Karl V. Leopold* besiegt zusammen mit der Entsatzarmee des polnischen Königs Sobieski die Türken vor Wien.
- ✣: Im November: Rekollektenpatres, die ersten Pfarrherren von St. Ludwig, beziehen Wohnung in Wallerfangen.
- ✣: Im Dezember: Bauabschnitt C zu Ende;

1684
- ✣: Der letzte Bauabschnitt D im Festungsbau beginnt (bis Ende 1985).
- ✣: 4. Januar: *de la Goupillière*, Intendant für die besetzten Gebiete in Homburg, erlässt einen Bekehrungserlass.
- •: Eroberung der Festung Luxembourg durch

- *Vauban* unter Mithilfe von *Choisy*. Besetzung von Trier durch französische Truppen;
- ✤ : Reparaturarbeiten an Werken und Mauern der neuen Festung;
- ✤ : Alle Kasernenbauten in Dienst gestellt, Errichtung der beiden Torfassaden;
- ✤ : 13. Juni: Der Intendant zahlt eine Entschädigung für das Terrain der Festung Saarlouis an den Abt von Wadgassen.
- • : 15. August: Das Reich und Spanien erkennen alle bis zum 20. August 1681 ausgesprochenen Reunionen auf 20 Jahre im »Regensburger Stillstand« an.

1685 ✤ : *Choisy* beginnt den Bau der Trinkwasserleitung von Felsberg in die Festung.
- ✤ : 26. Februar: Der König richtet durch ein Edikt den Siège Présidial in Saarlouis, dem Hauptort der neuen Saarprovinz, ein. Fünf Grundsteinlegungen: zum Gouvernement, zum Arsenal, zum Hospiz, zum Rathaus und zum Pfarrhaus;
- ✤ : 21. April: Verteilung der Gärten vor dem Französischen Tor durch *Choisy*;
- ✤ : 2. Juni: *Choisy* legt feierlich den Grundstein zur Ludwigskirche.
- ✤ : 17. Juli: Weihe des neuen Friedhofes vor dem Deutschen Tor;
- • : 17. Oktober: Aufhebung des Edikts von Nantes (13. April 1598) – Flucht vieler Hugenotten über den Rhein;
- ✤ : Der Rodener Damm erhält eine Schleusenbrücke.
- ✤ : Der Intendant der Saarprovinz, *de la Goupillière*, setzt Truppen der Garnison Saarlouis zur Bekehrung der Hugenotten ein.
- ✤ : *Choisy* veranlasst Pflanzung von 3.600 Bäumen.
- ✤ : *Ludwig XIV*. schenkt dem Präsidialgericht im Rathaus zwei Gobelins.
- • : Herzog *Karl V. Leopold* besiegt türkisches Heer bei Gran und erobert Ofen/ Budapest.

1686 • : Augsburger Liga gegründet: Kaiser, Spanien, Reichsfürsten, Holland, Schweden, England gegen *Ludwig XIV*;
- ✤ : 21. April: Die Rekollektenpatres ziehen als Pfarrherren der Pfarrei St. Ludwig in das neue Pfarrhaus.
- ✤ : *Choisy* bezieht in der Stadt die neuen Amtsräume im Gouvernement.
- ✤ : Das Hospiz wird mit 4 Sälen zu 200 Betten eingerichtet.

1687 • : Bau der Festung Fort Louis auf der Rheininsel Giesenheim nahe Rastatt als französischer Brückenkopf;
- • : Bau der Festung Montroyal durch Gouverneur *Choisy* bei Traben-Trarbach an der Mosel;
- ✤ : 6. April: Weihe der Ludwigskirche Saarlouis an Petrus und Paulus durch den Weihbischof aus Speyer;
- ✤ : Das Amt für Gewässer und Forsten wird in Saarlouis eingerichtet.
- ✤ : 25. August: Fest des hl. Ludwig (*Ludwig IX*.) wird Patronatsfest in Saarlouis.
- ✤ : Die barocken Skulpturen von Peter und Paul werden in die Nischen der Turmfassade gestellt.
- • : *Choisy* erwirbt die Herrschaft Mogneville im Herzogtum Bar.
- ✤ : Im Juli: Die Häuser in Wallerfangen werden vor dem Abriss von einer Kommission abgeschätzt.
- ✤ : Die Kapuziner erhalten die Erlaubnis zum Umzug von Wallerfangen nach Saarlouis.
- ✤ : Die Klostergebäude vor der Festung am Lisdorfer Kanal sind im Bau.
- • : Herzog *Karl V. Leopold* besiegt die Osmanen bei Mohács und befreit dadurch Ungarn.
- ✤ : Ende der Stadt Wallerfangen – Beamte, Notare, Kaufleute, Handwerker ziehen in die Festung Saarlouis, die Bauern bauen in den verlassenen Lagern Beaumarais und Picard neue Häuser, die übrigen bleiben in Wallerfangen.
- • : 25. September: Frankreich beginnt den pfälzischen Erbfolgekrieg ohne Vorwarnung. Zerstörungen in der Pfalz – die von *Louvois* angeordnete »verbrannte Erde« verstößt gegen die Kriegsgepflogenheiten der damaligen Zeit. 11. bis 15. Oktober: Einnahme von Mainz, Heidelberg, Speyer, Trier, Worms, und Oppenheim durch französische Truppen; 22. Oktober: Frankreich erobert Philippsburg am Rhein.

1688 ✤ : Die Pfarrgemeinde unterhält neben dem Haus in der Bibelstraße ein Haus in der Bierstraße für mittellose und kranke Bürger.
- ✤ : Ab 1688 läuten von St. Ludwig die Glocken der Pfarrkirche St. Peter in Wallerfangen.

1689 • : »Mémoire sur le rapel des Huguenots«; *Vauban* veröffentlicht einen Aufruf zur Rückkehr der Hugenotten.
- ✤ : Contregarde de l'écluse/Halbmond zum Schutz der Schleusenbrücke fertiggestellt;
- ✤ : Retranchement des Capucines fertiggestellt;
- ✤ : 6. März: *Choisy* zum Maréchal de camp/ Brigadegeneral ernannt;
- • : 18. April: *Karl V. Leopold* stirbt in Wels an der Donau.

- •: Das französische Heer zählt 300.000 Mann unter Waffen. Zur Zahlung der Kosten lässt der König seine Silbermöbel einschmelzen.
- ✣: Eine Inundation der Festung Saarlouis ist wegen der baufälligen Schleusenbrücke nicht möglich.
- ✣: Im Juni: *Choisy* wird zur Verteidigung der Festung Mainz abgeordnet.
- ✣: *Valentin André* eröffnet Gasthaus »Zum Goldenen Karpfen« Ecke Deutsche Straße – Großer Markt.

1690 ✣: Ein achteckiges Brunnenbecken wird auf der Place d'armes gebaut.
- •: Im Oktober: Schweden und Papst bemühen sich um Frieden im Pfälzischen Krieg.
- ✣: In der Festung bauen ihre Refugien: die Abteien Fraulautern, Tholey, Wadgassen, Mettlach und die Komturei Beckingen.

1691 •: Unter dem persönlichen Kommando *Ludwigs XIV.* wird die Festung Mons/Bergen, 50 km südwestlich Brüssel, erobert.
- •: Le Ministre et Sécrétaire d'État de la Guerre/ der Minister und Staatssekretär für den Krieg *Louvois* stirbt.
- ✣: Die Augustiner aus Wallerfangen beginnen ihren Klosterbau an der Augustinerstraße.
- ✣: Neuer Friedhof hinter der Kaserne Nr. 54 geweiht; der alte Friedhof vor dem Deutschen Tor bleibt Militärfriedhof.

1692 •: *Choisy* zum Marquis von Mogneville im Herzogtum Bar erhoben.
 Seeschlacht bei La Hogue: Neue französische Flotte von englischer Flotte besiegt;
- ✣: Der Gemeinde wird, angepasst an die französischen Verhältnisse, das Recht entzogen, ihre Beamten zu wählen.
- ✣: Kapuziner beziehen das Retranchement des Capucines/ die Kapuzinerschanze außerhalb der Festung.
- •: 18.–27. Dezember: Die Eroberung der Festung Rheinsfeld bei St. Goar durch *Choisy* scheitert.

1695 ✣: 24. März: In der rue de la boucherie/Boucherie-Gass beginnt der Bau eines Schlachthauses mit Metzgereien.

1696 ✣: Augustiner eröffnen ihre Klosterschule; daraus entsteht das Kolleg für humanistische Studien.

1697 •: Hochzeit in Paris: *Elisabeth von Orléans*, die Nichte des Königs, heiratet *Herzog Leopold I.* von Lothringen.
- ✣: *Michel Dupont* betreibt das Gasthaus »Zum Goldenen Adler« Ecke Deutsche Straße.

- •: 9. Mai bis 30. Oktober: Friedensverhandlungen im Schloss Rijswijk. Frankreich erhält das Elsass mit Straßburg und Longwy in Lothringen. Der König behält Saarlouis als Exklave mit »einer halben Meile im Umkreis«.
- ✣: Der wirtschaftliche Niedergang von Saarlouis beginnt.
- •: *Leopold I.*, Sohn *Karls V. Leopold*, darf als Herzog in seine Stammlande zurückkehren.
- ✣: Bürger von Montroyal ziehen nach Saarlouis um, wo *Choisy* ihnen Bauplätze verschafft.
- •: *Prinz Eugen* erhält den Oberbefehl über das habsburgisch-kaiserliche Heer.

1698 •: 5. Februar: »Demolation«/ Zerstörung der Festung Montroyal.

1699 •: *Jacques Etienne Turgot*, Intendant der Généralité von Metz, schreibt die Geschichte der drei Bistümer in Lothringen.
 im Juni: *Vauban* erläutert dem König seine Gedanken zur Dixme Royale/zum »Königs-Zehnten«.

1700 ✣: im Juli: Inspektionsreise *Vaubans* in die französische Exklave Saarlouis;
- •: Akademie der Wissenschaften unter *Gottfried Wilhelm Leibniz* in Berlin gegründet;
- ✣: Lisdorf zählt 944 Einwohner.

1701 •: Gründung der Académie royale des inscriptions et médailles durch Minister *Colbert*, Sohn des französischen Finanzministers – 1637 erfolgte die Gründung der Académie française durch Kardinal *Richelieu*.
- ✣: Eine Spezialkarte der Bibliothèque Inspection du Génie in Paris zeigt die Exklave Saarlouis mit angrenzenden lothringischen Orten.
- ✣: Die neue Wasserleitung wird am Herzogsweiher am Neuhof (Felsberg) entlang geführt.
- •: *Friedrich I.* wird zum König von Preußen gekrönt.

1702 •: 3. Juli: *Ludwig XIV.* erklärt Spanien offiziell den Krieg (der Beginn des Spanischen Erbfolgekrieges war 1701).
- ✣: Trier zählt 3.700 Einwohner, Metz 20.710, Saarlouis etwa 3.000 Einwohner.
- •: *Wilhelm von Oranien*, seit 1672 Hauptgegner *Ludwigs XIV.*, stirbt.

1703 ✣: Die Stadt erhält die Genehmigung, den Oktroi/ eine Verbrauchssteuer zu erheben.
- •: *Vauban* zum Maréchal de France ernannt.

1704 ✣: 23. März: Gemeinde »Felsberg« durch Dekret des Herzogs *Leopold I.* bestätigt;

- • : Gemeinsamer Sieg des Prinzen *Eugen* und des Feldherrn *Marlborough* bei Hochstädt/Blenheim an der Donau;
- ✣ : 26. Oktober: *Choisy* wird zum Generalleutnant befördert.
- • : *Stanislaus Leszczinski* zum König von Polen gewählt (bis 1709);

1705 ✣ : Mai – Juni: Die Gegend von Saarlouis ist Operationsfeld zweier feindlicher Armeen unter Marschall *Villars* und dem englischen Oberbefehlshaber, dem Herzog *von Marlborough*.
- ✣ : *Choisy* befehligt die Festungsexklave Saarlouis.
- • : Tod von Kaiser *Leopold I*. – sein Nachfolger ist *Josef I*. (bis 1711).

1706 ✣ : *Gilles Hanson*, Kaufmann aus Theux bei Lüttich, ist zugleich Bürgermeister in Saarlouis und Zunftmeister der Kaufleute.

1707 ✣ : Die Augustinerpatres unterrichten in den Humanitäts-Fächern Griechisch, Latein, Geschichte und Rhetorik.
- • : Die gedruckten Exemplare des »Dixme Royal« von *Vauban* werden beschlagnahmt.
  25. März: Hausdurchsuchung bei *Vauban*;
  30. März: *Vauban* stirbt in Paris.
  Prinz Eugen wird zum Reichsfeldmarschall befördert.

1708 • : Schlacht bei Oudenarde in Flandern – Niederlage *Ludwigs XIV.* gegen englische und kaiserliche Truppen;
Die Festungen Mons und Namur verhindern ein weiteres Vordringen der Feldherren *Eugen* und *Marlborough* auf Paris.

1709 • : *Ludwig XIV.* erleidet Niederlage bei Malplaquet durch *Marlborough* und *Prinz Eugen*.

1710 ✣ : 26. Februar: Tod des ersten Gouverneurs, *Thomas de Choisy*. Die Stadt errichtet ihm ein Epitaph in der Ludwigskirche. Sein Herz wird unter den Altarstufen eingemauert.

1711 • : Tod Kaiser *Josephs I*. – Nachfolger ist Kaiser *Karl VI*. (bis 1740).

1713 • : Friede von Utrecht: Die Spanischen Niederlande werden Österreichische Niederlande. In acht österreichischen Festungen erhalten die Holländer Besatzungsrecht als »Barriere« gegen Frankreich (bis 1781).
19. April: Kaiser *Karl VI.* (1711–1740) verkündet Pragmatische Sanktion.

1714 ✣ : 287 Gärten vor dem Französischen Tor, 40 an der Straße nach Roden bestätigt;
- ✣ : Hochwasser reißt die Rodener und Fraulauterner Flutdämme weg. Der Rodener Damm wird wieder aufgebaut.

1715 • : 1. September: Tod *Ludwigs XIV.* – *Philipp von Orléans* führt für den fünfjährigen Urenkel *Ludwig XV.* die Regentschaft.
- ✣ : 1. Dezember: Feierliches Sterbeamt für *Ludwig XIV.* mit vierzigtägigem Gebet für sein Seelenheil;

1716 • : Der große Philosoph und Mathematiker *Gottfried Wilhelm Leibniz* stirbt in Hannover.

1717 • : *Prinz Eugen* erobert Belgrad.
- ✣ : In Saarlouis stehen 260 Häuser, bewohnt von 695 Familien. Es gibt 45 Gewerbe mit 485 Meistern und 113 Gesellen.

1718 ✣ : 30. Juni: Nach dem Pariser Vertrag zwischen Lothringen und Frankreich vom 21. Januar werden Grenzsteine um die Exklave Saarlouis gesetzt.
- ✣ : Gründung der Gemeinden Niederlimberg, Oberlimberg und St. Barbara durch Herzog *Leopold I*.
- ✣ : *Senneton de Chermont* aus der Champagne, seit 1718 bis zum Tod 1758 Chefingenieur in Saarlouis, bemüht sich um Verstärkung der Werke.

1721 ✣ : April: Rechts und links vom Gouvernement dürfen die freien Flächen an der Silberherzstraße und der Schlächterstraße von Bürgern bebaut werden. Bedingung: Die Häuser müssen »symmetrisch« sein.
- • : *Peter der Große* von Russland nimmt den Titel Zar an.

1725 ✣ : In Lisdorf wird auf Hof Saar ein Gefangenenturm errichtet.

1726 ✣ : An den Festungswerken werden kostspielige Reparaturen ausgeführt, vordringlich an der Schleusenbrücke.
- ✣ : Ein Festungsplan von 1726, gezeichnet in der Dienstzeit des Chefingenieurs *Senneton de Chermont*, ist Grundlage für das Festungsmodell im Städtischen Museum.

1729 • : Herzog *Leopold I.* stirbt mit fünfzig Jahren, seine Witwe führt bis 1735 die Regentschaft.

1732 ✣ : 31. Januar: Ein Schulreglement tritt in Kraft durch Vereinbarung von Vertretern des Magistrats und den Lehrern: Von 1716 bis 1740 sind 25 Lehrer und 2 Lehrerinnen tätig. Die Kinder haben drei Stunden vormittags und drei Stunden nachmittags Unterricht – Bürgermeister und Schöffen versprechen, die sechs- bis zehnjährigen Kinder in die Schule zu schicken.

- ✣ : *Franz von Lothringen* erteilt der Festung Saarlouis das Recht, Wasser aus der Quelle am Neuhof in die Stadt zu leiten.
- ✣ : Brunnenleitungen werden repariert.
- 1733 ✣ : Ämterkauf auch in Saarlouis. Die kommunalen Ämter werden nicht mehr durch Wahlen, sondern durch Kauf besetzt.
  - • : Polnischer Thronfolgekrieg (bis 1735); wieder wird Lothringen von französischen Truppen besetzt.
- 1735 • : 3. Oktober: Vorfrieden von Wien: *Stanislaus* verzichtet auf den polnischen Thron und erhält Lothringen (bis 1766).
- 1736 • : Tod des Prinzen *Eugen von Savoyen*; 12. Februar: Herzog *Franz-Stephan* heiratet die Erzherzogin *Maria Theresia*, die Tochter des Kaisers – vier Jahre später stirbt Kaiser *Karl VI.* (1711–1740).
  - ✣ : In Roden arbeiten 29 Gerbermeister mit Hilfe von 107 Lohgruben, 1771 sind es insgesamt 77 Gerbermeister.
- 1737 • : 18. Januar: Herzog *Stanislaus* lässt in Lothringen die Besitzergreifung des Herzogtums verkünden.
  - Februar: *Franz-Stephan*, Großherzog der Toskana, entbindet seine lothringischen Untertanen vom Treueid.
- 1738 • : 18. November: Der Wiener Vertrag wird ratifiziert: Lothringen gehört de jure zu Frankreich; im Gegenzug garantiert Frankreich die Pragmatische Sanktion, d. h. die Thronfolge für *Maria Theresia*.
- 1739 ✣ : In den Gartenreihen werden Gräben angelegt, um die Flächen trockenzulegen.
  - ✣ : In Roden gibt es eine Schule.
- 1740 • : *Friedrich II.* wird preußischer König; *Maria Theresia* wird Erzherzogin von Österreich;
- 1745 • : *Franz-Stephan*, Gemahl der Erzherzogin *Maria Theresia* von Österreich, wird in Frankfurt als Kaiser *Franz I.* zum römisch-deutschen Kaiser gewählt.
- 1749 ✣ : Der »Pot de Sarrelouis«, gefertigt 1749, fasst 2,60 Liter (Städtisches Museum).
  - ✣ : Die Familie *du Pillard de Requin* kauft alle Herrschaftsrechte in Roden.
  - • : 28. August: *Goethe* wird in Frankfurt geboren.
- 1750 ✣ : Bürger von Saarlouis besitzen 39 Pferdeställe mit Platz für 183 Pferde.
  - ✣ : 26. Juni: Neue Kirche in Roden am heutigen Marktplatz geweiht.
- 1751 • : Druck der Enzyklopädie von *D'Alembert* und *Diderot*.
  - ✣ : Eine königliche Verordnung verfügt, dass die deutschsprachigen Augustinermönche gegen Augustiner aus Frankreich ausgetauscht werden.
- 1752 ✣ : 11. Oktober: Die Hälfte von Roden – 65 Häuser – fällt einem Brand zum Opfer.
- 1753 ✣ : Bau des Barockschlosses an »der Engt« in Wallerfangen durch *Georg Theodor Lasalle*, den Magazinverwalter in Saarlouis.
- 1754 ✣ : Truppenmanöver in der Kapuzinerau mit Infanterie und Kavallerie. General, Kriegsminister und Stab quartieren im Kapuzinerkloster.
- 1756 • : Bis 1762 Siebenjähriger Krieg: Preußen/England gegen Koalition Österreich/Frankreich/Schweden/Reichsfürsten/Russland;
- 1758 • : Baumeister *Friedrich Joachim Stengel* baut in St. Johann, Saarbrücken, die barocke Johanniskirche, deren Fassade der Ludwigskirche in Saarlouis gleicht.
  - ✣ : Madame *de Soubise*, geb. 1728, lebt verbannt im Kloster Fraulautern.
- 1760 ✣ : 5. Juni: *Michel Renauld* wird in Saarlouis geboren, 1815 übernimmt er das Amt des Oberbürgermeisters im preußischen Saarlouis; gestorben am 2. September 1826;
- 1761 ✣ : Die Stadt in Finanznöten: Bedarfsgüter wie Holz, Steine, Holzkohle, Vieh werden durch den »octroi nouvel« verteuert.
  - • : *Jean Jacques Rousseau* veröffentlicht »Le contract social«.
- 1762 • : *Katharina II.*, die Große, wird Zarin von Russland (1762–1796).
  - ✣ : Grabenbrücke vor dem Französischen Tor aus Stein errichtet;
- 1764 ✣ : 25. November: Abt *Michael Stein* aus Lisdorf weiht die neue Lisdorfer Pfarrkirche St. Crispinus und Crispinianus ein.
- 1765 • : Tod von Kaiser *Franz-Stephan* von Lothringen als Kaiser *Franz I.*;
- 1766 • : 23. Februar: Herzog *Stanislaus* stirbt in Lunéville. Lothringen ist von diesem Tag an de facto eine französische Provinz.
- 1767 ✣ : Die Stadt muss einen Kasernier einstellen, der über Pflege und Unterhalt der Kasernen wacht.
- 1769 ✣ : 10. Januar: *Michel Ney* in der Bierstraße geboren; 1804 Marschall des Kaiserreiches; 1815 zum Tode verurteilt und erschossen.
- 1773 ✣ : Neuer Friedhof vor das Französische Tor verlegt – heute »Alter Friedhof«, an der von-Lettow-Vorbeck-Straße;

- : *Ludwig XV.* wird König von Frankreich.
1774 ✣: 30 Laternen werden an Straßenecken angebracht.
1775 ✣: 25. Juni: Feierlichkeiten in Saarlouis zur Krönung *Ludwigs XVI.*
1777 ✣: Die Schleusenbrücke wird abgerissen, fundamentiert und nach Plänen *Vaubans* neu gebaut.
 ✣: 1. Oktober: Instruktiver Festungsplan von Saarlouis mit Erläuterungen, in Metz von Sieur *d'Aubigny* unterzeichnet;
1779 ✣: Die Stadt erkauft für sich das Recht, die städtischen Ämter selbst zu besetzen.
1780 • : Tod von Kaiserin *Maria Theresia*;
1781 ✣: Die Stadt feiert das 100. Jubiläum ihrer Gründung zusammen mit der Geburt des französischen Thronfolgers.
1782 ✣: Neues Schlachthaus vor dem Deutschen Tor auf der Fausse-braie/dem Niederdamm gebaut;
1783 ✣: Saarlouis gehört zur Baillage Bouzonville, dem Gerichts- und Verwaltungsbezirk. Der Siège Présidial in Saarlouis ist geschlossen.

✣: 28. Februar: Hochwasser überschwemmt die Festung – die Stadt erlebt eine Katastrophe.
1789 ✣: *Nicolaus Theodor Adolph de Lasalle* (1762–1803), geboren in Saarlouis, wird Deputierter des 3. Standes in der Nationalversammlung.
 ✣: Die Teuerung im Lande nimmt zu.
1790 ✣: Das Kolleg der Augustiner muss schließen.
 ✣: Die Stadt muss eine Station mit zehn Pferden für die Post bereithalten.
1791 ✣: 30. September: Eine Kommission des Wohlfahrtsausschusses inspiziert das Kapuzinerkloster.
 ✣: 20. November: Konstituierende Sitzung der Partei der Jakobiner im Refektorium des Augustinerklosters;
1792 ✣: Die Kapuziner müssen ihr Kloster verlassen.
 • : Beginn des 1. Koalitionskrieges (1792–1797) – Österreich und Preußen gegen Frankreich. Kanonade von Valmy bei Verdun;
1793 • : 21. Januar: König *Ludwig XVI.* hingerichtet;
 ✣: 22. Juli: Saarlouis heißt per Dekret Sarre-Libre.

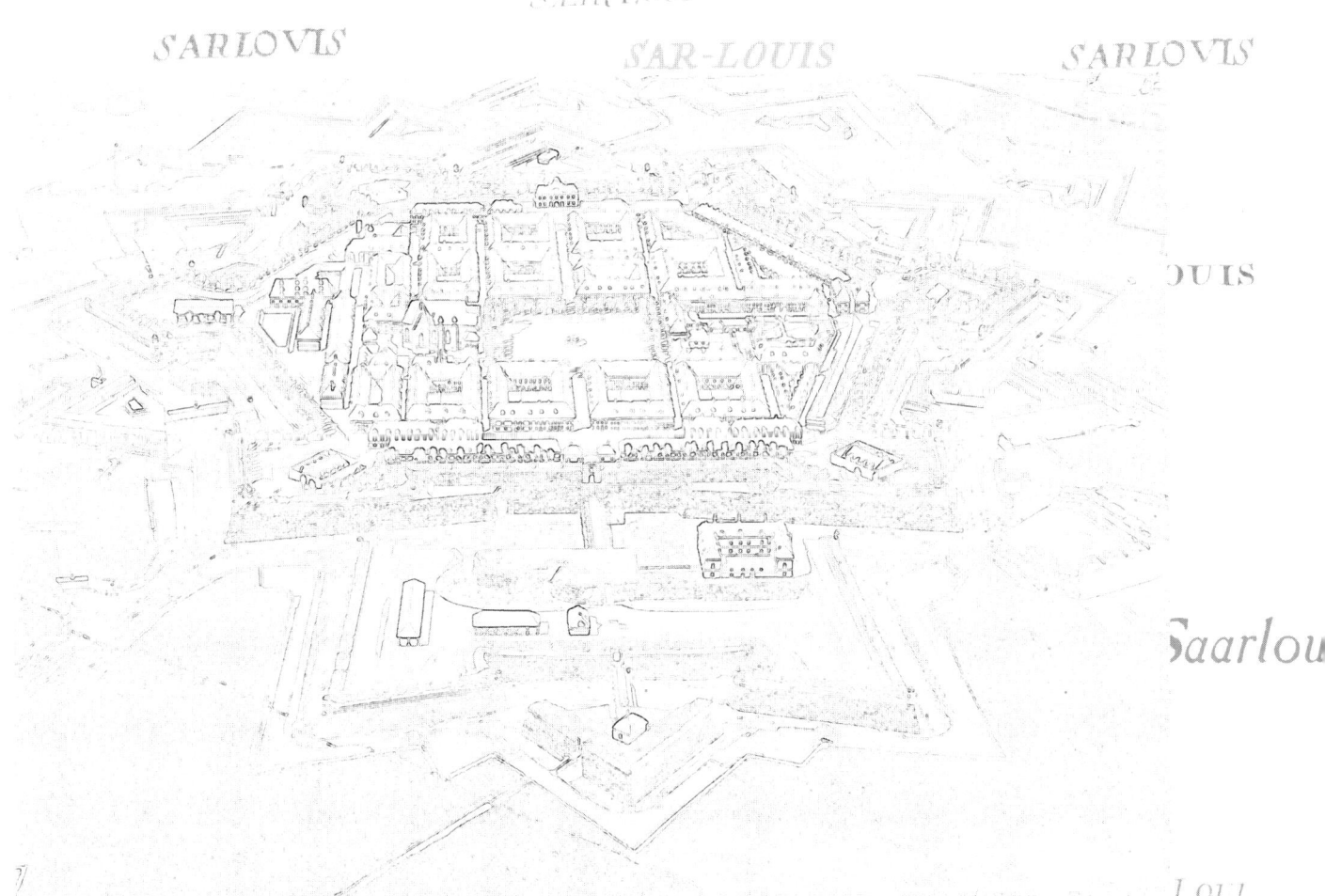

Literaturverzeichnis und Quellenangaben

Abbildungen

Sofern nicht anders vermerkt, stammen die Abbildungen aus dem Fundus des Autors, des Städtischen Museums Saarlouis und des Stadtarchivs Saarlouis.

Literatur

Im Text sind die Fundstellen in dieser Form angegeben: (17/122). Dabei verweist die erste Ziffer, in diesem Beispiel 17, auf die Nummer des Werkes in der folgenden Liste. Die zweite Ziffer, 122, bestimmt die Seitenzahl der Fundstelle. (17/122) bedeutet also die Seite 122 bei *Anne Blanchard* in ihrem Werk über die königlichen Ingenieure.

Die Literaturangabe (1/§143) bezieht sich auf das »Projet« Vaubans, der die Schrift in Kapitel (§), nicht in Seiten aufgeteilt hat. So verweist (1/§143) auf das Kapitel 143 im »Projet«.

1 VAUBAN: Projet instructif de la fortification de Sarrelouis 1680. Manuscrit fait à Vaudrevange le 8 février 1680, signé de Vauban 1698. [Foto-Repro Bibliothèque du Comité technique]; Übersetzung von Thomas und Catherine Gretscher Saarbrücken 1984, Stadtarchiv Saarlouis

2 SAARLOUIS 1680–1980: Entstehung und Entwicklung einer Vaubanschen Festungsstadt. Katalog zur Ausstellung; Redaktion: Hans-Walter Herrmann / Jacques Toussaert mit einem Beitrag von Philipp Truttmann, hrsg v. Kreisstadt Saarlouis, Saarlouis 1980

3 BALZER, LUDWIG KARL / FONTAINE, LOTHAR: Persönlichkeit und Werk Vaubans als Ingenieur de France. Pläne, Karten und Bilder mit einem Beitrag von WERNER GEMBRUCH, Frankfurt a. M, Saarlouis 1983

4 ZASTROW, ALEXANDER VON: Geschichte der beständigen Festungen, Leipzig 1854

5 HELLWIG, FRITZ: Alte Pläne von Stadt und Festung Saarlouis, Saarbrücken 1980

6 MOTTE, NICOLAS BERNARD: Manuscrit tiré des archives même de Sarrelouis et de ses environs. [zweibändige französische Handschrift; anonyme handschriftliche Übersetzung], Stadtarchiv Saarlouis; 1855/1860

7 KRETSCHMER, RUDOLF: Saarlouis 1680–1980 (= Geschichte der Kreisstadt Saarlouis Bd. IV), Saarlouis 1982

8 TOUSSAERT, JACQUES: Vauban, hrsg. v. Kreisstadt Saarlouis, Saarlouis, 1980

9 RITTER, ANTON: Geschichte der Festung Saarlouis. Manuskript 1854/56, Stadtarchiv Saarlouis.

10 BALTZER, GEORG: Historische Notizen über die Stadt Saarlouis und deren unmittelbare Umgebung, Trier 1865

11 LIEBERTZ, THEODOR: Wallerfangen und seine Geschichte, Wallerfangen 1953

12 RICHTER, CARL RODERICH MARIA: Schicksalstage der Stadt Saarlouis 1680–1697, Saarbrücken 1954

13 ZELLER, GASTON (Hg.): Lettres inédites de Louvois, Vauban, Thomas de Choisy, in: Bulletin mensuel de la Société d'archéologie lorraine et du Musée historique lorrain, Nancy 1923

14 BARUDIO, GÜNTER: Das Zeitalter desAbsolutismus und der Aufklärung 1548–1779, in: Fischer-Weltgeschichte, Frankfurt 1981

15 SCHU, HANS-JÖRG: Chronik der Stadt Saarlouis 1680–1980, Saarbrücken o. J.

16 BERNIER, OLIVIER: Ludwig XIV. – eine Biographie, Zürich 1989

17 BLANCHARD, ANNE: Les ingénieurs du Roy dès Louis XIV à Louis XVI, Paris 1979

18 Richter, Carl Roderich Maria: Der Bann und die Bannmeile von Saarlouis [und]
    Fox, Nikolaus: Die Saarlouiser Mundarten, in: Saarlouis 1680–1930. Rückschau und Ausblick im 250. Gründungsjahr der Stadt, hg. von Bürgermeister Dr. Latz, Saarlouis 1930
19 Huber, Rudolf / Rieth, Renate (Hg.): Glossarium artis 7: Festungen – Forteresses – Fortifications, München, New York, London, Paris 1990
20 Neumann, Hans-Rudolf (Hg.): Historische Festungen im Südwesten der Bundesrepublik Deutschland [mit Beiträgen u. a. zu den Festungen Saarlouis von Ludwig Karl Balzer, Montroyal von Gischer Castendyck], Stuttgart 1995
21 Parent, Michel / Verroust, Jacques: Vauban, Paris 1971
22 Cronin, Vincent: Der Sonnenkönig, Frankfurt 1977
23 Hoppstaedter, Kurt / Herrmann Hans-Walter (Hg.): Geschichtliche Landeskunde des Saarlandes Bd. II, Saarbrücken 1977
24 Parisse, Michel u. a.: Lothringen – Geschichte eines Grenzlandes, dt. Ausgabe: Herrmann, Hans-Walter, Saarbrücken 1984
25 Mohr, Walter: Geschichte des Herzogtums Lothringen, Teil IV.: Das Herzogtum Lothringen zwischen Frankreich und Deutschland (14.–17. Jahrhundert), Trier 1986
26 Pesendorfer, Franz: Lothringen und seine Herzöge, Wien 1994
27 Herrmann, Hans-Walter / Irsigler Franz (Hg.): Beiträge zur Geschichte der frühneuzeitlichen Garnisons- und Festungsstadt. Referate und Ergebnisse der Diskussion eines Kolloquiums in Saarlouis vom 24. bis 27. 6. 1980, Saarbrücken 1983
28 Bonnaire, Heiner: Zur Geschichte des Staatlichen Gymnasiums Saarlouis, in: 300 Jahre Gymnasium am Stadtgarten, Saarlouis 1991
29 Delges, Severin: Geschichte der katholischen Pfarrei St. Ludwig in Saarlouis, Saarlouis 1931
30 Fridell, Egon: Kulturgeschichte der Neuzeit, München 1969
31 Lutz, Heinrich / Mann, Golo u. a.: Von der Reformation zur Revolution, Propyläen Weltgeschichte Bd. VII, Frankfurt 1976
32 Johansen: Geschichte der Wasserverhältnisse von Saarlouis. Handschrift 1850; Stadtarchiv Saarlouis
33 Braeuer, Walter: Frankreichs wirtschaftliche und soziale Lage nach 1700, Marburg 1968
34 Henderson/ Nicholas: Prinz Eugen, der edle Ritter, München 1978

35 Loth, Wilfried: Frankreich, französische Geschichte zum Nachschlagen, Ploetz Freiburg, Würzburg 1996
36 Noël, Maurice: Un collaborateur de Vauban à Longwy: L'ingénieur de Choisy, in: Bulletin de l'association des amis du Vieux Longwy, Nancy 1959
37 Brembati, Joseph: Histoire de la Place Forte de Longwy dans Le Pays-Haut, in: Bulletin trimestriel de l'association des amis du Vieux Longwy et des sociétés savantes du pays-haut, Bibliothèque municipale, Longwy 1980
38 Klauck, Hans Peter: Die Einwohner der Stadt Saarlouis 1680–1715 (= Quellen zur Genealogie im Landkreis Saarlouis und angrenzenden Gebieten, Band 16), 2 Bände, Saarlouis 1998
39 Bluche, François (Hg.): Dictionnaire du Grand siècle, Paris 1990
40 Melcion, François: Felsberg, Flurnamen einst und jetzt. Manuskript mit Plänen, Felsberg 1997
41 Bluche, François: La vie sociale au Grand siècle, Paris 1990
42 Grebel, Alexander: Das Schloss und die Festung Rheinfels, St. Goar 1844
43 Schilly, Ernst: Nicolas-François Curel leitender Festungsingenieur in Saarlouis ab 1.4. 1791. Studie für die Kreisstadt Saarlouis, 1980
44 Balzer, Ludwig Karl: 1890 – Saarlouis wächst über seine Festungsmauern hinaus – Vom Vaubanplan zum Stübbenplan. Ausstellungskatalog, Saarlouis 1990
45 Finkenberg, Arnt: Lisdorf (= Geschichte der Kreisstadt Saarlouis, Band V), Saarlouis 1997
46 Buer, Traudel: Soutyhof bei Saarlouis, in: Neue Saarheimat Saarbrücken 1982
47 Zimmermann, Walther: Die Kunstdenkmäler der Kreise Ottweiler und Saarlouis, Verein für Denkmalpflege im Saarland, Nachdruck 1976
48 Karge, Gernot: Die Bewohner von Saarlouis – genealogische Forschungen. Manuskript, 1999
49 Florange, Jean: Hombourg au bout la forteresse, in: Bulletin de la société des Amis des Pays de la Sarre, Nancy 1926
50 Hönl, Johann: Montroyal. Manuskript, Traben-Trarbach 1944
51 Anders, Gebhard: Bonn als Festung, ein Beitrag zur Topographie der Stadt und zur Geschichte, Bonn 1973
52 Schriftlicher Nachlass Choisy: Protokoll Nr. 421, Saarland, Landesarchiv Saarbrücken

53 FONTAINE, LOTHAR: Übersetzungen, Hinweise, Gespräche. Stadtarchiv Saarlouis
54 KOESTERS, PAUL-HEINZ: Deutschland deine Denker, Hamburg 1979
55 DER WASSERHAUSHALT – DIE PEGEL: Tabelle XXV. , hrsg. v. Wasserwirtschaftsamt Saarbrücken 19. Jh.
56 RAITHEL, FRED / ÜBEL, ROLF: 300 Jahre Festung Landau, Landau 1989
57 KOCH, WILFRIED: Baustil-Kunde, München 1991
58 MORUS, THOMAS: Utopia, Nachdruck, Darmstadt 1979
59 THOME, MICHAEL: Kunst im Kirchenraum, Saarlouis 1100–1980, Saarlouis 1980
60 KRUFT, HANNO-WALTER: Städte in Utopia – Die Idealstadt vom 15. bis zum 18. Jahrhundert zwischen Staatsutopie und Wirklichkeit, München 1989
61 GULDEN, ALFRED: Saarlouis 300, historische Revue, Saarbrücken 1980
62 LANDELS, JOHN GRAY: Die Technik in der antiken Welt, Augsburg 1999
63 GEIBEN, KLAUS: Verfassung und Verwaltung des Herzogtums Lothringen unter seinem letzten Herzog und einstigen König der Polen Stanislaus Leszczynski, Saarlouis 1989
64 BAUS, JÜRGEN: Liegenschaftskonversion in Saarlouis. Studienarbeit an der Gesamthochschule Kassel 1996
65 MÖSENEDER, KARL: Zeremonielle und monumentale Poesie. Die »Entrée solennelle« Ludwigs XIV. 1660 in Paris, Berlin 1983
66 KENTENICH, GOTTFRIED: Geschichte der Stadt Trier von ihrer Gründung bis zur Gegenwart, Trier 1915
67 WETZER UND WELTE: Kirchenlexikon, Freiburg 1891
68 LESTIKOW, DANKWART: Militärhospitäler französischer Festungsstädte des 17. und 18. Jahrhunderts in Deutschland, in: Zusammenhang. Festschrift für Marielene Putscher, hg. von Otto Baur und Otto Glandien, Köln 1984
69 Die Aufhebung der Klöster in dem Bezirke Saarlouis. [Handschriftliche Übersetzung] in: Revue ecclésiastique de Metz, Band Okt. 1911
70 URKUNDE: Promemoria über den »Zwischen dem Fürstlichen Hause Nassau-Saarbrücken und der Krone Frankreich im Jahre 1766 zu Stande gekommenen Länder-Austausch-Vertrag an Höchst diese übergangene Teutsche Abtei Wadgassen, Prämonstratenser Ordens...betreffend...« Kaiser und Reich vorgelegt am 26. Februar 1791. [Druck in Privatbesitz]

71 TRITZ, MICHAEL: Geschichte der Abtei Wadgassen zugleich eine Kultur- und Kriegsgeschichte der Saargegend, Saarbrücken 1901 und 1978
72 GARCIN, NICOLE: De Longwy et Vauban. Bibliothèque Municipale Ville de Longwy 1972
73 REHANEK, R. RUDOLF: Abtei Fraulautern, Saarbrücken 1930
74 DE SIGALAS, ARNAND: Das Schloß von Bazoches-du-Morvan, Selbstverlag 1990
75 KARGE, GERNOT: Der alte Friedhof in Saarlouis, In: Unsere Heimat. Mitteilungsblatt des Landkreises Saarlouis für Kultur und Landschaft, Heft 2, 1999
76 SCHMIDTCHEN, VOLKER (Hg.): Eine Zukunft für unsere Vergangenheit. Deutsche Gesellschaft für Festungsforschung e.V., Wesel 1981
77 SCHÜTTE, ULRICH U. A.: Architekt und Ingenieur; Baumeister in Krieg und Frieden, Herzog August Bibliothek Wolfenbüttel 1984
78 BRAUBACH, MAX: Vom Westfälischen Frieden bis zur Französischen Revolution, in: Gebhard, Handbuch der deutschen Geschichte, Band 10. dtv wissenschaftliche Reihe 1999
79 FELSBERG: Geschichte des Ortes und der Herrschaft Felsberg: hrsg. v. Amtsbezirk Bisten, Saarlouis 1973
80 VERMESSUNGSAMT: Höhenverzeichnis aller nivellierten Punkte der Altstadt und des städtischen Geländes nebst Verzeichnis der Bolzen, Wasserstandsbeobachtungen usw. von 1894. Stadtarchiv Saarlouis
81 BLANCHARD, ANNE: Vauban, o. O. 1996
82 KRAEMER, HANS-HENNING: Vom Dorfbrunnen zum Wasserwerk, Gollensteinverlag, o.O. 1999
83 HUBER, TRAUDEL: Saarlouis. Beispiel einer barocken Festungsstadt im Vergleich zu Longwy, Landau und Neubreisach, Saarbrücken 1980
84 KLAUCK, HANS PETER: Die Einwohner der Stadt Saarlouis 1796–1740 (= Quellen zur Genealogie im Landkreis Saarlouis und angrenzenden Gebieten Band 20), Saarlouis 2000
85 MÜLLER, GUIDO: Die Familien Villeroy und de Galhau im Saarland (= Mitteilungen der Vereinigung für die Heimatkunde im Landkreis Saarlouis e.V. Sonderband VI), Saarlouis 1991
86 BLUCHE, FRANÇOIS: Louis XIV., o. O. Fayard 1986
87 TOPOGRAPHISCHE CHRONIK von Breslau, Breslau 1807
88 AUSLOBUNG WETTBEWERB. Städtebaulicher Wettbewerb Innenstadt Saarlouis 1995, Kreisstadt Saarlouis 1995
89 FONTAINE, GUIDO: Verbannt ans Ende des Reiches, in: Unsere Heimat. Mitteilungsblatt des Landkrei-

ses Saarlouis für Kultur und Landschaft, Heft 3, 1995
90 ORTH, JOHANN: Hauszeichen und Hausmarken in Alt-Saarlouis, in: Heimatkundliches Jahrbuch des Kreises Saarlouis 1961–1963, Saarlouis 1963
91 ERDBAULABORATORIUM SAAR ELS GmbH. Institut für Erd- und Grundbau Riegelsberg 1997/1998 und
GEOKONSULT. Baugrund, Hydrologie, Umwelt Saarbrücken 1997/98
92 MOLL, MARIA: Die Distriktverwaltung Saarlouis (= Geschichte der Kreisstadt Saarlouis Band 3), Saarlouis 1980
93 DIELHELM, JOHANN HERRMANN: Antiquarius der Neckar-, Main-, Mosel- und Lahnströme oder ausführliche Beschreibung dieser vier in den Rheinstrom einfallenden Flüsse, Frankfurt 1781
94 BRAUN EDITH / PETER, KARIN: Saarlouiser Mundartbuch, Saarbrücken 1999
95 BELAIRE, A. P. JULIENNE: Elémens de Fortification, Paris 1793, 2. Aufl. [Buch aus dem Nachlass des Saarlouiser Bürgermeisters Michel Reneauld, Städtisches Museum Saarlouis]
96 BOURGEAT, LUDWIG: Teutsch-Redender Vauban oder: Vollkommene Unterweisung aller Plätz / Sie seyen regular oder irregular, auf die allerneueste Art und Weiß nach heutigen Fortifikations-Kunst zu befestigen…, Mayntz Anno MDCXCV [1695]
97 BOUCON, JEAN: Longwy – Sentier découverte de la place forte de Vauban, Saverne 2000
98 KINDER, HERMANN / HILGEMANN, WERNER: dtv-Atlas zur Weltgeschichte Band I: Von den Anfängen bis zur Französischen Revolution, München 4. Aufl. 1968
99 MEYERS KONVERSATIONS-LEXIKON, LEIPZIG 1889
100 NEUMANN, HARTWIG: Festungsbau und Festungstechnik, Bonn 2. Aufl. 1994

101 RIEGEL, CHRISTOFF: Ausführliche Beschreibung deß Saar-Stroms, Frankfurt und Leipzig 1690, Nachdruck SaarBank 1983
102 WASMUTH: Wasmuths Lexikon der Baukunst, 4 Bände, hrsg. v. Günther Wasmuth, Berlin 1931
103 KAISER, J. B. (Hg.): Joh. Peter Jager: Meine Reise durch Frankreich, Beschreibung von Paris, Reise von Saarlouis nach Verdun, Metz 1925
104 DE WILLEMIN: Dissertation historique et chronologique sur la suite de médailles des ducs et duchesses de la maison roïale de Lorraine, Florenz Band 2, 1763
105 SPEICHER, KLAUS: Manuskript mit Bildern »Pferde im Zeitalter Ludwigs XIV.«, o. J.
106 JAKOB, A.: in: Jahrbuch des Vereins für Heimatkunde im Kreise Merzig, 1934
107 BOGROS, DENIS: Histoire du cheval de troupe de la cavalerie française 1515–1918, Internet français
108 SCHWARK, HANS-J.: Pferdezucht, München 1988
109 STADT SAARLOUIS, Innenstadt, Denkmalschutzgesetz, Amtsblatt des Saarlandes vom 25. Mai 1993
110 HOPPSTÄDTER, KURT: Die Wappen des Saarlandes 1. Teil, hrsg. v. Historischer Verein für das Saarland e.V., 1953
111 GOULON, F.: Mémoires pour l'attaque et la défense d'une place. Nouvelle édition, Amsterdam, Leipzig 1764
112 HERRMANN, HANS-WALTER: Neu aufgefundene Pläne saarländischer Städte, in: 19. Bericht der Staatlichen Denkmalpflege im Saarland 1972, Saarbrücken 1972
113 FONTAINE, LOTHAR / LOEW, BENEDIKT / POHL, ERICH: Saarlouis wie es früher war. Gudensberg-Gleichen 1999
114 VAN HAM, HERMANN: Beiträge zur Geschichte der Aktiengesellschft der Dillinger Hüttenwerke 1685–1935, Koblenz o.J. [1935]

Dankesliste – Namensverzeichnis

Das Buch verdankt vielen hilfreichen Wegbegleitern Gehalt und Aussehen:

Gerhard Altmayer, Saarlouis-Roden
Georg Balthasar, Saarlouis
Jürgen Baus, Saarlouis-Picard
Herbert Becker, Saarlouis
Walter Birk, Dillingen-Diefflen
Dr. Dieter Bohr, Saarlouis-Picard
Wolfgang Braunnagel, Saarlouis
Josef Burg, Wadgassen
Friedbert Emmerich, Saarlouis-Picard
Karl Fixemer, Saarlouis, Steinrausch
Karl Hans, Saarlouis-Steinrausch
Arnold Hector, Überherrn-Felsberg
Albert Hilt, Wallerfangen-Rammelfangen
Ullrich Himbert, Saarlouis-Picard
Willi Himbert, Saarlouis-Neuforweiler
Norbert Jenal, Saarlouis-Fraulautern
Robert Jung, Perl
Vinzenz Kneip, Saarlouis
Werner Kopp, Beckingen-Saarfels
Gerold Kratz, Überherrn-Berus
Rüdiger Leifheit, Saarlouis-Picard
François Melcion, Überherrn-Felsberg
Heinrich Meuren, Schwalbach
Gerald Motsch, Überherrn-Berus
Hermann Neutzling, Überherrn
Hans-Jörg Schu, Saarlouis
Manfred Schulz, Saarlouis
Monika Schwarz, Saarlouis-Beaumarais
Klaus Speicher, Neunkirchen
Anne-Marie Strauß, Schwalbach-Elm
Regina Zapp, Saarlouis;
Friedel Ziegert, Saarlouis
Kurt Ziegert, Saarlouis

Personen-, Orts- und Sachregister

A

Abbé Jager 242
Abflussrinnen 208
Ablassfest 353
Abtei Fraulautern 32, 52, 336
Abtei Mettlach 336
Abtei Tholey 336
Abtei Wadgassen 32, 251
Abwässer 274
Aide-Major 64
Alleen 257
Allianz 373
Alte Saar 96, 137, 254, 321
Alter Friedhof 350
alter Kanal 198
Altforweiler Hufe 382
Amsterdam 63
Amtsbezirk 306
Amtssitz 244, 320, 321, 326
André, Valentin 309
Angriffsfront 73
Ardenner 204
Arkaden 297
Armee 200, 201
Arsenal 99, 136, 248, 250
Artillerie 139
Ath 377
Atlas ou Recueil ... 92
Attachement 145, 146
Au 32, 153
Aubigny 92
Aubusson 306
Auf'm Husar 142
Augsburger Liga 373
Augustiner 355, 358f
Augustinerkirche 360
Augustinerkloster 76, 101, 104, 337, 355
Aumoniers 349
Auslassschleuse 100
Autin 338
Auwiesen 72

B

Bäckerei 99, 253
Backöfen 206
Baillage 27
Balkenrost 221
Ballei 109, 303, 306
Bann 339
Bannmeile 235, 361, 380
Barackenlager 76
Barbezieux 263
Barcelona 377
Bastion 92, 147, 242
Bastionsohren 132
Bastionsspitzen 102
Batardeau 100, 228f, 230, 233
Batteriestellung 116
Baugeräte 197

Bauhof 142
Bauhorizont 149
Bäume 260
Bauperiode 190f
Bauplätze 330
Bauzeit 190
Bazoche 63
Beckingen 336
Begräbnisstätte 355
Behördenpersonal 306
Bekehrungserlass 367
Belagerung 255
Bellistum 363
Belüftungskeller 245
Bergeron, Antoine 362
Bergzabern 363
Bernier, Oliver 12
Berus 45
Besitzverhältnisse 108
Bewohner 304
Beyliés, Claude de 92
Bezirks-Intendanten 362
Bierstraße 252
Bistümer 29
Bitche 78
Bitsch 55, 365, 376
Blanchard, Anne 128
Blieskastel 365
Bloch, Walter 22
Bodenverhältnisse 170, 172
Boisot, Claude 71, 74, 124, 125, 127, 143
Bolchen 23
Bonifatius VIII. 342
Bonn 79, 372
Bordier, Jean Baptiste 32
Born 287
Boulangerie 326
Boulay 23
Boulonnais 204
Bourbon 69
Bourg Dauphin 382
Bous 53
Breisach 379
Bruchsteine 202
Brücke 219
Brückenkopf 96, 110
Bruderschaft 314
Brunnen 276, 281, 282
Brunnenbauer 275
Brunnenhaus 70
Brunnensteine 275
Brustwehr 210, 243, 321
Brustwehrkamm 145
Buntsandstein 172
Bürgerfriedhof 101
Bürgermeister 313
Bürgerwehr 136
Burren 287

C

Calmet, Don Augustin 45
Calvo 65
Cambrai 66
Canal de Lichtroff 321
Canisianum 337
Capitale 94
Cardinal 313
Carrousel 262
Cavalier 132
Champagne 48
Charleroi 62
ceinture de fer 67
Choisy, François Timoléon de 61
Choisy, Thomas Alexandre de 366
Choisy, Thomas de 14, 39, 52, 60, 83, 85, 108, 128, 229, 342
Choisy-Grundrissplan 326f
Choisy-Ring 61, 215
Chronik von Saarlouis 75
Churchill, John 63
Coehoorn, Menno van 11, 132
Colbert 126, 244, 245, 374
Colbert, Charles de 365
Colleg 358
Commissaires subdélégués 365
companie franche 87
Condé 82
Conseil Souverain 35
Contregarde 96
Contregarde Vauban 144
Coste d'attaque 117
Coste de la prairie 131
Coste de Rideau 117, 157
Courtine 94
Crequi 31, 38, 49, 63, 118
Crete 145
Creutzwald 16
Creuzet, Guy 200, 308
Curel, Nicolas-François 231

D

Dagstuhl 365
Dahlberg 365
Damenabtei 52, 71
d'Aubigny 92
Dauphin 338
De la Goupillière
    siehe *Goupillière*
Déclaration du Roy 270, 310
demi-lieue 104
Denkmalschutz 182, 186
Descartes 135, 318
Deutsches Tor 216
Dillingen 373
Dillinger Hütte 245, 374
Directeur du Génie 272

Dissipat atque fovet 268
Dixme Royale 227
Douvrier 269
Dragonaden 370
Dreißigjähriger Krieg 35
du Pillard
    siehe: *Requin*
Dünkirchen 55, 56, 71, 104
Dupuy-Vauban 125
Dupuy, Nicolas 348
Durchmarschrecht 377

E

Ebenburg 365
Eberswald 365
Eckbrunnen 280
Edikt 311
Eigenschaften 135
Einlassschleuse 99, 215
Einwohner 307
Eiskeller 96
Eleonore 40
Elisabeth Charlotte 40, 43
Eliteeinheit 87
Elsass 83
Ensdorf 53, 321
Entfestigung 166, 183
Entschädigungen 34
Eroberungskrieg 36, 79, 244, 263
Eskarpenmauer 212
Exklave 41ff, 83, 361, 375, 383

F

Face 94
Falkenstein 365
Familien 307
Faschinen 191, 193
Fausse-braie 338
Favart, Johann Baptiste 78, 129, 194, 200, 211, 214, 272
Feldgeistlichen 98
Feldmesser 138
Feldpolizei 98
Felsberg 41, 76, 272
Felsberger Quelle 272
Fénélon 345
Fer, Nicolas de 321, 361
Ferté 287
Festung Fraloutre 71
Festungsbaumeister 312
Festungsgräben 149
Festungsgürtel 50, 195
Festungskette 67, 72, 114
Festungsmodell 247
Festungsplan 1730 92
Festungsplan 1777 92, 97, 324
Feuerwehr 313

feuriger Elias 221
Filsburg 286
Finanzhoheit 366
Finstingen 365
Fiscal 227
Flusssohle 145, 222
Flutschleuse 100
Focht, Peter 22, 183, 186
Fontaine, Alfons 382
Fort Rauch 132, 355
Fort-Louis 372
Fourage 330
Fourragemagazin 98
Fraloutre 52, 56, 71
Franche-Comté 48
Franz Stephan 43
Franz von Lothringen 284
Franziskaner 353
Franziskaner-Rekollekten 76
Französische Front 120, 122
Französisches Tor 216
Fraulautern 113, 142, 259
Freibad 185
Freiburg 68, 379
Fremersdorf 51
Freudenburg 365
Frieden von Rijswijk 381
Friedensvertrag 371
Friedhof 98, 247, 350
Friedrich Wilhelm III. 61
front d'attaque 73, 117, 214, 265, 312, 325
front français 117
Fuhrleute 203, 205
Fundamente 167, 216, 223f
Fußsoldaten 136
Futterlager 136
Futtermauer 212

G
Galerie 206
Galgenberg 73, 119, 120
Gallas, Matthias 22, 36, 350
Ganal, Ferdinand 298
Garnisonsbäckerei 279, 331
Garnisonspferde 136
Gärten 301
Gartenanlagen 337
Gartenreihen 76, 302
Gazette de France 58, 124, 262
Gedeckter Weg 96, 133, 189, 196, 208f, 230
Gedenkstein 90
Gefängnis 360
Geländerücken 117
Geländeverhältnisse 117
Geldern 79
Généralité des trois évéchés 365
Gericht 305f, 315
Gerichtsbarkeit 109
Geschosse 85
Geschütze 82, 111
Getreidemaß 315
Gewehre 85
Glacis 100, 198, 209, 210, 321
Glocken 343
Gobelinsaal 268

Görtz, von 82
Grenier, Paul 383
Goupillière, de la 126, 308, 362
Gouvernement 169, 297
Gouverneur 64, 338
Grabenschere 92, 212
Grabensystem 149
Grabenwände 158
Grabplatte 89
Grabwerkzeuge 196
Graf Kaunitz 376
Grafschaft Nassau-Saarbrücken 354
Grafschaften 365
Grand Bailly 306
Grand Siècle 19
Greffier 87
Grenzstein 43, 292
Große Allianz 373
Grundherr 110
Grundrissplan 327
Grundstein 74, 76, 195, 342, 343
Grundsteinlegung 194
Gründungsmedaille 121, 269
Grundwasserbrunnen 179
Guerre de la Ligue d'Augsbourg 371
Guillotine 383

H
Halbbastion 96
Halbmond 69, 242
Hamm 365
Handelsschifffahrt 78
Handelsstraße 117
Hangar 99
Hasard 142
Hauptgraben 133, 138, 143, 148, 232
Hauptwache 101, 268
Hauptwall 134, 201
Hausbrunnen 276
Heil, Ferdinand 11, 266, 309, 313, 349
Hellwig, Fritz 195
Herrschaften 365
Herzog von Orléans 61
Herzogweiher 280, 284
Hochgerichtsbarkeit 316, 366
Hochwasser 113, 154f, 221, 232f
Hochwasserkatastrophe 383
Hof 262
Holland 37, 55, 66
Holländischer Krieg 66, 115
Holtzendorff 141
Holzleitung 280
Holzmühle 198f
Holzmühlenbach 235
Holzrohre 290
Homburg 51, 55, 71, 305, 362, 365, 376
Hôpital 366
Hornwerk 52, 72, 96, 112, 113, 148, 322
Horrasse 360
Hospital 322, 366

Hospiz 252, 323
Hufeisenwerk 96
Hügelkette 104, 111
Hugenotten 368
Hüningen 56, 223
Huninghen 56
Husar 142
Hussar 74, 139
Hussard 236
Hüttersdorf 365
Huy, de 64

I
Idealstadt 294
Ideenwettbewerb 187
Illingen 365
Ingenieur-Plan 320f, 325
Ingenieure 200ff
Innenstadt 187
Inspektionsreise 50, 128f
Intendant 34, 305, 362
Intendantur 366
Inundation 114, 122, 224, 236
Inundationsfestung 119, 121
Inundationsfront 117
ius advocatiae 32

J
Jahrmärkte 305, 311
Jakobiner 360
Jeanne d´Arc 272
Jochbrücken 219
Johansen 141f, 157, 281
Jülich 79

K
Kaiser 35, 372, 377, 378
Kaiser und Reich 15
Kaiserslautern 51
Kalköfen 42, 287
Kanal von Lisdorf siehe: Lisdorfer Kanal
Kanalsystem 163
Kanzleistellen 306
Kapellen-Mühle 235
Kapitale 94, 130
Kapuziner 350, 352
Kapuzinerau 77, 85, 259
Kapuzinerkloster 76, 350, 353, 354
Kapuzinerschanze 100
Karl IV. 29, 35
Karl Leopold 37
Karl V. 29
Karl V. Leopold 38, 49
Karten 106
Kasematten 183, 242
Kasernen 98, 167, 170f, 196, 213, 216, 244ff, 327ff, 370
Kasernendecke 246
Katalonien 379
Kaufleute 310
Kaunitz 376
Kavalier 94, 132, 214, 229, 321
Kavallerie 205
Kehl 379
Keibel 237, 354

Kernwerke 242
Kiecler, Henri Joseph 42
Kiesrücken 157
Kirche 347
Kirchturmuhr 345
kleine Saar 100
Klewitz, Martin 181
Klöster 305
Klosterkirche 359
Koblenz 13, 48, 136
Koeler, Franz Ernst de 127, 269, 307, 309
Kolleg 360
Komet 192
Kommandantur 186
Komturei Beckingen 275, 309, 336f
Königs-Leutnant 98
Kontereskarpe 177
Kontergarde 96, 119
Konz 38
Kopfsteuer 374
Kordongesims 131
Kordonstein 145f, 212
Krankensäle 251
Kretschmer, Rudolf 106
Kreuzzug 342
Kriegsmaterial 85
Kriegsminister 62, 90
Kronprinz 141
Künette 149, 229, 237
Kurfürst 36
Kurtine 94, 133, 258

L
la clef de voute 78
La Fontenelle 382
La Hogue 374
Laboratorium 215
Lamont, Charles de 192
Landau 79, 223, 372
Landessouveränität 33
Lasalle, Nikolaus Theodor Anton Adolf de 16, 352
Latrinen 274
Laufgräben 264
Laurens 165
Lauterecken 365
Lauterner Damm 220
Lazarett 251
Lazaretts 279
Le Nôtre 337
Le Pelletier 90
Le Tellier 57
Lehranstalt 355, 358
Leibniz 37
Leiningen 365
Lénoncourt, de 374
Leopold 371, 378
Leopold I. 40, 382
Leszczynski 43f, 383
Lettre de Naturalité 303
Liebertz, Theodor 9f, 305
Liège 64
Lieselotte von der Pfalz 378
lieue 104
Lieutenant de Roy 64, 200, 216
Lilie 43, 243

Lilienwappen 362
Lille 42, 62, 108, 124, 244, 247
Limberger Steine 218
Linden 257ff
Lindenarkade 77
Lisdorf 33, 89, 247
Lisdorfer Au 32, 52, 110
Lisdorfer Kanal 99f, 119, 198, 220, 248, 260, 350ff
Lisenen 316
Lixingen 365
Longwy 38, 40, 50, 68, 83, 125, 129, 194, 195, 274, 303, 371, 378
Lotharingen 106
Lothringen 22, 25, 32, 66
Louis-Tag 342
l'oussar 142
Louvois, François-Michel 49, 50, 52, 57, 274, 120, 124, 241, 332, 362, 365, 372, 374
Ludweiler 368
Ludwig der Heilige 343
Ludwig IX. 342, 348
Ludwig von Baden 39
Ludwig XIV. 15, 36, 42, 49, 262f, 269
Ludwig XV. 43
Ludwig XVI. 19
Ludwigskirche 169, 172, 343
Lünette 96, 244
Lunéville 41, 46
Lüttich 64
Luxemburg 48, 78, 372

M

Maas 26
Maastricht 63, 64, 264
Magazin 98
Maginot-Linie 80
Magistrallinie 130, 144
Magistrat 313
Mailand 41
Mainz 79
Maire 268, 357
maître des requêtes 363
maîtrise des eaux 306
Major de la Place 245
Malteserorden 335
Manderen 84
Manieren 132
Manger, Jean 270
Mannschaftsstuben 245
marais 142
Maréchal de Camp 79, 200
Maréchaussée 87
Maria Theresia 43
Markt 305, 330
Marktbrunnen 272, 279, 373
Markthalle 301, 338
Marlborough 41, 84, 380
Marmorplatte 90
Marquis de Mogneville 80
Marsal 68, 365
Marx, Petrus 301, 333
Maßangaben 148
Masse, Claude 202f

Maßkrug 315
Mazarin, Jules 12, 29, 35, 263
Medaille 1683 11, 270
Medaille 1815 19
Melcion, François 272, 286, 290
Menkes, Edouard 22
Merziger, Anton 22
Mesgrigny 90
Messpunkt 150, 161
Metz 22, 29, 31, 38, 51, 78, 82, 215, 226, 229, 236, 381
Metzer Parlament 362
Metzgerei 338
Meudon 45
Michelbach 365
Militär 139
Militärbäckerei 213, 254, 255
Militärgefängnis 98
Militärhospital 99, 251
Moëllons 202, 218
Mogneville 60, 80
Moigneville 60
Mongneville 60
Mons 60
Montecuccoli 37
Montmartre 36
Montroyal 76, 78, 329, 372, 382
Mookenloch 43
Mörser 85, 139
Mörtel 201
Morus, Thomas 302
Mosel 26
Motte, Josef 338
Motte, Nicolas Bernard 75, 279, 312, 326
Motte-Plan 382
Mühle 218, 226, 253
Mühlen 77, 135, 136, 273
Mühlenbach 279
Mühlenschacht 198
Münchweiler 365
Mundart 241
Muskete 139

N

Nägel 222
Nalbacher Tal 365
Nancy 27, 37, 61, 125, 377
Napoléon 383
Nassau-Saarbrücken 32
Natursteine 201
Nec pluribus impar 269
Neuansiedler 382
Neubreisach 132
Neuf-Brisach 329
Neuforweiler 382
Neuhof 272, 284
Neustadt 384
Ney, Michel 383
Niederlimberg 42
Nimsgern, Johann 354
Nimwegen 12, 14, 66, 68, 195
Nimweger Frieden 38, 50
Niveau 138

Noblesse de la robe 362
Notabeln 76, 357
Notare 306
Null-Linie 159
Null-Punkt 150, 153
Nymwegen 379

O

Obergerichtshof 306
Oberlimberg 42
Oberstein 365
Octroi 314
Ofen 96
Ofenplatte 245
Offizierspavillon 323
Ohrenflanke 94
Oisivetés 132
Orillons 94, 132, 133
Ottweiler 365

P

Palisaden 196, 198, 199
Paniel 308, 312
Paradeplatz 154, 299, 300, 330
Paris 42
Pariser Frieden 18
Pariser Vertrag 380
Pavillon 98, 246, 331
Pegel 160
Pegelleiste 148
Percherons 204
Perrin de Lys, Nicolas 335
Perron du Lys 200
petite Sarre 141
Pfahljoch-Brücke 213
Pfälzischer Krieg 40, 79, 370, 373
Pfarrhaus 349
Pfarrkirche 101
Pferde 203ff, 279, 307
Pferdestall 246
Phalsbourg 222, 365
Philipp von Orléans 40, 65, 378
Philippsburg 39, 372, 379
Picard 272, 382
Pike 139
Place d'armes 215, 265, 297
Platanen 257
Platz-Major 98, 200
Plessis, Charles du 191
Polizei 268
Polizeisoldaten 87
Polnischer Erbfolgekrieg 43
Pont-à-Mousson 38
Postamt 173
Postgebäude 186
Postmeister 57, 312
Postpferde 205
Poterne 96, 163, 207, 208, 229, 321
pragmatische Sanktion 43
Prairie 98, 149
Prallschuss 133
Präsidialgericht 87, 127, 306, 366
Pré Carré 67
pretendus réformés 363

Preußen 19, 237
Prévôt de la Sarre 382
Principale Place 316
Prinz Eugen 79, 202
Prinz von Oranien 64, 65
Prinzessin Luise 166
Profilzeichnung 240
projet instructif 124, 134
Provinzhauptort 317
Provinzhauptstadt 120
Pulver 85
Pulverlager 136
Pulvermagazin 143, 211
Pumphaus 279

Q

Quartier 71
Quartierkosten 126
Quartierliste 331
Quelle 272, 285
Quellgebiet 76, 277

R

Racine, Jean B. 227
Rathaus 101, 169, 268, 316
Ravelin 212
Refuges 305
Refugien 335, 373
Regimenter 191, 205, 262
Reisigbündel 193
Reitbahn 79, 247
Reithalle 101
Reitpferde 205
Rekollekten 18, 76, ,143, 342, 348
Républicain Lorrain 16
Requin, du Pillard de 86f
Retranchement 351, 352, 353
Reunionen 69, 362
Reunionskammer 365
Revenü-Buch 357
Revêtement 158
Revisionsbericht 162
Rheinfels 80, 383
Richelieu 16, 35, 298
Richerand 308
Richter, Carl Roderich Maria 9f, ,141, 375
Richtstätte 120
Rideau 157, 159, 160
Rijswijk 40, 83, 370, 375
Rikoschettschuss 133
Ritter, Anton 48, 85, 126, 140, 152, 164, 213, 245
Ritter-Plan 320
Robert-Schuman-Gymnasium 358
Rochefort 118
Rodener Damm 119, 220, 234
Rodener Schanze 132
Roi Soleil 269
Rondenweg 144, 208
Ruhlingen 365

S

Saalbau 175, 249
Saaralben 51

Saaraltarm 153, 186, 221
Saarbett 137, 140
Saarbrücken 38, 51, 71, 106, 118, 365
Saargebiet 20
Saargemünd 43
Saarkanal 234
Saarlautern 20
Saarlouis 40, 58, 379
Saarlouiser Brunnen 272
Saarlouiser Colleg 358
Saarloys 376
Saarpegel 144
Saarprovinz 37, 110, 363, 365, 372
Saarschleuse 152, 211
Saarwellingen 365
Saarwerden 365
Saarwiesen 117
Salzweg 116
Sandsteine 206
Sappen 66, 256, 264, 267
Sarloisium conditum 11, 269
Sarloutre 57
Sarre-Libre 16, 231, 383
Sarre-Louis 16, 58, 315
Sarrebourg 365
Sarrelouis 74
Schachtbuch 159, 190
Schallodenbach 365
Schanzbücher 127
Schanzen 96
Schicksalstage 383
Schiffbauer 78
Schiffsmühlen 254
Schlachthaus 326, 338
Schlachthof 340
Schlangensappen 264
Schleusen 72, 113, 114, 115, 119, 121, 371
Schleusenbrücke 96, 115, 128, 135, 215, 218, 219, 220, 371
Schleusenherd 153, 225f, 233
Schleusensystem 226, 228, 230, 236
Schleusentore 219
Schloss Villeroy 352
Schmelze 373
Schmidt, Hellmut 186
Schnabeliner 360
Schneider, Christoph 380
Schönborn, Johann Philipp von 36
Schöpfwerke 196
Schwarzbach 235, 236
Schweden 35
Sechseck 132
Seilwinden 237
Sekundarschule 360
Siège Présidial 268, 306, 316
Sierck 84

Simon, Nikolaus 19
Sitzungssaal 268
Sobieski, Johann 39
Soetern 365
Sonderfrieden 378
Sonnenkönig 269
Sonnensymbol 243
Soubise 81
Spanische Niederlande 30, 60
Spanischer Erbfolgekrieg 41, 250, 380
Spies 294
Sponheim 365
Sprachraum 307
Springbrunnen 280
St. Avold 32
St. Dagobert 69
St. Eligius 314
St. Katharina 314
St. Léger 71
St. Ludwig 172
St. Omer 65
St. Remy 84
St. Wendel 365
Stab 87
Stadtbild 329
Stadtgrundriss 322
Stadtjubiläum 265
Stadtrat 313
Stadtsparkasse 172
Stadtwappen 269
Standortkorrektur 57
Stanislaus 43, 44, 380
Staumanöver 113, 371
Stockholmer Denkschrift 374
Stollengang 207
Straßburg 13, 48, 83, 136, 241, 371, 377
Straßen 214, 329
Straßenreinigungsprogramm 274
Stübben, Herrmann Joseph 163, 183
Stübben-Plan 183
Sumpf 166f
Sumpfgebiet 116
Surintendant 57
Symmetrie 131

T
Taffings-Mühle 277
Tallard, de 81
Tarade, Jacques 243
Taufregister 382
Tenaille 92, 133, 212, 229
Terrainpunkte 162
Testament 86
Teufelsburg 286
Thionville 51, 66, 79, 128
Tholey 312
Tiefbrunnen 273
toise 125

Toisées 190
Toleranzedikt 370
Tonnengewölbe 246
Tore 241
Torgebäude 240
Toussaert, Jacques 61, 87, 254
Traben-Trarbach 77
Tragsteine 127, 198f, 202
Trassierung 134
Traversen 244
Trier 38, 136, 215, 251
Trinkwasser 77, 272
Tripelallianz 36
Trois-Évêchés 28
Truppenlager 191
Truttmann 252
Turenne, Henri de 30, 63, 82
Turgot, Jacques Etienne 25, 78, 361
Türken 264, 372, 373

U
Überschwemmung 116, 156, 233, 234, 235
Überschwemmungsfestung 72, 115
Übersiedler 313
Übersiedlung 303
Unterfelsberg 42
Unternehmer 127, 138, 192

V
Valencienne 66
Varin, J. 269
Vauban, Sébastien le Prestre 11, 42, 48, 54, 60, 62, 82, 119, 128, 140, 222, 224, 227, 255, 257, 263f, 331, 370, 373
Vauban-Grundrissplan 294, 320f, 326, 366
Vaudrevange 27, 57, 119, 263, 303
Veldenz 365
Verdun 29, 78
Versailles 318
Versatzbalken 219, 225, 230
Verschlammung 232
Versorgungsbasis 136, 381
Verteidigung 230, 250
vieille Sarre 141
Vikariat 29
Villars, Louis Hector de 41, 63, 84, 380
Vincennes 24
Vogtei 365
Voltaire 264
Volziensandstein 287
Vorwärmbecken 185

Vu conseiller d'honneur 306

W
Wachhaus 96
Wachstuben 243
Wackenberg 120
Wadgassen 32, 333
Waffenplatz 209
Wagenhalle 99
Walderfingen 27
Wallerfangen 23, 27, 49, 51, 71, 104, 109, 195, 302, 303, 310, 311, 340, 363
Wallerfanger Kanal 198
Wallgraben 215
Wandteppich 306
Wappen 79, 268, 304
Wasserdruck 280
Wasserleitung 76, 101, 277, 287
Wassermühle 220
Wasserqualität 282
Wasserspiegel 153
Wasserstand 116
Wasserstraße Saar 156
Wasserturm 249
Wasserverhältnisse 141
Wasserversorgung 76
Wegeverbindungen 120
Wehr 228
Weihe 344
Werkzeuge 196
Wesel 79
Westfälischer Frieden 29
Westrich 362
Wettbewerb 188
Widder 220
Wiederaufbau 22, 186
Wien 29, 39, 376
Wiese 148ff
Wiesenhof 272
Wild- und Rheingrafschaft 365
Wilhelm von Oranien 373
Windmühle 253, 255
Winterbaracken 372
Wochenmärkte 305

Z
Zangenwerk 94, 133, 212
Zastrow, Alexander von 132, 256
Zeller, Gaston 30, 107, 126
Zeughaus 99, 248, 249
Zeughausstraße 79
Zisternen 230
Zitadelle 124
Zollgrenzen 366
Zollstation 42
Zweibrücken 363
Zweite Manier *Vaubans* 373

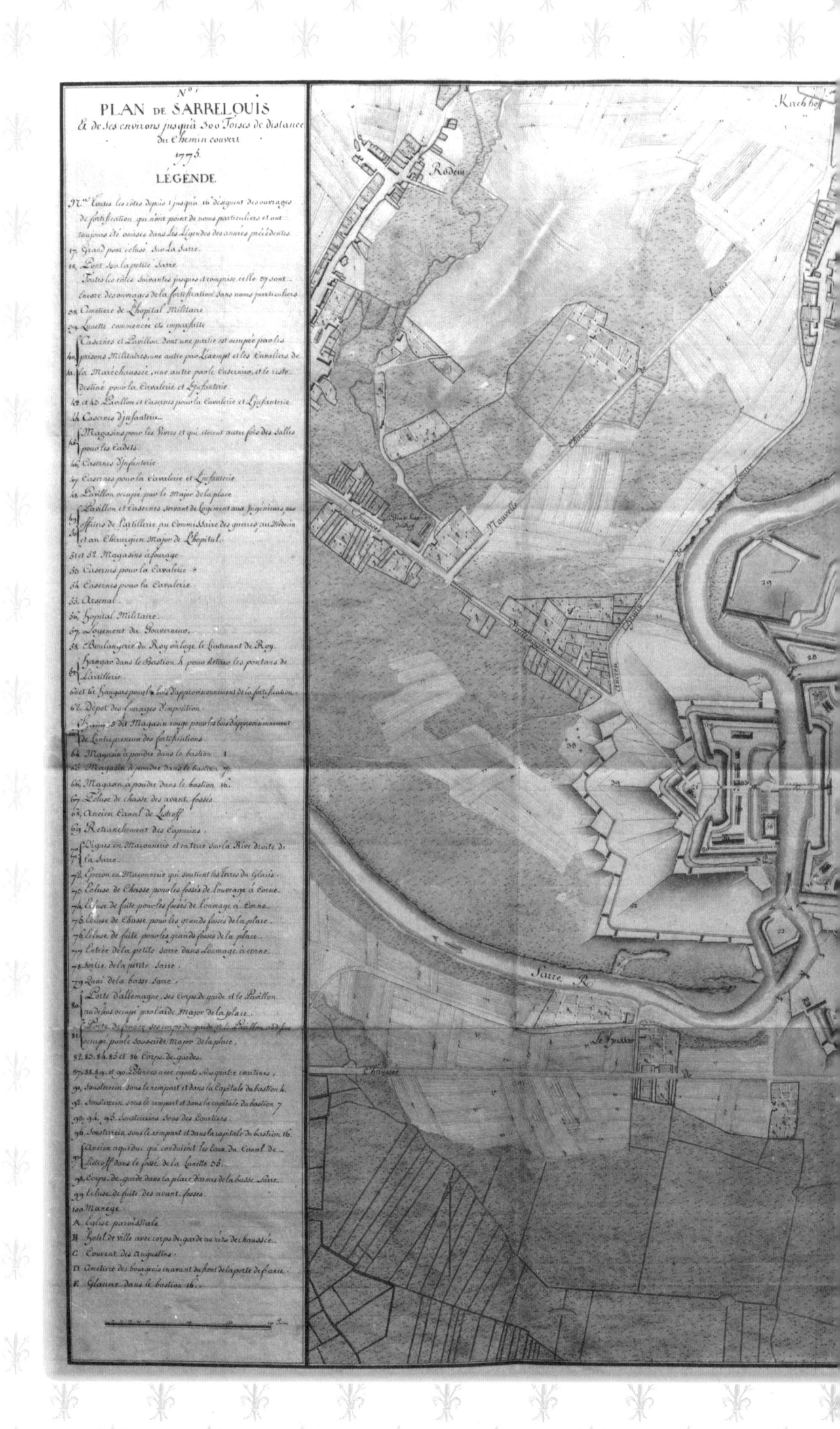

N.º 1
PLAN DE SARRELOUIS
Et de ses environs jusqu'à 300 Toises de distance
du Chemin couvert
1775.

LÉGENDE

N.ᵒˢ Toutes les côtes depuis 1 jusqu'à 16 désignent des ouvrages
de fortification qui n'ont point de noms particuliers et ont
toujours été omises dans les Légendes des années précédentes.

17. Grand pont écluse sur la Sarre.
18. Pont sur la petite Sarre.
    Toutes les côtes suivantes jusques à comprise celle 27 sont
    encore des ouvrages de la fortification sans noms particuliers.
35. Cimetière de l'hôpital Militaire.
39. Lunette commencée et imparfaite.
40. Casernes et Pavillon dont une partie est occupée par les
    prisons Militaires, une autre par l'aumpl et les cavaliers de
41. la Maréchaussée, une autre par les Casernes, et le reste
    destiné pour la Cavalerie et l'Infanterie.
42 et 43. Pavillon et Casernes pour la Cavalerie et l'Infanterie.
44. Casernes d'Infanterie.
45. Magasins pour les livres et qui étaient autrefois des Salles
    pour les cadets.
46. Casernes d'Infanterie.
47. Casernes pour la Cavalerie et l'Infanterie.
48. Pavillon occupé par le Major de la place.
49. Pavillon et casernes servant de logement aux Ingénieurs, aux
    officiers de l'artillerie, au Commissaire des guerres, au Médecin
    et au Chirurgien Major de l'hôpital.
51 et 52. Magasins à fourrage.
53. Casernes pour la Cavalerie.
54. Casernes pour la Cavalerie.
55. Arsenal.
56. Hôpital Militaire.
57. Logement du Gouverneur.
58. Boulangerie du Roy où loge le Lieutenant de Roy.
59. Hangar dans le Bastion h pour retirer les pontons de
    l'artillerie.
60 et 61. Hangars pour les bois d'approvisionnement de la fortification.
62. Dépôt des ouvrages d'imposition.
63. dit le Magasin rouge pour les bois d'approvisionnement
    de l'entrepreneur des fortifications.
64. Magasin à poudre dans le bastion 1.
65. Magasin à poudre dans le bastion 7.
66. Magasin à poudre dans le bastion 16.
67. Écluse de chasse des avant-fossés.
68. Ancien Canal de Listoff.
69. Retranchement des Capucins.
70. Digues en Maçonnerie et en terre sur la Rive droite de
71. la Sarre.
72. Épéron en Maçonnerie qui soutient les terres du Glacis.
73. Écluse de chasse pour les fossés de l'ouvrage à corne.
74. Écluse de fuite pour les fossés de l'ouvrage à corne.
75. Écluse de chasse pour les grands fossés de la place.
76. Écluse de fuite pour les grands fossés de la place.
77. Entrée de la petite Sarre dans l'ouvrage à corne.
78. Sortie de la petite Sarre.
79. Quai de la basse Sarre.
80. Porte d'Allemagne, son corps de garde et le Pavillon
    au dessus occupé par l'aide Major de la place.
81. Porte de France, son corps de garde et le Pavillon au dessus
    occupé par le sous-aide Major de la place.
82, 83, 84, 85 et 86. Corps de garde.
87, 88, 89, et 90. Poternes avec ponts sous quatre courtines.
91. Souterrain sous le rempart et dans la Capitale du bastion h.
92. Souterrain sous le rempart et dans la capitale du bastion 7.
93, 94, 95. Souterrains sous des Courtines.
96. Souterrain sous le rempart et dans la capitale du bastion 16.
97. Ancien aqueduc qui conduisait les eaux du Canal de
    Listoff dans le fossé de la Lunette 28.
98. Corps de garde dans la place d'armes de la basse Sarre.
99. Écluse de fuite des avant-fossés.
100. Manège.

A. Église paroissiale.
B. Hôtel de ville avec corps de garde au rez de chaussée.
C. Couvent des Augustins.
D. Cimetière des bourgeois tournant du front de la porte de France.
E. Glacière dans le bastion 16.